FUTURE

FUTURE

FUTURE

FUTURE

希臘占星學

命定與吉凶的研究

HELLENISTIC ASTROLOGY

THE STUDY OF FATE AND FORTUNE

克里斯·布里南 Chris Brennan —— 著

智者星象學院 編譯團隊 —— 譯

推薦序

⊛

————————————

我非常高興迎來克里斯·布里南的著作《希臘占星學：命定與吉凶的研究》。本書完整概述了西方天宮圖占星學的原始學說，作為他個人的第一部作品，能有如此成就，令人驚嘆。

我在克里斯進入開普勒占星學院時認識他，當時他剛從高中畢業，年僅十九歲。沒多久，學院所有人都發現這位靦腆安靜的少年聰明而睿智。他對學習占星學保有熾熱的熱情，那火焰吞噬了我們所有能夠傳授的一切，整合我們已知的，也質疑已知的，並且不斷推向那尚未探索的領域。

然而，最初令他狂熱的並不是希臘化時期的占星學。想起當初他堅信現代心理占星學已經在「它應該的位置」，以及他如何迫不及待地想要展開進一步研究時，令我不禁莞爾。他曾經試圖組織同學向學院抗議必修課程的規範，因為研習過時老派的占星學「只是浪費時間罷了」。但學院課程終究占了上風，二〇〇四年冬天，他來到了我的希臘占星課堂，他彷彿突然地、意外地重新發現了那個他早已知道自己歸屬的地方。

從那一刻起，新星以閃電般的速度劃過天際。很快地，他修完所有後續的課程，然後尚在就讀開普勒占星學院的期間，大老遠地搬到美國的另一邊，在「後見之明計畫」（Project Hindsight）總部生活了幾年。在那裡，他每天汲取希臘占星學和古典哲學，周圍盡是一群前來拜訪羅伯特·史密特（Robert Schmidt）和艾倫·布萊克（Ellen Black），與之討論和學習的思想家。我看著克里斯一遍又一遍地研讀原始文獻（the primary source）；追蹤不同作者和文化所傳遞的論述；記錄並比較誰在何時、何地說了什麼；

自學古希臘文；探究數不盡的腳註；及時瞭解新興學說；測試其技法和概念；提出自己的見解；並質疑一切，直到他自己完全理解。

在過去十年裡，克里斯和我花了無數個小時在討論、重新建構和翻譯文本。這段期間，我激勵了他的進步，也見證了他不斷增長的專業知識。大多數我們的研究是以協作方式進行，因為同一時間我也在撰寫《古代占星學：執業者的指南》（*Ancient Astrology: A Practitioners Guide*，暫譯），這是一本循序漸進將希臘化時期占星技法應用於個人星盤的工作書。兩本書的內容略有重疊和差異，可作為配套書籍，但我們的期望是這兩本書能夠共同為希臘化時期占星學的研究，提供理論和實踐的工具。

在隨後的幾年裡，克里斯透過他的線上課程、文章、占星播客、講座和網站，向世界各地數以百計的占星師介紹了希臘化時期的占星學。史密特和詹姆斯·霍登（James Holden）在過去二十年間，將大部分西方占星學的原始文本翻譯成英文，本書即是以他們的重要著作為基礎，集成並整合希臘化時期占星學的歷史、哲學和技法，從而增進我們的理解，使當代占星師容易著手。

《希臘占星學：命定與吉凶的研究》將過去的智慧帶入未來，為我們持續深入理解占星學提供了堅實的基礎，這將增進並擴展二十一世紀的占星學，而克里斯·布里南為我們作出了無價的貢獻。

——迪米特拉·喬治，文學碩士（古典）
二〇〇二年榮獲 UAC 國際占星大會軒轅獎
占星學的理論與理解獎項
二〇一六年十一月

致 謝

十年前，我用擇時占星技法選定二〇〇六年九月十一日上午6點12分，在美國馬里蘭州坎伯蘭市開始編寫這本書。我要感謝的人很多，他們在完成本書的不同階段都提供了幫助。

首先，我要感謝我的母親維琦（Vickie）和我的妹妹凱蒂（Katie）多年來對我的支持和鼓勵，從我在高中時期決定接受教育，到後來以占星師為職業，正是在他們的幫助下，我才能在剛滿十九歲不久就進入開普勒占星學院，若不是有幸擁有這樣一個支持我的家庭，我不可能有今天。僅以此書獻給他們，以兌現我在二〇〇七年十月，凱蒂去世前不久，與她最後一次談話中所作出的承諾。

我還要感謝許多參與並為開普勒占星學院開設學位課程的占星家，該學院從二〇〇〇年在西雅圖地區開辦至今已有十多年了。學院課程激發了我對占星學歷史的興趣，讓我理解到研究不同傳統占星學的價值，並教會了我如何批判性地思考。我來到開普勒占星學院想要學習現代心理占星，但是當我進入第二學年時，他們說我必須花一個學期的時間學習由迪米特拉·喬治和丹尼斯·漢尼斯（Dennis Harness）共同任教的希臘暨印度占星學入門課。剛開始我其實是抗拒的，因為我對研究古老傳統的占星學沒有興趣，認為它們是老舊而過時的，無法從中得到任何益處。幸運的是，學院告訴我別無選擇，因為心理占星學課程尚未就緒，所以我不情願地修了這門課。很快的，我意識到我對古老傳統的假設是錯誤的，裡頭可是大有學問。到了二〇〇五年初，我已投身於研究希臘化時期占星學。

我非常感謝與我亦師亦友的迪米特拉‧喬治，我第一次學習希臘占星學便是由她授課，而過去十年，在我們持續共同探索這一傳統的過程中，她一直如泉源般給予我支持和指導。我還要對我的朋友班傑明‧戴克（Benjamin Dykes）表示感謝，他過去十年深耕於古典占星學的成果給了我很大的啟發，我從與他的合作中受益匪淺，尤其是我們對行星喜樂的共同研究。近年來，班傑明和迪米特拉和我一起在復興傳統占星學方向上進行了許多成功和富有成效的合作，特別是在重建安提阿古斯（Antiochus）的相位學說，以及我將在本書介紹的獎賞和虐治的條件等研究。迪米特拉跟班傑明是我最親密的兩位合作夥伴，如果沒有認識他們，本書在許多關鍵部分會有很大差異並失色不少。

我要感謝比爾‧約翰森（Bill Johnston）在二〇〇五年夏天邀請我搬到馬里蘭州坎伯蘭參與「後見之明計畫」，並且看到了我作為希臘占星學後起之輩的潛力。我要感謝已故的羅伯特‧維克特‧葛羅斯（Robert Victor Gross），在我參與「後見之明計畫」期間部分贊助我，並與我分享他的圖書館。我也感謝已故的艾倫‧懷特（Alan White）對我在坎伯蘭期間的支持，以及他在談論和推廣希臘占星學的嚴肅態度，我從他在開普勒占星學院的一次講座中受益匪淺。感謝柯提斯‧曼威靈（Curtis Manwaring）設計了德爾菲的神諭（Delphic Oracle）這套占星軟體，並讓我在「後見之明計畫」期間使用它，因為它有助於加速我對行運技法的研究，我也用它來計算許多時間主星期間，將於本書後續章節提及。還要感謝我的好友尼克‧達根‧貝斯特（Nick Dagan Best）和梅雷迪思‧加斯汀（Meredith Garstin）；我永遠記得我們三個在「後見之明計畫」那段時間，一起大聲朗讀瓦倫斯的著作、測試這些技法、討論占星學，這是我生命中最美好的時光之一。我要特別感謝梅雷迪思多年來協助，本書中使用了許多他繪製的圖表。

最重要的是，我要感謝「後見之明計畫」的核心人物羅伯特‧史密斯和他的妻子艾倫‧布萊克，感謝他們在那兩年裡慷慨地於自家接待我，為我提供了充足的研究機會，以及他們為復興希臘占星學所作的極其重要的研究。我非常感謝羅伯特，無數個早晨時光，於家中後廊與我談論「後見之明計

畫」，回答我的問題，花時間幫助我完成我個人的研究項目，並分享他的豐富知識。若無他過去二十五年的不懈努力和研究，本書無望問世，更遑論復興希臘化時期占星學。雖然我們從此分道揚鑣，而且對希臘占星學的看法並不總是一致，但我對他所作的研究深表敬意和感激。

我要感謝我的編輯艾倫・切克（Aaron Cheak），他在過去一年中的大量工作和對本書手稿的寶貴意見，使本書完善至遠遠超出我一己之力。我還要特別指出拉斯洛・萊文特（Levente László），感謝他對手稿最終版本的許多評論和更正。還有一些其他朋友和學生提供了有用的回饋，或與我一起參與了多年來為本書作出貢獻的研究項目，以下按字母順序排列：安東尼・卡波西亞（Anthony Capoccia）、里卡多・卡莫納（Ricardo Carmona）、約翰・科爾（John Cole）、奧斯丁・科波克（Austin Coppock）、塔尼亞・丹尼爾斯（Tania Daniels）、亞當・埃倫巴斯（Adam Elenbaas）、安德烈・格爾茲（Andrea Gehrz）、愛德華多・格拉馬格利亞（Eduardo Gramaglia）、羅伯特・漢德（Robert Hand）、丹尼爾・拉金（Daniel Larkin）、瑪麗亞・馬特烏斯（Maria Mateus）、肯尼思・米勒（Kenneth Miller）、邁克爾・道格拉斯・尼利（Michael Douglas Neely）、查爾斯・奧伯特（Charles Obert）、拉爾斯・帕納羅（Lars Panaro）、湯姆・波默雷爾（Tom Pommerel）、斯科特・西爾弗曼（Scott Silverman）和帕特里克・沃森（Patrick Watson）。本書倘有任何遺留的錯誤或缺漏皆屬我個人的疏忽。

感謝香農・加西亞（Shannon García）運用她卓越的設計才能為本書排版，並協助我完成圖表、星盤案例，尤其是索引的編排。我非常感謝寶拉・貝洛米尼（Paula Belluomini）為書籍設計出色的封面，並幫助我製作許多圖表的最終版本。感謝肯尼斯・赫斯特（Kenneth Hirst）設計了占星字體，讓我用來描繪圖表和星盤案例中的行星和黃道星座，並同意讓我在本書中使用。還要感謝拉傑・佩喬奇（Radoje Pejovi ）協助繪製一部分封面上的重要人物。封面的靈感部分來自於卡爾・奧福（Carl Orff）《布蘭詩歌》（Carmina Burana）樂譜封面上幸運女神（the Goddess Fortuna）的形象和命運之輪（the Wheel of Fortune）。

　　永遠感謝我的夥伴萊薩‧莎姆（Leisa Schaim）的支持和耐心。在我們相識近十年裡，我定期地花費長時間，在不同時刻研究和撰寫本書，而過去一年，為了採用更為一致的基調，重新撰寫整本書稿使我備感壓力，若無我倆在過去數年共創的情誼與相互支持的氛圍，我沒把握能夠完成這項艱巨的工作。她還發揮了她月亮處女座的特性，使本書免於許多錯別字。

　　感謝過去十年間與我交流過的所有學生和客戶，你們為本書提及的技法和概念提供了非常寶貴的回饋。

　　最後，我要感謝所有的占星家、抄寫員、語言學家、翻譯家，以及在過去數十世紀中傳播和保存占星學古代文本的人，因為他們，我們才有古代文本得以分析，如果沒有他們的努力，也不可能於本書介紹希臘化時期占星學的概要。

——克里斯‧布里南

二○一六年十一月

導 論

　　希臘占星學最早開始在古代世界被運用，至今已歷經兩千餘年。這套系統的起源很神祕，我們只知道它出現在亞歷山大大帝東征之後的希臘化時期，並且在羅馬帝國時期蔚為風潮。當《新約聖經》福音書寫於西元一世紀時，地中海區域所使用的正是這一類型的占星學，它與基督教一樣，在過去兩千多年為西方文化帶來了持續性的影響。希臘占星學代表了西方占星學的起源和根基，現今占星師所使用的大部分基本技法和規則都能追溯到此一時期，而本書的目的便是概述這西方占星學最初的傳統。

　　自羅馬帝國時代以來，占星學已經歷過許多不同語言和文化的轉譯。在某些方面，希臘占星學與現代占星學有許多相似之處，特別是詮釋星盤時納入行星、黃道星座、相位以及十二宮位的四重系統，這種方法在西元前一世紀左右的希臘化時期首次出現，並且至今仍是西方占星學的核心特徵。正如我們將看到的，現代占星師將許多含義與性質歸因於占星盤中的不同構成要素，這些最初是由生活在西元一世紀左右的占星家所定義。回顧其中一些概念的起源，可以幫助占星師去理解這些技術的由來、它們最初如何發展，以及在某些情況下，可以如何更有效地將它們運用於今日。

　　儘管，希臘占星學與當今主流的現代占星學所實踐的類型有些相似之處，但在許多重要方面依舊相當不同，其中一些差異與過去兩千多年占星學的傳播，以及每一次該系統被翻譯成另一種語言時所發生的變化有關。每當占星學傳播到另一個地方時都會發生變化，如增添一些新的概念，有些則丟失了。翻譯本身就是一門不完美的藝術，在過去手抄書的時代更是複雜，有些時代甚至只有少數的早期文本留存下來，因此，當今復興希臘化時期占

星學的部分目的，即是繞過昔日數百年所積累的占星傳統，藉由分析留存文本的記載，直接回顧最早版本的西方占星學。人們通常會發現，該系統並非比較簡單或粗疏，恰恰相反的：我們發現了許多在數十世紀以來傳播過程中佚失的重要且強大的技術。雖然這並未否定近代占星傳統的重要發展，但它確實迫使我們放棄這樣的假設——當代占星學是該學術線性發展的結果，並最終形塑了它今日的樣貌。在過去二十年，參與復興希臘化時期占星學的占星家之間反覆出現的一個話題是，他們意識到——占星學在傳播過程中丟失了一些我們甚至不知道已經遺失的內容，在某些案例中，這些技術甚至可以運用在我們從未認為可行的事情。

本書的目的，是概述希臘化時期占星學的歷史、哲學和技法。由於本書是現代最早提及這方面主題的作品之一，我覺得有必要嘗試寫一些可以為未來的研究提供廣泛基礎的內容。雖然本書的篇幅和範圍可能令人誤以為它是一部關於該主題全面且完整的著作，但實際上僅是對此一浩大領域的導論，有許多部分不得不完全省略，或只能作最簡短的介紹。因此，它是未來研究的起點，意旨在引導讀者進入該主題，並且能夠獨立涉獵一些該傳統最古老的源語文本。藉由提供有助於定向與脈絡化閱讀的指引，我期待能激發人們進一步研究該主題的興趣，並且使目前已完成的一些研究更容易被理解。

我的主要目標讀者是有興趣瞭解希臘占星實踐的占星師，不過，我希望專門研究古代歷史或哲學的人也能夠在本書中找到一些有價值的內容。在撰寫本書的實務章節時，我陷入了兩難，一方面想要純然編錄關於希臘占星學如何被運用的歷史調查，另一方面又想基於我過去十年的實務經驗，撰述一部關於現代占星師可以如何運用這些技法的指導手冊。當執業者撰寫一部通常為學術性史學背景所研究的主題時，經常會面臨這類潛在問題，然而，我相信作為一名執業占星師的觀點，在某些情況下反而是個有利的條件，那能讓我以認真的態度檢閱資料；倘若我不認為這些資料具有實用價值或效力，則可能無法認真看待。我試圖盡可能在我作為歷史學家和占星師的角色之間取得平衡，儘管我可能在不同的點上，時而關注歷史問題，時而關注實務操作，但是，當我就個人經驗談論某些技法時，我會格外留心。在實務章節，

我的目標是演示這些技法——如何依循古代文本的指示運用於現代。而在大多數案例中，我對古代文本的忠誠將是顯而易見。歸根結底，作為占星師，我的首要目的是重振已消逝數十世紀的占星傳統，並將它與當代占星師重新連結起來；事實上，在現代，一個人能夠理解並實踐希臘化時期占星學的真實形式至多大程度，將是本書成功與否的首要試金石。

話雖如此，首先我得承認，復興希臘化時期占星學的實踐需要投入大量的重建，然而目前僅有相對少量的古代占星文本留存至今，其中許多又已是毀損或殘缺不全。沒有任何單一文本可以含括所有內容，文本中經常使用尚未明確定義的技術用語，且少有示例。有時我們可以比較不同作者使用相同術語或技法的差異，然後根據他們的相同看法來更好地理解，而有時這些比較會突顯傳統中不同作者以不同方式使用相同概念的差異。留存的文本具有顯著的連貫性和多樣性，因此我會將希臘化時期占星學交替稱作一個系統或一項傳統。這是因為在某些情況下，我們正在重建一個由許多不同占星家所共有卻失傳的系統，而在其他時候，我們只是記錄數十世紀以來由不同的一群人，依不同方式實踐的一項悠久的占星傳統。重要的是，要能夠同等看重一致性和多樣性的領域，而不過分強調其一。

這就是為什麼為了恢復這些技法需要對傳統的歷史背景有所瞭解，因為它提供了關於誰使用了哪些方法的關鍵訊息，並且在得出任何實踐的結論之前，必須進行漫長的文本分析過程。幸運的是，在過去一世紀裡，語言學家和其他學術史學家已經為許多研究奠定了基礎，直到近二十年，占星界的一些人才開始探索這些資料。本書與眾不同之處在於它是針對此一主題，為現代一般占星師讀者所撰寫的首批研究之一。雖說復興希臘化時期占星實踐也是目標之一，但必須承認，我們的資料並不完整，任何論述都受限於已知可用的文本，以及我們對這些文本的解釋。在某些情況下，研究希臘化時期占星學並試圖重建其實踐的人，會對原文描述的意涵得出不同的結論，有時，這也致使現代發展出不同方法的希臘占星學。這是一個在傳承和復興古老傳統過程中的自然現象，也是過去幾千年裡歷代眾多占星家所經歷的過程。我們或許無法完整重現希臘化時期占星學曾經的樣貌，但可以盡量接近原貌，

只要我們力求嚴謹，審慎考量，即便只有一小部分，也能真正成功地將古代傳統與現代重新連結。我為本書訂定的目標是，盡我的理解：(1) 講述何為希臘占星學、它的起源，以及當時如何被運用；(2) 示範如何在今日再次運用它。

本書假定讀者對現代占星學已有一定程度的認識，儘管部分目的是探索西方占星學的基本原理，但我希望它也可以就占星學的整體主題，作為一本相當實用的介紹。在過去二十年裡，接觸希臘化時期占星學令人興奮的部分原因在於，它要麼代表了與現代占星學的徹底背離，要麼讓占星師能夠對那些長期以來視為理所當然的技法，深入理解其起源和概念動機。當今占星師使用許多技法，但未必真正理解它們的由來，它們如何發展而來？最初的概念動機為何？為什麼某些事情應作此解？在希臘化時期占星學當中，我們找到了許多問題的答案，儘管有時在此過程中，須從根本上修正一個人占星實踐的方法，有時甚至需要忘卻作為一位占星師曾經習得並視為理所當然的概念。雖然對一些占星師來說，過程難免艱辛，甚至感到迷惘，但好處是可以大幅提升解盤的能力。當然，「什麼是占星學？」或「它是如何運作？」對於這些毫無預設想法的讀者而言，可能不會對本書中的一些觀點感到震撼；但是，你將處於令人羨慕的優勢，因為你可以從頭開始學習，而無需去忘記各種別人視為理所當然的前提。無論你是哪種類型的讀者，我們所採取的方式就是——直指西方占星學最古老傳統中所有主要概念的原始基礎核心。

在現代，復興希臘占星學的另一個挑戰是，許多希臘文和拉丁文的術語在現代占星學中並無對應的詞彙，這時就需要導入新的英文術語以便在討論這些古老技法時使用。此外，現代占星學也可能已經存在與古代概念相關的術語，我們可以選擇使用現代術語，或提出一個全新的術語。這在過去幾十年裡一直是個不確定的領域，有些譯者選擇為希臘占星學近乎所有的概念導入全新的術語，以充分傳達原始語言的所有微妙之處和細微差異，但是這對現代讀者而言，有時反而變得晦澀難懂；其他譯者則是盡可能直接採用現代術語，以便使古代文本更容易被理解，然而在某些情況下，當現代術語不能準確傳達原始概念時，反而會掩蓋文本背後原始的意涵。我嘗試在兩種極端

之間取得平衡，只在必要時導入新的技法術語，若我認為現代術語的含義已
充分接近原意時，則採取沿用。我的一貫原則是，除非導入一個新的術語可
以顯著地增益其概念的理解，否則沒有必要另造新詞。

　　話雖如此，從現代占星師的角度來看，研讀希臘占星學仍必須學習許多
新的術語，而針對我為何提出或選擇一個新詞來演繹某些概念，將有許多延
伸的探討。由於本書的部分目的是將希臘化時期占星學推向當代占星實踐的
主流，因此選擇字詞時，在表達希臘原文術語意涵，以及使占星師耳熟能詳
（而非罕聞）之間，我嘗試取得平衡。羅伯特・史密特就希臘化時期占星學
術語的選用上已經過一番深思熟慮，因此在多數情況下我都採用他首先提出
的翻譯，然而，有些地方我與史密特的看法不同，因此導入了我自己的翻
譯。雖然擔心同一概念有多重術語，但我相信，當這些技法在現代實踐中變
得習以為常時，占星界最終會自行解決這些問題。

　　本書的重要論點之一：希臘化時期占星學最初的核心是運用天象設計出
一套複雜的系統以研究個人的命運，不只包括一個人的性格或心理層面，還
包括他們生命中具體的外部環境和發生的事件。它令人著迷之處，不僅在於
古代世界的人何以作出如此令人難以置信的嘗試──設計一套研究命運的
系統，而且他們成功了，這套系統確實有效。

　　本書的前幾篇章節講述這套系統的發展史、實踐的時間段，以及占星家
們，即我們復興此一系統的主要來源。接下來的章節是關於古代占星實踐的
一些哲學議題，包括命定的作用及其概念化的討論。然後是對占星學基本概
念進行延伸性的概述，重點將集中介紹行星、星座、相位和宮位的四重系
統。在這些章節之後，是一長篇而複雜、關於不同宮位制劃分方法起源的論
說文。在現代，相關主題的爭辯仍持續不斷，因此有其必要。

　　之後，我們將開始討論解讀誕生星盤和綜合不同行星配置的中階技法，
這使我們能夠闡述個人生命中一些最顯著的特徵。最後，在本書的結尾，我
們將討論一些基本和進階的行運技法──在希臘化時期的傳統中稱之為時

間主星系統——用於判定誕生星盤中所暗示的事件，以及何時會顯化於個人的生命之中。

在技法章節中，本書提供了許多星盤案例以應證不同技法的實務運用，同時我也嘗試使用當代名人以及我諮詢過的個案星盤。雖然使用任一類別都有其優缺點，但在這些章節中，我主要依循希臘化時期的作法，即在指導手冊收錄知名與非知名人士的星盤。為此，我試圖仿效古代手冊呈現星盤案例的方式，尤其是根據西元二世紀占星家維第斯·瓦倫斯（Vettius Valens）為其學生編寫的教學文本。

此作法的目的不僅是為了演繹如何運用這些技法，部分原因也是為了重現這些技法在古代指導手冊中的呈現方式，從而為讀者日後自行閱讀文本作準備。雖然與現代作法相比，有時稍嫌繁瑣，但我希望這有助於創造一種更為真實且身臨其境的體驗。

當人們開始研習古代占星家的教學文本時，最感到驚訝的發現之一是現代的生活與古時候竟是出奇地相似。當今人們所關切的生活議題，萬變不離其宗，這也是何以發明於兩千多年前，用於研究個人命運的系統至今仍然實用的原因之一。事實上，發明於希臘化時期的占星系統在清晰闡明人生的基本面向是如此具有說服力，以至於某些部分歷經了兩千年仍得以留存。

雖然這套系統僅有部分保存到現代，如今卻有機會恢復其餘的部分，從而使古代和現代的傳統重新結合。透過回顧過去，我們可以為未來創造更好的占星學。

審定序

———————— ❁ ————————

　　歷時五年，智者星象學院編譯團隊，終於將二十一世紀最重要的古典占星巨作之一——《希臘占星學》（*Hellenistic Astrology*）中文版——送達各位的手中，得以參與此一占星學界之盛事，我們無不深感榮幸而兢兢業業；作為編譯團隊主持人與譯稿審定，除了感謝作者克里斯的信任與託付，也感謝商周出版社總編輯若文與編輯 Mandy 的全力支持，使我們終於實現將本書送進華文圖書館的承諾與鴻志。

　　克里斯在華文占星界已享譽盛名，為延續本書英文版出版之際，全球各地占星師深感收穫而主動推薦的熱烈盛況，經與商周出版社討論，中文版的推薦繼續交由華文占星界所有受惠於本書的讀者接棒回饋最為合適。因此，本序言我僅就編譯團隊主持人與本書最終審定的角色，談談我與本書的因緣，編譯團隊在翻譯過程中面臨的困難，最終我們對於中文翻譯字詞的選用原則以及編輯的考量，以作為紀錄；關於如何更有效地從本書有所獲得，我將就個人意見另作〈閱讀指引〉。

山迴路轉・因緣際會

　　回想初次知曉克里斯這位人物，已將近十四年，相識過程又與美國開普勒占星學院有著深厚奇妙的因緣。本書中文版彷彿是我們在實踐占星學的路上各自向左走、向右走之後，繞了半圈的交會。

　　二〇〇五年冬，我與占星學意外重逢而開始自學，隔年夏天首次得知美國開普勒占星學院，當時克里斯於該學院就讀，從現代心理占星學出發的

他，正回頭走向古代占星學的起源，而那時的我，礙於時空因素無法赴美研讀，與他就此擦身而過。之後，我有幸在華文古典占星名家秦瑞生老師的門下，受其啟蒙，並自此以占星師為職志。

二〇〇九年春夏，我開始撰寫部落格，正為第一篇文章：「什麼是占星學？」補充一些歷史資料時，偶然搜尋到克里斯的相關文章。猶記當時相片裡的他——年輕、帶著眼鏡，看起來有些青澀，但讀著他的文章，我彷彿星探發現了明日之星，暗嘆：「此人將來絕非池中之物。」此後，他的網站成為我不時造訪的文庫，同時間，我亦埋首於其他古典與現代占星名家的文章與書籍，獨自持續進修。

二〇一二年春，當我深陷瓶頸，苦思該如何將看似武斷的古典占星與現代心理靈魂占星作有效整合與詮釋時，發現開普勒占星學院已經改制為線上認證課程，並以現代占星為導向，於是執業多年的我仍下定決心，懷著空杯的心態開始在該學院進修，且慢慢開始有了突破。二〇一三年秋，透過學院講師輾轉得知克里斯開設了《希臘占星學》的課程，於是在二〇一四年，終於與克里斯以師生的身分交會——他是師、我是生。

歷時十年・集大成者

儘管在成為克里斯的學生以前，無論是托勒密的《占星四書》（Ptolemy, *Tetrabiblos*）、都勒斯的《占星詩集》（Dorotheus of Sidon, *Carmen Astrologicum*）或維第斯・瓦倫斯的《占星選集》（Vettius Valens, *Anthology*）等，舉凡當代古典占星師個人網站或網路書店可搜刮的古典占星書籍皆已逐年納進我的書庫，呈現已理解或待理解的狀態，但當時的我所遇到的另一瓶頸是，對於歷代占星家的見解差異，懷有強烈的不確信感，以及單憑有限資源而難以通盤考察的無力感，相較於基本教義的引述，我變得更加重視基於大量案例測試與實務驗證的革新方向。

正因如此，當我登入到克里斯的《希臘占星學》課程時，既是驚嚇，又

是驚喜；驚嚇的是，赫見多位年屆七旬的現代占星師同為學生，令我不禁訝異：「這裡發生了什麼事？」驚喜的是，儘管克里斯在他的網站上已經分享為數不少的文章資料，但進入課程專區後才驚覺，這次真是挖到寶了。難以計數的影音視頻和文獻資料，經過梳理驗證的實用技法與觀念，這些對我個人的占星研究與實踐，無疑帶來了另一次重大突破的契機，幫助我迅速統整原先散落的知識片段，使我對西元七世紀以前古代占星學有了更清晰的視野，而且我深深感受到，克里斯為復興古代占星傳統並帶往未來的那股非常純粹的熱情；就理念而言，正是同路中人，十分令人敬佩。

本書英文版於二〇一七年春出版，涵蓋的範圍內容，正是克里斯跟隨迪米特拉·喬治以及他在「後見之明計畫」總部，跟隨羅伯特·史密斯和艾倫·布萊克，歷時十年潛心研究的集大成之作，亦可說是他精煉濃縮版的《希臘占星學》課程。因期盼華文讀者也能閱讀到中文版，我與他在二〇一八年芝加哥 UAC 占星年會正式見面（初次見面是二〇一五年 NORWAC 占星年會）、二〇一九年 NCGR 巴爾的摩占星年會洽談提議，從出版提案到簽約定案是兩年，著手翻譯到完成審定又近兩年，說明我們對本書的重視，絕非僅只翻譯一本書籍，而是傳播一份志業的使命感，如今中文版終於在二〇二三年問世。

編譯團隊·堅強陣容

單看本書的厚實與涵蓋範圍，便可知道這不是一般的英文譯者，或單憑占星師一己之力就能完成的翻譯工作，我們需要在不同程度兼備占星學和英文能力、又各具專長或特殊能力的特質，並在必要時能相互補位協助的編譯團隊，因此編制上，本書編譯團隊為七人，五位固定成員及兩位支援成員。固定成員分別為：管理專業術語庫的瑩穎，專案統籌與校潤編輯的淑菁，英語系專長的黛西和專業譯者呂卿，而我則是專責合約窗口、為占星技術內容的正確度把關及譯稿的最終審定；支援成員有中文系專長的小芝老師與彥宸，兩位在臨近完成階段皆提供了相當重要關鍵的支援。

　　如此陣容堅強的團隊，缺一不可，在此除了感謝所有成員堅持不懈的努力與相互支持，更要特別感謝淑菁，在我身兼學院院長與 NCGR 台灣分會會長的多重角色中，為我承擔起非常多的管理職責，沒有淑菁為大家梳理追蹤每個細節，本書中文版幾乎難以實現。

中英翻譯・選字原則

　　翻譯專案開案後，我們首當其衝面臨的第一個問題是：兩岸三地華文領域中非常混亂的術語譯詞，相同的英文原文，卻有各家不同的翻譯字詞；雖然英美兩地的占星學領域也有類似的問題，但相對統一多了。對此，我們雖然可以採取「讓後世自行解決」的消極辦法，但想到初入門的占星學子在面對此等混亂情況該有多辛苦，作為過來人，我希望能夠採取較為積極的解決方式，其一便是在這序文中記錄下我們選用字詞的原則，並期盼未來能夠逐步獲得業界的響應與合作。

　　關於中文翻譯字詞的選用原則大抵如下：

（1）古代占星家或近代占星師的譯名：依據繁體中文維基百科的中文名稱作為首選，若無，則依據已出版之中文版書籍選用的名字作為次要選擇。

（2）歷史地名與人物等譯名：依據聖經中文和合本作為首選，若無，依據繁體中文維基百科的中文名稱作為次要選擇。

（3）參考書籍名稱：依據已出版之中文版書籍選用的名稱作為首選，若無，則依原文意思翻譯，如遇原文書名語意不詳，則採音譯。凡未有中文版出版者，皆於書中第一次出現時，標註「暫譯」。

（4）占星專業術語：依據業界既有慣例或已出版之中文版書籍選用的字詞作為首選，並依據內文脈絡，於必要時另括弧標註原文作為

提示。如遇需新翻譯字詞或新造詞，則以迴避生活常用之名詞或動詞作為選詞或造詞的方向。

關於書名「希臘占星學」

本書的中文書名《希臘占星學》是經由我與作者克里斯討論的結果。英文原名 Hellenistic Astrology，依據作者在第二章對它的定義：從西元前一世紀至西元七世紀期間，兼容希羅時期占星傳統，實踐於地中海地區的天宮圖占星學，本應譯作「希臘化時期占星學」，但鑑於本書中文版出版前，「希臘占星學」和「希占」等用詞在華文領域和網域已漸成慣例，故將本書定名為「希臘占星學」，而各章節內文則依據內容脈絡之必要性與流暢度，交替使用「希臘化時期占星學」或「希臘化占星學」。此外，大部分的內文中，作者亦經常使用 the Hellenistic tradition，譯作「希臘化傳統」或「希臘化占星傳統」，上述詞義皆指「希臘化時期占星學」。

副標題「命定與吉凶的研究」

本書副標題 The Study of Fate and Fortune，譯作〈命定與吉凶的研究〉。其 fortune 一般譯作財富、幸運、機會、際遇或運氣等，經與克里斯及語言學博士杰弗里‧科蒂克（Jeffrey Kotyk）討論的結果，譯為「吉凶」，除了符合華人玄學術數領域的「測吉凶」，且更進一步反映希臘化時期占星學其定義吉凶星、吉凶宮、吉凶狀態等技術內涵的特徵。

占星術語的翻譯

關於占星術語的部分，我們雖然盡可能依據選用原則，沿用已出版的古典占星書籍以避免同字多譯所帶給占星研習者的困擾，但部分時候基於更多考量，亦得有所取捨與調整。以下採用秦瑞生老師於二〇〇三年出版之《占星學》上下二冊作為慣例基準，加之現今其他已出版之中文版占星書籍作為斟酌，說明譯詞選用的理由或處理方式。關於各術語的含義解釋，請同時參

見書末的〈名詞釋義〉。

（1）culminating、midheaven 與 zenith：此三者於天文學的定義絕對不同，對於占星研習者在理解天宮圖發展成形的過程，認知其中的不同尤為重要：

1. culminating：泛指任一星體依其運行路徑，來到觀測者上空的至高處，譯作「至高點」；與之相反的 anti-culminating 譯作「反至高點」。

2. Midheaven 或 *Medium Coeli*（縮寫 MC）：指黃道與子午經圈相交的點，譯作「上中天」；與之相反的 *Imum Coeli*（縮寫 IC）譯作「下中天」。

3. zenith：指觀測者所在位置天球正上方的頂點，譯作「天頂」；與之相反的天球底點 nadir 譯作「天底」。

（2）whole sign houses：原慣例譯名為「整個星座宮位制」，但鑑於「整宮制」一詞已是近年新慣例，且便於溝通，故採用之。

（3）place：黃道十二個區域，相當於現代的「宮位」（house），一般譯作「地方」，但此二字為中文口語中的常用字，易造成溝通上的誤解，故取「區位」翻譯。

（4）angle、angular 與 angularity：此三字為同一術語，但在不同語境下，強調不同意涵：

1. angle（複數 angles）：在現代占星學中，此一術語即為軸點（四軸點），指黃道與地平線相交的上升點和下降點，以及黃道與子午經線相交的上中天與下中天；但在天宮圖成形階段的希臘

化時期，angle 或 angles 主要指整宮制的第一、四、七、十區位，又稱「樞軸」（pivot）。

2. angular 與 angularity：相較於 angle，此二字傾向形容詞的表現形式，形容在尖端的、在頂端的，或說位在相對角位的，故譯作「尖軸」，而 angular triads 則延伸譯作「尖軸三合」。

（5）succedent place、angular place、decline place：此三組詞彙，即為尖軸三合所包含的三個區位，以尖軸區位為中心，分別對應「接續區位」、「尖軸區位」以及「衰落區位」，相當於占星學慣例所稱的「續宮」、「始宮」及「果宮」。
關於 decline place，近年亦見其他譯詞，但為了突顯行星位在此區位傾向「失去活力」、「無法運作」，故譯為「衰落區位」。

（6）sect：慣例譯作「區分」，意指區別日／夜間盤，但「區分」是常用動詞，故另取名詞譯為「區間」，藉此更直接對應日間與夜間的區別。因此，當行星適其星盤區間時，譯為「在區間內」，反之譯為「在區間外」。
另留意到，本書第七章曾提及 *hayyiz*（或 *hayz*），此一字詞源自中世紀時期占星傳統，原意與 sect 相同，但就區間內或區間外的認定條件，與希臘化時期的占星傳統略有不同。基於字詞本身的意義相同，未來如遇二詞同時出現的情況，將以區間（sect）和區間（*hayz*）特別標示，避免另造新詞。

（7）ruler、lord 與 master：在西方占星學中，此三字皆有「具有主管權的行星」之意，即行星對星座、或宮位、或其他行星、或星盤或特定的占星因子具有特定條件的支配力量，通常譯作「主星」、「主宰星」、「支配星」或「守護星」等，然而鑒於三者的基本意涵是共通的，本書著重單一採用「主星」翻譯。

（8）domicile、exaltation、depression（或 fall）與 detriment：沿用慣例，
這四個字與行星的星座主管權（rulership）有關，分別為必然尊
貴（essential dignity）的廟（domicile）和旺（exaltation），以及
必然無力的弱（depression）和陷（detriment）。

當形容行星位在其星座的狀態時，譯作「入廟」、「入旺」、「入弱」
和「落陷」，例如：太陽入廟獅子座、月亮入旺金牛座、木星入弱
摩羯座、水星落陷雙魚座。當強調行星對特定星座的主管權或所有
權時，以所居地位的「位」調整，即「廟位」、「旺位」、「弱位」、
「陷位」，例如：雙魚座是金星的旺位，巨蟹座是月亮的廟位；同整
宮制概念「宮」的用法，如「廟宮」、「旺宮」、「弱宮」和「陷宮」。

（9）triplicities、triplicity 與 triplicity rulers（或 trigon lords）：此三字
彼此具有高度相關性，依慣例分別譯作「三方星座」、「三分性」
及「三分性主星」。三方星座即為現代占星的元素星座，每一元
素包含三個星座，例如：火象星座包含白羊座、獅子座及射手座，
彼此的整星座相位連成一個大三角，因此彼此具有「三分性」的
關係。古代占星家依據日夜區間，為此三分性各分配了三顆三分
性主星：日夜各一顆以及第三顆作為協作主星。

特別說明：為了便於口語溝通且日後順利銜接中世紀時期以後的
占星傳統，在智者星象學院的課程中，依據星盤的區間，採用一
主、次、末一分別稱呼三顆三分性主星，例如日間盤，則稱「日
間的主三分性主星」（簡稱日間主三分）、「日間的次三分性主星」
（簡稱日間次三分）和「末三分性主星」（簡稱末三分），但由
於本書著重希臘化時期的用法，將第三顆的三分性主星視為具有
不分區間的共通輔助性質，故在本書中，當原文出現 cooperating
ruler 時，翻譯為「協作主星」。

（10）decan 與 face：此二字皆指黃道星座每十度劃分的子區間，為不
同時期來源文本的英文譯詞。按天文數理定義雖為「十度」，但
此譯詞極易造成描述或溝通上的混淆，例如：「太陽位在金牛座

10 度,十度主星是水星」；此外,該譯詞多少遺失了埃及每十天刻劃一神祇樣貌作為守護的文化內涵,故斟酌後決定沿用慣例,譯為「外觀」。近年西方占星學界已有減少使用 face 一詞的趨勢,未來如遇二詞同時出現的情況,將以外觀(decan)和外觀(face)特別標示,避免另造新詞。

(11) bounds、terms 與 confines:此三字皆指每一黃道星座之不等距劃分的五個子區間,分別是不同時期來源文本或譯者的英文譯詞,為避免觀念混淆,中文皆以慣例「界」翻譯。近年西方占星學界以使用 bounds 為主流,未來如遇同時出現的情況,將以界(bounds)、界(terms)和界(confines)特別標示,避免另造新詞。

(12) predominator、the Master of the Nativity 以 及 Lord of the Nativity:這三組詞彙的定義各不相同。本書中雖然未針對這三個術語有深入探討,但為了避免未來發生更多的訛誤,故稍作說明。

1. predominator,譯作「生命主星」,為中世紀字詞 *Haylāj*、*Hylech*,亦等同於 Hyleg、Apheta、Alpheta 或 Prorogator of Life,其定義是「生命的給予者」,為推估壽命的占星技術中最基礎重要的占星因子,其備選的五個生命因子包括:太陽、月亮、上升點、幸運點及出生前月相(Syzygy 或 Pre-natal Moon)。

2. the Master of the Nativity,譯作「壽主星」,即為中世紀字詞 *kadhkhudāh* 或 *al-kadhudāh*,亦為英文 Alcocoden 或 Alchocoden,其定義是「壽長的給予者」,在推估壽命的占星技術中,其重要程度僅次 predominator;意即須先找出命主的生命主星,才能找出對應的壽主星。
二者相關的重要觀念在於,生命主星執掌生命本體,而壽主星執掌生命的長度;生命主星需要得到壽主星的支持才能夠延續。

3. Lord of the Nativity，譯作「勝利星」，即為中世紀詞語 *al-mubtazz*，英文 Almuten 或 Victor，其主要定義是：在特定宮位或特定占星因子的所在位置獲得最多尊貴的行星，藉此推估該行星對該宮位事項或特定的占星因子具有最強的影響力；相同概念可擴及整張星盤，找出星盤中獲得最多尊貴的行星，藉此推估該行星對命主（或整張星盤）的影響。另有譯詞「最強主星」，但此一詞彙屬於常用詞，故不採用。

（13）bonification 與 maltreatment：此二字為希臘化時期占星學的重要技法觀念之一，在二〇一九年出版的《占星與真我》中譯本首次分別譯作「獎賞」與「虐治」。其中，「虐治」為新造詞，藉以迴避常用詞「虐待」。詳細定義請見本書內的相關章節。

（14）upon the tenth 與 overcoming：此二字略有相似的情境，但定義不同。

1. upon the tenth：譯作「高居十座」，其定義是當一行星位在另一行星所在星座起算第十個星座時。在此情況中，右方行星較左方行星更具有優勢，因此另造新詞「高居十座」（高居第十個星座）以突顯其狀態。

2. overcoming：譯作「凌駕」，其定義是當一行星位在另一行星的右方，且彼此具有任一星座相位，即可視為右方行星對左方行星具有相對優勢的主導力量。
   在二〇一九年出版的《占星與真我》中譯本首次將 overcoming 譯作「壓制」，但此二字似乎較偏向負面解釋；近年另有譯作「支配」，但此二字是描述主星力量與支配權的常用語，故本書另取「凌駕」翻譯，藉以突顯右方行星其所在位置較高或黃道星座較前的客觀狀態，並保留左方行星以「射線攻擊」（striking with a ray）的可能。此外，就意象上「凌駕」可與「高居十座」及「戰車」（chariot）做最佳的連結。

例如：太陽與火星在白羊座會合，火星雖然受到太陽焦傷，但因入廟而免除其害，反而，它猶如在自己的火焰戰車上。此時，日火若四分相入相位木星巨蟹，那麼，日火不僅高居十座，而且駕著戰車凌駕或駕馭木星，假想木星是一匹馬，而火星又是日間凶星，那麼這匹馬將真正受到火星的支配，並被火星以虐治的方式對待。

假設情況反過來，日木在巨蟹座會合，木星因入旺而猶如在戰車上，但火星在天秤座四分相入相位日木，那麼此時就算木星駕著戰車凌駕火星，火星卻會以射線攻擊來回擊木星，呈現不受管束、翻車的可能。

（15）star、stars 與 fixed star：此三字皆為天文學所稱的「天體」或「星體」，在占星學中，fixed star 一詞特指「恆星」。本書原文經常出現 star 或 stars，因此，當內文脈絡並未特指恆星或行星時，統一譯作「星體」或「星辰」，如有指涉行星時，譯作「行星」，指涉恆星時，譯作「恆星」。

其他字詞的翻譯

（1）代名詞：古代將天上星體視為神祇，並以陰性詞彙指稱女神，例如 lady 或 her。本書涉及神祇時，皆以「祂」代稱；而泛指星體時，則以「它」代稱。

（2）暫譯書名：在本書出版之際，未有中文譯本之參考著作，皆以暫譯名稱作區別，並在首次出現時，於原文書名後加註「暫譯」，且於註釋及參考書目保留原文資訊，以供讀者或未來其他譯者追蹤來源之用。

（3）同名著作：現存的希臘化時期占星家的著作中，有許多同名著作，但同樣未有中文譯本出版，故於本書暫譯名稱作為區別如下：

1. 同以 *Summary* 為名的殘稿，安提阿古斯（Antiochus）之作譯為《概要》，斯拉蘇盧斯（Thrasyllus）之作譯為《摘要》。

2. 同以 *Apotelesmatika* 為名的著作，曼內托（Manetho）之作譯為《成果》，赫菲斯提歐（Hephaestio）之作譯為《結果》。托勒密的占星學著作最初稱為 *Apotelesmatika*，意思是「探詢（占星學）的結果」，不過後來它被更廣泛地稱為《占星四書》（*Tetrabiblos*）。

3. 同以 *Introduction* 為名的著作，包路斯（Paulus）之作稱為《緒論》，波菲（Porphyry）之作譯為《四書導論》，薩爾・伊本・畢雪（Sahl ibn Bishr）之作譯為《導言》。

4. 同以 *The Tablet，Pinax* 為名的著作，克里托迪莫斯（Critodemus）與斯拉蘇盧斯（Thrasyllus）的各別之作，皆音譯為《皮納克斯表》。

（4）來源出處不詳的著作：如 *Salmeschiniaka*，內容涉及七十二顆恆星，本書作者引述其外觀的運用。經與克里斯和杰弗里商討後，決定依據原文發音，暫譯為《薩爾梅斯基尼亞卡之書》。

編輯的考量

依出版業界的翻譯慣例，當內文首次出現人名、地名或專業術語時，將以括弧標示原文，例如：三分相位（trine）。然而，由於目前在華文占星界呈現術語譯詞混亂的現象，此外，在進入正文章節以前，許多重要人名或術語皆已出現在推薦序或導論等非正文的內容，因此，為了便於讀者在閱讀正文時，亦能透過英文標示增進對中文譯詞的辨識，經與商周出版社討論，我們決定採取較為特殊的編輯原則如下：

1. 本書第一至十八章及〈結語〉為一個範圍：原則上採正規標示方式，當人名、地名或專業術語首次出現時，括弧標示原文。但當重要術語再次

出現於相關內文時，為使讀者能夠加深印象而無須前後翻查，將再次括弧標示原文。

2. 〈附錄：星盤與生時資訊〉、〈時間軸〉與〈名詞釋義〉：所有人名、地名、專業術語或著作名稱，皆以括弧標示原文。

3. 其他〈推薦序〉、〈致謝〉、〈導論〉、〈審定序〉以及〈閱讀指引〉為一個範圍，採正規標示方式，當人名、地名或專業術語首次出現時，括弧標示原文。

關於英文版的〈索引〉（index），考量到無論以英文排序，或注音、或拼音、或筆畫排序，在當今術語譯詞混亂的情況下，都難以呈現條理分明的便利性；此外，對於重要書籍同時購買紙本書與電子書的占星研習者，已有日益漸增的趨勢，而電子書的搜索功能，最能滿足有索引閱讀習慣的讀者，因此決定在中文版取消此一部分。

儘管如此，本書從封面開始，我們堅持保留與英文原版一樣的設計：幸運女神和命運之輪，以及在每一章節的封頁置入作者克里斯的網站標誌。我們也將〈審定序〉和〈閱讀指引〉編排在現在的位置，並將〈譯者簡介〉編排在封底內頁，除了表示對作者的尊重與敬意，也希望能讓華文讀者有近似原版的閱讀體驗，且更進一步地加深讀者與克里斯的連結，彷若他就在你眼前，與你暢談他在研究希臘化時期占星學時的種種發現。

傳統智慧‧光華再現

自一九九二年，羅伯特‧史密特、艾倫‧布萊克、羅伯特‧左拉（Robert Zoller）、羅伯特‧漢德發起「後見之明計畫」以來，經由翻譯古籍播下復興古典占星的種子，讓許多占星師陸續投入希臘化時期占星學的領域，包括約瑟夫‧克蘭（Joseph Crane），迪米特拉‧喬治等，然而今日，看似老派的希臘占星學，竟然能夠在西方占星學界以如此短的時間，於年輕世代間

爆炸式地廣泛普及，並且成為重量級學說，同為一路走來的研習者與觀察者，我親眼見證克里斯持續不斷地努力與蛻變，更見證他的功不可沒——他在國際占星年會的演講不僅場場座無虛席（走道、角落盡是席地而坐的聽眾），他與他的團隊更是透過占星播客（The Astrology Podcast）不斷在YouTube平台無私分享關於占星學的一切——包括歷史、哲學、技法等，他所開設的課程，其合理價格和豐富內容足以證明他始終如一的本心，這些不僅是我，更是他在華人占星界眾多學員與持續關注他的占星師們有目共睹。克里斯，他實質性地改變或平衡了西方占星界自艾倫‧里奧（Alan Leo）與丹‧魯迪海爾（Dane Rudhyar），近百年來以心理靈魂占星學為主要導向的學術生態，並且讓大家看到、理解到，古代占星傳統的實用價值。

再次地，能夠參與復興古代占星傳統之盛事，編譯團隊的我們都與有榮焉且更是戰戰兢兢，我們深知這不是如小說般，能夠讓編譯者展現天馬行空文字創作的時候，我們最重要的任務是正確、精準傳達作者精心梳理與積累的所有知識內容，讓曾經遺失的古代占星智慧，也能夠在華文占星界的領域，光華再現。

再次感謝克里斯的信任與託付，也再次感謝商周出版社允許我們以特殊的標註及編輯方式，盡可能地為占星研習者帶來最佳的理解。

感謝編譯團隊的大家，我們終於走完五〇萬字了，各位辛苦了。

相信，我們真的能為占星學創造更好的未來。

瑪碁斯（Maki S. Zhai） C.A, NCGR-PAA
智者星象學院 院長
美國 NCGR 占星研究協會 台灣分會會長

閱讀指引

　　無論是《希臘占星學》的書名吸引了你，或是副標題〈命定與吉凶的研究〉震驚了你，當翻閱到這裡時，我想說的是——歡迎你，現在先讓我陪伴你走一小段路，與你分享如何閱讀本書，並找到可能適合你的研習方法。

　　本書歸類為古典占星學，內容厚實，範圍甚廣，涵蓋歷史、哲學與古代占星學，對於認真鑽研這門學問技術的中高階研習者與入門進階者而言，是一部值得典藏且終身受用的重要參考書籍。

　　閱讀本書前，如能對以下兩點有清晰的認識，將有助於展開對第一到六章的理解。

什麼是天宮圖占星學？

　　本書是以尋溯西方「天宮圖占星學」的起源為主旨，進而展開希臘化時期占星學的研究與論述。那麼，什麼是「天宮圖占星學」？白話來說，就是星盤上開始出現上升點（Ascendant）與十二宮位的占星學，它是一種紀錄天象資訊並加以運用的形式，而非一種占星學派。

　　過去由於文獻資料有限，傳播到華文占星領域的資料又更加稀少，致使大多數占星研習者在初入門時，只能讀到「占星學起源於蘇美文明…」或是「占星學起源於巴比倫…」等，進而猜想兩三千年前古代占星家所使用的星盤，看起來跟自己手上的星盤應該是一樣的；但實則不然，今日星盤上所包含的行星、星座、宮位、相位，並將之整合運用的「四重系統」，實際上到

了西元前一世紀的希臘化時期才算正式登場。

什麼是希臘占星學？

「希臘占星學」，正式名稱為「希臘化時期占星學」（請參見審定序的翻譯說明），意指以天宮圖的形式，出現在亞歷山大大帝東征之後的希臘化時期，並於西元前一世紀至西元七世紀，以埃及亞歷山大城為中心，盛行於地中海周圍區域的占星學。這裡的「希臘」，並非指希臘人或希臘文明，而是歷史學家所稱的希臘化時期。

希臘化時期占星學融合了美索不達米亞和埃及兩地的占星傳統，但又與之有別，在當時是一種新興的占星系統，並且深受古希臘哲學與數學的影響，是當今西方占星學的前身。然而，相較於過去百年來以心理靈魂占星為導向的現代占星學，希臘占星學則屬於一種純然的預測占星學。

給古典占星研習者的推薦

具備古典占星研習經驗的讀者，必能一眼識出本書內容豐碩的價值。過去因華文占星界能入手的古典占星資料非常有限，研習過程中，相對容易陷入單一占星家的說法，故特別推薦閱讀第二章〈關於傳統起源的古代觀點〉之〈傳奇創始者和偽經〉，以及第四章〈希臘化時期占星家〉，藉以調整原先的認知與思考方向，並擴充學技術的視野。

占星技法的部分，特別推薦第九章〈相位結構〉、第十章〈十二區位〉之〈尖軸三合〉以及第十四章〈獎賞與虐治條件的目的〉，藉由辨識行星於星盤中細部狀態的差異，增進判斷吉凶結果的能力。在流年行運的部分，特別推薦第十八章的〈黃道釋放法〉。

黃道釋放法是希臘化時期占星學的時間主星行運技法之一，在本書英文版出版以前，西方占星學界幾乎未見此一技法的相關討論，因此，作者雖然

僅以象徵個人事業發展的精神點（重要希臘點之一）作示範，但本書可說是
自「後見之明計畫」興起以來，第一本完整揭露該技法要訣的著作，彌足珍
貴。

　　對於古代占星學具深度研究興趣的研習者，除了作者在每一篇章的辯
證，書後的〈參考書目〉和每一章節後的〈註釋〉皆值得細細研究。此外，
由於大多數古代占星家都具有天文學家或數學家的背景，在本書以外研習天
宮圖數學與基礎天文，並親自體驗觀星活動，將有助於進一步深入古代占星
家的思路，理解其見解的緣由。

給現代占星研習者的建議

　　具備現代占星研習經驗的讀者，能透過研習本書的內容，提升判斷優劣
勢的能力，並有效地精煉其描述。然而在過程中，可能經驗兩大類型的過渡
期：一是關於命定與自由意志的哲學信念危機，一是從宮位制的選用開始，
需根本地改變原來的解盤方式。

　　關於命定論與自由意志論的爭論，兩千多年來從未止歇，多數原因在
於命定是否存在？如何證明存在？命定是否可以改變？或有多大程度可以
改變？作者克里斯最初是研習現代心理占星學，後來在接觸古代占星學時，
也曾經歷信念上的危機，因而深知在觀念轉換的過程中，可能經歷的思想困
境。

　　本書第六章〈希臘占星學的哲學議題〉，即是他從占卜的本質開始，探
討古希臘哲學家的思想，〈占星學的命定論〉以及〈四種哲學立場〉，非常
值得一讀。此外，也推薦閱讀他於書末的〈結語〉，一窺他現在對於命定論
的看法。

　　由於我個人也曾經歷那樣的信念危機，於此稍加分享對於命定論的看
法。希臘化時期占星學的重要特徵在於奠定今日四重占星系統的天宮圖占星

學，除了美索不達米亞與埃及的占星傳統，古希臘哲學的宇宙觀及自然科學是促其系統化的重要動力來源之一，意即自然界中本已存在生滅循環與相生相剋的原理及現象，「吉凶」二字僅是客觀反映或試圖加以區別理性現實中的優劣勢，因此，「命定」與「吉凶」的本意是為理性，轉換成現代心理占星學的用語，可以解釋為了解自身潛能的本質與優劣勢，且更進一步，將其視作接納自身內在或外在現實的過程，這與「自由意志」並無衝突──一個人的行為來自個人的選擇，而個人的選擇又源於性格的本質，當一個人越是了解並接納自己的客觀現實，生命的自由度就越大，就最終結果而言，與斯多葛學派的哲學立場亦無二致。因此，我個人非常推薦接觸了解斯多葛學派的生活哲學，更可加深理解並參與本書對命定與吉凶所討論的內容。

另一個過渡期是，從宮位制的選用開始，需根本地改變原來的解盤方式。希臘化時期占星學主要使用的是整宮制和星座相位，當你改變星盤上宮位系統和相位判斷的設定，並與原先象限宮位制的解盤結果相比，你將無可避免地經驗認知上的差異，甚至是矛盾。此時，推薦閱讀第十一章〈宮位制的議題〉，尤其是〈象限宮位制與活躍度〉；而就解盤的部分，建議先不自我設限於原先的認識，然後研習第七章〈行星〉以後的內容，其中尤以〈吉星與凶星〉和〈區間〉的章節最為重要，接著是第八章〈黃道星座〉之〈宇宙誕生圖〉和第九章〈相位結構〉。希臘化時期占星學的特徵之一，是依據日間生或夜間生的星盤取其區間光體（sect light）、最大吉星與最大凶星，這項區別的技法，對於解析一個人的生命中相對幸運的來源與相對感到困難的生活領域，是極為重要的解盤關鍵。

此刻的你，也許疑惑過往累積的現代占星研習經驗是否就得拋棄？又或者正面臨整合上的困擾，但這裡想與你分享的是，這一切都不需要擔心，你不是拋棄過去的累積，只是在研習古代占星學的此刻當下，先將過去的經驗暫時擱置一旁，它並不會消失。等到本書介紹的技法與觀念穩定之後，再開始思考如何整合的步驟即可。

以上僅就個人經驗提供閱讀本書的建議，希望多少能對你有所助益。

那麼，翻過這一頁，我們就正式啟航了，

一同　學習愉快　收穫滿載。

瑪碁斯（Maki S. Zhai）C.A, NCGR-PAA

智者星象學院 院長

美國 NCGR 占星研究協會 台灣分會會長

致凱蒂、維琦與比利。

從事預測未來和真理的人，獲得了自由而不被奴役的靈魂，不看重財富，不把自己託付於希望，也不懼怕死亡，而是透過訓練他們的靈魂變得自信，不畏風雨地過著他們的生活，好事臨門不會歡喜過頭，壞事臨頭也不會沮喪，而是對當前的一切感到滿足。那些不去渴望不可能的人，能夠透過自我約束來承受注定的事情；能遠離所有的歡樂或讚美，因而成為命運的戰士。

——維第斯·瓦倫斯
約西元一七五年

目 錄

第
一
章

美索不達米亞和埃及的早期占星學

第
二
章

希臘占星學的起源

第
三
章

占星學在羅馬帝國的運用

第
四
章

希臘化時期占星家

第五章

沒落與傳播

第六章

希臘占星學的哲學議題

第十章 十二區位

第十一章 宮位制的議題

第十二章 時標的廟主星

圖 表 目 錄

圖

表

星盤 1–120 的詳細資訊，參見第 703 頁附錄：星盤與生時資訊

美索不達米亞
和埃及的
早期占星學

美索不達米亞占星學

西方占星學的起源可溯及至大約四千年前的古代美索不達米亞，約略在現今的伊拉克[1]。大約此一時期，人們開始記錄關於天體運動和地球事件之間相關性的觀測結果。這些觀測結果通常依循公式「若 x，則 y」的條件語句，記錄成簡單的天體預兆。一條假設的天體預兆可能像這樣：「若出現蝕，則國王會死」[2]。以現代的討論形式而言，預兆的第一句稱為條件句，而第二句稱為結論句。美索不達米亞占星家開始使用稱為楔形文字的楔形字體，在微型的泥板上記錄了數百條此類的預兆。從現存許多文集中，最早可溯及古巴比倫時期（西元前二〇〇〇至前一六〇〇年）的月蝕預兆[3]。最後，累積了大量的天體預兆，占星家便開始彙編整理、標準化他們的藏品，其中最普遍為人所知的是《亞努恩尼勒史詩》（*Enūma Anu Enlil*，暫譯）[4]。

儘管這些占星預兆具有公式化的性質，但占星家並不一定認為天體事件和世俗事件之間存在直接的因果關係，反而認為天體預兆是諸神所發送的未來跡象或指示，而不是致使相關事件發生的原因[5]。星辰尤被視為是一種銘刻在天空中的「天書」，自然地，如同羅契柏格（Rochberg）所指出的，「星辰作為天書的概念，意味著它們具有被閱讀和詮釋的可能」[6]。因此，占星傳統在巴比倫最早的分類中被視為是一種語文，對於許多美索不達米亞的文明而言，它已成為眾神向世人傳達其意圖的語言之一[7]。

在當時，美索不達米亞所實行的占星學，僅限於現代占星師所稱的「世運占星學」（mundane astrology），是占星學的一門分支，聚焦城市和國家等群體，占星預兆被解讀為與整個國家有關的訊息，或者有時與世俗中作為國家代表的國王有關。這種與國家事務的連結使占星學成為國家支持的活動，最終，一群占星家便在國王的贊助下工作。占星學和天文學在此時是一體的，占星家既是天象的觀測者，也承擔解讀天象的職責。

占星學在美索不達米亞受到政府支持，文獻最為詳實的高峰期之一，似乎發生在西元前七世紀的新亞述帝國（the Neo-Assyrian Empire）統治時

期[8]。當時至少有十所不同的占星家「學院」分布於美索不達米亞的不同城市[9]。這些占星家學院由一群精英文人組成，他們直接為國王服務，定期向國王發送天文觀測和占星預測的信件和報告。我們對新亞述時期的占星學瞭解最多，因為這些占星家與國王以撒哈頓（Esarhaddon）和亞述巴尼拔（Ashurbanipal）之間的信件跟報告被保存了下來；該王朝於西元前七二一年至前六〇九年間佔領巴比倫地區[10]。

占星學發達所帶來的另一個好處，就是它為美索不達米亞人提供了動力去發展更為複雜的數學天文學。占星學最一開始完全是基於可目測觀察的天象，例如日蝕或是月暈，部分原因是美索不達米亞人缺乏計算未來或過去行星位置的能力。然而，經過幾個世紀的天象觀測，最終得以識別某些天體運動的循環和周期性，像是月亮每個月的周期或太陽每一年的周期。為了測定行星的位置，引領天文學中複雜數學模型的開發，進而又反過來帶動發展了更為繁複的占星技法和學說[11]。

西元前八世紀，美索不達米亞占星家－天文學家開始了一項科學計畫，每天仔細觀測可視行星並記錄它們的位置[12]。這些紀錄，在今日通常稱為《天文日記》（*Astronomical Diaries*，暫譯）或簡稱為《日記》（*Diaries*，暫譯）[13]。在接下來的幾個世紀裡，它們最終成為占星家參考的一種資料庫。

占星學的歷史，在隨後的幾個世紀裡有了幾項重大的進展。首先，波斯帝國阿契美尼德王朝（Achaemenid Persian Empire）在西元前六世紀崛起，其鼎盛時期，帝國版圖從地中海橫跨到中東，遠至印度最西端。早先文明所發起的天文計畫，如《日記》仍持續進行，只不過這一期間，占星學似乎發生了某種的去中心化。這或許顯示了在波斯國王的統治下，占星家所獲得的支持已不如以往。

到了西元前五世紀，黃道帶（zodiac）已經標準化，由十二個星座組成，每個星座各佔 30 度整[14]。在此之前，黃道星座的長度不均，因為落在黃道（ecliptic）上的星宿（constellations）大小不一，有些非常大（例如處女座），

有些相對較小（例如巨蟹座）。雖然美索不達米亞人似乎未將後來變得普遍的一些概念與黃道星座連結，例如性別、元素或行星主管系統（planetary rulership），但在西元前五世紀，將每個星座的長度標準化卻是非常重要的一步，因為它是後來導入這些概念的必要前提。西元前五世紀也是一個關鍵的轉折點，因為本命占星學（natal astrology）的概念似乎是在此一時期引進。現存最早的誕生星盤可追溯至西元前四一〇年[15]，目前已知從美索不達米亞傳統存留下來的誕生星盤共有二十八張[16]。這些星盤都沒有特別複雜，主要列出七顆古典行星在每個人出生當天所在的黃道星座，附註的技法或解讀的訊息很少。然而，這些星盤清楚顯示，此時的占星家開始將早期認為天象可為整個國家提供預兆的概念，用來觀測個人出生當天的行星排列。

本命占星學的發展與大約同一時期引進的古老星曆表有關，並與之相輔相成[17]。占星家不再需要親自觀測天空才能知道行星在某個日期的位置；相反地，他們可以在既有的資料中查找行星過去或將來的位置。這對於本命占星學的運用至關重要，因為它可以讓占星家僅須知道個人的出生日期，就能計算一個人的誕生星盤。雖然觀測天象在占星學中仍以某種形式持續了許多世紀，但正是此一時期開始，占星學和天文學逐漸分道揚鑣，因為占星家獲得了無須直接觀測天象就能完成大部分工作的能力。

西元前五世紀之後，我們知道美索不達米亞的占星學不斷進展，並引進許多新的技法概念，然而由於留存下來的文獻寥寥可數，我們對此一時期占星實踐的實際狀況瞭解有限。與現代的做法相同，大多數的占星諮詢可能都是口頭進行，因此現存的美索不達米亞誕生星盤無法為我們提供太多當時如何解讀星象的訊息。儘管如此，我們能夠肯定的是，此時期的占星家已經開始將行星區分成兩類，一類被認為具有積極性，而另一類為消極性，預示了後來在希臘化時期區別「吉星」和「凶星」的方式[18]。我們也知道他們開始將十二星座分成四組，每組三個星座，這似乎是後來希臘化時期將星座分為「三分性」（triplicities）或「三角形」（triangles）概念的前身；儘管在這階段，他們似乎尚未將星座與希臘哲學的四元素（火、土、空氣、水）加以連結[19]。

關於本命占星學中黃道星座和行星的釋義原則，在後世學者稱為 TCL 6 14[20]，即美索不達米亞晚期保存下來的殘稿手冊中能夠窺見一二，其中關於行星的描述特別有趣：

> 若一個孩子在月亮升起時出生，（那麼他的人生？將會）光明、優秀、規律和長壽（……）。
> 若一個孩子在木星升起時出生，（那麼他的人生？將會）有規律，很順遂；他會變得富有，他會活到老，（他的）日子會很長。
> 若一個孩子在金星升起時出生，（那麼他的人生？將會）不尋常的（？）平穩；不管去到哪裡都是吉利的；（他的）日子會很長。
> 若一個孩子在火星升起時出生，（那麼）……，火爆（？）脾氣（？）（……）。
> 若一個孩子在土星升起時出生，（那麼他的人生？將會）黑暗、晦澀、病態和壓抑[21]。

尼古拉斯‧坎佩恩（Nicholas Campion）指出，這些描述是將出生當天的行星排列與個人心理傾向連結起來的最早記錄，他表示其中有些特徵與後來希臘化時期占星家如托勒密（Ptolemy）所提及的特徵是一致的[22]。接著，在同一份殘稿手冊中也列出同時提及兩顆行星的描述：

> 若一個孩子在金星升起和木星落下時出生，他的妻子會比他更強。
> 若一個孩子在金星升起而土星落下時出生，他的大兒子將會死去。
> 若一個孩子在金星升起和火星落下時出生，他將會抓住他的敵人[23]。

直到殘稿中斷之前，這些內文繼續列出行星或恆星上升的其他組合。

對比後來的傳統，這裡所遺留下來的是一種相對較為基本的占星學，但隨著時間的推移，它變得越來越複雜。美索不達米亞人對後世占星傳統的主要貢獻是，採用黃道、發明本命占星學，以及發展出一種得以測定行星過去和將來位置的複雜數學天文學。

在美索不達米亞占星傳統形成的同一時期，古埃及也正在發展一種占星傳統。儘管最初是各自獨立發展，但這兩項傳統最終在西元前一世紀中期左右開始融合。

埃及占星學

古埃及人使用的日曆有十二個月，每個月三十天，多出來的五天加到年底。本質上，它是一個理想化的三百六十天日曆。每月三十天則分成三部分，每十天都與一顆特定的恆星或恆星群有關。這些恆星群後來稱為「外觀」（decans），源自希臘文詞彙 *deka*，意思是「十」。全部共有三十六個外觀，每一個外觀都有一個名字以及與之相關的特定神祇。

大約在西元前二一〇〇年的埃及中王國時期（the Middle Kingdom），外觀首次出現在棺蓋上[24]，而關於它們何時首次被運用於占星，學術界存在一些爭議，部分原因是對「究竟何謂占星學」存在一些分歧。起初，外觀可能僅用於日曆和計時的目的，主要功能是測量或標記夜晚的不同時間，以便祭司為不同的宗教儀式計時。然而，我們知道至少在西元前四世紀，外觀已被賦予占星意義，這可以從近期復原的神龕——「外觀的神龕」（Naos of the Decades）看到。神龕是一種大型石頭的結構體，設計座落在神廟最神聖的位置。「外觀的神龕」就是這樣的一座神龕，其獨特之處在於刻有三十六個外觀，每一個外觀皆附有認為具有保護性質之星體力量的描述[25]。

埃及人特別關注恆星位於上升或至高點與外觀的關聯性。在早期文本中，認為外觀是標記或界定恆星在夜間於東方地平線升起的時刻，而在後來的文本中，外觀則標示當恆星到達頭頂上空至高點的時刻[26]。這種對周日運行的關注，即恆星和行星每天從哪裡升起、抵達至高點以及落下，通常被認為暗示了埃及人對外觀的應用是後來希臘化時期十二「區位」（places，希臘文 *topoi*）學說的先驅，即現代占星學所稱的十二「宮位」（houses）[27]。

圖 1.1 - 約西元前一世紀埃及神廟的丹達臘黃道帶

　　值得注意的是，雖然美索不達米亞人主要關注黃道以及行星通過黃道星座的軌跡，但埃及人關注的是周日運行以及恆星在天空中運行的區域，這與後來的十二宮位有關。

　　西元前一世紀的下半葉，部分的美索不達米亞占星學傳到了埃及。大約在西元前五〇〇年，一部內容涵蓋蝕之預兆的美索不達米亞世運占星文本，已翻譯成埃及文，並轉換成符合埃及的地理位置[28]。西元前三世紀左右，黃道十二星座從美索不達米亞傳入埃及[29]，在此之後，黃道帶開始出現在埃及神廟和陵墓的天花板，最古老的遺跡可溯及至西元前二〇〇年左右[30]。這些

埃及黃道帶的描繪，有些還加上了外觀，隨後演變成將每一黃道星座依每外觀劃分，而非個別或獨立的系統。

這似乎代表了占星史上的一個階段，即來自美索不達米亞的預兆傳到了埃及，並經過調整以合乎當地的用法。於此期間，在埃及從事占星學的人，很自然地會同時運用外觀和黃道，為希臘占星學出現前不久，那段美索不達米亞和埃及占星傳統的融合時期奠定了基礎。

註　釋

1　在一些占星學和學術文本中，「Babylonian」一詞有時用來指稱美索不達米亞的居民，有時卻指起源於該地區的占星傳統（如「巴比倫占星學」），但這可能造成誤導，因為在本段所探討的時期，曾有過幾個不同文化和帝國統治該地區。西元前三千年到前一千年之間，該地區先後被併入蘇美、阿卡德（Akkadian）、巴比倫、亞述、新亞述、新巴比倫、阿契美尼德、塞琉古（Seleucid）和帕提亞帝國（Parthian empire）。為了簡化，我在此以「美索不達米亞」來統稱這一占星傳統，但在提及某些創新時，會指出特定的文化。

2　蝕之預兆的實際案例，見：Rochberg-Halton, *Aspects of Babylonian Celestial Divination*，第 94 頁有一預兆寫道：「若在巴比倫杜祖（Du'ūzu）曆四月十四日發生蝕，且在南方發生並結束：一位偉大的國王將死去。」

3　Koch-Westenholz, *Mesopotamian Astrology*, p. 36。Pingree 在 *From Astral Omens*, p. 12 寫道，證據顯示在西元前二千年的前半段才開始出現天體預兆的紀錄，儘管尚無確切證據可茲證明，但可能早在西元前三千年晚期就已經開始。

4　*Enūma Anu Enlil* 及其內容概述，見：Hunger and Pingree, *Astral Sciences in Mesopotamia*, pp. 12–22。

5　該討論見：Rochberg, *The Heavenly Writing*, esp. p. 58ff。

6　Rochberg, *The Heavenly Writing*, p. 1.

7　Pingree 總結道：「從西元前二千年的最後幾個世紀直到阿契美尼德時期，這些天體預兆在美索不達米亞皇室宮廷中的重要性，取決於它們被視為是眾神向國王傳達意圖的主要方式。」 Pingree 在 *From Astral Omens*, p. 18 較前半段（在第 11 頁）將天體預兆描述為「相對較晚的發展」，因為其他形式的占卜更早被導入。

8　Rochberg 和 Halton 表示，現存大多數美索不達米亞的占星學資料都可溯及此一時期（"New Evidence for the History of Astrology," p. 116）。

9　　Pingree, *From Astral Omens*, p. 16.

10　報告譯本見：Hunger, *Astrological Reports to Assyrian Kings*；信件見：Parpola, *Letters from Assyrian Scholars to the Kings Esarhaddon and Assurbanipal*。

11　占星學是否為發展更複雜天文學方法的動機，這一問題在 Rochberg, *The Heavenly Writing*, p. 160ff 有所討論。

12　日期見：Pingree and Hunger, *Astral Sciences in Mesopotamia*, p. 139ff。

13　*Diaries* 的譯本見：Sachs and Hunger, *Astronomical Diaries*。

14　根據 Rochberg, *The Heavenly Writing*, p. 130 的說法，黃道十二星座的標準化，最早且直接證據來自 *Diaries*。見：Brack-Bernsen and Hunger, "The Babylonian Zodiac"。

15　Rochberg, *Babylonian Horoscopes*, p. 3.

16　現存所有二十八張美索不達米亞的誕生星盤，都收錄在 Rochberg, *Babylonian Horoscopes*。

17　Rochberg 討論了在美索不達米亞傳統中，「年曆」和「星曆」的發展及運用（*The Heavenly Writing*, pp. 153–163）。

18　Rochberg-Halton, "Benefic and Malefic Planets in Babylonian Astrology."

19　Rochberg-Halton, "Elements of the Babylonian Contribution," pp. 60–62.

20　譯文見：Sachs, "Babylonian Horoscopes," pp. 65–70。Rochberg 和 Halton 在 "TCL 6 13: Mixed Traditions in Late Babylonian Astrology" 則說它來自塞琉古 / 希臘化時期（約西元前三三四－前六三年）美索不達米亞城市烏魯克（Uruk）。

21　Sachs, "Babylonian Horoscopes," p. 68。我省略了太陽和水星的描述，因為它們不是缺失就是太過零碎片段。

22　Campion, "More on the Transmission of the Babylonian Zodiac," p. 199ff.

23　Sachs, "Babylonian Horoscopes," p. 69.

24　Neugebauer, *The Exact Sciences*, p. 82, 88. Bomhard, *The Egyptian Calendar*, p. 65.

25　Bomhard, *The Naos of the Decades*.

26　Greenbaum and Ross, "The Role of Egypt," p. 155.

27　Greenbaum 和 Ross 針對埃及的「外觀」促進了後來十二「宮位」學說的發展，進行了最完整且具說服力的論證（"The Role of Egypt in the Development of the Horoscope"）。同一爭論的更早版本，見：Pingree, *Yavanajātaka*, vol.2, p. 219；Tester, *A History of Western Astrology*, pp. 25–26；Ptolemy, *Tetrabiblos*, Book III, pp. viii-ix。

28　Parker, *A Vienna Demotic Papyrus on Eclipse- and Lunar-Omina*.

29　Neugebauer, "Demotic Horoscopes," pp. 121–3. Neugebauer and Parker, *Egyptian Astronomical Texts*, vol. 3, p. 203.

30　Clagett, *Ancient Egyptian Science*, vol. 2, p. 126。已知的埃及黃道星座列表，見：Neugebauer and Parker, *Egyptian Astronomical Texts*, vol. 3, p. 204f。

希臘占星學
的起源

希臘化時期

西元前三三四年，年輕的馬其頓國王亞歷山大率領一支由馬其頓人和希臘人組成的軍隊，離開南歐進入小亞細亞（今土耳其），開啟與阿契美尼德波斯帝國的戰爭。在過去兩個世紀，波斯帝國控制了中東的大部分地區以及地中海的部分區域，然而，亞歷山大的軍隊迅速贏得一連串決定性的勝利，使得波斯軍隊陷入混亂。

在發起戰役的十年間，亞歷山大和他的軍隊擊潰了波斯帝國並征服了大片土地，從歐洲東南部一直延伸到埃及，穿過中東、美索不達米亞和波斯，直到印度的最西北部。西元前三二三年，亞歷山大結束他的軍事行動，隨後在美索不達米亞中心地帶的巴比倫神祕猝死。

歷史學家通常以亞歷山大之死來標誌「希臘化時期」的開始。此一時期持續了大約三個世紀，直到羅馬在西元前一世紀崛起，成為地中海的霸主。希臘化時期的特點通常指的是希臘文化、哲學和科學在古代世界的傳播，以

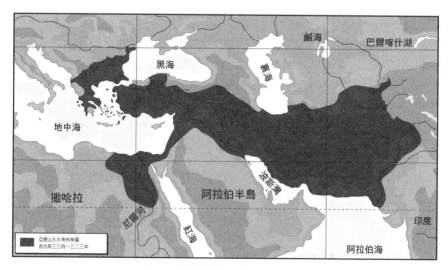

圖 2.1 - 亞歷山大大帝征服的版圖

及接下來的幾個世紀裡，希臘和其他文化的融合或調和。在相對較短的時間內，說希臘語的人掌控了已知世界的很大一部分。從那時起，希臘文就成了古代世界裡的通用語言。

亞歷山大城

希臘化時期最重要的歷史發展之一，是亞歷山大大帝在其軍事行動的早期階段，即西元前三三二年之後不久，在埃及建立亞歷山大城。由於亞歷山大在軍事行動結束時突然逝世，尚未任命繼任者，因而引發旗下將軍們群起爭奪新帝國的統治權。隨後，將軍們相互開戰，瓜分亞歷山大領軍征服的大片土地。一位名叫托勒密（Ptolemy）的將軍控制了埃及，並且自立為王。開啟了在埃及持續近三百年的托勒密王朝，直到克麗奧佩脫拉七世（Cleopatra VII，亦稱埃及艷后）去世，西元前三〇年，羅馬吞併埃及。

托勒密一世索特（Ptolemy I Soter）和他的兒子托勒密二世菲拉德爾福斯（Ptolemy II Philadelphus）統治期間，亞歷山大城開始蓬勃發展，成為古代世界裡金融、文化和知識的中心。詹姆斯・霍登（James Holden）解釋道，在亞歷山大城完竣後：

> 這座新城迅速成為重要的文化和商業中心。它的人口主要由三個群體組成：希臘人、埃及人和猶太人。希臘、埃及和巴比倫之文化、宗教以及（所謂的）科學傳統，因而融合為一[1]。

由於國家扶植的圖書館和研究機構在此地興建，造就這座城市成為古代世界研究科學和文學的主要中心。著名的亞歷山大圖書館從古代世界各地搜羅了數千份文本，因而迅速成為世界上最大的圖書館[2]。圖書館和周邊設施形成了為知識分子服務的機構，托勒密家族還以皇室資助人的身分，贊助不同類型的學術和科學活動[3]。

　　亞歷山大城成為希臘化時期占星學（Hellenistic astrology）發展和實踐當中最為重要的焦點，這不僅因為它的統治者是藝術和科學的贊助人，從而為各種研究和知識交流營造了一個豐富的環境，還因為它與古代世界的各個地區都有直接的傳播渠道，許多人積極參與將美索不達米亞的星體科學加以翻譯，並改以希臘文編寫。

貝洛蘇斯與占星學的傳播

　　亞歷山大城也因其天然港灣之利，成為古代世界裡的主要海軍強權。托勒密家族控制地中海的許多島嶼，其中包括愛琴海中重要的希臘島嶼——科斯島（Kos）。

　　大約在西元前三世紀上半葉時期，可能在西元前二八〇年代，據說一位美索不達米亞占星家暨歷史學家貝洛蘇斯（Berossus）移居西方，並在希臘的科斯島建立了占星學院[4]。科斯島長期以來一直被認為是古代世界的主要醫學中心之一，它與阿斯克勒庇俄斯（Asclepius）的崇拜有關——人們求禱治療的神廟所在地。

　　羅馬作家維特魯威（Vitruvius，西元一世紀）將以下關於美索不達米亞占星學傳向希臘化世界的傳說，與貝洛蘇斯所扮演的角色連結：

其餘的，至於占星學，十二星座、五顆行星、太陽和月亮對人類生命歷程產生的影響，我們必須歸功於迦勒底人（Chaldaeans，即美索不達米亞人）的計算，因為繪製本命星盤對他們來說別具意義，讓他們可以透過天文計算來解釋過去和未來。那些來自迦勒底民族的人，將他們運用高超和微妙的技巧所親身見證並發現的事情代代相傳。剛開始，貝洛蘇斯以公民身分在科斯島定居，並開設一所學院，安提帕特（Antipater）承接下去，之後，阿瑟諾多勒斯（Athenodorus）更進一步留下了一種

繪製本命星盤的方法；不是用出生時間，而是以受孕時間起盤[5]。

　　維特魯威所描述的關於貝洛蘇斯在科斯島定居並建立占星學院的故事，得到了另一位早期作家暨猶太歷史學家約瑟夫斯（Josephus，西元一世紀）的補充，描述在美索不達米亞的天文學、占星學和哲學被翻譯成希臘文的過程中，貝洛蘇斯扮演了重要的角色：

　　　　貝洛蘇斯……雖是迦勒底裔，但在受過教育的希臘人圈子中廣為人知，因為他將迦勒底的天文學和哲學相關著作翻譯成希臘文[6]。

　　這些資料似乎意味著，貝洛蘇斯可能在西元前三世紀左右（即希臘化早期），在美索不達米亞占星學傳播到西方的過程中扮演了關鍵角色。後來的作者似乎都提及這樣的描述，他在科斯島上建立一所占星學院，繼而在古代世界以占星學家和歷史學家的身分贏得了名聲。西元一世紀，老普林尼（Pliny the Elder）甚至說，雅典當地豎立了一尊貝洛蘇斯的雕像，並且因為他神準的占星預測而有著一副金色的舌頭[7]。維特魯威還提到貝洛蘇斯的兩位學生——安提帕特和阿瑟諾多勒斯。顯然地，這表明他有繼任者傳承其教導，甚至擴展了他在學院教授的一些占星實踐[8]。

　　科斯島是愛琴海島嶼邦聯的一部分，在西元前二九〇年左右處於埃及托勒密國王的控制之下[9]。這個時間點很有意思，因為跟貝洛蘇斯著書的時間吻合，一般認為他在西元前二九〇年左右撰寫了《巴比倫歷史》（*History of Babylonia*，暫譯）[10]。如果貝洛蘇斯搬到科斯島並建立學院，是在他出版歷史書的前後時期，那麼在他抵達並開始教學時，會是科斯島和亞歷山大城之間已有直接往來交流的時候。這似乎可以合理假設，貝洛蘇斯學院的教學內容和學生最終都到了亞歷山大城。如彼得·格林（Peter Green）所言，「寬鬆的移民政策，加上皇家資助的博物館和圖書館對學術和藝術的慷慨贊助，構築了格外多元且極富聰明才智的外國居民群體[11]。」亦如歷史學家弗雷德里克·克雷默（Frederick Cramer）指出：

即使貝洛蘇斯不是第一位、也不是唯一向同時代的希臘人透露他在類天宮圖占星學（horoscopal astrology）如祭司般知識細節的巴比倫人，他的名字卻是第一位與這種趨勢相關的人名 [12]。

換言之，無論貝洛蘇斯的傳奇是否屬實，我們可以確知美索不達米亞占星學是在此一時期傳播到西方，並且有證據顯示，一些關於世運占星學最早的希臘文文本，部分是翻譯自美索不達米亞傳統的早期文本 [13]。

希臘占星學的出現

西元前一世紀，一種嶄新且更為複雜的占星系統，開始出現在歷史的文獻資料中。此時我們發現了第一批留存下來，用希臘文寫成的誕生星盤，當中包含了許多我們在早期傳統中未有記錄的新技法和概念。此時的文獻資料，其占星學的相關探討也顯著增加，似乎表明在希臘和羅馬文化，以及其他地中海文化中，占星學開始扮演更重要的角色。

現存最早關於這種新型占星學的技法手冊可溯及西元一世紀早期，不過他們引用的文本可能寫於更早的年代，也許是西元前二世紀末或前一世紀初。儘管引入了許多新的技法和概念，這些文本所提出的新占星系統，似乎代表了古老的美索不達米亞和埃及占星傳統的融合。正是在此一時間點，現代西方占星師所熟悉的四重占星系統被完全地確立起來，包括：(1) 行星、(2) 黃道星座、(3) 相位概念，以及 (4) 十二宮位的學說。這一系統於今日被稱為希臘占星學（Hellenistic astrology）。

◎定義「希臘」占星學

希臘占星學似乎起源於希臘化時期晚期的埃及，大約在西元前二世紀末或前一世紀初。然而，它作為延續傳統的一部分，在整個地中海地區持續了

幾個世紀，很大程度與羅馬帝國的興衰同時發生。事實上，現存希臘化時期的占星實踐文獻，幾乎都來自西元一世紀到七世紀期間，生活於羅馬帝國不同地區的占星家。因此，希臘占星學可以合理地稱為「羅馬占星學」。但是，若選用這個名稱，便會使我們忽略其起源於希臘化時期的埃及所暗示的重要文化內涵。

　　同樣地，希臘占星學有時也被稱為「希臘文占星學」（Greek astrology），因為多數殘存的文本皆以希臘文寫成，但是，此一名稱也不大恰當，因為它遺漏了一些關於幾個世紀以來參與開發和實踐的占星家係由多元文化所構成的重要訊息。

　　當時希臘文成為整個地中海地區的通用語言，亦是羅馬帝國在科學文本中主要使用的語言，此語言通行的程度，就好比當今許多科學出版品都使用英文 [14]，因此，無法單憑古代作家用希臘文寫作，就認定他們是希臘裔；此一認知是必要的。此外，雖然此一時期留存的占星文本是以希臘文為大宗，但仍有少數以其他語言書寫而成的相關文本，例如拉丁文、古埃及世俗體（Demotic）、科普特文（Coptic）、亞蘭文（Aramaic）和敘利亞文（Syriac），因此，「希臘文占星學」一詞無法充分涵蓋這一傳統的全部範圍。

　　正如我們所見，歷史學家通常將「希臘化時期」定義為自西元前三二三年亞歷山大大帝逝世，至西元前三〇年克麗奧佩脫拉七世之死，以及羅馬征服並終結托勒密埃及王朝的時期 [15]。在希臘文中，*Hellēn* 一詞是指「希臘人」，在歷史討論中，術語「希臘主義」（Hellenism）則用於定義希臘文化在語言、習俗、藝術、哲學、宗教和科學方面對其他文化的長久影響。希臘文化的傳播始於亞歷山大大帝和隨後的希臘化帝國，以至於整個地中海地區許多希臘城市的建立，以及大量的希臘人於古代世界中移居。

　　自西元前一世紀，由於羅馬人對希臘文化特徵的同化或採納，使得此一過程延續到羅馬帝國，不同城市和文化會主動或被動地將希臘文化與自己本土的傳統習俗相結合，這是被稱為「希臘化」過程中的一部分。因此，非希

臘裔也會採用希臘文，透過希臘文書寫的作品來表達自己，而此舉又反過來回饋到更廣泛的文化趨勢，並最先影響了希臘語的意涵。

正是這種發生於希臘化晚期——希臘和其他文化的交融或匯合——才孕育出我們所稱的希臘占星學，其多樣性提供了很大一部分的特色。直到古典時代晚期和中世紀早期，希臘占星學的許多元素在傳統中或多或少保持了一致。

因此，雖然「希臘占星學」不是個完美的陳述，但就本書的目的而言，此名稱似乎再恰當不過。這裡將其定義為——從西元前一世紀至西元七世紀期間，兼容希羅（Greco-Roman）傳統，實行於地中海地區的天宮圖占星學（horoscopic astrology）。天宮圖占星學是指任何運用上升點（Ascendant）及其衍生的占星傳統，例如十二宮位；時標（*hōroskopos*，hour-marker）一詞源自希臘文，用於指稱上升點及第一宮。由於希臘占星學是最早將上升點和十二宮位納入應用，因此是運用天宮圖占星學的第一個占星傳統 [16]。

希臘占星學晦澀的起源

由於缺乏文字證據，希臘占星學的起源有些模糊，無論在它出現之前的兩、三個世紀，還是在我們已知它被運用的西元一世紀左右。部分問題可能是，雖然亞歷山大圖書館在托勒密王朝早期得到國王的贊助而蓬勃發展，但從西元前四八年起，圖書館獲得的資助及其重要性已大不如前，加之遭逢火事及其他災害而又損失了一些書籍 [17]。缺乏希臘化時期留存的文字證據——並不僅限於占星學；歷史學家經常指出，研究希臘化時期的挑戰之一便是欠缺留存的史料，尤其是當時一些重要歷史學家和哲學家所書寫的文本 [18]。《劍橋希臘化哲學史》（*The Cambridge History of Hellenistic Philosophy*，暫譯）的引言中，編輯們對此一時期殘存下來的哲學文集，其看法同樣適用於占星文本的情況：「希臘化時期的文本很少能完整留存；現存的殘稿和證據大多

來自捕風捉影或具敵意的評論者[19]。」對於在西元一世紀之前撰寫完成的任何占星文本，情況同樣令人沮喪，不過在那之後，情況就明朗得多。因此，我們只能根據西元一世紀以後的占星家對其文獻出處的說法，拼湊出希臘占星學的起源。

我們對希臘占星學出現的時間略有所知，因為美索不達米亞傳統中最後一個殘存的楔形文誕生星盤可溯及西元前六九年，而第一個現存的希臘文誕生星盤在西元前一世紀中晚期才出現，就時間點而言大致相符[20]。這幾乎給人一種印象——一種占星傳統在同一時間取代或讓位給另一種的占星傳統。然而，沒有任何書寫於西元一世紀以前完整的占星技法手冊存世，因此我們無從得知美索不達米亞晚期占星學的樣貌，只得從最早版本的希臘占星文本中窺見一斑。

◎古希臘人和羅馬人接觸的占星學

希臘化時期之前，鮮有以希臘文或拉丁文所作的占星論述，僅有一些零散的參考文獻或典故[21]。一般而言，證據似乎顯示了從西元前四〇〇年左右開始，時人對美索不達米亞占星學和天文學的認識與日俱增。西塞羅（Cicero）引用尼多斯的歐多克索斯（Eudoxus of Cnidus，約西元前三六五－三四〇年）的說法：「當迦勒底占星家聲稱可以從一個人出生那天的星體位置預測其未來時，切勿信以為真[22]。」歐多克索斯是柏拉圖（Plato）的學生，由此可見，本命占星學的概念在西元前四世紀上半葉已開始為希臘人所熟知。想來也不無道理，因為正如我們稍早所見，一些最古老的美索不達米亞誕生星盤可溯及西元前四一〇年。

占星學的引用大致從亞歷山大大帝時期開始出現。據傳，亞里士多德（Aristotle）的繼任者兼哲學家泰奧弗拉斯托斯（Theophrastus）曾說，他那個時代的美索不達米亞占星家能夠預測「一個人一生的生活方式和死亡」[23]。據說亞歷山大大帝本人在征服巴比倫後，曾遇見美索不達米亞的占星家為其預測。歷史學家西西里的狄奧多羅斯（Diodorus Siculus，西元前一世

紀）留下這麼一段記載，曾有占星家警告亞歷山大即將在巴比倫死去：

> 在他離城還有三百弗隆的時候，那些在占星學（astrologia）享有盛譽，
> 並且擅長透過長期觀察的方法預測未來事件的迦勒底學者們，從他們之
> 中挑選出最年長且最有經驗的。根據星體的相位結構，他們得知巴比倫
> 王即將死亡，並指派代表去向國王報告即將面臨的危險[24]。

　　這類故事的真實性難以斷定，不過亞歷山大和他的軍隊的確可能在這個
時候與占星家有過密切接觸，因為他們先是佔領軍，後來又成為美索不達米
亞無可置疑的統治者。儘管占星學的應用時常被視為是一種主要由美索不
達米亞人所實踐，且明顯屬於外來的概念，但正是從這時候開始，希臘文
和拉丁文文獻中對占星學的引述愈趨頻繁，在地中海的各個地區日益漸增。
西元前一三九年，羅馬頒布法令將所有占星家驅逐出義大利，這顯然是歷史
上的頭一遭[25]。瓦萊里烏斯‧馬克西姆斯（Valerius Maximus，約西元三一年）
記錄了這項法令：

> 柯內里歐斯‧西斯帕盧斯（Cn. Cornelius Hispalus），作為兩位執政官
> ——帕皮盧斯‧雷納斯（M. Popilius Laenas）和卡爾普爾尼烏斯（L.
> Calpurnius）——任期中負責外國人事務的裁判官，通過了一項法令，
> 命令占星家（迦勒底）在十天內離開羅馬和義大利，因為他們透過對星
> 辰的謬誤解釋，用這些謊言將不穩定和膚淺的思想引入對他們有利的黑
> 暗之中。這位裁判官同時還迫使猶太人返回自己的家園，因為他們試圖
> 透過對朱比特‧薩巴齊烏斯（Jupiter Sabazius）的崇拜來玷污羅馬的習
> 俗[26]。

　　這項法令給人的印象是——即使到了西元前二世紀中葉，占星學仍被
視為是美索不達米亞的外國人所使用——至少在羅馬人的眼裡是如此。不
久後情況有所轉變，就在西元前一世紀，地中海文化圈開始出現關於占星學
的爆炸式討論。巧合的是，大約在此一時期，一些最早用希臘文或拉丁文書
寫而成的占星技法手冊陸續出現。

◎ 推定年代最早的技法手冊

現存可推定年代最早的希臘占星技法手冊，是由占星家斯拉蘇盧斯
（Thrasyllus）和馬尼利亞斯（Manilius）所撰寫。斯拉蘇盧斯的希臘文占星
文本名為《皮納克斯表》（*The Tablet*，*Pinax*，暫譯），僅留下摘要[27]，但
是我們知道他於西元三六年去世，因而推定此書可能寫於西元一世紀初。
在這部作品中，他引用了由三位傳奇人物——赫密士‧崔斯墨圖（Hermes
Trismegistus）、尼切普索（Nechepso）和佩多西瑞斯（Petosiris）所著的早
期占星文本，因此這些文本一定成書於斯拉蘇盧斯之前，大約是西元前二世
紀末或前一世紀初。

馬尼利亞斯用拉丁文撰寫了一部關於占星學的教學詩，名為《天文學》
（*Astronomica*，暫譯）[8]。馬尼利亞斯的確切年代存在爭議，但普遍認為此
書撰寫於羅馬皇帝奧古斯都（Augustus）統治末期或提貝里烏斯（Tiberius）
統治初期。由於奧古斯都在西元一四年逝世，因此可以合理假設馬尼利亞斯
在那年或在那十年內寫下了《天文學》。馬尼利亞斯在其著作中也間接提到
一些早期作者，如赫密士、尼切普索和佩多西瑞斯，不過由於使用詩意典故
而非明確的引用，某程度顯得模糊難辨。

託名赫密士、尼切普索和佩多西瑞斯的文本，有部分殘稿流傳至今，但
都不夠完整且難以推定年代，我們唯一確知的是，他們的著作一定是在斯
拉蘇盧斯和馬尼利亞斯之前完成，因此，我們現存年代最早、並且以希臘
文或拉丁文書寫的希臘占星學專著撰寫於西元一世紀早期，但其引用的是，
約末一個世紀或更早之前以希臘文書寫的斷簡殘篇。

◎ 推定年代最早的星盤

除了占星教學文本外，還有一些現存的天宮圖或占星星盤可溯及此一時
期[29]。這些殘存的天宮圖通常分為兩種：第一種是教學書籍中使用的星盤案例，
有時被稱為「文獻天宮圖」（literary horoscopes）；第二種是單獨留存的個別

星盤，通常寫在小張的莎草紙上。

　　最古老的希臘文文獻天宮圖可溯及西元前七二年和前四三年，不過都來自生活在西元一世紀中葉的占星家巴爾比斯（Balbillus），因此可能是在命主出生多年之後才加以繪製[30]。次一古老的文獻星盤，出現於西元一世紀晚期占星家西頓的都勒斯（Dorotheus of Sidon）的作品，日期是西元前七年三月二十九日[31]；而用希臘文撰寫且為最古老的非文獻星盤，可溯及西元前一世紀的最後十年，其中最早的日期是西元前十年八月十四日[32]。上述即是我們所知最早的希臘文占星星盤，從而為推定說希臘語的人何時開始運用占星學的年代，提供了重要的證據。

　　土耳其的內姆魯特山（Mount Nemrud）著名的獅子「天宮圖」有時被認為是最早的希臘文天宮圖之一[33]。它是一塊巨大的獅子浮雕，上邊飾有四顆星體，每顆星體旁邊都刻有該行星的希臘文名稱（火星、水星、木星，可能還有月亮）。雕刻在浮雕上的行星位置通常被認為反映了西元前一世紀左右某個特定日期的行星排列。該紀念碑是為了紀念科馬基尼王國（Comma-gene）相關的政治事蹟所立，然而近期卻因紀念碑的建年而爭議不斷，所提出的年代，最早可達西元前一〇九年和西元前六二年，最晚則是西元前四九年[34]。對於它是否可以被準確地歸類為希臘文天宮圖占星學，證據依舊不明，因為它並不包含上升點、宮位或任何通常與希臘占星學相關的要素[35]。如果它確實反映了某個時間點行星的實際排列，那麼似乎是標誌著某個事件的開始，而非一個人的誕生。除了它是以希臘文書寫的這一項事實，這座紀念碑沒有任何跡象指出它是否受到美索不達米亞或希臘化傳統的影響，因此，就我們的目的而言，並無必要將其作為推定年代的關鍵證據，只須知道它可能與其他一些早期希臘文天宮圖的出現處於同一時期。

　　還有一些早期的天宮圖是以世俗體（一種晚期的埃及文字）寫成，最早的日期是西元前三八年五月四日[36]，其餘的可溯及西元一世紀初或更晚[37]。這些星盤中，有部分是在特定的埃及神廟祭司所寫的文集中被發現，這一項事實也表明占星學已成為埃及祭司實行占卜的形式之一[38]。

得以推定年代的拉丁文星盤，在古典時期出奇少見，而那些確實存在的星盤直到西元一世紀之後才陸續出現[39]。需要留意的是，霍登辨識出費爾米庫斯‧馬特爾努斯（Firmicus Maternus）著作中兩個可能的拉丁文星盤，並試圖推定其年代，分別為西元前一三九年和前九六年[40]。他推測西元前一三九年的星盤可能是蘇拉（Sulla）的天宮圖，沃爾夫岡‧休伯納（Wolfgang Hübner）進行探究之後，對此也表示認同[41]。

若真如此，該星盤將是已知殘存的所有希臘文或拉丁文星盤中最古老的。然而，對於這些星盤是否可以作為推定希臘占星學出現的年代，我們仍須抱持謹慎，因為費爾米庫斯出生在古典時期的相對晚期（西元四世紀），因此，無論其出處為何，星盤本身可能已經被校正過了。這顯現在他書中的某一段落，內文包含了許多假設和校正過的星盤案例，諸如荷馬（Homer）、特洛伊的帕里斯（Paris of Troy）和柏拉圖。此外，休伯納指出，雖然星盤中的土星位置與蘇拉已知的出生年份（西元前一三八年）相吻合，但其他行星的正確位置則要對照前一年（西元前一三九年）。海倫（Heilen）和休伯納推測那可能是從星曆表取得數據時，偶然或刻意的失誤才合併出相異的資訊[42]，表示此天宮圖可能是在多年之後才計算出來的。因此，我們所知唯一可靠——在命主有生之年繪製的拉丁文天宮圖——出自西元一世紀之後。

總而言之，從我們的視角看來，希臘化傳統的天宮圖是直到西元前一世紀中晚期，才開始出現在歷史的時間軸。從那時起，天宮圖的數量急劇增加，最終在西元二世紀和三世紀達到高峰，大致與羅馬帝國的盛世時期一致[43]。

關於傳統起源的古代觀點

古代關於占星學起源的討論，經常圍繞在哪一文明最先發展出占星學的爭論；通常歸功於美索不達米亞人或埃及人。有些爭論似乎源於各文明所主張的代表性，又因為一些在希臘化早期傳統中流傳、據稱是由古埃及人、

波斯人、希臘人或猶太賢者所撰寫的占星學偽作，而加劇了此一問題。因為
一些被認為是這些人物所撰寫的文本，在希臘化占星傳統中大行其道並廣為
流傳，使得關於古代占星學真正起源於哪一文明的論述變得複雜。

◎ 美索不達米亞或是埃及？

　　古代作者對於美索不達米亞和埃及的占星學起源有一些大概的認知，但
是關於哪一文明最先發展出占星學則一直爭論不下。有些作者認為美索不達
米亞人是創建者，也有一些作者認為是埃及人，還有第三類作者則直接歸功
於這兩個文明。

　　在希臘化時期，術語「迦勒底」（*Chaldaios*）被廣泛用於指稱占星家
或統稱占星學專業。這個詞最初用於指稱美索不達米亞地理區域或起源於該
區域族群的名稱[44]。後來它被用於指稱來自美索不達米亞某一類擅長占卜和
占星學的祭司；從西元一世紀開始，最終演變成泛指所有占星家的通用術
語。舉例而言，西元二世紀，塞克斯圖斯・恩丕里柯（Sextus Empiricus）
在批判占星學時，使用了這個術語：

> 迦勒底人用更加冠冕堂皇的頭銜——本命星盤的繪製，稱自己是「數
> 學家」（*mathēmatikoi*）和「占星家」（*astrologoi*）[45]。

　　同樣在西元二世紀，奧盧斯・格利烏斯（Aulus Gellius）如法炮製地指
稱「那些自稱為『迦勒底人』（*Chaldaei*）或『本命星盤繪製者』（*geneth-liaci*）的人」[46]。廣泛使用術語「迦勒底人」來指稱占星家意味著：占星學
的根源可溯及美索不達米亞，或者至少最初與美索不達米亞的祭司有關。在
較小範圍內，《馬太福音》（西元一世紀）中使用的術語「賢士」（*magi*）
可能具有相似的意涵。在基督誕生的故事中，它被用於指稱來自東方（即美
索不達米亞或波斯）的一群占星家，見到某種星象排列之後解讀為耶穌的降
生，因而在耶穌誕生之時前往拜見[47]。

在光譜的另一端，西元前一世紀中葉的歷史學家西西里的狄奧多羅斯（約活躍於西元前六〇－前三〇年）在研究埃及歷史時，最初將占星學、占卜和對未來的預測都與埃及祭司作連結[48]。他說埃及人聲稱最先發展出占星學：

（埃及的）底比斯人自詡為鼻祖，也是最早發現哲學和星體科學（占星學）的人，因為他們的國家能夠讓他們比其他人更清楚地觀測到星辰的升起和落下[49]。

第歐根尼・拉爾修（Diogenes Laertius）在西元三世紀左右發表了關於埃及人的類似評論，說道：「他們聲稱發明了幾何學、占星學（astrologia）和算術」[50]。在此期間，占星學和天文學這兩個術語在某些情境下可以通用，有時則不清楚所指為何，這通常被解釋為當時這兩者之間，並沒有像今日那般嚴格的區別[51]。儘管如此，普遍的觀點似乎認為埃及人將兩者的發展歸功於自己。

在文本的後半部，狄奧多羅斯將先前的觀點擴大，認為埃及人聲稱——美索不達米亞人實際上是從埃及人那裡學習了占星學，而非傳授給埃及人：

相較於世界上任何其他地方，星辰的位置和排列，以及它們的移動一直是埃及人仔細觀測的主題；這些星辰的紀錄被保存至今，時間跨度之久令人難以置信。自遠古時代，他們便熱衷研究這項主題，繼而保存這些紀錄；他們還非常熱切地觀察行星的運行、軌道和靜止，以及每顆行星對所有生物產生的影響——即以它們作為原因，所發生吉或凶的結果。（……）據他們說，巴比倫的迦勒底人是來自埃及的殖民者，他們在占星學享有盛名，因為他們是從埃及祭司那裡學來的[52]。

緊接著，狄奧多羅斯在探究美索不達米亞的歷史時討論到迦勒底人，他認為迦勒底人是具有占星學和占卜經驗的巴比倫祭司[53]。他繼續論述他們在占星學方面的專業知識，並說來自該地區的占星家也極力強調他們這項傳統

的古老性：

> 不過，持平而論，迦勒底人在占星學領域稱得上箇中翹楚，亦是最肯下苦功的。但是根據他們所說的、關於迦勒底人的教團已經研究宇宙天體的年數，就幾乎令人難以置信，因為他們認為，距他們最早開始觀測星辰，直到從亞歷山大橫跨到亞洲，已有四十七萬三千年了[54]。

西元一世紀下半葉，老普林尼也有類似的記述，用一些牽強附會的年數形容美索不達米亞的星體科學。這次，其中一個主張可能就來自貝洛蘇斯本人：

> 另一方面，最高階權威埃皮金納斯（Epigenes）教導說，巴比倫人將七十三萬年間的天文觀測紀錄都燒製在磚塊上；而那些給出最短年數的人——貝洛蘇斯和克里托迪莫斯（Critodemus）——則認為是四十九萬年[55]。

對於來自這兩種傳統相互競爭的主張，其他作者似乎打算一概承認。例如，在西元四世紀早期，哲學家楊布里科斯（Iamblichus）簡單提到：「關於天體的理論一般指向埃及人和迦勒底人」[56]。同樣地，一世紀晚期的占星家都勒斯說，他曾行遍埃及和美索不達米亞，並從這兩個地區一些最重要的占星學權威那裡收集資料，以撰寫他的占星學論文[57]。雖然不清楚都勒斯這句話是否屬實，或只是被用作修辭目的，但它確實意味著希臘化時期占星家意識到——他們從美索不達米亞和埃及繼承了悠久的占星學傳統，並且在某些實例中試圖將其融合成一種新的混合形式。

◎ 傳奇創始者和偽經

希臘化早期傳統中一些最流行的占星文本是假託化名寫成的，作者有意將文本託名於過去傳奇性、神話或宗教人物[58]。這是古代世界的普遍做法，特別是在處理我們今日可能歸類為「神祕」事物的文本時，例如占星學、鍊

金術或魔法，不過在哲學、宗教和醫學文本中也存在這種現象。作者被錯誤
歸屬的文本，通常稱為「偽經」（pseudepigrapha）。

對這種做法的考察在占星學傳統中至為重要，因為許多來自希臘化時期
最早、最具權威或最有影響力的文本都是偽經。有些託名神話人物，例如赫
密士・崔斯墨圖或阿斯克勒庇俄斯，而另一些則託名歷史或宗教人物，例如
尼切普索、佩多西瑞斯、亞伯拉罕（Abraham）和瑣羅亞斯德（Zoroaster）。

儘管現代學者提出了各種猜測，但尚不清楚這些占星文本的作者將其作
品託名傳奇人物而非自己署名的確切原因。有些人認為其目的是讓文本更具
權威性，從而在知識市場上賦予它們更高價值，以達到更好地傳播其思想和
學說[59]。貝克（Beck）爭辯道，某些文本冠上像是瑣羅亞斯德的名字，其目
的是「賦予一種對於遙不可及且具啟示性智慧所渴求的權威」[60]。同樣的，
布榭－雷克雷各（Bouché-Leclercq）也說道，偽經和相關作品是所有信仰中
的自然結果，人們在古代文本中尋求證據，遍尋不著便轉而自己發明[61]。

另一方面，似乎也可以合理假設，將作品託名亞伯拉罕或瑣羅亞斯德等
宗教或文化人物，可能暗示這些人物與文本的實際作者之間存在某種文化的
聯繫。例如，將自己的占星文本託名亞伯拉罕——猶太信仰的先祖，作者
本人亦是猶太人；或者，將文本作者託名瑣羅亞斯德——有波斯族的淵源
或信仰瑣羅亞斯德教（祆教）[62]。

遺憾的是，這一切仍未有定論。在某些情況下，有人認為這些文化歸
屬，與外國智慧及其異國氛圍的名字更為有關，因為文本本身通常鮮有包含
特定宗教或文化傳統的內容，而這些名字是為了引起人們的注意[63]。著名的
古典主義學者阿納爾多・莫米利亞諾（Arnaldo Momigliano）說得更直白：

倘若我們非得對希臘化世界及其後來羅馬時代的東方思想財富進行概
括，那我們必須說，那些聲稱翻譯自東方語言的大量著作，大多是希
臘文作者的偽作。打著瑣羅亞斯德、希斯塔斯佩斯（Hystaspes）、托

特（Thoth，即赫密士）的名義，甚至是以亞伯拉罕之名而流傳的希臘文著作，皆出自他人之手——儘管其中一些作品確實包含了一點點「東方」思想與希臘思想的結合[64]。

然而，在關於一些赫密士（Hermetic）的偽經文，加斯·福登（Garth Fowden）主張一種較為溫和的觀點，值得在此詳述：

> 這類的偽經不大可能只是為了增加它們的權威性或流通，而被冷酷無情或不分黑白地「託名」任何古代或神話人物——儘管，可能受到敵對批評家的指謫。就像波菲（Porphyry）堅稱，諾斯底主義（gnostic）的《瑣羅亞斯德之書》（*book of Zoroaster*，暫譯）「完全是虛構的當代作品，由其派系者編造一種印象，藉以傳達他們選擇推崇的是古代瑣羅亞斯德的教義」。反而應當假設，如同畢達哥拉斯學派（Pythagoreans）和奧菲斯教派（Orphics），在赫密士傳統中，每一部文本添加進來的某種靈感的連續性，皆可視為歸因於同名創始者的一種新表現形式——即使這樣說不夠精確。正如楊布里科斯所說，既然赫密士是所有知識的泉源，古埃及祭司們自然會將他們的著作歸於祂的名下，以表達對祂的敬意。因此，我們不必自行想像一名習慣以赫密士名義傳播自己作品的靈性導師會將之視為一再的欺騙，或者需要掩飾自己以避免潛在的醜聞。事實上，在他的追隨者眼中，正因為其作品不僅只是自主創作的產物，還反映了他自己和更早時代所積累的知識文化——簡而言之，因為它並不追求原創，所以才更顯得分量[65]。

在與赫密士傳統明確相關的偽經脈絡下，這種觀點可能更能站得住腳，其中包括託名赫密士、阿斯克勒庇俄斯、尼切普索和佩多西瑞斯的占星文本[66]。其他後來的偽經，例如那些託名瑣羅亞斯德或亞伯拉罕的文本，則似乎有待商榷。

因此，在早期希臘化傳統中，流傳著一套被後來的作者廣泛引用並視為權威的占星學技法手冊，許多在希臘占星學中廣為流傳的基本技法學說，皆

可回溯到這些文本。然而不幸的是，這些文本本身已不復存在，我們只能根據後續作者的紀錄以瞭解它們所包含的內容，而這反過來又引起了關於希臘占星學起源的爭論。

關於希臘占星學起源的爭論

　　證據的稀缺、在歷史時間軸上明顯且突然地出現，加上某些學說的系統性，引發了當代占星家和學者對於希臘占星學起源的爭論。這場爭論的關鍵問題在於——出現在希臘占星早期傳統的技法學說，是否代表一個人或一群人在相對較短的時間內，也許是經歷一、兩代人的推敲發明而成，或者，這些技法是否在美索不達米亞或埃及占星傳統晚期的幾個世紀內逐漸發展起來，但由於多數文本佚失，致使我們無從知曉此一進展的全貌。

　　我將此稱為「漸進發展與突然發明之爭」。這一爭論有兩大觀點，各有其獨到的論據和弱點。我將首先概述在這場爭辯中各方支持者所提出的一些要點，然後再提出第三種可能性——我認為代表兩者之間更合理的中間立場。

◎ 突然發明的假說

　　突然發明的假說支持者普遍認為，大約在西元前二世紀末或一世紀初，某個不知名的人或一群人推敲發明了希臘占星學的一種技法結構。雖然這種觀點的支持者也承認美索不達米亞和埃及擁有悠久的占星傳統，這些傳統早於希臘化傳統，並且為希臘化傳統貢獻了特定的技法和學說，但普遍的觀點認為，希臘化時期的某個人在某個時間點有意識地融合了這些早期傳統，並推出或發明了一系列的新技法、概念和哲學觀念，進而創造了今日我們稱為希臘占星學的最早版本[67]。

　　突然發明的假說主張──美索不達米亞晚期和早期的希臘化占星傳統明顯不連貫。因為顯然地，在美索不達米亞的晚期傳統中，占星學正逐漸發展，並且隨著引入本命占星學和解讀誕生星盤的不同概念而變得更加複雜，但是，新技法和學說卻是直到希臘化傳統才出現爆炸式增長，含括了一套非常複雜的本命星盤解讀系統。這似乎也意味著我們可以在早期傳統的對照下，看見此一時期的戲劇性擴展，其中的兩大創新是十二宮位或區位（places）的概念，以及相位（aspect）或相位結構（configuration）的學說，這兩者皆未見於美索不達米亞的傳統[68]。其他許多重要的技法概念也是在希臘化傳統中首次亮相，例如廟主星系統（domicile rulership），或日、夜間盤的區別──稱為區間（sect）。

　　突然發明的假說較具說服力的一點是，許多後來的占星學作者似乎都援引了一套相似的早期源文本（source text）。因為他們閱讀了相同的來源，這有時會導致相隔幾個世紀的不同作者卻重複相同的學說和技法。例如，許多作者在討論十二宮位的含義時，引用了託名赫密士和阿斯克勒庇俄斯的文本；同理可證，不同作者在判定壽命長度時，都使用源自佩多西瑞斯文本的類似技法。似乎的確有一系列託名赫密士、尼切普索和佩多西瑞斯的早期文本，被後來的作者們廣泛地閱讀和引用。假使，後來的希臘化時期占星家使用的一些基本技法是在這些文本中首次出現，那麼的確會構成某種突然間的發明。

　　一些奠基於早期源文本而構成希臘占星學基本概念的主張，還因一些技法學說的高度連貫性而得到支持。許多技法制定的方式似乎是將它們與其他技法整合或結合在一起，以至於在某種程度上，希臘占星學的某些部分，似乎在制定時便已將某種總體技法結構或系統納入考量。宇宙誕生圖（Thema Mundi）──將星座主星、行星的性別、區間和相位學說的概念交互連結的方式──即是一例。或者，再舉一個例子：將行星喜樂（joys）與宮位含義、區間、相位、三分性主星（triplicity rulers）和旺（exaltations）的概念串連起來。羅伯特・史密特（Robert Schmidt）指出，其中一些技法和結構不太可能是根據經驗觀察發展而來，相反地，它們似乎是基於特定概念或哲學動

機再加以創新[69]。

一九九六年出版的《天宮圖占星學歷史》（*A History of Horoscopic Astrology*，暫譯）一書中，霍登特意使用了詞彙「發明家」（inventors）來描述希臘占星學中最早著作的作者：

> 亞歷山大城的學者和「科學家」在西元前三世紀和前二世紀尤為活躍，其中包括西方天宮圖占星學的發明家。他們的真名不詳，因為他們選擇以過去的神、國王、英雄或智者的名字來發行個人著作。除了後來的作者所保存的零散殘稿之外，這些書籍已然失傳。然而，他們的占星學理論基本特徵，已透過後來的希臘文（Greek）占星家的著作傳遞給我們[70]。

在詞彙「發明家」的腳註中，霍登為突然發明的假說辯護道：

> 我一位具份量的同事反對用「發明家」這個詞，他指出，希臘文天宮圖占星學即使是在西元二世紀早期，其形式也是一套全新且非常複雜的系統，因而他認為對於是否可能由一個或多個人同時間突然「發明」的說法抱持懷疑，他寧願我說「天宮圖占星學在當時『已經出現』」。我的反駁是，如果歐幾里得（Euclid）──他可能比亞歷山大城的占星家們早一個世紀──能夠一下子以一種全面且近乎完美的形式寫下幾何學的要素，那麼一些亞歷山大城的後進，甚或那一、兩代人能夠創造出天宮圖占星學，似乎也就不足為奇了[71]。

因此，從我們的角度來看，突然發明的論點解釋了為什麼這套新的占星學系統會在西元前一世紀左右橫空出世。

◎ 漸進發展理論

近期出現了相反的趨勢，對突然發明的假說提出了質疑，轉而提倡我稱之為「漸進發展理論」的概念[72]。漸進發展理論的支持者普遍認為 (1) 與希

臘占星學相關的技法和／或哲學思想豐富而多樣，因而否定這一切都可能來自單一或單一群體的想法，以及 (2) 許多基本技法和概念起源於先前的美索不達米亞和埃及的傳統，因此，許多我們最初只在希臘化傳統中看到的技法可能起源更早，而之所以會突然出現，只是因為佚失了西元前最後幾個世紀大量文本的結果。

漸進發展理論的有利論點在於，有充分的證據顯示，在希臘化傳統之前，美索不達米亞和埃及的占星傳統已持續了數百年，因此，希臘占星學顯然代表了存在於先前傳統中的許多技法、概念和哲學觀念的延續。我們知道，在希臘占星學出現之前的幾個世紀裡，美索不達米亞的占星傳統變得愈趨複雜，就某程度而言，希臘化時期發展出來的技法似乎是一些先前想法和概念的合理延伸。

漸進發展理論支持者指出的癥結之一，是西元前最後三個世紀的大量文本已經佚失，因此，關於那段時期的任何事情皆無從斷定，尤其是來自美索不達米亞的晚期傳統且能夠告訴我們當時占星家如何解讀誕生星盤的占星手冊，實在寥寥可數。儘管，我們確實有一些從那個時期留存下來的誕生星盤，但通常著墨不多，可能是因為這些資訊皆由現場口頭傳達，做法和希臘化傳統一樣，至今亦然。

此外，雖然構成希臘化傳統的不同文本之間有很多共同之處，但在那個時期，不同技法（和占星家）之間仍存在相當多的差異。突然發明的假說支持者傾向認為，希臘化傳統中存在更多的連貫性或一致性，尤其是從技法角度來看；然而漸進發展理論的支持者則傾向認為其存在較大的多樣性。坎皮恩（Campion）特別指出，古代世界的占星學倡導者們採取不同的哲學和宗教立場，其範圍廣闊，而不同的宗教派系也以不同的方式將占星學納入他們的信仰體系。他認為這是駁斥單一來源發明論的證據 [73]，而格林鮑姆（Greenbaum）和羅斯（Ross）則強調技法上的多樣性 [74]。正是對希臘占星學技法和哲學之多樣性的看法，使得這種觀點的支持者爭辯道，希臘占星學必定是在很長一段時間內，逐步漸進且有組織地發展起來。

因此，根據漸進發展理論的說法，希臘化傳統純粹代表了先前美索不達米亞和埃及的占星傳統在歷經數百年發展和試驗的最終結果，只是因為那個時代的許多文本已經遺失，所以我們從現在往回看，才演變成它突然出現在歷史的時間軸。

◎ 雙方論點的利弊

這是一場正在持續且尚未解決的爭論，事實上，可能永遠不會有最終定論，但重要的是意識到此一問題並加以考量，因為它可能對於研究和重建希臘占星學的方式產生重大的影響，甚至是一般情況下的占星實踐。

我個人的看法是，採用任一極端立場的論據都是不恰當的，因為雙方各有論點，也都各有其道理。此外，雙方的擁護者也似乎有誇大其論據的傾向。突然發明的假說支持者傾向誇大希臘化傳統中的一致性或統一性，而漸進發展理論的支持者則傾向誇大其多樣性和不連貫性。在突然發明假說的這方，有些人堅持重建一套假定的「原始」系統，導致在重建和解讀某些文本時採取了一些激進的步驟，這有時會促使他們從文本中推斷、甚至發明出原本並不存在的複雜學說；另一方面，一些漸進發展理論的擁護者，則誇大了希臘化傳統全然的多樣性以及完全欠缺的凝合性，如果任其發展，可能致使研究者忽視或忽略一些重要概念的連貫性，以及不同的古代史料之間確實存在的關聯性。

就某些方面來說，這場爭辯與歷史學家之間的一場爭論很類似，即亞里士多德的哲學是否在他開始寫作之前就已經構思完畢，並在其作品中始終保持一致，抑或是他的思想在其一生中經歷了成長和變化，並可劃分為不同階段。丹尼爾·格雷厄姆（Daniel W. Graham）將其論點概述如下：

> 統一論者認為亞里士多德有一套統一的系統，這是解釋者在重建與協調明顯衝突時的工作；發展主義論者則試圖追蹤亞里士多德的思想發展，將其矛盾視為得以重建不同時間層次發展階段的證據。我們注意到兩方

的觀點皆有失偏頗：發展主義論者傾向拆分亞里士多德的思想，而統一論者則過度地試圖統合[75]。

就希臘化時期的占星傳統而言，事情的最終真相似乎介於上述兩種極端的觀點之間。在接下來的內容中，我將概述我所認為可以代表這兩種論點之間的中間立場，而且那似乎最有可能是希臘占星學發展的情境。

希臘占星學的發展

顯然地，美索不達米亞和埃及傳統的占星學，歷經數個世紀的逐步發展，其學說也日漸繁複。我們主要從美索不達米亞人那裡得到本命占星學的概念並導入黃道帶。從埃及傳統中，我們得到了外觀，並關注於周日運行，以及行星上升和揚升至高點的相關概念，即宮位或區位概念發展的前身。正是這兩種不同參考系統的融合——關注於黃道帶與黃道，以及關注外觀與周日運行——才使得希臘占星學得以發展。

我們知道這種融合至少在西元前二〇〇年就已經發生，可以看到黃道帶與外觀開始同時出現在埃及神廟和陵墓的描繪中，其中，外觀演變成黃道帶的 10 度劃分。從西元前五〇〇年以來，論及世運占星學的美索不達米亞文本已被翻譯並改編，以合乎埃及的地理和政治；到了西元前二〇〇年左右，貝洛蘇斯學派的學生和美索不達米亞占星學的其他從業者既已前往亞歷山大城，將本命占星學的概念和應用帶往該地。

在此時期的某個時間點，一部關於外觀的神祕文本《薩爾梅斯基尼亞卡之書》（*Salmeschiniaka*，暫譯）或許已然寫就。在一些資料來源中，它被引用為埃及祭司實踐此類占星學的一個例子。波菲和楊布里科斯提到它與生活在西元一世紀一位名叫查里蒙（Chaeremon）的埃及祭司有關[76]。底比斯的赫菲斯提歐（Hephaestio of Thebes）所保存的文本殘稿，或許可以就一世

紀以前埃及的占星實踐情況，為我們提供一些重要見解：

> 並且必須同時檢視外觀，因為時標的第一個外觀與誕生有關；時標起算
> 第二十八個外觀，先達到至高點，論生計；第二十五個外觀，在中午達
> 到至高點，論弱點；第十九個外觀，較晚從東方升起，論傷病；第十七
> 個外觀，從西方升起，論婚姻和妻子；第八個外觀為黑帝斯之門（door
> of Hades），論子女；地底（軸點）的外觀，論死亡。這些是古埃及人
> 在解讀每個本命星盤時都會使用的外觀[77]。

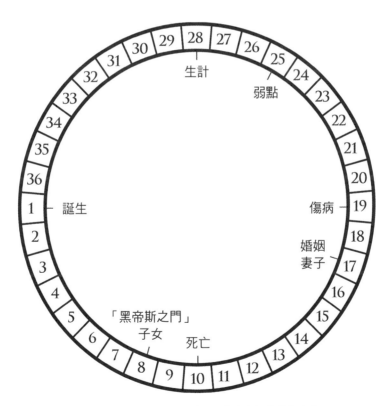

圖 2.2 - 出自《薩爾梅斯基尼亞卡之書》的外觀含義

　　如果這篇殘稿真是來自早期作品——我認為它是，那麼我們可以從中得到關於西元前二世紀左右埃及占星學的兩個重要觀點。首先，它代表埃及人將上升的外觀視作上升點或時標，然後依據與上升外觀的相對位置，將其他的外觀賦予意義。這種運用外觀的方式，後來成為發展十二宮位或區位的一個直接概念的前驅。其次，這篇殘稿還代表埃及人已經將對應四軸點的概念帶入後期的傳統，也就是文中的上升、至高點（culminating）、下降以及反至高點（anti-culminatin）的外觀。這意味著這四個扇形區域的運用，可能在十二宮位學說及其含義發展出來之前出現，因而使四軸點的應用成為各傳統之間的一種中繼的階段[78]。

　　大約在西元前二世紀初的某個時候，一位名叫亞歷山大城的西匹斯克羅斯（Hypsicles of Alexandria）的數學家暨天文學家，寫了一部名為《論上升》（*On Ascensions，Anaphorikos*，暫譯）的短篇作品，其中演示了如何計算黃道星座的上升時間[79]。這很重要，因為這是第一部讓計算上升星座和度數變得容易的希臘文作品，也就是後來所知的上升點或時標；而之後幾個世紀以來的占星家，即是以西匹斯克羅斯的作品作為他們計算方法的來源[80]。這也是現存希臘文文獻中第一部將黃道星座劃分為 360 個部分或度數的作品，因而通常認為西匹斯克羅斯是援引了美索不達米亞的文獻——這是長期以來的一種普遍做法[81]。該文本的發表似乎標誌著占星學史上一個重要的轉折點，因為在西匹斯克羅斯的時代後不久，占星家普遍開始計算一個人誕生那一刻的黃道上升星座，並將此作為計算十二「宮位」或「區位」系統的基礎。這樣一來，西匹斯克羅斯的作品可能是天宮圖占星學發展的一個必然前奏，有助於我們將時間範圍縮小到它開始被運用的時期。

◎ 赫密士、阿斯克勒庇俄斯和尼切普索－佩多西瑞斯的系譜

　　似乎在西元前二世紀下半葉或西元前一世紀早期的某個時期，有一套以埃及文寫成、極其重要且具影響力的占星文本。這些文本非常重要，以至於後來的占星家們在一些希臘占星學起源的相關敘述中將它們神話了。

　　至少有兩部古代文本，在描述希臘占星學的歷史時，將其創造歸功於一位名叫赫密士‧崔斯墨圖的賢者。根據這個傳說，赫密士寫了一些構成占星基本系統的基礎文本，或者它可能是從巴比倫人和埃及人那裡繼承的占星系統演變而來。這套系統後來又傳承給一位名叫阿斯克勒庇俄斯的人物，之後交棒給另外兩位關鍵人物——尼切普索和佩多西瑞斯，然後是其他承續的釋經者。這段歷史描述出現在西元二世紀一張占星圖表的附述：

> 透過檢視許多書籍，從中得知它是如何由古代的智者——即迦勒底人，以及佩多西瑞斯，尤其是尼切普索國王——傳承給我們，正如他們也是以我們的主赫密士，以及赫菲斯托斯（Hephaestus）之子，即伊莫索斯的阿斯克勒庇俄斯為基礎——按照傳給我的時間，是在安東尼‧凱撒大帝元年[82]。

四世紀的占星家費爾米庫斯也有類似的描述：

> 我們將所有記述都寫在這些書中；赫密士和哈努比烏斯（Hanubius）傳給阿斯克勒庇俄斯的；佩多西瑞斯和尼切普索解釋的；亞伯拉罕、奧菲斯和克里托迪莫斯，以及其他所有熟悉這門技術的人所撰寫的[83]。

　　一位匿名占星家（通常被稱為匿名者379）在西元三七九年寫了一本關於恆星的書。雖然他也提到了埃及人的貢獻，並且似乎認為赫密士、尼切普索和佩多西瑞斯才是創始者，但他知悉這一傳統於美索不達米亞人的源頭，書中甚至特別提到了貝洛蘇斯：

> 就我們從祖先那裡所知，巴比倫人和迦勒底人幾乎是第一批發現星象知識的人，因為阿波羅尼奧斯（Apollonius the Myndion）和阿特米多魯斯（Artemidorus）寫下了說明……（略），而貝洛蘇斯和之後的人寫下關於它們（恆星）的內容。埃及人的祖先則是將它們銘記於心並作出相關的預言，從赫密士首先提出，並在他的宇宙預言中寫下了天狼星（Sirius）的年度上升；奈朝奧（Nechao）和塞洛斯弗洛斯（Cerasph-

rus）、佩多西瑞斯、尼切普索以及其他人，亦在不同的地區寫下相關
的描述，尤其是蒂邁歐（Timaeus）和阿斯克拉遜（Asclation）。那些
晚生都得感謝前人的編譯[84]。

西元二世紀占星家曼內托（Manetho）似乎也熟悉這類敘述，因為他在
敘述占星學的起源時，提到了赫密士、阿斯克勒庇俄斯和佩多西瑞斯：

從神廟聖所的書中，噢，托勒密王，以及隱藏的石碑——由全智的赫
密士所發明，刻有對天上星辰貼切的預測。發現阿斯克勒庇俄斯是具有
深謀遠慮之智的建言者（……），除了佩多西瑞斯之外，再無其他人獲
得如此大智慧的名聲，他是迄今為止我最敬愛的人[85]。

最後，在西元一世紀初，占星家馬尼利亞斯也可能呼應了類似的歷史敘
述——間接提到赫密士、尼切普索和佩多西瑞斯，然而他是以詩歌形式撰
寫其占星學著作，因而變得模稜兩可：

祢，西里尼之神（God of Cyllene，即赫密士），是這門偉大而神聖科
學的首位創始者；透過祢，人們對天空有了更深入的瞭解——星宿、
星座的名稱和軌道，它們的重要性和影響……此外，大自然貢獻了她
的幫助，她敞開自我，屈尊去啟發那些思想高度觸及天堂邊界的國王，
在東方的天空下開化了野蠻民族的國王，在那裡，繁星周而復現，翱翔
於昏暗國家的城市上空。還有在神廟中畢生奉獻，並因虔誠而受到天神
眷顧、被選定為人們祈禱的祭司們，他們純潔的心靈因強大神靈的臨在
而被點亮，天神帶領祂的僕人們認識了天堂，並向他們揭示了天國的奧
祕。這些人創立了我們崇高的科學，並且是首批憑藉自身技術，依據漫
遊的星體來認識命運的人們[86]。

在希臘神話中，據說赫密士出生在西里尼山（Mount Cyllene），因此
文中的西里尼就是赫密士，至於指的是哪些國王和祭司，則存在一些爭議。
這段話的譯者古爾德（G. P. Goold）認為，國王是指瑣羅亞斯德和貝盧斯

（Belus），而祭司則是尼切普索和佩多西瑞斯[87]。鑑於希臘化時期普遍認為尼切普索是國王，尼切普索似乎更有可能是在關於國王的陳述中所暗指的主要權威，而佩多西瑞斯可能是其中的一位祭司[88]。因此，馬尼利亞斯所言似乎呼應了其他資料來源對於希臘占星學起源的敘述，尤其是將傳統的創始歸功於赫密士。

　　雖然這些傳承系譜最初看來好像只是基於某種神話，但結果證明，它們實際上可能指的是一組相互關聯的文本，而這些文本在希臘化時期占星傳統的最早階段中流傳。現存最古老且可推估年代的希臘文占星文本之一——斯拉蘇盧斯的《皮納克斯表》（Pinax），其摘要表明尼切普索、佩多西瑞斯和赫密士‧崔斯墨圖是唯一的引用來源。此外，他所引用的特定技法學說和觀點，顯然是來自以他們為名的文本。同樣地，另一部可溯及西元一世紀的早期文本，即雅典的安提阿古斯（Antiochus of Athens）所著的一本定義書，其概要裡也表明僅引用尼切普索、佩多西瑞斯、赫密士和蒂邁歐作為權威。再次地，安提阿古斯並非將他引用的這些作者視作神話人物，而是將特定的技法學說分別託名他們每一位。

　　其原因似乎是有一套關於占星學的偽經手冊託名這些作者，其中包含並可能引入了一些後來成為希臘占星學核心學說的內容。當我提到「核心學說」時，意指希臘占星學中既重要又核心的概念和技法，但又不同於更早之前傳統中的運用，從而說明占星學從美索不達米亞和埃及傳統的演變。

　　看起來，託名赫密士的文本可能是第一部引入十二區位概念，在古代稱為「十二區位」系統（dōdekatopos）或「十二轉位」（dōdekatropos）。包括定義上升星座，然後使用現代占星師所稱的整宮制（whole sign house system），依照黃道次序為每一星座分配主題。斯拉蘇盧斯引用赫密士的文本，說明了一套十二區位的特定意涵，這些含義似乎成為後續作者們普遍使用的基本形式[89]。其中一些含義與《薩爾梅斯基尼亞卡之書》提出的某些扇形區吻合，例如將生計（bios）分配給至高點星座，而其他含義則以微調、或有時以重大調整的方式重新排列。例如，《薩爾梅斯基尼亞卡之書》將婚

姻分配到第十七個外觀，這會落在整宮第六宮，赫密士則將婚姻的主題移到了第七宮。《薩爾梅斯基尼亞卡之書》將傷害與第七宮的區域相應，將死亡與第四宮連結，赫密士則是將傷害移到第六宮，將死亡移到第七宮。無論《薩爾梅斯基尼亞卡之書》和赫密士文本之間的關係如何，赫密士文本似乎採用了基於周日運行中扇形區的位置來分配主題或生活領域的基本概念，然後以一套獨特的內部推理，創建了一種新的、縝密的方法。

在斯拉蘇盧斯引用的赫密士文本中，我們還發現了初次引用的區位名稱，這些名稱在後來的作者中變得普遍。例如，稱第一區位為舵（the Helm）、第五為幸運（Good Fortune）、第十一為好精神（Good spirit）、第十二為壞精神（Bad spirit）。這些名稱與被稱為行星喜樂的重要系統有關，可能是該系統溯及年代最早的間接引用，表示該系統本身可能也是首次在赫密士文本中被引入。

在赫密士文本之後的某個時間點，還有另一部早期的偽經作品被其作者託名阿斯克勒庇俄斯 [90]。與赫密士文本一樣，該文本似乎也著重探討區位的意義或重要性。然而，它的目的似乎是為前八個區位引入一套經修改或附加的意涵，稱為「八主題」系統（*oktatopos*）或「八轉位」（*oktatropos*）。在某些情況下，阿斯克勒庇俄斯文本更改了赫密士文本中某些含義的位置，例如將死亡從第七區位移到了第八區位；在其他情況下，阿斯克勒庇俄斯文本又保留了赫密士的一些含義而未變更，例如將第六區位與傷害連結。史密特指出，阿斯克勒庇俄斯文本拔新領異，將家族成員分配到各個區位，這在赫密士文本中大抵未見，因此這可能就是第二部作品僅涵蓋前八個區位的部分動機 [91]。至於其他出處，他指出，後來的區位含義列表，代表了赫密士和阿斯克勒庇俄斯系統的合併或融合，雖然它們最初看似分別引自不同出處 [92]。

最後，在赫密士和阿斯克勒庇俄斯文本之後的某個時間，出現了另一組託名尼切普索和佩多西瑞斯的早期文本。這兩位作者通常被作為一對提及，但有時也有分別託名的個別作品。無論二人是何關係，託名他們的作品無疑

成為古代最具影響力且最被廣泛引用的占星文本。他們似乎涵蓋了廣泛的主題，但就我們的目的而言，最重要的是宇宙誕生圖的學說——世界的誕生星盤——費爾米庫斯將之歸屬於他們[93]。宇宙誕生圖形塑了將行星廟位分配至黃道星座的概念基礎，並為相位的性質提供了部分原理。

由此可知，這四部文本似乎引入了許多希臘占星學最基本的技法學說，或者無論如何，我們也只能追溯到這些文本。從技法角度來看，希臘占星學的獨特之處，在於它首次採用了後來在西方占星學中變得普遍的四重系統，其中包括行星、黃道星座、十二宮位以及相位。還有一些與這四重系統相關的獨特技法學說，在很早時期就已經出現在希臘化傳統中：

1. 行星，以及區間的相關重要概念，也就是日夜間盤的區別。
2. 黃道星座、廟主星和三分性主星系統，以及分配到星座的四個古典元素。
3. 行星喜樂系統相關的十二區位、整宮制的使用以及「希臘點」（lots）的概念，這是為星座分配主題的另一種方法。
4. 相位，以及與相位相關的概念，例如右方與左方、凌駕（overcoming）、射線攻擊（striking with a ray）等。

上列所有技法概念形成了一種系統，並且為希臘化傳統所獨有。如果這些概念和技法在大約一、兩代人的過程中被引入和系統化，又特別是出現在託名赫密士、阿斯克勒庇俄斯、尼切普索和佩多西瑞斯的文本中，那麼的確顯示了希臘占星學某程度是突然的發明。

必須釐清的是，這並不意味著希臘占星學是未受任何先例或早期傳統影響下憑空出現的發明。從方才的敘述中可以清楚知道，早先的美索不達米亞和埃及傳統發揮了重要的作用，於後來成為希臘占星學中許多早期技法和概念的核心。我們也須對未來可能出現的新發現保持開放，因為那可能改變我們原先對於早期占星傳統之技法實踐的理解[94]。此外，我們也不應預設以赫密士、阿斯克勒庇俄斯、尼切普索和佩多西瑞斯作為代表的系譜，

會是新占星學說的唯一來源，或是希臘化傳統本就是完全一致。這麼說吧，在某些情況下，就連希臘占星學的創始者之間也存在分歧，如同我們在赫密士和阿斯克勒庇俄斯的文本所見，他們將死亡的主題分配給不同的宮位。美索不達米亞占星學在西方的運用和流通可能還有其他傳播途徑，以至於可能發展出希臘化傳統中不同學派或相互匹敵的學說。例如，映點（antiscia）似乎是將相位學說的類似概念作為前提，並且具有相似或相同的作用，它可能是希臘化早期傳統中一個相互競爭的概念，但它並沒有像一般的相位學說那樣流行起來。因此，在後來的傳統中所呈現的多樣性發展，有時很可能是不同占星家在其引入的學說和傳統間相互競爭的結果。

◎ 對隱祕的源文本之不同解釋

傳統中的技法差異，源於基礎文本可能尚有其他潛在的來源出處。從後來的希臘化時期占星家摘自早期作者（如尼切普索和佩多西瑞斯）的一些引述中可見，他們的文本是以隱祕難解的方式書寫，這有時讓人們難以理解文本中的學說。對最古老源文本作者實際所說的內容作出不同解釋，可能是希臘化傳統技法學說存在許多差異的原由。

西元二世紀的占星家維第斯・瓦倫斯（Vettius Valens）曾在他的作品中，對正在研究的源文本哀歎其隱祕性；他特別提到了尼切普索，示意地高舉雙手並呼喊著：

> 是不是因為古人雖然懂得占卜的作用，但是出於這是一般人難以理解且可以誇耀的，所以要羞美地隱瞞；抑或是尚未領會大自然所闡明和授命的，祂不情願作為禮物送給人們，但又需將它包裹起來，才使得他們以謎語的方式寫作──我說不上來。因為，在我看來，宇宙中最美好的力量和無數偉大的工藝事蹟中，沒有一個是天神為了適其運用而吝於給予人們的；因為天神若不願意提供，就不會諭示。然而，可以肯定的是，這些人要不是如此期望，就是他們如此無能，即便如此，在下一段提到他們的首領時（即尼切普索），我很驚訝他的意思竟是如此曲折且難以

理解[95]。

　　瓦倫斯根本是在暗示，古人故意讓這些資料變得晦澀難懂，若非想將之據為己有，就是全然不知所云。顯然，瓦倫斯更偏向前一種情況，因為無論他感到多沮喪，他還是不斷試圖解開並解釋他所掌握的源文本。

　　西元四世紀，費爾米庫斯對佩多西瑞斯作品的隱祕性質也有類似的抱怨。他在討論某個特定的技法概念時評論：「在我看來，佩多西瑞斯在關於這個主題的小冊子中顯露出一種敵意的偏見，並且試圖掩蓋這個概念[96]。」這種對特定技法之隱祕句意的不同解釋，實際上在瓦倫斯一篇關於計算幸運點（Lot of Fortune）的討論中很清楚地浮現。瓦倫斯就幸運點的計算，引用了尼切普索的一段難懂的段落，然後徑直地發表應當如何解釋的看法，並談到其他占星家對此所得出的不同結論[97]。該段落探討了是否該為日夜間盤而顛倒幸運點的計算公式，而事實上，我們的確看到其他希臘化時期占星家對於是否應當顛倒計算得出了不同的結論[98]。這似乎說明了，有時傳統的多樣性以及技法概念的分歧，乃源於對一套以隱祕方式編寫的早期源文本所做出的不同解釋。

◎ 神祕的傳統

　　有個相關問題是占星學界內明顯存在的神祕傳統，可能對許多古代學說保持祕而不宣，因為有些占星學院是不公開的或祕密的。

　　瓦倫斯說，他著述的目的是引導（*mustagōgeō*）讀者進入占星學，就好像它是神祕傳統的一部分[99]。在這句話之後，他立即要求讀者發誓將他的學說保密：

接下來，關於這本書，我首先必須要求那些碰巧遇到它的人，立誓守護所寫的內容並以適當方式保持神祕（……），以神聖的太陽圈軌道、月亮的不規則軌道，以及其他星體和黃道十二星座圈的力量，我嚴令他們

將這些事情保密，不能傳授給沒有學過的人或是圈外人，並將一部分榮譽和紀念授予將此（這門學科）引介給他們的那位先生。願遵守此誓言的人一切順利，願上述諸神保佑他們如願以償，但願那些背棄此誓言的人得到相反境遇[100]。

費爾米庫斯在他的《論數學》（*Mathesis*，暫譯）第七冊的開頭，也讓讀者立下類似的誓言：

因此，遵循這些人（奧菲斯、柏拉圖、畢達哥拉斯和波菲）的規範，我親愛的馬沃爾修斯（Mavortius），我懇求你向創造和管理萬物的天神宣誓，祂塑造了太陽和月亮，安排了所有星辰的秩序和軌道，採集了陸地分界之間的海浪，永恆地點燃環繞天界的神性，使大地平衡在宇宙的中央，用祂偉大的神技創造了所有人類、鳥獸和各種生物，用源源不斷的泉水滋潤大地，使風的氣息持續並不斷變化，從四個對比的元素中創造了萬物，驅動星辰的上升和下降以及大地的運動，將星辰設為靈魂昇華和降臨的停靠站（……），我們懇求你立誓，這些受人尊敬的學說不會透露給世俗的耳朵，只有那些擁有純淨光輝心智的人，才能知曉整個神聖學說，未墮落的靈魂被引導至正途，是其忠誠無可非議、雙手乾淨無罪之人。請領受，我們誠惶誠恐向你承諾過的詳細解說[101]。

費爾米庫斯於著作的末頁再次作出類似的結語，他說：

請謹記你誓言的神聖性：以純潔的心智和靈魂守護這些書籍，切莫將這門科學透露給缺少經驗或褻瀆神靈之人。神性的本質更喜於隱藏在不同面貌之下；它該是不易臨近，其莊嚴亦不輕易示人[102]。

瓦倫斯的書中有三處不同的誓言段落，科莫若斯卡（Komorowska）推測，基於每一段誓言都如此公式化，很可能都是從另一個來源（可能是赫密士）擷取而來[103]。我相信這種推測可以透過將瓦倫斯的誓言，與《拿戈瑪第經集》（*Nag Hammadi library*）中，赫密士專著的另一篇誓言進行比較來

加以證實。該專著被稱為《第八和第九論述》（*The Discourse on the Eighth and Ninth*，暫譯）：

> 我嚴令閱讀這本聖書的人，向天、地、火和水，物質的七個主宰與其創造性的精神，以及（未）誕生、自我誕生（the self-begotten）和被降生（the begotten）的神立誓，要守護赫密士所傳達的訊息。神將與那些遵守誓言以及我們提到的每一位同在，他們每一位的憤怒，都將臨到違背誓言的人[104]。

這種相似之處的意義，是瓦倫斯及其他人所援引並撰寫的文本，皆屬於赫密士神祕傳統的一部分，而一些遺留下來的文本，原本並不打算對大眾公開。這可能是為何只有最早源文本的殘稿（我們在瓦倫斯等作者中所看到的暗示）留存至今的部分原因。

因此，希臘化傳統之所以存在差異或分歧，在某些情況下，可能是源於對那些頗為隱祕的源文本所做出的不同解釋，抑或是另一種可能，就是某些文本對占星家來說並非容易取得，而只在神祕學院中傳承，從老師到學生代代相傳。雖然這兩種問題的可能性，不足以解釋在後來的傳統中所發生的一切變化，但是，當論及希臘化傳統的起源及其連貫性時，卻是必須謹記於心。其中，後續作者之間的差異性，經常被作為論據以駁斥突然發明的假說。

◎ 晚期釋經者和傳統的蓬勃發展

將一些早期的基礎文本託名埃及人物，例如尼切普索和佩多西瑞斯，可能是為了援引埃及血統或傳統起源的想法，然而，我們並不真正清楚這些文本的作者是誰。我們確實知道，至少到西元前一世紀中葉，希臘占星學開始更廣泛且公開地被運用，並且在當時的文化中變得非常流行和具影響力。

在這個時間點，似乎有許多傳統的早期釋經者，詳細闡述了在赫密士系譜中所引入的基本框架。許多早期的釋經者仍然傾向將他們的作品書寫成偽經，假託是蒂邁歐、奧菲斯、亞伯拉罕和瑣羅亞斯德等人物所寫。目前尚不清楚為什麼選擇這些名字，以及他們與託名赫密士、阿斯克勒庇俄斯、尼切普索與佩多西瑞斯的早期文本有何關聯。他們可能屬於同一系譜或學派，或者他們也可能代表其他學派或是相互競爭的傳統。對此，目前還沒有明確的定論，因為我們對這些文本也僅止於片面的瞭解。

到西元前一世紀晚期，大部分的基本學說已然就位，希臘占星學正式登上世界的舞台。無論它的起源為何，從這時候開始，它成為一套相當廣泛、可塑性足以應用於許多不同研究領域的技法系統，並且在許多不同的哲學、宗教和科學世界觀的背景下被採納和運用。作者會根據他們自身的技法或哲學偏好來選用系統的某些部分，並且引入和開發新的技法和概念；既存的技法有時也會被修改或丟失。儘管有這些變遷，行星、星座、相位和宮位這四重系統的核心，基本上維持不變，而正是這套系統，將繼續發展成希臘化時期最歷久不衰的遺產之一。

註　釋

1　Holden, *A History of Horoscopic Astrology*, p. 11.

2　圖書館的完整概述，見：Erskine, "Culture and Power in Ptolemaic Egypt"。圖書館藏書數量的保守估計，見：Bagnall, "Alexandria: Library of Dreams," pp. 351–356。

3　Erskine, "Culture and Power in Ptolemaic Egypt," p. 40.

4　貝洛蘇斯的年代，見：Verbrugghe and Wickersham, *Berossos and Manetho*, pp. 13–15。貝洛蘇斯移居到科斯島的傳說，見 Vitruvius 的後半段內容。Pingree 遵循 Jacoby 的看法，認為有一位名叫貝洛蘇斯的歷史學家，以及另一位占星家——Pingree 將其稱為「偽貝洛蘇斯」。前者可溯及西元前二九〇至前二八〇年，後者可溯及西元前二世紀末或西元前一世紀初，見：Pingree, *From Astral Omens*, p. 24。然而，Verbrugghe 和 Wickersham 提出了一個令人信服的理由，推翻有兩位同名作者的論調。他們指出在現存的文獻中，貝洛蘇斯的作品並沒有互相抵觸，事實上，在一些文獻中，貝洛蘇斯顯然被認為是占星學/天文學以及歷史學兩部作品的作者。

5　Vitruvius, *On Architecture*, 9, 6: 2, trans. *Granger*, p. 245，經修改。

6　Josephus, *Against Apion*, 1: 129，引述自 Verbrugghe and Wickersham, *Berossos and Manetho*, T4, p. 37，稍作修改。

7　Pliny, *Natural History*, 7, 37: 123。Pingree 認為關於鍍金舌頭的故事純屬虛構，然而我們無法確知何者為真。見：Pingree, *From Astral Omens to Astrology*, p. 24。

8　Verbrugghe 和 Wickersham 質疑道，手稿中 Athenodorus 的名字，字跡模糊難辨，因此無法確定此出處是否為正確原名。見：Verbrugghe and Wickersham, *Berossos and Manetho*, p. 35, n. 2。Vitruvius 的手稿寫著「Achinapolus」，最起碼我們知道貝洛蘇斯至少有兩位學生接續他的工作。

9　Shipley, *The Greek World After Alexander*, p. 202.

10　Verbrugghe and Wickersham, *Berossos and Manetho*, p. 13.

11　Green, *The Hellenistic Age*, p. 49.

12　Cramer, *Astrology in Roman Law and Politics*, p. 14.

13　見：Williams 在 "Some Details on the Transmission of Astral Omens in Antiquity" 討論的一些出自 *Enūma Anu Enlil* 的占星預兆，這些預兆出現在與 Petosiris 相關的早期希臘文世運占星學作品中。

14　Heilen 在 "Problems in Translating Ancient Greek Astrological Texts," p. 299 提到這一點。

15　Bugh, *The Cambridge Companion to the Hellenistic World*, p. 2; Erskine, *A Companion to the Hellenistic World*, p. 2; Green, *The Hellenistic Age*, p. xv.

16　正如 Greenbaum 和 Ross 所討論的，由於現代對術語「horoscope」有兩三種不同的含義，因此對「horoscopic astrology」這一名稱，占星界和學術界存在不少爭論（"The Role of Egypt," p. 146ff）。在這裡，我對「horoscopic astrology」這一名稱採用較嚴格的定義，僅指同時使用上升點和十二宮位的占星傳統，不過，在後續內容中我也會更廣泛地使用術語「horoscope」來指稱任何類型的星盤，無論它是否包含上升點和十二宮位。此一區別至為重要，雖然較古老的美索不達米亞誕生星盤通常被稱為「horoscopes」，但它們不會被歸類是「horoscopic astrology」的一種形式，因為它們似乎並未使用上升點或宮位。

17　近期的討論，見：Hatzimichali, "Ashes to Ashes? The Library of Alexandria after 48 BC"。

18　如 Erskine 在 *A Companion to the Hellenistic World*, p. 3f 所述。

19　Algra, *The Cambridge History of Hellenistic Philosophy*, p. xi。希臘哲學的歷史學家在研究早期斯多葛學派（Stoic）時發現自己處於類似的情況，因為斯多葛主義的早期創始人並未留下遺作，在某程度上，學者們不得不以晚期哲學家所陳述的觀點來重建斯多葛主義創始人的學說。

20　楔形文星盤，見：Rochberg, *Babylonian Horoscopes*, text 27, pp. 137–140。至於希臘文星盤，見後續與該主題相關的章節。

21　大部分希臘文證據的文集，見：Waterfield, "The Evidence for Astrology in Classical Greece"，不過，其中引用的部分證據似乎有些牽強。較合理的說法，見：Pingree, *From Astral Omens to Astrology*, pp. 21–29。希臘文及拉丁文早期參考文獻的詳盡說明，見：Cramer, *Astrology in Roman Law and Politics*, pp. 1–80。較近期有關占星學在羅馬社會興起的陳述，見：Green, *Disclosure and Discretion*, p. 65ff。

22　Cicero, *On Divination*, 2: 88, trans. Falconer, pp. 469–71.

23　Proclus, *Commentary on Plato's Timaeus*, 4, 151f., trans. Baltzly, vol. 5, p. 256.

24　Diodorus Siculus, *Library of History*, 17: 112, trans.Oldfather, p. 449。此段記載和其他類似敘述的討論，見：Cramer, *Astrology in Roman Law*, p. 10。

25　Cramer, *Astrology in Roman Law*, p. 58.

26　Valerius Maximus, *Memorable Deeds and Sayings*, 1, 3: 3, trans. Wardle, p. 39.

27　見：Thrasyllus, *Summary*。

28　見：Manilius, *Astronomica*。

29　幾乎所有留存且以希臘文書寫的天宮圖都被收錄在三部獨立的作品中：Neugebauer and Van Hoesen, *Greek Horoscopes*；Baccani, *Oroscopi greci*；Jones, *Astronomical Papyri from Oxyrhynchus*。根據 Ross 的調查，另有一些天宮圖是用埃及世俗體書寫（*A Survey of Demotic Astrological Texts*）。Heilen 最近發表了一份非常實用的最新調查，涵蓋了所有古代已知的天宮圖（*Hadriani Genitura*, pp. 204–333）。

30　Balbillus 用這些星盤作為案例來展示推算壽命長短的技法。在 CCAG 8, part 4, pp. 236–237，出現了一段 Balbillus 對星盤的希臘文描述。Neugebauer 和 Van Hoesen 在 *Greek Horoscopes*, pp. 76–78: No. L -71 和 No. L -42 也討論到該星盤及其年代。Schmidt 翻譯了在 *Sages*, pp. 68–71 的描述。Neugebauer 認為較古老的星盤，其繪製的年代不會早於西元前二二年──因為已知命主於此年逝世。如果 Balbillus 真是 Thrasyllus 的兒子，那麼 Heilen 的推測可能是正確的──這些星盤來自他父親私人收集的檔案。見：Heilen, *Hadriani Genitura*, p. 214。

31　此張天宮圖出現在 Dorotheus, *Carmen*, 1, 24: 15–16。Pingree 在序言第八頁註明了日期。參照：Heilen, *Hadriani Genitura*, p. 216。

32　Neugebauer and Van Hoesen, *Greek Horoscopes*, p. 16。參照：Heilen, *Hadriani Genitura*, p. 216。

33　Neugebauer and Van Hoesen, *Greek Horoscopes*, pp. 14–16.

34　Belmonte and González-García, "Nemrud Dag," esp. p. 1663.

35　正如 Campion 所說，「除了科馬基尼王國現存於希臘世界，尚不清楚為何這座紀念碑會被視為希臘文天宮圖。」（*A History of Western Astrology*, vol. 1, p. 180）。

36　Neugebauer and Parker, "Two Demotic Horoscopes." Cf. Heilen, *Hadriani Genitura*, p. 316。

37　Heilen, *Hadriani Genitura*, p. 316f.

38 Jones, "The Place of Astronomy in Roman Egypt," p. 39ff。近年來在埃及城市塔布
突尼斯（Tebtunis）的一座神廟，發現了許多關於占星學的世俗體教學手冊，雖然
其中大部分資料尚未出版，但這一推論已得到證實。見：Winkler, "On the Astro-
logical Papyri from the Tebtunis Temple Library"，以及近期的 Quack, "On the Con-
comitancy of the Seemingly Incommensurable"，還 有 Winkler, "Some Astrologers
and Their Handbooks in Demotic Egyptian," esp. pp. 269–278。

39 拉丁文星盤，見：Heilen, *Hadriani Genitura*, p. 326–330。但請注意，其中可能包含
了經後世調校過的假定星盤。

40 Holden, *A History of Horoscopic Astrology*, pp. 76–77。一九九六年的出版中有一處印
刷錯誤，寫著西元前一三八年，Holden 在後續改版中將其更正為西元前一三九年。
星盤見：Firmicus, *Mathesis*, 6, 31: 1, 55。

41 Hübner, "Sulla's horoscope?（Firm., Math. 6,31,1）."

42 Hübner, "Sulla's horoscope," p. 18.

43 Jones 依照紀年列出了現存天宮圖的數量級距（*Astronomical Papyri from Oxyrhynchus*, pp.
6–7）。

44 大部分討論，見：Rochberg, *New Evidence for the History of Astrology*, p. 115。

45 Sextus Empiricus, *Against the Professors*, 5: 2, trans. Bury, p. 323.

46 Aulus Gellius, *Attic Nights*, 14: 1, trans. Rolfe, vol. 3, p. 3,，經修改。

47 *Matthew*, 2: 1–16.。關於該主題不同理論的詳細內容，見：*The Star of Bethlehem and
the Magi*, ed. Barthel and van Kooten。

48 Diodorus Siculus, *Library of History*, 1, 73: 4.

49 Diodorus Siculus, *Library of History*, 1, 50: 1, trans. Oldfather, pp. 175–77.

50 Diogenes Laertius, *Lives of Eminent Philosophers*, 1: 11, trans. Hicks, vol. 1, p. 13.

51 在早期的確如此，尤其在美索不達米亞，但在近期討論中，這點有時被誇大了，彷
彿在整個希羅時期，天文學和占星學之間沒有區別。由於占星學和天文學所使用的
專有術語缺乏標準化，希臘文文本和拉丁文文本的語言問題似乎是原因之一，這部
分可歸因於早期區分較為模糊的時期，但是，這並不一定意味著兩者在西方古典時
期毫無區別。Baigent 指出，一些早期的希臘天文學家，例如 Eudoxus，在占星學開
始傳入西方時，對占星學的敵意也意味著希臘人在區別天文學和占星學方面，更勝
於早先的美索不達米亞傳統（*From the Omens of Babylon*, p. 178）。雖然有時我們會
看到像 Ptolemy 這樣的人，同時並用天文學和占星學，但並非每一位古典天文學家
都一定相信或運用占星學，也不是每一位占星家都一定精通複雜的數學天文學理論
與實踐。

52 Diodorus Siculus, *Library of History*, 1, 81: 4–6, trans. Oldfather, pp. 277–279.

53 Diodorus Siculus, *Library of History*, 2, 24: 2.

54 Diodorus Siculus, *Library of History*, 2, 31: 8–9, trans. Oldfather, pp. 455–457.

55 Pliny, *Natural History*, 7, 193, trans. Rackham, p. 637，經修改。

56 Iamblichus, *On the Pythagorean Way of Life*, 158, trans. Dillon and Hershbell, p. 175.

57 Dorotheus, *Carmen*, 1, 1: 1–5. Cf. 5, 1: 1–4.

58 Pérez Jiménez, "Pseudepígrafos de la astrología griega" 有廣泛討論。

59 Rudolf, "Propaganda for Astrology in Aramaic Literature," p. 125。 Cramer 推測，占
    星師以 Petosiris 的名義寫作，可能是為了「提高他新書的銷量」而使用一位古代大
    祭司的名字（Cramer, *Astrology in Roman Law*, p. 17）。

60 Beck, "Thus Spake Not Zarathustra," p. 493.

61 Bouché-Leclercq, *L'Astrologie grecque*, p. 3, fn. 1.

62 例如，Quack 爭辯道，一些託名 Zoroaster 的文本，可能是阿契美尼德時代之後，在
    埃及生活了幾個世紀的波斯占星界成員所寫（Quack, "Les Mages Égyptianisés," p.
    282）。

63 Beck 在 "Thus Spake Not Zarathustra," pp. 491–493 關於瑣羅亞斯德教偽經的文中
    討論到這一點，不過，其中有少數歸於 Abraham 的文本，確實出自本人。

64 Momigliano, "The Fault of the Greeks," p. 17.

65 Fowden, *The Egyptian Hermes*, p. 187.

66 Barton 解釋道，一些早期的文本，像是託名 Nechepso 和 Petosiris ，「通常被視為
    出自赫密士主義，因為人們經常說他們是從 Hermes 那裡獲得了知識。」（Barton,
    Ancient Astrology, p. 26）。

67 突然發明假說的最新支持者包括 Pingree （*From Astral Omens to Astrology*, pp. 26-
    7）、Holden （*A History of Horoscopic Astrology*, p. 12, fn. 2），尤其是 Schmidt （*The
    Kepler College Sourcebook*, pp. 7–13）。不過這個觀點可溯及更早的時期，並且似乎
    主導了過去一個世紀大多數的學術研究。Barton （*Ancient Astrology*, p. 26） 像是承
    認這是一九九四年左右盛行的觀點，他說：「因為 Petosiris 和 Nechepso 向來被描
    述為占星學的創始人，並在特定學說中被引述，所以大多數學者都同意必定有以他
    們的名字所流傳的希臘化文本，象徵著占星學說的早期融合。」

68 Pingree 在 *From Astral Omens*, p. 27. 引用了此文和其他概念，作為說明他所認為是
    在希臘占星學發展中發明的一部分。

69 Schmidt, *Kepler College Sourcebook*, p. 10.

70 Holden, *A History of Horoscopic Astrology*, p. 12.

71 Holden, *A History of Horoscopic Astrology*, p. 12, n. 2.

72 在這一時間點，漸進發展理論的主要支持者是 Robert Hand， Nicholas Campion （*A
    History of Western Astrology*, vol. 1, pp. 203–223），Greenbaum 和 Ross （ "The Role
    of Egypt," pp. 146–182）。Hand 在二〇〇五年四月十六日，於華盛頓州西雅圖舉行
    的開普勒占星學院研討會的一場特別晚間講座中概述其論點。雖然這個論點尚未付
    梓，但那天晚上我參加了講座並依據錄音做了大量的筆記。

73　Campion, *A History of Western Astrology*, vol. 1, p. 223.

74　Greenbaum and Ross, "The Role of Egypt," pp. 149–150.

75　Graham, *Aristotle's Two Systems*, pp. 290–1.

76　Chaeremon 的作品殘稿和見證，見：Van der Horst, *Chaeremon*。*Salmeschiniaka* 的殘稿，見：F5 和 F9，分別引用了 Porphyry, *Letter to Anebo*, 2: 12–13 和 Iamblichus, *On the Mysteries*, 8: 4。在 F9 殘稿中，Iamblichus 說 *Salmeschiniaka* 只包含了赫密士系統的很小一部分」（trans. Van der Horst, p. 17.）

77　Hephaestio, *Apotelesmatika*, 2, 18: 75–6, trans. Schmidt, p. 66，稍經修改。

78　我相信我們可以在一世紀占星家 Dorotheus 所篩選的資料中找到進一步的證據，其著作提及的即時占星學，似乎援引了一個傳統，其中大多數法則的訂定，只考慮四個軸點的區位。Dorotheus 聲稱同時援引了埃及和美索不達米亞的傳統，因此無法分辨這些選用的法則來自哪一傳統，但它似乎證實了在占星學的歷史中，僅使用四個軸點的階段。見：Dorotheus, *Carmen*, 5，以及 Hephaestio, *Apotelesmatika*, 3。

79　編纂於 Hypsicles, *Hypsikles: Die Aufgangszeiten der Gestirne*, ed. de Falco and Krause。翻譯和評論，見：Montelle, "The Anaphoricus of Hypsicles of Alexandria"。Montelle 暫且將 Hypsicles 的活躍時間定在西元前一九〇年，而其他人通常認為他是在二世紀第一季度或上半葉的某個時候發展起來。

80　Valens 在 *Anthology*, 3, 13: 5 明確引用了 Hypsicles；其他出處如 Paulus 在 *Introduction*, 2 的結尾中所提供關於赤經時間法（ascensional times of the signs）的數值，與 Hypsicles 的一致。Paulus 將這些數值歸功於「埃及人」，可能指 Nechepso 和 Petosiris。

81　Evans, *The History and Practice of Ancient Astronomy*, p. 124.

82　匿名莎草紙的殘稿來自 CCAG, 8, 4, p. 95 （Papyrus Paris 19b, col. I, 2–6 = Riess, "Nechepsonis et Petosiridis," test. 6），trans. Schmidt, *Kepler College Sourcebook*, p. 5，稍經修改。除了序言陳述的希臘文天宮圖之外，另一譯本見：Neugebauer and Van Hoesen, *Greek Horoscopes*, No. 137c, p. 42。

83　Firmicus, *Mathesis*, 4, proem: 5 （= Riess, "Nechepsonis et Petosiridis," test. 7），trans. Bram, p. 118，經改編。早期的編輯建議使用「Hanubius」這個名字，以解讀手稿中毫無意義的短語「einhnus vix」。有些人推測它是指埃及神安紐比斯（Anubis），另一些人則試圖將它與後來的占星作家阿努畢歐（Anubio）連結起來。Heilen 討論了這個問題，並提出一個很好的理由來論證它並非是 "Anubio Reconsidered," pp. 140–41 提到的占星家 Anubio。在其他出處 Heilen, "Some Metrical Fragments," p. 51，Heilen 引用了 Joachim Quack 的建議，認為文本應該讀作「Chmifis」（Kneph／Kmeph）。

84　Anonymous of 379, *Fixed Stars*, p. 204: 13–22, trans. Schmidt, p. 10.

85　Manetho, *Apotelesmatika*, 5: 1–10 （= Riess, "Nechepsonis et Petosiridis," test. 9）， trans.Lopilato, p. 263。這裡提到的 Ptolemy 是國王，而不是占星家。

86   Manilius, *Astronomica*, trans. Goold, 1: 30–52.

87   Manilius, *Astronomica,* trans. Goold, p. 9, n. a, c.

88   該討論見：Volk, *Manilius and his Intellectual Background*, pp. 68–70。

89   Thrasyllus, *Summary*, p. 101: 16–31.

90   完整的引文，見：Asclepius 文本中有關 *oktatropos* 的後半部分。

91   Schmidt, *Definitions and Foundations*, p. 309.

92   Schmidt, *Kepler College Sourcebook*, p. 77。例如在 Thrasyllus, *Summary*, p. 101: 3–30，先是出現 *oktatropos*，然後才是 *dōdekatropos*，但是在後來諸如 Valens, *Anthology*, 4, 12: 1–2 等資料中，來自不同系統的含義已被合併成單一的陳述。

93   Firmicus, *Mathesis*, 3, preface: 4.

94   這發生於近期。從另一個較為古老的楔形泥板發現，曾被視為希臘化傳統獨有的埃及界（Egyptian bounds ／ terms），顯然是源於美索不達米亞的占星傳統。見：Jones and Steele, "A New Discovery of a Component of Greek Astrology in Babylonian Tablets: The‘Terms'"。

95   Valens, *Anthology*, 7, 4: 1–3, trans. Schmidt, pp. 28–29.

96   Firmicus, *Mathesis*, 8, 2: 1, trans. Bram, p. 267（= Riess, "Nechepsonis et Petosiridis," fr. 16）.

97   Valens, *Anthology*, 3, 11.

98   舉例來說，Ptolemy 認為不應該因日間盤或夜間盤而顛倒幸運點的計算（*Tetrabiblos*, 3, 11: 5），而 Paulus 則顛倒計算（*Introduction*, 23）。我將在後續關於希臘點的章節中更詳盡地探討這個問題。

99   Valens, *Anthology*, 4, 11: 11.

100 Valens, *Anthology*, 7, proem: 1–4, trans. Schmidt, pp. 1–2，經修改。

101 Firmicus, *Mathesis*, 7, 1: 2–3, trans. Bram, p. 233.

102 Firmicus, *Mathesis*, 8, 33: 2, trans. Bram, p. 302.

103 Komorowska, *Vettius Valens of Antioch*, p. 238.

104 Meyer, *The Nag Hammadi Scriptures*, NHC VI, 6: 63, p. 418.

占星學
在羅馬帝國
的運用

羅馬帝國

　　西元前三世紀，羅馬共和國開始從義大利向外擴張勢力；大約是希臘化時期開始的時間。到了西元前二世紀和前一世紀，儼然已成為地中海的強權。西元前一世紀中葉，一位名叫尤利烏斯·凱撒（Julius Caesar）的羅馬將軍奪取了共和國的控制權，在他被暗殺後，他的養子屋大維（Octavian）繼承了他的權力，最終成為國家的領導者。隨後，屋大維和一位名叫馬克·安東尼（Mark Antony）敵對將軍之間的內戰，在西元前三〇年結束。這起知名事件，以安東尼和他的伴侶埃及女王克利奧帕特拉七世（Cleopatra VII）戰敗自殺而告終。羅馬隨即吞併埃及，結束了托勒密王朝二百七十五年的統治。屋大維採用奧古斯都的稱號，成為羅馬的第一位皇帝，從而開啟羅馬帝國的帝制時期。

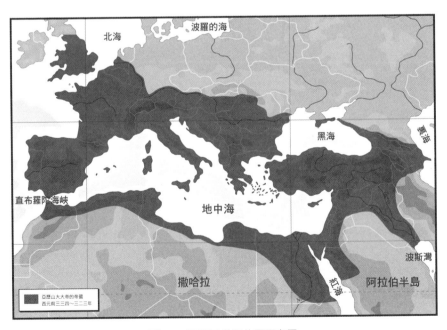

圖 3.1 - 西元二世紀的羅馬帝國

　　羅馬帝國在後續一個世紀裡持續擴張，最終在西元二世紀左右達到鼎盛，控制了整個地中海周圍地區。羅馬帝國的鼎盛時期大致與希臘占星學實踐的高峰期相吻合，現存的天宮圖大多可溯及西元二世紀和三世紀，而現存的文本多半也都是由西元一世紀到七世紀之間生活在羅馬帝國的人所撰寫。因此，雖然希臘占星學起源於希臘化時期，但大部分的歷史及實踐是發生在羅馬帝國時期，所以，我們必須關注這個時期，以瞭解希臘占星學蓬勃發展時的社會。

希臘占星學的三大分支

　　希臘占星學有三個主要分支。三個分支的核心技法都非常相似，但是在技法的重點領域和應用範圍則因分支而異，具體取決於研究的內容。雖然在希臘化時期的占星文本中，通常沒有明確指出這三種劃分，但卻經常有這類的默示，對於將古代世界裡占星學的不同應用加以分類，倒是挺有助益[1]，在研究後來的西方占星傳統時，這種分類大抵上仍適用。

◎ 本命占星學

　　希臘占星學的第一個分支稱為生辰占星學（genethlialogy），意指「研究出生」，源自希臘文 genethlios，意思是「與個人的出生有關」。這是占星學的一門分支，在現代更經常被稱作本命占星學（natal astrology）。生辰占星學是關於一個人出生時行星位置的實務研究，以判定其生命本質和歷程的相關資訊。這通常涉及繪製一張圖表，該圖表提供命主出生時行星所在位置的視覺呈現，也稱為誕生「星盤」（chart，thema）或「本命」（nativity，genesis）。

　　希臘占星學似乎主要偏向本命占星學的研究，這種將重心從集體轉向個人，是希臘占星學與較早的美索不達米亞和埃及傳統之間的主要區別之一。

當然，這理應視為是美索不達米亞的占星傳統，自西元前五世紀開始便朝向更加個人化形式發展的一種延續；而希臘化時期的技法也確實代表了許多較早時期所開發之基本概念的進一步發展，甚至，個人出生的占星應用成為了希臘化占星傳統理論與實踐的基石，且大多數希臘占星學的技法都是專門針對本命占星學所設計。占星師與這種運用的密切關聯，以至於他們有時被稱為「本命星盤研究者」或是「天宮圖繪製者」（genethlialogoi）。

本命占星學有許多不同的應用和子分支，其中一個子分支在現代被稱為「校正」，即占星師基於一個人生命的已知訊息，試圖推斷出其精準的出生時間以及誕生星盤的精確排列。這個做法最常見於為了判定一個人的出生時間，無論是因為沒有生時紀錄，或是因生時紀錄不夠精確導致無法使用某些技法的時候。

最早的生時校正參考紀錄之一，可溯及西元前一世紀。當時羅馬歷史學家瓦羅（Varro）向一位名叫塔倫修斯（Lucius Tarutius Firmanus）的占星師諮詢，試圖判定羅馬的創建者羅穆盧斯（Romulus）的誕生星盤，結果推測出一張七世紀之前特定日期和時間的星盤[2]。塔倫修斯也試圖判定羅穆盧斯的受孕星盤，以及羅馬建國的起始星盤，這說明校正星盤的用途有時更為廣泛，能為過去所發生的任何事件重建一張星盤；這是依據後來發生的事件、情況以及占星法則，進而推斷星盤應有配置的過程。

瓦倫斯和赫菲斯提歐都將自己的受孕星盤寫入作品，很可能就是使用特定技法調校而得[3]。這項傳統可溯及貝洛蘇斯和他的學生，據說他們有一種為出生和受孕繪製星盤的方法[4]。繪製受孕星盤的目的令人費解，雖然赫菲斯提歐似乎是根據托勒密的說法，指其目的是研究妊娠期間，胚胎在發育過程中發生的事件。儘管如此，出生那一刻的星盤，對於決定命主出生之後的人生軌跡，被視為具有更大的權重[5]。

◎普世占星學

希臘化占星傳統的第二個分支被稱為普世占星學（Universal Astrology），源自希臘文術語 *katholikos*，意思是「關於整體」、「普世」或「一般大眾」。這門分支在現代更經常被稱為世運占星學。普世占星學是將占星原理應用於城市和國家等人群，以及天氣和地震等自然現象。就概念而言，這與起源於美索不達米亞傳統並在此期間佔有主要地位的占星學基本相同，但是在希臘化傳統中，技法變得更加複雜，因為它們是在希臘化時期占星學的新技法框架下發展起來，並增加了對相位和宮位的重視[6]。

儘管希臘化時期和羅馬時期的許多占星家都參與政治，並且在幾位國王和皇帝的宮廷中擔任占星師，普世占星學似乎並不像本命占星學那樣在希臘化傳統中位居要角。他們主要專注在使用政治人物的本命星盤為其個人進行預測，對於普世占星學的投入似乎不如本命占星學來得常見。約莫西元三世紀到九世紀的波斯和阿拉伯占星傳統的期間，一些普世、政治和歷史的占星形式才得到更進一步的發展[7]。

◎即時占星學

希臘占星學的第三個分支被稱為即時占星學（inceptional astrology）或擇日占星學（*katarchic astrology*），源自希臘文 *katarchē*，意思是「開始」、「啟動」或「開端」。即時占星學的前提是，透過研究一項事件開始或展開探索時宇宙形成的排列，能夠判定與此事相關的性質和未來的資訊。它的前提就本質上與本命占星學相同，但不是以個人出生的時間，而是以事件開始的時間來製定星盤，例如旅程的開始、城市的建立，或一段婚姻的開始。主要關注在冒險開始（*katarchē*）之時，占星相位結構的吉凶，從而判定可能的結果（*apotelesma*）[8]。

在希臘化傳統中，即時占星學最常運用在為一項新的冒險和事業擇定吉時，前提是認為可以向占星師借力，選擇一組特別吉利的行星排列，來確保

更為成功的結果。在現代，主動運用占星學挑選良辰吉時稱為擇時占星學（electional astrology），而將占星運用於分析過去已發生事件的回顧性應用，則更經常被稱為即時占星學。然而，在希臘化傳統中，*katarchē* 這個術語既指擇時占星學，亦指即時占星學，因為兩者都涉及觀察事件開始時的星盤。

由於即時占星學的應用範圍相當廣泛，因而發展出許多不同的占星子分支或應用。其中一種應用在後來被稱為「疾運盤」（decumbiture charts），即占星師為一個人開始生病且「臥床」的時刻起盤，以便將星盤作為診斷工具，並對疾病的持續時間和嚴重程度有所瞭解[9]。另一種即時占星學的應用是現代所稱的「顧問盤」（consultation charts），即占星師在開始為客戶進行諮詢時起盤，以判定當時客戶心中的想法以及此次諮詢的重點[10]。班傑明・戴克（Benjamin Dykes）將此稱為意念推測（thought-interpretation）[11]。

◎問事占星學的出現

在希臘化傳統的某個時刻，占星學的第四個分支或應用開始出現，直到後來的中世紀傳統才被稱為問事占星學（interrogational astrology）或是卜卦提問（horary questions）[12]。在這類的占星應用中，占星師會以客戶向他們提出一個特定問題的時刻起盤，這是假設提出問題的那一刻所起的星盤能夠描述提問本身的性質及結果。

問事占星學在中世紀和文藝復興時期的傳統中極為盛行，使之直接成為占星傳統中完整的第四個分支。相比之下，在希臘化傳統中的相關應用則顯得少見。事實上，正因如此罕見，以至於有不少人論斷，問事占星學根本不存在於希臘化傳統，而是後來才出現在印度、波斯或中世紀的阿拉伯占星傳統[13]。這個問題，很大程度上取決於殘存在都勒斯著作的阿拉伯文譯本第五冊，其中零星提到的問事占星學是否參照了原文文本，或是在問事占星學的運用變得普及之後，由波斯或阿拉伯譯者移植到文本中。我在二○○七年發表了一篇論文，認為在希臘化傳統中沒有運用到問事占星學，並且質疑都勒斯的著作，其阿拉伯文譯本的可靠性[14]。後來在格拉馬格利亞（Gramaglia）

和戴克於二〇一三年出版底比斯的赫菲斯提歐著作第三冊的譯本得到了反證，該書證明了文本中至少有一則明確的問事占星案例，這似乎證實了都勒斯的阿拉伯文譯本確實參照了原文文本[15]。

　　實際情況似乎是這樣的。問事占星學最初是作為即時占星學的一個子分支發展而來，其內容與「顧問盤」或「意念推測」的運用有關。而即時占星學已是一種既定的應用，人們能夠以事件開始的時間點起盤，以便瞭解在那一刻發起的任何事件會有何種的性質與結果；而這又延伸到以占星師與客戶開始進行諮詢的時刻起盤，並假設該星盤能夠描繪出客戶當時心中的想法。此後，一些占星師便開始使用這些顧問盤或意念推測盤來判定客戶的實際想法，或者回答客戶向占星師提出有關他們內心狀態的特定問題。從那時起，問事占星學開始發展成獨立的應用分支[16]。重現此一發展過程部分仰賴這樣的一種觀點——即判定客戶的想法，在概念和程序上都不同於回答客戶特定提問的結果[17]。

　　在赫菲斯提歐的文本中，占星師為了向客戶提供他們關注議題的訊息而起一張即時星盤（inceptional chart），在一系列不同但具有重要象徵意義的時刻，問事占星盤似乎是最後的選項。在第四十七章論及逃跑的奴隸，第一條指示以奴隸逃跑的時間起一張即時星盤，從主人的角度查看奴隸是否會回來；但隨後補充道，倘若時間未知，則改用主人第一次得知奴隸逃跑的時間來起盤[18]。第十一章論及判定配偶在分居後是否會回到他們身邊，文中指示以分居那一刻起即時星盤，如果時間不詳，則以客戶向占星師詢問此事的時間起盤[19]。透過這種方式，我們可以區分三種不同重要程度的象徵性時刻：

1. 事件實際發生的那一刻。
2. 相關人士獲悉事件發生的那一刻。
3. 相關人士向占星師詢問事件結果的那一刻。

　　由此看來，作為深入瞭解客戶的問題，問事占星學在最初可能已發展成較不重要的象徵時刻之一，只有前兩個選項不可用時才會採用。

　　儘管都勒斯文本的問事案例可溯及西元一世紀，但在那之後，問事占星學的相關發展仍存在一些不確定性。有一小段據說出自赫密士・崔斯墨圖關於問事占星學的描述，但其時間點難以追溯，因為我們知道在整個希臘化時期和中世紀時期都有新的文本託名赫密士，而文本中並無任何內容可以幫助我們縮小涉及的時間範圍 [20]。

　　直到五世紀晚期，我們才發現第一個符合問事占星學的脈絡，並依據提問時間點起盤的實際案例；該星盤是出自「帕爾庫斯」（Palchus）的合集 [21]。合集中收錄的星盤，大部分似乎都是特定事件的即時星盤，或是可能用來描述諮詢重點及客戶想法的顧問盤，不過，其中一個盤似乎是來自士麥那（Smyrna）的一位客戶，詢問一艘從亞歷山大港發船但未如期抵達的船隻命運 [22]。從星盤的座標來看，它是以客戶的所在地起盤，該地點位於現代的土耳其，而不是船隻的出發地亞歷山大港，占星師試圖據此預測船隻究竟發生什麼事。解盤中使用的法則，與希臘化時期用於判讀即時星盤或事件星盤的法則仍然非常相似，顯然直到中世紀傳統才發展出一些涉及宮主星，用於詮釋問事星盤更為通用的法則。

　　問事占星學可能早在三世紀到七世紀之間薩珊王朝的波斯傳統中就開始興起。有一則軼事流傳至今，安息帝國末代國王阿爾達班五世（Ardavan V）向他的占星師提問，他的女僕和阿爾達希爾一世（Ardashīr I）究竟逃往何方，而阿爾達希爾一世後來竟成了新薩珊波斯帝國的第一位國王 [23]。大衛・賓格瑞（David Pingree）跟帕奈諾（Panaino）以此作為問事占星學的一個案例，儘管故事中並未言明該星盤是以提問的那一刻，還是就兩人逃跑的時間來起盤 [24]。如果是後者，那麼這就是一個運用即時占星學的標準案例，以奴隸離開的那一刻起盤來研究其逃跑的情況；但在希臘化傳統中也有幾個未交代起盤時間的案例，因此它不一定是一則問事占星的例子。

　　大約在同一時期，問事占星學可能也在印度傳統中興起。西元三世紀晚期被稱為《臾那星占書》（Yavanajātaka，暫譯）的文本中，有十個章節主要談及意念推測 [25]。在緊接的短章節中，簡要介紹如何判定客戶想法的「形

成」，後續的其他章節內容涉及尋找失物、判定疾病是否會導致死亡，以及判定尚未誕生的嬰兒性別[26]。雖然關於意念推測的資料似乎更為廣泛和完善，但從這份資料可以明確知道，問事占星學這一新的分支已經開始萌發。

最終，希臘化、波斯和印度的這三個傳統都在中世紀時期融合，而在西方占星傳統中留存至今的第一部完整的問事占星學作品，是來自八世紀末和九世紀初的占星家埃德薩的西奧菲勒斯（Theophilus of Edessa）、馬謝阿拉（Māshā'allāh）和薩爾・伊本・畢雪（Sahl ibn Bishr）。

現存的天宮圖或星盤

單就現存希臘化傳統文集中的個人天宮圖或星盤（themata）來看，令人驚訝的特徵之一是——幾乎全都只簡單列出計算後的行星位置，卻不見任何具體陳述或行星配置相關的意涵解讀。正如我們所見，這些通常寫在莎草紙上的「原始天宮圖」，不同於出現在占星技法手冊中的「文獻天宮圖」。前者多半只呈現星盤的原始技術數據，而後者經常用於占星師的案例研究，以演示特定占星技法的應用。奧托・諾伊格鮑爾（Otto Neugebauer）和范・霍森（Van Hoesen）指出，倘若沒有較長篇幅的文獻資料留存，便很難從單一星盤中的天文位置簡要紀錄看出最初的目的是什麼[27]。當談到現存的美索不達米亞天宮圖時，這也是值得留意的一大重點，其星盤的解讀資訊同樣稀少，幾乎沒有留下任何解讀手冊。

典型的希臘化時期天宮圖會簡單列出一個人的出生日期、時間、每顆行星和上升點所在的黃道星座，偶爾還會列出幸運點。以下是一個典型的星盤案例，來自西元四世紀埃及的俄克喜林庫斯（OXyrhynchus）所抄寫的一張莎草紙[28]：

ἔτους λς΄ Διοκλητιανοῦ, 羅馬皇帝戴克里先（Diocletian）三十六年，

Μεχεὶρ κβ΄, ὥρ(α) β΄ ἡμέραις. 梅切伊爾（Mecheir）月二十二日，白天的第二個小時。

ὡρ(οσκόπος) Ἰχθύσι. 上升點在雙魚座。

Κρόνος Κρίῳ. 土星在白羊座。

Ζεὺς Λέοντι, αὐθημερὶ Παρθένῳ. 木星在獅子座，同一天在處女座。

ἥλιος Ὑδρηχόῳ. 太陽在水瓶座。

Ἄρης Ὑδρηχόῳ. 火星在水瓶座。

Ἀφροδίτη Ὑδρηχόῳ. 金星在水瓶座。

Ἑρμῆς Ὑδρηχόῳ. 水星在水瓶座。

σελήνη Σκορπίῳ. 月亮在天蠍座。

　　διευτυχεῖ. 祝你好運！

　　還有一些更詳盡的「豪華版天宮圖」留存下來，它們被收錄在俄克喜林庫斯，亞歷山大・瓊斯（Alexander Jones）的星盤合集，不過只是較上述案例來得稍微詳細而已。較具體的技術數據包括，例如行星位置的度數和分；哪顆行星統治哪個星座；行星所在的界、三分性和度間（monomoiria）；黃道星座的性別、模式和其他特徵；位在哪個外觀；與太陽處於哪一階段；以及幸運點以外其他「希臘點」的位置，例如愛情點（Eros）或必要點（Necessity）。從本質上來看，這些「豪華版天宮圖」已經包含了現代星盤中以視覺呈現的大部分資料。

◎占星諮詢板

　　與占星手冊中涵蓋廣泛且詳細的預測學說相比，現存天宮圖中的文字敘述可說是少之又少。由此得出的結論是，古代進行占星諮詢時，大部分時間可能都是以口頭陳述。現存莎草紙殘稿中所抄錄的本命星盤數據可能只是一個起點，或是實際諮詢前的前導作業，是實際展示一張星盤以進行解讀的過程中，所需要的最基本資訊。有意諮詢的客戶需要找一位精通天文和數學計算的占星師，以準確計算出生時的行星位置；這可能就是為何當時占星家更普遍的稱謂之一是「數學家」（*mathēmatikoi*）。

　　占星師與客戶進行實際諮詢時，似乎會使用一種占星諮詢板來展示星盤[29]。這些板有點類似現代的西洋棋盤，只是占星板上描繪的是黃道星座，有時還會有外觀或其他子區間，然後在板的周圍放置了不同的石頭以代表行星在星盤中的位置。這些版有許多留存至今，其中一些更精細複雜的板，甚至用象牙、黃金和木頭製成。有些占星師可能還會使用不同的石頭來標記不同的行星，因此石頭的材質與行星的性質相同（例如，金代表太陽，銀代表月亮）[30]。目前發現最古老的板可溯及西元前一世紀左右[31]。

　　希臘化傳統的星盤通常以圓形呈現，顯然地，方形星盤只有在中世紀傳統才變得熱門[32]。其中一塊現存的板上有兩個同心的黃道圈，伊凡斯（Evans）推測，這種類型的星盤可能是用於比較盤（synastry），即比較兩張本命星盤中的行星位置來衡量兩人將如何互動，通常用在親密關係[33]。第二圈的黃道圈似乎也可能另作流運或時間主星期間的研究之用，通常用於推進行星的位置，藉以衡量行星與本命星盤的相對位置。

　　無法負擔精緻型天宮圖板（horoscope board）的占星師，可能會使用更簡便的方法，例如在沙上繪製星盤。四世紀末或五世紀初的帕諾波利斯的農諾斯（Nonnus of Panopolis）描述了一個虛構的場景。占卜師繪製本命星盤的方式，是用黑色的沙子或灰塵覆蓋桌子的表面，然後在上面畫一個圓圈，接著將其分成幾個區段[34]。

　　用來指稱天宮圖板的術語是 *pinax*，意思是「板」、「平盤」或「平板」。據說斯拉蘇盧斯和克里托迪莫斯都寫過以 *pinax* 為題的占星文本，指的似乎就是天宮圖板，因為這類著作的本意，是教導如何運用或解讀板上的行星配置。

◎計算時間

　　古代世界裡有幾種不同的計時方法，白天使用日晷，晚上則可以使用水鐘。對占星師來說，最準確的計時方法，是使用一種稱為天體觀測儀（astrolabe）的金屬裝置。該儀器的希臘文術語 *astrolabos*，原意近似「行星計算器」[35]。天體觀測儀可用於判定當地時間、計算上升點的度數等許多功能。天體觀測儀可能在西元前二世紀就由喜帕恰斯（Hipparchus）提出；托勒密曾在一部名為《平面天體圖》（*Planisphere*，暫譯）的短篇著作中提及「占星儀器」，有時被認為這表示在西元二世紀時即已使用該儀器[36]。然而，直到四世紀才出現一本我們確定曾經存在但現已佚失，由亞歷山大城的席恩（Theon of Alexandria）撰寫關於如何建造天體觀測儀的專著。到了六世紀，第一本完整記述如何製作和使用天體觀測儀的希臘文文本，出自約翰·費羅普勒斯（John Philoponus）[37]。希臘文占星文本中第一次明確提及該儀器，是出自四世紀占星家亞歷山大城的包路斯（Paulus of Alexandria）關於如何計算上升點的章節中[38]。

　　包路斯還提到一個水鐘，標示了命主出生並吸進第一口氣的時刻，從而得出上升點的度數[39]。赫菲斯提歐提到在占星諮詢時，使用水鐘、天體觀測儀或其他不知名的計時工具，來判定上升點的正確度數[40]。他似乎認為這些儀器足夠精準，可用於判定上升點的正確度數，而該論述出自其著作中，有關如何解讀諮詢那一刻上升點所在的十二分部（the twelfth-part）——上升點的度數需精準到二度半範圍內。

◎ 字形或符號的使用

　　直到中世紀，現代占星師一般用來代表行星和黃道星座的字形或符號才完全確立。雖然有證據顯示，其中一些字形可能從希臘化傳統中使用的符號演變而來，但大多數的情況下，希臘化時期占星家似乎沒有一套標準化的字形繪製系統，相反地，他們傾向將行星和黃道星座的全名書寫出來，或有時只用行星名稱的第一個字母作為速記；但也有些例外。

　　諾伊格鮑爾指出，追溯希臘文和拉丁文手稿中占星字形的歷史和發展實屬不易，不僅是因為手稿本身的流通方式不一，還因為十九世紀和二十世紀初的學者傾向忽視占星符號，並在印刷版本中用文字替換它們；有時則是相

反的情形[41]。這意味著，許多重要的占星文本考證版（critical edition）並未準確傳達手稿中所使用的符號，因此，假若裡頭出現符號，也很難知道是使用了哪些符號。此外，大部分現存的手稿都是複本的複本的複本，其中最古老的手稿只可溯及中世紀，因此，它們通常不是研究原文手稿中符號使用的最佳範例[42]。幸運的是，上個世紀的考古發掘中，發現了寫在莎草紙和 ostraca（用於書寫的陶片）的天宮圖，這使我們對希臘化傳統中所使用的一些符號能有直接的瞭解。

　　從埃及的古希羅城市俄克喜林庫斯的廢墟場中拾回、以莎草紙書寫的占星合集，文中的一些符號在四世紀之後的星盤中仍被使用[43]。其中只有水星、金星和月亮的符號，與後來成為標準使用的符號有些相似之處。太陽的符號是右上角帶有光束或光線的圓圈，這在一些星盤和拜占庭晚期的希臘文文本中似乎已經標準化，不過這與文藝復興晚期和現代占星傳統使用的符號——圓圈中心有一個點——不同。土星和木星的符號，顯然只是這些行星希臘文名稱的第一個字母 K（Kronos，克洛諾斯）和 Z（Zeus，宙斯）。最後，有一個符號始終用於代表上升點，儘管它只是一款押花字，即上升點的希臘文單詞 *hōroskopos* 前兩個字母合併，形成重疊的 omega (ω) 和 rho (ρ) 符號。瓊斯還指出，黃道星座在中世紀傳統已成為標準符號，但都未見於希臘文莎草紙中[44]，而是傾向書寫該星座的名稱。

　　某些埃及世俗體的天宮圖使用了特定的字形或符號來表示行星和黃道星座。二十世紀初以來，人們一直猜測當中的某些符號可能激發了後來的中世紀字形[45]，特別是世俗體使用的天秤座符號，被認為與後來成為該星座的標準字形非常相似[46]；世俗體的射手座字形是一個向上的箭頭，還有水瓶座字形的三條水平線，與現代符號相差無幾[47]；其他的黃道星座符號則與現代對應的符號不大相像。當談到行星，太陽和月亮的符號與它們的現代版本十分相似，差異只在於太陽的圓圈符號中間沒有一個點；水星的符號對照現代版本變化不大；土星的符號是正方形；火星的符號是一把刀；其他行星的符號則難以描述，與中世紀和現代的字形截然不同。

星座

♈	白羊座	♌	獅子座	♐	射手座
♉	金牛座	♍	處女座	♑	摩羯座
♊	雙子座	♎	天秤座	♒	水瓶座
♋	巨蟹座	♏	天蠍座	♓	雙魚座

行星

☽	月亮	♂	火星
☉	太陽	♃	木星
☿	水星	♄	土星
♀	金星	⊗	幸運點

表 3.1 - 現代占星符號

至於其他出處，海倫認為，晚期希臘文文本中出現的一些奇怪的語法結構，可能是由於早期源文本（如尼切普索和佩多西瑞斯）在傳達像「土星三分火星」這樣的相位結構時，使用的是符號而非文字[48]。這是一個誘人的假設，不過目前似乎難以證實，因為尚未發現寫在莎草紙上的原文殘稿。

為了簡便起見，我將在本書中使用現代符號來表示行星和黃道星座，但重要的是務必留心，它們看起來和希臘化傳統中的星盤不盡相同。

註 釋

1　Ptolemy 在 *Tetrabiblos*, 2, 1:2 中確實區分了他所謂的普世（*katholikon*）占星學和本命占星學（*genethlialogikon*）。至於其他出處，Dorotheus 的著作前四冊主要研究本命占星學，但第五冊全是論述即時占星學。Hephaestio 在 *Apotelesmatika* 第一冊介紹了基礎入門概念和普世占星學，第二冊介紹本命占星學，第三冊介紹即時占星學。因此，就實務運用上，三個不同分支之間存在明顯的區別。

2　見：Heilen, "Ancient Scholars on the Horoscope of Rome" 的討論。

3　Hephaestio 認為受孕時間可以透過觀察或計算得知（*Apotelesmatika*, 2, 1: 35），此段描述出自該章節中，有關受孕星盤的特定校正技法。

4　　Vitruvius, *On Architecture*, 9, 6: 2.

5　將 Hephaestio, *Apotelesmatika*, 2, 1: 35–38 與 Ptolemy, *Tetrabiblos*, 3, 2 作對照。

6　Ptolemy 的 *Tetrabiblos* 第二冊提到普世占星學的基本用途。

7　Pingree 認為「歷史占星學」是由薩珊王朝的波斯占星師在西元三到六世紀之間的某段時間發明的，關注木星和土星在不同三方星座中的周期性會合。見：Pingree, *From Astral Omens*, pp. 49 & 64。

8　這些將在後續的哲學篇章中有更完整的討論。

9　用來指稱即時占星學此一子分支的希臘文術語是 *kataklisis*，意思是「躺下」、「臥床」或「臥病在床」。CCAG 1, pp. 122–124 針對幾位希臘化時期占星家對該主題的觀點，列出了挺不錯的摘要。這份摘要提到幾位不同作者都曾論述疾運盤的主題，包 括 Dorotheus、Hermes、Petosiris、Protagoras of Nicaea 和 Julian of Laodicea。CCAG 1, p. 128. 有篇單獨的殘稿，概述了託名 Hermes 的疾運命理學方法，亦稍微帶到 Petosiris 和 Pythagoras 的其他方法。這兩篇殘稿均出自 Schmidt 譯著 *Sages*, pp. 12–16。Valens 在 *Anthology* 9, 5 亦簡要地提及了疾運。

10　見：Hephaestio, *Apotelesmatika*, 3, 4: esp. 19–34 的案例。Gramaglia 將該章節的標題翻譯為「如何從即時占星盤預判那些希望探究（某事）的人的提問」。Hephaestio, *Apotelesmatika*, 3, trans. Gramaglia, p. 39。

11　Hephaestio, *Apotelesmatika*, 3, trans. Gramaglia, ed. Dykes, pp. 9–17.

12　阿拉伯文 *masā'il* 及拜占庭希臘文 *erōtēseis* 在中世紀占星傳統中稱為「問事」（interrogations）或「提問」（questions）。十七世紀使用的較長名稱「卜卦提問」（horary questions），在現代通常簡稱為「卜卦占星學」（horary astrology）。

13　Pingree 直到他職業生涯末期還在為此爭辯，認為問事占星學是由印度占星傳統所發明，然後在中世紀時期傳到西方（*From Astral Omens*, p. 36）。在他早期的職業生涯中，他理所當然地認為希臘化傳統運用了問事占星學，而這可以追溯到 Dorotheus，不過他也承認「在拜占庭時期之前，問事占星相當罕見」（Pingree, "Astrology," p. 124）。他的想法似乎在八〇年代末或九〇年代初的某個時刻發生了變化，不過他對

此從未詳加解釋。其中大部分內容都記錄在 Brennan，"The Katarche of Horary"，但是在 Gramaglia 和 Dykes 於二〇一三年出版 Hephaestio 第三冊的譯本之後，我得出了不同的結論。

14　Brennan，"The Katarche of Horary."

15　參考文獻出自 Hephaestio, *Apotelesmatika*, 3, 11: 2。Hephaestio 在此章節引用了 Dorotheus, *Carmen*, 5, 17: 1，證實 Dorotheus 的阿拉伯文譯本是為真實。

16　這是我在 Brennan，"The Katarche of Horary" 的部分論點，後來 Benjamin Dykes 似乎證實了這一點。他展示許多中世紀早期作品中「意念推測」與問事占星學的密切關係。見：Dykes, *Works of Sahl and Māshā'allāh*, pp. xxxiv–xxxviii，尤其是 Hermann of Carinthia, *The Search of the Heart*, trans. Dykes, pp. 2–11; pp. 20–29。

17　在早期傳統中，意念推測和問事是有區別的，Dykes 在 Hermann of Carinthia, *The Search of the Heart*, trans. Dykes, pp. 2–11 的序言中，頗具說服力地論證了這點。

18　Hephaestio, *Apotelesmatika*, 3, 47: 51.

19　Hephaestio, *Apotelesmatika*, 3, 11: 2.

20　CCAG 8, 1, p. 172–177. Translated by Schmidt in *Sages*, pp. 7–11.

21　Neugebauer and Van Hoesen, *Greek Horoscopes*, pp. 142–148。Palchus 的身分，見：Pingree，"The Astrological School of John Abramius"。在私人的溝通中，Levente László 指出這些星盤可能來自東羅馬皇帝芝諾（Zeno）所僱用的一名占星師。

22　Neugebauer and Van Hoesen, *Greek Horoscopes*, pp.144–146（第 L 479 號天宮圖），依據 Cumont 編纂的 CCAG 1, pp. 103–4，對照了 CCAG 6, p. 14 中 Vienna 手稿的差異。

23　Panaino，"The Two Astrological Reports."

24　Panaino，"The Two Astrological Reports," p. 183–4；Pingree, *From Astral Omens*, p. 40；Panaino 最近在"Cosmologies and Astrology," p. 250 重申了這一點。

25　*Yavanajātaka*, 52–62.

25　*Yavanajātaka*, 52–62.

27　Neugebauer and Van Hoesen, *Greek Horoscopes*, p. 162.

28　此為 Jones, *Astronomical Papyri from Oxyrhynchus*, vol. 2, pp. 408–410 編號第 4269 號的天宮圖。Jones 將星盤的日期定為西元三二〇年二月十七日。重新計算星盤後，木星就在獅子座和處女座的交界處，因此天宮圖中的文字是指它在同一天位於獅子座和處女座。天宮圖末尾的術語或短語 *dieutuchei* 或其變體，也頻繁地出現在其他現存的天宮圖。見：Neugebauer 和 Van Hoesen 在 *Greek Horoscopes* 編號第 81 號、138 / 161 號、277 號和 238 號天宮圖的末尾，他們在第 163 頁簡要地討論了該術語。該術語也出現在 Jones, *Astronomical Papyri* 編號第 4249、4264、4266（兩次）、4268、4269 與 4295 號的天宮圖。

29　更廣泛的探討，見：Evans，"The Astrologer's Apparatus"。

30　Packman, "Instructions for the Use of Planet Markers on a Horoscope Board."

31　Forenbaher and Jones, "The Nakovana Zodiac," p. 433.

32　Thomann, "Square Horoscope Diagrams."

33　Evans, "The Astrologer's Apparatus," p. 7.

34　Nonnos, *Dionysiaca*, 6: 15–24.

35　這個術語大多直譯為「行星觀測者」（star-taker）。在早期的希臘文本中，該術語傾向用來指稱渾天儀，而在晚期的文本中，它開始用來指稱近代與該術語相關之物，即平面天體觀測儀。

36　Neugebauer, "The Early History of the Astrolabe," pp. 240–6。 參 照 Neugebauer, *A History of Ancient Mathematical Astronomy*, p. 868ff。 近 期，Sidoli 和 Berggren 對 *Ptolemy* 的 Planisphere 阿拉伯文譯本表示懷疑，即當中所指的「時間儀器」，是否真如 Neugebauer 所認為是一個平面天體觀測儀。見：Sidoli and Berggren, "The Arabic version of Ptolemy's *Planisphere or Flattening the Surface of the Sphere*," p. 126f。

37　Neugebauer, *A History of Ancient Mathematical Astronomy*, p. 877f。 近期 Philoponus 文本的最新校訂版已出版，見：John Philoponus, *Ioannes Philoponus, De usu astrolabii eiusque constructione*, ed. Stückelberger。

38　Neugebauer, *A History of Ancient Mathematical Astronomy*, p. 878，轉引自 Paulus, *Introduction*, 29（在 Boer 版本的第 80: 13 及 20 頁）。

39　Paulus, *Introduction*, 23, ed. Boer, p. 50: 17–21.

40　Hephaestio, *Apotelesmatika*, 3, 4: 22.

41　Neugebauer, "Demotic Horoscopes," pp. 123–124.

42　手稿中一些中世紀晚期符號的圖樣，見：Evans, *The History and Practice of Ancient Astronomy*, p. 104。

43　Jones, *Astronomical Papyri from Oxyrhynchus*, vol. 1, pp. 61–63.

44　Jones, *Astronomical Papyri from Oxyrhynchus*, vol. 1, pp. 62.

45　此段討論的大部分內容，見：Ross, *Horoscopic Ostraca from Medînet Mâdi*, pp. 40–44，以及 Winkler, *Looking at the Future*, pp. 239–240。Spiegelberg 在一九一一年的論文 "Die ägyptische Namen und Zeichen der Tierkreisbilder in demotischer Schrift"，最先建構出世俗體符號與中世紀晚期占星字形之間的關聯。

46　Neugebauer, "Demotic Horoscopes," esp. p. 121ff.

47　見：Ross, *Horoscopic Ostraca from Medînet Mâdi*, pp. 41–2，或 Parker, "A Horoscopic Text in Triplicate," pp. 143 的圖樣。

48　Heilen, "Anubio Reconsidered," p. 143.

第

四

章

希臘化時期
占星家

本章簡要概述了希臘化時期占星家的生平和作品，目的在於介紹——重建希臘占星學實務應用時，必定引用的大多數現存重要文獻，並簡要探討對它們的瞭解[1]。確定每位占星家的年代和先後順序非常重要，因為有時某些人物生活的年代，會對其著作中相關的歷史爭議產生重大的影響，或縱觀而論，從更廣泛的時空背景去理解他們在占星傳統中的定位。本章側重於確定占星家們的年代以作為主要參考之用；不過，對於一般讀者而言，這些探討仍有助於理解古代人物的年代大抵上是如何確認的。在這些年代的探討中，我還穿插了歷史軼事以提供更多關於古典時期占星學運用的文化背景資訊。這些條目將依占星家的年代（由最早至最晚近）順序列出。

赫密士·崔斯墨圖（西元前一世紀？）

赫密士·崔斯墨圖（Hermes Trismegistus）是希臘化傳統中公認的創始人，至少根據某些來源記載是如此[2]。有時並不清楚是否僅是出於神話之故，或是因一套早期流通的占星文本託名於他，而使他被列為該傳統的創始者。從神話的角度來看，赫密士·崔斯墨圖是希臘神赫密士和埃及神托特的混合體，即在希臘化時期，亞歷山大征服埃及後所發生的文化融合。托特與智慧、寫作、語言、喪葬儀式、魔法和神聖儀式等有關，也與希臘人將之歸於赫密士神的諸多屬性相似，尤其是祂們都扮演了眾神信使的重要角色[3]。赫密士·崔斯墨圖成為一位傳奇人物，許多哲學、占星、鍊金術、魔法和其他學科的著作都託名於他[4]。四世紀的哲學家楊布里科斯認為，將文本託名赫密士是當時一種常見的做法，旨在表明某種智性的神授或是血統：

> 赫密士，掌管理性話語之神，長久以來一直被理所當然地認為是所有祭司的共同守護神；祂掌管諸神真知，無論何時何地，祂都是唯一。我們的祖先將他們的智慧成果特別奉獻給祂，將他們自己的所有著作都歸功於赫密士[5]。

　　大約有十七部哲學文本託名赫密士及其他相關人物，稱為《赫密士文集》（*Corpus Hermeticum*，暫譯），它構成了今日所稱赫密士主義的哲學基礎[6]。赫密士主義是一種折衷哲學，融合了柏拉圖、斯多葛、諾斯底、埃及和猶太元素[7]。這些作品有時也突顯了占星學的特點，例如微觀與宏觀的鏡像世界，以及與命定概念相關等的議題。哲學著作《赫密士文集》以希臘文撰寫，通常是對話形式，由獲得啟蒙的導師將啟示的智慧（*gnōsis*）傳授給一位學生。在對話結束時，學生認知或表示已領受教導，然後通常憑自身之力成為導師，並在之後的對話中將智慧傳授給其他學生。

　　赫密士主義的哲學著作，由託名赫密士及其他相關學士的作品得到補充，有時被稱為「赫密士哲學文集」；而其他技法相關的著作（如占星學），有時被稱為「赫密士技法文集」[8]。現代學者往往很快指出──將赫密士文集區分成哲學和技法是一種現代慣例，因為尚不清楚兩者之間的關聯，這點也許仍值得我們留意。在某些情況下，占星家會引用赫密士技法文集的相關來源，但未必贊同廣義上赫密士主義的哲學思想。普遍認為赫密士哲學文集創作於西元一世紀到三世紀之間，然而如下文所見，有證據顯示，某些與占星學相關的赫密士技法文集可溯及西元前一世紀或者更早的時間[9]。

　　一些占星家經常將特定的占星學說託名赫密士‧崔斯墨圖，因而給人一種印象──某部或成套含括一些核心學說的早期重要占星文本皆出自他手。最普遍或一致託名赫密士的技法學說是「十二宮位」或「十二區位」（*dōdekatropos*），並且似乎是以他名字命名的最古老文本之一，內文包含十二宮位及其各別含義的列表[10]。斯拉蘇盧斯在西元一世紀早期既已提及這部文本與內文乃出自赫密士，顯示託名赫密士的宮位含義文本可能寫於西元前一世紀或更早之前[11]，這使得它在探討十二宮位及其相關含義時，成為目前已知最為古老的文本，而這可能進一步暗示了它是最初提出十二宮位概念的原文文本。若真如此，那麼此文本的發表，就實質意義來說，即標誌著美索不達米亞和希臘化占星傳統之間分歧的開端，也解釋了為何赫密士有時被稱為占星傳統的創始人，因為該文本的發表即標誌著天宮圖占星學的誕生。

許多其他占星文本也託名赫密士，不過這些文本通常很難推定年代或判定是否與十二宮位的早期文本有關。西元二世紀，瓦倫斯保留了一些關於行運技法的資料，稱為小限法（profections），這些資料託名赫密士本人或赫密士主義學派[12]。四世紀的包路斯保存了一組分別與七顆行星關聯的七個希臘點，內容顯然來自赫密士名為 *Panaretus* 的文本，意思是「所有美德」[13]。另有其他託名赫密士的地震及醫學占星相關著作[14]。

最後，在中世紀時期，來自不同希臘化時期占星家的摘要選集被翻譯成拉丁文，並以《赫爾墨斯占星文集》（*Liber Hermetis*，暫譯）或「赫密士之書」（Book of Hermes，暫譯）出版[15]。賓格瑞表示，這部作品大部分僅是從希臘化時期占星家——如瓦倫斯、亞歷山大城的包路斯、費爾米庫斯（或他的來源）和瑞托瑞爾斯（Rhetorius）等人——摘錄彙編成冊[16]。作者引用較晚近的來源（如瑞托瑞爾斯等人），表示此著作是直到西元六世紀或七世紀之後才編纂完成。儘管如此，檢閱這些作者的作品仍能有所斬獲，有時它似乎保留了一些希臘化晚期占星家所引的早期資料。賓格瑞指出，該著作某兩章所提供的恆星位置，顯示其年代為西元前一三〇至前六〇年[17]。雖然這並不代表整部作品的編纂年代，但它或許有助於我們將一些最古老的希臘占星學著作的寫作時間限縮在一定範圍內，也許還包括託名赫密士的十二宮位原文著作[18]。

阿斯克勒庇俄斯（西元前一世紀？）

前希臘化時期（pre-Hellenistic）的希臘神話中，阿斯克勒庇俄斯（Asclepius）是治療和醫藥之神。早期的希臘化時期見證了無數對阿斯克勒庇俄斯的崇拜，最終傳播到羅馬並在此蓬勃發展，在西元前幾個世紀尤為盛行。同一時期，埃及發生的文化融合造就了赫密士·崔斯墨圖，也促使希臘神阿斯克勒庇俄斯與埃及的神話人物印和闐（Imhotep）融合為一；後者被視為智者、先知，介與人與神之間的存在[19]。

阿斯克勒庇俄斯在赫密士哲學文集中扮演著特別重要的角色，赫密士和阿斯克勒庇俄斯之間的許多對話都收錄在《赫密士文集》。身處希羅世界的兩位人物建立起一種廣為人知的師生關係，因此人們認為阿斯克勒庇俄斯是直接從赫密士那裡獲取知識，而後又是這項知識的導師和傳播者[20]。

這看起來與阿斯克勒庇俄斯在一些占星傳統相關的赫密士技法文集裡所扮演的角色相符。費爾米庫斯和另一部不知名的占星文獻，都將阿斯克勒庇俄斯描述為受到赫密士教導，並說他繼續將這些占星學說傳授給後來的釋經者，像是尼切普索和佩多西瑞斯[21]。費爾米庫斯明確表示，阿斯克勒庇俄斯本人聲稱其著作或學說皆是由赫密士直接傳授他[22]。費爾米庫斯也給出一部託名阿斯克勒庇俄斯的占星文本名稱，名為《無限的誕生》（*Infinite Nativities*，*Myriogenesis*，暫譯）[23]。費爾米庫斯像是在說，此書詮釋了上升點於黃道星座每度每分的意義。這有點令人難以置信，因為黃道共有 21,600 分，不過這或許也說明了名稱的由來——《無限的誕生》。

就阿斯克勒庇俄斯文本對占星傳統的實際貢獻而言，他跟赫密士一樣，都因為撰寫了與宮位或區位相關且深具影響力的作品而為人稱道。事實上，似乎有一部特定的文本出自於他，介紹了一套包含前八個宮位的獨特意涵，這個系統被稱為「八轉位」（*oktatropos*，eight-turning）。斯拉蘇盧斯在西元一世紀初期提到了八轉位，意味著這個系統在西元前一世紀必定就已經被導入[24]。《密西根大學圖書館的莎草紙》的無名作者認為阿斯克勒庇俄斯是八轉位的作者，而瓦倫斯似乎贊同這個看法，因為他認為阿斯克勒庇俄斯對宮位學說作出了重大的貢獻[25]。

按年代順序，由於阿斯克勒庇俄斯通常被列在赫密士之後，其文本應該在赫密士原文文本之後的某個時間撰寫完成，也許就像赫密士哲學文集一樣採對話形式。史密特指出，希臘化晚期占星家傾向將託名赫密士的十二主題系統，與託名阿斯克勒庇俄斯的八主題系統合併，但早期作者明確表示這兩個系統最初並不相同，或者至少是引自不同託名作者的不同文本[26]。此番論述倘若為真，那麼就有充分理由將託名阿斯克勒庇俄斯的八轉位文本視為希

臘化傳統的基礎文本之一。

尼切普索與佩多西瑞斯（西元前一世紀？）

　　尼切普索（Nechepso）和佩多西瑞斯（Petosiris）是希臘化占星傳統中，最被廣為引用和最具影響力的兩位作者。儘管在費爾米庫斯和其他人概述的系譜中，赫密士和阿斯克勒庇俄斯在時間序列上排序較早但就實際引用次數及特定占星學說的關聯性來說，尼切普索和佩多西瑞斯則遠遠高上許多。維第斯・瓦倫斯等一些作家幾乎將他們視為希臘占星學的創始人，致使占星傳統的起源混淆不明。斯拉蘇盧斯在西元一世紀初既已提到二人，因此他們的文本肯定在西元前一世紀時就已經廣為流傳[27]。

　　儘管他們是古代最具影響力的占星作家，但未有任何託名尼切普索和佩多西瑞斯的作品存世。我們現存所有與他們相關的著作都是文本的殘稿、引述和引文，由後來的作者集結成冊，有時內容還包含二人的學說[28]。西元二世紀的占星家維第斯・瓦倫斯保存了最多來自尼切普索和佩多西瑞斯的殘稿。瓦倫斯似乎認為尼切普索實際上是一位埃及國王，是某個遙遠時期的統治者，而且當時正逢占星實踐的黃金世紀[29]。他經常表現出對這兩位人物的敬重，也時而在文中表露對他們隱祕或高深莫測的寫作風格感到挫折[30]。

　　在占星文獻中，尼切普索經常被稱為「國王」（basileus），特別是瓦倫斯，有時也稱他為「編纂者」（sungrapheus）[31]。尼切普索和佩多西瑞斯同時也被稱為「埃及人」（Aiguptoi）或「古代人」（palaioi）。托勒密在討論壽長技法時，似乎曾將佩多西瑞斯稱為「古人」（archaios），不過這是基於其他作者的推論，他們將佩多西瑞斯與後來用於估算命主壽長的通用技法加以連結[32]。他們的名字經常被一同提及並被視為是一組，不過有時會單獨引用其一，這使得二人作品的關聯無法被釐清。海倫指出，可能曾經有大量以他們之名的不同著作流通於世，因為現存文本中提到了二人各自的作

品，包括尼切普索的第十三、十四和十五冊，以及瓦倫斯將其歸屬於佩多西瑞斯的一部獨立著作，稱為《定義》（*Definitions*，*Horoi*，暫譯）[33]。

費爾米庫斯和其他人將尼切普索和佩多西瑞斯歸屬於赫密士・崔斯墨圖和阿斯克勒庇俄斯一脈，可能意味著託名於他們的文本是在典型赫密士主義的前提下編寫而成，即他們直接從早期賢者那裡獲得開示。費爾米庫斯的陳述似乎證實了這一點，尼切普索和佩多西瑞斯從赫密士和阿斯克勒庇俄斯那裡領受了宇宙誕生圖的學說[34]。在他的文本中，尼切普索必定被描繪成一位生活在過去某個遙遠時期的埃及國王，這與赫密士哲學文集中的描述雷同，其中一份文本是以阿斯克勒庇俄斯寫給阿蒙國王（King Ammon）一封信的形式呈現[35]。

現代學者長期以來一直懷疑，占星學偽作作者選用的尼切普索之名，指的是否為過去某位特定的歷史人物。最近，他已被確定是西元前六一〇年曾經短暫統治埃及第二十六王朝的尼科二世（Necho II）[36]。目前尚不明白何以作此聯想，瑞霍爾特（Ryholt）推測可能與尼科登基時發生的日蝕有關，儘管如此，仍不完全清楚這何以促使一位生活在幾個世紀後的占星學作者將文本託名於他[37]。瑞霍爾特也表示，佩多西瑞斯的名字在後來的占星傳統中變得相當普遍，因此也可能是對埃及名字佩特西斯（Petesis）的訛誤；此人是早期埃及文學傳統中的一位著名賢者，後來的一則故事中描述他曾經教過柏拉圖占星學[38]。也許更重要的是，瑞霍爾特引用了古埃及城市塔布突尼斯（Tebtunis）神廟圖書館中，一本未曾出版的世俗體占星手冊，該手冊溯及西元一世紀或二世紀，其中收錄一則故事，摘述如下：

> 相傳有一塊石頭從牆上掉下來，露出了一張莎草紙。只有著名的賢者佩特西斯能夠讀懂那段文字，而那正是印和闐的占星學專著。佩特西斯將該文本獻給了尼切普索（Nechepsos）國王[39]。

印和闐相當於埃及的阿斯克勒庇俄斯，這似乎與晚期希羅占星作家，如費爾米庫斯所講述的傳說雷同，但它澄清了這些學說確實如預想般——從

阿斯克勒庇俄斯傳給佩多西瑞斯和尼切普索。自西元前四世紀起，佩特西斯（或佩特斯〔Petese〕）在世俗體文學傳統中就被稱為賢者或祭司，此後的希臘化時期占星家似乎也如此看待佩多西瑞斯[40]。

晚期占星家託名尼切普索和佩多西瑞斯，或認為與之相關的占星學說多不勝數，無法在此全部列出，但可以指出以下幾個重點：

1. 他們的作品涵蓋了希臘占星學的三大分支，包括普世、本命和即時占星學[41]，這也包括由這些分支開展出來的一些子分支，例如醫療占星學（medical astrology）。費爾米庫斯告訴我們尼切普索曾使用外觀來預測疾病和災難，並展示如何透過某一外觀與另一外觀的兩相抗衡來治癒疾病[42]。

2. 費爾米庫斯認為，宇宙誕生圖或宇宙的誕生星盤是來自尼切普索和佩多西瑞斯，不過他似乎暗示他們是從赫密士和阿斯克勒庇俄斯那裡獲得[43]。

3. 佩多西瑞斯似乎提出了所有晚期作者都用於判斷壽長的核心技法[44]。

4. 所謂的「埃及界」（Egyptian bounds）有時被認為是因尼切普索和佩多西瑞斯而普及，他們是最卓越的埃及人；這或許可歸因於前述壽長技法的背景之下[45]。

5. 安提阿古斯將一套判定「有利」（chrēmatistikos）區位的系統託名尼切普索[46]。

6. 瓦倫斯將一些行運技法託名尼切普索，這些技法涉及行星期間法（planetary periods）和赤經時間法（ascensional times）[47]。

7. 尼切普索可能寫過稱為小限法的時間主星技法，因為瓦倫斯提供了一種從尼切普索得來的技法，用於判定小限月份的主星[48]。

8. 尼切普索和佩多西瑞斯都探討了幸運點，而瓦倫斯保留了一些從他們二者傳下來的相關段落[49]。

為了讓大家瞭解他們被廣泛引用的程度，以下是在文本中直接引用或暗指尼切普索和佩多西瑞斯的希臘化時期重要占星家：斯拉蘇盧斯、馬尼利亞

斯、安提阿古斯、曼內托、托勒密、瓦倫斯、波菲、費爾米庫斯和赫菲斯提歐 [50]。據說其他作者如都勒斯和安提哥努斯（Antigonus）則是援引了尼切普索和佩多西瑞斯的作品 [51]。海倫表示，尼切普索和佩多西瑞斯撰寫了後來成為詮釋占星基本配置的標準源文本，然後這些文本被併入了諸如都勒斯、阿努畢歐、曼內托和費爾米庫斯等人的作品 [52]。尼切普索和佩多西瑞斯的獨特之處在於，他們的占星文本廣為人知，以至於占星學界以外的人也會加以引用，包括羅馬詩人尤維納利斯（Juvenal）的《諷刺詩集》（*Satires*，暫譯）[53]、老普林尼的百科全書 [54]、託名特拉勒斯的斯拉蘇盧斯（Thessalus of Tralles）醫生的草藥指南 [55]，以及新柏拉圖主義哲學家普羅克洛（Proclus）對柏拉圖《理想國》（*Republic*）的評論 [56]。

　　海倫謹慎地將尼切普索和佩多西瑞斯的年代定在西元前二世紀下半葉，前提是基於——西元前二世紀上半葉左右，西匹斯克羅斯在其天文研究中提及託名二人的少數殘稿，以及其中影射的歷史事件——皆為真實 [57]。這看法大致與過去一個世紀中提供編纂年代的學者們是一致的，既有老學者如弗朗茨・庫蒙（Franz Cumont）將其定在西元前一五〇年左右，也有較晚近的學者如賓格瑞，將彙編中最古老的部分定在大約西元前二世紀末或一世紀初 [58]。

蒂邁歐（西元前一世紀晚期？）

　　蒂邁歐（Timaeus）是一位早期作家，一些晚期占星家偶爾會引用他的名字，不過他的作品很少存世。西元七九年去世的老普林尼在一些占星學和天文學說中提到了他，這可能意味著託名於蒂邁歐的占星學著作是在西元前一世紀末或西元一世紀初寫成 [59]。安提阿古斯在提到一些源自赫密士的有利區位學說時，也引述自他，而匿名者 379 則將他列在尼切普索和佩多西瑞斯之後 [60]。這意味著按時間順序來看，他的年代晚於赫密士和尼切普索－佩多西瑞斯文本著書的時間。瓦倫斯摘錄了蒂邁歐一些涉及父母主題的內容，而在這些章節中所使用的術語，似乎比瓦倫斯的時代更久遠且不同 [61]。還有

留存一段蒂邁歐的簡短摘錄，針對解讀逃跑奴隸和小偷的即時星盤予以說明[62]。在那份殘稿中，他被稱為蒂邁歐・普拉希德斯（Timaeus Praxidos）。

　　託名蒂邁歐的占星著作或許可被視為另一部偽經的例子，因為作者試圖讓它看起來像是出自洛克里的蒂邁歐（Timaeus of Locri）之手，即柏拉圖最著名的哲學對話錄之一《蒂邁歐篇》（*Timaeus*）中的傑出人物。一部中期柏拉圖主義的哲學著作，名為《論世界的本質和靈魂》（*On the Nature of the World and the Soul*，暫譯）被認為出自洛克里的蒂邁歐，在西元前一世紀末或西元一世紀左右撰寫完成，這似乎暗示著同一時期也有一位蒂邁歐撰寫了一部占星學著作[63]。這類情況，與此一時期占星傳統中的現象——託名神話和傳奇人物的其他早期作品——如出一轍。

巴比倫的特烏瑟（西元前一世紀？）

　　巴比倫的特烏瑟（Teucer of Babylon）撰寫了關於行星、黃道星座、外觀和共同上升星體（co-rising stars，*paranatellonta*）的意義。尚不清楚他的年代，波菲可能是第一位具體提到他名字的作者，意味著他應該生於西元三世紀之前[64]。《希臘占星學目錄》（*Catalogus Codicum Astrologorum Grae-corum*，暫譯）的編輯指出，一些他留存於世，有關行星和星座的部分內容，與瓦倫斯和瑞托瑞爾斯對行星意義的看法類似[65]。

　　賓格瑞在他早期的職業生涯中由此得出結論，認為特烏瑟是有關行星和星座的來源，即瓦倫斯和瑞托瑞爾斯的原始出處，因此將特烏瑟的年代回推到西元一世紀，並暗示他可能來自埃及的巴比倫城市，而不是美索不達米亞[66]。近期，休伯納認為馬尼利亞斯和費爾米庫斯援引了特烏瑟一些關於恆星的來源，倘若屬實，他的年代可以溯及西元前一世紀[67]。可惜的是，他大部分的著作並未留存至今。據說瑞托瑞爾斯摘錄了特烏瑟對外觀的一些描述，雖然有些簡短[68]。

斯拉蘇盧斯（卒於西元三六年）

　　斯拉蘇盧斯（Thrasyllus）是羅馬帝國早期羅馬皇帝提貝里烏斯的宮廷占星師[69]。羅馬歷史學家塔西佗（Tacitus）、蘇埃托尼烏斯（Seutonius）和卡西烏斯·狄奧（Cassius Dio）保存了許多關於他參與帝國政治的故事。最著名的傳說是他在提貝里烏斯成為第二位羅馬皇帝之前的第一次會面[70]。根據其中一個故事版本，斯拉蘇盧斯第一次為提貝里烏斯解讀誕生星盤，並預測他會有一番偉大成就之後，提貝里烏斯轉而問道，斯拉蘇盧斯自己的星盤顯示當日運勢如何。顯然，提貝里烏斯習慣在占星家為他解讀星盤之後，立刻扔下懸崖。斯拉蘇盧斯快速地演算一番，突然冒出了冷汗，驚呼自己有立即的危險。此時，提貝里烏斯對於斯拉蘇盧斯僅透過查看自己的星盤，就能察覺自己身陷危境的能力印象深刻，於是讓這位占星家成為他最貼近的顧問之一。

　　關於斯拉蘇盧斯的第二個傳說，是他和提貝里烏斯還住在羅得島時，有一天，他們看到遠處有艘船正在靠近，斯拉蘇盧斯能夠準確預測它帶來了皇帝的一則消息，此消息將召回提貝里烏斯到羅馬，不久後他將成為奧古斯都的繼任者[71]。這兩則傳說的真實性無從得知，有時歷史學家認為是異想天開而不予採信，不過這些似乎都是在那一希臘化時期占星家所採用的通用技法類型範圍內[72]。從技法角度來看，斯拉蘇盧斯在查看提貝里烏斯的星盤和預測他的未來時，都會使用到本命占星學，然後他可能推算自己的時間主星期間和流運，這可能預示了諮詢當天會出現危機或關鍵時刻。斯拉蘇盧斯在那艘船抵達那天所作的預測，可能是基於他熟知提貝里烏斯的本命星盤以及當天被引動的時間主星，或者，也可能是基於一些即時占星學技法所做的預測，也就是依據收到來信的當下起盤，藉以瞭解該訊息的內容以及來信者的意圖[73]。

　　無論故事的真相為何，斯拉蘇盧斯作為占星家的名聲成了傳奇，甚至被一世紀末或二世紀初的羅馬詩人尤維納利斯嘲笑，在《諷刺詩集》第六冊中諷刺道，按照斯拉蘇盧斯所制定的規則，若占星顯示那日不宜出行，熱衷此

道的女性將拒絕外出 [74]。

還有一些託名門德斯的斯拉蘇盧斯（Thrasyllus of Mendes）的寶石研究殘稿，該地是埃及北部的一座城市，不過尚不清楚這位斯拉蘇盧斯是否與占星家是同一人 [75]。同一篇殘稿中引用了門德斯的斯拉蘇盧斯的作品《埃及事件》（Egyptian Matters，Aiguptiakois，暫譯）[76]。塔蘭特（Tarrant）指出，眾所周知斯拉蘇盧斯的興趣廣泛，因此沒有理由應當認為他不可能成為地理或寶石相關著作的作者 [77]。一段關於他的註記出現在一段旁注上，寫道：「斯拉蘇盧斯自稱擁有許多技藝的知識 [78]。」如果他真是該著作的作者，那麼占星家原本的名字就會是門德斯的斯拉蘇盧斯，他應該是來自埃及，離亞歷山大城不遠的地方。後來他似乎在提貝里烏斯的幫助下獲得了羅馬公民的身分，有塊銘文顯示他的全名變成了提貝里烏斯・克勞狄烏斯・斯拉蘇盧斯（Tiberius Claudius Thrasyllus）[79]。在後來的文獻中，幾乎普遍稱他為斯拉蘇盧斯。

斯拉蘇盧斯寫了一部名為《皮納克斯表》（The Tablet〔Pinax〕）的占星學著作，該著作是寫給一位名叫希耶羅克勒斯（Hierocles）的不知名人物。可惜的是，這部作品並未存世，不過我們倒是有一份晚期的《摘要》[80]。《摘要》中，斯拉蘇盧斯僅引用尼切普索、佩多西瑞斯和赫密士・崔斯墨圖作為出處，就理解希臘化早期傳統的占星學樣貌而言，這使得它成為了一部極具價值的文本。

西元二世紀的占星家維第斯・瓦倫斯在校正上升點的方法中曾經提及斯拉蘇盧斯 [81]。後來，三世紀的波菲在射線攻擊（aktinobolia）的概念中提到他，然後再次地，將他、佩多西瑞斯以及一位無名「長老」（presbuterōn）歸為一組；後者提倡了一套不同於托勒密和亞波里拿留（Apollinarius）的界（horia）系統 [82]。最後，在第五世紀，底比斯的赫菲斯提歐在《結果》（Apotelesmatika，暫譯）中兩次提到斯拉蘇盧斯並引用他的觀點，認為白羊座和天秤座無法聽見或看見彼此；儘管在傳統學說中，因兩者同屬分點星座（equinoctial signs）而被認為可以相互注視 [83]。如此看來，他的占星學著

作仍有部分流傳到晚期傳統。

　　除了作為占星家的著作，斯拉蘇盧斯在哲學史上也算半個重要人物。根據三世紀傳記作者第歐根尼‧拉爾修（Diogenes Laertius）的說法，斯拉蘇盧斯負責將柏拉圖和德謨克利特（Democritus）的作品分為四冊，又稱為四部曲[84]。哈羅德‧塔蘭特（Harold Tarrant）探討了斯拉蘇盧斯在整理柏拉圖文集所扮演的角色，認為斯拉蘇盧斯是塑造過去二〇〇〇年來該文本閱讀方式的重要人物，而他本身也是一位重要的哲學家[85]。波菲在《普羅提諾的生平》（*Life of Plotinus*，暫譯）引用他老師隆基努斯（Longinus）的一段話中，斯拉蘇盧斯和一群撰寫畢達哥拉斯和柏拉圖哲學原理的哲學家同時被提及[86]。這基本上符合塔蘭特對斯拉蘇盧斯的評斷——具有畢達哥拉斯學派傾向的柏拉圖主義者。

　　羅馬歷史學家卡西烏斯‧迪奧告訴我們，提貝里烏斯皇帝在斯拉蘇盧斯死後的第二年春天去世[87]。由於我們從其他出處得知提貝里烏斯皇帝於三七年去世，因此斯拉蘇盧斯的逝世應該是西元三六年。

　　歷史學家塔西佗說斯拉蘇盧斯有一個兒子，預言了尼祿（Nero）的統治[88]。學者們推測，這個兒子很可能是占星家巴爾比斯，他曾經擔任皇帝克勞狄一世（Claudius）、尼祿和維斯帕先（Vespasian）的宮廷占星師。康拉德‧西科留斯（Conrad Cichorius）於一九二二年首次提出斯拉蘇盧斯和巴爾比斯的這層關聯，隨後弗雷德里克‧克雷默在《羅馬法律和政治下的占星學》（*Astrology in Roman Law and Politics*，暫譯）的詳盡研究中，支持了這個看法並加以探討[89]。最近，塔蘭特和貝克等學者則採取更為謹慎的態度，對於這兩者是否有所關聯，他們選擇暫時不作評論[90]。

　　我傾向認為巴爾比斯可能是斯拉蘇盧斯之子的那一邊。根據塔西佗的敘述，他打算在尼祿的段落之後特別談論這個兒子，然後接著便是尼祿統治時期的重要占星家巴爾比斯。如果我們將這二者之間的關聯視為真實，那麼斯拉蘇盧斯可能是西元前一世紀到西元二世紀中葉或更晚的這段期間，著名占

星家家族中的核心人物[91]。

巴爾比斯（西元一世紀）

巴爾比斯（Balbillus）可能是目前已知在政治上最為傑出的希臘化時期占星家。他在西元一世紀中葉紅極一時，曾經擔任多位羅馬皇帝的宮廷占星師，本人還成了埃及行省的行政官或總督。

如前所述，巴爾比斯可能是斯拉蘇盧斯之子，並似乎在西元三六年斯拉蘇盧斯去世後，成為羅馬的宮廷占星師。次年提貝里烏斯皇帝去世後，巴爾比斯前往埃及，在西元三七～四一年的卡利古拉（Caligula）統治期間可能曾經住在亞歷山大城[92]。西元四一年，由於皇帝克勞狄一世即位，他似乎已經回到羅馬，在其統治期間，因作為帝國內閣的一員而在各個不同領域獲得很好的發展。在此期間，他同時還身兼家鄉埃及的多項職務，例如擔任亞歷山大城赫密士神廟的大祭司和埃及所有皇家建築和聖地的監督者，而或許當中最重要的是擔任亞歷山大博物館暨圖書館館長[93]。羅馬哲學家塞內卡（Seneca）稱巴爾比斯是「一位非常傑出的人士，在各類文學作品中都有非凡的成就」[94]。

不幸的是，鮮有巴爾比斯的占星著作存世，僅有一份摘要節錄自他獻給不知名人物赫爾墨革涅斯（Hermogenes）的著作《占星學的應用》（*Astrological Practices*，*Astrologoumena*，暫譯）[95]。摘要非常的簡短，主要探討壽長的技法，以及其他一些與去世相關的主題。《希臘占星學目錄》的一份別冊摘要似乎保留了來自巴爾比斯的兩張星盤案例，想必是出自他用來演示壽長技法運作原理的同一本著作[96]。有趣的是，巴爾比斯使用了兩位比他早約一個世紀出生之人的星盤，這些是希臘文文獻來源中最為古老的兩張星盤，可溯及西元前七二年到西元前四三年之間[97]。海倫的推測可能是正確的，巴爾比斯可能從他父親斯拉蘇盧斯的歷史案例中獲得了這些星盤[98]。

　　至於他的遺作，羅傑・貝克（Roger Beck）表示，一些占星學說後來被整合到羅馬帝國的密特拉教（Mithraism）崇拜中，而巴爾比斯可能就是來源出處，不過這有點難以證實[99]。我們較為確信的是，維斯帕先皇帝批准在以弗所（Ephesus）舉辦節日紀念巴爾比斯，也就是俗稱的巴爾比利亞節（Balbillea）。第一次巴爾比利亞節於西元八五或八六年舉行，隨後每四年慶祝一次，至少直到三世紀中葉[100]。

馬庫斯・馬尼利亞斯（西元一世紀初）

　　馬尼利亞斯（Marcus Manilius）在西元一世紀初左右，用拉丁文寫了一首關於占星學的長篇教學詩，名為《天文學》[101]。出於歷史上的偶然，這部文本基本上是第一部完整保存至今的希臘占星學重要著作，諷刺的是，當中包含許多馬尼利亞斯獨有的特殊學說。

　　馬尼利亞斯的年代頗受爭議，不過人們普遍認為他是在羅馬皇帝奧古斯都統治末期，或提貝里烏斯皇帝即位後不久寫下了《天文學》[102]。這項年代推定完全得自馬尼利亞斯在五冊詩集中對皇帝的隱喻，而這些隱喻長期以來一直是歷史學家們爭論的焦點。將年代設定在大約西元一四年可能是最安全的，因為這是奧古斯都過世、而提貝里烏斯成為皇帝的時間點。

　　儘管馬尼利亞斯是關於希臘占星學實踐和技法中，現存最古老的來源之一，但與其他同一時期的占星家相比，他所概述的方法在幾個領域都異於他人，這導致關於將馬尼利亞斯作為理解希臘占星學實踐的來源出處是否可靠的一些爭論。例如，幾乎每位來自一世紀到七世紀的占星家都認為金星在第五區位，土星在第十二區位得喜樂，但馬尼利亞斯卻是唯一認為金星在第十區位、土星在第四區位得喜樂的作者[103]。目前尚不清楚馬尼利亞斯在此處是否代表了一種未知的變異傳統，或是馬尼利亞斯出於未知原因而提出了這種變體的行星「喜樂」系統。無論是何原因，在接下來的幾個世紀裡，

很大程度上晚期占星家似乎都忽略了馬尼利亞斯的喜樂版本。

　　值得注意的是，現存的《天文學》手稿中，馬尼利亞斯並未說明行星的定義。雖然這可能只代表手稿有所缺損，但在某些案例中，馬尼利亞斯似乎刻意避免在某些情況下使用行星，例如，慣常作法是將行星分配給外觀，但他卻將行星分配給黃道星座[104]。沃克（Volk）將此問題稱為「行星之謎」，認為馬尼利亞斯可能出於哲學或宗教的原因而刻意忽略了行星[105]。

　　正如賓格瑞在古爾德《天文學》譯本的評論中所指出的那樣，雖然馬尼利亞斯的著作有部分是為了教學，但是「它的主要目的似乎是用詩歌來取悅讀者，喚起對詩人聰明才智的欽佩」[106]。換句話說，馬尼利亞斯的目的有更多可能是在文學或藝術上，而不是教學或學術性質。史密斯的評述更為直率，他認為馬尼利亞斯的詩雖然包含「豐富的占星學來源（……），但當中很多似乎異於他人」，而且「不清楚馬尼利亞斯是否真正瞭解他詩句裡的占星傳統」[107]。也有人指出，馬尼利亞斯可能並未完全理解他筆下的一些天文學概念。伊凡斯指出，馬尼利亞斯「給出了一份根據系統 A 的上升時間表，以及另一份根據系統 B 的日長表，卻沒有意識到它們彼此是不一致的」[108]。

　　就現今而論，馬尼利亞斯是以他在整首詩中表達對斯多葛學派和宿命論的情操而聞名，而非他的占星技術。雖然他的作品確實包含一些關於十二區位、幸運點和小限法的有用資訊，但大多數這些技法的描述都沒有比其他作者來得更清楚、詳細，因此馬尼利亞斯變成是主要用於加強驗證某些特定學說。

雅典的安提阿古斯（西元一世紀？）

　　安提阿古斯（Antiochus of Athens）寫了一本重要的書，介紹並定義了希臘占星學的所有基本技法概念；該著作被稱為《引言》（*Eisagōgika*，暫譯）

或《索引典》（*Thesaurus*，*Thēsauroi*，暫譯） [109]。這很重要，因為其他大多數現存的占星手冊都教我們如何應用各種技法，但卻假設讀者都已經熟悉基本術語（這些本來應當在入門著作中講述）。因此，安提阿古斯的著作格外重要，此書奠基於早期來源，並且僅引用作者——赫密士、尼切普索、佩多西瑞斯和蒂邁歐。

可惜的是，安提阿古斯的原文文本已不復存在，我們所擁有的是三部保留他某些定義的晚期作品。比較這三部文本中所保存的定義，顯示它們都來自同一出處——遺失的安提阿古斯著作——這使我們得以嘗試重建原始的定義。只可惜，這三部文本都存在問題，在重要和小處的定義上經常各不相同，而使得重建原始定義變得極具挑戰性。現存三部保留安提阿古斯定義的主要文本，總結如下：

1. 部分拜占庭時期安提阿古斯的《概要》（*Summary*，暫譯） [110]。語法有時略為混亂，且文本在第二冊前半段就中斷了，不然，作為確定原文文本是否記載的實驗組很有幫助。
2. 《托勒密占星四書之導論》（*Introduction to the Apotelesmatika of Ptolemy*，暫譯）。該書託名三世紀新柏拉圖主義哲學家泰爾的波菲（Porphyry of Tyre），書中含括了大量截取自安提阿古斯的定義 [111]。文本並不完整，含有後人添寫的內容；將九世紀占星家薩爾·伊本·畢雪的阿拉伯文譯本翻譯成希臘文，然後插述於幾處內文中 [112]。若非如此，相較於《概要》，此文本的文法更加清晰且可能更接近原文。
3. 許多改版的安提阿古斯定義被納入瑞托瑞爾斯的《占星摘要》（*Compendium*，暫譯） [113]。他似乎重寫了許多定義，某些情況是為了澄清一些模稜兩可的定義，而在其他情況下則是為了更新，使其更符合希臘化晚期占星傳統的當代術語和用法。就修訂的結果而言，瑞托瑞爾斯所定義的版本，經常與出現在《概要》和波菲著作中所定義的版本不同，然而在某些情況下，它們仍然有助於澄清早期和晚期的應用。

史密特在二〇〇九年出版了一本著作，試圖透過比較三部文本來重建安

提阿古斯的原始定義[114]。他大部分的重建似乎都令人信服且合理，但除了相位學說；他可能對這部分的字裡行間著墨太多，結果推導出一套比文本實際所述更為繁複的學說。這促使迪米特拉·喬治、班傑明·戴克和我，將《概要》、波菲和瑞托瑞爾斯著作中有關相位的定義重新翻譯，看看我們是否會得出相同的結論。最終，我們在二〇一〇年八月進行了為期一週的閉關研究，從而對安提阿古斯原始的相位學說得出了另一個重建的結果，隨後，我在二〇一一年六月的一場講座中發表。大部分重建的相位學說將在本書後續——獎賞和虐治的條件——的章節中介紹。

安提阿古斯的年代不詳，因為文本中並未提到任何可供參考的具體年代，其著作在傳統中的定位也存在一些爭議。庫蒙和史密特認為安提阿古斯早在西元前一世紀就開始寫作，並試圖將他與亞實基倫的安提阿古斯（Antiochus of Ascalon）連結；後者是中期柏拉圖主義的創始人，於西元前六八年左右逝世[115]。賓格瑞不同意庫蒙的論點，將安提阿古斯的年代定在西元二世紀下半葉[116]。上述兩種為安提阿古斯定年的嘗試都存在問題。

雖然庫蒙和史密特提出了一些合理的論點，將占星家安提阿古斯可能的年代推向光譜中較早而非較晚的一端，並且將他與中期柏拉圖主義者亞實基倫的安提阿古斯作連結，然而，即使哲學家身分的這項暗示的確有趣，但似乎有些牽強。一個可能的反駁是，雖然在占星文獻中，他通常被簡稱為「安提阿古斯」，赫菲斯提歐也曾經將他稱作「雅典的安提阿古斯」，而且沒有理由認為那是在談論另一位作者[117]。因此，除非赫菲斯提歐對安提阿古斯的出生地有所誤解，否則應當不會將他與亞實基倫的安提阿古斯誤認為同一人。雖然亞實基倫的安提阿古斯確實成為了雅典的柏拉圖學院院長，在其職涯的某一時期也曾經在那裡任教，但其生平記述一概稱他是來自亞實基倫[118]。

至於賓格瑞將其定於西元二世紀晚期的論點，似乎主要是基於間接證據[119]。他指出，赫菲斯提歐認為在特定技法學說的運用上，安提阿古斯和亞波里拿留大抵都認同托勒密的作法，儘管他承認「這當然不是兩人在年表中具

有關聯性的明確證據」，而含糊地將其年代定在二世紀晚期稱作是「猜測」[120]。

在其他出處，他指出匿名者 379 在提及安提阿古斯時，也連帶提到了西元二世紀的占星家瓦倫斯和尼西亞的安提哥努斯；不過值得留意的是，匿名者在這份年表中將安提阿古斯置於瓦倫斯和安提哥努斯之前[121]。賓格瑞還提到，費爾米庫斯在探討映點學說的同一段落中，同時引用了托勒密和安提阿古斯，他認為這意味著他們都生活在二世紀，但他卻沒有提及在該段落的後文也引述了一世紀占星家西頓的都勒斯[122]。最後，賓格瑞只有在討論安提阿古斯時，令人費解地將尼切普索、佩多西瑞斯、赫密士和蒂邁歐的年代定為西元一世紀，儘管斯拉蘇盧斯這類出處已顯示這些作者中的前三位應可溯及西元前一世紀或更早。

近期，海倫跟隨賓格瑞將安提阿古斯的年代定在二世紀晚期，並引用波菲《四書導論》（*Introduction*，暫譯）第五十一章和瑞托瑞爾斯《占星摘要》第十五章[123]。這些章節提到了二世紀的占星家安提哥努斯，也由於波菲和瑞托瑞爾斯的內容幾乎完全相同，海倫推斷它們都出自安提阿古斯遺失的著作。這實際上是將安提阿古斯的年代定在西元二世紀晚期更具說服力的論據，因為我們知道安提哥努斯在西元一三八年之後的某個時間提筆寫作，如果安提阿古斯在個人原著中提到他，那麼他應該生活在安提哥努斯之後的某個時間。

然而，目前尚不清楚上述波菲和瑞托瑞爾斯各自的章節是否確實源於安提阿古斯的失傳之作。首先，安提阿古斯的《概要》是我們最有把握出自作者的原著，但當中卻沒有明確證據，這便是問題所在。其次，分別來自波菲和瑞托瑞爾斯的兩個章節，在措辭上幾無二致，這在其他引述安提阿古斯的章節中非常罕見，因為瑞托瑞爾斯通常會以極其獨特的方式改寫和更動安提阿古斯定義的措辭。事實上，賓格瑞指出，瑞托瑞爾斯《占星摘要》中的某些章節是直接取自波菲《四書導論》，他似乎已認定此章便是其中之一[124]。如果是這樣，那意味著可能是波菲引用了安提哥努斯，而不是安提阿古

斯引述了安提哥努斯，因此，把安提阿古斯的年代定在安提哥努斯之後便成了毫無依據。

反而，安提阿古斯將特定的早期作者作為引用出處，這使他與斯拉蘇盧斯頗為相似，暗示該文本完成的時間落在傳統的相對早期。安提阿古斯在《概要》中引用的最晚期作者是蒂邁歐，他似乎將其視為間接引用赫密士有利區位的來源[125]。西元七九年去世的老普林尼曾經引用蒂邁歐的占星學和天文學說，這可能意味著託名蒂邁歐的占星著作寫於西元前一世紀末或西元一世紀初[126]。因此，安提阿古斯的著作可能寫於西元一世紀下半葉左右，或二世紀初。不過，此年代純屬推測，因為第一位引述其文的作者是西元三世紀晚期的波菲，其次是四世紀的費爾米庫斯和匿名者379。無論如何，安提阿古斯引用早期作者的定義使他成為希臘化早期傳統的重要來源。

克里托迪莫斯（西元一世紀？）

克里托迪莫斯（Critodemus）在早期傳統釋經者中也算是一名要角，遺憾的是他的作品幾乎沒有存世。費爾米庫斯在他列出的希臘占星學早期創始人名冊中，稱他是赫密士、阿斯克勒庇俄斯、尼切普索和佩多西瑞斯之後的作者之一，意味著他生活在這些作者之後的某個時期，但在傳統中仍屬相對早期[127]。

西元二世紀的占星家瓦倫斯大量引用克里托迪莫斯的作品，似乎將他視為重要的權威，儘管經常抱怨他隱祕且戲劇性的寫作風格[128]。在某些方面，瓦倫斯對克里托迪莫斯的批評與他對尼切普索和佩多西瑞斯的陳述很類似，至少就他們作品的隱祕性和經常令人沮喪的性質而言是如此。不過相對於克里托迪莫斯，他對尼切普索和佩多西瑞斯的批評來得委婉些。

根據瓦倫斯的說法，克里托迪莫斯寫了一部名為《預示》（Vision，

Horasis，暫譯）的作品 [129]。赫菲斯提歐將另一部名為《皮納克斯表》
（*Tablet*，〔*Pinax*〕）的作品歸功於他，並從他的作品中摘錄一段關於短壽
的徵兆 [130]。老普林尼在談到貝洛蘇斯聲稱巴比倫人記述在楔形文字泥板上
的天文觀測紀錄可溯及四十九萬年前的段落，也順帶提及了克里托迪莫斯
[131]。這表示其著作寫於老普林尼去世前（西元七九年）的某個時間點。乍看
之下，這似乎與馬克‧萊利（Mark Riley）的假設非常吻合，即出現在瓦倫
斯《占星選集》第五冊中的星盤直接來自克里托迪莫斯，因為瓦倫斯在展示
克里托迪莫斯作品中的表格之後，就介紹了這張星盤 [132]。星盤日期顯示命
主出生於西元三七年，然後在西元六八年遇到某種危機或可能死亡 [133]。因
此，如果萊利對這張星盤出處的推測正確，那麼我們就可以將克里托迪莫斯
作品的年代定在西元六八年到七九年之間的某個時間。

　　然而，賓格瑞指出，正如瓦倫斯經常哀嘆的那樣，克里托迪莫斯文本的
隱祕性質使他在著作中使用的星盤案例顯得可疑；他反倒提出了一項假設，
即瓦倫斯摘錄自西元一世紀的一組星盤，可能來自克里托迪莫斯的評論者，
而此人活躍於西元七〇年左右 [134]。可惜我們無從查證，只可以確定的是，
克里托迪莫斯生活在西元一世紀左右或更早的某個時期。

　　有一部克里托迪莫斯著作的簡短摘要留存至今，旨在介紹一種進階的
流年小限法，這與瓦倫斯《占星選集》第四冊中同一主題的內容非常相似
[135]。雖然瓦倫斯的確提到克里托迪莫斯介紹過小限法，但他似乎並非指小限
法是得自克里托迪莫斯，而是他在埃及找到的一位導師傳授給他的 [136]。萊
利則懷疑瓦倫斯「從克里托迪莫斯那裡得到的，可能比他明確承認的還要
多」，儘管瓦倫斯的確經常提及他，並已將許多成果都歸功於他 [137]。

亞伯拉罕（西元一世紀？）

　　亞伯拉罕（Abraham，文本中寫作 Abram）是費爾米庫斯提到的另一位

早期作者，並認為他是赫密士、阿斯克勒庇俄斯、尼切普索和佩多西瑞斯這一脈中較晚近的釋經者之一[138]。在這一系譜中他被列為與克里托迪莫斯是同時代的人。這似乎是偽經的另一個例子，因為亞伯拉罕無疑是猶太教聖經中的族長，不過似乎有一部以他之名、論及占星學的特定技法手冊，在西元一世紀或二世紀開始流通。

　　託名亞伯拉罕的占星文本似乎主要講述希臘點相關的主題，並導入了一種複雜的、稱為黃道釋放法（zodiacal releasing）的時間主星技法。瓦倫斯引述亞伯拉罕介紹的黃道釋放法，以此計算一個人在人生不同時期中旅行的可能性[139]。

　　黃道釋放法使用精神點（Lot of Spirit）和幸運點作為計算時間周期的起點，瓦倫斯在《占星選集》後半段回到該主題，他說太陽與精神點有關，月亮與幸運點有關[140]。費爾米庫斯對亞伯拉罕的占星著作另有補述，將他與希臘點學說連結。當他討論到幸運點時，費爾米庫斯告訴我們「亞伯拉罕稱它為月亮之地」，同樣在談論精神點時，「亞伯拉罕稱它為太陽之地」[141]。瓦倫斯與費爾米庫斯之間的這種相似性似乎意味著他們都摘錄自相同的源文本，也就是託名亞伯拉罕的希臘點著作。之後，費爾米庫斯還引用亞伯拉罕著作中一套未曾公開的系統，用於確立黃道星座中哪些星座可以相互聽見和看見[142]。

　　從希臘化時期開始，亞歷山大城就有個龐大的猶太社區，因此，託名亞伯拉罕的早期占星文本可能暗示作者與猶太教之間有某種關聯[143]。西元一世紀，約瑟夫斯等猶太作家試圖將聖經中的人物亞伯拉罕描繪為天文學、甚或占星學的最初創始人或發現者，而託名於他的占星文本可能也有類似的意圖[144]。如果這個名字確實暗示了占星文本作者與某種文化的聯繫，那麼這會是唯一已知、具有猶太血統的希臘化時期占星家之一。另一方面，文本似乎也被託名於其他信仰的宗教人物（如瑣羅亞斯德），但並不清楚這些文本的實際作者是否受到文化連結的激勵，或只是出於對外國智慧的嚮往。

　　由於西元二世紀的瓦倫斯是第一位引用亞伯拉罕的來源，費爾米庫斯便將他與克里托迪莫斯列為同一時代，這可能意味著託名於他的作品是在西元一世紀左右寫成，或者可能更早一些。

瑣羅亞斯德（西元一世紀？）

　　瑣羅亞斯德（Zoroaster，或稱查拉圖斯特拉〔Zarathustra〕）是一位生活在希臘化時期之前的波斯先知，並創立了瑣羅亞斯德教。他是希臘化占星傳統中，另一位主要被偽經作者託名的宗教人物。

　　瓦倫斯引用了他的特定行運技法，說他以一種謎語（ēnixato）的方式談論它，而尼切普索和其他人也依循了類似的方法[145]。瓦倫斯當時所引述的文本可能寫於西元二世紀之前，因此其年代可能在西元一世紀或更早。西元五世紀，哲學家普羅克洛引用了瑣羅亞斯德以及佩多西瑞斯的學說——即命主成為胚胎時，月亮所在的黃道星座即為出生時的上升星座[146]。然而其他作者如波菲和赫菲斯提歐卻只將該學說的出處歸於佩多西瑞斯一人，這可能意味著普羅克洛在文本（出自瑣羅亞斯德）中所讀到的學說受到了佩多西瑞斯的影響，因此其年代可溯及西元前一世紀或西元一世紀[147]。不幸的是，在古代時期，瑣羅亞斯德被認為來自更古老的年代，這似乎經常導致許多作者假設他生活的年代一定早於他們引述的其他出處，有時也使得試圖將他編入年表一事變得棘手[148]。有許多不同占星文本的殘稿據傳為瑣羅亞斯德所著，然而卻很難推定它們的年代，因為它們似乎來自於不同時代的不同作者[149]。

　　比德茲（Bidez）和庫蒙最初認為，許多託名瑣羅亞斯德的占星學著作可能來自馬古斯人（Maguseans），他們是希臘化時期居住在敘利亞的一群瑣羅亞斯德教徒[150]。賓格瑞認同他們的論點而得出結論，認為在希臘化時期，除了貝洛蘇斯以及以赫密士、尼切普索、佩多西瑞斯之名寫作的埃及作者外，馬古斯人對於將某種形式的美索不達米亞占星學傳播到西方也略有貢

獻[151]。然而,貝克後來反駁了這一假設,他指出在託名瑣羅亞斯德的偽經中,幾乎未見來自波斯或美索不達米亞的暗示,最終這些殘稿很可能是希臘化學習的結果,僅使用瑣羅亞斯德這個名字來賦予文本權威性[152]。西元三世紀晚期,波菲在他那個年代還特別駁斥了某些宗教文本(據稱由瑣羅亞斯德所寫)的古老性:

> 我,波菲,數度對瑣羅亞斯德之書提出反駁,證明此書寫於晚近且全屬虛構,由那些支持這類異端的人所捏造,只為了使他們選擇讚頌的學說看似來自古代的瑣羅亞斯德[153]。

近期,奎克(Quack)支持貝克的論點,不同意比德茲和庫蒙的假設,同時指出許多與瑣羅亞斯德相關的殘稿,內容暗示源自埃及或帶有埃及情境[154]。他提出,託名瑣羅亞斯德的文本作者,也許是一直生活在埃及的波斯部族成員,因為波斯在希臘化時期之前就征服了埃及[155]。可惜的是,很難推斷作者選擇以化名撰寫文章的動機為何。

亞歷山大城的塞拉皮奧(西元一世紀?)

亞歷山大城的塞拉皮奧(Serapio of Alexandria)是撰寫即時占星學的占星家,可能還寫了其他主題的文章,不過他的作品只留下殘稿。匿名者379是第一位提到他的占星學作者,他認為按年代順序,托勒密在塞拉皮奧之後,因而假設塞拉皮奧是生活在西元二世紀之前的某個時期[156]。賓格瑞指出,從塞拉皮奧對早期術語和技法的運用,能看出他大概處於傳統的早期階段,因此他可能生活在西元前一世紀末或西元一世紀初[157]。大多數現存的塞拉皮奧文本殘稿都是關於不同主題的即時占星學。史密特指出,他可能是早期將該傳統分支系統化的占星家之一[158]。

庫蒙編纂的《希臘占星學目錄》中,有一份定義基本占星學概念的長列

表託名塞拉皮奧[159]。這份定義列表稱為〈星體相位結構的命名源由〉（De-rived Names of the Configurations of the Stars，Paronomasiai schēmatismōn tōn asterōn，暫譯），或簡稱為〈定義〉（Definitions，暫譯）。這份列表顯然彙編於拜占庭晚期，收錄了塞拉皮奧本人的一些定義，但似乎也添加了其他作者的來源，因此應謹慎使用[160]。在這部文本中，他被稱為亞歷山大城的塞拉皮奧。列表並不完整，手稿的最後一頁遺失了。

阿努畢歐（西元一世紀？）

阿努畢歐（Anubio 或 Anoubiōn）是一首占星學教學詩的作者，該詩寫於西元一世紀左右。他的特別之處在於，他是唯一使用排律詩（希臘格律詩的一種形式）寫作的占星學作家。在古代世界，教學文本有時以詩句寫成，因為這樣更容易背誦和記憶。我們的確看到許多希臘化時期占星家也用詩句撰寫文本，可惜的是，只有少數阿努畢歐文本的殘稿和摘錄留存至今。

底比斯的赫菲斯提歐在西元五世紀引用了他論及判定上升點度數的主題，使用一種涉及光體所在星座主星的奇怪方法[161]。瑞托瑞爾斯在西元六世紀或七世紀論及判斷命主職業的一個篇章中引用了他的著作[162]。

有一部長篇散文託名阿努畢歐，撰寫了關於每顆行星彼此呈星座相位的描述[163]。二十世紀初，該文本最初的編輯們注意到其中一些描述似乎已被納入費爾米庫斯的第六冊，而認為阿努畢歐是他的來源之一[164]。這一點在後來似乎得到了證實；一些阿努畢歐作品的新莎草紙殘稿，在古希羅城市俄克喜林庫斯附近的廢墟堆被發現[165]。這些殘稿的編輯認為，費爾米庫斯的拉丁文文本中有更多相似之處，這似乎意味著他從阿努畢歐的希臘文文本中翻譯了許多資料[166]。然而，編輯亦指出，費爾米庫斯經常會過度描述，時而導致阿努畢歐和費爾米庫斯文本有較大差異[167]。海倫認為，原因在於費爾米庫斯實際上是將通用源文本的描述——阿努畢歐也使用的尼切普索

和佩多西瑞斯文本──翻譯成拉丁文，而非直接摘錄阿努畢歐的描述[168]。近期，保羅・舒伯特（Paul Schubert）出版了一本更為全面的阿努畢歐文本考證版和法文譯本，將這項新研究的大部分內容都列入了考量[169]。

推定阿努畢歐的年代是棘手的，因為第一位明確提到他的占星家是西元五世紀的赫菲斯提歐。然而，依據俄克喜林庫斯修復的莎草紙殘稿，認為可溯及西元二世紀或三世紀[170]。通常進一步縮小年代範圍，是因為在名為《偽革利免》（Pseudo-Clementines，暫譯）的虛構基督教故事中，多次提到一位名叫迪奧斯波利斯的阿努畢歐（Anubio of Diospolis）的占星家，而現存的故事版本有兩個，稱為《講道》（Homilies，暫譯）和《鑑別》（Recognitions，暫譯）[171]。在早期《講道》的故事中，講述阿努畢歐是術士西門（Simon Magus）的助手，他們最終被憤怒的人群當作巫師驅逐[172]。阿努畢歐後來還出現在《講道》中有關占星學討論的段落，最後在結論中扮演了某個重要角色[173]。布雷默（Bremmer）推測，阿努畢歐一定是在《講道》所依據的原始故事中，扮演與革利免爭辯占星學的角色。不過，在現存的故事版本中，這是一場準備好但卻從未發生過的辯論[174]。

目前尚不清楚出現在《偽革利免》的阿努畢歐，與使用該名字撰寫教學詩的人是否為同一位占星家。賓格瑞反對這樣的聯想，直言這個假設毫無根據[175]。歐賓克（Obbink）詳細闡述了對此聯想可能存在的反對意見，指出《講道》中並未提到阿努畢歐以詩歌形式書寫，而且在埃及很可能有不止一位的占星家使用這個相當常見的名字[176]。然而，他仍然認為占星學界的阿努畢歐，與出現在《偽革利免》中的那位可能有所關聯，因為：

> 事實上，在晚期的占星傳統中只有一位阿努畢歐被記載，並且是唯一的格律詩人，表明了這種關聯不僅僅是巧合，而是《偽革利免》講道的作者挪用了一個臭名昭著的人物，以增加其可信度和當代的色彩[177]。

《偽革利免》的原文文本被認為可溯及西元三世紀中葉[178]。海倫指出，故事中與阿努畢歐相關的某些資料曾被奧利金（Origen）引述，意味著這些部

分的起源不會晚於西元二〇〇年[179]。此外，將阿努畢歐與術士西門，以及一位與使徒彼得同時代的人連結，通常被認為暗指其年代為西元一世紀，因為它假定讀者會認為他們是同時代的人。綜合以上各點，海倫得出結論，認為阿努畢歐可能在西元一世紀下半葉，或最遲在二世紀初發表了他的著作[180]。

如果《偽革利免》給出的名字是正確的，歐賓克便假設阿努畢歐可能是來自埃及的大迪奧斯波利斯（Diospolis Magna）[181]。大迪奧斯波利斯也被稱為底比斯（Thebes），也是西元五世紀重要占星家赫菲斯提歐（Hephaestio）的故鄉。

西頓的都勒斯（西元一世紀晚期）

都勒斯（Dorotheus of Sidon）在西元一世紀晚期用希臘文寫了一首關於占星學的教學詩。他的作品對晚期傳統產生了巨大的影響，尤其在中世紀時期，成為了諸如馬謝阿拉和薩爾·伊本·畢雪等占星家的主要源文本之一。

根據其結構，他的著作可能被稱為 *Pentateuch*（共五冊），但在現代引用時，根據編輯賦予文本考證版的通用標題，通常稱為《占星詩集》（*Carmen Astrologicum*，占星學之詩）[182]。前四冊涉及本命占星學，第五冊涉及即時占星學[183]。總體來說，前兩冊旨在研究命主生活中不同領域主題的方法，通常使用特定的三分性主星和希臘點。第三冊側重於壽長技法，第四冊論及其他行運技法，例如小限法和流運，第五冊則是希臘化傳統中年代最早、篇幅最長且現存於世的即時占星學著作。

都勒斯詩作的希臘原文文本並未完整存世。目前最完整的版本為西元八〇〇年左右由烏瑪·塔巴里（Umar ibn al-Farrukhān al-Tabarī）編寫的阿拉伯文譯本——該譯本參照了翻譯自早期希臘文源文本的中世紀波斯文譯本[184]。不幸的是，現存的阿拉伯文版本有許多錯誤、遺漏和晚期作者的竄改添

補 [185]。有些添改無傷大雅，例如提到稱為九分盤（*navamshas*）的印度黃道子區分系統，或是提到了晚於都勒斯年代的占星家，例如瓦倫斯。其他添改處的問題較大，因為不清楚第五冊各章中，有幾處問事占星的引用來源遭後人誤植。肯定的是，第五冊阿拉伯文譯本的標題已改過，因為原標題為「論問題」（即問事占星學），儘管大部分的內容顯然都與即時占星學有關。幸運的是，一些都勒斯希臘文和拉丁文的零星殘稿和引文被晚期占星家如赫菲斯提歐保存了下來，這些有時能讓我們在研究阿拉伯文譯本時能夠有所掌握。那些除了阿拉伯文譯本以外未有任何殘稿的領域，我們必須謹慎使用文本，並認知到我們正在使用的是已被轉譯多次的文本，從都勒斯的希臘詩源文本到波斯文譯本，再到阿拉伯文譯本，最後再翻譯成英文版本；大多數的工作都是這種情況。

都勒斯在著作中使用了幾張誕生星盤作為案例，而所有星盤都可溯及西元前七年到西元四四年之間 [186]。由於都勒斯已經知道這些人的生活細節，暗示他可能在西元一世紀晚期左右撰寫了他的著作。賓格瑞將其年代定在大約西元七五年，這或多或少可能是正確的 [187]。

儘管都勒斯的著作寫於西元一世紀晚期，但他早已更像是早期知識和學說的編纂者，或至少他在前言中是如此描述自己，談及自己在埃及和美索不達米亞遊歷甚廣，並從這些地區中首屈一指的占星學權威那裡收集到資料 [188]。赫菲斯提歐似乎曾表示都勒斯的資料來源之一是尼切普索，而且還引述了一部託名赫密士·崔斯墨圖論及十二區位意涵的文本 [189]。

在希臘化傳統中，都勒斯對底比斯的赫菲斯提歐的影響甚鉅，後者在他西元五世紀的作品中，試圖整合都勒斯和托勒密的系統；不過也能在其他作者中找到引用都勒斯的著作，例如費爾米庫斯和瑞托瑞爾斯 [190]。都勒斯和瓦倫斯的方法有許多明顯的相似之處。瓦倫斯的年代比都勒斯晚了將近一個世紀，但他從未引述都勒斯，因此，其相似之處可能源於引述了相同的古文本，將其視為一組，將有助於確定西元一世紀到二世紀間占星實踐的主流，尤其是與托勒密等其他作者進行比較的時候。最終，因波斯文和阿拉伯文譯

本，都勒斯的著作對中世紀早期的占星傳統起了重大的影響。

曼內托（西元二世紀初）

另一首從希臘化傳統中留存下來關於占星學的長篇教學詩託名於曼內托（Manetho 或 Manethōn）。該作品名為《成果》（*Apotelesmatika*，暫譯），分為六冊 [191]。現代編輯認為該文本乃經後世編纂，原始文本的核心是第二、三、六冊，而第一、四、五冊則是由晚期作者加以編撰 [192]。原作者在書中附上了自己的誕生星盤，其生年為西元八〇年，因而被認為這暗示著原文最初撰寫於西元一二〇年左右，而其他部分則是到了西元三世紀才被編纂成冊 [193]。第一位引用曼內托的占星家是西元五世紀初底比斯的赫菲斯提歐 [194]。

這份文本顯然是偽經的另一個例子。歷史人物中的曼內托是一位埃及祭司，在西元前三世紀左右用希臘文寫了一部埃及歷史。維爾布魯格（Ver-brugghe）與威克沙姆（Wickersham）指出，占星文本故意冒充歷史學家曼內托的著作，例如作者提到「托勒密國王」的段落 [195]。洛皮拉托（Lopilato）認為，其目的應該是為了與西元前二八三年至二四六年在位的托勒密二世（Ptolemy II Philadelphus）有所連結 [196]。這分明是虛構的，因為此占星概述是在托勒密二世死後幾個世紀才編纂完成。因此，有些學者將該文本的作者稱為「偽曼內托」（Pseudo-Manetho）。

來源不明的
密西根大學圖書館的莎草紙（西元二世紀？）

密西根大學圖書館的莎草紙（*Michigan Papyrus*，P. Mich. 149）是一部零散的占星手冊，在二十世紀初被重新發現、編輯和翻譯 [197]。文本的編輯

弗蘭克・埃格爾斯頓・羅賓斯（Frank Egleston Robbins）同時也是托勒密《占星四書》洛布叢書（Loeb）版本的翻譯。一九二〇到一九二一年這段期間在埃及取得該文本，羅賓斯基於語言學的原理，從筆跡得出其年代為西元二世紀[198]。莎草紙捲中大部分文稿已經破損或佚失，文本的狀況非常糟糕，不過還有幾份長篇殘稿，其狀況良好，可以清晰地閱讀。文本中許多單詞和句子必須根據部分僅存的可讀單詞、或推理來重組文句。我們目前擁有的文本，似乎是占星學簡介手冊的一部分。

　　文本在許多方面似乎都代表了希臘化時期通用的占星學說，但在某些方面也提出了其他文本未曾出現過的特有或相異的學說。該文本主要被用作其他作者引述學說的補充證據，因為它有助於確認哪些技法和概念被廣泛地使用。此外，《密西根大學圖書館的莎草紙》也很重要的原因是它確定了阿斯克勒庇俄斯是八轉位的作者[199]。

克勞狄烏斯・托勒密（西元二世紀中葉）

　　托勒密（Claudius Ptolemy）是一位科學家和博學家，西元二世紀中葉左右在埃及進行研究。他最為人所知的是在天文學和占星學方面極具影響力的著作，不過他還寫過其他的主題，諸如光學、地理以及諧波（harmonics）。

　　他在古典時期主要因撰寫了最具權威的天文學著作而聞名，稱為《數學論》（*Mathematical Treatise*，*mathēmatikē suntaxis*，暫譯），或簡稱為 *Suntaxis*，後來在中世紀被稱為《天文學大成》（*Almagest*，暫譯）[200]。該著作收錄了托勒密從西元一二七年至一四一年間在亞歷山大城所作的天文觀測紀錄，這表示《天文學大成》是在西元一四一年之後的某個時間撰寫而成[201]。由於有一部天文銘文被認為是由托勒密於西元一四六年或一四七年所寫，近代學者將《天文學大成》的編纂年代往後推算了幾年[202]。所謂的「克諾畢克銘文」（Canobic Inscription）被認為代表了較早階段的托勒密思想，

早於《天文學大成》成書的年代，也意味著他直到西元一五〇年之後的某個
時間才完成了《天文學大成》。由於托勒密在占星學著作《占星四書》的引
言中提到了《天文學大成》，意味著《占星四書》是後來才完成的，或許落
在西元一五〇或一六〇年左右。因此，托勒密大概生活在西元一〇〇年至
一七五年之間。

托勒密的占星學著作最初被稱為 *Apotelesmatika*，意思是「探詢（占星
學）的結果」，不過後來它被更廣泛地稱為《占星四書》（*Tetrabiblos*，暫譯，
「四冊書」）[203]。《占星四書》第一冊介紹技法和概念，以及為占星學辯護
的哲學論證，第二冊涉及普世占星學，第三和第四冊則是一系列論及本命占
星的一般性主題。

托勒密的《天文學大成》標誌著天文學史上的一大轉捩點，並為他死後
幾個世紀以來許多天文計算的方式樹立了新的標準。這包括源自《天文學大
成》中一套新式天文圖表的普及，稱為《實用天文表》（*Handy Tables*，暫
譯），它使占星家能夠更輕鬆、更精準地計算占星星盤。托勒密天文學著作
的成功可能促使他的占星學著作獲得更加廣泛的流傳和聲望，西元三世紀到
七世紀的希羅晚期占星家似乎給予他高度的評價。匿名者 379 稱他為「神聖
的托勒密」[204]，赫菲斯提歐則稱他為「熱愛真理的托勒密」（*ho philalēthēs
Ptolemaios*）[205]。托勒密的《占星四書》是唯一從成書之日起，幾個世紀以
來不斷被傳播和翻譯的希臘化占星文本。因此，他不僅經常被視為是古代最
重要和最具影響力的占星家，並且通常被認為是希羅時期占星學實踐中最具
代表性的人物。

然而，儘管托勒密對晚期占星家的影響深遠，他的《占星四書》似乎未
必能完全代表希臘化占星傳統的主流。托勒密的計畫似乎是將占星學重新制
訂為一門自然科學，他主要沿用亞里士多德學派的路線，部分目的是為了幫
助其合法化[206]。他的方法之一，是將占星學的基本機制重新概念化為——
透過行星跟恆星的某種天體影響力來運作。這與早期的觀點——認為天體
能夠給出未來事件的徵兆，但不一定是原因——是完全相反的。

　　坎佩恩認為，托勒密對占星學的因果或自然主義理論，使其儘管在宗教壓迫之下，依然能在中世紀和文藝復興時期作為一門受人尊敬的科學留存下來 [207]。傑佛瑞‧科爾內利烏斯（Geoffrey Cornelius）對托勒密的占星學著作使占星學能存續至今的重要性也提出了類似的論點，不過他認為其代價卻是混淆了占星學早期根植於占卜的理論基礎 [208]。霍登強調托勒密與其他占星學傳統的論述之間，已出現技法性而非哲學性的偏離，稱《占星四書》是希臘占星學的「刪節」和「偏差」的版本 [209]。某程度上，這種觀點代表了一九八〇年代和一九九〇年代占星學界興起針對托勒密的強烈反動運動，部分原因是其他希臘占星學文獻重新問世，以及隨之而來意識到——托勒密的著作並不一定代表希羅占星學傳統的主流 [210]。正如霍登所解釋的，就在不久前，托勒密的占星學著作「被大多數現代占星家誤認是占星學的終極資料書」，主因是——它是幾個世紀以來以某種方式流傳至今的最古老文本 [211]。

　　儘管近來有這些對托勒密著作的重新評價，《占星四書》作為來源依然有用且訊息豐富，不應誇大他與傳統之間的偏離。雖然有時托勒密會大幅地變更或修改某些學說，但更多時候他只強調對他來說最具概念意義的技巧或原理，而不去強調或乾脆忽略他不同意的部分 [212]。如此，托勒密最終經常強調的是有關傳統的真實面向，而重點仍在於需要將他的陳述與其他作者的著作進行比對，才能知道他撇開的部分。通過這樣的方式，他的著作仍然非常有幫助，即使他看起來未必是西元二世紀最具代表性的典型占星家：反而，諸如西頓的都勒斯和瓦倫斯等占星家更具代表性。

　　在晚期傳統的某個時間點，一篇以希臘文匿名撰寫的《占星四書》評論，有時被認為是出自西元五世紀新柏拉圖主義哲學家普羅克洛 [213]。卡瓦列羅‧桑切斯（Caballero Sánchez）認為此篇評論應該晚於波菲的《四書導論》，因為評論中引述了波菲，雖然難以推定最接近的撰寫年代，但不太可能晚於西元六世紀 [214]。評論包含兩個星盤案例，賓格瑞註明日期為西元一七五年十二月二十二日和西元二四一年七月二十九日 [215]。不過，似乎只有較早（西元一七五年）的星盤是正確的，因為賓格瑞發現西元二四一年的行星位置與文本所附的星盤不太相符 [216]。

　　另有一部《占星四書》的釋義，是在古典晚期或拜占庭早期的某個時候用希臘文書寫而成[217]，同樣託名普羅克洛，因此通常被稱為《普羅克洛釋義》（*Proclus Paraphrase*，暫譯）[218]。釋義的目的是將托勒密極其凝練而複雜的寫作風格變得更容易理解，但它有時與流傳至今《占星四書》手稿的標準文本有很大不同，因此在某些情況下可用於詳細的文本研究。霍登指出，在二十世紀之前，大部分將《占星四書》翻譯成英文的占星家都是基於普羅克洛的釋義版本，而不是直接來自托勒密的原文文本[219]。

維第斯・瓦倫斯（生於西元一二〇年－西元一七五年左右）

　　維第斯・瓦倫斯（Vettius Valens）是一位來自希羅城市安提阿（Antioch）的占星家，他生活在西元二世紀中葉。他是研究希臘化占星傳統時，現存唯一且最重要的來源。

　　瓦倫斯寫了一系列關於占星學實踐的教學文本，留存至今的共有九冊，統稱為《占星選集》（*Anthology*，暫譯）[220]。其中幾冊顯然是為了瓦倫斯的學生所寫，並且兩度提到一位不知名的人物（可能是學生）名叫馬可仕（Marcus）[221]。他引用了數部占星學古籍，大多已經不復存在，包括經常引用的尼切普索和佩多西瑞斯失傳之作[222]。他的文本中還收錄了一百多個星盤案例，用於演示文中討論的技法應用。

　　瓦倫斯的文風通常極具個人口吻，因為技法資料中有時會穿插瓦倫斯個人生活的題外話、對引文來源的感受，以及對占星哲學的思考。他還經常將其他占星家所認為某些技法的使用方式，與他個人實際運用中覺得更合理或更「自然」（*phusikōteron*）的方法進行比較。

　　瓦倫斯的第一份年表是由奧托・諾伊格鮑爾與范・霍森共同編寫《希臘文天宮圖》（*Greek Horoscopes*，暫譯）一書的過程中製定的。在一九五四

年的論文中，他在確認所有瓦倫斯使用的星盤案例年代之後得出了結論，認為《占星選集》的多數內容寫於西元一五二年至一六二年之間[223]。《占星選集》有幾冊最初似乎是以單冊書籍出版，而其他冊別則似乎依其主題和命題的相似度集結成冊。萊利表示，透過研究瓦倫斯所使用的一些星盤案例，可以確定某幾冊分別由瓦倫斯不同的人生階段所構成[224]。

　　賓格瑞合理懷疑，瓦倫斯在整部選集中最頻繁使用的誕生星盤案例之一可能出自本人，雖然瓦倫斯從未明確承認這點[225]。其他希臘化時期的占星家，如曼內托和赫菲斯提歐，也曾將他們自己的出生星盤收錄於彙編中，亞歷山大城的包路斯甚至可能使用了他兒子的星盤，所以這類情況並不罕見。倘若賓格瑞對瓦倫斯星盤的判斷是正確的，那麼瓦倫斯就是出生於西元一二〇年二月八日。與赫菲斯提歐一樣，瓦倫斯也收錄了自己的受孕星盤，是以西元一一九年五月十三日起盤。

　　瓦倫斯出生在安提阿古城，位於現今土耳其的安塔基亞。馬可・奧理略（Marcus Aurelius）皇帝在其後一年出生，所以兩人身處同一時代。瓦倫斯講述了一個故事，說他在人生中的某個時刻前往埃及尋找更精確的行運技法，最終他在那裡定居並建立了一所學院，顯然是在亞歷山大城[226]。大約在西元一五四年左右，三十四歲的他捲入了一場船難，在《占星選集》第七冊中，他提供了同一艘船上其他五個人的星盤[227]。他主要的活躍期間是在西元一五〇和一六〇年代；到了一七〇年代初之後，人們就對他一無所知了。大約在同一時期，羅馬帝國爆發了安東尼大瘟疫（Antonine Plague），瓦倫斯可能是此時死於瘟疫的數百萬人之一。

尼西亞的安提哥努斯（西元二世紀晚期）

　　安提哥努斯（Antigonus of Nicaea）寫了一部關於占星學的教學手冊，其中包括一些大約是西元二世紀晚期左右的星盤案例。目前所知至少有四

冊，然而存世甚少[228]。底比斯的赫菲斯提歐保留了安提哥努斯著作中三張星盤案例的長文描述，從中我們大抵可知他所採用的技法[229]。

　　這些恰好是整個希臘化傳統中，現存本命星盤裡描述篇幅最長的三個案例，對於瞭解一些技法是如何被使用的，具有重大的意義。此外，在同一份殘稿中，赫菲斯提歐認為安提哥努斯援引了尼切普索和佩多西瑞斯的作品，以及被稱為《薩爾梅斯基尼亞卡之書》講述外觀的神祕埃及文本，因此他的作品對於理解一些最早期的作者如何解讀星盤可能具有額外的價值。不過，他可能並不全然依循最早期作者所概述的方法，因為赫菲斯提歐曾批評他拒絕使用某些作者，如佩多西瑞斯和安提阿古斯所概述推斷受孕時刻的技法[230]。如果占星家安提哥努斯，與生活在同一時期尼西亞的安提哥努斯醫師為同一人（海倫認為有此可能），那麼他可能出於其他非占星學的原因而拒絕了這一學說[231]。

　　在年代方面，安提哥努斯使用的兩張星盤已被確定為哈德良皇帝及其姪孫佩丹紐斯・富庫斯（Pedanius Fuscus）[232]。兩人都是在西元一三八年去世，由於描述中提到他們的死亡年代，所以安提哥努斯一定是在此年之後的某個時間點撰寫著作。匿名者379在其著作的占星家簡短年表中提到了安提哥努斯，將他置於瓦倫斯之後，這可能意味著他們若非西元二世紀中葉同時代的人，就是安提哥努斯生活在瓦倫斯之後的某個時期[233]。第一位提到安提哥努斯的占星家似乎是波菲（大約西元三世紀晚期的《四書導論》），其次是匿名者379，這意味著他的著作在此之前必定發表了一段時間[234]。基於上述推論，我將他的年代定為西元二世紀下半葉，或三世紀初。

泰爾的波菲（西元三世紀晚期）

　　泰爾的波菲（Porphyry of Tyre）是一位傑出的新柏拉圖主義哲學家，在西元三世紀晚期紅極一時。他最廣為人知的身分是新柏拉圖主義創始人普羅

提諾（Plotinus）的學生，不過他自己在古典晚期被認為是一位重要的哲學家。他偶爾會在其哲學著作中提到占星學說，並且至少有一部現存的占星文本託名於他。

　　波菲有時被認為是托勒密《占星四書》的導論作者，名為《托勒密的結果之導論》（*Eisagōgē eis tēn Apotelesmatikēn tou Ptolemaiou*，暫譯）[235]。《四書導論》（*Introduction*，暫譯）主要由一系列基本占星學概念的定義組成，波菲認為托勒密對這些概念的定義並不十分清楚。大多定義是從雅典的安提阿古斯遺作中的定義逐字抄錄而來。《四書導論》的現存版本似乎並不完整，其中還包含一些來自九世紀占星家薩爾・伊本・畢雪的著作——從阿拉伯文翻譯成希臘文，然後由後來的拜占庭人編入文本中——的添寫插補[236]。

　　波菲因以他的名字命名象限宮位制系統而為現代占星家所知，即「波菲宮位制」（Porphyry House System），在波菲《四書導論》第四十三章中有所概述。然而，正如霍登明確指出，早約一個世紀之前的瓦倫斯便已描述過同一系統，因此該系統採用波菲而非瓦倫斯之名，純屬歷史中的一個偶然[237]。

　　波菲為《四書導論》作者的身分往往令人存疑，不過我認為這是毋需懷疑的，因為他在其哲學著作中經常提到占星學並顯然熟稔於心，也因為希臘化晚期傳統占星家（如赫菲斯提歐及《占星四書》匿名評論的作者）似乎都認為波菲絕對是該文本的作者[238]。眾所周知，波菲還撰寫了一篇關於托勒密《諧波》（*Harmonics*，暫譯）的評論，這表明他熟悉托勒密的著作並樂於為其寫評論[239]。此外，費爾米庫斯在其占星著作中稱他為「我們的波菲」（*noster Porphyrius*），這可能表明費爾米庫斯視他為占星家同儕[240]。在年代方面，《四書導論》提到的最晚期作者是安提哥努斯，所以他應該是在西元二世紀下半葉或三世紀初的某個時候寫作的[241]。第一位引述波菲《四書導論》的作者是生活在五世紀初的赫菲斯提歐，這將《四書導論》的編纂置於西元二一五年至四一五年之間的某個時期，與波菲的年代完全吻合，因為普遍認為這位哲學家出生於西元二三四年左右，並於西元三〇五年左右去世[242]。

費爾米庫斯‧馬特爾努斯（西元四世紀中葉）

　　費爾米庫斯‧馬特爾努斯（Firmicus Maternus）是一位來自西西里島的律師，生活在西元四世紀中葉君士坦丁大帝（Emperor Constantine）及其子的統治期間。他用拉丁文寫了一部長篇占星學教科書，名為《論數學》（*Mathesis*，暫譯）[243]。嚴格來說，他的全名是尤利烏斯‧費爾米庫斯‧馬特爾努斯（Julius Firmicus Maternus），不過他通常被簡稱為費爾米庫斯‧馬特爾努斯。著作名稱源自希臘文術語，意思是「學習」或「學習的行為」，在費爾米庫斯的時代，拉丁文的意思是「知識」或「科學」，而費爾米庫斯經常採用後者，將占星學稱為「數學」（the *mathesis*）或「科學」（the *science*）[244]，因此費爾米庫斯的《論數學》意味著「（占星學）科學」（The Science〔of Astrology〕）。

　　費爾米庫斯的著作主要包括摘錄自早期希臘作家和拉丁文譯文的描述資料[245]。文風略顯誇張，與瓦倫斯之輩相比，可能更像個業餘愛好者而非專業占星家。不過他的著作仍有其價值，也多虧他保留了相當多的古籍來源，否則也只有失傳一途。由於其著作保留了所有解釋性的資料，因此《論數學》是希臘化傳統中現存最悠久的占星文本，也是目前僅存兩部以拉丁文而非希臘文撰寫的希臘化傳統占星學教科書之一；另一部是馬尼利亞斯的作品。

　　費爾米庫斯將《論數學》獻給一位政府官員暨友人馬沃爾修斯（Lollianus Mavortius）。馬沃爾修斯顯然在費爾米庫斯經歷了艱難的冬季旅程後，幫助他恢復健康，並在他們共處的時間裡，向費爾米庫斯介紹占星學這門學說[246]。在他們共處的某個時刻，費爾米庫斯或許因為自己能夠閱讀希臘文，於是提出了要根據早期資料為馬沃爾修斯編寫一部拉丁文占星學教科書。他於書中表明，儘管他最終兌現了承諾並完成該著作，卻對於要擔負起一項非常費力的任務而感到後悔[247]。

　　費爾米庫斯在晚年似乎已改信基督教，並撰寫了一部對異教傳統相當

極端的抨擊之作，名為《褻瀆宗教的錯誤》（*The Error of the Profane Religions*，*De errore profanarum religionum*，暫譯）[248]。雖然不清楚箇中原由，但他在這部抨擊之作中並未提到占星學。

雖說研究人員一致認為費爾米庫斯生活於四世紀中葉並於此期間寫作，但關於他是在那個世紀的哪個年代發表占星學著作，仍存在爭議。此一爭議有其重要性，因為這可能涉及到費爾米庫斯與占星學和基督教的關係。

費爾米庫斯將他的基督教論戰文本《錯誤》（*The Error*，暫譯）獻給了兩位共治的兄弟皇帝——君士坦提烏斯二世（Constantius）和君士坦斯一世（Constans）。這表示它必定是在西元三四三年到三五〇年之間的某個時間完成的，也就是他們共治的時期[249]。我們還知道費爾米庫斯最晚在西元三三四年提筆撰寫《論數學》，因為他在第一冊中提到當時發生不久的日蝕，而那次日蝕的日期是西元三三四年七月十七日[250]。後來在《論數學》第一冊中，費爾米庫斯向君士坦丁大帝祈求，彷彿他仍是現任皇帝一般；而由於君士坦丁大帝在西元三三七年去世，這似乎為我們提供了費爾米庫斯《論數學》成書的時間點[251]。

費爾米庫斯在《論數學》第二冊中，為了演示映點概念所使用的未命名誕生星盤，更進一步地證實了他的年代[252]。該星盤主人被確定為西阿尼俄斯・路非俄斯・阿爾比努斯（Ceionius Rufius Albinus），根據費爾米庫斯提供的星盤，他出生於西元三〇三年[253]。費爾米庫斯提供了關於命主一生的許多細節，不過按時間順序來看，最後一次陳述是他成為了羅馬的行政官。現存紀錄顯示，阿爾比努斯在西元三三五年十二月三十日至三三七年三月十日期間擔任行政官，這與《論數學》第一冊的寫作年代一致，使得該書發表的年代範圍得以縮小至西元三三六年或三三七年初[254]。

爭論的焦點涉及費爾米庫斯的朋友和贊助人馬沃爾修斯，費爾米庫斯在《論數學》中將其稱為「資深執政官和指定的正規執政官」（Proconsul and designated Consul Ordinarius）[255]。由於已知馬沃爾修斯直到西元三五五年才

真正成為羅馬的執政官，有些人認為這一定是費爾米庫斯實際完成《論數學》的年份，因此該著作發表時間晚於他對異教攻擊的著作 [256]。

　　出於諸多原因使年代推定變得棘手。一方面，它不符合第一冊中顯示的跡象——費爾米庫斯很可能是在西元三三六和三三七年之間撰寫《論數學》。此外，也與費爾米庫斯其他已知著作《錯誤》的時間表不相符，因為費爾米庫斯的占星學著作更有可能是寫於基督教論戰之前而非之後。

　　大多數學者沿襲了特奧多爾・蒙森（Theodor Mommsen）於西元一八九四年首次提出的論點，認為雖然馬沃爾修斯在西元三三七年被指定為執政官，但同年君士坦丁大帝的去世導致馬沃爾修斯正式接任執政官的時間有所延遲，因為君士坦丁大帝的兒子們並不需要遵照他們父親的任命 [257]。費爾米庫斯將他的著作獻給了馬沃爾修斯，當時馬沃爾修斯被允諾得到這個職位，但實際上還未就任。事實證明，距離他真正上任整整延遲了將近二十年。

　　費爾米庫斯說，當馬沃爾修斯被君士坦丁大帝任命為「東方行省總督」（comes Orientis）時，他「立即要求」費爾米庫斯完成曾經承諾撰寫的那本書。既然馬沃爾修斯在西元三三〇年至三三六年間擔任東方行省總督，他對費爾米庫斯的提醒應該就發生在三三〇年左右，當他甫就任總督之時。然後，大約在三三六／七年的某個時候，《論數學》終於完成並獻給了馬沃爾修斯，這也是使用到阿爾比努斯誕生星盤的原因之一，因為此書完成時，他是羅馬的現任行政官，而且顯然地，費爾米庫斯和馬沃爾修斯都認識此人。

　　費爾米庫斯說，兩人認識時馬沃爾修斯才剛任職坎帕尼亞行省總督（當費爾米庫斯首次承諾為他寫這本書之時）。馬沃爾修斯從西元三二八年起擔任坎帕尼亞行省總督，所以可能就是在這一年，費爾米庫斯首次作出承諾，然後在兩年後的三三〇年，馬沃爾修斯成為東方行省總督，並提醒費爾米庫斯所許下的承諾。這應該就是費爾米庫斯撰寫《論數學》的大部分時期，即西元三三〇－三三七年的七年期間。他終於在馬沃爾修斯仍是非洲資深執政

官並被任命為正規執政官的那一年（三三七年）將著作獻給他。諷刺的是，馬沃爾修斯的命運就在這一年意外地改變，即君士坦丁大帝的死導致他的職業抱負延遲了近二十年。

　　在接下來十年間，費爾米庫斯改信基督教[258]。他似乎在西元三四七年左右或之後不久，發表了對異教的攻擊，即《褻瀆宗教的錯誤》[259]，距離《論數學》的出版已過了整整十年。由於費爾米庫斯在攻擊的論述中並未提到占星學，因而難以確定當時他是否已經全然否定了占星學，不過可以肯定的是，他在此期間確實已改信基督教，因為其言行舉止各個方面皆有了明顯轉變。

　　其中一例是費爾米庫斯在兩部著作中對波菲的態度截然不同。在《論數學》中，他親切地稱他為「我們的波菲」（*noster Porphyrius*），但在基督教論戰中，他相當惡毒地攻擊波菲[260]，甚至稱他為「波菲，邪教的捍衛者、上帝的敵人、真理的寇仇、邪惡藝術的老師[261]。」顯然，費爾米庫斯改變了心意，而在我看來，費爾米庫斯很可能在改信基督教之後對波菲更加敵視，原因在於波菲著名的十五冊抨擊之作——《反對基督徒》（*Against the Christians*，暫譯）[262]。這為西元四世紀基督教興起期間，占星學於社會的氛圍提供了一些有趣的見解，以及觀點開始改變有多快，有時甚至只是一個世代。

亞歷山大城的包路斯（活躍於西元三七八年左右）

　　四世紀晚期，一位名叫亞歷山大城的包路斯（Paul of Alexandria）的占星家寫了一部名為《緒論》（*Introduction*，暫譯）的占星文本，他將其獻給了他的兒子克羅納蒙（Cronamon）[263]。人們通常以拉丁文名字稱呼他：包路斯‧亞歷山德里努斯（Paulus Alexandrinus），不過在本書我會使用混合形式，並稱他為亞歷山大城的包路斯。

　　我們擁有的《緒論》版本顯然是該著作的第二版。包路斯在序文寫道，他兒子指出星座的赤經上升時間計算有誤，所以包路斯寫了第二版，將托勒密所說的（至少他在其著作的開頭是這樣說的）赤經上升時間納入其中[264]。然而，霍登指出，包路斯在《緒論》第二章中雖然談到了這個主題，但似乎並未真正納入托勒密的上升時間，因此，第二版可能只有部分內容留存[265]。

　　我們對包路斯的生平幾乎一無所知，只知道他寫作的年代，因為在第二十章關於判定日主星（the planetary ruler of the day）的討論中，包路斯透過計算「當天」（*epi tēs sēmeron hēmeras*）的主星來演示這個技法[266]。顯然地，書中的這一章是寫於西元三七八年二月十四日星期三[267]。

　　霍登在包路斯的著作中發現了一張過去不為人知的誕生星盤，推測命主很可能是他的兒子克羅納蒙[268]。在第二十三章－希臘點，包路斯演示了如何透過太陽、月亮、金星和上升點的準確位置，來計算幸運點、精神點愛情點（Lot of Eros）。在後來的第三十一章－流年小限法，包路斯再次使用同一個上升獅子座的星盤案例來演示該技法，同時也提供水星、木星和土星的位置。有了這些資訊，霍登能夠判定命主出生於西元三五三年三月十九日，大約下午 2:00，推測應該在埃及的亞歷山大城。

　　當使用此星盤作為案例來演示如何使用流年小限法時，包路斯分析了命主生命中的第二十五年，即發生在西元三七八年，恰好落在先前確定包路斯寫作的期間內。由於命主被證實為一名二十五歲的男性，因此霍登推測是包路斯兒子的誕生星盤，似乎不無道理。

匿名者 379

　　西元三七九年，一位不知名的占星家寫了一部關於羅馬城的恆星專著[269]。他通常被稱為匿名者 379（Anonymous of 379）。其文本的重要之處在於，

它是年代最悠久且描述最為詳盡的希臘文文本之一，用於說明如何在本命占星學的架構下使用和解讀恆星。

在文本的開頭，匿名者說他是在歐利畢厄斯（Olybrius）和奧索尼烏斯（Ausonius）的任職期間寫作的 [270]。這顯然是指在西元三七九年共同擔任羅馬執政官的歐利畢厄斯（Quintus Clodius Hermogenianus Olybrius）和奧索尼烏斯（Decimius Magnus Ausonius）[271]。在文本後半段中，匿名者提到自己並未將恆星南極老人（Canopus）的描述包括在內，因為他位處羅馬，而在那個緯度無法看到這顆恆星 [272]。

弗朗茨・庫蒙提出匿名者 379 可能是前一年的西元三七八年才剛撰寫《緒論》的占星家亞歷山大城的包路斯 [273]。賓格瑞後來推翻了這個假設，但未說明原因 [274]。大概是基於不甚明確的語言或語文學的原由。史密特在編譯匿名者 379 的著作時指出，他的寫作風格比包路斯更加直白 [275]。

匿名者在整部著作中主要的參照來源是托勒密，他似乎非常欽佩托勒密，甚至稱他是「神聖的托勒密」（*tou theiotatou Ptolemaiou*）。匿名者經常提到他的前輩，在一次簡短的題外話中，他對占星學和恆星研究進行了某種歷史的概述 [276]。在這段題外話中，他依序提到了以下的占星家：巴比倫人和迦勒底人，貝洛蘇斯、埃及人、赫密士，奈朝奧和塞洛斯弗洛斯，佩多西瑞斯和尼切普索，蒂邁歐、阿斯克拉遜、安提阿古斯、瓦倫斯、安提哥努斯、赫萊斯科斯（Heraiscos）、塞拉皮奧和托勒密。匿名者還提到了天文學家默冬（Meton）、亞波里拿留、優克泰蒙（Euctemon）、多西修斯（Dositheus）、卡利普斯（Callipus）、菲利普斯（Philippus）、弗西斯（Phocis）和喜帕恰斯。

匿名者宣稱其目標是概述三十顆明亮恆星（一等星和二等星）的占星學意義，不過現存文本中只提到二十九顆。每顆恆星代表兩顆行星本質的「綜合」或「組合」（*krasis*）。例如，據說角宿一（Spica）具有金星和水星的綜合本質 [277]。接著，他為每顆本命星盤中特別突出的恆星——接近軸點的度數，或與月亮緊密會合——提供描述。根據某些行星在星盤中的位置而

有不同詮釋。

已知部分文本為西元八世紀埃德薩的西奧菲勒斯（Theophilus of Edes-sa）所用，並經由西奧菲勒斯，最終影響了西元九世紀阿布·馬謝（Abū Ma'shar）的著作 [278]。

馬克西姆斯（西元四世紀？）

一位名叫馬克西姆斯（Maximus）的占星家，在西元二世紀和五世紀之間的某個時間點，用希臘文詩歌寫了一部關於即時占星學的論述，名為《論開始》（*On Inceptions*，*Peri Katarchōn*，暫譯） [279]。他顯然汲取了都勒斯的資料，因此其年代應該在西元一世紀之後，然後在五世紀時，被作者農諾斯在其著作《戴歐尼修斯譚》（*Dionysiaca*，暫譯）中引用 [280]。據十世紀拜占庭的百科全書《蘇達辭書》（*Suda*，暫譯）記載，馬克西姆斯是羅馬皇帝尤利安（Julian，西元三六一至三六三年間在位）的老師；不過當代歷史學者普遍認為無從考究或完全不予採信 [281]。

底比斯的赫菲斯提歐（西元五世紀初）

底比斯的赫菲斯提歐（Hephaestio of Thebes）在西元五世紀初撰寫了一部由三冊書彙編而成的早期占星學說，名為《結果》（*Apotelesmatika*，暫譯） [282]。他主要援引托勒密和都勒斯，不過他也在其著作的不同方面引用了許多其他作者，例如斯拉蘇盧斯、雅典的安提阿古斯、阿努畢歐、曼內托、尼西亞的安提哥努斯、亞波里拿留和波菲。在第一和第二冊中，他似乎較贊同托勒密，然而在第三冊談到即時占星學時，他主要援引都勒斯，摘錄並釋義希臘文教學詩第五冊當中的許多長篇段落。由於現存的都勒斯文本僅有轉譯自

波斯文譯本且經纂改的阿拉伯文譯本，因此赫菲斯提歐所保存的都勒斯希臘
文殘稿，對於確認都勒斯的原文非常重要。

　　赫菲斯提歐在討論判定上升點的精準度數時曾介紹過他自己的出生數
據，他說：「我出生在阿提爾（Athyr）月第三十日的白天，太陽大約在射
手座 4 度 [283]。」在前一章討論判定命主的受孕星盤時也提到了相同的出生數
據，但未註明命主為何人 [284]。基於上述資料，賓格瑞得出結論，赫菲斯提
歐於西元三八〇年二月二十日受孕，於西元三八〇年十一月二十六日出生
[285]。赫菲斯提歐在著作中所給出的恆星位置是西元三九〇年左右，因此賓格
瑞認為他是在西元四一五年左右於埃及撰寫其著作 [286]。

希帕提亞與女性占星從業者

　　在希羅時期，女性通常並未接受與男性相同的教育，出於這部分的原
因，使得我們已知的所有來自希臘化傳統的占星家都是男性。我們確實知道
女性會向占星家尋求諮詢，因為像瓦倫斯和費爾米庫斯這些作者的占星手冊
中，全是關於如何解讀女性星盤中某些相位結構的參考資料。多數情況下，
瓦倫斯似乎預設其描述適用於男性星盤，但在隨後的題外話中，瓦倫斯會說
在女性星盤也是如此，或提供稍經修改且可用於女性星盤的方法 [287]。修改
後的方法經常用於與關係和婚姻相關的議題上，認為男性星盤中的金星代表
婚姻，女性星盤中的火星則象徵婚姻伴侶 [288]。

　　最早的女性占星從業者，其證據可能出現在羅馬詩人尤維納利斯（約西
元一〇〇年）的諷刺詩中，他嘲笑占星家的女性客戶，到頭來，她們自己便
開始實踐這門學說：

　　務必也對那一類的人敬而遠之；你會看到她手裡揣著——好似一顆散發
　　著香味的琥珀般——一本翻舊了的星曆表。她不再尋求諮詢，而是自

個兒當起諮詢者了。如果斯拉蘇盧斯和他的計算結果要她待著，就算她的丈夫要前往營地或返家，她也不會跟著去。當她決定要走一英里時，便會從她的書中選定恰當的時辰[289]。

雖然這段話意在諷刺，但它可能指出了一個潛在的事實，即到了西元一世紀，一些經常向占星家諮詢的女性，尤其是上層階級的女性，最終對占星學有了足夠的瞭解而開始自行使用，甚至可能接受客戶諮詢。

我們所知第一位可能受過一些占星學訓練的女性，是哲學家亞歷山大城的希帕提亞（Hypatia），她生活在西元四世紀末和五世紀初[290]。她是數學家暨天文學家亞歷山大城的席恩（Theon of Alexandria）的女兒，席恩得名於撰寫評論托勒密的天文學著作《天文學大成》和《實用天文表》，他可能還撰寫了關於如何使用和建造天體觀測儀的早期作品[291]。伯納德（Bernard）指出，席恩所撰寫的評論，其受眾大多是需要幫助的占星家或占星學子，以理解如何使用托勒密的天文學著作來計算星盤，並且文獻顯示希帕提亞本人「至少受過一些占星學訓練」[292]。她和父親一樣，因熱衷天文學而聞名，顯然她曾經共同撰寫托勒密《天文學大成》的評論[293]。成年後，希帕提亞作為哲學和數學老師而享有聲譽，許多學生都非常敬重她。

不幸的是，在歷史上的這個時期，基督教和異教之間已經出現重大分歧，由於人們認為占星學與早期的異教文化有所關聯，許多基督徒對占星學也不那麼寬容了。西元四一五年，希帕提亞被基督教暴徒謀殺可能與這原因有關。謀殺動機不是太清楚，似乎是出於政治因素，不過後來從一位敵對的基督教人士得知，說她參與了涉及「魔法」與「天體觀測儀」的邪惡行為[294]。伯納德說，「亞歷山大城的一些基督徒相信（或被引導相信），她利用了在數學和占星學方面的能力（兩者在大眾眼中都與魔法有關）影響了奧瑞斯圖斯（Orestus），「一位政治人物，可能是希帕提亞的學生，她使他遠離了基督教信仰」[295]。這暗示了希帕提亞在天文學方面的背景與潛在的占星學知識，可能是讓暴徒集結起來反對她的一個藉口。

　　我們無法確定希帕提亞是否為一名執業占星家，甚至無法確定她對占星學的看法是什麼，因為她的作品幾乎無一存世。然而，我們可以說，既然她是一位對天文學感興趣並且受過相關訓練的人，那麼她很可能也受過一定程度的占星學訓練。這使她成為我們所知第一位接受過這種訓練、有名有姓的女性人物，雖然毫無疑問地，在她之前應該還有其他未在史冊上留名的女性占星家。

老底嘉城的尤利安（活躍於西元五〇〇年左右）

　　老底嘉城的尤利安（Julian of Laodicea）是一位占星家，根據他在四九七年進行的天文觀測，以及他在一部作品中使用的恆星經度，被認為他在西元五〇〇年左右的某個時期曾經相當活躍[296]。他著作中的某些章節已被編纂並發表於《希臘占星學目錄》中，而其餘章節仍然只能在手稿中找到[297]。迄今為止，尤利安出版的著作中有幾章是關於即時占星學，而在一篇重要的摘錄中，他引用了佩多西瑞斯的一些規則[298]。

小奧林匹奧多羅斯（西元六世紀中葉）

　　奧林匹奧多羅斯（Olympiodorus）是一位新柏拉圖主義哲學家，西元六世紀時在亞歷山大城的一所學院任教，現存大多數是他的講稿。他有時被稱為小奧林匹奧多羅斯（Olympiodorus the Younger，*Olumpiodōros ho Neōteros*），因為有一位年長的哲學家也叫奧林匹奧多羅斯，西元五世紀時也在亞歷山大城任教，通常被稱為老奧林匹奧多羅斯（Olympiodorus the Elder）。

　　有一篇對亞歷山大城的包路斯《緒論》的評論，一般認為是基於小奧

林匹奧多羅斯在西元五六四年五月至七月之間一系列的講課而來[299]。先前，據傳這篇評論是出自西元五世紀晚期的一位作者，名叫赫利奧多羅斯（He-liodorus），雖然現在普遍認為是小奧林匹奧多羅斯所寫，但它仍然可能包含一些來自赫利奧多羅斯的早期來源[300]。

小奧林匹奧多羅斯的評論很有幫助，因為它澄清了包路斯文本中的一些陳述，更讓我們得以瞥見希臘化傳統中最後階段的占星學[301]。

埃及的瑞托瑞爾斯（西元六或七世紀早期）

瑞托瑞爾斯（Rhetorius）是希臘化傳統中最後一位重要占星家。他在西元六或七世紀撰寫了一部收錄大量資料的《占星摘要》（Compendium，暫譯）[302]。他援引或引述了大量的早期來源，包括赫密士、都勒斯、阿努畢歐、瓦倫斯、托勒密、安提哥努斯等人的著作。

賓格瑞根據瑞托瑞爾斯著作中所收錄的一張西元六〇一年二月二十四日的星盤，將瑞托瑞爾斯的年代定為西元七世紀初，就在伊斯蘭帝國征服埃及之前[303]。然而，霍登質疑賓格瑞所定的年代，認為這個案例是一張隨意定出位置的假設星盤，而不是一張依據真實日期所起的本命星盤，因為在瑞托瑞爾斯文本的章節中，既沒有給出上升點的位置，也沒有提供任何關於命主人生的實際論述[304]。霍登指出，瑞托瑞爾斯《占星摘要》，其內文的多數例證都指向西元六世紀早期的年代，例如另外兩張誕生星盤的年代是在西元五世紀下半葉，或是就恆星位置可將其定在西元五〇四年左右。他說，當西元七世紀那張星盤的合理性受到質疑時，較早年代的就成了唯一站得住腳的結論。

雖然霍登似乎有更多的證據支持其論點——瑞托瑞爾斯生於西元六世紀，然而七世紀的那張星盤也不一定就是假設的，因此瑞托瑞爾斯的年代依

舊懸而未決。無論哪一論述為真，瑞托瑞爾斯仍是傳統中最後一位重要占星家，特別是因為小奧林匹奧多羅斯的文本只能算是評論，它並未像瑞托瑞爾斯那樣增加我們對晚期傳統的全面理解。

　　有關瑞托瑞爾斯反覆出現的一個問題是，與早期作者相比，在占星學的某些面向上，其運用方式存在著許多顯著差異。尚不清楚他是否只是更加公開地運用老早隱含於早期傳統中的方法，抑或這些差異代表了希臘化占星傳統於末期所發生的變化和創新。稍後我們將探討其中的差異，特別是有關相位學說的重建，以及獎賞與虐治的條件。

註　釋

1　大多數占星家更詳盡的生平和參考書目，見以下出處：Pingree, *Yavanajātaka*, vol. 2, pp. 419–451, Holden, *A History of Horoscopic Astrology*, pp. 11–102. *Dictionary of Scientific Biography*, ed. Gillispie. *New Dictionary of Scientific Biography,* ed. Koertge. *Brill's New Pauly,* ed. Cancik and Schneider. *The Encyclopedia of Ancient Natural Scientists,* ed. Keyser and Irby-Massie. Holden, *Biographical Dictionary of Western Astrologers. The Encyclopedia of Ancient History,* ed. Bagnall et al. *Handbook of Archaeoastronomy and Ethnoastronomy,* ed. Ruggles。我還會在我的網站 HellenisticAstrology.com，撰寫每位占星家更詳盡和最新的資訊。

2　見本書第二章第四節〈希臘占星學的出現〉中 Firmicus 和上述其他人的引用。

3　Fowden, *The Egyptian Hermes*, pp. 22–24; Jasnow and Zauzich, *Conversations in the House of Life*, pp. 31–37.

4　希羅時期赫密士‧崔斯墨圖作品的兩大經典研究是 Festugière, *La Révélation d'Hermès Trismégiste* 和 Fowden, *The Egyptian Hermes*。

5　Iamblichus, *On the Mysteries*, 1.2–2.3, trans. Clarke et al, p. 5.

6　哲學著作的標準文本考證版是 Hermès Trismégiste, *Corpus Hermeticum*, ed. Nock and Festugière。標準的英文譯本為 *Hermetica*, trans. Copenhaver。

7　Struck, "Hermetic writings"。Struck 於文中雖未提到斯多葛學派，但作為從其他出處（如 Denzey Lewis, *Introduction to Gnosticism*, p. 211）汲取而來的希臘哲學思想中尤為顯著的特徵之一，強調此點亦不無道理。

8　討論見：Copenhaver, *Hermetica*, p. xxxii–xl。

9　有關赫密士哲學文集的年代，見：Fowden, *The Egyptian Hermes*, p. 11。

10　Antiochus（CCAG 8, 3, p. 116: 3-12）引用作者 Timaeus 的說法，將哪些宮位為「有利」（*chrēmatistikos*）的相關特定學說歸屬於赫密士。Dorotheus（*Carmen*, 2, 20）在〈論行星所臨之宮位〉章節中的解讀引用自赫密士對該主題的陳述，這可能代表他後來的描述是摘錄自較早期的赫密士主義文本。Rhetorius 順帶提到，赫密士特意將第十二區位指定為與分娩有關（CCAG 8, 4, p. 131: 4–8）。另見下一條註釋 Thrasyllus 著作中的引文。

11　CCAG, 8, 3, p. 101: 16–30.

12　Valens, *Anthology*, 4, 27–29.

13　Paulus, *Introduction*, 23。Paulus 文本中的旁注和 Olympiodorus 的評論告訴我們此作品歸屬於 Hermes Trismegistus。相關旁注見：Paulus, *Introduction*, ed. Boer, p. 118: 24–26（scholia 48）。有關評論見：Olympiodorus, *Commentary*, ed. Boer, p. 51: 13–15。

14　關於地震的著作見：CCAG 7, pp. 167-171。幾部醫學相關的不同著作，尤其是 *Iatromathematika of Hermes Trismegistus to Ammon the Egyptian* edited in Ideler, *Physici et Medici Graeci Minores*, vol. 1, pp. 387–396。其他著作見：Pingree, *Yavanajātaka*, vol. 2, p. 430。

15　最新的文本考證版是 Feraboli（ed.）, *Hermetis Trismegisti de triginta sex decanis*。

16　Pingree, *Yavanajātaka*, vol. 2, pp. 431–433.

17　Pingree, *Yavanajātaka*, vol. 2, pp. 432.

18　Pingree（*Yavanajātaka*, vol. 2, p. 431）寫道，*Liber Hermetis* 的希臘原文文本很可能編纂於七世紀左右，我們所擁有的拉丁文譯本可能編纂於十二世紀或更晚。

19　Jasnow and Zauzich, *Conversations in the House of Life*, p. 37.

20　*Corpus Hermeticum* 的第二、六、九和十四冊是 Hermes 指導 Asclepius 的對話，而在第十六冊，Asclepius 則在寫給 King Ammon 一封信中扮演導師的角色。在另一部名為 *The Definitions of Hermes Trismegistus to Asclepius* 文本中，Hermes 同樣也被視為扮演指導 Asclepius 的角色。Mahé（*The Way of Hermes*, trans. Salaman et al, p. 101）認為這部文本的核心定義可能早於 *Corpus Hermeticum*，也許在西元一世紀已經以某種形式存在。近期發現的一部寫於西元前三世紀到西元四世紀之間的埃及世俗體宗教文本，描述一段托特與印和闐的對話，引發了關於某些赫密士主義文本是否可能與此埃及文體有關的問題。見：Jasnow and Zauzich, *Conversations in the House of Life*。

21　Firmicus, *Mathesis*, 4, proem: 5; CCAG, 8, 4, p. 95, translated in Neugebauer and van Hoesen, *Greek Horoscopes*, No. 137c, p. 42.

22　Firmicus, *Mathesis*, 5, 1: 36.

23　Firmicus, *Mathesis*, 5, 1: 36–38。書名討論，見：Tester, *A History*, p. 137。

24　CCAG 8, 3, p. 101: 3–9.

25   *Michigan Papyrus*, col. ix: 20–27（p. 149）; Valens, *Anthology*, 9, 3: 5.

26   Schmidt, *Kepler College Sourcebook*, p. 77.

27   有關 Thrasyllus，見：CCAG 8, 3, p. 100: 19–20。

28   標準版的殘稿合集收錄於 Riess, "Nechepsonis et Petosiridis fragmenta magica"。有關殘稿和例證的最新列表，見：Heilen, "Some metrical fragments from Nechepsos and Petosiris"（轉載自 Heilen, *Hadriani Genitura*, pp. 39-52）。

29   Valens, *Anthology*, 6, 1: 7–9。Firmicus 同樣稱 Nechepso 為埃及的皇帝（*Mathesis*, 4, 22: 2）。

30   Valens, *Anthology*, 7, 4: 1–3.

31   有關編纂者，見：Valens, *Anthology*, 2, 37: 37; 2, 41: 15（對比他與 Petosiris 的觀點）; 5, 6: 15, etc。

32   Ptolemy, *Tetrabiblos*, 3, 11: 1。有關將這種技法歸屬於 Nechepso 和 Petosiris 的描述，見：Pliny, *Natural History*, 7, 49: 160。

33   Heilen, "Some Metrical Fragments," p. 24. Valens, *Anthology*, 2, 3: 3.

34   Firmicus, *Mathesis*, 3, proem: 4ff.

35   *Corpus Hermeticum* 16.

36   Ryholt, "New Light on the Legendary King Nechepsos of Egypt."

37   Ryholt, "New Light," p. 69.

38   Ryholt, "New Light," p. 70.

39   Ryholt, "New Light," p. 62.

40   Heilen（"Some Metrical Fragments," p. 29）指出，現代將 Petosiris 稱為祭司的說法，這在以前是基於一些不確定的假設。然而，Petosiris 和 Petesis 之間的連結，似乎證實了 Petosiris 被視為某種賢者或祭司的觀點，尤其與 Manilius（*Astronomica*, 1: 40–65）提到最早發展占星學的古代國王和祭司的段落對照參看時，通常被解釋為指的是 Nechepso 和 Petosiris。

41   Heilen, *Hadriani Genitura*, pp. 48–50.

42   Firmicus, *Mathesis*, 4, 22: 2.

43   Firmicus, *Mathesis*, 3, proem: 4; 3, 1: 1–2.

44   見先前對 Ptolemy 和 Pliny 段落的引用。

45   Pingree, *Yavanajātaka*, vol. 2, p. 214.

46   CCAG 8, 3, p. 116: 11-12.

47   Valens, *Anthology*, 7, 6.

48   Valens, *Anthology*, 5, 4: 1f.

49   Valens, *Anthology*, 2, 3.

50   這些參考文獻的大部分內容，見：Heilen, "Some metrical fragments," pp. 31–34。

51   Hephaestio, *Apotelesmatika*, 2, 21: 26（Dorotheus）; 2, 18: 21（Antigonus）.

52　Heilen, "Anubio Reconsidered," p. 136ff.

53　Juvenal, *Satires*, 6: 580–581.

54　Pliny, *Natural History*, 2: 88.

55　*Thessalos von Tralles*, proem, ed. Friedrich。譯文見：Harland, "Journeys in Pursuit of Divine Wisdom", pp. 124-126。另見：Moyer, *Egypt and the Limits of Hellenism*, pp. 208-273 的討論。

56　Proclus, *Procli Diadochi in Platonis rem publicam*, ed. Kroll, vol. 2, p. 59: 3–60.

57　Heilen, "Some metrical fragments," pp. 23–24.

58　Cumont, *Astrology and Religion*, p. 76, Pingree, *From Astral Omens*, pp. 25–26.

59　Pliny, *Natural History*, 2, 6: 38; 5, 10: 55–56; 16, 34: 82。Hübner（"Timaeus"）出於類似原因，將他的年代追溯到西元前一世紀，而 Jones（"Timaios," p. 810）則採用了更廣泛的西元前七五年至西元七九年的範圍，將 Pliny 的死作為最後的時間點。

60　Antiochus, *Summary*, p. 116: 3–12; Anonymous of 379, *Fixed Stars*, p. 204: 22.

61　Valens, *Anthology*, 2, 32。基於某些術語的沿用，我懷疑第 33 章和第 34 章也是摘錄的。

62　CCAG 1, pp. 97-99。譯自：Schmidt, *Sages*, pp. 41–44。

63　哲學著作見：Timaios of Locri, *On the Nature of the World and the Soul*, trans. Tobin。據說定年於西元前一世紀晚期或西元一世紀是在第 5-7 頁達成的共識。

64　Porphyry, *Introduction*, 47。在一次私下溝通中，Levente László 說，這一章節可能是從 Rhetorius 5, 10 被複製到 Porphyry 的手稿原型，因此並不可信。

65　星座資料編纂於 CCAG, 7, pp. 192-213，行星資料編纂於 pp. 213-224。Holden 在經手的翻譯文獻中指出，這來自 Rhetorius，他藉由插入 Ptolemy 的資訊加以篡改，因此須謹慎使用（*Rhetorius the Egyptian*, p.165）。

66　Pingree, *Yavanajātaka*, p. 442。Neugebauer（*The Exact Sciences in Antiquity*, p. 189）拒絕了將 Teucer 定位埃及，而認為應是美索不達米亞，不過最近 Rochberg 似乎已採納埃及的說法，前提是美索不達米亞的巴比倫在西元一世紀時已是一座「大大萎縮的城市」了（Rochberg, "Teukros of Egyptian Babylon," p. 778）。Levente László 在私下的溝通中指出，Pingree 可能在他職涯晚期改變了主意，認為對行星的探討既非來自 Teucer 也非 Rhetorius，而是僅使用 Valens 的描述和其他出處（相關部分發表在 Appendix II in Valens, *Anthology*, ed. Pingree, pp. 390–392）。

67　Hübner, "Manilio e Teucro di Babilonia;" Hübner, *Manilius, Astronomica, Buch V*, pp. 16–20.

68　Rhetorius, *Compendium*, 10。在 CCAG 7, pp. 194-213 有關星座的描述中，可以找到 Rhetorius 取自 Teucer 的更多殘稿，不過 Levente László 私下指出該版本是一個混合文本，只有手稿 R 才是指 Rhetorius。

69　所有關於 Thrasyllus 留存的證詞和作品殘稿，全收錄（未翻譯）在 Tarrant, *Thrasyl-*

lan Platonism, pp. 215–249。

70 Tacitus, *Annals*, 6: 21.

71 Cassius Dio, *Roman History*, 55, 11: 1–3.

72 評判 Thrasyllus 傳說的重要文章是 Krappe, "Tiberius and Thrasyllus"，隨後是 Cramer（*Astrology in Roman Law*, p. 94）和其他人。Krappe 認為 Tacitus 版本的故事是虛構的，將其與 Cassius Dio 和 Seutonius（*Lives*, Tiberius: 14）提供的其他版本進行比較，他認為後者較為貼近事實。然而，很明顯地，Seutonius 似乎只是簡單地將兩個在 Cassius Dio 著作中不同事件的傳說混為一談，只需要瞭解到這一點，Tacitus 和 Dio 所提供的描述就沒有任何不一致之處。我比較贊同的另一篇描述，見：Oliver, "Thrasyllus in Tacitus（Ann. 6.21）"。

73 見：CCAG 2, p. 192–195 從 Zoroaster 的摘錄，trans. Schmidt, *Sages*, pp. 26–29。另見：Hephaestio, *Apotelesmatika*, 3, 27: 2-5。

74 Juvenal, *Satires*, 6: 573–579.

75 T11a in Tarrant, *Thrasyllan Platonism*，引用 Pseudo-Plutarch, *On Rivers*（*De Fluviis*）, 11, 4: 1-5。

76 T11b in Tarrant, *Thrasyllan Platonism*，引用 Pseudo-Plutarch, *On Rivers*（*De Fluviis*）, 16, 2: 1–10。

77 Tarrant, *Thrasyllan Platonism*, p. 7, n. 11.

78 "Thrasillus multarum artium scientiam professus." T1a in Tarrant, *Thrasyllan Platonism*, 引用一段寫於 Thrasyllus 的旁注（Juvenal, *Satires*, 6: 573–579）。

79 Tarrant, *Thrasyllan Platonism*, p. 8, n. 15，引用附錄 T8, pp. 219–20。

80 希臘文文本編纂於 CCAG 8, 3, pp. 99-101。在 Schmidt, *Sages*, pp. 57–60 及 Schmidt, *Definitions and Foundations*, pp. 341–347 有其翻譯。

81 Valens, *Anthology*, 9, 11: 10.

82 Porphyry, *Introduction*, 分別是第 24 章和 41 章。

83 Hephaestio, *Apotelesmatika*, 2, 11: 57 and 2, 23: 13.

84 Diogenes Laertius, *Lives of Eminent Philosophers*, 9: 45; 3: 56–61.

85 Tarrant, *Thrasyllan Platonism*.

86 Porphyry, *On the Life of Plotinus*, 20.

87 Cassius Dio, *Roman History*, 58: 27.

88 Tacitus, *Annals*, 6: 22.

89 Cichorius, "Der Astrologe Ti. Claudius Balbillus, Sohn des Thrasyllus." Cramer, *Astrology in Roman Law and Politics*, p. 95.

90 Tarrant, *Thrasyllan Platonism*, p. 10; Beck, "The Mysteries of Mithras," p. 127, n. 60.

91 Cramer 在 *Astrology in Roman Law*, p. 92ff 探討了家族血統的可能性。

92 Cramer, *Astrology in Roman Law and Politics*, p. 108.

93　Cramer, *Astrology in Roman Law and Politics*, pp. 113–114.

94　Seneca, *Natural Questions*, Book 4A, 2: 13, trans. Corcoran, p. 31。內文提到 Balbillus 的部分頗為幽默，Seneca 講述了一個奇怪的故事，來源似乎直接來自擔任埃及行政長官期間的 Balbillus，故事講述在尼羅河較大的河口之一，他親眼目睹了一群海豚和鱷魚之間的戰鬥。Cramer 指出，「這個故事讀起來好像是根據 Balbillus 的口述寫成的。」Cramer, *Astrology in Roman Law and Politics*, p. 127, n. 16。

95　編纂於 CCAG, 8, 3, pp. 103–4。譯文見：Schmidt, *Sages*, pp. 66–68。

96　CCAG 8, 4, pp. 235–238。譯文見：Schmidt, *Sages*, pp. 68–71。這兩張星盤更詳細的分析，見：Gansten, "Balbillus and the Method of *aphesis*"。

97　Neugebauer and van Hoesen, *Greek Horoscopes*, pp. 76–78.

98　Heilen, *Hadriani Genitura*, p. 214.

99　Beck, *The Religion of the Mithras Cult in the Roman Empire*, p. 51。他最初在 Beck, "The Mysteries of Mithras" 介紹了這個論點。

100　Brunet, "The Date of the First Balbillea at Ephesos."

101　對照拉丁文文本的標準譯本是洛布叢書版本：Manilius, *Astronomica*, trans. Goold。帶有重要校註的完整文本考證版，見：Manilius, *M. Manilii Astronomica*, ed. Goold。

102　關於 Manilius 所屬年代的詳細研究和討論，見：Volk, *Manilius and his Intellectual Background*, pp. 137ff。

103　Manilius, *Astronomica*, 2: 918–938。行星喜樂學說將在後續章節中進行更多討論，並引用曾提及這些配置的占星家。

104　Manilius, *Astronomica*, 4: 294–407.

105　Volk, *Manilius and His Intellectual Background*, p. 48f.

106　Pingree, "Review of Manilius, *Astronomica*," p. 263.

107　Schmidt, *Kepler College Sourcebook*, pp. 17–18.

108　Evans, *The History and Practice of Ancient Astronomy*, p. 124.

109　過去被認為是 Antiochus 的兩部獨立著作，不過 Schmidt 認為它們似乎是同一本著作的不同書名，這觀點可能是正確的。Schmidt, *Definitions and Foundations*, p. 21。先前的觀點見：Pingree, "Antiochus and Rhetorius"。

110　編纂於 CCAG 8, 3, pp. 111–119。以下簡稱 Antiochus, *Summary*。譯本見：Schmidt, *Definitions and Foundations*。

111　編纂於 CCAG 5, 4, pp. 187–228。以下簡稱 Porphyry, *Introduction*。Hephaestio 似乎在 *Apotelesmatika* 第一冊引用了 Porphyry 版本中取材自 Antiochus 的幾個定義，因此我未將他列為定義的主要出處。

112　Holden 在其譯著 Porphyry, *Introduction* 的腳註中指出，第 53、54 和 55 章被添入 Sahl, *Introduction* 的內文，但並未注意到第 17、18 和 19 章也出現添寫。有關 Sahl 相應章號的引用，見：Porphyry 詞條。

113　最初編纂於 CCAG 1, pp. 140-164。最近重新編纂並新增了手稿傳統：Caballero Sánchez and Bautista Ruiz, "Una paráfrasis"。Pingree 和 Heilen 即將出版的 Rhetorius 應會提供最終的定義版本。

114　Schmidt, *Definitions and Foundations*.

115　這一論點首先由 Cumont 在其文章 "Antiochus d'Athènes et Porphyre" 概述。文中，他將 Antiochus 的年代定在西元前一○○年至西元五○年之間的某段時期（第 144 頁）。在重建 Antiochus 著作的引言中，Schmidt 最初對 Cumont 的論點有些不屑一顧，後來又說 Antiochus 文本的某些相位學說確實具有「明顯的柏拉圖式學派」傾向。Schmidt, *Definitions and Foundations*, pp. 19–20。然而在隨書附贈的講座音檔中，Schmidt 對於占星家 Antiochus 與中期柏拉圖主義者 Antiochus 之間關聯的考量，抱持較為開放的態度。在引言的結尾，他說道：「我相信 Antiochus 是在希臘占星學的創始階段撰寫這部作品，那是在基督紀元之前的第二世紀末或第一世紀早期的某段時間，而這剛好會是 Antiochus of Ascalon 撰寫這樣一篇論文的時間，假如一個柏拉圖主義者願意屈尊做這樣事情的話」（1, *Introduction*, 13:06–13:30）。之後他總結道：「所以，我覺得這可能有點諷刺，或者至少帶有諷刺的可能性，我們確實有一部留存的作品，或部分留存的作品，作者是一位名叫 Antiochus of Ascalon 的中期柏拉圖主義者。你瞧！它很可能真是一部占星學著作啊」（1, *Introduction*, 14:41–15:04）。關於 Antiochus of Ascalon 的年代，見：Hatzimichali, "Antiochus' biography," esp. p. 28，提到 Antiochus 在西元前六九年十月還健在，但不久就去世了。

116　Pingree, "Antiochus and Rhetorius."

117　Hephaestio, *Apotelesmatika*, 2, 1: 5.

118　Antiochus of Ascalon 的證詞指南，見：Sedley, *The Philosophy of Antiochus*, pp. 334–46。

119　他最初在 Pingree, "Antiochus and Rhetorius" 概述其論點，後來在 "From Alexandria to Baghdad," p. 7 重申論點並縮小了範圍。

120　Hephaestio, *Apotelesmatika*, 2, 10: 9 & 29. Pingree, "From Alexandria," p. 7, fn. 35.

121　CCAG 5, 1, p. 205: 14.

122　Firmicus, *Mathesis*, 2, 29: 2.

123　Heilen, "The Emperor Hadrian," p. 58, fn. 51. 在 Heilen, *Hadriani Genitura*, pp. 23–27 有詳盡討論。

124　Pingree, "Antiochus and Rhetorius," p. 207, 然後在 "From Alexandria to Baghdad," pp. 7–8 延伸，再次評論。Holden 指出，Porphyry 與 Rhetorius 各自的某一章「幾乎完全相同」（Porphyry, *Introduction*, trans. Holden, p. 44, fn. 1）。Schmidt 在重建 Antiochus 原文文本時忽略了這點，在引言說道「Porphyry 確實有一些章節後來被植入 Rhetorius 著作中，但這些不涉及任何與 Antiochus *Summary* 相關的資料」

（*Definitions and Foundations*, pp. 22–3）。

125　CCAG 8, 3, p. 116: 3-12.

126　Pliny, *Natural History*, 2, 6: 38; 5, 10: 55–56; 16, 34: 82.

127　Firmicus, *Mathesis*, 4, proem: 5.

128　有關 Valens 對 Critodemus 風格的抱怨：*Anthology*, 3, 9: 1–6; 9, 1: 5–7。

129　Valens, *Anthology*, 3, 9: 3.

130　Hephaestio, *Apotelesmatika*, 2, 10: 41.

131　Pliny, *Natural History*, 7, 56: 193.

132　Valens, *Anthology*, 5, 7: 17ff. Riley, *A Survey of Vettius Valens*, p. 24.

133　Neugebauer and Van Hoesen, *Greek Horoscopes*, pp. 78–79 編號第 L37 號星盤。

134　Pingree, *Yavanajātaka*, vol. 2, p. 426.

135　Critodemus 的摘要編纂於 CCAG 8, 3, p. 102。譯文見：Schmidt, *Sages*, p. 49 與 Valens, *Anthology*, 4, 11–24 之對照。

136　Critodemus 提到小限法：Valens, *Anthology*, 3, 9: 4。Valens 在埃及學到小限法的進階技法：Valens, *Anthology*, 4, 11: 7。

137　Riley, *A Survey of Vettius Valens*, p. 9.

138　Firmicus, *Mathesis*, 4, proem: 5.

139　Valens, *Anthology*, 2, 30: 5–7.

140　Valens, *Anthology*, 4, 4: 1–2.

141　Firmicus, *Mathesis*, 4, 17: 5; 4, 18: 1.

142　Firmicus, *Mathesis*, 8, 3: 5.

143　在談到希臘化時期猶太人對占星學的興趣時，Charlesworth 說：「在西元前的最後兩個世紀，占星學思想、符號和信仰更深入地滲透到猶太文化的許多領域」，而且「到西元四世紀，在加利利（Galilee）的大量考古證據證明了猶太人被占星學圖像、星座和符號所吸引；黃道星座馬賽克明顯的象徵性及其重要用途，表明許多猶太人受到占星學的信仰影響。」Charlesworth, "Jewish Interest in Astrology," p. 948。

144　關於 Josephus 對 Abraham 的描繪，見：Reed, "Abraham as Chaldean Scientist and Father of the Jews"。

145　Valens, *Anthology*, 9, 4: 1–3.

146　Proclus, *Procli Diadochi in Platonis rem publicam*, ed. Kroll, vol. 2, p. 59: 3–6.

147　Porphyry, *Introduction*, 38; Hephaestio, *Apotelesmatika*, 2, 1: 2.

148　根據 Pliny（*Natural History*, 30: 2）的說法，Eudoxus 聲稱 Zoroaster 比 Plato 早六千年。在西元六世紀，John Lydus 似乎將 Zoroaster 列為早於 Petosiris，不過並不清楚這是因為 Petosiris 的文本引用了 Zoroaster，還是 Lydus 根據某些傳說認為 Zoroaster 一定比較早。見：John Lydus, *De Ostentis*, proem: 2。

149　Schmidt 在 Sages, pp. 23–29 翻譯了三篇簡短殘稿。這些編纂於 CCAG 8, 3, pp. 120–

22; CCAG 2, pp. 192-195; CCAG 5, 3, p. 87。Quack（"Les Mages Égyptianisés," p. 274）提到 Hübner（*Raum, Zeit*, pp. 228–35）指出，第三篇殘稿實際上來自 Theophilus of Edessa，強調了一些歸屬 Zoroaster 的殘稿中經常出現的託名問題。有關其他 Zoroaster 殘稿的標準合集，見：*Les Mages Hellénisés*, ed. Bidez and Cumont。上列多數殘稿的翻譯，見：*Zarathushtra* 及 *The Religion of Ancient Iran*, ed. Vasunia。對於多數占星學殘稿的一些重要批判性分析，見：Quack, "Les Mages Égyptianisés"。

150 *Les Mages Hellénisés*, ed. Bidez and Cumont, esp. pp. 56–84.

151 Pingree, *Yavanajātaka*, vol. 2, p. 445.

152 Beck, "Thus Spake Not Zarathustra."

153 Porphyry, *Life of Plotinus*, 16, trans. Edwards, *Neoplatonic Saints*, p. 29.

154 Quack, "Les Mages Égyptianisés."

155 Quack, "Les Mages Égyptianisés," p. 282.

156 Comont 在 CCAG 8, 4, p. 225 首次提出這個論點。

157 Pingree, *Yavanajātaka*, vol. 2, pp. 440–441.

158 Schmidt, Sages, p. 45。Serapio 作品的殘稿編纂於 CCAG 1, p. 99-102 和 CCAG 5, 1, pp. 179-180。譯文見：Schmidt, *Sages*, pp. 44-48。

159 CCAG 8, 4, p. 225-232。譯文見：Porphyry, *Introduction*, trans. Holden, pp. 59-73；或 Serapio, *Definitions*, trans. Gramaglia。某些定義的譯文，亦見：Schmidt, *Definitions and Foundations*。

160 正如 Pingree, *Yavanajātaka*, vol. 2, p. 441 所指出。

161 Hephaestio, *Apotelesmatika*, 2, 2: 11–18.

162 Rhetorius, *Compendium*, 82.

163 最初編纂於 CCAG 2, pp. 204-212。

164 CCAG 2, p. 159f.

165 最初以希臘文出版，由 Obbink 翻譯，"Anoubion, Elegiacs," pp. 67-109，後來在完整文本考證版 Anubio, *Carmen*, ed. Obbink 含有所有已知的殘稿。

166 Anubio, *Carmen*, ed. Obbink, pp. 23–37.

167 Obbink, "Anoubion, Elegiacs," p. 75; p. 80.

168 Heilen, "Anubio Reconsidered," esp. pp. 129–137.

169 Anubio, *Anoubion. Poème astrologique*, ed. Schubert.

170 Obbink 在 "Anoubion, Elegiacs," p. 68.

171 Pseudo-Clement of Rome, *Homilies*, 4, 6，編纂於 *Patrologia Graeca*, ed. Jacques-Paul Migne, vol. 2, 1857, p. 161 = T1 in Anubio, *Carmen*, ed. Obbink, p. 2。*Recognitions*（希臘文 *Homilies* 故事的另一版本），目前只有拉丁文譯本，Anubio 直到第十冊最後三分之一處才出現，在第 52、56-59 及 62-63 章被明確引用。拉丁文譯本，見：*Patrologia Graeca*, ed. Jacques-Paul Migne, vol. 1, pp. 1157-1474。

172　見：Pseudo-Clement, *Homilies*, 4, 6。Anubio 在故事的此處出場，在第六冊第 1 和第 26 章相同的故事情節又再次出現，最後一次被提及則是在第七冊第 9 章相同情節中。

173　他再次出現在 *Homilies*, 14, 11–12 的故事情節中。這本書很有趣，因內容涉及占星學的敘述和對該主題的討論，除了本書後半部分經常以 *genesis* 指稱占星學，該希臘文術語通常意指「本命星盤」而非「占星學」。在第 6 章，當某個角色提到某人誕生星盤的排列時，該術語顯然被用來表示「本命星盤」，而後在第 11 章和 12 章，它似乎具有更廣泛的含義，如「占星學」或「本命占星」。Anubio 最後一次作為重要人物是在第二十冊的第 11、14–17 和 20–21 章被提及。

174　Bremmer, "Foolish Egyptians: Apion and Anoubion in the Pseudo-Clementines."

175　Pingree, *Yavanajātaka*, vol. 2, p. 422.

176　Obbink, "Anoubion, Elegiacs", p. 61.

177　Obbink, "Anoubion, Elegiacs", p. 61.

178　Kelley, *Knowledge and Religious Authority*, p. 11.

179　Heilen, "Anubio Reconsidered," p. 139.

180　Heilen, "Anubio Reconsidered," p. 140.

181　Obbink, "Anoubion, Elegiacs", p. 60.

182　Pingree 的文本考證版和阿拉伯文譯本，見：Dorotheus, *Carmen*。另見 Benjamin Dykes 即將出版的譯著。

183　Pingree 指出，前四冊主要關注與 *oktatropos* 相關的主題（Dorotheus, *Carmen*, p. 439）。

184　Pingree 將 Dorotheus, *Carmen*, pp. 161–322 翻譯成英文。年代見：Pingree, *From Astral Omens*, p. 46。

185　Pingree, *From Astral Omens*, pp. 46–47 針對某部分進行討論。

186　Pingree 最初認為該星盤可溯及西元二八一年，並認為經波斯人添改，後來又被 Holden 似是而非地改為西元四四年，這顯然落在 Dorotheus 生活的年代範圍內。見：Holden, *A History*, p. 35, n. 83。在阿拉伯文文本中，星盤出現在 Dorotheus, *Carmen*, 3, 2。

187　Pingree, *From Astral Omens*, p. 46.

188　Dorotheus, *Carmen*, 1, 1: 1–5。參照 5, 1: 1–4。

189　Hephaestio, *Apotelesmatika*, 2, 21: 26; Dorotheus, *Carmen*, 2, 20.

190　Firmicus 提到 Dorotheus 與映點學說有關（*Mathesis*, 2, 29: 2）。Rhetorius 在 *Compendium* 中多次明確提到 Dorotheus 與十二分部（第 19 章）、幸運點配置與父母早逝的關聯（第 48 章）、生計點（Lot of Livelihood，第 57 章），以及傷害點（Lot of Injury，第 60 章）有關。

191　標準版為 Manetho, *Apotelesmatika*, ed. and trans. Lopilato。

192　Lopilato 指 Manetho, *Apotelesmatika*, p. 10–12。

193　Lopilato in Manetho, *Apotelesmatika*, p. 12。誕生星盤見：Manetho, *Apotelesmatika*, 6: 739–750。星盤日期見：Neugebauer 和 Van Hoesen, *Greek Horoscopes*, No. L80, p. 82。他們將其日期定為西元八〇年五月二十八日或二十七日，約日落後的兩個小時。

194　Hephaestio, *Apotelesmatika*, 2, 4: 27; 2, 11: 125.

195　Verbrugghe and Wickersham, *Berossos and Manetho*, p. 102。提及托勒密國王的部分見：Manetho, *Apotelesmatika*, 1: 1–15; 5: 1–11。

196　Lopilato in Manetho, *Apotelesmatika*, p. 417。參照 p. 8。

197　隨著希臘文版本的評論於一九二七年發表（Robbins, "A New Astrological Treatise: Michigan Papyrus No. 1"），同時宣布了該文本的發現。Robbins 後來又發行了希臘文附英文翻譯及延伸評論的修訂版，"Michigan Papyrus 149: Astrological Treatise," ed. Robbins。此版本被稱為 P. Mich. 149。我在本書中使用縮寫 *Michigan Papyrus* 時，所指的就是這個晚期版本。

198　Robbins, "A New Astrological Treatise," p. 1.

199　*Michigan Papyrus*, col. ix: 19–27.

200　譯本見：Ptolemy, *Ptolemy's Almagest*, trans. Toomer。

201　Ptolemy, *Ptolemy's Almagest*, trans. Toomer, p. 1。*Almagest* in Pedersen, *A Survey of the Almagest*, pp. 408–422 提到一份註明日期的實用觀測列表。

202　Hamilton, Swerdlow, and Toomer, "The Canobic Inscription."

203　Ptolemy, *Tetrabiblos*, ed. Hübner, pp. xxxvi–xxxix。Hübner 版本為標準的文本考證版。標準譯本為 Robbins 的洛布叢書版本，不過 Schmidt 後來根據比 Robbins 版本更具權威性的文本考證版，對第一、第三和第四冊進行了初步的翻譯。

204　CCAG 5, 1, p. 204: 9.

205　Hephaestio, *Apotelesmatika*, 1, proem: 4.

206　Ptolemy 可能建構了 *Tetrabiblos* 的某些部分，以回應早期對占星學持懷疑態度的批評，這在 Long, "Astrology: Arguments Pro and Contra" 進行了討論。就 Ptolemy 將亞里士多德學派的元素納入他的宇宙學而言，Feke 和 Jones 在 "Ptolemy" 中，對 Ptolemy 的哲學有非常卓越的研究。雖然他們將他的整體方法描述為折衷的「柏拉圖經驗主義者」，但他們說他「挪用了柏拉圖和亞里士多德的想法與考量，以及部分延伸自斯多葛學派的傳統（第 209 頁）。」在同一篇論文中，他們將 Ptolemy 的宇宙學描述為亞里士多德學派（第 203 頁）。Anthony Long 同樣將 Ptolemy 描述為折衷主義（eclectic），儘管他指出 Ptolemy 的知識論（epistemology）和經驗主義（empiricism）領域所顯現的亞里士多德傾向更為突出（Long, "Ptolemy on the Criterion," p. 163）。在其他論文，Alexander Jones 將 *Tetrabiblos* 描述為「Ptolemy 或多或少試圖將希臘占星學建立在亞里士多德學派的自然規律基礎上」（Jones 2012, "Ptolemy"）。

207　Campion, *A History of Western Astrology*, vol. 1, p. 208ff.

208　Cornelius, *The Moment of Astrology*.

209　Holden, *A History of Horoscopic Astrology*, p. 46.

210　近期有一些學者也注意到了這一點。在 "Theoretical and Practical Astrology," p. 246，Riley 討論了 Ptolemy 和其他占星家（如 Porphyry）之間的差異。Heilen 將現代人的看法——*Tetrabiblos* 為標準希臘（Greek）占星學傳統的代表——描述為「誤解」，並說這「在許多方面都是不正確的」。Heilen, "Ptolemy's Doctrine of the Terms," p. 77。

211　Holden, *A History*, p. 45.

212　案例出現於 Ptolemy 關於入廟和入旺位置的討論，他可能只強調了某些概念背後部分的基本原理，這將在稍後關於這些主題的章節中進行討論。其他案例中他對三分性主星和界的重要技法學說進行大幅調整或修改，這也將在後面討論。

213　原版於一五五九年出版：In *Claudii Ptolemaei quadripartitum*, ed. Wolf。近期，Caballero Sánchez 開始著手新版本的工作，在 "Historia del texto del Comentario anónimo al Tetrabiblos de Tolomeo" 中製定藍圖，其次是涵蓋第一冊部分評論的第一部分："El Comentario anónimo al Tetrabiblos de Tolomeo. Edición crítica y traducción castellana de los escolios metodológicos del libro I（in Ptol. Tetr. 1.1.1-1.3.1）"。

214　Caballero Sánchez, "Historia del texto del Comentario anónimo al Tetrabiblos de Tolomeo," pp. 78–9.

215　星盤見：Wolf, *In Claudii Ptolemaei*, p. 98 & 112。Neugebauer 和 Van Hoesen 在 "Astrological Papyri and Ostraca," p. 66 簡要提到了 Pingree 註明的年代日期。

216　西元一七五年的星盤出現在 Wolf, *In Claudii Ptolemaei* 第 112 頁。在文中第 114 頁提及其年代。

217　該釋義的希臘文文本沒有現代文本考證版。兩個印刷版本是 Melanchthon, *Procli Paraphrasis in quatuor Ptolemaei libros de siderum effectionibus*（希臘文文本）和 Allatios, *Procli Diadochi Paraphrasis in Ptolemaei libros IV*（希臘文文本附拉丁文翻譯）。

218　有關釋義的最近兩次討論，見：Heilen, "Ptolemy's Doctrine of the Terms and Its Reception," pp. 62–65，以及 Ptolemy, *Ptolemy's Tetrabiblos in the Translation of William of Moerbeke*, ed. Vuillemin-Diem and Steel, pp. 56–57。

219　Holden, *A History*, p. 85，這包括被廣泛使用的 Ashmand 譯本。

220　標準文本考證是 Valens, *Anthology*, ed. Pingree。其中第一至七冊有 Schmidt 的初步翻譯，此外還有 Riley 的完整版翻譯。

221　Valens 在 *Anthology*, 3, 13: 16 提到是為了他的學生寫書。有關 Marcus，見：Valens, *Anthology*, 7, 6: 230; 9, 1: 1。

222　Valens 引用出處的完整列表，見：Riley, *A Survey of Vettius Valens*, pp. 8–11。

223　Neugebauer, "The Chronology of Vettius Valens' Anthologiae"。參 照 Neugebauer and Van Hoesen, *Greek Horoscopes*, pp. 176–185。關於 Valens 的年表和選集各冊的撰寫年代的進一步研究成果，見：Riley, *A Survey of Vettius Valens*, 以及 Komorowska, *Vettius Valens of Antioch*。

224 Riley, *A Survey of Vettius Valens*.

225 Valens, *Anthology*, ed. Pingree, p. v.

226 Valens, *Anthology*, 4, 11: 1–10.

227 Valens, *Anthology*, 7, 6: 127–160。在 Beck, *Ancient Astrolgoy*, pp. 101-11 有所討論。

228 在 Rhetorius（CCAG 8, 1, p. 242: 15-17）引用了第四冊，即 T5 in Heilen, *Hadriani Genitura*。

229 所有與 Antigonus 有關的現存殘稿和證詞，Heilen 不久前發表於 *Hadriani Genitura*。Heilen 著作中 F1-6 的三張星盤案例，等同於 Hephaestio, *Apotelesmatika*, 2, 18: 21–76，不過 Heilen 透過整合 Pingree 的 Hephaestio 主要內文，完善了摘要 IV 的資料。Schmidt 取材自 Pingree 的 Hephaestio 正文，提供了這些描述的兩處譯文，首先是 Hephaestio 第二冊的譯文，再者是 *Definitions and Foundations*, pp. 349–369。這些是在 Neugebauer and Van Hoesen, *Greek Horoscopes* 第 L 40, L 76 以及 L 113 的天宮圖。

230 Hephaestio, *Apotelesmatika*, 2, 1: 8 = T3 in Heilen, *Hadriani Genitura*.

231 Heilen, "Antigonos of Nicaea," p. 464。更完整的解釋，見：Heilen, *Hadriani Genitura*, p. 27f。

232 Heilen, "The Emperor Hadrian in the Horoscopes of Antigonus of Nicaea."

233 CCAG 5, 1, p. 205: 14 = T2 in Heilen, *Hadriani Genitura*.

234 Porphyry, *Introduction*, 51 = F7 in Heilen, *Hadriani Genitura*.

235 Emilie Boer 和 Stefan Weinstock 編纂於 CCAG 5, 4, pp. 187–228。譯本見：Porphyry, *Introduction*, trans. Holden。

236 Porphyry, *Introduction* 的第 17、18 和 19 章，以及第 53、54 和 55 章是從 Sahl, *Introduction* 添寫而來。Porphyry 17 = Sahl 5.5; Porphyry 18 = Sahl 5.6; Porphyry 19 = Sahl 5.7; Porphyry 53 = Sahl 5.14; Porphyry 54 = Sahl 8–9; Porphyry 55 = Sahl 5.3。

237 Holden, *Biographical Dictionary*, p. 580, 引自 Valens, *Anthology*, 3, 2。

238 Porphyry 在 *Letter to Anebo* 討論了壽主星的占星學說，這一技法在 *Tetrabiblos* 的導論 *Introduction* 第 30 章有所概述。此外，他在文本 *To Gaurus on How Embryos are Ensouled*，引用了占星家的觀點：靈魂何時進入身體。Hephaestio 在 *Apotelesmatika*, 2, 10: 63, and 2, 18: 15 兩次提到他。*Tetrabiblos* 匿名評論的參考文獻，見：*In Claudii Ptolemaei quadripartitum*, ed. Wolf, p. 169。Porphyry 哲學著作中對占星學的其他參考文獻，見：Johnson, *Religion and Identity in Porphyry of Tyre*, pp. 112–121，其中也對《四書導論》第 159-164 頁進行很好的探討。

239 Porphyry, *Porphyry's Commentary on Ptolemy's Harmonics*, trans. Baker.

240 Firmicus, *Mathesis*, 7, 1, 1.

241　Porphyry, *Introduction*, 51.

242　Karamanolis, "Porphurios of Tyre," p. 688.

243　標準文本考證版仍是 Firmicus Maternus, *Iulii Firmici Materni Matheseos libri VIII*, ed. Kroll, Skutsch, and Ziegler，不過 Monat 於一九九二－九七年出版了更新的文本考證版。在翻譯方面，Bram 已於一九七五年出版標準版，但因其中時而省略或縮減一些描述資料，不久前已被 Holden 在二〇一一年出版的譯本所取代。

244　案例見：Firmicus, *Mathesis*, 1, 1: 7。

245　案例見：Anubio, *Carmen*, ed. Obbink, pp. 23–37 關於 Firmicus 第二冊和第六冊的描述資料與 Anubio 失傳作品的希臘文殘稿之間的相似之處。

246　Firmicus, *Mathesis*, 1, proem: 2–5.

247　Firmicus, *Mathesis*, 1, proem: 6–8.

248　譯本見：Firmicus, *The Error of the Pagan Religions*, trans. Forbes。

249　Firmicus, *The Error*, trans. Forbes, p. 9.

250　日蝕的參考文獻，見：Firmicus, *Mathesis*, 1, 4: 10。日蝕的日期，見：Firmicus, *The Error*, trans. Forbes, p. 4 或 Bram, *Mathesis*, p. 1。

251　Firmicus, *The Error*, trans. Forbes, p. 4.

252　Firmicus, *Mathesis*, 2, 29: 10–20.

253　最一開始被證實為 Albinus，是在 Mommsen, "Firmicus Maternus"。Neugebauer 後來根據 Firmicus 給出的行星位置計算其生時資訊，即西元三〇三年三月十四日晚上 9 點左右。見：Neugebauer, "The Horoscope of Ceionius Rufius Albinus"。T. D. Barnes 指出，早在二十多年前，德國占星家 Walter Koch（今日主要以發明柯赫制而聞名）也得出同樣的生時，Koch, "Ceionius Rufius Albinus"，見：Barnes, "Two Senators under Constantine," p. 41。在同一篇論文，Barnes 還正確地指出誕生星盤的日期可能是三月十四日或十五日。

254　Barnes, "Two Senators Under Constantine," p. 42。Barnes 的論文非常全面地概述了有關於鑑別這張星盤是 Ceionius Rufius Albinus 的細節和爭議。

255　Firmicus, *Mathesis*, 1, proem: 8.

256　斷定此年代的主要提倡者是 Lynn Thorndike，接著是 James Holden。Thorndike 最初在 Lynn Thorndike, "A Roman Astrologer as a Historical Source," p. 419, n. 2 概述其論點，後來在 *A History of Magic and Experimental Science*, vol. 1, p. 525ff 延伸其論述。Holden 的觀點，見：*A History of Horoscopic Astrology*, pp. 66–69，其中有他對自己的譯著 Firmicus, *Mathesis* pp. vi-viii 所作出的一些延伸性論述。

257　Mommsen, "Firmicus Maternus"。整個問題的詳細說明，見：Firmicus, *The Error*, trans. Forbes, pp. 3–5，還有 Barnes, "Two Senators Under Constantine"。

258　Firmicus 的轉變，見：Firmicus, *The Error*, trans. Forbes, pp. 7–8; p. 172, n. 197。通常被解釋為 Firmicus 唯一明確提及他改變宗教信仰的陳述，出現在 *The Error*, 8:4，

雖然並不十分明顯。

259 這是基於 Firmicus 影射了可能發生於西元三四六年或三四八年的波斯軍事失敗。見：Firmicus, *The Error*, trans. Forbes, p. 9。對於 Firmicus 的影射，見：*The Error*, 29: 3。Pingree 似乎同意這個年代，明確地將 *The Error* 的出版時間定在西元三四七年。見：Pingree, *Yavanajātaka*, vol. 2, p. 428。

260 Firmicus, *Mathesis*, 7, 1: 1。Pingree 認為此陳述可能表示 Firmicus 早年曾在 Porphyry 門下學習。Pingree, *Yavanajātaka*, vol. 2, p. 438。Holden 顯然同意這點，將此一假設作為他確定年代的理由之一。Holden, *A History of Horoscopic Astrology*, p. 66, n. 158。不過，此一假設——Firmicus 的陳述表示兩者之間存在師生關係——似乎有點牽強，因為 Firmicus 對「我們的 Porphyry」的稱呼可能有多種不同含義。例如，Firmicus 在 *Mathesis* 顯著的新柏拉圖主義傾向，可能使他將自己視為與 Porphyry 處於相同的哲學流派或出身背景的一部分，因此，「我們的 Porphyry」可能泛指與新柏拉圖主義者的親近之意；另一方面，考慮到 Porphyry 的某些占星學傾向，很可能只是將他認定為占星家，或至少是同理占星學的人。此外，在整本書中，他還使用相同語彙來指稱幾個不同的人。雖然他確實以此稱呼同時代的 Mavortius，但他有時也稱作「我們的 Fronto」（*Mathesis*, 2, pref: 2）和「我們的 Navigius」（*Mathesis*, 2, pref: 4）。倘若是 Bram 的誤植——將兩個名字認定為 Fonteius Capito 和 Nigidius Figulus——（Firmicus, *Mathesis*, trans. Bram, p. 305; pp. 323–4），兩位都在西元前一世紀活躍，並參與了占星學的實踐，這表示 Firmicus 使用術語 *noster* 時，並不一定意味著他與被提及的人物有直接關係。關於 Fonteius，見：Weinstock, "C. Fonteius Capito and the 'Libri Tagetici'"。

261 Firmicus, *The Error*, 13: 4, trans. Forbes, p. 72。Forbes 在第 26-27 頁簡要討論了 Firmicus 對 Porphyry 抱持的立場。

262 見：Porphyry, *Porphyry Against the Christians*, trans. Berchman。

263 希臘文文本，見：Paulus, *Pauli Alexandrini Elementa Apotelesmatica*, ed. Boer。目前有 Schmidt、Greenbaum 和 Holden 三種英文譯本。

264 Paulus, *Introduction*, 1.

265 Holden, *A History of Horoscopic Astrology*, p. 79.

266 Paulus, *Introduction*, ed. Boer, p. 41: 3-4.

267 Pingree, "Paul of Alexandria," p. 419.

268 Holden, "The Horoscope of Cronamon."

269 編纂於 CCAG, 5, 1, pp. 194-212。譯本 Anonymous of 379, *The Treatise on the Bright Fixed Stars*, trans. Schmidt。

270 CCAG 5, 1, p. 198: 3–6.

271 Bagnall, *Consuls of the Later Roman Empire*, pp. 292-3.

272 CCAG 5, 1, p. 204: 4–8.

273　CCAG 5, 1: 194, 199.

274　Pingree, *Yavanajātaka*, vol. 2, p. 438.

275　Anonymous of 379, *Fixed Stars*, trans. Schmidt, p. viii.

276　CCAG 5, 1: 204-205.

277　CCAG 5, 1, p. 198: 12-25.

278　Anonymous of 379, *Fixed Stars*, trans. Schmidt, pp. vii–viii; CCAG 5, 1: p. 169, n. 1; 194-195.

279　文本考證版見：*Maximus et Ammonis carminum de actionum auspiciis reliquiae*, ed. Ludwich。該文本尚未翻譯。

280　Hübner, "Maximus."

281　Jones（"Maximus," p. 536）指出，尚不清楚這是基於 *Suda* 的何許內容，而 Hübner（*op. cit.*）認為這種關聯「極不可能」。

282　標準文本考證版是 Hephaestio of Thebes, *Hephaestionis Thebani apotelesmaticorum libri tres*, ed. Pingree。第一、二冊由 Schmidt 翻譯成英文，而第三冊不久前由 Gramaglia 和 Dykes 翻譯。

283　Hephaestio, *Apotelesmatika*, 2, 2: 23, trans. Schmidt, p. 11.

284　Hephaestio, *Apotelesmatika*, 2, 1: 32–34.

285　Pingree, "Classical and Byzantine Astrology in Sassanian Persia," p. 229.

286　Pingree, *Yavanajātaka*, vol. 2, p. 429.

287　例如，Valens 在 *Anthology*, 4, 25: 17 說，流年小限法也可以應用於女性的星盤。

288　Valens, *Anthology*, 2, 38: 57。參照 Firmicus, *Mathesis*, 2, 14: 4.

289　Juvenal, *Satires*, 6: 573–578。大部分譯文取自 Juvenal, *The Satires*, trans. Rudd, p. 57，不過我將他對拉丁文術語 *ephemeridas* 的翻譯（他將其譯為「年曆」〔almanac〕）改為「星曆表」（ephemeris）。我還把他對拉丁詞彙 *numeris* 的翻譯——Thrasyllus 的「總計」（sums）改成了 Thrasyllus 的「計算結果」（calculations），這樣表達更清楚，並且與洛布叢書的翻譯一致。

290　關於她的生平和著作，見：Dzielska, *Hypatia of Alexandria*; Deakin, *Hypatia of Alexandria*。Valens 的 *Anthology* 某一冊，末尾有一行寫道，它是獻給或致予一位名叫 Daphne 的不知名人物（Valens, *Anthology*, ed. Pingree, p. 281: 19–20），但不清楚是指一位學生或是一位家庭成員。這也很奇怪，因為 Valens 在上一段文中，才以「致 Marcus」作為第七冊的結尾，這給人的印象是這本書實際上是獻給他的。

291　見：Bernard, "The Alexandrian School"，對 Theon 和 Hypatia 的著作及思想的精湛探討。Theon 的天體觀測儀著作，見：Neugebauer, *A History of Ancient Mathematical Astronomy*, p. 877f，不過 Bernard 在別處指出，Neugebauer 的論據（Theon 寫過一部天體觀測儀的論著）遭到一些學者的質疑，因為證據有些薄弱（Bernard, "Theon of Alexandria," pp. 793–4）。

292 Bernard, "The Alexandrian School," p. 435.

293 Bernard, "The Alexandrian School," p. 419.

294 該基督教來源見：John of Nikiu, *The Chronicle of John, Bishop of Nikiu*, trans. Charles, 84: 87-103.

295 Bernard, "The Alexandrian School," pp. 419–420.

296 Pingree, *Yavanajātaka*, vol. 2, p. 435.

297 有關他著作的完整列表及出處，見：Pingree, ibid.

298 CCAG, 1, p. 138。譯文見：Schmidt, *Sages*, p. 19.

299 此論點在 Westerink, "Ein astrologisches Kolleg aus dem Jahre 564" 首次定下。Pingree 在其著作 *Yavanajātaka* vol. 2, pp. 428-429 有關 Heliodorus 的詞條中，發現此論據很有說服力。

300 Pingree, "The Teaching of the Almagest in Late Antiquity," p. 86.

301 標準文本考證版是 Olympiodorus, *Heliodori, ut dicitur, In Paulum Alexandrinum commentarium*, ed. Boer。另有 Greenbaum 的英文譯本。

302 Rhetorius' *Compendium* 的架構，在 Pingree, "Antiochus and Rhetorius" 首次被確立。第 1-53 章編纂於 CCAG 1, pp. 140-64，第 54-98、104 及 113-17 章編纂於 CCAG 8, 4: pp. 115-224，其餘章節則收錄在 Pingree 和 Heilen 即將出版的 Rhetorius。英文譯本，見：Rhetorius the Egyptian, *Astrological Compendium*, trans. Holden。

303 Pingree, "Classical and Byzantine Astrology," p. 232.

304 Rhetorius, *Compendium*, trans. Holden, p. 158。Bezza 在 "L'astrologia greca dopo Tolemeo: Retorio," esp. p. 184 提出了類似的論點。

沒落與傳播

羅馬帝國與占星學的沒落

　　羅馬帝國在西元三世紀走向衰落，面臨越來越多的外部軍事威脅以及內部的政治動盪。羅馬帝國的衰落與希臘占星學實踐的沒落幾乎同時發生，這既是由於國家衰敗後失去學習和讀書識字的動力，也是因為基督教逐漸興起，導致知識、社會和宗教趨勢發生變化。從社會的角度來看，雖然《新約聖經》中出現了一些占星意象，例如賢士將伯利恆之星解讀為象徵耶穌誕生的故事，但在西元一世紀以後，主流基督教對占星學的敵意卻是日益趨增[1]。

　　主要的爭論點似乎來自於——許多占星家堅信，根據個人的誕生星盤，人生某程度已成定數，然而不同占星家對哪些事物已有命定則持不同看法。由於占星家將占星學與宿命論混為一談，這與基督教思想家的理念相抵觸，也是他們基於神學而試圖抵制占星學的緣由[2]。一世紀以後，一些基督教神學家和教會神父寫下了對占星學和命定論的尖銳論戰，因為這兩個主題被視作互為一體。四世紀的神父約翰一世（John Chrysostom）說道：「事實上，再沒有任何學說像命定論和占星學那般墮落，幾乎是無可救藥的瘋狂[3]。」雖然一些諾斯底基督教教派將占星學納入他們的信仰體系，但隨著正統基督教的定義變得更加明確，許多教派被邊緣化，終致淘汰[4]。

　　一個重要的轉折點出現在西元三一三年，當時君士坦丁大帝在羅馬帝國將基督教合法化，這最終對占星實踐產生了負面的影響。雖然幾個世紀以來，羅馬統治者出於政治考量，都曾經試圖禁止占星學而未果，但事實證明，不斷變化的神學氛圍更有效地抑制了一般民眾對占星學的接受度。赫格杜斯（Hegedus）解釋道：「基督教反對占星學的主要動機是相信占星學對基督教構成了重大威脅[5]。」

　　西元三五七年、四〇九年和四二五年頒布了更嚴格的法令禁止占星學的使用。起初要求占星家燒毀他們的書籍，否則將面臨流放，後來則一律驅逐出境[6]。隨後在六世紀查士丁尼大帝（Emperor Justinian）統治時期，一些占星家遭到極為嚴重的迫害。查士丁尼大帝試圖清除帝國內的異端邪說，

而占星學被視為首要目標之一。六世紀的歷史學家凱薩利亞的普羅科匹厄斯（Procopius of Caesarea）為我們提供了一段目擊者的陳述：

> 他們也惡毒地攻擊占星家。這就是為什麼負責盜竊案件的政府當局開始虐待他們；不然根本找不出其他理由。他們都是年邁且廣受尊敬的公民，沒有什麼罪名可指控，但就只因為想在這樣的地方成為占星專家，許多人的背部遭到鞭打，之後又用駱駝載著他們滿城遊行，令他們備感羞辱[7]。

歸根究柢，這是一種與希臘占星學最初出現並蓬勃發展大為不同的思想氛圍。雖然西元一世紀早期的羅馬皇帝偶爾也會出於政治原因而對占星學施加禁令，但這些禁令通常都是暫時性的，在遏止占星實踐的潮流上似乎並不十分奏效。事實證明，對占星學雙重施以政治和宗教禁令要有效許多。就某方面而言，當斯多葛主義在羅馬帝國居於主流時，占星家的命定論更受歡迎，如今卻成了累贅，被掃入歷史的廢墟中。

帝國本身的變遷也導致了占星學的沒落。四世紀，帝國從義大利奪走了權力的寶座，將首都從羅馬遷至君士坦丁堡（今土耳其伊斯坦堡）。到了四世紀末，羅馬帝國一分為二，形成了由君士坦丁堡統治的東羅馬帝國，以及由羅馬統治的西羅馬帝國；西羅馬帝國在此時走向了急遽的衰落。羅馬城在西元四一〇年被一支稱為西歌德人的日耳曼部族洗劫，末代西羅馬帝國皇帝羅穆盧斯·奧古斯都（Romulus Augustus）在四七六年被廢黜，西羅馬帝國自此成了昔日帝國的影子，以至歐洲中世紀時代的到來。根據歷史學家坎佩恩的說法：

> 顯然，由於學識的崩解，占星學在西歐幾乎消聲匿跡，尤其是希臘文的知識，因為日耳曼文化是以農村為中心而非城市，加上五、六世紀戰爭頻發、屢遭入侵，從不列顛到北非，羅馬文化逐漸式微，法國、義大利和西班牙亦受波及。羅馬文化的消逝在北部——英國——最為嚴重，地中海周邊則較為趨緩，但即使在義大利，也因為遭到軍隊掠奪的蹂躪

而付出巨大代價。外來的日耳曼部族有他們的陰曆月份、吉日、星辰知識和星宿故事，但天宮圖占星學有其文學基礎和數學的複雜性，並不屬於他們文化的一部分[8]。

與此同時，大約從五世紀開始，通稱拜占庭帝國的東羅馬帝國持續蓬勃發展，直到七世紀初，東羅馬帝國一直控制著埃及。這點至關重要，因為從一開始希臘占星實踐就是以埃及為中心。在幾個世紀內，這確實阻止了占星學在埃及的消亡，然而占星學的運用仍是每況愈下，最後可以說在拜占庭帝國的統治下成了地下活動。查士丁尼大帝於西元五二九年禁止教授「異教」哲學，從而關閉了雅典的哲學學院。

儘管如此，亞歷山大城的哲學學院似乎仍維持活動，但由於古典晚期的埃及人口大多數已改信基督教，因而規模甚小且有些孤立。西元五六四年的夏天，新柏拉圖主義哲學家小奧林匹奧多羅斯展開了一系列關於占星學的講談，對四世紀占星家亞歷山大城的包路斯的著作進行了評論。大約在同一時間，六世紀或七世紀初埃及占星家瑞托瑞爾斯彙編了關於希臘占星學的最後一部偉大著作。

直至七世紀，埃及都處於拜占庭帝國的掌控之下，因而能持續使用並理解希臘文，但在其統治末期卻發生了重大的政治動盪。首先，薩珊波斯帝國於西元六一九年入侵埃及，他們的軍隊佔領該國約十年之久。拜占庭帝國於西元六二九年重新控制埃及，隨後在六三九年被當時迅速擴張的伊斯蘭帝國軍隊入侵，並於六四二年佔領亞歷山大城，這標誌著自西元前三〇年屋大維吞併埃及起，羅馬對埃及長達七個世紀的統治已然結束。就此而言，不單是知識或神學潮流的轉變致使占星學的流行消退，而是一種新語言和神學的全新文化，此時正控制著希臘占星學的故鄉。無論出於何種意圖和目的，這都標誌著希臘化時期占星傳統的終結。

傳播至其他文化

　　早從西元二世紀起，希臘占星學的文本就陸續傳播到羅馬帝國以外的其他文化中，經翻譯及調整以適應當地的文化，然後因其他技法的引進而更加擴展。希臘占星學三個最重要的傳播鏈是印度、波斯，以及最終傳到中世紀的伊斯蘭帝國。

◎ 傳播至印度

　　西元前一世紀以後，羅馬帝國和印度之間的貿易增加，因為當時的水手們學會了如何利用季風航向，往返於埃及與印度西海岸之間[9]。希臘人和羅馬人成群到印度定居，其中一些人融入了當地居民的語言和習俗。正是在這種情境之下，一部關於希臘占星學的希臘文文本於西元二世紀左右流傳至印度，並翻譯成梵文。該文本名為《臾那星占書》，被認為對過去二千年印度占星傳統的發展，發揮了重要的作用。

　　開創此一領域研究的主要學者賓格瑞，在其博士論文中編輯、翻譯並撰寫對《臾那星占書》的評論[10]。其論文的主要目的是將《臾那星占書》所包含的占星學說，與來自希臘化傳統不同占星家的學說進行比較。賓格瑞認為，印度傳統的天宮圖占星學有許多技法主要源自希臘占星學，而《臾那星占書》則是這項傳播的主要來源[11]。這個論點透過《臾那星占書》乃是講述本命占星學的最古老印度文本而得到應證，該著作還構成了後來許多印度占星傳統的基礎。他認為其名稱 *Yavanajātaka* ——意思是「希臘人的天宮圖」（Horoscopy of the Greeks）——實際上是希臘文占星文本的梵文譯本，該文本可能寫於西元一世紀的埃及亞歷山大城，內文含括的大多數學說可以直接或間接地溯及西方的源頭。

　　根據賓格瑞的說法，《臾那星占書》的希臘原文文本是在西元一四九或一五〇年，由印度鄔闍衍那城（Ujjain）一位已經融入印度社會和宗教習俗，名叫亞瓦涅西瓦拉（Yavaneśvara）的希臘人翻譯成梵文[12]。之後，該

文本在西元二六九年或二七〇年，被另一位印度化的希臘人舒吉德哈法亞（Sphujidhvaja）改寫成一首教學詩，而正是這部詩化版的文本流傳至今。正如賓格瑞在其評論中透過比較其他梵文文本所作的證明，《臾那星占書》繼而影響了許多後來的印度占星家。

從埃及傳入印度的占星學與當地原已開發的本土占星學相結合，其中包括稱為 nakshatras 的二十七或二十八個白道星宿。此外，可能也有一些源自美索不達米亞的早期內容，早先存在於印度星象預兆的形式之中[13]。印度人後來將這種形式的占星學融合了當地文化，並在那裡蓬勃發展了近二千年，衍生出許多印度傳統中獨有的新發展和創新。

正如賓格瑞指出，印度占星學受到希臘化傳統影響最有力的證據是，印度早期傳統中的許多術語，甚至到今日，都是直接將希臘文術語音譯為梵文[14]。在希臘文中，這些詞彙具有一系列具體和抽象的意涵，但在梵文中，這些詞彙變成只是技術用語，除了占星學的用法，幾乎極少使用或不具任何意義。也就是說，這些大多數的梵文音譯術語僅作技術用途，而並無任何實質意義；但在希臘文中，這些術語與占星學以外的其他詞彙有著實際的語意連結，因而顯示了希臘語言是它們的源頭。例如，在《臾那星占書》中，始宮或尖軸區位的希臘文詞彙 kentron，在梵文中被音譯為 kendra；接續的希臘文術語 epanaphora，在梵文中變成 panaphara；衰落區位的希臘文術語 apoklima 則直接沿用 apoklima[15]。在其他例子中，月亮空虛的希臘文術語 kenodromia，在梵文中變成 kemadruma[16]。入相位的術語 sunaphe，成了 sunapha[17]。希臘文中的外觀（decans）或 dekanos 的黃道 10 度區段，則成了 drekanas[18]。

在絕大多數情況下，這些音譯的梵文術語所描述的占星概念，即使在實際技法應用上與相同概念的希臘占星應用不全然相同，但也非常相似。雖然，舒吉德哈法亞在編寫《臾那星占書》韻文版的時候，印度系統已經過許多技法性的修改和調整，但這種被過度在地化的早期印度占星傳統，就運用上，仍然與希臘化早期占星傳統十分相似。就結果而言，《臾那星占書》

可作為理解希臘占星實踐的有用參考，但須謹慎使用。

　　儘管有許多相似之處，《臾那星占書》所含括的學說，與希臘化時期文本中所記載的學說也存在明顯的差異。其中一些差異，純粹只是當地占星學的某些元素（如二十七星宿）與希臘化時期技法相結合所創造出的一些引人聯想、但未必等同原先傳入的傳統技法；而在其他情況下，某些差異可能來自《臾那星占書》的源文本在文字傳播過程中的錯誤或誤解所致。例如，賓格瑞展示了如何因為希臘原文手稿中少了一個數字，造成希臘化文本和印度文文本中入旺度數的差異——希臘化傳統中木星在巨蟹座「15」度入旺，而印度傳統中變成在巨蟹座「5」度入旺[19]。至於其他方面，例如相位學說，兩種傳統之間也存在重大差異，但是並不清楚致使這些差異的原因從何而來；也可能僅表示在《臾那星占書》傳入印度之前，該發展既已存在印度傳統之中。

　　賓格瑞的譯作《臾那星占書》，最近受到了一位名叫比爾‧麥克（Bill M. Mak）的學者批評，他質疑賓格瑞對於文本年代的依據，以及其他一些與其特徵相關的細節[20]。雖然麥克承認，向希臘文借詞一事即顯示希臘化傳統對印度傳統產生了一定的影響，但他也認為不應忽視印度本土的概念，諸如業力（karma）、阿育吠陀（Āyurveda）以及引用印度教神祇的程度，因為這意味著當現存文本被撰寫時，該傳統已歷經更為徹底和獨特的融合過程。他還反對賓格瑞對最後一章的解讀——將亞瓦涅西瓦拉和舒吉德哈法亞當作兩個不同的人。他認為《臾那星占書》代表一部由某人在西元一世紀到七世紀之間的某段時期編寫而成的原文文本，但不一定就是基於某部希臘文散文文本。儘管如此，他仍將《臾那星占書》描述為希臘和印度占星學說的融合之作，認同確實具有某種傳播之實，只是整個傳播的細節可能不像最初看起來的那麼清晰或完全，還有待更多的研究。

　　有趣的是，由於此一傳播，今日的印度占星學與希臘占星學的早期形式，要比現代西方占星學來得相似許多。究其原因，印度占星傳統在過去兩千多年裡一直較為連貫，從西元二世紀起就維持相對悠久且不曾間斷的傳

統，只有一些因納入其他傳統或發展新學說而造成的變化。另一方面，占星學在西方歷經過多次從一種語言到另一種語言，從一種文化到另一種文化的重要傳播，並且在十七到十九世紀的很長一段時間，占星學的運用基本上完全消失。每當西方占星學被傳播到另一語言或新文化的時候，都會發生某種程度的變化。因此，當恢復和復興希臘占星學實踐的同時，西方占星家也可以從印度傳統中獲益許多。

◎ 傳播至波斯

西元三世紀，波斯出現一個新帝國，歷史學家通常稱為薩珊王朝。波斯國王阿爾達希爾一世（Ardashīr I）和他的兒子沙布爾一世（Shāpūr I），自西元二二二年到二六七年接連執政。根據十世紀阿拉伯書目編纂者伊本・納丁（Ibn al-Nadīm）的說法，薩珊王朝大約在這個時候開始派遣使節前往印度、中國和羅馬收集科學文本[21]。正是此一時期，希臘化時期占星家都勒斯的著作，以及瓦倫斯部分的《占星選集》得以傳播。兩者後來都從希臘文被翻譯成中古波斯語的巴勒維文（Pahlavi）[22]。

都勒斯於西元一世紀左右所撰寫的第三冊，其留存的文本似乎被植入了一張西元三八一年的本命星盤[23]。根據納丁的說法，都勒斯的文本在波斯國王霍斯勞一世（Khusro Anūshirwān，西元五三一年至五七八年在位）統治期間進行了編輯或擴充[24]。賓格瑞認為，正是在六世紀這個時期所進行的文本修訂計畫，致使都勒斯和瓦倫斯的波斯文譯本出現了許多變更和插補[25]。

都勒斯、瓦倫斯和其他作者的文本構成了波斯占星學實踐的基礎，並且顯然地在薩珊王朝時期蓬勃發展，然而由於七世紀伊斯蘭帝國的掘起，文本遭到破壞，使得這一傳統鮮有存世。

◎ 傳播至伊斯蘭帝國

伊斯蘭曆始於西元六二二年。穆罕默德從麥加逃到麥地那，隨後在那裡

創建他在政治和宗教的權威。此後，伊斯蘭帝國開始迅速擴張，首先跨越阿拉伯半島，然後橫跨整個中東，最後在七世紀中葉，伊斯蘭帝國控制了東至印度北部、西至北非和伊比利亞半島大部分地區（現今的西班牙和葡萄牙）的廣大土地。

　　似乎直到八世紀中葉，占星學才開始在伊斯蘭帝國開枝散葉。這發生於阿拔斯王朝統治者登基之後，該王朝開啟了一段被稱為阿拔斯哈里發（Abbasid Caliphate）的伊斯蘭歷史時期。阿拔斯人對學習和學術非常開放，對占星學特別感興趣[26]。八世紀中葉時，他們希望將帝國首都從大馬士革遷至巴格達，於是召集了一群占星家，要求他們為新首都的建立選擇一個吉利的擇時星盤，然後依結果建都[27]。

　　巴格達於西元七六二年完竣後，成為了新的亞歷山大城，一項將來自其他文化的科學文本進行翻譯的計畫就此展開[28]。最早被翻譯成阿拉伯文的是占星文本[29]。都勒斯的文本兩次被翻譯成阿拉伯文，第一次是在西元七七五年左右，然後是八〇〇年左右，不過這兩次翻譯都是基於巴勒維文（中古波斯文）版本，而非希臘原文文本[30]。瓦倫斯《占星選集》的巴勒維文譯本，有部分在八世紀末或九世紀初被翻譯成阿拉伯文[31]。瑞托瑞爾斯的《占星摘要》可能也是在這個時期被翻譯成阿拉伯文，因為賓格瑞認為它是由西奧菲勒斯在西元七六五到七七〇年間取得，然後傳給他在巴格達阿拔斯宮廷的同事，即占星家馬謝阿拉[32]。

　　托勒密的《占星四書》也被翻譯成阿拉伯文，自八世紀和九世紀起，它成為一些評論和釋義的主題[33]。與此同時，來自波斯和印度的其他文本也被翻譯成阿拉伯文，因而促成了不同占星傳統的新一輪融合。於是，活動重鎮轉移至巴格達，多數占星文本的主要語言也從希臘文轉成阿拉伯文。

◎ 晚期的傳播與傳統

　　雖然占星學在八、九世紀伊斯蘭帝國的統治下興盛茁壯，但由於神學和

政治趨勢的變遷，自十世紀後，它在阿拉伯語世界盛行的程度似乎漸走下坡[34]；而拜占庭帝國歷經了長時間的沉寂，自十世紀至十一世紀以後，最終對占星學重新燃起了興趣[35]。在羅馬衰落之後的幾個世紀裡，大部分留存至今的希臘占星學希臘文文本都保存在君士坦丁堡和其他拜占庭的城市中，因為在那裡希臘文仍是通用語言。雖然有許多文本被抄寫和保存，此一時期的占星學說似乎並無太多創新；反而，有些主要的變化是來自拜占庭占星家和編纂者將中世紀阿拉伯占星學著作翻譯成希臘文的結果[36]。

十二世紀，第二次十字軍東征造成了意想不到的連帶效應。當北歐十字軍開始征服西班牙的穆斯林領土時，發現了龐大的阿拉伯科學文庫，因而將占星學重新引進歐洲。歐洲各地的學者開始湧向西班牙，將阿拉伯文文本翻譯成拉丁文。就是在此一時期，許多中世紀早期（八、九世紀）的阿拉伯文占星文本被轉譯；到了十二世紀末，中斷了幾個世紀的占星學知識和運用在歐洲得到全面的復甦。

此時重新引進歐洲的是八、九世紀間——融合早期希臘化、波斯和印度傳統元素——發展起來的占星學。這並非是希臘占星學本身的復甦，而是復興了後續漸進發展而來、經修改過的占星學。

占星學的復興，始於十二世紀以來科學和學術在歐洲全面復甦的背景之中。在此期間，歐洲建立了大學，並增設了占星學教授的席位。占星學大量地融入醫學，許多醫師具有占星學的背景，並將其作為診斷工具。十五世紀晚期印刷術發明之後，出版了許多十二世紀阿拉伯文占星文本的拉丁文譯本，並且得到更為廣泛的傳播。西元一四五三年君士坦丁堡被鄂圖曼帝國攻陷，許多學者逃離垂死的拜占庭帝國，使得許多過去不為人知的希臘文文本湧入歐洲，有助於占星學在文藝復興時期被廣泛地運用和接受，因為此一時期的部分特徵就是古典智慧的「重生」。一些希臘化占星文本（如托勒密和馬尼利亞斯）於此期間再度流通，但是，十五、十六世紀在歐洲實踐的占星學類型，大多是基於八世紀和十二世紀所發生的中世紀融合。

　　到了十七世紀，由於各種社會、政治和科學因素，占星學在歐洲的運用和認識開始衰退[37]。尤其是二世紀托勒密於天文學和占星學著作中所概述的宇宙學，突然被哥白尼、開普勒和伽利略等人接二連三的天文發現所推翻。占星學最後一次大繁榮發生在英國——威廉‧里利（William Lilly）和他同時代的人。里利於西元一六四七年出版了第一本英文占星學教科書[38]，但這並不足以阻止占星學的衰落。到了十七世紀末，該學科已是默默無聞，不再受到歡迎。

　　走過十八、十九世紀的低谷後，十九世紀末二十世紀初占星學在西方開始再次復甦。二十世紀上半葉見證了我們所知現代占星學的誕生。二十世紀初英格蘭的艾倫‧里奧（Alan Leo）等人在普及占星學和簡化占星技法方面都取得了成功，同時，由於他參與了神智學協會（Theosophical Society），使得占星學變得與蓬勃發展的新時代運動有關。從西元一九三〇年代起，丹‧魯迪海爾（Dane Rudhyar）等占星家努力在深度心理學和性格分析的背景下重新定義占星學的概念，這些方法大獲成功，在一九六〇年代至一九八〇年代廣受歡迎。此一時期，西方占星家主要關注在性格分析和心理內省，強調創新和創造力，導入了許多新的技法和星體，在某些情況下，甚至刻意拒絕一些從早期傳統流傳至今、少數僅存的技法和概念[39]。

希臘占星學的重現

　　現今占星學界中希臘占星學的重新發現和復興，導因於兩個各自獨立但彼此相關的因素。其一，是過去一個世紀中，由語言學家、古典學家和歷史學家在學術界所展開的研究；他們修復、編輯和出版了許多留存下來的古代占星傳統文本。其二，是近二三十年間於占星學界所展開的一項運動，旨在復興古代占星傳統的實踐。

◎ 學術界的復甦

> 大量的占星學手稿仍沉眠於圖書館中。
> ——布榭－雷克雷各（Bouché-Leclercq），寫於西元一八九九年[40]。

　　過去一個世紀裡，在學術界工作的學者們為希臘占星學的復興奠定了基礎，他們大部分的工作都專注在占星學的歷史調查。至少，就我們目前的研究而言，此一領域最重要的推手是一群十九世紀末的歐洲學者。他們擔負起收集和編目所有寫於希臘化、羅馬和拜占庭時期，留存下來的希臘文占星學手稿。這項計畫最初是由比利時學者庫蒙所主持，耗時五十多年才完成。這意味著需要在歐洲所有的主要圖書館中搜羅古文本和手稿；這些原著在一開始便已被抄寫複印，並保存了幾個世紀。該計畫最終彙編出版了一部名為《希臘占星學目錄》的十二冊綱要，更廣為人知的縮寫名稱是：CCAG[41]。

　　這部龐大的綱要在一八九八年至一九五三年間出版了十二冊，主要是一部目錄，羅列了歐洲各地圖書館館藏中所有現存的希臘文占星學手稿。《希臘占星學目錄》還收錄了在編纂過程中，從數百部文本延伸進而發現的許多摘錄和殘稿。當中每一段摘錄都由勤奮的語言學家仔細篩選、檢查和編輯，以編錄出許多自古代遺留而來，最為重要的希臘文占星文本考證版[42]。

　　編錄文本考證版是一段耗時的過程，包括收集所有留存的手稿和已出版的文本，然後比對手稿中傳統的差異和變化，最後重建原文手稿的原型，或是至少盡可能地接近原文手稿的樣貌。然而，這些文本考證版並非原文譯作，而是以文本本身的語言進行編輯和印刷，加上通常是以拉丁文撰寫編輯導論和腳註；拉丁文是任何研讀科學史或古典學的學者都應當熟悉的標準學術語言。因此，儘管自二十世紀初以來，大多數此一龐大的占星學史料綱要都已經出版，但在一整個世紀的大部分時間裡依然被忽略、不為占星學界所知，並且很大程度上未被使用，部分可歸因於以原始語言研究古文本所帶來的挑戰；若概而論之，也可以說是對古老形式的占星學興趣缺缺。

　　《希臘占星學目錄》計畫的展開，始於占星學甫從十七和十八世紀的沒落中復甦之際。在二十世紀占星學復興之前，它在西方只以流行的年曆形式保存下來，這一時期也少有嚴謹的占星文本。無論出於何種意圖和目的，占星學作為一門嚴肅的研究課題，因遭摒棄、聲譽掃地而幾乎消失。正是在這樣的文化環境下，《希臘占星學目錄》的編輯們著手編纂這部綱要。他們研究一套過時系統——古代運用占星學的人所抱持的宗教信仰、文化習俗、科學方法及其他關心的議題——的傳統和傳播，期望從中獲得啟發。一九一三年，歷史學家林恩‧桑代克（Lynn Thorndike）試圖向現代歷史學家證明占星文本與歷史的相關性，以及如何利用文本中的描述來闡明其文化。桑代克意在指出：

> 一篇占星學論文也可能為我們提供過去社會的圖像，從而為歷史內容作出貢獻。關鍵是，在試圖預測未來時，占星家實際是在描繪他們所處的文明世界。其範圍廣及人類生活的各個層面[43]。

　　然後，他試圖透過統計比較占星家費爾米庫斯著作中所有提到不同類型職業和狀態的參考資料，然後對西元四世紀羅馬帝國的生活進行分析[44]。庫蒙在一九三六年的作品《占星家的埃及》（L'Égypte des astrologues，The Egypt of the Astrologers，暫譯） 也積極地採用類似的方法，試圖根據占星家筆下的描述，勾勒出希臘化和羅馬時期中埃及社會環境的圖像[45]。

　　因此，在大多數情況下，這些學者對於文本本身實際的占星學內容並不感興趣，因為他們不認為這些文本內容具有任何實用價值，也不認為其技法具有任何真實性。布樹－雷克雷各在一八九九年出版的知名著作《希臘占星學》（L'Astrologie Grecque，Greek Astrology，暫譯） 序言中，非常簡潔地總結這種方法：「研究別人如何浪費時間的人不會浪費時間[46]。」

　　有時，占星文本的編輯和從事該領域的其他學者，甚至對文本中的占星學內容表示厭惡。有些情況是，他們似乎只是口頭敷衍學術界，在技法相關內容的文本研究中刻意聲明其厭惡，以便用某種方式與之保持距離，從而保

持自身在懷疑派同儕中的可信度[47]。對近代學者而言，儘管他們的研究目的依然與職業占星家大不相同，但似乎已不太需要去為他們研究古代神祕學或占卜實踐史的正當性作辯解。

一些學者也積極地為學術界的占星學研究作辯護。一個知名的例子是諾伊格鮑爾在一九五一年發表的一篇簡短但臭名昭著的論文〈可悲主題的研究〉（The Study of Wretched Subjects，暫譯）。他語帶諷刺地回應一位評論家，為參與彙編《希臘占星學目錄》的學者們所做的努力辯護：

> 他們努力從歐洲圖書館修復了無數可悲的占星學論文集，並且成功地讓我們瞭解到，在未蒙現代科技恩惠的時代，過去幾代人的日常生活、宗教和迷信、天文方法和宇宙觀[48]。

他最後總結道，這些學者的目標只是「拋開個人的興趣和偏見，恢復並研究文本的原貌[49]。」這是過去一個世紀裡，在學術界內從事恢復古代占星傳統文本的普遍哲學基礎。學者們出版了無數的占星學術文本考證版與著作，例如庫蒙、弗朗茨·鮑爾（Franz Boll）、豪斯曼（A. E. Housman）、羅賓斯、波爾（Emilie Boer）、斯特凡·溫斯托克（Stefan Weinstock）、諾伊格鮑爾、古爾德、賓格瑞、休伯納等人。總的來說，這些學者在重建古代占星學的歷史方面取得了長足的進展[50]。

有趣的是，這兩項各自進行的活動——學者對占星學歷史的研究，以及占星家對占星學實務運用的復興——幾乎同時發生，但是這兩項活動在二十世紀的大部分時間裡，似乎不曾有過交集，或者有任何較大程度的相互影響。在大多數情況下，占星界對學者們的辛勤活動，以及在理解占星學歷史與起源方面取得的巨大進展仍然不瞭解也不感興趣，而學術界亦很少關注到占星學在現代世界的實務運用，抑或向占星家諮詢以討論他們的發現。因此直到最近，占星界仍然對上個世紀占星學術的蓬勃發展，以及對其領域的歷史、理論及實務運用的重大影響一無所知。

◎古典占星的復興

二十世紀主要實踐的現代占星學——甚至是當今二十一世紀初被大多數西方占星家所實踐的——未必是過去幾個世紀以來線性發展並加以完善後才形成現今形式的占星學。這是圍繞現代占星實踐的偉大神話之一。更確切地說，現代西方占星學，主要由少數具有影響力的占星家繼承了一些占星傳統的殘稿，並依此為據所創建的一套新系統，接著又注入他們自己的信仰、倫理和理論推測。儘管能識別其中一些基本技法原理，但在許多方面，該系統與過去實踐的各種占星傳統，無論在技法、概念和哲學思想方面都大不相同。

對於一些從一九八〇年代開始調查和出版古老占星研究的西方占星家而言，現代和古代占星傳統之間的這種差異愈趨明顯[51]。在美國首開占星古籍考據之路的是羅伯特・左拉（Robert Zoller），他在一九八〇年出版了《失落的預測之鑰：占星學中的阿拉伯點》（*The Lost Key to Prediction: The Arabic Parts in Astrolog*，暫譯），該書主要奠基在他所閱讀的十三世紀占星家古德・波那提（Guido Bonatti）著作[52]。一九八二年，美國占星家協會（American Federation of Astrologers）出版了喬治・努南（George Noonan）的著作《古典科學占星》（*Classical Scientific Astrology*，暫譯），該書主要基於中世紀和文藝復興時期的技法。同年，占星家兼語言學家和占星歷史學家的詹姆斯・赫歇爾・霍登，在美國占星家協會《研究期刊》（*Journal of Research*，暫譯）第一卷第一期發表一篇名為〈古代宮位制〉（Ancient House Division，暫譯）的論文。在這篇論文中，通曉希臘文和拉丁文的霍登是近代第一位占星家，指出在希臘化傳統中最初的宮位制是整宮制，或他稱為「星座－宮位」的系統[53]。近十年後，霍登出版阿布阿里・哈亞特（*Abū ’Ali al-Khayyāt*）《論本命》（*Book of Nativities*，暫譯）的英文譯本，這是一部九世紀阿拉伯占星傳統的文本，在中世紀被翻譯成拉丁文[54]。在英國，傳統占星的復興始於對問事占星學的實踐重燃興趣，以及重新發現和再版了最古老的英文占星手冊，即威廉・里利在十七世紀中葉的著作《基督教占星學》（*Christian Astrology*）[55]。

在美國，一九九二年，一群占星家在華盛頓特區舉行的「聯合占星大會」（United Astrology Conference），制定並開始了一項古代占星文本翻譯計畫。該翻譯項目後來稱為「後見之明計畫」（Project Hindsight），主要由羅伯特‧史密特、羅伯特‧漢德和羅伯特‧左拉主持。三人開始翻譯希臘文和拉丁文文本，並以訂閱方式出售給占星家。史密特主攻希臘文文本翻譯，左拉專注於拉丁文文本翻譯，漢德則對這兩部分進行編輯並貢獻建議。在一九九〇年代中期「後見之明計畫」的早期階段，占星界格外振奮，這項計畫完全由占星界透過文本翻譯、研討會收入及捐贈來募得資金。

一九九三年至一九九八年期間，產出了大約三十二部希臘化和中世紀時期，希臘文和拉丁文占星文本的精要譯本。第一部出版的希臘化文本是亞歷山大城的包路斯《緒論》譯本。接下來的幾年裡，其他占星家諸如維第斯‧瓦倫斯、克勞狄烏斯‧托勒密、匿名者379、底比斯的赫菲斯提歐和埃及的瑞托瑞爾斯等人的譯本也陸續出版。然而，這些只是初步的譯著，因為當中的許多概念和技法，依現代的觀點來看都是非常陌生的。一旦譯者對這些主題有了更好的理解，便在最終版本中進行編修，然後發行。每一部文本的譯者和編輯都為其撰寫導論，並在腳註中提出評論，記錄下他們在每一部譯本製作過程中，因隨著對該主題的深入理解而發展的見解。

不幸的是，「後見之明計畫」在一九九〇年代夭折了。由於創作理念不合，左拉於一九九四年退出該計畫，並自行投身於中世紀文本的翻譯。漢德和史密特則繼續了幾年頗有成效的合作，但在一九九六／七年，漢德也退出該計畫，轉而成立「占星學歷史文獻檢索檔案」（Archive for the Retrieval of Historic Astrological Texts〔ARHAT〕），並出版了希臘化和中世紀時期占星文本的譯著。雖然，「後見之明計畫」在史密特的主持下繼續進行，但他只能專注在希臘文的文獻；漢德退出後，史密特的產出大幅減緩。一九九九年，史密特出版阿布‧馬謝《論太陽回歸》（*On Solar Revolutions*，暫譯）專著的部分希臘文翻譯，二〇〇一年則發行了瓦倫斯《占星選集》第七冊的初步翻譯。與此同時，漢德委託多里安‧吉澤勒‧格林鮑姆（Dorian Gieseler Greenbaum）重新翻譯包路斯的《緒論》以及小奧林匹

奧多羅斯的《評論》（*Commentary*，暫譯），她在二〇〇一年完成並透過「占星學歷史文獻檢索檔案」出版該書。

　　二〇〇一年五月，「後見之明計畫」的一名夥伴艾倫‧懷特（Alan White）在西雅圖的西北占星大會（Northwest Astrological Conference）就希臘占星學發表即興演說，引起了極大的回響，最終促使該學科被納入開普勒占星學院——一所新設的占星學研究學院——的課程。二〇〇一年至二〇〇二年冬天，占星家迪米特拉‧喬治參加懷特和史密特的面授課程，繼而開設了希臘占星學這門課程。她於二〇〇二年開始在開普勒教授該課程，使用的是史密特準備的希臘化文本翻譯源文書。於是，幾個世紀以來，占星家首度能以一些留存最悠久的古文本作為基礎，研習希臘占星學。筆者是二〇〇四年底有幸參加該課程的學生之一；到了二〇〇五年夏天，我搬到馬里蘭州，在「後見之明計畫」學習了兩年。

　　二〇〇九年，史密特出版了他所規劃的三十冊希臘化文本最終翻譯系列的第一冊，其中包括失傳的安提阿古斯定義書的所有殘稿，以及他試圖重建文本背後的原始學說。在那之後，便未再出版該翻譯系列的後續冊數。與此同時，占星家暨歷史學家詹姆斯‧霍登自一九五〇年代以來一直致力於翻譯一系列希臘文和拉丁文的占星文本，在他二〇一三年逝世之前的十年裡，這些文本經由美國占星家協會出版。該系列包括瑞托瑞爾斯、波菲、塞拉皮奧、包路斯和費爾米庫斯的著作譯本。二〇一〇年，一位名叫馬克‧萊利的古典學者出乎意料地在網路上發布了瓦倫斯《占星選集》的完整譯本——全文首次被譯為英文。近期的二〇一三年，愛德華多‧格拉馬利亞和班傑明‧戴克翻譯了赫菲斯提歐《結果》第三冊，其中包含一些關於即時占星學的最早期資料。這些譯本因學術界多年來對其他占星文本的早期翻譯而得到了補充，例如羅賓斯在一九四〇年翻譯的托勒密，布拉姆（Bram），在一九七五年翻譯的費爾米庫斯，賓格瑞在一九七六年翻譯的都勒斯阿拉伯文版本，以及古爾德在一九七七年翻譯的馬尼利亞斯。

　　此外，雖然本書主要著眼英文世界中的發展，但應當留意的是，近幾十

年來其他語言亦在進行重要的研究和翻譯，尤其是義大利的占星家和學者，諸如朱塞佩·貝扎（Giuseppe Bezza）和他的一些同事。在此僅列舉他的幾部著作，如：貝扎於一九九〇年發表一部關於托勒密的評論，在一九九五年出版希臘化和中世紀時期的作品選集，名為《宇宙真理》（*Arcana Mundi*，暫譯），以及在二〇〇〇年出版亞歷山大城的包路斯的譯著。

　　由於上述的努力，占星家們才能再度以現代語言研讀希臘化占星傳統中大多數最重要的文本。這使我們能夠盡可能全面地復興和重建西方占星學最古老的學說，並且在過去十年中，使希臘占星學再度為現代占星家所運用。

註　釋

1　基督教對占星學的態度，見：Hegedus, *Early Christianity and Ancient Astrology*, and Denzey Lewis, *Cosmology and Fate*。有關基督徒在西元前四個世紀裡是如何看待伯利恆之星的議題，在 Denzey, "A New Star on the Horizon" 亦有不錯的探討。

2　Hegedus, *Early Christianity and Ancient Astrology* , p. 23; 113-115 有所討論。

3　引自 Barton, *Ancient Astrology*，p. 77，轉引自 John Chrysostom, *On Fate and Providence*，編纂於 Migne, *Patrologia Graeca*, 50.756, 58–757, 8。

4　有關被稱為「Peratics」的諾斯底基督教教派的討論，該教派將一些占星學主題納入他們的神學，見：DeConick, "From the Bowels of Hell to Draco: The Mysteries of the Peratics"。

5　Hegedus, *Early Christianity and Ancient Astrology*, p. 23.

6　Tester, *A History*, p. 95。三五七年的法令，見：Sandwell, "Outlawing 'Magic' or Outlawing 'Religion'? ," p. 114ff。

7　Prokopios, *The Secret History*, 11: 37, trans. Kaldellis, p. 55.

8　Campion, *A History of Western Astrology*, vol. 1, p. 287-288.

9　關於羅馬／埃及與印度之間貿易的討論，見：McLaughlin, *Rome and the Distant East*, p. 23–60，以及 Young, *Rome's Eastern Trade*, p. 27–32。

10　Pingree 於西元一九七八年出版了他對 *Yavanajātaka* 的文本考證版，共兩卷。第一卷包含梵文原文、校註和簡介；第二卷包含英文翻譯以及他的評論。見：Pingree, *Yavanajātaka*。

11　概述見：Pingree, *From Astral Omens*, pp. 31–38。

12　Pingree, *Yavanajātaka*. , vol. 1, pp. 3–5; Pingree, *From Astral Omens*, p. 34.

13　Pingree, *From Astral Omens*, pp. 31–33.

14　該論點的簡明摘要，見：Pingree, *From Astral Omens to Astrology*, pp. 34–35。有關印度文本中所用術語及其希臘文詞彙來源的更詳盡探討，見：Pingree's extensive commentary in *Yavanajātaka*, vol. 2, pp. 195–415。

15　Pingree, *Yavanajātaka*, 1: 53.

16　Pingree, *Yavanajātaka*, 10: 2.

17　Pingree, *Yavanajātaka*, 10: 1.

18　Pingree, *Yavanajātaka*, 3: 1.

19　Pingree, *Yavanajātaka*, vol. 2, pp. 220–221。Pingree 認為這可能也是太陽入旺的情況，根據 *Yavanajātaka*，太陽在白羊座 10 度入旺，而不是希臘化傳統的白羊座 19 度。

20　Mak, "The Date and Nature of Sphujidhvaja's *Yavanajātaka* reconsidered" 和 Mak, "The Last Chapter of Sphujidhvaja's *Yavanajātaka* critically edited with notes."

21　Dodge, *The Fihrist of al-Nadim*, p. 575.

22　Pingree, "Classical and Byzantine Astrology;" Pingree, *From Astral Omens*, p. 47.

23　Dorotheus, *Carmen*, 3, 1: 27–65.

24　Dodge, *The Fihrist of al-Nadim*, p. 575; Pingree, *From Astral Omens*, p. 50.

25　Pingree, *From Astral Omens*, p. 49.

26　在 Gutas, *Greek Thought, Arabic Culture*, pp. 108–110 中有所討論。

27　Holden, *A History of Horoscopic Astrology*, pp. 103–4; Gutas, *Greek Thought, Arabic Culture*, p. 33.

28　詳細討論見：Gutas, *Greek Thought, Arabic Culture*。

29　Pingree, *From Astral Omens*, p. 41.

30　Pingree, "Māshā'allāh's (?) Arabic Translation of Dorotheus."

31　King, "A Hellenistic Astrological Table," p. 667.

32　Pingree, "From Alexandria to Baghdād to Byzantium."

33　Saliba, *A History of Arabic Astronomy*, p. 67; Heilen, "Ptolemy's Doctrine of the Terms," p. 68.

34　Saliba 指出，在伊斯蘭世界中，「自十世紀宗教文本開始標準化和編纂成法典時，就系統性地對占星學展開宗教攻擊。」Saliba, *A History of Arabic Astronomy*, p. 56。這一時期也見證了阿拔斯王朝權力的衰落。

35　西元七七五年左右也可能有過短暫的復興，原因是 Stephanus（西奧菲勒斯的學生）從巴格達遷至君士坦丁堡，並帶來許多文本（Pingree, *From Astral Omens*, pp. 64–65）；不過 Pingree 對 Stephanus 身分的說法始終存疑。見：Papathanassiou, "Stephanus of Athens"，以及 Papathanassiou, "Stephanos of Alexandria"。關於十世紀起拜占庭帝國對占星學興趣的復甦，見：Pingree, *From Astral Omens*, p. 66ff。

36　關於一些阿拉伯文文本譯本的討論，見：Pingree, *From Astral Omens*, pp. 63–77; Burnett, “Astrological Translations in Byzantium”。拜占庭帝國占星學的概略探討，見：Magdalino, *L'Orthodoxie des astrologues*。

37　在 Rutkin 一書的 Astrology 章節中，對近代早期占星學的沒落進行了出色的研究，其中包括許多有關該主題文獻的引文。

38　Campion, *A History*, vol. 2, p. 151.

39　十二世紀至現代更詳細的占星學歷史論述，見：Campion, *A History of Western Astrology*, vol. 2，以及 Holden, *A History of Horoscopic Astrology*, pp. 134ff。

40　Bouché-Leclercq, *L'Astrologie grecque,* trans. Lester Ness, pp. vii–viii: “Quantité de manuscrits astrologiques dorment encore dans les bibliothèques.”

41　*Catalogus Codicum Astrologorum Graecorum*, ed. Cumont et al.

42　CCAG 十二卷付梓後，Frederick Cramer 在一九五四年發表的評論中對其進行了出色的概述。同年，他的傑作 *Astrology in Roman Law and Politics* 出版，而遺憾的是，也在同一年，他英年早逝。見：Cramer, “Review of Catalogus Codicum Astrologorum Graecorum”。

43　Thorndike, “A Roman Astrologer as a Historical Source,” p. 416.

44　Thorndike 指出這種方法可能有問題，因為並不總是清楚作者是否確實根據一般占星學原理作出調整並應用在身處的社會狀態，抑或只是簡要重述更早期作者所言，而未必能夠代表作者寫作時的文化背景。他認為這需要根據內部證據逐案判斷，才能對 Firmicus 並非「純粹的抄襲者」得出結論。鑑於我們目前對 Firmicus 在許多文獻描述中直接引述早期作者的理解程度，與 Thorndike 對 Firmicus 的看法有些出入，令人不禁懷疑該報告的統計結果，有多大程度仍是正確的。

45　見：Cumont, *L'Égypte des astrologues*。

46　Bouché-Leclercq, *L'Astrologie grecque*, p. ix: “On voudra bien ne pas prendre pour un paradoxe ma conclusion: à savoir, qu'on ne perd pas son temps en recherchant à quoi d'autres ont perdu le leur”。我使用了 Lester Ness 即將出版的 *L'Astrologie grecque* 英文譯本中對此文的翻譯。

47　對於有時出現在此類學術著作中，更極端抨擊占星學／占星師（第一種）的顯著例子，見：Bouché-Leclercq, *L'Astrologie grecque*。Bouché-Leclercq 似乎想像自己既是喜劇演員又是學者，在他對技法概念的評論中加入一些俏皮的諷刺，例如在討論入旺基礎理論的陳述：「人類理性不在於高度（希臘文：*hupsōma*）！」（*L'Astrologie grecque*, p. 192, n. 1, trans. Ness）。Swerdlow 親切地稱 *L'Astrologie grecque* 為「有史以來最有趣的占星學書籍」（*Ancient Astronomy and Celestial Divination*, ed. Swerdlow, p. 13）。有關學術文本應是討論占星術在古代如何被使用，但卻傾向貶低占星術的近期例子，見：Beck, *A Brief History of Ancient Astrology*。一位 Beck 著作的評論家 Katharina Volk 指出，Beck 所言時而「帶點防衛性」，這似乎有些輕描淡寫，

儘管與 Bouché-Leclercq 相比可能並非如此。見：Volk, "Review of *A Brief History of Ancient Astrology* by Roger Beck"。Daryn Lehoux 在其評論中更直言不諱：「如果 Beck 不要時時提醒我們，他認為占星學是愚蠢的，這其實是一本非常出色的書。」見：Lehoux, "Review of *A Brief History of Ancient Astrology* by Roger Beck"。

48　Neugebauer, "The Study of Wretched Subjects," p. 111.

49　Ibid.

50　其中一些作者的著作，見本書末尾的參考書目。

51　有關這一運動之近期歷史的部分概述，見：Campion, "The Traditional Revival in Modern Astrology: A Preliminary History"。

52　Zoller, *The Lost Key to Prediction: The Arabic Parts in Astrology*。在隨後的印刷版本中，該書更名為 *The Arabic Parts in Astrology: A Lost Key to Prediction*。

53　Holden, "Ancient House Division."

54　Abū 'Ali al-Khayyāt, *The Judgement of Nativities*, trans. Holden.

55　在 Campion, "The Traditional Revival" 及 Geoffrey Cornelius 於二〇〇五年重印版 Appleby, *Horary Astrology* 中有所討論。

希臘占星學
的哲學議題

　　希臘占星學是在各家哲學與宗教學派百花齊放、非常多元的時期興起和運用。關於不同學派與占星學的相互影響、或將其納入方法等各種面向的完整論述遠超出本書範圍[1]，因此我將著重在介紹希羅時期與占星家相關的特定哲學議題和爭論，因為當中許多議題至今仍與占星家息息相關。在探討命定和因果議題之前，我將從占卜的本質談起。

占星學、占卜與徵兆

　　在早期美索不達米亞傳統中，占星學的概念源自一種占卜的形式。事實上，占星學只是古代世界裡眾多的占卜方式之一。就廣義而言，占卜是對自然現象的解讀，藉以傳達與過去、現在或未來事件相關且具有象徵意義的信息。它通常被理解為試圖透過分析詢問當下特定物體的隨機排列，以探究來自神的諭示，尤其是預測未來[2]。

　　在此背景之下，美索不達米亞占星家最初似乎認為行星和星辰能夠從眾神那裡向人類傳達事件即將發生的訊息，但這些行星和星辰未必是導致這些事件的肇因。正如時鐘能夠指示此刻是早上九點，但它不是造成早上九點的原因或理由；對於行星也是類似的想法，認為能夠預示未來事件，而未必是這些事件發生的原因。如同羅契柏格在探討美索不達米亞傳統中的占星預兆時所作的解釋：

> 對於現象（x）和預測事件（y）之間的關係引起了諸多討論，一般認為這並非因果關係，而更像是簡單的關聯或先後順序的相關性。因此，預兆的陳述應作此解：不是 x 導致了 y，而是若 x，則（也可預期）y[3]。

　　美索不達米亞的觀點——認為星象可以作為未來事件的徵兆——最終流傳到希臘化傳統。在這一時期引入的新技法呈現爆炸式的增長，使得解讀愈趨複雜，但一般性原則仍大抵相同：天文排列被解讀為在一個人的生

命中具有象徵意義。例如，星盤中的上中天或第十宮與一個人的職業和聲譽有關，因為它與天空中最高和最明顯的部位重合；與之相反的第四宮則代表一個人的家、居住情況和私人生活，因為第四宮與星盤中地面下方的部分重合，從觀察者的角度來看，是宇宙中最隱蔽的地方。因此，星盤中最明顯或顯眼的部分象徵性地與命主的公眾生活相關，而星盤中最隱蔽的部分則與一個人的私領域有關。這或許可從希臘化文本中舉個具體的例子：瑞托瑞爾斯告訴我們，當個人星盤的婚姻象徵星之一隱藏在太陽光束下時，命主的婚姻將會祕密進行[4]。如此，由於星盤中代表婚姻的行星在命主出生時被遮蔽，無法用肉眼看到，就象徵意義而言，代表命主的婚姻中有些事情被遮蔽或隱藏。這種符號推理是希臘占星學當中許多解讀技法的核心，故而這套系統有部分代表了一種特別複雜的占卜方式[5]。

占卜的起源

　　希臘化時期似已成形的占星學占卜方式，其部分的概念前提是，某一事件開始之時的行星排列將描述該事件的本質與未來。隨著本命占星學和誕生星盤觀念的導入，此一概念早在西元前五世紀的美索不達米亞傳統中發展起來，但在希臘化傳統中，它被擴展到即時占星學分支底下、許多其他類型的開端。

　　用來指稱這種占星學的術語是 *katarchē*，意思是「啟動」、「開始」或「開端」。在不同文本中，對即時占星學的基本前提都是：如果知道某事開始的時刻，即可預測其結果。在相同概念下，我們還發現占星文本中經常使用的另一個極為重要的術語：*apotelesma*，意思是「結局」、「結果」或「完成」[6]。占星家有時會使用此一術語來指稱某一占星預兆的預測結果，無論是指個人誕生星盤的配置，或是開始星盤的指示。此術語變得如此緊密連結占星學，以至於一些占星家，如曼內托、托勒密和赫菲斯提歐，將他們的占星學著作命名為 *Apotelesmatika*，意思是「探詢結果」。

　　綜上所述，這兩個術語揭示了占星學運用中隱含的一個重要基本原則：在某一事件開始（*katarchē*）之時的宇宙排列，與其結果（*apotelesma*）相連結[7]。雖然這兩個術語間的聯繫在即時占星學的範疇中最為明確，但托勒密曾將個人的出生稱為 *katarchē*，這意味著即便是出生的時刻也被視為是一種開端[8]。

　　如此，隱含在早期美索不達米亞占星預兆傳統中「若 x，則 y」的公式，成了希臘占星學在運用上基本概念的前提：任何事物都可以透過檢視最初的象徵性時刻來加以研究。因此，部分的希臘占星學發展成一種占卜形式，無論占星家想研究什麼，都可以從象徵性開始的那一刻，從宇宙排列中獲得預兆。

因果占星學

　　在希臘化時期的某個時候，出現了一種新的占星學概念，有些占星家開始將行星視為未來事件直接或間接的肇因。儘管難以確認這一發展背後的歷史，但我們知道這種概念在西元二世紀占星家克勞狄烏斯·托勒密的著作中達到了最為完善並具影響力的形式。

　　在托勒密的著作中，行星被視為能夠影響地球上的事件和人類，因為它們被視為能夠在月下界（sublunar realm）產生不同的元素力量，即亞里士多德的四大質料：熱、冷、乾、濕[9]。正是透過這些普遍質料的影響，讓所有行星的個體意義最終顯化於世[10]。舉例來說，在月下界，火星施展的力量呈現出極熱極乾的性質，被認為會對人類產生特定的影響，例如憤怒或魯莽，尤其當火星在本命星盤中具有顯著影響力的時候。

　　另一個例子是，土星的力量被概念化為極度的冷和乾，因而與遲緩和抑鬱的性質有關。在任一情況中，與每顆行星相關的特定含義，都是行星對環

境及命主氣質（temperament）的連帶影響。例如，倘若某人出生於火星在天空中最顯著的時刻，托勒密可能會說，此人的氣質受到火星炙熱的影響，其性情傾向具有攻擊性或浮躁。倘若土星在後來的人生中被流運引動，由於土星極度寒冷的影響，他們可能會經歷一段健康不佳或抑鬱的時期。

　　在托勒密的模型中，占星學本質上是一種物理學的延伸，因為它涉及研究行星為個人生活帶來的效力或影響，在術語 apotelesma 的語境中，具有源自行星的占星「效應」之意，而非僅是暗示「結果」。在此，托勒密的目的之一，似乎是將占星學重新定義為一門自然科學而非一種占卜形式，從而根據他那個時代的科學觀點，將其置於更為穩固的基礎之上。有證據顯示，托勒密的部分著作是為了回應西塞羅等早期懷疑論者對占星學具體批判所寫的，因此，托勒密的部分計畫也許是想藉由提出更為自然的觀點來呈現占星學，以此反駁其中的一些批評 [11]。

　　目前尚不清楚托勒密在多大程度上是創新，或是從已用這種方式將占星學概念化的早期傳統中引用而來。托勒密如何解釋某些占星學說的基本原理，以及一些早期占星家如何解釋相同學說，從我們得以比較的某些案例中發現，就基本概念而言，他傾向強調自然主義的理性，而忽略或淡化其他更為象徵性的原理。例如，托勒密在解釋區間學說時，將行星區分為日間和夜間，這是由每顆行星涉及的熱或濕的質料而定 [12]。

　　然而，根據波菲在《四書導論》中的描述，將行星分配到不同區間的基本原理與一事實有關，即日間行星不常在太陽光束下，而夜間行星卻更常不見蹤跡或被太陽光束所遮蔽 [13]。此外，托勒密在解釋分配行星入旺星座的基本原理時，主要援引黃道星座相應之各季節不同程度的熱和濕 [14]，但同樣地，在波菲的《四書導論》中，行星入旺星座的分配主要基於較為象徵性的論據，即每顆日間行星的入旺星座皆與其入廟星座有三分相位，而每顆夜間行星的入旺星座皆與其入廟星座有六分相位 [15]。正如我們所見，這些技法在形成初期，其象徵性和自然的基本原理都可能被同時納入考量，但托勒密在其著作中卻選擇強調自然的解釋。

在希臘的哲學傳統中，西元前四世紀的亞里士多德制定了天體影響力的基本理論，他概述了一個宇宙模型，將行星天球（planetary sphere）的轉動視為地球上所有運動或變化的最初來源[16]。在接下來的幾個世紀，這一學說似乎被後來的哲學家加以闡述，尤其是亞里士多德的追隨者，稱為逍遙學派（Peripatetics）。名為《論宇宙》（De Mundo，On the Cosmos，暫譯）的偽亞里士多德論文，似乎代表了西元前三世紀至前一世紀逍遙學派的某一階段，在此期間，亞里士多德所闡述的關於天球將其變化傳遞至月下界的觀點，變成了行星具有能力指揮、調節和影響地球事物的、更為具體的學說[17]。

到了西元一世紀，有些作者似乎已經開始將某些熱和濕的質料與行星連結。例如，西元一世紀中葉的老普林尼堅持某些行星是熱的、冷的或介於兩者之間。他提到「土星具有寒冷和冰凍的特質」，而火星「由於靠近太陽」具有「熾熱的光芒」。木星「位於兩者之間，綜合其影響而變得健康[18]」。同樣在西元一世紀，西頓的都勒斯在描述火星和土星的綜合質料時，似乎融合了象徵性和自然主義的概念：

> 當土星與好戰的火星會合時，使其性格（否則很易怒）較為溫和。因為確實，衝動的火星一向激烈而迅捷，因其火熱特性，顯得未經思索而冒然行事；相反的，土星雖然緩慢，但當兩者會合時，凡人（此時出生的人）將介於兩者之間，因此是最佳狀態[19]。

這些行星屬熱或屬冷的引述早於托勒密一個世紀，證明了托勒密的模型並非原創，然而，他的確比他的一些前輩更深入地將占星學的因果或自然主義概念化了。這一點很重要，因為學術界一直傾向將托勒密的觀點視為希臘化傳統的主流代表，尤其是與其他占星家如維第斯·瓦倫斯或西頓的都勒斯相比時。因此，托勒密的概念——天體因果關係——通常被視為希羅時期占星學的典範或權威[20]。大衛·賓格瑞甚至認為行星因果關係的想法，是希臘化和早期美索不達米亞占星傳統之間主要區別的要素：

> 這類占星學仰賴的概念是，行星永恆圍繞著地球轉動，將其運動（變

化）傳遞至月下界的四大元素，以及有生命和無生命的元素組合。此一理論與天體預兆完全不同，在天體預兆理論中，星宿和行星是神靈以物質顯現，透過星象傳達祂們對國王和國家的意向[21]。

由此可知，賓格瑞的「占星學」定義取決於天體因果關係，他寧可將美索不達米亞傳統稱作「天體預兆」的研究，而不是真正的「占星學」[22]。他甚至曾經指責另一位學者，沒有像他在評論他們的書那樣辨識出這種區別：

在占星學的章節，未見丁點對於哲學（和「科學」）需作區別的意識。星體占卜——眾神透過預兆揭示祂們的意圖，至少有部分是希望人類藉由犧牲、儀式和祈禱來向祂們贖罪，以取悅眾神來改變其心意；占星學——由希臘人在西元前一〇〇年左右發明，其概念是一種從天體運動的複雜機制及其對月下界之自然影響的純機械性作用，而人類無法干預此一過程[23]。

然而，賓格瑞的觀點存在兩個問題。首先，占星學的徵兆概念並未隨著西元前一世紀美索不達米亞傳統的結束而立即消失。事實上，有證據顯示它一直延續到希臘化傳統中。例如，在西元一世紀，羅馬哲學家塞內卡承認占星學的兩種概念，同時從斯多葛學派的角度對其實用性作出簡短的批評：

它們（星體）若非驅動、就是顯示宇宙中發生的一切。如果每件事都是因它們而起，那麼僅僅熟悉一個不可改變的過程又有什麼幫助？如果它們是指向事件的指針，那麼提前意識到你無法逃避的事情又能有什麼不同？無論你是否提前知曉，事情終究都會發生[24]。

這裡提及兩種不同的概念，意味著在西元一世紀中葉存在關於占星學基礎機制的爭論。不同占星家所使用的技法系統，就本質上是相同的，但是，他們對於系統為何運作或如何運作有不同的看法。因此，縱然天體因果關係的概念確實代表了希臘化傳統中一項獨特的發展，但沒有理由將占星學的定義偏限在因果的觀點。

　　賓格瑞的占星學定義存在的第二個問題是，儘管托勒密的占星學，其因果概念在西元二世紀中葉《占星四書》出版後確實成為主流觀點，但關於徵兆與因果的爭論，在占星圈內與圈外仍舊持續了幾個世紀。這場爭論最著名的例子出現在西元三世紀哲學家普羅提諾的著作中，特別是他的《論命運》（*On Fate*，暫譯）以及《論星體是否為肇因》（*On Whether the Stars are Causes*，暫譯）[25]。《論命運》普遍被認為是新柏拉圖主義創始人普羅提諾所寫的激烈論述，旨在反對占星學的因果概念化。他並未否認占星學的效力，而是反對行星引發事件而非單純揭示事件的觀點。他曾在占星學和鳥卦學（透過觀察鳥類飛行來占卜）之間作了比喻：

　　我們不得不說，星體的運動是為了維持宇宙運作，但同時也提供另一項效勞；就是那些懂得如何閱讀這類天書的人，可以像閱覽文字一樣讀懂它們，從其運行模式中解讀未來，系統性地運用類比去發現它們意味著什麼——例如，有人說，當鳥飛得高時，象徵著崇高的英雄事蹟[26]。

　　普羅提諾對占星學的因果概念嗤之以鼻，因為行星導致預測事件發生的想法，等於是說鳥類本身會導致預測事件的發生：

　　但是如果，觀察星體位置就能宣稱發生在某人身上的事情，然後依此為據，認為這些事情是由星體引起，那麼占卜者在預言時所看到的一切亦是如此，鳥類也會是他們所暗示的肇因[27]。

　　普羅提諾之所以認為有必要在其著作中至少兩次直接提及這個議題，或許顯示了托勒密所（重新）論述的占星學自然主義，在他去世之後的一個世紀裡依然享有盛譽的程度。然而，即使在普羅提諾之後，這個議題並未獲得解決，有證據顯示，在他的時代之後，這類爭論仍未消停。在四世紀，一位名叫撒路斯提烏斯（Sallustius）的作家，針對占星學的因果概念之於占星家聲稱能夠預測的非合理性作了簡短的評論：

　　天宮圖中顯示先祖生辰的吉凶，正表明星辰並非萬事萬物的肇因，而只

是一些預示罷了。發生在出生那一刻之前的事件，怎可能起因於那一刻間天體的會合[28]？

他的總體觀點是，由於誕生星盤應能描述出生前發生的一些情況，例如父母的社會地位，所以將這些事情歸因於誕生那一刻的行星所致並不合理，它們只不過象徵了一些事件。之後，西元五世紀占星家底比斯的赫菲斯提歐，在其教科書中開宗明義地提出占星學的兩種不同概念：

> 亞他那修（Athanasios）最優秀的朋友們，我們的目標如是，願上帝允諾，使這本手冊的闡述淺顯易懂；它包含一些評論和一篇文章，內容講述古人所說的星辰之事，即星辰以其彼此或是與地球的相對位置，無論是象徵性的還是因果的，甚至以其他某種形式，環繞並轉動月下界的一切[29]。

最終，在中世紀傳統中，占星學的因果概念成為了主流觀點，然而其他的運用方法，諸如問世占星學，則依然更加明確地根植於徵兆的基礎之上且繼續活躍。有趣的是，坎佩恩等一些學者認為，托勒密的因果概念使占星學得以在中世紀復興之後的幾個世紀裡存續，因為這使占星學成為了一門自然科學，而非一種占卜形式，進而免遭一定程度的宗教壓迫[30]。

命定的研究

除了對占星學背後的機制意見相左，占星家對於我們的生活以及世界上的事件有多大程度是注定或命定的，也持不同看法。

在發展出複雜的數學天文學之前，占星學最初是在美索不達米亞傳統中發展起來的。也就是說，在天文事件與地球上的事件存在相關性的占星學基本前提之下，當時的天文學在很大程度上僅限肉眼可以直接觀察的現象。

可觀測的天文現象包括日月蝕、月球周圍的光暈以及彗星等。對占星學的關注最終驅策了更為複雜形式的天文學發展，因而發現大多數的行星周期是固定的、既定的，並且可被預測的。這種從幾乎沒有預測能力的觀測天文學，轉變到能夠預測遙遠過去和未來行星位置的數學天文學，可能也促使對行星和恆星運行的觀點有了改變，從變化無常和不確定性，轉而更加命定論。美索不達米亞的最初概念是天體及其運動與地球上的事件具有某種的關聯或相關性，這個想法依舊是占星學的核心假說，但是認知到這些天體運動呈現固定規律且沿著既定路徑行進，自然也會使人們認為與之相關的地上之事，可能也是注定的。

　　斯多葛主義在古代世界成為主要的哲學學派後不久，希臘占星學於焉興起。斯多葛學派於西元前三〇〇年左右由季蒂昂的芝諾（Zeno of Citium）所創立，並最終在西元前最後幾個世紀和西元一至二世紀間成為主流，這恰巧與希臘占星學運用的高峰期重疊。斯多葛主義的基本原則之一是世界上發生的每一件事都是依從神的旨意、順應天意安排的結果[31]。斯多葛學派將「命定」（*heimarmenē*）定義為一種理性原則，它對宇宙中發生的所有事件依次排序並連結，以確保一切事件的發生都有其原因[32]。出於神聖的理由，一切都被視為預先注定的，斯多葛學派的理想是無論好壞都接受自己個人的命運，並將所有事件視為具有相同的基本價值。

　　斯多葛主義在希臘化時期的盛行，為理解占星學在同時期的希羅世界中何以人氣攀升提供了重要的文化背景。在天文模型愈趨精確，而本命占星學在西元前五世紀被發明後日益風行之際，很重要的是，有個主要的哲學學派提倡一切早已注定的想法，人們能做的就是接受並擁抱他們的命運。西元一世紀老普林尼曾說：「沒有人不渴望瞭解自己的命運（*futura*），或者不相信最真實的描述是透過觀察天空而獲得[33]。」同樣地，在西元二世紀初，羅馬歷史學家塔西佗在占星學和命定的討論中談到：「大多數人認為自身所遭遇的事，打從出生起便已注定，對此並不懷疑[34]。」自然地，從斯多葛命定論相關的個人角度便會提出這樣的問題：「我的命運是什麼？」或「我必須接受哪些事情？」在希臘化傳統中，這或許是本命占星學之所以能夠興

盛並受到重視的部分原因，因為它既是論斷一個人命運的方法，同時也是一個系統。

　　一位開悟的斯多葛學派的賢者，應該能夠完全平靜地接受他們生活中所發生的任何事，因為他們已經發展出情緒的平衡，不會因為負面事件而變得極度沮喪，也不因好事發生而高興過頭。但對於尚未得道的人來說，占星學似乎成為一種窺探未來的方式，藉此瞭解他們人生不同階段會發生什麼事，如此就能提前作好準備，以免措手不及。這是許多不同的希臘化時期占星家為占星學的運用所反覆提出唯一明確的哲學原則之一，某程度上，似乎每個人在試圖闡明占星學的目的時，眾口一詞。例如，瓦倫斯說道：

　　因為上帝為了讓人們能夠預知未來，而將這門科學帶到了世間，透過這門科學，任何人都能知曉自己的命運，以便以極大的滿足接受好事，以堅定的態度承擔壞事。（……）因此，這門藝術的倡導者，那些希冀瞭解未來的人將得到幫助，因為他們不會背負不切實際的希望，不會在深夜勞心傷神，不會徒勞地去熱愛無望之事，同樣也不會被一時的好運沖昏頭而渴望獲得他們所期盼的事物。突如其來的好事經常像惡事一般使人悲傷；而突然降臨的不幸則給那些尚未提前鍛鍊心智的人帶來極大的痛苦[35]。

隨後他更強烈地表達類似的看法：

　　從事預測未來和真理的人，獲得了自由而不被奴役的靈魂，不看重財富，不把自己託付於希望，也不懼怕死亡，而是透過訓練他們的靈魂變得自信，不畏風雨地過著他們的生活，好事臨門不會歡喜過頭，壞事臨頭也不會沮喪，而是對當前的一切感到滿足。那些不去渴望不可能的人，能夠透過自我約束來承受注定的事情；能遠離所有的歡樂或讚美，因而成為命運的戰士[36]。

費爾米庫斯也作出類似的表態：

這項研究將成功地將我們帶往一種境地，我們的靈魂將鄙視人類世界中被認為不幸或美好的一切。當我們知道困難即將降臨時，我們鄙視不幸的威脅，因為我們從關於未來事物的學說中對即將到來的事了然於心。面對預言的危險，我們不會退縮。我們的靈魂藉由回想起它的莊嚴，已經自我淬煉成能夠承受這些事情；我們不會被厄運所壓倒，也不會因獲得高位的許諾而興高采烈。因此，在穩定理性的加持之下，我們就不會被厄運壓迫，也不會因為對美好的期望而欣喜若狂[37]。

甚至托勒密也曾在關於占星學目的的概述中表達過類似的觀點，不過在其占星學著作中並未完全採用斯多葛學派或命定論的哲學說法：

因為，首先必須考量到即使是必然發生的事件，突如其來也會容易引起精神錯亂和狂喜，而預知慣性並培養靈魂去關注遙遠的事件，彷彿發生在眼前一般，並準備好平靜泰若地接受每個事件的到來[38]。

其他作者亦所見略同，而且還如此的制式化，彷彿早在希臘化傳統的初期，就已提綱挈領記述在最具影響力的基礎占星文本之中。事實上，西元三世紀的鍊金術士帕諾波利斯的佐西莫斯（Zosimos of Panopolis）引用了託名赫密士·崔斯墨圖和瑣羅亞斯德數冊文本中所概述的觀點，這些觀點驚人地讓人聯想到瓦倫斯和其他人所作出的某些哲學陳述：

赫密士和瑣羅亞斯德認為哲學家是一群優越於命運的階層——他們既不為它所帶來的好運而高興，因為他們是快樂的主宰；也不會被它帶來的厄運所擊敗，因為他們安住其心；不接受它提供的美好禮物，因為他們能終結困頓[39]。

或者，由於斯多葛主義的盛行，知曉自身命運以接受未來事件的想法可能已變得司空見慣，這不過是當時文化的一部分，被視為理所當然的事[40]。無論是哪種情況，占星學皆以一套系統所認識，即便稱不上是個「系統」，也可用來研究一個人的命運。占星家自己很清楚，這就是他們運用

占星學所做的事情。例如，馬尼利亞斯談到我們有能力使用占星學來「學習命運的法則」（*legem perdiscere fati*）[41]，而費爾米庫斯不斷變換不同的詞句來形容占星家或占星學的角色是「研究人的命運」（*tractantem fata hominum*）或「解讀人的命運」（*explicandis fatis hominum*）[42]。瓦倫斯曾將占星家稱為「命運的戰士」（*stratiōtai tes heimarmenēs*），也在其他章節中提到，好的占星家是「生活的導師、好的顧問和精準的命運先知（*prophētēs heimarmenēs*）」[43]。

在希臘化時期以後的一些哲學和宗教傳統中，行星變成與命運密切相關[44]。丹澤・露易絲（Denzey Lewis）最近總結道：「到了西元二世紀，許多哲學家認為命運（*heimarmenē*）與天體的力量無法區別[45]。」這在赫密士主義的哲學文本中尤是如此，例如在《赫密士文集》第一冊中，描述了宇宙的創造和七顆行星的作用，稱其「圍繞著可被感知的世界，而它們所執掌的稱為命運[46]。」另一部赫密士主義的文本指出「星辰是命運的工具；它們按照命運來引導世間萬物的發生[47]。」

到了西元二世紀和三世紀，原是哲學與神學反對命運概念的爭論，變成是反對占星學的爭論，而反對占星學的爭論又與反對命運的爭論交纏在一起，導致兩者幾乎被視為是可以互換的[48]。例如，西元四世紀的基督教主教尼撒的貴格利（Gregory of Nyssa）在西元三七八年左右寫了一封信，題為「反對命運」（*kata heimarmenēs*），內容幾乎全聚焦在對占星學的爭論[49]。貴格利在信中某處引用了他正在與之辯論的占星學支持者的觀點，據稱他說道，「命運透過一個人出生當時的星辰結構來決定其人生，而這個排列在整個人生中將保持不變[50]。」在希羅世界中，占星學實質上成了對命運的研究。

占星學的命定論

雖說對「占星學的目的是研究一個人的命運」達成了普遍的共識，但並非所有占星家對「萬事皆命定」都抱持相同的看法。一般來說，占星學（尤其是本命占星學）的基本前提——認為人生中有些事情從出生那一刻起就命定或預先決定了，但是對於哪些事情是預先決定而不可改變的，則成了占星傳統中爭論的焦點。占星家們的不同觀點，形成了分布於光譜兩端的不同立場。

光譜一端的占星家認為一切事物從出生那一刻起就已經注定，一個人無法改變自己的命運，因為不僅僅是他們生活中的外部事件和環境是注定的，就連內在動機、性格和選擇也是被預設好的。在斯多葛學派的哲學中，稱之為內在和外界命運的學說[51]。這個觀點代表了光譜中最命定論的一端，而占星學中秉持這套思維最著名的例子出現在馬尼利亞斯著作的第四冊當中：

> 命運主宰世界，萬事萬物皆有其不變的規律，而漫長的歲月也有一段注定的進程。在出生時，我們的死亡就已經注定，我們的終結就是我們開始的結果。命運是財富、王國的源泉，更常代表貧困的原因；因為命運，人被賦予與生俱來的技能和性格、優點和缺點、損失和收穫。沒有人可以放棄被賦予的東西，或擁有被剝奪的東西；如果命運不同意，也沒有人可以透過祈禱來獲得財富，或在命運逼近時得以逃脫：每個人都必須承擔自己的命運[52]。

同樣地，曼內托在其詩篇中寫道：

> 沒有人能夠改變本命星盤，它從嬰兒時期就伴隨而來，並且立刻以牢不可破的細繩和鐵紡錘的紗線纏繞著命運三女神（the Fates）[53]。

瓦倫斯和費爾米庫斯在不同著作中也作出類似的命定論陳述，其中一些在先前已經引述過。許多希臘化時期占星家的立場鮮明、較偏向命定論這一

端，但並不清楚每位占星家的觀點為何。由於現存的著作大多都是技法手冊，我們只能從散落於文本各處的簡短題外話中重建大多數占星家的哲學觀。

在光譜另一端的占星家則認為，只有部分事情是注定的，或者認為命運有時是可以協商，抑或在某些情況下能夠緩和。羅契柏格指出，在美索不達米亞占星傳統中存在著消除或緩和不祥預兆的驅邪或贖罪儀式，這有力地證明了那個時期的占星家所持有的世界觀並不全屬命定論[54]。類似的信仰一直延續到希臘化傳統，在魔法與醫學文獻中尤為明顯。在一些研究占星醫學的文本中，論及疾病徵兆時，也會一併提供可用於治療或消滅某些症狀的療法[55]。托勒密類比醫學來解釋，一個人如果生病卻不施以任何治療，那麼確實可能死亡，但如果他們尋求治療，那麼疾病有時可以被減緩或治癒，而行星影響力是以相同方式作用[56]。同樣地，在現存的希臘文魔法文本全集中曾引述一段咒語，用以掙脫誕生星盤所指示的命運：「請保護我免於自己所有的占星命運；摧毀我的惡業；分配好運到我的星盤[57]。」西元四世紀初期的哲學家楊布里科斯曾批評那些認為透過識別出誕生星盤的壽主星（the Master of the Nativity），就能藉由祈請守護神來擺脫命運的人，這意味著有些人認為命運可以透過魔法或儀式加以改造[58]。

占星學絕對命定論的支持者和那些主張可以透過魔法改變命運的非絕對命定論的人之間似乎存在緊張關係，在佐西莫斯引述自赫密士和瑣羅亞斯德的觀點中再次證明了這一點：

現在，瑣羅亞斯德大言不慚地斷言，透過對所有超自然事物的瞭解，並有效使用肢體語言的魔法科學（Magian science），人們可以避免命定的所有厄運，無論是應用於個人或普羅大眾。然而，赫密士在《論內在生活》（On the Inner Life，暫譯）一書中甚至譴責魔法科學，他認為具靈性之人已經認識自己，不需要透過魔法來改變任何事情，即使被認為是好事，也不得在必要時使用這種力量，而是讓將臨之事順其本質和旨意而來。他必須藉由此次探索來認識自己，而當他認識上帝時，他必

須堅定於妙不可言的三位一體（Triad），讓命運在屬於它的泥土上工作，即是——身體 [59]。

以占星家而言，托勒密堅定拒絕強硬命定論觀點的占星學，他說：

不必相信每件事的發生都來自上天的旨意，彷彿從一開始就由某些無法逃脫的神聖律令為每個人命定，且為必然的結果，而絲毫沒有任何其他原因能與之抗衡 [60]。

儘管托勒密在這裡的思想是環繞在他自己的類亞里士多德宇宙觀當中，即關於某些肇因的起源以及某些經由一連串律令的影響，但他的基本觀點是——天體的影響一旦滲透到月下界，便不會總是一成不變。儘管他承認在擴及全人類的層面上，有些事情是無法避免的，但他認為在更小、更局部的層面上，倘若盡其所能，則可以採取某些措施來減緩其影響；然而，假使一個人並未竭盡全力去減緩這些較易變動的影響，那麼，他們肯定會得到占星預期的結果：

很明顯地，無論是一般或特定的情況，由第一因（first cause）而起的事件是不可抗拒且更無法與之抗衡的，它必然以各種方式應驗。但對於非由第一因所致的一切事件，有了與之抗衡的原因便可輕易地逆轉。然而那些找不到原因的人只能順其它們的本性。這是因為無知，絕非因為強大（命運）的必然所致 [61]。

費爾米庫斯似是批判了托勒密或其他依循類似想法的人所提倡的這種溫和的或有條件的命定論，他說：「承認命運的必然性，之後又予以否認是毫無道理的。此一論點真是漏洞百出，前言不搭後語 [62]。」

在其他出處，希臘化傳統中即時占星學的運用，可能意味著一些占星家認為命運在某些方面是有條件的或是可塑的。舉例，都勒斯的第五冊提供了以不同類型展開冒險的規則，其前提是開始行動時的行星排列將預示其結

果。人們很容易認為這與中期柏拉圖主義者和新柏拉圖主義者的命運哲學觀點有關，他們認為命運的規則是附帶條件的，因此能夠自由地選擇是否採取行動，一旦採取了行動，結果就已注定[63]。都勒斯提供的許多即時占星的規則顯示，它被用於選擇一個特定時間去開始某項事業，以達到比其他時間更為有利的結果。在普遍批判占星學的背景下，奧古斯丁（Augustine）特別針對人們可以使用這類占星學來改造自己命運的想法表示批評：

> 現在誰能容忍這種假設，只要選定良辰吉日，人們就能透過自身行動創造新的命運？（……）一個人能夠藉由選擇某一天來改變他早已注定的命運嗎[64]？

總而言之，關於事物有多大程度是命定或預先注定的，存在著各派不同的信念。雖然占星學的基本前提是假設至少可以預知人們一生中的某些事情，但具體到什麼程度，仍時有爭論。

四種哲學立場

這兩種爭論——行星和星辰是徵兆還是肇因的問題；以及世界上的事件僅有部分或完全被預先決定——確立了古代世界占星家所採用的四種基本哲學立場[65]。下面的文氏圖（Venn diagram）描繪了這一點，光譜的垂直軸，表示占星學所使用的行星和其他因子是作為徵兆還是肇因；光譜的水平軸，表示世界上所有發生的事情是完全命定或是部分注定。圖中的交會區定義了這一時期占星家所採用的四種基本哲學立場，其中有許多立場可以歸入這些類別之一。

例如，托勒密會落入因果占星學和部分命定論之間的重疊區塊，因為他將占星學概念化為行星能影響或導致地球上的事件，但他也認為這些行星的影響有些是可以被抗衡和更改，因此事情並不全然已成定局。這可能與費爾

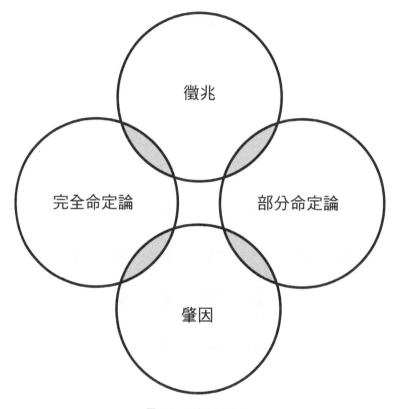

圖 6.1 - 四種哲學立場

米庫斯形成對比。費爾米庫斯也認為行星會導致地球上和個人的人生事件，但與托勒密不同的是，他認為一切已成定數，而命運是不可改變的。

　　第三和第四種哲學立場則是指將行星視為未來事件的跡象或預兆而不是肇因的那一派。例如，瓦倫斯經常提到行星預示了某些事物或作為某些事物的徵兆，並且他使用了許多像是純粹源自於象徵性而非考量自然現象的技法。同時，他似乎也提倡一種更為命定論的哲學，認為不可能透過行動或祈禱來改變一個人的命運[66]。這可能與都勒斯形成對比。都勒斯也使用許多象徵性的技法，例如「希臘點」，但他使用即時占星可能意味著他認為命運是可塑的或是可協商的，因此並非完全命定。

　　關於占星學的這四大基本哲學立場最初確立於希臘化傳統中，並在過去兩千多年裡或多或少維持不變。思考與這些立場相關的議題至關重要，因為它對占星學的概念和運用產生了重大的影響，無論是占星家透過占星學的視角看待自己人生的方式，或是占星家在為客戶解讀星盤或嘗試解釋他們的行為時如何呈現這項命題。

註　釋

1　見：Lawrence，"Hellenistic Astrology" 的精闢概述。

2　Hankinson 轉述 Cicero（*On Divination*, 2: 13–15; 26）所言，「斯多葛學派將占卜定義為對偶發事件的預言」。Hankinson，"Stoicism, Science and Divination," p. 153。在同一篇文章中，他引用 Sextus Empiricus（*Against the Physicists*, 1: 132）將占卜定義為「觀察和解讀諸神給予人類的徵兆的科學……（第 139 頁）」參見：Struck，"A World Full of Signs"。

3　Rochberg, *The Heavenly Writing*, p. 58.

4　Rhetorius, *Compendium*, 48（CCAG 1, p. 161: 28–29）．

5　更多關於占星學的占卜性質，見：Cornelius, *The Moment of Astrology*。

6　Robbins 指出，雖然有時會將 Ptolemy 的 *Tetrabiblos* 手稿慣稱 *Apotelesmatika*，但某些手稿被稱為 *Sumperasmatika*，源自單詞 *sumperasma*，意思是「完成」、「結束」或「結論」。這大體上確認「結果」一詞是 *apotelesma* 的正確翻譯。Ptolemy, *Tetrabiblos*, trans. Robbins, p. xi。

7　*katarchē* 和 *apotelesma* 之間的這種聯繫，首先是由 Schmidt 在 *Sages* 一書 xxvi–xxxii 的序言中提出。

8　Ptolemy, *Tetrabiblos*, 3, 2: 3.

9　Ptolemy, *Tetrabiblos*, 1, 4 論述了行星的力量。我將在後續關於黃道星座的章節中概述 Ptolemy 賦予行星的每一種質料。在 Feke，"Ptolemy in Philosophical Context," pp. 153–173 詳細分析了 Ptolemy 的占星學，其背後的哲學和宇宙論。行星論述，見第 161–2 頁。

10　Feke 提出一個重要觀點，即使 Ptolemy 將行星概念化為在月下界具有這些影響力，但這未必意味著他認為行星是由這些元素所組成：「然而，這些力量並非行星作為乙太體（aethereal bodies）的本質特徵，而是行星歷經月下界之後所造成的效應。Ptolemy 在 *Tetrabiblos* 1.2 區分了行星的潛在性質和力量。」Feke，"Ptolemy in Philosophical Context," p. 161。就 Ptolemy 的整體宇宙學而言，這是一個微妙但重

要的區別，稍後我們將從 Iamblichus 的引述中更清楚看到 Ptolemy 在其著作中如何將行星的基本性質概念化。

11　托勒密的著作與早期對占星學持懷疑態度之批評的對照討論，見：Long, "Astrology: Arguments Pro and Contra"。

12　Ptolemy, *Tetrabiblos*, 1, 7。稍後將在有關行星的章節中更詳細地討論區間學說。

13　Porphyry, *Introduction*, 4，轉引自 Antiochus 早先遺失的作品。

14　Ptolemy, *Tetrabiblos*, 1, 20.

15　Porphyry, *Introduction*, 6，也轉引自 Antiochus。

16　亞里士多德對天體影響的觀點，見：Freudenthal, "The Astrologization of the Aristotelian Cosmos," esp. p. 240 的完整概述。

17　*De Mundo* 的譯本，見：*The Complete Works of Aristotle*, ed. Barnes, vol. 1, pp. 626-640。由於此文本託名亞里士多德，依慣例被納入亞里士多德的作品中，但它通常被視為一部偽經。其年代已不可考，一些可追溯至西元前四世紀晚期，一些則被認為是西元前一世紀晚期或西元一世紀早期。關於不同年代的簡論，見：Bos, "Supplementary Notes on the 'De mundo'," p. 313, fn. 2。不過，一般同意該文本是寫於希臘化時期的某個時間。至於亞里士多德對天體影響的觀點如何被後來的逍遙學派修改，見：Freudenthal, "The Astrologization of the Aristotelian Cosmos" 的詳盡探討。雖然 Freudenthal 主要著眼西元二世紀逍遙學派 Alexander of Aphrodisias，但關於一些他稱為「亞里士多德宇宙觀的占星學」的論點也適用於 *De Mundo*。

18　Pliny, *Natural History*, 2, 6: 34–35, trans. Rackham, p. 191.

19　Dorotheus, *Carmen*, ed. Pingree, pp. 368: 25–30–p. 369: 1-3, trans. Heilen, "Ancient Scholars on the Horoscope of Rome," p. 56.

20　Pingree 據理認為 Hephaestio, *Apotelesmatika*, 1, 23 的普世占星學文獻，其中關於行星具有影響力的論述是來自 Petosiris，因而標誌了占星學的因果概念化始於希臘化傳統之初，大約是西元前二世紀末或前一世紀初。見：Pingree, *From Astral Omens*, p. 26。然而，我們應謹慎避免從這段話直接導出結論，因為不確定當中有多少是 Hephaestio 的個人觀點或插敘。Hephaestio 生活在西元五世紀，那時 Ptolemy 版本的亞里士多德因果概念占星學已被廣泛採用，而 Hephaestio 在整部作品中大量援引 Ptolemy。因此，我們無法確定在此章提到的行星將其影響傳遞給地球的內容，是否代表了 Hephaestio 的觀點，或源自他稱為「古埃及智者」的觀點。

21　Pingree, *From Astral Omens*, pp. 21–22.

22　參照 Pingree, "Astrology"。

23　Pingree, "Review of Tamsyn S. Barton, *Power and Knowledge*," p. 331.

24　Seneca, *Letters From a Stoic*, trans. Campbell, letter LXXXVIII, p. 155.

25　分別見：Plotinus, *Ennead*, III, 1 以及 *Ennead*, II, 6。Plotinus 對占星學的態度，見：Adamson, "Plotinus on Astrology" 的詳細說明。Plotinus 著作中對此一特定問題的

討論，見：Dillon, "Plotinus on Whether the Stars Are Causes" 與 Lawrence, "Who Thought the Stars are Causes?"。

26　Plotinus, *Ennead*, III, 1. 6: 18–24, trans. Armstrong.

27　Plotinus, *Ennead*, III, 1. 5: 34–38, trans. Armstrong.

28　Sallustius, *Concerning the Gods and the Universe*, 9, trans. Nock, p. 19.

29　Hephaestio, *Apotelesmatika*, 1, proem: 1, trans. Schmidt, p. 1.

30　Campion, *A History of Western Astrology*, vol. 1, p. 208ff.

31　Bobzien, *Determinism and Freedom in Stoic Philosophy*, esp. pp. 28–33.

32　斯多葛學派對命定的定義，見：Long and Sedley, *The Hellenistic Philosophers*, vol. 1, pp. 333–340。尤其見：Stobaeus 在 55M（第 337 頁）有關 Chrysippus 觀點的報告，內容提到：「Chrysippus 將命定的本質稱為一種呼吸（或「精神」，*pneuma*）的力量，能夠對所有一切進行有序的管理。（……）在其他作品中，他表達了多種觀點：『命定是世界的基本原理』，或『由天意支配世界的基本原理』，或『過去事件的已發生、當下事件的發生與未來事件即將發生的基本原理。』他用『真理』、『解釋』、『自然』、『必然性』和更多的語彙來替換『基本原理』一詞，並從不同觀點中將這些語彙應用於同一本質。」

33　Pliny, *Natural History*, 30: 2, trans. Jones, p. 279.

34　引自 Lehoux, "Tomorrow's News Today," p. 113, from Tacitus, *Annals*, 6: 22。

35　Valens, *Anthology*, 5, 2: 11–14, trans. Riley, p. 96.

36　Valens, *Anthology*, 5, 6: 9.

37　Firmicus, *Mathesis*, 8, 1: 8-9, trans. Bram, p. 267.

38　Ptolemy, *Tetrabiblos*, 1, 3: 5, trans. Schmidt, pp. 9–10.

39　Zosimos, *On the Letter Omega*, 5, trans. Jackson, p. 23.

40　在其他論述占星學目的的文獻中也表達了這類觀點，例如 Lucian, *On Astrology*, 29, and Nonnos, *Dionysiaca*, 6: 55-57。

41　Manilius, *Astronomica*, 2: 149.

42　Firmicus, *Mathesis*, 2, 29: 20; 3, 14: 10.

43　Valens, *Anthology*, 5, 6: 9; 9, 6: 10, trans. Riley, p. 156.

44　該主題相關的概述，以及在希臘化時期，尤其是柏拉圖哲學傳統中發展的一些背景，見：Lawrence, "The Young Gods"。參見：Denzey Lewis, *Cosmology and Fate*，其中論述了早期基督教和諾斯底主義討論的宗教背景。

45　Denzey Lewis, *Cosmology and Fate*, p. 122，譯文經修改。

46　*Corpus Hermeticum*, 1: 9, trans. Copenhaver, *Hermetica*, p. 2.

47　*Corpus Hermeticum*, vol. 3, excerpt XII: 2（from Stobaeus）, trans. Scott, *Hermetica*, vol. 1, p. 435，經修改。

48　一些基督教反對命運和占星學的論點在 Hegedus, *Early Christianity and Ancient As-*

trology, pp. 113–115 有簡要討論。占星學相關的反宿命論論點，見：Amand, *Fatalisme et liberté dans l'antiquité grecque*, esp. pp. 191-569 的詳盡探討，當中詳述了後來的基督教論戰。

49   翻譯見：McCambley, "*Against Fate* by Gregory of Nyssa"。

50   McCambley, "*Against Fate* by Gregory of Nyssa," p. 328.

51   最著名的解釋是 Chrysippus 的圓柱體類比，在 Bobzien, *Determinism and Freedom*, p. 258ff 有所討論。在其引用的一則故事中，Bobzien 解釋道（第 260 頁），「使用類比是為了說明 Chrysippus 的觀點，即外部影響不一定會導致行動，但命運會透過其本性來運作。」

52   Manilius, *Astronomica*, 4: 14-22, trans. Goold, pp. 223–5.

53   Manetho, *Apotelesmatika*, 1: 200, trans. Lopilato, p. 194.

54   Rochberg, "Heaven and Earth: Divine-Human Relations in Mesopotamian Celestial Divination," p. 182.

55   特別參見編纂於 *Claudii Galeni Omnia Opera*, ed. Kühn, 19. 529–73 中的 pseudo-Galen, *De Decubitu*（On Decumbiture）。該文本及與之相關的其他文本在 Wilson and George, "Anonymi, *De Decubitu*: Contexts of Rationality" 有所討論。

56   這是他在 Ptolemy, *Tetrabiblos*, 1, 3 中，論據重心的一部分。

57   PGM XIII: 633-35, in *The Greek Magical Papyri in Translation*, ed. Betz, p. 187.

58   Iamblichus, *On the Mysteries*, 9:3。Porphyry 顯然認為不無可能，而 Iamblichus 在此反駁的正是他的陳述。

59   Zosimos, *On the Letter Omega*, 7, trans. Jackson, p. 25.

60   Ptolemy, *Tetrabiblos*, 1, 3: 5, trans. Schmidt, p. 10.

61   Ptolemy, *Tetrabiblos*, 1, 3: 8, trans. Schmidt, p. 25.

62   Firmicus, *Mathesis*, 1, 8: 7, trans. Bram, p. 27.

63   這種命運的概念在 Alcinous, *The Handbook of Platonism*、26 有所定義。有關這一想法的一般性探討，見：Sharples, "The Stoic Background to the Middle Platonist Discussion of Fate" 以及 Dillon, *The Middle Platonists*, pp. 294 –8。

64   Augustine, *City of God*, 5, 7, trans. McCracken, Green et al, vol. 2, p. 159.

65   占星學對於命運、自由意志、命定論，以及占星學前提機制的癥結，在 Lehoux, "Tomorrow's News Today" 有精彩的探討，雖然作者並未採用與本書相同的四重系統。

66   大致參照 Valens, *Anthology*, 5, 6，特別是第十句關於禱告的陳述。儘管 Komorowska 指出「瓦倫斯似乎對此 —— 行星是否對世界產生實際影響，或者只是人類與神靈之間的媒介 —— 拿不定主意。」 Komorowska, "Philosophical Foundation of Vettius Valens' Astrological Creed," p. 333。

第
七
章

行星

七顆漫遊的行星

希臘占星學是圍繞著五顆肉眼可見的行星：水星、金星、火星、木星和土星，以及發光體——太陽和月亮——發展而來。這七顆星體通常被視為一個群體，一般統稱為七顆「行星」或「漫遊星」（*planētes asteres*）。這一術語源於這項事實：若長時間觀察夜空便會注意到，雖然大多數星體彼此保持著固定的距離，但有些星體會緩慢地移動，如同四處漫遊般，途經其他的星體。因此，行星被稱為漫遊星，其餘的則被稱為恆星。

即使到今日，七顆古典星體依然有其獨特之處——它們都是肉眼可見的。也就是說，在足夠晴朗的夜晚，你可以外出仰望星空，不靠望遠鏡或雙筒望遠鏡就能看到行星。在某些時候，它們會與彼此或其他星體形成特別引人注目的排列，並且在夜空中顯得更為突出。這一點對於當代占星學的實踐及其不斷增加的星體列表來說很重要，因為肉眼可見成了一種區別的方式，使得這些古典行星被歸為一類。在古代世界大多數的占卜形式中，無論是解讀預兆的意涵，或是研究該預兆所涉及的情況，不祥預兆的可見度，對觀察者而言都極為重要。因此，雖然從現代的角度來看，一套完全只基於七顆行星的預測系統乍看似乎顯得古怪，但可以說，時至今日這個區別仍然相對貼切和重要。

行星的命名

在大多數的希臘文文本中，通常以相關神祇的名字來稱呼行星：

赫利俄斯（HĒLIOS）太陽
塞勒涅（SELĒNĒ）月亮
赫密士（HERMĒS）水星
阿芙蘿黛蒂（APHRODITĒ）金星

阿瑞斯（ARĒS）火星
宙斯（ZEUS）木星
克洛諾斯（KRONOS）土星

希臘人在西元前四世紀左右開始將諸神的名字配予行星，此舉顯然是仿效早先美索不達米亞的屬性，從希臘萬神殿中選出與美索不達米亞諸神具有相似特徵的神祇[1]。整套完整的分配首次出現在《厄庇諾米斯篇》（Epinomis，暫譯），一般認為是由柏拉圖的學生歐普斯的菲利浦（Philip of Opus）於西元前四世紀所著[2]。在希臘文中還存在另一組行星的名稱，而且更能描述它們視覺上的形貌：

HĒLIOS 太陽
SELĒNĒ 月亮
STILBÕN 閃爍者（水星）
PHÔSPHOROS 光之使者（金星）
PYROEIS 燃燒者（火星）
PHAETHÕN 光芒四射者（木星）
PHAINÕN 閃亮者（土星）

這些名稱在西元前四世紀以眾神之名為行星命名以前就已經使用，在後來的希臘化傳統中仍偶爾沿用，通常出現在韻文文本饒富詩意的內文中。

根據瓦倫斯的含義

想要瞭解行星含義的最佳來源是瓦倫斯，他的《占星選集》以關於每顆行星含義的長文作開篇。這些含義可能部分源自巴比倫的特烏瑟的失傳之作，據推測他生活在西元前一世紀左右[3]。瑞托瑞爾斯保留了一份類似的列表，其中包含了許多特烏瑟的含義；然而，也不能完全依賴此一列表所保存

的早期傳統，因為當中似乎納入了瑞托瑞爾斯本人的一些添改。因此，對我們而言，瓦倫斯仍是早期希臘化傳統的最佳來源。

　　在接下來的內容中，我會提供瓦倫斯關於行星含義章節的英文翻譯，並於註釋附上評論。我主要使用《希英詞典》（*Liddell-Scott-Jones*，暫譯，希臘文－英文詞典，簡稱 LSJ）和《新約及早期基督教希臘文大詞典》（*Bauer-Danker*，暫譯，新約聖經和其他早期基督教文學的希臘文－英文詞典，簡稱 BDAG）來研究瓦倫斯在本章節中所給出的每個希臘文字的含義[4]。當某個字義似乎清晰而明確時，我在正文中只會提供單一翻譯，而當字義不明確時，則會在註釋列出其他不同翻譯。

　　除了使用詞典外，我還研究了瓦倫斯使用的許多單一術語，以便更好地理解這些文字被使用的文化背景。對於深入理解為何瓦倫斯將某些含義與某些行星連結，我發現這類研究大有助益。尤其是當他討論到某些職業時，更形重要。我在這些涉獵中所發現的大部分內容都紀錄在註釋中，不過，這一領域始終還有待更多的研究。

　　此外，我還將瓦倫斯的這一章節，與幾個不同的現存譯本進行比較，以瞭解其他譯者如何翻譯某些單詞或詞句[5]。在某些方面他們是一致的，然而譯者們在很多方面仍有諸多分歧。多數歧見只是反映了部分文本本身的內容非常難以理解的事實，因為瓦倫斯使用了許多獨特的術語，以及一些意義不完全清晰的詞語。有時我會偏向某一群譯者的見解，或依循某一位譯者對文本的解釋。在每個情況中，我都盡一切努力給予應有的尊重。我認為每位譯者對於文本都有其獨到的看法，而透過比較這些不同的觀點，更能夠全面地理解瓦倫斯試圖傳達的內容。同時，我認為透過比較不同譯文的過程，能為讀者提供有用的示範，有助於瞭解譯者在嘗試將古代文本翻譯成現代語言時所面臨的一些問題[6]。有時，在翻譯過程中選擇用一個詞或另一個詞只是譯者的判斷，但卻會對整個段落的含義和解讀產生重大影響。

◎太陽－赫利俄斯（*Hēlios*）

　　全知的太陽，由熾熱而智慧的光芒所組成，是靈魂感知的工具，在本命星盤中象徵：王權；權威[7]；心智[8]；智慧；形式；動作；財富的頂峰；與諸神交涉[9]；判斷；參與公共事務；行為[10]；領導群眾；父親；主人；友誼；知名人士[11]；以肖像、雕像和冠冕獲得尊榮；本國的大祭司，地方......[12]。在身體部位，太陽掌管頭部、感知器官：右眼[13]；軀幹[14]、掌管心臟、生命氣息或感知的活動，以及神經[15]。在物質方面，太陽掌管黃金。在農作物中，太陽掌管小麥和大麥。太陽屬日間區間，顏色為檸檬黃，味苦[16]。

◎月亮－塞勒涅（*Selēnē*）

　　月亮是從太陽的反射光而生，擁有虛假的光，在本命星盤中象徵：命主的肉體生命[17]、身體、母親、受孕、（形式）[18]、外貌[19]、女神、同居或合法婚姻、保姆[20]、年長的手足[21]、家務、王后、家中女主人、所有物、財富、城邦、聚眾[22]、所得、開支、家[23]、船、旅行[24]、漫遊（因為螃蟹並不是直著走）[25]。在身體部位，月亮掌管左眼[26]、胃、乳房、呼吸[27]、脾臟、膜[28]和骨髓（導致水腫）。在物質方面，月亮掌管銀和玻璃。月亮屬夜間區間，顏色為淺綠色，味鹹。

◎土星／克洛諾斯（*Kronos*），「閃亮者」（*Phainōn*）

　　土星使出生在他掌管之下的人小氣[29]、惡毒[30]、易焦慮、自我貶抑的人[31]、孤獨、狡詐、掩飾欺騙的人[32]、嚴厲[33]、沮喪、偽裝的人[34]、骯髒[35]、著黑衣、強求[36]、陰鬱、悲慘[37]、航海、從事水邊貿易。土星會造成抑鬱[38]、呆滯[39]、不作為[40]、事業障礙[41]、長期懲罰[42]、顛覆事物[43]、祕密[44]、克制[45]、監禁[46]、悲傷[47]、指控、眼淚、成為孤兒[48]、囚禁、暴露[49]。土星造就農民和園丁，因為它掌管土地[50]。土星還代表房地產雇工[51]、收稅員和暴力行為[52]。土星會造就那些享有盛譽、顯赫的地位、監護權、能管理他人財物的人，以及他人孩子的父親。在物質方面，土星掌管鉛、木頭和石頭。在身體

部位，土星掌管腿部、膝蓋、肌腱、身體水分的部分[53]、痰、膀胱、腎臟以及隱藏的內部部位。在疾病方面[54]，土星象徵由濕寒引起的疾病，例如浮腫、肌腱疼痛、痛風、咳嗽、痢疾、腫瘤[55]、抽搐。在失調疾病[56]，土星代表靈體附身[57]、禁忌的情慾[58]、墮落[59]。土星造成未婚、喪偶、孤兒和沒有孩子的人。也代表因水、因絞殺[60]，或透過監禁[61]，或因痢疾而導致死亡。土星也導致臉朝下摔倒[62]。土星是復仇之星，屬日間區間。顏色為深褐色[63]，味澀[64]。

◎ 木星／宙斯（*Zeus*），「光芒四射者」（*Phaethōn*）

木星代表生育、分娩、慾望、愛情、聯盟[65]、知識[66]、與大人物的友誼、富饒[67]、報酬[68]、大的禮物、豐厚的利潤[69]、正義[70]、官方當局、政府[71]、榮譽、聖地的首領[72]、糾紛仲裁、信任[73]、繼承、兄弟情誼、團契[74]、收養、好事的肯定、擺脫厄運[75]、解除束縛[76]、自由、委託[77]、財富、管理[78]。在身體部位，木星掌管大腿外側、腳（因此，木星也代表運動比賽中的跑步）。至於體內，木星掌管精液、子宮、肝臟、身體右側的部分[79]。在物質方面，木星掌管錫。木星屬日間區間，顏色灰而偏白，味甘。

◎ 火星／阿瑞斯（*Arēs*），「燃燒者」（*Pyroeis*）

火星代表暴力[80]、戰爭[81]、搶劫、尖叫[82]、侮慢[83]、通姦、奪走財物、放逐、流放、與父母疏遠、囚禁、強姦婦女[84]、墮胎、性交、婚姻[85]、失去美好的事物、謊言、絕望的情況[86]、暴力盜竊、搶劫[87]、掠奪[88]、與朋友分離[89]、生氣[90]、打架、言語霸凌[91]、仇恨、訴訟[92]。火星也帶來暴力謀殺、傷害[93]和流血事件；發燒、潰瘍、皮疹[94]、發炎；監禁、酷刑[95]；男子氣概、偽證[96]、欺騙[97]、做過很多不法行為的人[98]，以及那些用火或鐵工作的人、用手工作的人[99]和泥瓦匠[100]。火星造就領袖和兵役[101]，以及高級軍官、士兵、主權[102]；狩獵、追逐、從高處或四足動物上摔落、視力不佳、中風[103]。火星掌管的身體部位，包括頭部、臀部和生殖器。在身體內部，火星掌管血液、輸精管、膽汁、糞便的排泄、身體背部、倒退行走[104]以及向後仰摔倒[105]。

火星也掌管那些艱難和突發的事物[106]。在物質方面，火星掌管鐵，公羊座所代表的衣冠勳章[107]以及酒和豆類。火星屬夜間區間，顏色為紅色，味辛辣。

◎ 金星／阿芙蘿黛蒂（*Aphroditē*），「光之使者」（*Phōsphoros*）

金星代表慾望和愛情，象徵母親和褓母[108]。金星代表聖職[109]、贊助公民者[110]、戴金飾[111]、戴冠冕[112]、歡樂[113]、友誼、陪伴、獲得額外財產、購買裝飾品[114]、出於善意的和解[115]、婚姻、精緻藝術[116]、悅耳的聲音、製作音樂、悅耳的歌聲、美的形狀[117]、繪畫、混和顏色和刺繡、紫染[118]、香水製作及相關（職業）的發明者和師傅[119]、翡翠和寶石的藝術或商業作品、象牙加工。金星位在自己的界或黃道星座的度，會造就那些紡金線、用金裝飾者、理髮師，以及愛好整潔和喜歡玩耍的人[120]。金星象徵市場監督員的職務[121]、度量、衡量、交易、商店、給予、接收[122]、笑聲、歡樂、裝飾物[123]、水生動物[124]。金星會賦予來自皇室婦女或親屬的幫助[125]，並確保非凡的聲譽[126]；當（金星）在這類事項上合作時。在身體部位，金星掌管頸部[127]、臉、嘴唇、鼻子[128]，以及從腳到頭的身體正面、性交的部位[129]；而就身體內部，金星掌管肺。金星也另指具有接收、享樂能力之人的滋養[130]。在物質方面，金星掌管寶石[131]和多彩的裝飾品[132]；在農產品方面，金星掌管橄欖。金星屬夜間區間，顏色為白，味油潤[133]。

◎ 水星／赫米斯（*Hermēs*），「閃爍者」（*Stilbōn*）

水星象徵教育、著作[134]、爭論[135]、演講[136]、兄弟情誼[137]、解讀[138]、使者的職務[139]、數字、計算[140]、幾何、商業、青年、玩耍[141]、盜竊[142]、社群[143]、訊息[144]、服務、利潤[145]、發現[146]、跟隨[147]、比賽[148]、搏鬥、宣告[149]、封印[150]、發送消息[151]、衡量[152]、暫停[153]、測試[154]、聽力、多才多藝[155]。水星賜予批判性思維和判斷力[156]，掌管兄弟和年幼的孩子，並創造與市場和銀行業相關的所有事物。正確地說，水星造就了神廟建造者、建模師、雕塑家、醫生、教師[157]、律師、演說家[158]、哲學家、建築師、音樂家、占卜

師、獻祭者、鳥卜官（augurs）[159]、解夢師、編織者、織布工、有條不紊的人[160]、負責管理戰爭或戰略行動的人、在計算或虛假推理中利用悖論和狡猾的人[161]、出色的表演者[162]或滑稽劇演員[163]、以表演為生且仍然遊蕩和漫遊不定的人[164]；以及那些瞭解天象或尋求相關知識的人[165]，以及為了其所帶來的榮譽和益處，以愉悅和滿足的心情從事非凡的工作[166]。因為水星這顆行星擁有多種行業的力量，根據黃道星座的變化或行星間不同相位而交織出的各式職業；對某些人來說，水星賜予知識，而對其他人來說，則是捐客[167]；為一些人提供服務，以促成貿易或為他人教學；以及某些從事農業或神廟守護者[168]或公共（職務）[169]；此外，對於某些人，水星帶來行使權力、或租賃租金或勞動契約、或有節奏的表演[170]、或管理公共服務甚至保鏢[171]、或穿著諸神的亞麻長袍[172]、或賜予有權勢之人的盛況。水星會導致我們命運的所有不規律性，並在朝向目標時的歧路[173]，尤其是當水星處於由凶星掌管的星座或度數時，情況甚至可能變得更糟。在身體部位，水星掌管手、肩、手指、關節、腹部、聽覺[174]、氣管[175]、腸[176]、舌頭。在物質方面，水星掌管銅[177]和所有造幣、施與受：因兩者都屬共同的神祇。

吉星與凶星

正如我們從瓦倫斯的含義列表中所見，每顆行星都具有廣泛不同的意義。其中一些意義源於行星本身獨有的本質或自然的特性，其他則是由行星在星盤中的配置和狀態而得。在接下來的內容中，我們將探討與每顆行星相關的不同性質和特性，以及依據不同考量因素所判斷的行星狀態，可能以不同方式改變行星意義的表現。

希臘占星學最根本的差異在於將行星分為兩類——「吉星」（benefic）與「凶星」（malefic）。吉星和凶星通常被視為行星自然的內在本質，不過有時因為星盤的其他條件，不同行星也可能在運作時達到此等狀態。西元二世紀的懷疑論者塞克斯圖斯提供了一段簡明的概述：

至於行星，人們會說有的「吉」、有的「凶」、有的「可吉可凶」；亦即木星和金星是吉星，火星和土星是凶星，而水星是「可吉可凶」，因為它與吉星一起時是吉，與凶星一起時則凶。但另一些人認為，同一顆行星根據其不同位置，有時是吉，有時是凶；無論是由於星座的座落點，還是與其他行星的相位，凶星並不完全屬凶，而吉星也不完全屬吉[178]。

就一般分類而言，金星和木星被認為是兩顆吉星，而火星和土星則是兩顆凶星。水星被認為是可吉可凶或中性的，在星盤中的吉凶運作，取決於它與吉星或凶星密切相關的程度。太陽和月亮通常被認為是中性的，不過在某些情況下具有對某些事物更正面或更負面的作用性質。我們將在稍後回到太陽、月亮和水星，現在我們先將重點放在先天被視為是吉星和凶星的行星上。

術語「吉星」源自希臘文 agathopoios，意思是「美好的創造者」，而術語「凶星」則源自希臘文 kakopoios，意思是「壞事的製造者」。凶星有時也被稱為 phthoropoios，意思是「毀滅者」或「破壞者」。在最基本的層面上，吉星與凶星的區別是為了建立一套具有彼此對立性質的二元系統，這與人類對正面或負面事件的主觀體驗尤其相關。斯多葛學派哲學家克利西波斯（Chrysippus）有助於確立為何需要進行這種區分：

沒有什麼比那些認為世上只有善而完全沒有惡的人更愚蠢了。因為善惡是對立的，所以兩者必然是對立存在著，並以一種對立的相互依存作為支撐。沒有與之相襯的反面，就不構成對立。未知不義，焉知公正？若不消除不義，又何來公正？同樣地，若無懦弱的對比，又豈會讚賞勇氣？若不是與無節制對比，又如何能顯得適度？還有，若無輕率的對比，又哪來的謹慎？為何這些傻瓜們會期待有真理而無虛假呢？因為善與惡、幸與不幸、痛苦與歡樂，都是以相同方式存在：正如柏拉圖所說，它們是彼此對立而共存的。除去任一方，另一方亦不存在[179]。

在希臘占星學中，吉凶之分有類似的目的，雖然這不是唯一運用對比來

確立含義的領域，但如我們稍後所見，它是最根本的領域之一。基本原則是，若有一事件或情況是由星盤中的某個因子代表，那麼一定也有某個因子代表了相反的事件。通常是在討論人類認為喜歡或不喜歡的事件或情況時，尤其是存在道德或帶有定性（qualitative）的意味時，便屬於吉星和凶星的一般領域。

此種區別的最初關鍵可能來自於夜空中觀察到，金星和木星是明亮的白色行星，而火星看起來是暗紅色，土星則是暗褐色。兩組行星因而形成了可觀察的對比，一組顯得更明亮，另一組顯得更晦暗。由此導出一組光明／黑暗的類比，接著從光明與黑暗延伸到其他領域的對比或兩極，例如好與壞、正面與負面、美德與罪惡、建設性與破壞性等。

以下是我們在瓦倫斯的含義列表中見到的一些與吉／凶區別相關的基本對比：

> 金星代表愛，而火星代表仇恨。
> 木星代表自由，而土星代表監禁。
> 金星代表獲得額外的財產，而火星代表財物被奪走。
> 木星代表智慧，而土星代表無知。
> 木星代表生兒育女，而火星代表流產，土星則代表無子嗣。
> 金星代表婚姻，土星代表單身或守寡。
> 金星代表友誼，木星代表聯盟，火星則代表與朋友分離和戰爭。

還可以列舉許多這樣的對比。關鍵在於，這種區別使我們能夠透過建立二元成對所代表的正反兩面，開始建立行星的含義。

吉星和凶星之間的區別沿襲自早期的美索不達米亞傳統[180]，使其成為許多技法得以發展或判別的最基本的早期概念之一。

◎吉星與凶星的特殊角色

　　吉星和凶星在星盤中也扮演著特殊的角色，因為它們被概念化為有能力對其他行星產生正面或負面的影響，從而將吉星或凶星的一些傾向傳遞給其他行星。這種影響其他行星的能力，有時僅是由於與星盤中的吉星或凶星呈緊密相位或附屬關係（affiliation）而發生，但也可透過一套稱為獎賞和虐治的特殊法則而發生。

　　從實務的角度來看，這裡指的重要基本原則之一，是星盤中的每顆行星都渴望表現出各自先天所代表的相關含義。然而根據行星在星盤中的狀態，這些先天含義會受到肯定或否定，變得更好或更壞，即為吉星和凶星的介入。一般而言，吉星具有肯定、穩定或改善星盤中其他行星意義的特殊能力；反之，凶星有能力否定、攪亂或敗壞星盤中其他行星的含義。另一種看待此事的方法是，吉星擁有對星盤中事物說「Yes」的特殊能力，而凶星則擁有對事物說「No」的特殊能力。

　　例如在星盤中，金星的自然本質象徵婚姻主題。因此，星盤中金星及其他狀態將表明，命主是否可能在人生中的某個時刻結婚。若金星與木星有相位，那麼木星就能肯定金星的含義並對其說「Yes」，意味此人將在人生中的某個時刻結婚；反之，若星盤中的金星與火星或土星呈不利相位，那麼凶星將有特殊的能力來否定或對婚姻說「No」，意味著此人可能永遠找不到伴侶或結不了婚。

　　除了肯定或否定其他行星想要在星盤中表達的主題之外，吉星和凶星也有能力改變其他行星表達含義的品質，無論是變好或變壞。在這種情況下，吉星傾向改善事物的性質，而凶星則有能力破壞或降低其他行星含義的性質。例如，若吉星與星盤中代表朋友的部分相關，那麼命主可能會發現他們的朋友通常是好人，在其人生中扮演正面的角色；反之，若凶星與代表朋友的領域相關，那麼命主的朋友最終可能成為對命主人生帶來負面影響的有害人士。根據行星的具體配置，可以詮釋出各種不同情況，但一般的觀點是，

吉星和凶星不僅可以肯定或否定其他行星想要表達的事物，還可以改變其代表含義的性質，無論是好或壞。吉星和凶星的特殊能力，以及判斷它們在星盤中與其他行星關係的具體規則，將在稍後關於獎賞和虐治的章節討論。

◎吉星與凶星的光譜

　　大多數關於區別吉星／凶星的討論，都是按照光譜的兩極來呈現。然而，這並不是說吉星永遠只代表純粹正面的情況，或凶星永遠只代表純粹負面的意義。這些僅被視為是行星自然而然趨往的傾向；然而，在某些情況下，吉星被認為能代表負面或具挑戰性的事物，而凶星被認為能代表正面或具建設性的事物。行星所代表的含義會朝光譜較正面或負面的一端，很大程度上取決於在星盤中的狀態，某些考量因素會明確地改變行星在吉／凶光譜的作用。在判斷星盤中的行星是否以更正面或更負面的方式運作，區間」（sect，hairesis）是最為重要的概念，這將在本章後文進行討論。此外還有與星盤中行星的所在星座、相位和宮位相關的調整因素。

　　瓦倫斯在《占星選集》中有幾次明確地討論到這點。在第一冊的前文，他概述了相關特定的釋義原則：

> 處於有利且合宜位置的吉星，會根據它們自身及所在星座的先天本質，透過與各星體的相位和會合來發揮其應有的作用。然而，若處於不利位置，則暗示情況相反。同樣地，即使是凶星，當它們在自己的區間且處於有利位置時，能有效運作（chrēmatistikos），將賜予美好，並代表最偉大的地位和成功；當它們無法運作（achrēmatistikos）時，則會帶來災難和非難[181]。

　　這裡的一般原則是，當行星在星盤中處於有利位置時，往往更容易顯現其正面的意義，吉星更添吉性，凶星則傾向強調更具建設性的意涵，減弱其負面的意義。然而，若行星位置不佳，那麼即使是吉星，也可能意味著障礙或是由吉轉凶，而凶星的負面意義則可能加劇並更添凶性。

　　上述是一個總括的概念，一旦我們開始研究行星狀態的不同考量因素，這一概念便會反覆出現。不過現下重要的是瞭解吉／凶的區別，建立一套具有正反兩極的理想光譜。吉星與凶星各自的含義會更趨近光譜的一端而非另一端，不過在某些條件下，也有位於光譜的中間段和相反端的各種含義。就像希臘占星學中的許多事情一樣，在深入瞭解兩端之間的細微差別之前，首要定出光譜的兩極。

◎ 水星、太陽和月亮

　　水星在希臘占星學中經常扮演搖擺不定的角色。它可以朝任一方向發展，依據它在星盤中的狀態而採取特定的立場。也就是說，水星本質上被視為中性，但極易受到影響，並在大多數情況下，它傾向去適應星盤中與之最相關或最接近的任一行星。在吉星／凶星的區別脈絡下，當星盤中的水星與任一吉星緊密相關時，通常被視為扮演吉星的角色。這可能以不同的形式發生，例如，與吉星位在同一黃道星座且距離相近，或與吉星有主星座相位，或是受到入廟吉星的主宰。反之，當水星與星盤中的凶星緊密相關時，則扮演凶星的角色。水星依據與哪些行星有更緊密相關而採取特定角色的這種易受影響的傾向，在希臘化系統中多次出現，我們將在後續章節中看到。

　　至於太陽和月亮在吉星／凶星狀態的分類上，希臘化時期的不同作者間存在分歧。有些文本來源認為這兩顆發光體本質上都是吉星，而其他來源則認為它們是中性的。例如，瑞托瑞爾斯將太陽和月亮列為吉星[182]；赫菲斯提歐依循托勒密將月亮列為吉星，而水星和太陽則被認為是中庸或中性（*mesoi*）[183]。從實務的角度來看，大多數情況下，或許最好將這三顆行星的本質都視為中性。

區間

　　希臘占星學中最根本的概念之一是晝夜星盤的區別，即所謂的「區間」。從實務的觀點，區間是一種定性的區別，主要改變星盤中吉星和凶星的運作方式。這就是為什麼吉星並不總是能充分發揮其正面作用，以及為何凶星並不總是被視為全然負面的很大部分原因。區間是希臘化時期占星家用來判斷星盤中，各顆行星屬於吉星／凶星光譜中哪一端的主要準則。儘管它在希臘化傳統中非常重要，但區間卻是未能留存至現代占星學的主要概念之一，直到近二十年，才開始重新被運用於占星的常規中。

◎行星的區間

　　根據這個概念，行星被分成兩個組別、派別或「區間」，源自希臘文 *hairesis*。一個是由太陽主導的白晝或日間行星組，另一個是由月亮帶領的夜晚或夜間行星組。作為各自區間的主導，這兩顆發光體有時被稱為「區間光體」（sect light）。接著，其餘的行星各自被分配到兩個組別，每一組別分配一顆吉星和一顆凶星。木星和土星屬日間區間，而金星和火星屬夜間區間。

　　水星屬中性，通常被認為能夠加入任一組別，取決於它在特定星盤中與哪顆行星最相關。根據托勒密和波菲的說法，當水星是晨星，即在命主出生那天早於太陽升起，屬日間區間；而當水星是夜星，即在命主出生那天晚於太陽落下，則屬夜間區間[184]。然而，關於如何判斷特定星盤中水星的區間可能存在分歧，因為瓦倫斯似乎對水星採用了不同的規則，稱水星所屬的區間，取決於它位在哪顆行星掌管的界（*horia*）。我們將在稍後討論這個概念[185]。至於其他文本，《密西根大學圖書館的莎草紙》寫道，「水星在夜間屬於月亮，在日間屬於太陽[186]。」就實務面而言，水星的狀態似乎不會造成重大影響，因為區間主要是作為吉星與凶星的調整因子，不過這可能是仰賴更多研究的領域。

圖 7.1 - 行星的區間

◎ 判定日間盤或夜間盤

　　任何希臘化時期的星盤解讀中，首要考量之一是確定命主出生於白天或夜間，藉以判定星盤的整體區間。若一個人出生於白天，我們會說這是一張日間盤，若出生在晚上，就會說這是一張夜間盤。

　　文本通常沒有具體說明星盤何時為日間盤或夜間盤，但有個很好的準則可依循，即一旦太陽到達並上升到上升點的精確度數之上，就會變成日間盤，因為上升點代表太陽每日早晨升起的東方地平線；反之，當太陽落下並下沉到下降點的精確度數之下，就變成夜間盤，因為下降點代表每日黃昏太陽沉落的西方地平線。因此，若太陽位於星盤上半部，即在上升點－下降點橫軸的精確度數之上的任何位置，為日間盤；若太陽在星盤下半部，即在上升點－下降點橫軸的精確度數之下的任何位置，則為夜間盤。

　　然而由於黃昏黎明的特性，對於星盤在日夜間盤之間精準的交替時刻，仍存在歧義和爭論。就像早晨太陽到達上升點精準度數之前，天空已經開始變亮一樣，在傍晚太陽沉落到下降點的度數以下之後，天空仍有一段時間是明亮的。因此，在地平線以下可能有一小段度數，是太陽即將開始或歇止日間的運行，但要能精準定出此段度數範圍以供實務運用，仍是進行中的研究課題。

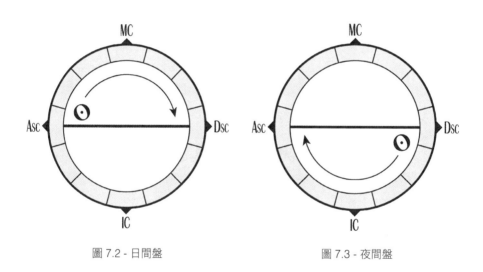

圖 7.2 - 日間盤　　　　　　　　　　　　圖 7.3 - 夜間盤

◎ 區間作為定性因子

　　區間主要是改變星盤中行星吉凶性質的定性因子（qualitative factor），而不是改變行星強弱或突顯程度的定量因子（quantitative factor）。

　　星盤中的各顆行星都喜歡位在與自己相配的區間中，在這種情況下，希臘化時期占星家有時會使用術語來描述行星更加開心或「歡喜」（rejoicing，*chairein*）。當星盤中的行星位在與其偏好相符的區間時，稱為「在區間內」或「屬於區間」（*tēs haireseōs*）。例如，當日間行星木星位於日間盤時，

就是「在區間內」。當吉星在區間內會更添吉性，例如木星在日間盤或金星在夜間盤的時候，此時吉星的正面意涵會更加突顯且被加強；而凶星在區間內則顯得不那麼凶，例如土星在日間盤或火星在夜間盤時，此時凶星的負面意涵受到壓抑，而其更正面或建設性的意義會被彰顯。

另一方面，當星盤中的行星位在與其偏好不相配的區間時，行星可能被描述為不開心，甚至可能變得憤怒。當星盤中的行星位在與其偏好相反的區間時，稱為「區間外」（para tēn hairesin）。瓦倫斯曾將這種對比描述為行星是否「與該區間有熟悉或陌生的關係 [187]。」吉星於區間外則少些吉性，例如木星在夜間盤或金星在日間盤，此時吉星的正面意涵受到壓抑，雖說仍是相當正面的，但卻不如原先那樣傾向於促成好事。而當凶星處於區間外時，會更添凶性，例如土星在夜間盤或火星在日間盤，凶星的負面意涵變得更加嚴重，其運作方式會變得更加棘手且具潛在破壞性。

這種區別為吉星和凶星建立了一套光譜，其變化取決於行星位於日間盤或夜間盤。在日間盤，木星代表吉星光譜最正面的一端，火星則代表凶星光譜最負面的一端；金星和土星落在光譜的中間或較中段的部分。反之，在夜間盤，金星代表吉星光譜最正面的一端，土星則代表凶星光譜的最負面的一端；木星和火星則落在光譜中間或較中段的部分。

費爾米庫斯針對行星所在的區間給予不同的描述。他對土星在第八宮的詮釋，提供了一則明確的例子：

> 土星在第八宮，若是日間盤，能在一段時間後增加收入。若土星入廟或在火星的界，表示會從陌生人的死亡中繼承遺產。但若土星在夜間盤，遺產就會丟失 [188]。

請注意，日間盤土星在八宮的詮釋是相當正面的，因為土星屬日間行星而喜歡待在日間盤，但在夜間盤，預測結果明顯變得負面，因為土星會是區間外。我們發現費爾米庫斯針對木星在第十宮也有一段根據星盤區間予以

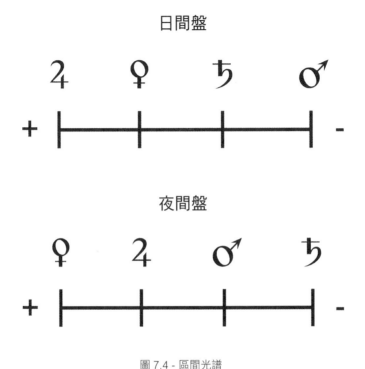

圖 7.4 - 區間光譜

調整的類似詮釋：

> 木星位在日間盤第十宮（即上中天），代表成為公眾事業的首腦、重要
> 國家的領導人、備受人民崇敬的人、急於出人頭地受到歡迎。這類人總
> 是能享有美好的生活，有些人承繼偉人和皇帝的事業，有些人則終其一
> 生都能獲得回報和獎賞。（……）但若木星落在夜間盤第十宮，命主雖
> 然品格高尚，但卻容易受騙，其所繼承的遺產往往很快就被浪費光了
> [189]。

　　此處費爾米庫斯對木星在日間盤第十宮的詮釋是非常正面的，然而當轉
換到夜間盤時，雖然仍保有適度的正面性，但最終的描繪卻變得更加悲觀。
此一原則同樣適用於其他吉星和凶星，取決於它們位在日間盤或夜間盤，而

這點似乎是所有希臘化時期占星家都非常一致採用的解盤原則之一。

◎ 判斷最正面和最負面的行星

從實務的角度來看，區間作為技法最具實用性的一點是，可以很容易地快速判別星盤中最正面和最負面的行星。一般來說，日間盤最正面的行星是木星，而夜間盤最正面的行星是金星；反之，夜間盤最負面的行星是土星，日間盤最負面的行星則是火星。雖說有些緩解因子（mitigating factor）能改變星盤中行星的狀態和運作，但在多數情況下，這條規則仍大抵適用。

這條規則還隱含著一種概念，即在特定星盤中屬於區間內的行星往往有利於命主，而區間外的行星則傾向對命主不利。一旦我們開始查看星盤案例時，就會看到這一原則更生動地展現。

◎ 歡喜的條件

據說還有兩個與區間相關的條件可以讓行星「歡喜」（chairein）。

第一個行星歡喜的條件是相對於地平線的位置 [190]。根據這條規則，日間行星在日間盤位於地平線以上，或在夜間盤位於地平線以下時得歡喜。換句話說，在日間盤，太陽、木星和土星更喜歡在星盤上半部，位於上升點－下降點橫軸的度數之上，但在夜間盤，則更喜歡在星盤下半部，位於上升點－下降點橫軸的度數之下。反之，夜間行星在夜間盤位於地平線以上，或在日間盤位於地平線以下時得歡喜。具體來說，月亮、金星和火星在夜間盤更喜歡在星盤上半部，在日間盤則在偏好在星盤下半部。

第二個與區間相關的歡喜條件是根據黃道星座。然而，由於希臘化傳統中對這項歡喜條件存在分歧，因此至少有三種的不同說法：

1. 根據第一種說法，陽性星座與日間區間相關，而陰性星座則與夜間區

間相關。據此說法，日間行星在陽性星座得歡喜，而夜間行星在陰性星座得歡喜。此說法在希臘化傳統晚期成為最流行的一種，也許是受到托勒密提倡此方法的影響[191]。

2. 在第二種說法中，黃道星座沿著巨蟹座－獅子座軸線被分為兩個半球。獅子座到摩羯座被認為屬日間，而水瓶座到巨蟹座被認為屬夜間。

3. 在第三種說法中，星座的區間是依星座主星的區間而定。例如，金牛座為夜間星座，因為它由夜間行星金星所統治。水瓶座為日間星座，因為它由日間行星土星所統治；以此類推。

歸根結底，歡喜條件（尤其以星座判別歡喜）在希臘化傳統中似乎並不像首要考量因素那般重要或受重視；首要考量因素只考慮是日間盤或夜間盤，以及哪些行星在星盤中屬於區間內或區間外。

在中世紀傳統中，這兩個歡喜條件的重要性被提升到與首要考量因素相等的地位，我懷疑這可能導致了區間技法的使用隨著時間推移而衰落[192]。這與中世紀的區間（hayyiz，或 hayz）學說有關，根據該學說，行星符合三個區間條件中的任一項都可獲得一分，若一顆行星在三個條件中都處於非常好的位置，那麼該行星被認為是最佳狀態。此一學說的問題在於它對三個條件一視同仁，然而實際上最重要且首要的條件只是行星是否與其星盤屬於相同區間。對區間之正確運用方式的模糊不清，導致該學說的運用在十七世紀開始式微；到了二十世紀，則已經完全從傳統中消失了。因此，雖然歡喜條件尚待驗證，但從希臘占星學的角度來看，著重於首要條件才是最為重要的。

陽性與陰性

行星通常也依性別加以區別，有些被概念化為陽性，有些則被概念化為陰性。在最基本的層面上，這種區別可能源自於太陽和月亮之間的差異及各別的象徵意義，即一個是發射光，另一個則接收或反射光，然後延伸到傳統

上與兩性相關的某些性質。小奧林匹奧多羅斯在西元六世紀的一部哲學著作中簡明扼要地概述這一觀點：

> 人們進一步說太陽是男性，月亮是女性，因為男性是給予，女性是接收。因此，由於太陽發出光而月亮接收光，他們稱太陽為男性，稱月亮為女性[193]。

在這組基本的二元對立建構之後，其餘行星也被分配性別。這種區別導致了類似區間的劃分，但分類上略有不同，意味它是基於一套不同的標準。我們從現存文獻中發現了一組最常見的性別分配，是由托勒密概述：

陽性：太陽、木星、土星、火星
陰性：月亮、金星
中性：水星

赫菲斯提歐與其他人後來都依循托勒密的分配[194]。大多數作者傾向於將水星視為中性性別，且能依其在星盤中的狀態而成為陽性或陰性。托勒密和其追隨者認為，水星作為晨星時屬陽性，作為夜星時屬陰性[195]。瑞托瑞爾斯似乎是個特例，他將水星列為陽性行星[196]。

這套性別分配的標準是有問題的，因為當涉及火星時會造成與區間的不一致。根據區間，火星被視為夜間行星，但根據性別分配，它被視為陽性行星。這與一些歡喜條件相抵觸，因為通常來說，夜間行星在陰性星座或當它們為夜星時得歡喜，而陽性行星則在陽性星座或為晨星時得歡喜[197]。出現這種差異的可能原因之一是，若托勒密概述的標準性別分配最初源自希臘萬神殿中與行星相關的眾神之名，那麼就會早於其他概念的系統，例如後來出現的區間。在希臘神話中，赫利俄斯、宙斯、克洛諾斯、阿瑞斯和赫米斯都是男性神祇，而塞勒涅和阿芙蘿黛蒂是女性神祇。托勒密試圖將性別分配合理化，說月亮和金星屬陰性，因為它們的本質過於潮濕，而太陽、土星、木星和火星屬陽性，因為它們更具有乾燥的特性[198]。然而，尚不清楚是否

所有占星家都依循這個理論。

雖然托勒密的觀點隨著傳統的發展而逐漸被接受，但值得注意的是，安提阿古斯、斯拉蘇盧斯和波菲等早期作者並未具體說明行星的性別，而只在與黃道星座相關，或行星作為晨星或夜星時才會提到性別。這引發了一些疑問，即性別是否一直被視為行星的先天屬性，抑或如一些占星家所認為，它是可變的，取決於諸如行星的所在星座等因素，尤其因為每顆行星都被認為分別主宰一個陽性星座和一個陰性星座——因而兼具陽性或陰性的表達。

此外，都勒斯的性別分配可能略有不同，他將土星分配為陰性[199]。該引用僅出現在都勒斯已經毀損的阿拉伯文譯本其中一行，因此，這也許只是公認文本（received text）中的一個錯誤，但卻創造了一個非常對稱的設計：

陽性：太陽、木星、火星
陰性：月亮、金星、土星

可惜的是，很難確定這是否代表一種另類傳統，因為大多數的晚期傳統傾向依循托勒密，將土星列為陽性，因為克洛諾斯神是男性神祇，或許在希羅文化中較容易建立連結[200]。此外，都勒斯後來討論到手足時，認為土星和太陽代表兄長，月亮代表姊姊、金星代表弟妹，這可能意味著早先提到土星為陰性的文本有誤[201]。但這不是都勒斯阿拉伯文版本公認文本中的唯一錯誤，因此我們可能需要更謹慎，切勿理所當然地將其視為合理的變異傳統[202]。即便如此，將土星列為陰性卻是可以聯想到的，因為這樣符合對稱原則。我們會看到在希臘占星學的其他領域中，占星家嘗試創造類似的對稱性，故而這點可能值得進一步研究。

唯一可能的相似之處是我從其他同時代的來源中留意到，一些晚期占星家將土星與猶太神祕學說「生命之樹」中稱為理解（Binah）的球層做連結，它顯然被視為陰性。這是個誘人的相似之處，特別是生命之樹取材自《創世之書》（*Sefer Yetzirah*，暫譯），據說可溯及西元最初幾個世紀的文

獻 [203]，而這可能與都勒斯的年代大致相同。可惜的是，目前尚不清楚生命之樹的傳統與行星的對應是建立於多早之前，有可能到中世紀才變得普遍。這點尚不確定，因為現存最古老關於《創世之書》的文本和評論只能追溯到西元十世紀，但它們都被認為是基於更早的傳統 [204]。因此，雖然這個相似之處很有趣，但尚不清楚是否可以從中得出任何明確的結論。

應該注意的是，在希臘化占星傳統中，性別不一定是固定不變的，因為還有其他的考量因素可能改變星盤中行星的性別表達。待討論如何應用晨星與夜星，以及黃道星座的性別分配時，我們將回到性別議題及其實際應用。

在太陽光束下

當行星離太陽太近便無法以肉眼看見，發生這種情況時，行星被認為是「在太陽光束下」（under the beams ／ under the rays，*hupaugos*）。根據行星與太陽的距離，行星變得可見或不可見的確切範圍取決於所涉及的行星，以及其他天文和大氣因素。然而，希臘化時期占星家通常使用距離太陽兩側15 度的標準範圍，來認定行星「在太陽光束下」[205]。因此，根據希臘化傳統，任何行星與太陽在 15 度內會合，都被視為「在太陽光束下」。

當行星在太陽光束下，它的光會由於太靠近太陽而完全被吞沒和遮蔽。行星在太陽光束下通常被解讀為，像是行星在星盤中的角色帶有隱藏、模糊

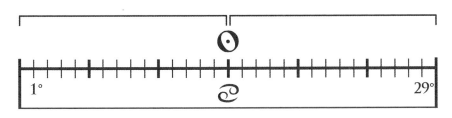

圖 7.5 - 在太陽光束下的範圍

或祕密之事。這一原則在源自都勒斯的一段摘錄中有所總結，認為在太陽光束下的行星會「被掩蓋和隱藏」，而不在太陽光束下的行星則會「使事情顯化」[206]。在此處和其他出處，有一詞意為「下降」或「沉落」（dutikos），用於指稱在太陽光束下的行星，而另一詞意為「上升」或「升起」（anatolikos）則用於指稱不在太陽光束下的行星。同樣地，在另一段摘錄中，在太陽光束下與「隱藏」（kruphia）相關，而不在太陽光束下的行星與「可見性」和「不會掩人耳目」相關[207]。

當檢視星盤中與特定主題或角色相關的行星時，這成為了一個具體的釋義原則。例如瑞托瑞爾斯說，當象徵婚姻的行星在太陽光束下，命主將會祕密結婚[208]。其他出處為都勒斯的摘錄，在有關即時占星的內文寫道，「當月亮在太陽光束下，對小偷和逃跑者很有利，因為其隱蔽性[209]」。

更廣泛地說，星盤中在太陽光束下的詮釋是負面的，除非有一些顯著的改善因子抵消此一配置。包路斯說，行星在太陽光束下會變得「無力」（adranēs）和「無效」（apraktos），尤其當其位在太陽 9 度內時[210]。在都勒斯的另一段摘錄中，當他描繪象徵命主職業的行星在太陽光束下會發生何事時，似乎將軟弱與默默無聞的概念結合：

> 當代表職業（praxis）的行星在太陽光束下，代表下屬和受指揮的人、聽命於人的人，（以及）為工資勞動而默默無聞和聲名狼藉的人[211]。

瓦倫斯更籠統地談到，在太陽光束下的行星會帶來「個人成就的障礙和痛苦」，而「他們往往堅守地位並且寄與厚望，結果卻讓他們變得更糟[212]」。

在其他與醫學相關的內文，在太陽光束下的行星有時與身體內部相關，而不在太陽光束下的行星被解讀為表示身體外部。例如，當一顆表示身體受傷的行星在太陽光束下，則代表身體有內傷或病痛，而不在太陽光束下的行星則代表外傷[213]。瓦倫斯談到在太陽光束下的行星有時代表「身體隱藏部分的危機、疾病和痛苦[214]」。因此，隱藏的概念延伸到指身體內部。

◎ 偕日升與偕日降

　　當在太陽光束下的行星遠離太陽達到 15 度的範圍之外時，稱之為「升起」或「出現」（*anatolē*），因為這顆行星實際上是從太陽的光束下升起並再次可見（從我們的角度來看），當代天文術語稱之為偕日升（heliacal rising）。根據《密西根大學圖書館的莎草紙》的說法，「當太陽離開行星 15 度時，行星就會升起並給予命主特殊的力量[215]。」當行星在命主出生後七日內形成偕日升時，在星盤中被認為是特別突顯而強大的，幾乎就像是個驚嘆號被置於行星旁邊。這個特定的七日範圍在整部文獻中偶爾會提到。例如，在都勒斯的摘錄中，我們發現了一段陳述：

> 若代表財富的行星在太陽光束下，但在七日之內即將升起，代表將會賜予被許多人忽視的祕密財富[216]。

　　赫菲斯提歐發表了類似的陳述（可能引自都勒斯），他說若一顆吉星與星盤中象徵生計的宮位有星座相位，它在太陽光束下，但將在出生後的七日內升起，那麼將會賦予財富和富裕[217]。

　　另一方面，若行星是移往太陽光束下的 15 度範圍內，通常被解釋為變弱或被遮蔽，且狀態由好轉壞。曼內托簡潔概述了偕日升／偕日降，如下：

> 所有的行星在升起時都得歡喜，就像每顆行星在自己主宰的星座皆得尊貴。正在升起的行星猶似處於年少期，氣力強大，能為命主完成所有事情。而正在下降的行星，就像隨著歲月的流逝而變得緩慢，在猛烈的光束下，行星變得不幸而虛弱，失去原有的力量[218]。

　　在其他出處，赫菲斯提歐引用都勒斯的說法，當希臘點的主星在太陽光束下或即將位於太陽光束下，該希臘點所代表的任何事物都將「乾涸」、「衰弱」或「枯萎」（*marainetai*）[219]。這似乎暗示了更廣泛的釋義原則，其中太陽光束被視為對行星有害，因為它們既熱且會灼傷。打個比方，這就像一

個人被困在毫無遮蔭的沙漠之中，太陽直射頭頂，將身上的生命榨乾，並因高強度的熱力而導致中暑。而這個比喻則帶出下一個釋義原則。

◎ 作為緩解因子的戰車

我們看到在希臘占星學不同部分反覆出現的主題之一，是存在可以改變或抵消特定星盤配置的緩解因子，無論變好變壞。瓦倫斯在談論吉凶時順帶提到了這個原則：

> 即使吉星能夠促成某事，若與凶星會合或有相位也會阻礙好事。若只有凶星或只有吉星的會合或相位，而沒有與其他行星的相位，則結果好壞分明[220]。

這裡瓦倫斯談論的是吉星和凶星有能力相互緩解，但也有適用於其他條件的緩解因子，例如在太陽光束下。波菲與瑞托瑞爾斯依循安提阿古斯，認為只要行星位於自己的廟、旺或界，就不會因處於光束下而受到阻礙[221]。占星家將這種情況稱為行星在「戰車」（lampēnē）上，《希英詞典》說明這個詞有時用於非占星學的文字中，指的是一種在希羅時期使用的有蓋戰車。這個詞似乎就是為了喚起一種畫面，一個人駕著有蓋的戰車，能保護他們免受太陽的刺眼光芒。這是研究行星在太陽光束下的一個必要考量的緩解因子，因為安提阿古斯說，即使行星在太陽光束下，只要在戰車上，仍可以「強大」或「有力」（dunatos）。

◎ 在太陽的核心

在希臘化傳統接近尾聲時，瑞托瑞爾斯就個人觀察提出，行星若距離太陽 1 度內，似乎不會因為在太陽光束下而受到傷害。他將這種情況稱為在太陽的「核心」（in the heart，enkardios）。他說道：

> 古人都不曾提到這個階段，但是，我們從經驗中發現（它），便將其添

加到列表中，因為即使托勒密將會合稱為一個階段，卻未提到效力[222]。

尚不清楚這段個人陳述是出自瑞托瑞爾斯本人或援引自他人，而且由於波菲也簡要提到與太陽會合在 1 度內，只是並未將之稱為「在核心」，這使情況變得複雜[223]。我們只能說，在太陽核心的這個概念不曾出現在任何現存的希臘化早期作家文本中，因此不清楚除了瑞托瑞爾斯之外，是否還有其他作者將其列為重要的改善因子之一。

這個條件被一些後來的中世紀占星家所採用，將其視為強化行星的條件。中世紀早期的占星家，例如薩爾・伊本・畢雪，他和瑞托瑞爾斯一樣，以相同方式定義此一條件，即行星距太陽 1 度內[224]。中世紀晚期占星家，例如卡比西（al-Qabīsī）和阿布・馬謝，則將範圍縮小到與太陽在 16 分內會合[225]。這在中世紀晚期傳統中被稱為核心內（cazimi），源自阿拉伯文 kasmimi，意思是「彷彿在核心」，亦即瑞托瑞爾斯文本的希臘文術語中對此一概念的直接表達。

晨星與夜星

目前為止所探討的考量涉及行星與太陽之間的關係，也稱為日相周期（solar phase cycle）。另一個與日相周期相關的重要概念是晨星與夜星的區別。

當命主出生時，先於太陽從地平線升起的行星，稱為「晨星」（heōia）或「晨升者」（heōias anatolēs）[226]。反之，當命主出生時，晚於太陽落入地平線之下的行星，稱為「夜星」（hesperia）或「夜升者」（hesperias anatolēs）。在拉丁文中，費爾米庫斯將這些階段稱為 matutine 和 vespertine，意思分別是「早晨的」或「傍晚的」[227]。

晨星總是先於太陽，在度數或星座順序上較早（逆時針方向），而夜星

在度數或星座順序上總在太陽之後，直到對分相。例如，今天太陽在獅子座
8 度，月亮在巨蟹座 11 度，金星在獅子座 23 度，水星在處女座 1 度，木星
在處女座 22 度。由於月亮在星座和度數的順序比太陽前面，今天的月亮先
於太陽從地平線升起，因此月亮為晨星或晨升者。反之，金星、水星和木星
在星座和度數的順序都比太陽晚，只有在傍晚太陽下山之後才能看到它們，
因此它們是夜星或夜升者。這裡必須瞭解的關鍵細節是，行星要能被看見，
必須與太陽相距 15 度以上，才適合將其稱為「晨升者」或「夜升者」，瑞
托瑞爾斯特別提到了這點 [228]。因此，行星僅是在黃道順序上先於或晚於太
陽是不夠的，還得與太陽有足夠的距離，才算是可見的偕日升，也因而不在
太陽光束下。在上述例子中，金星才剛剛離開太陽走了 15 度，因此金星為
偕日升，並為夜星或夜升者。

　　從詮釋的角度來看，晨星被認為較偏陽性、活躍，在命主的人生中會
較早顯現它們所代表的事物而不會延遲 [229]；夜星則被認為較偏陰性、被動，
在命主的人生中則較晚或延遲實現它們所代表的事物。我們將在後續談及黃
道星座的性別時，討論這個概念的實務應用及其所涉及的事物 [230]。

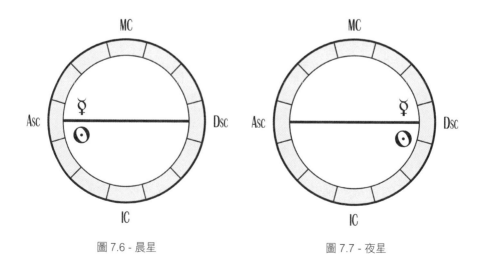

圖 7.6 - 晨星　　　　　　　　　　　　　　圖 7.7 - 夜星

行星速度、逆行與停滯

　　有關行星的行進速度比平常快或慢，文本時而對此有不同詮釋。行星的標準速度是透過其平均每日行進速度來衡量的，即行星在二十四小時內沿著黃道運行的平均距離（以黃道上的經度來衡量）。當行星的行進速度超過日均速時，被稱為「加法」（*prosthetikos*），並且被認為會在命主的人生中更快或更早地實現它所代表的事物。反之，當行星的行進速度低於日均速時，被稱為「減法」（*aphairetikos*），這被視為暗示行星所代表的事物將會延遲或遲滯。

　　術語「加法」和「減法」有時也被用來描述行星的順行與逆行（意即行星沿黃道向後退行），亦不清楚有些作者將術語作何解釋。通常用來指稱行星逆行的特定詞是 *anapodismos*，字面意思是「往回走」，或有時是 *hupopodizontes*，意思是「原路返回」[231]。現存文本中很少提及行星逆行和停滯，在解釋上亦有歧義。在某些情況下，行星停滯被視為具有暫時強化行星含義的能力[232]。然而，在許多情況下，行星逆行似乎暗示其所代表的含義會延遲展現。包路斯將行星逆行與在太陽光束下或衰落（declining）歸為一組，稱它們較「無力」（*adranēs*）、「無效」（*apraktos*）和「無足輕重」（*anepiphantos*）[233]。

　　瓦倫斯在討論流年小限法（Annual Profections）的行運技法中，簡要陳述了行星停滯和逆行，當行星逆行或停滯時「會延遲期待、行動、獲益和計畫[234]」。接著補充道，當行星處於逆行階段，會被「削弱」（*asthenes*）和「克制」或「受阻」（*empodistikos*），只提供「表象」（*fantasias*）和「希望」（*elpidas*），他似乎暗示這只是虛幻的[235]。最後，當行星停滯轉順行時，會「消除障礙、恢復並帶來生命的穩定和修正[236]。」雖然瓦倫斯的這些陳述出現在小限法和流運的討論內文中，但就占星家會如何從象徵的角度來解讀此一特定天文周期，卻提供了有價值的見解。

升交點與降交點

　　月交點是月亮路徑與黃道路徑相交於黃道上的移動點。儘管在現代占星學中很顯著，但在希臘占星學中，這些交點的討論並不常見；不過我們有足夠的參考文獻能對不同作者的使用情況有基本的瞭解。現代占星師所說的月亮北交點，希臘化時期占星家通常稱為「升交點」（Ascending Node，*anabibazōn*），因為這是月亮朝北緯方向行進與黃道的交會點；反之，月亮南交點被稱為「降交點」（Descending Node，*katabibazōn*），因為這是月亮朝南緯方向行進與黃道的交會點。「交點」（node）一詞源自希臘文 *sun-desmos*，意思是「結合」或「緊捆」，因為它代表黃道和月亮運行軌道相交並會合於一處的點。在文本中，交點有時也被稱為「蝕的地方」（*ekleiptikōn topōn*），因為當新月或滿月發生在交點附近時，會導致日蝕或月蝕。本質上，交點指的是太陽和月亮軌道間的交叉點[237]。

　　由於這些交點與黃道上發光體的蝕點重合，因此通常帶有許多相關的負面含義，尤其是與太陽或月亮構成緊密度數或以某種形式相連結時。安提阿古斯特別提到月亮在交點附近是困難的，因為這是發生蝕的地方[238]。瓦倫斯說這些交點是「強大的」（*dunastikos*），他強烈建議不要使用月亮與升交點會合、四分相或對分的即時星盤（即擇時盤），尤其當度數相同時[239]。他說，當月亮行經蝕點所展開的新冒險將不會實現，或將是「不完整的」（*ateles*）、「易變的」（*eumetanoētos*）和「受到懲罰的」（*epizēminos*）[240]。在同一章中，他繼續一反常態地長篇大論，悲觀地咆哮著，在即時星盤中，當月亮與交點構成困難相位時，會有多麼棘手。這顯然是基於他的個人經驗，他說道：

　　切勿開始任何事情：不要航行、不要結婚、不要見面、不要開始任何事情、不要種植、不要介紹；總之，不要做任何事。在此時開始的事將被認定不安全或容易有壞的結局；這將是令人遺憾的、不完整的、受到懲罰的、悲傷的、不持久的。若有人似乎在蝕的這幾天開展任何生意，這門生意將會破產、帶來麻煩、遭受處罰、容易搞砸和成為絆腳石。即使

是吉星剛好位在這些地方也做不了什麼好事。因此，即使沒有（諮詢）
本命星盤，留心當前流運月亮是否行經升交點，總是不會錯的[241]。

　　瓦倫斯接著說，雖然他早就知道這個一般法則，但有時他仍得在月亮與
交點會合或形成四分相或對分相時開始某些活動，他觀察到每次事情總會
出差錯、被延誤和發生問題[242]。赫菲斯提歐在即時占星中也有類似的說法，
交點代表事物不完整、有缺陷和可能發生逆轉[243]。他在其他章節說道，「月
亮在交點或在南緯時會變壞[244]。」在明顯摘自瑞托瑞爾斯《赫爾墨斯占星
文集》的一章中提到，交點意味著命主人生中的「遊蕩」（*errores*）以及「干
擾」（*turbationem*）[245]。相同的文本寫道，當交點與任何一發光體會合時，
代表對父母的傷害[246]。

　　瓦倫斯是占星家中唯一認為升交點會破壞其所在的黃道星座以及該星
座主星的力量[247]。他接著說，流運交點也是如此，無論交點在這一年間行
經什麼星座，該星座的力量都會被破壞，因此該星座主星的力量也將完全被
削弱，直到交點離開該星座為止。可惜的是，據我所知，其他作者都未曾提
過這一學說，所以並不清楚其他人是否對交點抱持相同的看法。

　　早期作者只是偶爾提到這些交點，而交點也很少出現在星盤案例或現存
的天宮圖中，但到了瑞托瑞爾斯的時代，似乎就已經融入了占星傳統，雖然
也可能已經發展出與先前不同的關聯性。在瑞托瑞爾斯的作品中，升交點與
吉星同在通常被視為吉，但與凶星同在則被視為凶；而降交點與吉星同在被
視為凶，而與凶星同在則被視為吉[248]。儘管瑞托瑞爾斯似乎沒有明確說明，
但不禁令人將中世紀晚期的基本理論視為此概念論證的一部分。該理論認為
升交點具有增加或放大的性質，而降交點具有減少或降低的性質。西元九
世紀的占星家阿布・馬謝明確地將這種概念歸功於「一些早期作家[249]」。
當時的普遍想法是，升交點遇吉星則吉，因為它增加吉星向善的傾向，而遇
到凶星則更凶，因為它加劇凶星向惡的傾向；反之，降交點遇吉星則不利，
因為它減少或降低吉星先天的正面性質，而降交點遇凶星有利，因為它減少
或抑制凶星先天的負面傾向。

　　可惜的是，目前尚不清楚這個看法多大程度上代表瑞托瑞爾斯時代占星傳統的晚期發展，或是他確實保留了較古老的文獻，只是這些文獻在早期留存的希臘化傳統文集中並未得到很好的體現。瓦倫斯在《占星選集》第一冊中，有一段簡短但具啟發性的段落提到了交點；他說道，查看吉星是否與交點有星座相位是重要的，尤其是升交點，若有相位，那麼命主將「富庶而成功的[250]」。他還提到，即使命主的星盤沒有暗示將會顯赫，但吉星與升交點形成相位表示「命主將崛起並登上高位」，似乎強調了升起和上升的概念。然而，他補充道，當凶星與（升？）交點有星座相位時，則表示失去和非難。雖然這個看法讓人聯想到瑞托瑞爾斯，但尚不清楚此一釋義原則是否能以同樣方式適用於兩個交點，或是否像瑞托瑞爾斯那樣反著解釋。瓦倫斯只說要查看吉星是否與交點有星座相位，「尤其是」（malista）升交點；但不清楚他是否跟晚期作者（如瑞托瑞爾斯）一樣採用明顯的區別。

　　在其他出處，赫菲斯提歐的著作中也有一段類似而簡短但更具暗示性的段落，保留了都勒斯文獻中用於買賣商品的即時星盤，這或許能說明瑞托瑞爾斯後來的用法。赫菲斯提歐總結了以下原則：

當滿月時，經緯度數增加且在升交點，市場上的買家將支付更高的價格；但是當月亮減光時，數據減少且在降交點，買方將支付較少的價格[251]。

赫菲斯提歐繼續引用都勒斯的原始韻文：

當賽勒涅行經上行中的交點，
若充滿光亮，她的運行數據也增加了，
無論你買什麼，你都會付出比你需要付出的更多。
但若往下行路徑繼續前行，她的運行數據減少了，
越來越小，購買將變得容易[252]。

這裡的「上行中的交點」顯然是升交點，而格拉馬格利亞說「下行路徑」

可能指「朝向或在南交點附近，緯度減少[253]」。因此，這似乎是一個非常明確、可溯及西元一世紀的參考文獻，表明升交點與增加的性質相關，而降交點與減少的性質相關的早期概念。相較於前輩，瑞托瑞爾斯或許有所延伸或更深入地闡述這個概念，因為他似乎比大多數希臘化時期占星家更頻繁地提到交點，但是，這同時也表明了他部分援引自一套與交點相關、既存的傳統概念。然而，這可能僅是將交點概念化的一種方式，就某些方面而言，可能代表了以月亮緯度的增加和減少作為象徵意義之依據的一種看法。另一種觀點，則依據交點與蝕的關聯做出了解釋，將之視為一種不祥且令人不安的現象。

註　釋

1　Campion, *A History of Western Astrology*, vol. 1, p. 153.

2　然而請留意，在《蒂邁歐篇》Plato 稱水星「據說對赫密士而言是神聖的」。Plato, *Timaeus*, 38d, trans. Waterfield, p. 27。*Epinomis* 的標準版和評論是 Tarán, *Academica: Plato, Philip of Opus, and the pseudo-Platonic Epinomis*。翻譯見：Plato, *Charmides, Alcibiades 1 & 2, Hipparchus, The Lovers, Theages, Minos, Epinomis*, trans. Lamb。

3　更多資訊見先前的占星家章節中關於特烏瑟的詞條。

4　可惜的是， Montanari, *The Brill Dictionary of Ancient Greek* 出版較晚，因此我未能即時將其應用於本書中。

5　我所比較的瓦倫斯不同譯本有：Valens, *Vettius Valens d'Antioche*, trans. Bara; Valens, *The Anthology, Book 1*, trans. Schmidt（1993）；Schmidt, *The Kepler College Sourcebook*（2005）, pp. 42–45; Valens, *Anthology, Book 1*, trans. Holden（unpublished）; Beck, *A Brief History of Ancient Astrology*, pp. 74–76; Valens, *Anthologies*, trans. Riley。Beck 大致依循了 Bara 的譯文，但省略了含義不明的任何字詞。

6　相關問題的更廣泛討論，見：Heilen, "Problems in translating ancient Greek astrological texts"。

7　*Hēgemonian*，「領導」（leadership）、「霸權」（hegemony）或「至高無上」（supremacy）。那些處於指揮結構最頂端的人。

8　*Nous* 是複雜的詞，通常指「心智」或「智力」，亦可指一個人的感知或理解（percipience），以及一個人的思維方式或態度。

9　Beck 推斷與諸神的「交涉」是透過神諭發生的。

10　*Praxis* 也經常被稱作第十區位的象徵，因為此術語也可指一個人的「行為」或「作為」，在占星文本中經常與一個人的事業或職業連結。好比英文中詢問某人的職業時會說「你是做什麼的？」。

11　*Endoxa prosōpa* 字面意思是「有名的面孔」或「知名人士」，帶有尊敬和榮譽的基本概念。換言之，即聲譽卓著的人，甚至可能是「名人」。

12　此處「本國的大祭司」之後有缺漏，然後在文本中接續陳述「地方」（*topōn*，屬複數形式）。根據 Pingree 的說法，Wendland 認為 *topōn* 之前缺漏的詞是 *prostasias*，意味著在 Valens 的文本中缺失的可能是類似「地方的領導者」或「地方的管理」的詞語。

13　Porphyry（*Introduction*, 45）指出太陽掌管男性的右眼和女性的左眼。但是 Valens 和 Teucer／Rhetorius 都沒有提到這點，所以不確定這是否被普遍採納。也許有被採納，但 Valens 和 Teucer 的行星含義列表預設對象只有男性。

14　*Pleurōn*。也作「兩側」或「肋骨」。

15　我依循 Riley 的提示，以不同於其他譯者的方式來拆分此一身體部位，因此含義有顯著的改變。這涉及閱讀行星含義時，不將之當作一連串不同的含義，而是偏向分門別類。難以斷定此譯文是否正確，但我認為這使 Valens 的太陽含義列表與其他作者（如 Porphyry）保持一致。我只有最後三個含義與 Riley 不同，我認為這應為三個獨立的含義，而不僅泛指神經這個類別。Porphyry（*Introduction*, 45）依循 Antiochus，將生命氣息的活動和感知靈魂劃分成相異但相關的含義。在希羅醫學和哲學文本中，心臟和神經被認為是構成體內生命氣息循環或精神（*pneuma*）不可缺少的部分。綜上所述，若依循其他譯者使用的方式，我的譯文會是如此：「就身體部位來說，太陽掌管頭部、感知器官、右眼、側腹、心臟、生命氣息或感知活動，以及神經。」

16　*Drimus*，味「強烈」。

17　*Zōēn*.

18　手稿此處有一短詞的空白，不過根據比較 Rhetorius 和 Teucer 摘錄的含義，編輯們建議添加 *morphēn*，正好在 *prosōpon* 之前。

19　*Prosōpon* 字面意思是指一個人的「臉部」或「容貌」，但廣義而言，也可以指外貌或別人眼中的相貌。此用字相同於外觀（decan）的技法概念。

20　*Trophon*，更一般的說法是「照顧者」、「撫養者」或「養育者」。

21　*Adelphon meizona*。Schmidt 稱在此處指「姊姊」，而 Holden 在此有個腳註，對 Valens 文本中居然指稱是「哥哥」或「年長手足」而感到驚訝，因為根據其他文本，他預期的是「姊姊」。例如，Rhetorius（*Compendium*, 107）說月亮象徵姊姊而金星是妹妹。也許 Valens 認為月亮所代表的年長手足指的是女性？

22　請留意太陽的含義之一是「領導群眾」（*prostasian ochlikēn*）。此處的對比似乎在於月亮聚集人群或群眾，而太陽領導他們。

23　*Oikian*，更普遍的意思是個人的「住所」，帶有一些像是家戶或家庭的潛在意涵。

24　*Xeniteias*，「居住在國外」（根據 LSJ lexicon），但是 Ptolemy（*Tetrabiblos*, 4, 8）
　　似乎用該術語來明確指稱「異國旅行」。

25　據推測，Valens 在括號中的評論是指月亮的居所在巨蟹座（即「螃蟹」），因此某
　　種程度上如同螃蟹，月亮象徵著無法直接朝著預定目標或目的地前進的人或情況，
　　而是橫著走或以迂迴的方式接近事物。

26　根據 Porphyry（*Introduction*, 45），月亮掌管男人的左眼、女人的右眼。

27　*Phusēs*，依循 Bara 和 Riley。詞根的意思是「吹」或「吹鼓」之類的。Schmidt 認為
　　它意指「膀胱」，但後文有關土星的含義之一也是膀胱，這似乎相互矛盾。

28　該詞語通常用於指稱包圍大腦的膜（硬腦膜）。

29　*Mikrologous* 指過分關注次要、不重要事情或吹毛求疵的人。

30　*Baskanous* 也可指「誹謗」、「嫉妒」或「壞心腸」。

31　*Heautous katarriptontas*，字意是「讓自己倒下的人」。一方面，就 Schmidt 的解釋，
　　這可能意指「那些讓自己名譽掃地的人」；另一方面，按 Bara、Beck 和 Riley 較贊
　　成的說法，也可能更近似「那些自嘲的人」或「自我貶低的人」。

32　依循 Schmidt，或指「那些試圖隱瞞背叛的人」。

33　*Austērous* 較普遍的意思是「嚴酷」或「嚴峻」，但用來形容人時，亦可指「嚴厲」、
　　「嚴格」或「嚴苛」。

34　*Hupokrinomenēn tēn horasin echontas*，依循 Schmidt。Beck 譯為「偽君子」很到位，
　　雖說是個晦澀的英文術語。詞語 *hupokrinomenēn* 可以指「扮演角色」或「假扮」的
　　演員。這句話似乎暗示著某種刻意，就像命主故意套上一件衣服或一套戲服來「假
　　扮」。

35　*Auchmērous* 的意思是「乾燥」或「乾枯」，不過其次要含義是「骯髒」或「邋遢」，
　　Holden、Riley 和 Schmidt 就是這樣翻譯的。在一些希臘文文本中，它可以指那些「悲
　　慘」、「黑暗」或「陰鬱」的人。Bara 將此術語譯為「悲傷」（*tristes*）。上述的
　　所有含義可能都有相關性。

36　即指那些過分執著或過分苛求的人。

37　*Kakopatheis*，「苦難」。

38　*Tapeinotētas* 通常意味著地位「低下」。由此衍生出「卑賤」、「身分低微」、「精
　　神不振」、「沮喪」、「卑鄙」、「卑劣」、「吝嗇」等概念。Beck 認為在此處意
　　為「羞辱」，而 Bara 認為意指「小氣」，Riley 則說是「卑下」。上述這些概念可
　　能都有相關，不過由於這些詞語與用於占星學行星「入弱」（對比於行星「入旺」）
　　的概念相關聯，因此我贊同 Schmidt 將此處詞語譯為「抑鬱」。

39　*Nōchelias*，「懶惰」。

40　*Apraxias*，換言之，意即不採取行動或不動作，相對於採取行動。該術語還有其他
　　含義，例如「休閒」、「想要成功」或「無用」。Beck 是用「不行動」，而 Riley
　　認為特別意指「失業」，大概是因為 Valens 有時使用 *praxis* 一詞指稱一個人的事業。

41 *Enkopas tōn prassomenōn*，也作「障礙」（Holden, Beck）或「中斷」（Schmidt）。

42 *Poluchronious dikas*。Beck 和 Riley 關注在術語 *dikas* 的主要含義，一般與訴訟、審判或訟事有關，因此將其譯為「曠日持久的訴事」或「無休止的訴訟」。Schmidt 則強調審判的結果，例如處罰或懲罰，在此處情境中可能更合適。

43 *Anaskeuas pragmatōn*，意思是拉下或阻止某事物。Bara 和 Beck 認為該詞意為「逆轉、挫折」，而 Schmidt 認為它意指「拆毀事物」。

44 *Krubas*，字面意思是「躲藏」、「隱藏」或「保守祕密」。

45 *Sunochas* 更廣泛的意思是「握在一起」或「收縮」，Schmidt 將其譯為「壓縮」。從這些衍生出更具體的含義，如「拘留」、「壓迫」（Beck）和「監禁」（Riley），但也有更多來自感到壓抑或受限的隱喻，如「焦慮」（Holden）、「苦惱」和「痛苦」。由於英文字面和隱喻的含義，此處我決定用「克制」，然後使用下一個含義表示監禁。

46 *Desma* 的字面意思是「束縛」或「枷鎖」，就像囚犯的鐐銬或手銬。

47 *Penthē*，也作「哀傷」或「哀悼」。

48 或「喪失親人」。

49 *Ektheseis* 指的是希羅的習俗，即在出生後的第一週內遺棄不想要的新生兒，將其留在公共場所，最常見的結果是死亡，不過有時會被其他人撿去收養。在古代，暴露有時是生來殘疾、畸形，或因姦情、強暴而被誕下的孩子的命運。有關此事的詳細研究，見："Infant Exposure and Infanticide" in *The Oxford Handbook of Childhood and Education in the Classical World*, ed. Grubbs and Parkin, p. 83f。

50 *Gēs*，字面意思是「土地」，也可能是「泥土」。

51 Beck 更簡潔地說是「建商」。

52 *Biaious praxeis*，可能是「強制行動」。*biaios* 這個詞的主要意思是「暴力」，所有的譯者都將此含義翻譯成「暴力行為」，不過 Schmidt 指出它還有「被強迫」或「受約束」行為的次要含義。有趣的是，前面的含義是收稅的稅吏，因為納稅也可能被視為 種強制行為，就某種意義上來說，這件事即使你不情願還是會被迫履行。

53 *Ichōrōn*，依循 Bara。Riley 說這是「淋巴」，Schmidt 則說是「血清」。

54 *Sinōn*，「受傷」。字面意思是「傷害」。

55 *Kēlōn*，可能是「脫腸」或「疝氣」（Bara, Riley）。

56 *Pathōn*，靈魂或心智錯亂。希臘化時期哲學家傾向於將 *pathos* 敘述為一種靈魂的疾病。也意謂「苦難」、「激情」、「狀況」或「狀態」。

57 *Daimonismou*，惡魔附身。

58 *Kinaidias*，源自拉丁文 *cinaedus*，意思是「那些犯下禁忌情慾的人」或那些有「墮落禁忌」的人，似乎是指雞姦，或者更具體地說是作為「變童」，意即兩個男性之間的淫蕩關係中較年輕、被動的那個，或者在某些情況下是指男妓。Riley 將此術語簡單地譯為「同性戀」，但其他曾經撰寫過羅馬社會的肛交現象的學者，認為此術語不僅僅指同性戀，而是用來指那些經常違反正常性向而被視為社會性變態的人。

見：Williams, *Roman Homosexuality*, p. 209f。由於在某些情況下這也可能適用於女
性，因此「性別偏差」不失為另一妙譯。占星文本中有關性主題的簡要討論，見：
Barton, *Ancient Astrology*, p. 163f。

59　*Akatharsias* 通常指「不乾淨」、「骯髒」或「不純潔」的事物，但根據 BDAG lexi-
con，它也可用於指「不道德」或「卑鄙」的事物，尤其在性方面。

60　*Anchonēs*，或「吊死」。

61　*Desmōn* 的字面意思是「鐐銬」或「鎖鏈」。

62　或更一般地說，即身體正面向前摔倒，或是向前跌倒。Valens 在後面將土星與火星
對比，火星代表的是向後摔倒。在將行星分配給身體的各個部位時，*Michigan Pa-*
pyrus 寫道「前頸屬土星，後頸屬火星」，這可能與 Valens 此處的陳述有關。*Michi-*
gan Papyrus, col. vi: 39–40, trans. Robbins, pp. 110–11。

63　*Kastorizōn*。有關此顏色的關聯性有些混淆。Valens 在此處使用的希臘文，其字面意
思是「像海狸或像蓖麻」（castor-like），正如 Bara 所指出（p. 29, n. 8），問題在
於尚不清楚 Valens 在此處指的是深褐色的動物海狸，還是指淡黃色的植物。這個詞
顯然是 Valens 個人獨有的。在 Thessalus of Tralles 的醫療書籍，關於土星的章節中
推薦使用海狸香（*kastorion*）。見：*Thessalos von Tralles*, ed. Friedrich, 2, 3, p. 215:
11。Irby-Massie 和 Keyser 指出這指的是當時「被廣泛使用」的「海狸麝香」。Irby-
Massie 和 Keyser, *Greek Science of the Hellenistic Era*, p. 101。如果此文正確，那麼
Valens 提到土星的顏色「類似海狸」（castor-like）指的可能就是這種動物，因此
它的字面意思是「類似海狸」，或者可能只是「深褐色」。事實上，因為 Valens 後
來在 *Anthology*（6, 3: 5）關於行星顏色的章節中，稱土星為「深色」（*melana*），
讓我相信這應該就是正確的解釋。在 Porphyry, *Introduction*, 46 中也賦予土星相同
的顏色。大概是因為他們都援引了 Teucer of Babylon，然而這點並不確定，因為在
Rhetorius 保存的 Teucer 文本中倒奇怪地省略了土星的顏色。

64　例如「酸」。

65　*Sustaseis*，「聯盟」。BDAG 說是「具有共同利益的團體、集會、聯盟、社團組織」。

66　希臘文是 *gnōsis*，我們由此衍生出「諾斯底」（gnostic）一詞。

67　*Euporias*。此術語更廣泛地的含義是事情「輕鬆容易」。也可以是「有利」、「財富」
和「解決疑慮或困難」。Riley 說是「繁榮」，這也很貼切。

68　*Opsōnia* 有一系列含義都與因為某事（通常是提供的服務）而獲得報酬的概念有關。
LSJ 中的主要詞條則說是「薪水」。在這種情況下，也可以表示「報酬」、「津貼」、
「獎學金」、「工資」、「費用」等。

69　*Karpōn euphorias*，可能是「豐盛的作物」、「水果」或「農產品」。希臘文術語的
字意是「水果」，但也能更廣泛地用於指「回報」或「利潤」。也就是說「一個人
勞動的成果」。Valens 在此的說法似乎可能是字面上的或者是一種比喻，不過我傾
向於後者。

70 *Dikaiosunēn*，或「公義」。

71 *Politeias*，與 Schmidt 一致。Bara 和 Beck 更傾向於詞條的「公民權」，並將該術語衍生為表示「參與公共事務」（Bara）或「參與政治」（Beck）。Riley 將其譯為「官職」。

72 *Prostasias hierōn*，或「神廟的首領」。Beck 更籠統地譯為「重要的宗教職務」。

73 *Pisteis*。該字的一系列含義與信仰、信念或相信某事物有關。該術語還有其他含義，例如「信心」、「誠實」和「保證」。Bara 和 Beck 都採用該術語的商業含義而譯為「信用」，而 Schmidt 則譯為「忠誠」。

74 *Koinōnian*，可能是「慈善機構」。

75 或「逃脫」、「釋放」和「解脫」厄運。

76 在以某種方式被捆綁、束縛或監禁後，獲釋恢復自由。

77 *Parakatathēkēn*。LSJ 說是「存放金錢或財產委託他人照管」。

78 *Oikonomias*。LSJ 說是「家庭或家戶的管理、耕種飼養、節儉」。

79 這句話的末尾還有另一個字 *odontōn*，意思是「牙齒」。Pingree 認為該詞不屬於這裡而將其加上括號，之後其他譯者也就將其省略。

80 *Bias*。或更廣泛地說是「武力行為」。

81 *Polemous*。更廣泛地說，也可以表示「戰鬥」或「打架」。

82 可能是「喊叫」、「尖叫」或「呼喊」。

83 *Hubreis*，與 Schmidt 一致。Holden 將其譯為「攻擊」，而 Bara 和 Beck 將該術語簡單譯為「過份」，不過這似乎只是該詞潛在含義的一部分而已。該術語似乎意味著暴力、侵犯或傲慢的「過度行為」。在古典希臘時期，「似乎認為是過度的暴力行為伴隨著一種傲慢態度，旨在給受害者帶來羞辱或恥辱。」Cole, "Greek Sanctions Against Sexual Assault," p. 98。此術語的大部分重點在於行兇者是有意要羞辱受害者。

84 *Phthoras gunaikōn*。實際上是在說對女性的「毀滅」（Schmidt）、「腐敗」，或可能是「誘惑」（Bara），不過根據 Beck 的解釋，這可能是對強暴的委婉說法。後來在 *Anthology* 5, 6: 96 中，Valens 舉了一個例子，命主的火星作為時間主星在奴隸宮，與金星和月亮會合，而在那一年，他顯然在國外陷入困境，因為「毀了一個年輕女僕」（*phtheiras paidiskēn*）。可惜這個例子並未真正幫助我們釐清這個問題，因為似乎任何一種解釋都是可能的。Cole 指出，古希臘文中沒有專指強暴的術語，但是在某些情況下有幾種詞語可以用來間接地形容這種行為。她繼續解說道，在某些情況下，當該名詞（此處指「腐敗」）與表示「女孩」或「婦女」的受詞所有格一起使用時，就屬於這種情況。此處使用的術語屬於 Cole 概述的一般類別，用於指「暴力行為是由其對受害者造成的影響所定義」。Cole, "Greek Sanctions Against Sexual Assault," p. 98。值得注意的是，此希臘文術語與另一個有時用來泛指凶的術語有關，*phthoropoios*，意思是「破壞者」或「毀滅者」。

85　*Gamous* 是希臘文術語中「婚姻」或「婚禮」的通用詞。乍看似乎不合適，但後面 Valens 在 *Anthology* 中說道，金星一般是對男性的婚姻象徵，而火星是對女性的婚姻象徵（*Anthology*, 2, 38: 57）。

86　*Kenas elpidas*，可能是「希望落空」。

87　*Lēsteias*，或指「海盜」。

88　*Sulēseis*。Riley 說是「劫掠」。

89　*Diakopas philōn*，字面意思是「與朋友絕交」。也可能僅僅意味著「朋友間的爭執」（Bara）或「朋友間的爭吵」（Riley），亦或是指兩方關係的完全斷絕。Holden 認為指「戀人間的爭吵」。

90　*Orgēn*，或「憤怒」。

91　*Loidopian*，依循 Riley。也作「侮辱」（Beck）或「詛咒」（Holden）。

92　*Dikas*。Schmidt、Beck 和 Bara 基本上都譯為「訴訟」。Holden 偏向該詞的另一種含義而譯為「懲罰」，這是訴訟的可能結果之一。此概念——通過判決來達成「復仇」——依循的是同一種思路。

93　*Tomas*，依循 Holden，字面意思是「傷口」。Beck 認為這意味著「肢解」，而 Riley 則認為是「亂砍鞭打」。

94　膿皰、水泡等。

95　*Basanous*。也可能是「折磨」或「痛苦」。

96　*Epiorkian*。「宣假誓」或「發假誓」。

97　*Planēn* 是一術語，意思是「導致流浪」，同時這個詞也是術語「行星」的來源，意思是「流浪者」或「漫遊的星星」。這種「漫遊流浪」或「迷航」的概念衍生了其他含義，例如「誤入歧途」、「誤導」或「欺騙」。我相信這就是 Valens 所想的意思，尤其這個詞就緊跟在「偽證」的含義之後。火星的欺騙方式和土星的區別似乎在於，土星是試圖被動地隱藏或保守祕密，而火星更常的是主動地誤導。保守「祕密」跟宣誓時故意「誤導」是不同的。Beck 認為是「錯誤」，而 Schmidt 和 Riley 都說是「漫遊流浪」。

98　*Presbeias epi kakois*。這是一句困難的短語，似乎讓每位譯者都頭痛。Holden 和 Schmidt 的理解似乎是最接近正確的意思，將這句話按字面譯為「做壞事的資歷」（Holden），或是較寬鬆的譯為「擅長惡行」（Schmidt）。Aaron Cheak 建議翻作「老練的罪犯」。

99　*Cheirotechnas*，或是「手工藝者」、「工匠」或「生產製造者」。

100　*Sklērourgous*，字面意思是「那些使用堅硬材料工作的人」。LSJ 說這個詞可能特指「羅馬軍隊中的一個泥瓦匠軍團」。

101　*Strateias*，或「軍事活動」。如何解讀這組軍事相關的含義有點困難，譯者似乎都提出了不同的解譯。

102　*Hēgemoneias*，依循 Holden。Schmidt 認為是「霸權」。

103 *Apoplēxias*，出血或中風引起的內出血。

104 *Anapodismou*，依循 Schmidt，他指出此術語也被占星家用來指行星的逆行運動。

105 *Huptiasmou*，依循 Schmidt，因為這與土星臉朝前摔倒的意義相連結。詞條中有更多類似「向後仰臥」的說法。

106 *Apotomon*，字面意思是「切斷」。Schmidt 認為是「艱難且嚴峻」。

107 *Kosmou, himatiōn dia ton Krion*。黃道星座白羊座，希臘文稱之為公羊。與服裝的連結大概是由於公羊和羊毛之間的關聯性。這句希臘文在語法上有些問題，因為 Pingree 在 *kosmos* 和 *himatiōn* 之間放了一個逗號來分隔它們（之前的編輯 Kroll 並未如此），不過 Riley 和 Holden 同意這兩個字是同一句話的一部分。Riley 說是「衣服的裝飾」，而 Holden 說是「衣服的裝飾品」。Schmidt 說「鐵和紀律，而衣服則因為是白羊座」，不過他在腳註中指出 *kosmos* 可能隱喻「彰顯榮譽或功勳的穿戴裝飾品」，而且這裡的衣服可能是指盔甲。我進一步假設這裡的 *kosmos* 指軍事徽章，是一種裝飾或飾品。此外值得指出的是，羅馬士兵偏好穿著由羊毛製成的紅色束腰長袍。

108 *Trophon*。該術語也可更廣泛地表示「撫養」、「餵養」或「滋養」命主。這點也被列為月亮的象徵之一。

109 *Hierōsunas*。也作「神聖的職位」或「祭司的儀式」。

110 *Gumnasiarchias*。該詞指特定的公職人員，被稱為 *gumnasiarch*，這個角色在希臘、希臘化時期和羅馬文化中有著悠久而多元的歷史。術語 *gumnasiarch* 特指體操館（希臘城市的一種文化中心）的「領導者」、「負責人」或「主管」。在希臘化時期，體操館不僅僅是體育中心，還成為城市青年的教育中心，也是富人的鄉村俱樂部，人們可以在這裡泡澡、按摩或享用點心。*gumnasiarch* 指富有的個人公民，在擔任體操館長（*gumnasiarch*）一職的公共角色時，會自掏腰包支付這些市政設施的費用。這個職位不僅為個人帶來顯著的聲望，還能獲得城市及其市民對這位體操館長慷慨大方的讚譽。此處重點似乎在於，該職位是以分享財富來直接造福社區的富人，因此我更籠統地將這種含義描述為「贊助公民者」。有關體操館長在希羅社會中所扮演的角色，更多資訊見：Parsons, *City of the Sharp-Nosed Fish*, esp. p. 49。

111 LSJ 中的一個詞條指出這可能是某種祭司的頭銜。

112 *Stemmatēphorias*。或「花冠」。

113 *Euphrosunas*。也作「歡笑」、「歡呼」、「開心的想法」、「慶祝活動」等。

114 *Agorasmous*。或「裝飾」。

115 *Sunallagas epi to agathon*，依循 Schmidt 跟 Beck，其他人則關注術語 *sunallagē* 的商業意涵，而將該句譯為「結果很好的交易」（Riley）或「有利條件的協議」（Holden）。

116 *Technas katharious*。譯者對這個詞的含義都有不同見解。該詞的字面意思是「乾淨的技巧」。Schmidt 認為這意味著「淨化的藝術」。Holden 則認為這更像是「從事

　　不會弄髒的藝術或手工藝工作」。該術語肯定有「乾淨」或「純淨」這些主要含義，但也具有「優雅」或「精緻」等其他潛在含義，因此 Beck 將其譯為「精緻的藝術和手工藝」。Riley 則說是「純粹的交易」。

117　*Eumorphias*，有時用來指具有美麗外表或身體的人，但有時也用於占卜的語境中，指內部的「對稱」排列。在這種情況下，內臟的「對稱性」或「良好形態」被視為一種吉兆。該術語可更廣泛地譯為「良好的形狀」或「美麗」。

118　古代世界有一種特殊類型的紫色染料是從海螺中提取的，稱為泰爾紫（Tyrian Purple）。這種染料受到高度重視且非常昂貴，與貴族和皇室相關。它被染在托勒密國王和羅馬皇帝穿的長袍上，由此獲得了「帝國紫色」的名號。Valens 在 *Anthology* 中的不同地方以獲得「紫色」的意象來象徵成為皇室成員。

119　Holden 認為這是指在這些領域實際從事設計和製作的人，以及監督或指導生產的人。這可能是對的，不過 Valens 用來指稱那些實務工作者的第一個術語似乎有點奇怪。該術語是 *propatoras*，字面意思是「祖先」或「首創者」。

120　*Philopaignious*。依循 Schmidt，或根據 LSJ，也許是「喜歡玩具」，Holden 和 Riley 即採用這個說法。

121　*Agoranomias*。也作「市場職員」、「市場監督」或「市場督察」。此為公職，負責監督市內的集市（*agora*）或公共市場。維持市場秩序是他們的職責，包括控管食品和商品的價格，以及檢查度量衡。請注意 Valens 在這之後給出的下面兩個含義：「度量」和「衡量」。

122　或是「禮物」和「收到」，Schmidt 就是以此字表述。Riley 則說是「（禮物的）給予和接受」。

123　*Kosmon*。或「裝飾品」、「裝飾」或「服飾」。請注意這也是火星的象徵，它似乎比較適合「裝飾品」，不過在此處意義不明。

124　*Thēras ex hugrōn*。譯者對這句話的解釋意見不一，可能意味著「捕獵」生活在水中的生物，或意指生活在水中或海中的動物。Schmidt 和 Riley 贊成前者，說是「追逐水」（Schmidt）或「在潮濕的地方狩獵」（Riley），而其他人則說是「水中動物」（Holden）或「水生動物」（Bara 和 Beck）。Holden 說明道，希臘女神阿芙蘿黛蒂是從海中誕生，而金星入旺於魚（雙魚座）的星座。

125　這裡似乎暗指女性親屬，而不僅僅是一般的親屬。

126　這句話的後半部分不是很確定。Holden 認為可能遺漏了一個字。Riley 和 Holden 將這句話解釋為，金星會帶來「高位」或「非凡的名聲」，當其與誕生星盤中的這些事物相關時，例如可能與第十區位相關。我的譯文依循這種解釋。

127　*Trachēlou*。此術語也可指喉嚨。

128　字面意思是「嗅覺器官」或「嗅覺」。

129　*Sunousias moriōn*，依循 Riley。Beck 說是「性器官的結合」。

130　Riley 對這句話的解釋略有不同，他說：「金星是受他人支持和快樂的接受者」。

131 *Lithōn polutimōn*，或「非常昂貴的石頭」。

132 Riley 說是「花俏的珠寶」。

133 Holden 說，雖然這個希臘字的意思是「非常油膩」，但由於金星通常掌管美好的事物，「這裡所指的必定是滑順、口感豐富的食物」。

134 *Grammata*，或是「信件」。

135 *Elenchon*，或是「論證」。

136 *Logon*（*logos*）。*logos* 是希臘文中最含糊不清的術語之一，具有廣泛的不同含義。在此它的含義也可能是「邏輯」（Beck）、「推理」（Riley）、「語言」、「交談」等。就某種意義上，上述含義在某種程度都可能是正確的，不過我依循 Schmidt 和 Holden 將此術語譯為「演講」。但隨之而來的警告是，這不應僅將之視為「說話」本身的機械行為，而是「演講者將其理解透過演說傳達並與聽者共享」。更多 *logos* 的概念化資訊，見：Klein, *Lectures and Essays*, pp. 361–374 中的文章 "Speech, its Strength and its Weaknesses"。

137 *Adelphotēta*，就某種意義上，指志同道合的群體。例如，該術語在《新約聖經》中用來指「信徒的團契」。

138 *Hermēneian*。也作「解釋」、「表達」或「翻譯」。

139 *Kērukeian*。Holden 將此術語譯為較廣泛的「傳令者」，而 Riley 和 Beck 都將其譯為「大使」。*kērux* 是將高階官員的宣佈和公告傳達給公眾的信使。在神話中，赫密士是眾神的傳令者或信使。Valens 在這裡提到的職務基本上是「鎮上的傳訊員」，不過他們還有其他的職責和義務。有趣的是，傳令官經常會攜帶一根手杖，這就是為何雙蛇杖會與水星連結。

140 *Psēphon*。此術語的字面意思是一種小石頭或鵝卵石，不過這些石頭被用來做各種計算或計數。但也因其主要概念為計算或計數，該術語也與「投票」相關。

141 *Paignia*。也作「運動」或「遊戲」。

142 *Klopēn*。也可指涉偷偷摸摸、欺詐或出其不意的祕密行為。雖未明確說明這種連結，但此含義似乎讓人想起神話——赫密士神嬰兒時期，在夜幕掩護下偷走了阿波羅神的牛。

143 *Koinotēta*，或「共同分享」，根據 LSJ 的說法，具有「共同」或「普遍的價值」。Riley 說是「關聯」。

144 *Angellian*。Riley 將其譯為更廣泛的「溝通」。該詞也可以表示「新聞」、「宣佈」或「公告」。

145 *Kerdos*，或更廣泛的「獲得」。

146 *Heuremata*，或「發明」。

147 *Akolouthian*，或「出席」。似乎是指跟隨某人或成為某人的隨從，而不是帶領者，就像水星跟隨或伴隨著太陽一樣。這延伸出與該術語相關的其他含義，例如「遵從」和「服從」，Riley 在他的譯文中偏向後者。Holden 說是「護送」。

148　*Athlēsin*。通常指體育方面的意義，因此 Riley 將其譯為「運動」，而 Holden 譯為「競技」。

149　*Phōnaskian*。一種慷慨激昂的演說或修辭華麗的表演。

150　*Sphagizesthai* 是一種在信件上蓋上封印或標記的意思，以對收件人確保其真實性。這有時對於重要事務（如發送法律文件）是必要的。相關的簡要討論，見：Parsons, *City of the Sharp-Nosed Fish*, p. 126。這個含義與下一個含義是一起的，跟發送消息或信件有關。還有更多與該術語相關且具隱喻性的概念，這些概念與透過在某物上蓋上「批准印章」來「確認」或「證明」某事物有關。Riley 認為是「認證」，而 Holden 則是用「簽名」。

151　*Epistellein*，或「寄信」。

152　*Histanai*，意指權衡一件事與另一件事。

153　*Kremasthai*，字面意思是「掛起來」或「暫停」。它也可以具有「懸而未決」的隱喻。Schmidt 認為是「被中斷」。Riley 認為這和之前的含義形成一組，意思是「衡量和度量」。

154　*Dokimazein*。這個詞可能意味著在測試之後「批准」或「裁定」某事。此處可能會令人想作此解，於是就成為一系列相關含義中的第三個，類似於：（1）衡量，（2）懸而未決，（3）經過審查後批准。Riley 似乎認為這尤其與「造幣測試」有關，而 Schmidt 則將其譯為「審查」。

155　*Poikileuesthai*。該術語的意思是「多種顏色」，因此有多樣性、多種類和複雜性相關的隱喻。

156　*Dianoias kai phronēseōs*。這些是歷史悠久的重要哲學術語。譯者對於應作何解皆有很大分歧。Schmidt 將其譯為「知識和實用的智慧」。Beck 說是「批判性思維和判斷力」。而 Holden 說是「思想和智慧」。Riley 則說是「有遠見和才智」。

157　*Grammatikous*，或「語法學家」。這個詞有點含糊，既可以指一種「教師」，尤其是專注於語法和文學的教師，也可以指「學者」，尤其是注重文本分析和考證的人。Schmidt 將此術語譯為「作家」，Riley 譯為「祕書」，Holden 譯為「抄寫員」，不過他在一個腳註表達了不確定性，並說也可能意味著其他事務，像是「文法專家」或「文法學校教師」。Bara 和 Beck 說是「文法教師」，我認為這更接近此處的正確解釋。希羅時期的埃及，*grammatikos* 是收入相對較高的教師、教育家或家教，有時公開受僱於城邦。在今日，這相當於高中或中學教師，專注於文法和經典文學作品，例如荷馬史詩等的教學。俄克喜林庫斯一位名叫 Lollianos 的公眾文學教師，他的一些私人通信留存至今，在 Parsons, *City of the Sharp-Nosed Fish*, pp. 73–75 有簡要討論，並在第 137-143 頁中提供了有關 *grammatikoi* 及其社會地位的更多資訊。在「語法學家」教導下學習，是傳統希臘教育三階段中的第二階段（Riggs, *The Oxford Handbook of Roman Egypt*, pp. 528–532）。值得注意的是，第三階段、也是最後一個階段，需要在一位演說家（orator, *rhētōr*）的指導下學習，就在兩個詞之後，Valens

提到這是水星的另一個含義。我相信這有助於確認此處的含義，主要是指語法學家作為教職一員的特定角色。

158 *Rhētoras*，或是「公開演講者」。在早期，僅指「演說家」，這也是大多數譯者對該詞的翻譯，不過到晚期，*rhētōr* 指一特定教職 ——「修辭學教師」（teacher of rhetoric）。*rhētōr* 的薪酬等級和他們所教授學生的年齡均高於 *grammatikos*，代表了教育的第三階段，意即最後階段。由於這是 Valens 在 *grammatikos* 之後給出的第二個含義，似乎證實了該詞指的是一種教師，而不僅僅是公開的演講者或演說家；不過也應該留心這些含義，因為畢竟是此類教師的特點。

159 鳥卜術（Augury）是一種占卜類型，將鳥類的飛行和動作解讀為具有象徵性的意義。

160 *Methodikous*。或是「那些有條理的人」。

161 *Epicheirountas ta paradoxa kai methodika dia psēphōn ē paralogismōn*。這句話讓所有的譯者都吃了不少苦頭，各自的翻譯都不相同。Holden 表示希臘文文本可能存在問題，最後一個詞 *paralogismōn* 或許應是兩個分開的單字，*para logismōn*。Riley 似乎也這樣認為，他將這句話譯為「從事任何不尋常的、系統化的會計或推理工作的人。」這看似合理，卻似乎有點多餘，因為 Valens 已在文本前面談到「有條不紊」的人。我在本文正文中所採用的翻譯是依循 Bara 和 Beck 的解釋，他們說是「那些在計算和虛假推理中利用悖論和狡猾的人」。這裡的關鍵詞是「狡猾」，這句話指的可能是試圖解決「狡猾棘手問題」的人，或指我們可能稱之為「狡猾的人」。

162 *Ischuropaiktas*。依循 Schmidt，Holden 認為此含義和下一含義說不通，手稿應有毀損。他使用了「強者」的直譯，不過他說這毫無意義。Riley 認為這意味著「舉重運動員」。Bara 像是認為其意指類似於舞台魔術師或幻術師（*les prestidigitateurs*）。Beck 想不出來就跳過了這個含義。

163 *Mimōdous*。在古代世界，滑稽劇是一種涉及模仿動作和手勢的舞台表演，通常以戲劇性人物的樣貌出現。有些滑稽劇是用說的，有些則是用唱的。所以有點像音樂劇中的舞台演員。LSJ 中該詞條寫的是滑稽劇歌者（mime-singer），這基本上是 Schmidt 的解釋，但是 Holden 說他不認同 Valens 手稿的原編輯 Kroll 於此處的推測，並認為希臘人應該會說「合唱團歌手」。

164 我將這句話解釋為四處流浪靠表演維生的表演者，不過後面這三個含義亦可能是獨立的詞組，泛指那些流浪、遊蕩和不穩定的人。在其他譯者中，Schmidt 的替代解釋可能是最貼切的，不過他的譯文偏負面，說是「且透過欺騙、遊蕩和混亂……」，Beck 只說是「流浪和不穩定的狀況」。

165 占星家和占星學生。

166 所有譯者都將這句話翻譯成不同的占星研究經歷和動機。大多數人對占星學是略帶負面傾向的，部分原因是依賴 LSJ 詞條中大多未被收錄的詞 *endoxokopountas*，在那裡被解釋為「覬覦名聲」。我不認為 Valens 會將占星研究的動機表述為僅是為了成名和致富，因為他在 Anthology 的其他部分對占星這個主題表現出相當高的崇敬。

因此，我在此處將重點放在 *endoxos* 和 *ōphelia* 與「榮譽」和「益處」相關的更廣泛的含義上。我主要依循 Bara 和 Beck 如何解構此文句中棘手的語法。

167　*Propōlēn*。該詞指「談判銷售」或「幫他人購買」的人。Schmidt 說是「一個談判者」，這也是有道理的。Valens 對比了水星在第一個含義中與知識相關的一面，和第二個含義中與商業有關的一面。

168　*Neōkorias*。該術語的字面意思是「神廟清掃者」，不過這個角色和其職務的目的隨著時間推移而發生了變化，因此 *neōkoros* 在希臘化和羅馬時期政府，通常是指「神廟守護者」或「神廟看守者」。這個職務泛指一種不同於祭司和女祭司的神廟官員，但在某些方面仍是互補的。通常他們似乎有責任照看神廟及其資產。在題為 "Neo-koroi in the Greek World" 的詳細論文中，Marijana Ricl 討論了與該職務相關的一些主題，有助於釐清水星與此相關的原因。她說 *neōkoroi* 被「視為神靈或祭司的侍從」（第 13 頁）這是有道理的，因為水星的基本含義之一是「跟隨」或「陪從」（*ako-louthian*），而水星通常被認為是太陽的侍從之一。Ricl 在其他地方說道，「他們的基本責任是一直住在聖殿內或附近」（第 14 頁），這從天文學的角度來看也是很有道理的，因為水星經常被注意到是一顆永遠不會距離太陽太遠的行星。後來 Ricl 列出了與 *neōkoros* 職務相關的職責：「他們在那裡進行的活動屬於以下標題：1. 財務管理（收支）；2. 為保護神聖資產和神廟不受侵犯而進行的警務活動；3. 行政及祕書職責；4. 祭儀的外部儀式管理」（第 14–15 頁）。這些顯然與水星的許多含義相連，並在某些情況下有助於澄清 Valens 提及與水星相關的一些象徵意義。

169　此處是文本的第一位編輯 Kroll 修復的。希臘文手稿只寫「公共」，這不太合理，因此他提議應該是省略了通用術語 *archas*，在此意為「職務」或「執政官」。有一點可能值得注意，前一個含義是 *neōkoros* 或「神廟守護者」的角色，這是個有時會經由公眾投票或抽籤來決定的職務。有可能（1）這個含義與前一個含義是一起的，指的是經公眾選舉的神廟守護者，或者（2）之前的一些與計算或統計事情相關的水星含義，在此處則擴展為象徵經由公眾投票的其他職務。

170　*Epideixin [ē] rhuthmikēn*，依循 Riley，並假設編輯將這兩個詞組合成一句是正確的。這可能是指音樂表演，或描述類似現代音樂指揮的古代職務。顯然，這類型的指揮被稱為 *cheironomy*，它涉及手部動作的使用。因此我們在這個含義列表的末尾瞭解到水星掌管手，這一點也不令人意外。這似乎也有道理，因為很符合這句話的一系列含義中，對某人有權威或能夠指揮某人的相關意涵。

171　*Doruphorias*，字面意思是「持矛」。充當某人的守衛或保護者。這結合了之前的侍從概念和對某人擁有權威的概念。此術語在占星學技法概念中，也用於指稱「護衛星」（spear-bearing，*doruphoria*）。

172　Holden 指稱祭司的長袍。

173　主要依循 Schmidt，他說「水星會使我們的命運產生不規律，並經常使我們偏離目標。」Riley 的解釋略有不同，他說：「至於最終結果 —— 水星會讓一切結果變得

反覆無常，並且相當令人不安。」

174　*Akoēs*，或只是「耳朵」。

175　*Artērias*。此處存有分歧。在早期的希臘作家中，*artēria* 的意思是「windpipe」或 *trachea*（二字皆指氣管），Holden 和 Schmidt 就是這樣翻譯的，但在晚期作者中，它更近似現代的「動脈」之意，Bara 和 Beck 就是這樣翻譯這個詞的。我傾向認為，鑑於水星與說話和演講的關聯，氣管在此處較合理，不過「動脈」仍是可能的，因為這與將某些東西從身體的某一部位傳輸或傳遞到另一部位相關。

176　*Enterōn*，或可能是「膽」（Schmidt）或「腸子」（Holden）。

177　*Chalkou*。此處有個問題，因為這可能意味著「銅」，或其合金「青銅」或「黃銅」。Bara、Riley 和 Schmidt 將其譯為「銅」，Beck 譯為「青銅」，Holden 則譯為「黃銅」。羅馬硬幣最初以銅製為主，但隨著時間的推移，開始傾向於使用合金。不過，此處的基本含義應該仍指銅。

178　Sextus Empiricus, *Against the Professors*, 5: 29–30, trans. Bury, pp. 335–7.

179　引述 Aulus Gellius, *Attic Nights*, 7. 1. 1-13，轉引自 *The Hellenistic Philosophers*, trans. Long and Sedley, vol. 1, 54Q, p. 329。

180　Rochberg,　"Benefic and Malefic Planets in Babylonian Astrology."

181　Valens, *Anthology*, 1, 1: 44–45, trans. Riley, p. 2，稍作修改。

182　Rhetorius, *Compendium*, 2.

183　Hephaestio, *Apotelesmatika*, 1, 2: 9.

184　Ptolemy, *Tetrabiblos*, 1, 7: 1; Porphyry, *Introduction*, 4。目前尚不清楚 Porphyry 在此處是否準確傳達了 Antiochus 的觀點，或者其實他依循的是 Ptolemy。對照 Antiochus, *Summary*, 1（CCAG 8, 3, p. 112: 12-13）的段落，幾乎會讓人覺得 Antiochus 認為水星的區間會依據星盤中與它有最緊密星座相位的行星而定。

185　Valens, *Anthology*, 3, 5: 2。Rhetorius（*Compendium*, 2）提到，以區間來論，水星屬中性。

186　*Michigan Papyrus*, col. viii: 19, trans. Robbins, p. 112.

187　Valens, *Anthology*, 7, 2: 2.

188　Firmicus, *Mathesis*, 3, 2: 16-17, trans. Bram, p. 77.

189　Firmicus, *Mathesis*, 3, 3: 18–19, trans. Bram, pp. 81–82.

190　Valens, *Anthology*, 3, 5:2.

191　Ptolemy, *Tetrabiblos*, 1, 7: 1–2。

192　從希臘化傳統到中世紀傳統之區間概念發展的概述，見：Bezza,　"The Development of an Astrological Term"。

193　Olympiodorus, *Commentary on Plato's Gorgias*, 47.4, trans. Jackson et al, p. 299.

194　Ptolemy, *Tetrabiblos*, 1, 6: 1; Hephaestio, *Apotelesmatika*, 1, 2: 10; Rhetorius, *Compendium*, 1.

195　Ptolemy, *Tetrabiblos*, 1, 6.

196　Rhetorius, *Compendium*, 1.

197　此問題的討論，見：Schmidt, *Definitions and Foundations*, pp. 98–101。

198　Ptolemy, *Tetrabiblos*, 1, 6.

199　Dorotheus, *Carmen*, 1, 10: 18。Pingree 於 *Yavanajātaka*., vol. 2, p. 246 的註解。感謝 Charles Obert 讓我注意到這點，並提出充份理由說明 Dorotheus 文本中將土星描述為陰性的潛在真實性。

200　在 *Yavanajātaka*, 1: 115 亦有例外，認為土星像水星一樣屬中性，能夠根據其星盤中的狀態作為陽性或陰性。在中世紀早期傳統中，Theophilus of Edessa 曾說過，土星、金星和月亮孕育了女性，而太陽、木星和火星孕育了男性。見：Theophilus, *On Various Inceptions*, 5: 5（Gramaglia 和 Dykes 的譯本即將出版）。這可能是由於 Theophilus 可以接觸到 Dorotheus 的波斯文／阿拉伯文譯本，但這不一定能成為完全獨立的證據。

201　Dorotheus, *Carmen*, 1, 21: 10。

202　阿拉伯文文本中的一個錯誤實例出現在 Dorotheus, *Carmen*, 1, 6: 4 中，說道「土星會傷害白天出生的人，而火星則會傷害晚上出生的人」（trans. Pingree, p. 165）。這顯然有誤，因為與希臘化的標準區間學說相反，後者認為土星在夜間盤中較有害，而火星在日間盤中更有害。此規則在該書的其他地方有正確的陳述，例如 *Carmen*, 1, 7: 23-4 和 1, 26: 29，表示這只是一處錯誤。

203　根據 Dan, "Three Phases in the History of the Sefer Yezira"，*Sefer Yetzirah* 可能寫於西元三世紀，或根據 Unterman, *The Kabbalistic Tradition*, p. xxix，是寫於西元二世紀或三世紀，在 Swartz, "Ancient Jewish Mysticism," p. 42 中引用的一個資料來源，年代是西元一世紀。

204　標準文本考證版是 *Sefer Yesira*, ed. and trans. Hayman。

205　Antiochus, *Summary*, 15（CCAG 8, 3, p. 115: 1-3）；Porphyry, *Introduction*, 2; Rhetorius, *Compendium*, 2; Serapio, *Definitions*, p. 227: 11–14 都提到 15 度的範圍。顯然這可溯及約西元前三二〇年 Autolykos of Pitane 的天文著作 *On Risings and Settings*。這在 Evans, *The History and Practice of Ancient Astronomy*, p. 193 中有簡要討論。

206　Dorotheus, *Excerpts*, V: 1, trans. Gramaglia.

207　Dorotheus, *Excerpts*, XXVII, trans. Gramaglia.

208　Rhetorius, *Compendium*, 48. The ruler of the Lot of Marriage.

209　Dorotheus, *Excerpts*, LXVIII, trans. Gramaglia, p. 156，稍作修改。

210　Paulus, *Introduction*, 14, ed. Boer, p. 29: 19–22。

211　Dorotheus, *Excerpts*, VII, trans. Gramaglia，經修改。

212　Valens, *Anthology*, 4, 14: 6, trans. Riley, p. 82.

213　Ptolemy 在 *Tetrabiblos*, 3, 13: 6 將其陳述為一般原則。

214 Valens, *Anthology*, 4, 14: 6, trans. Riley, p. 82.

215 *Michigan Papyrus*, col. x: 25–28, trans. Robbins, p. 113，經修改。

216 Dorotheus, *Excerpts*, IV, trans. Gramaglia.

217 Hephaestio, *Apotelesmatika*, 2, 18: 17。

218 Manetho, *Apotelesmatika*, 2: 403–409, trans. Lopilato, pp. 216–217.

219 Hephaestio, *Apotelesmatika*, 2, 18: 18。

220 Valens, *Anthology*, 5, 2: 12, trans. Riley, p. 96.

221 Antiochus, *Summary*, 14; Porphyry, *Introduction*, 25; Rhetorius, *Compendium*, 43。Porphyry 與 Antiochus 和 Rhetorius 的不同之處在於增加了三分性作為第四種配置。參照 Serapio, *Definitions*, p. 227: 6–7，他只提到入旺作為行星在其戰車上的條件。該段落的翻譯和討論，見：Schmidt, *Definitions and Foundations*, pp. 224–5。

222 Rhetorius, *Compendium*, 1, trans. Holden, p. 4.

223 Porphyry, *Introduction*, 2.

224 Sahl, *Introduction*, 5.14.

225 al-Qabīsī, *Introduction*, 3, 7, Abū Ma'shar, *Abbreviation*, 2, 17-21, both trans. Dykes, *Introductions to Traditional Astrology*, pp. 95–97.

226 Antiochus, *Summary*, 15; Porphyry, *Introduction*, 2, Paulus, *Introduction*, 14。參照 Schmidt, *Definitions and Foundations*, pp. 229–237。

227 Firmicus, *Mathesis*, 2, 8.

228 Rhetorius, *Compendium*, 1.

229 Ptolemy, *Tetrabiblos*, 1, 7; Paulus, *Introduction*, 14.

230 日相週期的更詳盡探討以及涉及相關術語的一些歧義，見：Denningmann, "The Ambiguous Terms ἑῴα and ἑσπερία ἀνατολή, and ἑῴα and ἑσπερία δύσις"。此外也建議參考 Demetra George 即將出版的希臘占星學著作，相比我受限於本書的篇幅，其著作對日相週期有更廣泛且詳細地說明。

231 有關 *hupopodizontes*，見：Paulus, *Introduction*, 14, ed. Boer, p. 29: 4.

232 例如在 CCAG, 6，p. 62: 9-17 中，被懷疑出自 Petosiris 的一篇殘稿。

233 Paulus, *Introduction*, 14, ed. Boer, p. 29: 3–5.

234 Valens, *Anthology*, 4, 14: 4, trans. Riley, p. 82.

235 Valens, *Anthology*, 4, 14: 5.

236 Valens, *Anthology*, 4, 14: 6, trans. Schmidt, p. 38.

237 Valens, *Anthology*, 5, 2: 21.

238 Antiochus, *Summary*, 3（CCAG 8, 3, p. 113: 5-8）.

239 Valens, *Anthology*, 5, 2: 10; 5, 2: 19–20.

240 Valens, *Anthology*, 5, 2: 21.

241 Valens, *Anthology*, 5, 2: 19–20, trans. Riley, p. 96.

242　Valens, *Anthology*, 5, 2: 22-27.

243　Hephaestio, *Apotelesmatika*, 3, 4: 11.

244　Hephaestio, *Apotelesmatika*, 3, 28: 4, trans. Gramaglia, p. 92.

245　*Liber Hermetis*, 16: 10.

246　*Liber Hermetis*, 16: 20。參照 Rhetorius, *Compendium*, 80（CCAG 8, 4, p. 205: 9–11）。

247　Valens, *Anthology*, 5, 2: 15-18.

248　主要在 Rhetorius, *Compendium*, 57（CCAG 8, 4, pp. 126ff）概述了此方法，其中包括交點在十二個區位與吉星和凶星一起出現時的描述。在 *Liber Hermetis*, 16: 19-21 也有簡要的引用，轉引自 Rhetorius, *Compendium*, 54（CCAG 8, 4, p. 123: 7-11）。參照 Rhetorius, *Compendium*, 61, trans. Holden, p. 115。該規則在 Rhetorius, *Compendium*, 80（CCAG 8, 4, p. 205: 13–14）中有明確的陳述。

249　Abū Ma'shar, The *Abbreviation*, 4:19, trans. Burnett, p. 33.

250　Valens, *Anthology*, 1, 15: 10, trans. Riley, p. 13.

251　Hephaestio, *Apotelesmatika*, 3, 16: 11, trans. Gramaglia, p. 81.

252　Hephaestio, *Apotelesmatika*, 3, 16: 13, trans. Gramaglia, p. 81.

253　Hephaestio, *Apotelesmatika*, 3, trans. Gramaglia, p. 81, fn. 284.

黃道星座

黃道

　　七顆古典「行星」的每一顆行星都可以被觀察到在天空中漫遊，期間會行經不同的恆星和星宿。若是留心觀察得夠久，就會像古代觀星者一樣注意到，行星是沿著一條相對狹窄的路徑越過天空，並且只行經某些星宿。行星在天空中行進的路徑被稱為「黃道」（ecliptic），並形成一條環繞地球的圈或帶。西元前五世紀，美索不達米亞人開始將黃道圈分成十二等分，每一等分 30 度，後來在希臘化時期被稱為「黃道帶」（zodiac），源自希臘文 *zōidion*。

　　要將術語 *zōidion*（複數為 *zōidia*）翻譯成英文有些困難，因為它在希臘文中有兩個不同含義。根據《希英詞典》，該詞源自 *zōion* 一詞，有時在非占星文本中用於指稱「生物」或「動物」，而在其他情況，也可用於藝術的語境中，指稱某物的「圖像」、「圖形」或「圖片」。部分的雙重含義可能源自一項事實，即最初與黃道星座相關的星宿，都被認為是在描繪生物的圖像，例如公羊、公牛、雙胞胎、螃蟹、獅子等[1]。語法上的含糊不清使得情況變得更加複雜：占星學術語 *zōidion* 可能是術語 *zōion* 的縮詞（diminutive），意指描述的事物應該更小或更少（「較小的生物」或「小圖像」），或也可能是表示位置的詞尾，代表星座是某物所在的地方（「一個生物所在的地方」或「圖像所在的地方」）[2]。

　　可惜沒有一個英文單詞可以完全概括 *zōidion* 一詞潛在的不同含義。史密特從一九九三年翻譯《亞歷山大城的包路斯》開始，就一直設法解決這道難題，曾將此術語保留音譯 *zōidion* 多年，直到他找到合適的翻譯[3]。格林鮑姆依循史密特，在二〇〇一年翻譯的包路斯中也對該詞採用音譯[4]。之所以未採納慣用名稱「星座」（sign）來指稱 *zōidia* 的原因在於，雖然拉丁詞根 *signum* 最初帶有「圖像」（image）的意涵，但英文術語「星座」卻早已與之相去甚遠，不再具有其原始希臘詞的準確含義[5]。西元二〇〇九年，史密特決定以「圖像」（image）作為 *zōidion* 的慣用翻譯，於是在他後續的譯作中便使用「公羊的圖像」或「倒水者的圖像」等[6]。

在本書中，我將保留傳統慣例，將 *zōidia* 稱為黃道「星座」。我認為這個名稱具有足夠的代表性，因為後來 *zōidia* 一詞的使用方式趨於抽象化，代表一系列可以用心智去理解的性質，而並不一定只是眼睛可見的有形圖像[7]。雖然有時與星宿相關的具體圖像，確實能為某些黃道星座的意涵提供詮釋的資訊，但對於一些使用回歸黃道的占星家而言（如托勒密），黃道星座不再是事物的圖像，而是黃道上與某些性質相關之抽象區段的劃分。這也許就是為何占星家（如托勒密）時而使用同義詞，將黃道星座稱為「十二分部」（twelfth-parts，*dōdekatēmoria*），從而將每個星座作為黃道十二等分抽象區段的代表[8]。

這些劃分出來的每一區段都被認為與某些性質相關，因此能夠對特定事物提供徵象或預兆。就術語「象徵」（sign）的現代意義而言，意指具有暗示性或代表性的事物，意即從一個圖像或符號的樣貌引伸出一系列特定的意涵，這與希羅時期占星學中對於該詞彙的概念應用並無太大區別，因此也不能算是在當代實踐中引進的全新慣例。正如羅馬博學家瓦羅在西元前一世紀討論星座和星宿的拉丁文詞源時所說：

> 同樣的事物被稱為「象徵 / 星座」（signs）和「星宿」（constellations）。（它們被稱為）「象徵 / 星座」，因為它們象徵著某種事物，比如天秤座（象徵）秋分[9]。

因此，雖然讀者應當要記住術語 *zōidion* 背後的其他原始意涵，尤其是閱讀譯著時，但在本書中，我將維持現代慣例，將 *zōidia* 稱為黃道「星座」。

星座的性質

雖然黃道的概念起源於美索不達米亞傳統，但是後來的占星家將星座與之連結的大部分性質，最初似乎是在希臘化傳統中發展起來的。黃道星座在

希臘占星學的主要作用，是改變行星含義於星盤中的顯化方式。這是透過四項主要性質來達成：

    1. 行星主管系統
    2. 性別
    3. 三方星座或元素
    4. 四正星座

還有其他一些與星座相關的各式性質是基於一些像是星宿的樣貌（appearance），然而當中有許多似乎是次要考量，只對主要性質起到附屬作用，並且通常是在運用特定技法的情況下採用，而非作為一般的釋義原則[10]。首先我們將介紹星座的四項主要性質，之後再來探討這些次要性質。

這裡，有個切要且可能令人驚訝的重點是，不同於現代占星學，黃道星座的含義與十二宮位（或區位）的含義之間，似乎沒有任何系統性的借用或互換。因此，第一宮不等同於白羊座，反之，一般也不會借用宮位的意義來得出星座的含義。理解這點乃是至關重要，當我們在嘗試重建希臘占星學的實踐時，必須格外地謹慎，避免不當地將現代理論帶回到古代，因為那非但對釐清無益，還可能混淆了早期西方占星學在概念上的起源。反而，我們必須嘗試瞭解原始系統背後的邏輯，分別以星座和宮位各自的邏輯去建立對它們的理解。就一般實務而言，這不失為一個好的方向，這點在考量星座與宮位意涵時，變得尤為重要，因為在過去二千年間，某些概念已發生了無數的變化。

回歸與恆星黃道

古代天文學家觀察到，太陽、月亮和五顆肉眼可見的行星規律地在天空中穿過一條非常特定的軌道。因為行星從未偏離過這條我們稱之為黃道的軌道，因而會在這條軌道上重複地行經一些特定的星宿。黃道星座最初就是由此發展而來，它包括行星行經的每個星宿，並排除了行星不會行經的星宿。

重要的一點是，這些星宿各個大小不一，有些相對較小，例如巨蟹座，而有些則相對較大，例如處女座，而有些星宿甚至有些重疊，比如水瓶和雙魚座。

　　最終，到西元前五世紀，美索不達米亞的占星家／天文學家將黃道標準化，使其包含十二個星座，每個星座都正好 30 度，這就是所謂的恆星黃道（源自拉丁文 *sidereus*，「星星或星宿的」）。它的參考點是星宿，雖然星宿本身的大小各不相同。因此，恆星黃道是將星宿理想化或象徵性地劃分成十二個等分的區段或「星座」，即便它與星宿本身的範圍並不完全一致。

　　幾個世紀後，當希臘占星學發展起來時，季節與恆星黃道也大約一致了。每個季節的開始，與現代占星師所說的基本星座（cardinal sign）——白羊座、巨蟹座、天秤座和摩羯座的開始時間一致；季節的中期則與固定星座（fixed sign）的時間重合——金牛座、獅子座、天蠍座和水瓶座；而每個季節的季末，則與變動星座（mutable sign）相同——雙子座、處女座、射手座和雙魚座。

　　不同季節的特性與某種形式上相似的行為、環境或性質之間，建立了象徵性的連結。也就是說，季節的排列開始被運用於詮釋黃道星座。到了某個時間點，成為了劃分黃道十二個區段或「星座」的第三種基礎，稱為回歸黃道（tropical zodiac）。回歸黃道是以季節來衡量，將分點和至點的精準度數作為星座的開始，起點是春分，即北半球春季的第一天，於是這成為白羊座的起點。接下來，以每 30 度進行其他星座的劃分，夏至與巨蟹座 1 度重合，秋分則標誌著天秤座的開始，最後則是冬至作為摩羯座的開始。

　　最後，留給了我們三種黃道系統：

1. 星宿黃道：指位於太陽、月亮和行星軌道（即黃道）上，大小不均等的星宿。
2. 恆星黃道：將黃道理想地以 30 度等分的十二星座，每個星座與該實

際星宿大致對齊。

3.回歸黃道:將黃道理想地以30度等分的十二星座,並對應分點和至點。

在希臘化早期傳統中,回歸黃道與恆星黃道大致吻合,而早期占星家似乎已汲取兩者的要素來發展各個黃道星座的含義。例如,因為與季節的連結,四正星座或模式的原理明顯與回歸黃道的關聯更緊密。在此系統中,基本星座與開始新的活動相關,因為它們與季節的開始一致;固定星座與穩定性相關,因為它們落在季節的中期;變動星座與過渡有關,因為它們對應季節的結束[11]。然而,有時論及星宿中的特定恆星時,會提到一些黃道性質,這顯然是基於恆星黃道的考量。例如,在討論本命有關受傷和疾病的跡象時,瓦倫斯提到,當本命星盤中的金牛座與這主題相關時,可能代表眼睛受傷或失明,因為與昴宿星團(Pleiades)的恆星星團相關[12]。

希臘化時期占星家在發展與星座相關的性質時,同時從回歸黃道和恆星黃道中汲取要素,這一事實給後來的占星家帶來了難題,因為分點歲差(precession),這兩個黃道系統已逐漸偏移。歲差源自地球自轉軸在大約二萬六千年的過程中非常緩慢地擺動[13]。這導致回歸黃道與恆星黃道以每七十二年大約1度的速度逐漸偏移,因此,在二十一世紀初的當前時刻,兩個黃道系統相差了約24度,繼而引發了現代占星師們之間爭論應當使用回歸黃道或恆星黃道作為計算占星盤的主要參考系統。

希臘天文學家喜帕恰斯在西元前二世紀發現了歲差,並採用回歸黃道作為天文計算的參考系統[14]。然而,在西元最初的幾個世紀,希臘化時期占星家大多繼續沿用較舊的計算方式來確定行星於恆星黃道的位置,有時甚至是使用美索不達米亞來源中的公式[15]。瓊斯指出,這些占星家可能尚未將此參考框架概念化為主要是恆星,而且很大程度上,歲差現象似乎還鮮有人知,或在某些情況下被當作理論而拒絕了好幾個世紀[16]。

托勒密似乎是西元二世紀第一位完全承認,並證實喜帕恰斯發現歲差的占星家。托勒密也是我們已知的主要占星家中,第一位明確採用回歸黃道,

並將其作為計算黃道時首選的參考系統。他在《天文學大成》解釋這一點時，還表明將為回歸黃道十二星座沿用慣用的名稱；即使這些名稱最初是來自星宿：

> 對於黃道的十二個（30 度）區段，我們將使用黃道星座的名稱，根據該系統每一區段始於至點和分點。我們稱第一區段為「白羊座」，從春分開始，按照宇宙的運行往後，第二區段為「金牛座」，依十二星座的傳統順序以此類推 [17]。

托勒密在其占星學著作《占星四書》中還以春分點作為白羊座 1 度。在此書中，他似乎相信，許多與黃道星座相關的主要性質最初源自回歸黃道，而非恆星黃道。他在文中的主要陳述之一值得詳細引述：

> 但以回歸黃道和至點／分點作為十二分部和分界的起始點，確實是合理的——這點我們不會省略，因為這恰好值得仔細琢磨。這既是因為作者們以某種方式明示了這點，更是因為我們從前面的論證中看到，十二分部和分界的性質、力量及（行星）隸屬關係，源自回歸黃道和至點／分點，而不是任何其他起點。因為，假如採用其他起點，我們將被迫不再使用黃道星座的性質來進行預測，或者說，假如採用了其他起點，我們將因為界定其力量的間隔彼此重疊與分離，而被迫犯錯 [18]。

這段陳述很重要，因為托勒密不僅認為，多數與這些星座相關的傳統性質似乎都從季節的考量獲得，對他而言，這些在回歸黃道的背景下更為合理，他還提到他理解這是一些早期（基礎？）占星學作者隱含的意圖。於是問題就變成了此論點是否屬實，以及一些較早期的文本是否強調了以回歸系統解釋黃道星座更為合理，而非恆星系統 [19]。

來自斯拉蘇盧斯的一段簡短證詞似乎提供了相互矛盾的證據，他在其著作的摘要中總結道「回歸黃道並非如一些人所堅持的起始於星座的 1 度，而是在 8 度 [20]。」這段陳述很有趣，因為這可能暗示了斯拉蘇盧斯在西元一世

紀初就有意拒絕回歸黃道，或者也可能只是意味著他仍依循早期的美索不達米亞來源，認為分點和至點固定保持在基本星座的 8 度 [21]。無論哪種情況，這都引發了一個問題：他不贊同的那些無名者是誰？他指的是喜帕恰斯和他的天文圖表嗎？或者在斯拉蘇盧斯的時期（西元一世紀初），是否已有特定的占星家在提倡回歸黃道系統？無論如何，托勒密的論據在最初似乎並未獲得很多支持者，而我們從四世紀多數留存的天宮圖可以看出，恆星黃道持續作為了主要的參考系統，直到西元三五〇年左右發生了轉變，托勒密的回歸系統觀和圖表才得到更廣泛的採用 [22]，最終使回歸黃道從希臘化傳統晚期到中世紀時期、一直到現代成為了西方的主要參考系統。

　　托勒密對後來幾個世紀西方占星家採用回歸黃道的影響是存在爭議的，因為並不清楚他是否只是把從希臘化傳統開始以來就採用的某種系統正規化，或是他對於回歸黃道的採用，代表了與打從一開始在實踐和概念上就採用恆星黃道作為主要參考框架的早期傳統的分道揚鑣。一些支持恆星黃道的現代西方占星師認為這是不幸的偏移，並指出美索不達米亞早期傳統明顯源自恆星黃道 [23]。這些論點通常沒有考慮到一個事實，即大多數占星家把星座與黃道性質加以連結，似乎都是後來在希臘化傳統中慢慢發展而來，在當時，這兩種黃道系統大約是一致的。這點很重要，因為不能想當然爾地認為所有與星座相關的屬性都源自星宿相關的形象或神話，我們將在本章的後文可以看到。

　　另一個支持恆星黃道的論據是，它一直是近兩千年來在印度使用的主要參考系統這可能是因為透過《臾那星占書》或其他文本將希臘占星學傳播到印度，而他們並未出現一位托勒密，明確地依據回歸黃道來定義星座。然而，作為對照組，印度傳統有更充分的理由根植於恆星黃道系統，因為他們使用稱為二十七星宿（*nakshatras*）的二十七個白道星座，並且明確地以一系列特定的恆星來作預測。這可能讓印度占星家有更多理由堅持採用恆星黃道的框架，因為當地最初發展出來的本土占星學，與必須使用恆星的系統有更緊密的連結，而許多從希羅傳統傳過來的技法都與該系統融合了。

　　無論托勒密的影響為何，他顯然不是唯一在希臘化傳統中不遺餘力地為回歸黃道進行概念論證的占星家。最早利用歲差對占星學進行的批評之一，是來自亞歷山大城的的基督教神學家奧利金（Origen，西元三世紀），他提到一些占星家試圖區分恆星星座和他所謂「智性的」（intelligible）黃道星座：

> 一個眾所周知的定理證明，黃道和行星一樣，以一百年 1 度的速率由西向東移動，而這種移動在如此長時間的推移下改變了星座與原本的關聯；因此，一方是「智性」（*noētos*）的星座，而另一方是它可見的「形態」（*morphōmata*）；人們認為，事件不是從形態中發現的，而是從智性星座中發現的；然而這卻是不可能被領會的 [24]。

　　這個說法似乎證實了在托勒密之後的一個世紀裡，有那麼一群占星家在為回歸黃道辯護，理由是，即使不容易被感官察覺到，但它具有某種可透過心智領會的內在價值。目前尚不清楚這是否代表了托勒密努力推廣回歸黃道的結果，或者相反地，代表已經有一個與托勒密無關的獨立傳統，將回歸黃道概念化。

　　在本書中，我使用回歸黃道乃基於兩個主要理由：首先，從概念上的角度來說，比較合理的考量是，黃道星座的一些最為重要的意義，最初似乎是源於季節或回歸黃道的概念；我將在本章中進行更多討論。第二，也許更重要的是，針對我將在本書最後幾章中介紹的主要時間主星系統，使用恆星黃道無法如回歸黃道一樣，達到令人印象深刻地有效運作。結合理論和實務的考量之後使我得出了結論：回歸黃道更適合本書以希臘占星學作為背景的主要使用目的。然而，我也不排除在未來，能夠找到一種方法來調和回歸和恆星黃道系統。此外，以上僅為我個人的觀點和偏好，我鼓勵讀者從概念和實務的角度去探討黃道問題，並得出自己的結論。

星座的名稱

　　每一個黃道星座都有名稱，這些名稱最初源於與特定星座相關的星宿。曼內托提供了一份不錯的概要，概述了星座的傳統順序和名稱，並根據與其相關的一些星宿的圖像來描述它們：

> 黃道是天空中所有快速移動的大圈中，最為明亮而易見的，以完備的十二個圖像（*eidōloisi*）在乙太中運行。在這些閃閃發光的星體中，有公羊，（然後是）公牛，雙胞胎緊鄰在側。在他們之後，螃蟹和獅子以及（然後是）少女，她手持玉米穗，渴望前人的追求，以及爪子，被聖人改名為桿秤，因為它向兩邊延伸，就像一個秤重的桿秤。接下來是蠍子，而後是強大的弓箭手，然後是有山羊角的，再來是持水者和魚[25]。

　　天秤座在早期的希臘天文傳統中最初被稱為爪子，因為它是相鄰的天蠍座星宿中爪子的一部分，但自從開始將天秤座和天蠍座區分開來，就變成了桿秤。不過偶爾仍會看到一些希臘化時期占星家將天秤座稱為爪子，作為一個古老或富有詩意的綽號。在希臘文中，星座的典型名稱如下：

白羊座 *Krios* 公羊
金牛座 *Tauros* 公牛
雙子座 *Didumoi* 雙胞胎
巨蟹座 *Karkinos* 螃蟹
獅子座 *Leōn* 獅子
處女座 *Parthenos* 少女
天秤座 *Zugos* 桿秤
天蠍座 *Karkinos* 蠍子
射手座 *Toxotēs* 弓箭手
摩羯座 *Aigokerōs* 山羊角者
水瓶座 *Hydrochoos* 倒水者
雙魚座 *Ichthues* 魚

黃道星座的英文名稱，主要源自希臘文術語的拉丁文翻譯。例如，*aries* 在拉丁文中的意思是「公羊」，*taurus* 的意思是「公牛」，而 *gemini* 的意思是「雙胞胎」等。

在本書中，我將繼續沿用當代英文術語來表示黃道星座，不過我們必須瞭解到，某些譯者在其譯著中使用的是按字面翻譯的術語。當按字面翻譯時，希臘文文本將讀作「若赫米斯在公牛」或「若阿芙蘿黛蒂在獅子」等。

陽性與陰性星座

星座最簡單直接的分類方法之一是將它們分為兩組，每組都被分配一個性別，陽性或陰性。從第一個星座白羊座開始，奇數星座屬於陽性，而從金牛座開始的偶數星座屬於陰性[26]。分類如下：

陽性：白羊座、雙子座、獅子座、天秤座、射手座、水瓶座
陰性：金牛座、巨蟹座、處女座、天蠍座、摩羯座、雙魚座

這一學說被所有現存希臘化時期著作的主要占星家廣泛接受[27]。在討論這一學說時，塞克斯圖斯指出，畢達哥拉斯學派也有類似的想法，他們將奇數與陽性連結、偶數則與陰性。他認為畢達哥拉斯學派的這一連結是依循自占星家：

> 我想，在他們（占星家）的推動下，畢達哥拉斯學派將一元體稱為「男性」，將二元體稱為「女性」，三元體則又稱為「男性」，其餘的偶數和奇數則根據同樣的規則[28]。

塞克斯圖斯提出的——畢達哥拉斯理論與占星學學說存在關聯——的說法可能是正確的，不過，畢達哥拉斯傳統中有關奇／偶數的部份，可能比

將性別分配給黃道星座的時間更早。例如，早在西元前四世紀，亞里士多德就在《形上學》（*Metaphysics*，暫譯）中提到，畢達哥拉斯學派將奇數與陽性連結，將偶數與陰性連結[29]。因此，希臘化時期開始將此一學說應用於黃道星座的占星家，很可能是從畢達哥拉斯學派獲得這個想法，而不是反過來[30]。

作為希臘占星學的釋義原則，這些分配經常在確認性別的相關描述中被引用。例如，塞克斯圖斯提到，陽性和陰性星座被認為「有助於表明生男或生女[31]」。瓦倫斯在探討手足相關議題時告訴我們，代表手足的行星，其所在星座的性別，將有助於指出命主手足的性別：

> 金星和月亮位在上升點起算第三區位，即手足的區位，代表有姊妹，尤其當此星座為陰性時。若太陽、木星和水星在陽性星座（在第三區位），代表有兄弟[32]。

都勒斯在判定命主手足的性別時也有類似的處理方法[33]。在其他出處，瓦倫斯在論及判定命主父母的哪一位會先過世的章節中，提出了一種數學的計算方式，若計算得出的位置落在陽性星座，就意味著命主的父親將比母親早過世，而若是落在陰性星座，則意味著母親將先過世[34]。在論及雙胞胎出生的章節中，費爾米庫斯援引星座的性別來作為判定即將出生的是男孩或女孩的考量：

> 至於即將出生的是男孩或女孩，我們以這種方式判定。如若太陽、月亮和上升點位於陽性星座，且有來自陽性行星的相位，即來自木星、土星和火星，那麼會誕下男嬰。但若只有金星有同樣的（相位），位於陰性星座，則（將誕下）雙胞胎女嬰[35]。

這些案例演示了時而依據星盤中不同因子的配置所作出非常直白的詮釋。在此情況下，由於星座的命理象徵，星座的部分功能就是幫助我們能夠具體區分命主人生中的男性和女性。

　　這種字面上性別分配的使用並非其概念的唯一應用，偶爾在某些來源中也會以較微妙的描述因子（descriptive factor）出現。有時星座的性別在詮譯上更為廣泛，因此陽性星座被概念化為主動，而陰性星座則被概念化為被動。例如，阿努畢歐認為陽性星座被視為「權威的」（exousia）、「命令的」或「領導的」（hēgemonias），而陰性星座則是「從屬的（hupotagē）」[36]。在《臾那星占書》中，這些星座被描述為「硬」和「軟」[37]。這種方式的技法有部分與傳統的性別角色相關，但同時也試圖在涉及主動或被動元素的原則之間作出簡易的區別。

　　在有關性格、性徵和性取向的討論中，有時也會引用性別分配。在希羅世界中的傳統性別角色普遍認為，男性最好要陽剛，女性最好要陰柔，不過占星家似乎對於定出個人在性別光譜上的位置感興趣，有時包括那些可能有跨越傳統性別認同的傾向者。托勒密似乎對此有一個最詳細的模型，在這個模型中他為性別和性取向建立一個光譜，幾乎就像是一個古代的金賽量表（Kinsey scale，譯註：同性戀／異性戀等級評定表）。他主要在論及婚姻和靈魂疾病的章節中討論性取向，強調太陽、月亮、火星和金星的配置[38]。在討論的一開始，托勒密說他將主要關注於「男性和女性在先天上的太過或不足」，這包括男性和女性兩者跨越性別的，但同時也包括當每個性別過度男性化或過度女性化而變得不平衡[39]。在四種行星配置的分析中，根據其位在陽性或陰性星座，晨星或夜星，各自都可變得更加男性化或女性化。

　　對於托勒密來說，理想的情況似乎是，在個人的誕生星盤中，太陽位在陽性星座，月亮位在陰性星座，才是與這些行星匹配的性別分配，因此就命主的性別而論，命主將保持平衡，其表現出的行為才會被視為合宜或得當[40]。

　　然而，若星盤中的兩顆發光體都在陽性星座，那麼對男性來說，會使他們過於陽剛，從而在發揮其自然本質時表現過度，而對女性來說，這將使她們過度表現出不符本性，因而顯得過度陽剛而不夠陰柔。若火星和／或金星也為陽性配置（即陽性星座或晨星）則會進一步加劇該情況，於是他說男性在性和通姦方面將變得貪得無厭，而有這種配置的女性將成為女同性戀。

反之，若兩顆發光體都位於陰性星座，那麼就會造就過度陰柔的女性和柔弱的男性。若金星也陰性化（即在陰性星座或為夜星），那麼女性在性事方面會變得非常被動和開放以至陷入困境，而男性也會變得更加被動和容易被操控。若火星也被陰性化，那麼命主對自己的性慾和淫亂的態度會更加公開。托勒密的總體觀點之一是，任何過度的狀況都被視為是不好的，這似乎是上述描述的主要概念動機[41]。

瓦倫斯似乎也有類似的看法，尤其當上升的晨星被陽性化，而上升的夜星被陰性化時。在他對金星六分相土星的描述中，他作出了以下區分：

若兩者都是於東方升起的晨星，則會將女人男性化，使女性不僅在日常生活中表現得像男性，當與其他女性同寢時甚至會有男性般的行為。若這些行星是夜星，則會使男人女性化：當與男人共寢時，男人有時會作為女人，但他們通常會失去性器官[42]。

所有這些與性別相關的釋義原則，都含括在更廣泛的希羅性別和社會規範的背景之下，雖然這些區別在現代時空背景下之適用性的全面討論超出了本書的範圍，但起碼對於理解古代占星學中，將性別作為概念區分的一些不同方式提供了一個基礎。

宇宙誕生圖

希臘化傳統的核心中，最重要的概念結構之一是世界誕生的神話天宮圖，被稱為宇宙誕生圖（*Thema Mundi*）。「宇宙誕生圖」一詞是希臘文詞彙 *kosmou genesis* 的拉丁文翻譯，兩者的簡要意思都是「宇宙的本命星盤」或「世界的誕生星盤」。費爾米庫斯解釋道，宇宙誕生圖被作為希臘占星學的教學工具，藉以輔助解釋不同概念的動機或原理，例如廟主星系統以及不同相位結構或相位的性質[43]。

◎組成與基本原理

　　宇宙誕生圖有幾個不同的版本，但最初的版本似乎是上升在巨蟹座，月亮在巨蟹座，太陽在獅子座，水星在處女座，金星在天秤座，火星在天蠍座，木星在射手座，土星在摩羯座[44]。後來的一些不同版本為每顆行星給出了特定度數；費爾米庫斯說行星們都位在各自星座的 15 度，不過這可能只是為了澄清早期源文本中留下的模稜兩可，或是尚未具體說明的部分[45]。

　　在宇宙誕生圖中，七顆古典行星的每一顆都位在後稱為「廟」或「主管」的星座之一，這似乎是古典主星系統原始概念基礎的一部分。它首先將月亮

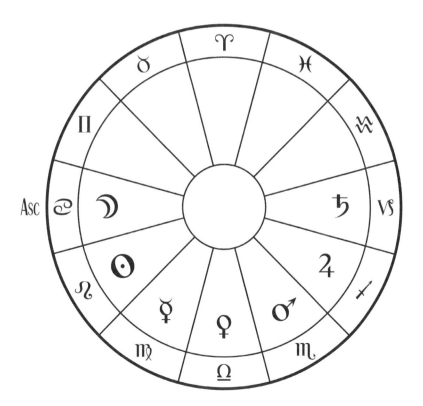

圖 8.1 - 宇宙誕生圖

分配到巨蟹座，太陽分配到獅子座，然後將其他的行星，依據其相對速度以及與太陽的距離，按黃道序列分配到其他星座。水星在逆行之前決不會遠離太陽超過一個星座，因而被分配到緊接太陽之後的星座，即處女座。金星與太陽的距離永遠不會超過兩個星座，因而按黃道順序被分配到與太陽相隔兩個星座的星座，即天秤座。接下來更遠的可見行星是火星，被分配到天蠍座。木星是繼火星之後再更遠的行星，被分配到射手座。最後，土星——最遠、最慢、最晦暗的可見行星——被分配到與月亮相對的星座，即摩羯座。

關於宇宙誕生圖，自然浮現的問題之一：為何上升星座是巨蟹座？這對古代占星家的意義是什麼？可惜的是，現存文本中幾乎沒有關於這一點的探討，但在試圖解釋時，有兩個可能相關的占星學知識。

第一個是，一些美索不達米亞晚期或希臘化早期占星家的相信，當所有行星會合在巨蟹座或摩羯座時，即代表了世界的週期性創造與毀滅。這項學說尤屬貝洛蘇斯，他明確說過當所有行星都排列在巨蟹座時，世界將被大火摧毀，而當所有行星排列在摩羯座時，世界將被洪水毀滅[46]。這可能是因為巨蟹座恰逢北半球一年當中最熱的時節，因此與火連結，而摩羯座恰逢冬季，因而與水的寒冷相符。這也可以解釋為何兩顆光體（或發光體）被分配到巨蟹座和獅子座以作為行星序列的起點，因為這兩個星座剛好在夏至之後，是一年之中最熱和最亮的時節。此時陽性和陰性星座之間的區別可能已經存在，因為月亮被分配到夏至之後的第一個星座巨蟹座，屬陰性，而太陽被分配到陽性星座的獅子座。

宇宙誕生圖中將巨蟹座作為上升星座的另一個可能動機是，在埃及，恆星天狼星於夏季的偕日升象徵了尼羅河的年度氾濫，標誌著埃及曆的新年[47]。天狼星是夜空中最亮的恆星，在希臘化時期，它的偕日升會發生在七月的日出之前；當太陽位在獅子座。因此，在夏季的清晨，當巨蟹座比太陽所在的獅子座早先從東方地平線升起，天狼星會在太陽的光束下率先出現。由此，巨蟹座成為埃及年的起始點，並可能進一步擴展成整個宇宙。

◎神的本命星盤？

多數提到宇宙誕生圖的占星家一直將其稱為宇宙的本命星盤；然而，安提阿古斯明確地將其稱為「神的本命星盤」（*theou geneseōs*）[48]。這也許為一些希臘化早期占星家的哲學思維提供了些許線索，因為一些特定的哲學流派認為宇宙是神聖的存在。在《蒂邁歐篇》中，柏拉圖描述了宇宙的創造，並說宇宙是一個有靈魂和智性的生物[49]。斯多葛學派採納了此一學說並進一步發展出泛神論的哲學，認為整個宇宙都是一個有意識的、神聖的存在，因此理智的世界是宇宙的身體，注入了宇宙無形的靈魂，並將一切融為一體：

他們（斯多葛學派）說神與物質融合為一，祂遍及所有物質，因而形塑、建構，並將其帶入世界之中[50]。

甚至，經常用來指稱宇宙誕生圖的「宇宙」一詞，有時也被斯多葛學派用來指稱神。根據第歐根尼‧拉爾修的說法：

他們（斯多葛學派）以三種方式使用術語「世界／宇宙」（*kosmos*）：神本身，是由所有物質組成的完整個體，他堅不可摧亦不可再生，因他是世界秩序的製造者，在制定的各種時間周期中，將所有物質耗盡於身，然後再由自身重新製造出來；他們還將世界秩序描述為「世界」；第三，以上兩者的組合（即神與世界秩序）[51]。

將宇宙本身視為神的概念，也曾經出現在《赫密士文集》的一個主題：

整個宇宙，這偉大的神，是更偉大神祇的形象，並與之結合，保有天父的秩序和意志，是生命的豐盛。在這宇宙中，來自天父的永恆世紀循環中，無論是整體還是任何局部，萬物皆生。在宇宙中，無論過去、現在、未來，皆無死物。因是天父旨意，凡存在者皆有生命。因此，宇宙必得也是一位神[52]。

　　這可能意味著，對於一些希臘化早期的占星家而言，宇宙誕生圖具有更深層次的哲學或宗教的意義，因為在檢視宇宙的假定誕生星盤時，它不僅透過占星結構提供了對宇宙內部運作和發展的洞見，也的確可能使他們對神性本身有了一些洞察。

◎廟主星

　　在占星文本中，黃道星座通常被稱為行星的「宮位」、「廟」或「居住的地方」，源自希臘文 *oikos*。根據此一學說，每顆發光體都分配一個黃道星座，其餘的每顆行星分配兩個黃道星座，其中一個是陽性，另一個是陰

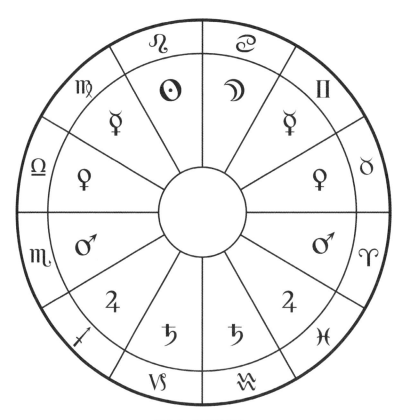

圖 8.2 - 行星的廟位

性。太陽的廟是陽性的獅子座，月亮的廟是陰性的巨蟹座。水星的廟分配到雙子和處女座，金星分配到金牛和天秤座，火星分配到白羊和天蠍座，木星分配到雙魚和射手座，土星則分配到水瓶和摩羯座。

廟位的配置建構出希臘化傳統中最重要的行星主管系統之一，每一位主要的希臘化時期占星家都使用這項法則[53]。每顆行星都稱為該星座的「廟主星」（oikodespotēs）、「領主」（kurios）或「主星／統治者」（despotēs）。這是希臘化傳統於一開始最早導入的主星系統之一，也是希羅占星學有別於美索不達米亞早期傳統最為確切的特徵之一。

現代占星師所稱的十二「宮位」，在希臘占星學中被稱為「區位」或「區域」（topoi），我們將在該主題的專論章節中進行更詳細的探討。為避免這兩種技法間的混淆，我將使用「廟」（domicile）一詞，來指稱希臘化概念中將特定星座稱為行星的「家」（home）。雖然它本質上仍與「宮位」（house）的意思相通，但透過使用不同的英文詞彙，應該有助於我們在討論不同概念時，保持一定程度的清晰。

廟位分配似乎是從宇宙誕生圖衍生而來的。從月亮入座巨蟹座開始，按行星序列，以鏡像原理──依黃道反序──投射出來。這形成了一套對稱的系統，兩顆發光體被分配到北半球一年當中最暖和、最明亮時節的兩個星座，其餘的行星則根據其相對速度和距離，依序分配到發光體兩側的星座。

因此，依據宇宙誕生圖，月亮和太陽分別配置到巨蟹座和獅子座。接著，永遠不會與太陽距離超過一個星座的水星，分配到緊鄰兩顆發光體的星座，即雙子座和處女座。金星永遠不會與太陽距離超過兩個星座，分配到金牛座和天秤座；這兩個星座都距離巨蟹座和獅子座兩個星座。下一個次遠的行星，火星，分配到白羊座和天蠍座。再下一個距離更遠的行星，木星，分配到雙魚座和射手座。最後，土星是距離最遠和最緩慢的可見行星，分配到距離兩顆發光體最遠的兩個星座，摩羯座和水瓶座。

　　托勒密指出，發光體被分配到最北端的兩個星座，與一年當中最熱和最亮的時節重合，此時北半球的白晝最長（這裡是希臘占星學的發源地）[54]。反之，他說土星是肉眼可見的最遠行星，因此被分配到距離發光體最遠的兩個星座，與一年當中冬至後最冷的時節重合[55]。雖然，托勒密確實較傾向支持自然主義的理論，強調熱、光和濕氣的關聯，但我們仍須謹慎，不妄下假設這就是此一概念創始人在發展階段時所考慮的唯一因素。儘管如此，這些似乎仍是一些頗具說服力的觀點，創造了一種行星和星座之間象徵性的緊密關聯[56]。

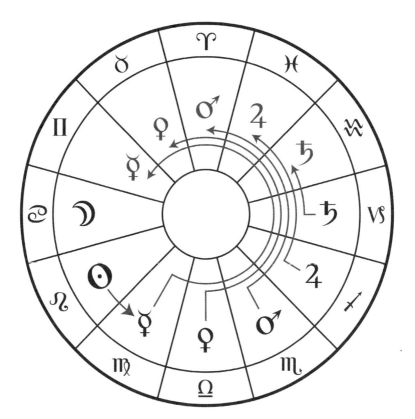

圖 8.3 - 波斯的主星系統原理

托勒密所描述的季節因子（seasonal factors）似乎構成了古典主星系統的大部分基礎；倘若屬實，這便意味著在宇宙誕生圖和廟主星系統的形成過程中，早期的希臘化傳統早已將季節或回歸黃道納入考量，而這必定是讓托勒密認為一些早期占星作者在發展希臘占星學時已將回歸黃道考慮在內的原因之一。事實上，費爾米庫斯明確表示宇宙誕生圖是由尼切普索和佩多西瑞斯概述的，而他們則是從阿斯克勒庇俄斯及赫密士‧崔斯墨圖那裡得到了該學說[57]。倘若屬實，那麼宇宙誕生圖和廟位分配，即成為希臘占星學實踐背後，其概念結構的第一個實例，是可以被溯及早期的一套實際存在的基礎文本。

◎ 其他的波斯分配原理

廟位分配另有一個有趣的原理，似乎是來自薩珊王朝的波斯占星傳統，在後來的拜占庭希臘文譯本中保留了下來[58]。這個故事具有近乎神話的色彩；故事開始於世界誕生之時，行星在宇宙誕生圖中所處的位置[59]。然後據說太陽開始按黃道順序行經這些星座。首先它從獅子座行至處女座，此處的水星因為無法適應太陽強烈的熾熱光芒，便逃到黃道順序中最遠且尚未被佔據的星座，即雙子座，與巨蟹座的月亮相鄰。接下來，太陽開始從處女座移動到天秤座，金星看到太陽來了，便收拾好行李，移到下一個最遠的未被佔據星座，即金牛座。隨著太陽的推進，在天蠍座的火星移到白羊座，在射手座的木星移到雙魚座。最後，在摩羯座的土星，最後一顆行星，只能移動一個星座進入水瓶座；當太陽追上土星時，它倒在光束下，被燒焦、曬乾，於是變黑，故土星呈黯色。

目前尚不清楚這個故事最終是否溯及了希臘化時期的來源，並對廟位分配的解釋性原理起到添述或補述的作用，或者它是否只是後來在薩珊王朝的波斯占星傳統中發展出來的一種解釋，以合理化廟位分配系統的理論。無論是何者，都為其對稱性提供了一個有趣的額外視角。

廟主星和主客隱喻

　　希臘化時期占星家似乎將行星在自己廟位（譯註：即「入廟」）的概念比喻為行星「在家」。當一個人在家時，他可以使用自己的資源，處於自己的元素中，因此能夠以更符合基本天性的方式行事且更有效地運作。然而，當一顆行星在另一行星的廟位時，它必須依賴廟主星的支持，這可能是正面也可能是負面的，取決於主人是誰以及主客之間的關係。有時主人行星會支持客人，而有時主人行星可能會阻礙，甚至對客人懷有敵意。費爾米庫斯解釋了這整套比喻：

> 還要注意哪顆行星位於該宮位內或哪顆特定行星的界，若你的行星位於另一顆行星的宮位，則需查看該宮位的主星，位在星盤中的哪個宮位。（……）若該星座主星的位置良好，那麼我們正在查看的這顆行星也分享了主星喜悅的一部分好運。但若該星座的主星無論如何都是黯淡的，那麼我們正在查看的這顆行星，即使位在幸運的宮位，也會被該星座主星的黯淡所阻礙。這你也可以從人類的行為中容易觀察到。若你應邀進入某人的家中，而主人剛得到幸運的加持，那麼你也會參與到他的幸運，因為你分享了主人幸運的喜悅。但主人正飽受貧困之苦，並捲入不幸的悲慘事故中，那麼你自己也捲入了主人的悲傷和困境，而你所分擔的逆境也會使你不知所措。對於星座主星也是如此[60]。

　　此一主客隱喻之後引出了一個具體的釋義原則，即星盤中，入廟行星比不在自己星座的行星更正面。根據曼內托的說法：

> 出生時，所有入廟行星都非常好；吉星則添吉性，會給予更多好運；而凶星則會減少厄運。因此，考量有多少（行星）在它們自己的廟或界尤為重要。若數量多，情況會更好。但若數量不多，則較不容易出人頭地，且從事次要的工作[61]。

　　這裡的基本前提似乎是，行星入廟被視為更正面或更幸運，因為這些行

星不必依靠任何其他行星的支持。這正是都勒斯何以將入廟的行星描述為「自主的」（autodespota）和「擁有自己的力量」（autexousia）[62]。同樣地，《密西根大學圖書館的莎草紙》的匿名作者寫道：「在這些星座中，行星擁有自己的力量並且充滿活力[63]。」

其他占星家也表達了類似的意見，認為入廟的行星被視為是正面的。例如，安提阿古斯、斯拉蘇盧斯和費爾米庫斯都建議將個人的誕生星盤與宇宙誕生圖，或與宇宙誕生圖的鏡像作比較，從而有效確定一個人的星盤中有多少行星是入廟的[64]。斯拉蘇盧斯認為宇宙誕生圖是一種「標準」或理想的「模型」（kanōn），而其他星盤應該與之作對照或衡量。安提阿古斯談到宇宙誕生圖就好像這是神祇的本命星盤一樣，他說一個人的本命星盤有越多行星入廟，其人生就越輝煌或燦爛（lampros），因為它接近或近似於神聖，而那些完全沒有相同配置的人則會經歷不幸（dustuchia）。費爾米庫斯在其論及本命星盤之性質的章節中，必定援引了類似的學說：

> 不過有一點我們也應當明白，一般的星盤中只會有一顆行星入廟，位於重要的宮位。星盤中有兩顆行星分別入廟的人，便擁有不錯的好運。而比一般人更為幸運且強大的是有三顆行星入廟的人；而擁有四顆行星入廟的人，他可以幸福得像神仙。超過此數量是人類所不被允許的；而另一方面，沒有任何行星入廟的人將永遠默默無聞、出身卑微、注定過著悲慘的人生[65]。

他在後文對宇宙誕生圖的討論中，費爾米庫斯認希臘化早期占星家「希望能證明人的命運是按照這個誕生星盤來安排的[66]」。在其他出處他還說到這「是作為人類星盤的一個範例傳承至今以供我們依循」，以及「人類是按照世界的形象所創造的[67]」。

從實務的角度來看，行星的廟位似乎是行星喜歡居住的地方，因為該地方最適合行星自己先天的表達方式。換言之，當行星在家時，它可以做它想做的事，而它想做的事就是表現它天生擅長的事。此一情況的連帶影響是，

當行星能夠表現它所擅長的事，由該行星所主掌的人生領域將趨向更加幸運，使命主在該領域的體驗比其他人更為正面。這點在後續探討某些星盤案例時將更加清晰。

◎ 透過廟位分配而來的行星基本性質

在希臘化傳統中，我們可以看到不同的作者，嘗試透過建立某些關鍵字來描述行星的核心意涵，而從這些關鍵字可以再得出其他的含義。這些試圖將行星的不同含義精縮至單一原則的嘗試似乎都不是挺成功，其原因可能在於要闡明如此廣泛或包羅萬象的原型（archetype）是不可能的，然而這些不

圖 8.4 - 行星的基本性質

同的嘗試卻是有用的，能為我們理解某些個別含義背後的原理提供一個切入點。瑞托瑞爾斯用行星在黃道星座的廟位分配，作為建立一套行星基本核心意涵的方式，即透過對比每顆行星的含義與掌管其對立黃道星座之行星的含義[68]。

在瑞托瑞爾斯的模型中，太陽和月亮來自它們的廟位——巨蟹座和獅子座，象徵著光明，與其對立的土星廟位摩羯座和水瓶座呈對比，他說這意味著黑暗。金星作為天秤座和金牛座的主星，說是象徵著歡樂和慾望，他將此與對面星座白羊座和天蠍座的主星火星對比，象徵恐懼與憤怒。最後，他將主管射手座和雙魚座的木星作為財產和豐盛的象徵，與其對面星座雙子座和處女座的主星水星做對比，象徵著知識和理性。這裡的重點是，行星的某些含義或意涵並不非單獨發展或概念化而來，而是透過廟位分配的對立原則，兩兩成對地發展而來。

普羅克洛對柏拉圖《蒂邁歐篇》的評論中可能有一項類似的原則，當他說「金星擁有將事物結合並協調已分離事物的力量[69]」時，想必對比了金星和火星的原則，正如我們先前見到瑞托瑞爾斯透過行星廟位分配所作的論述。而如同我們先前在瓦倫斯著述中所見，這不僅是機械式地列出無數不同的表現形式，相反的，這似乎代表一種嘗試，試圖找出一種可以統合許多不同含義的基本原則。例如，普羅克洛所提到「結合」和「協調」作為統合的主要概念，可應用於以下瓦倫斯賦予金星的一些個別含義：愛、友誼、陪伴、婚姻、和解、製作音樂、悅耳的聲音、繪畫和一般藝術、裝飾、清潔、秩序等。

依循此一邏輯，史密特採用瑞托瑞爾斯的廟位分配模型並對其修改，試圖建立一套可以涵蓋瓦倫斯列表中包羅萬象的含義[70]。在他的模型中，太陽的主要原則是「選擇」，與土星「拒絕」的原則對立。月亮的原則是「收集與包容」，而對立的土星原則是「拒絕」。金星是「統一與和解」，而火星是「斷絕與分離」。最後，水星是「破壞穩定與競爭」，而木星是「肯定與穩定」。

雖然史密特的模型未能涵蓋行星的所有含義，但卻是一個有用的起點，涵蓋了希臘化時期占星家經常給出的許多最基本的意涵。我從小奧林匹奧多羅斯的陳述中得到提示，使用了一個稍微修改過的史密特模型版本，即太陽的基本性質是它「給予」（*didōsi*）光，而月亮「接收」（*dechetai*）光[71]。其他部分，對比木星的「肯定」原則，我會說水星是「爭論」而非「競爭」，不過仍需指出水星是行星中最多面向的，還有許多含義背後的其他核心概念可以用作替代原則。雖然該模型同樣無法涵蓋每顆古典行星的所有可能含義，但是對於瞭解某些含義如何與其他概念（如黃道廟位）連結，卻是個有用的辦法。

◎ 托勒密的行星基本性質

這裡應留意的是，托勒密也曾試圖導入一個模型來解釋行星的基本性質，雖然與廟位分配無關，但或許該在此時提出來討論。托勒密改編了亞里士多德的熱、冷、濕和乾的性質，並將其應用到行星上，以解釋它們的基本性質[72]。他賦予行星的「力量」（*dunameis*）或性質如下：

土星：冷與微乾

木星：熱與微濕

火星：乾與燃燒

太陽：熱與微乾

金星：濕與微熱

水星：濕與乾之間交替

月亮：濕與微熱

西元四世紀的哲學家楊布里科斯援引了一個類似的模型，來解釋火星和土星的自然性質如何在個人生命中被體認為製造問題或「凶」，即使行星本身並非天生凶惡：

土星的表現傾向將事物組構，火星的表現傾向激發行動；然而，在物質

層面，被動生成的容器接收了堅硬和寒冷，而另一方則是過度的燃燒[73]。

這段解釋源自托勒密的因果占星學模型，他以火星為例，解釋了其所有含義都是源於該行星乾燥和燃燒事物的傾向：

阿瑞斯之星的主要特性是乾燥和燃燒，與其顏色的火熱本質以及它與太陽的遠近有關，因為太陽的天球層（sphere）就在其下方[74]。

托勒密的模型被許多後來的占星家採用，並在中世紀傳統中變得非常有影響力，但尚不清楚有多大程度他是援引了早期傳統，抑或在他廣泛的宇宙學背景知識下創造出新的概念模型。

入旺與入弱

行星位於某特定星座時，稱為「入旺」，該詞源自希臘文 *hupsōma*，指某物被升起、升高或處於其高點。太陽在白羊座時稱為入旺、月亮在金牛座、土星在天秤座、木星在巨蟹座、火星在摩羯座、金星在雙魚座以及水星在處女座。

與行星入旺星座對立的是行星「沮喪」（depression）的星座，源自希臘文 *tapeinōma*，意思是降低、壓抑或使某事物喪氣。在晚期的古典占星中，這個位置更常被稱為行星「弱」（fall）的星座，不過在此我依循史密特將其稱為「入弱」（depression）（譯註：古占中文術語慣稱「入弱」，避免與字詞「沮喪」混淆），因為這似乎更有啟發性，也符合基本概念[75]。太陽在天秤座稱為入弱，月亮在天蠍座，土星在白羊座，木星在摩羯座，火星在巨蟹座，金星在處女座，水星在雙魚座。

還有一組特定的度數，有時會與行星的旺位一起被提及。由於文獻中給

出的數字略有不同，因而存在歧義[76]。儘管如此，根據瓦倫斯《占星選集》第三冊第四章，通用的旺度如下：

月亮：金牛座 3 度
太陽：白羊座 19 度
水星：處女座 15 度
金星：雙魚座 27 度

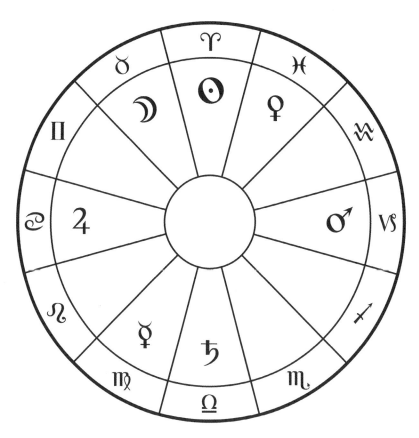

圖 8.5 - 行星的旺位

火星：摩羯座 28 度

木星：巨蟹座 15 度

土星：天秤座 21 度

目前尚不清楚旺度的基本原理為何[77]。多數時候，希臘化時期占星家似乎關注整個星座的旺位，而非特定的旺度，除了某些特意將旺度納入考量的少數技法[78]。同時值得注意的是，多數文獻中所提出的旺位原理似乎都關注在整個星座，而非特定度數，這使得在探討此一概念是如何發展，以及星座旺位或旺度何者先出現，產生了含糊不清的狀況。

旺位的概念顯然是從美索不達米亞傳統繼承而來，然而它在融入其他希臘化概念的方式著實令人驚訝且異乎尋常。這對某些學說的發展順序引發了疑竇，我們將在後文詳細討論。

◎旺位的解讀

占星家有時傾向認為，當行星入旺時會擁有更大的力量，而當它們入弱時力量會減弱。例如，費爾米庫斯說，入旺的行星是「被某種先天極為崇高的擢升」，而入弱的行星則是「由於其權威的力量減弱而被削弱[79]。」費爾米庫斯在這裡所描述的「力量」未必指行星散發的某種能量或力量；雖然有時會被如此假設。相反地，他似乎嘗試以此段描述解釋一段古老隱喻，將入旺與處於權威地位相連結，從而延伸為與行使權力的能力相關。都勒斯的一篇摘錄寫到，當行星入旺時，可能表示命主將「傑出而非凡」，因為

> 入旺行星是一位王者和權威人物：因此，若掌管行動的行星也在自己的旺，將被賦予王權的工作，與國王同住，並從中受益[80]。

在《密西根大學圖書館的莎草紙》中，有一段類似且更明確的陳述，作者將入旺稱為「王座」（*thronous*），將入弱稱為「監獄」（*phulakas*）：

自然配予其王座和監獄；王座代表入旺並擁有王權的標誌，監獄則代表入弱且對抗自己的權力[81]。

在其他出處，都勒斯將入旺和入弱視為在概念上類似行星位於至高點或衰落位置的學說。透過這種說法，他將旺位與事物被提升到高點相連結，因此具有性質高、高貴並受人尊敬，而入弱則表示事物被降低或向下掉落，因此屬於性質低、廉價而破舊：

> 行星入旺，或處於至高點時，表明事物或人更加尊貴，聲望更高，尤其是木星和金星；土星則會使人顯得光榮，但同時又骯髒或老舊。至於行星入弱或衰落，則會貶損（eutelizō）事務[82]。

◎旺位的原理

在晚期傳統，瑞托瑞爾斯強調了入旺行星與對立星座的衝突本質，並將此作為解釋為何行星在特定星座入旺的原理之一[83]。他接著指出，這種動態產生了三種極性：太陽在白羊座對立土星在天秤座；水星在處女座對立金星在雙魚座；木星在巨蟹座對立火星在摩羯座。根據瑞托瑞爾斯的說法，在這個系統框架下，每顆行星都表現出相反或對立的性質，就像廟主星與對立的廟主星呈現相反性質是一樣。太陽的火、光和熱性質與土星黑暗和冷的性質對立，因此太陽入旺在白羊座與土星入旺在天秤座，並各自入弱在對面的星座。這裡與托勒密的說法有些重疊，他試圖為旺位與季節的關聯性提供類似的論據[84]。他說太陽入旺在白羊座，因為這是剛過春分的星座，白天日照時間開始增長，因此太陽的熱力也開始增加。這與天秤座相反，天秤座剛過秋分，白晝的日照時間開始變短，太陽的力量開始減弱，因此，有躍升或衰弱的象徵性主題。

瑞托瑞爾斯將類似的理論延伸到木星和火星，它們分別入旺在巨蟹座和摩羯座。在此他將木星與「生命氣息」或「活力氣息」（zōtikou pneumatos）以及豐盛連結，並與火星象徵的死亡作對比。然後他將金星象徵的慾

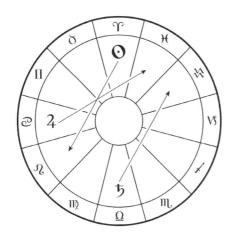 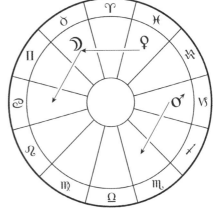

圖 8.6 - 日間行星的旺位與三分相　　　圖 8.7 - 夜間行星的旺位與六分相

望和歡樂對比水星象徵的智力，說當智力提升時，意味著慾望和歡樂的動力減弱，而當慾望和歡樂被提升時，智力就會衰退。

　　月亮是此系統中唯一沒有與之對立的行星，因為沒有行星入旺在天蠍座，而瑞托瑞爾斯認為原因在於月亮是「所有的命運」（*tuchē esti tou pantos*），因此被命運旺化的任何東西都無法被壓抑，而被命運壓抑的任何事物將無法提升。此處他似乎是在強調吉凶或命運（*tuchē*）支配一切的概念。

　　就可以作為解釋的其他原理而言，波菲指出，在旺位系統中，每顆日間行星入旺時，都與它們的廟位呈三分相，而每顆夜間行星入旺時，都與它們的廟位呈六分相[85]。例如，太陽入旺白羊座，與其廟位獅子座呈三分相；木星入旺巨蟹座，與雙魚座呈三分相；土星入旺天秤座，與水瓶座呈三分相。至於夜間行星，月亮入旺在金牛座，與其廟位巨蟹座呈六分相；金星入旺雙魚座，與金牛座呈六分相；火星入旺摩羯座，與天蠍座呈六分相。此一驚人的配置暗示了一種更深層的潛在意圖，旨在創建一套在概念和技法上都能互通的邏輯系統，而這裡的實例是整合了行星、廟位、區間以及相位結構／相位的學說。

　　史密特在另一個可能與旺位原理有關的有趣發現中指出，當你將旺位重疊到宇宙誕生圖時，每個旺位星座皆以五種公認的相位結構之一，與上升星座形成相位結構[86]。例如，在宇宙誕生圖中，月亮的旺位金牛座，與上升星座巨蟹座形成六分相。太陽在白羊座與巨蟹座呈四分相；金星在雙魚座與之呈三分相；火星在摩羯座與之呈對分相；土星在天秤座與之呈四分相；而水星在處女座與之呈六分相。剩下最後一顆行星木星，它的旺位在巨蟹座，其本身即是上升星座。史密特指出，宇宙誕生圖中多數的廟位是根據與太陽的距離而定的，因而也許，月亮在旺位原理中也扮演著類似的角色，它的廟位成了所有行星與之形成相位結構的焦點[87]。

◎旺位的由來

　　旺位通常被認為是繼承自美索不達米亞早期傳統的少數特定技法概念之一[88]，但令人困惑的是，這些對稱性及旺位原理似乎包含了其他幾種的概念。費爾米庫斯明確表示，「巴比倫人將行星入旺的星座稱為它們的『廟』」（domicilia），並且自二十世紀初以來，現代學者一直認為旺位與楔形文本中所稱 bit nisirti 或 asar nisirti 的內容有關，意思是「祕密的房子」或「祕密的地方」[89]，進而對其他被視為希臘化傳統特有的概念——例如，從波菲概述中整合的廟位、區間和相位等原理——提出了關於學說發展順序的一些重要疑問。至少有三種潛在的假設：

　　1. 旺位是從美索不達米亞傳統單獨繼承而來，在希臘化早期傳統時，再以此為中心，發展出廟位、區間和相位的概念。至少就我們目前持有的證據所顯示關於美索不達米亞傳統中使用的技法而言，算是挺自然的推論，然而在概念上，考量到廟位、區間、相位等概念背後的內部邏輯是如此獨樹一幟的完備，似乎有些令人難以置信。

　　2. 旺位系統並非從美索不達米亞早期傳統繼承而來，而是在希臘化早期傳統中，與其他概念（如廟位、區間和相位）一起被發明的。這解釋了為何這四個概念能整合得如此完整，但也就意味著當前在學術上，將希臘化時

期的旺位與美索不達米亞的祕密地方作關聯的共識是錯誤的。羅契柏格確實指出，旺位與祕密地方的關聯證據多數都溯及塞琉古時期，這或許暗示著此一概念最初可能是在希臘化占星傳統中，與其他概念一起發展而來，之後再傳回楔形文字的來源[90]。然而，提到祕密地方的文獻儘管稀少，卻顯然早於希臘化／塞琉古時期，可能與這一假設相互矛盾[91]。

3. 旺位與廟位、區間以及相位學說是在美索不達米亞早期傳統的某個時期共同發展而來，但礙於文本遺失而沒有證據表明在美索不達米亞早期傳統中已使用廟位、區間或相位[92]。

可惜的是，目前尚不清楚此處的正解為何，但這些旺位排列所隱含的原理似乎就足以對此概念起源進行更深入的研究。

落陷

　　與中世紀晚期和文藝復興時期的傳統相比，許多希臘化早期傳統的文本中明顯的遺漏之一是，如何看待行星位在自己廟位對立星座的問題。晚期傳統中，行星「落陷」（detriment）的概念通常被視為行星的困境或無力因子（debilitating factor），類似於行星處於沮喪或入弱的星座。在多數希臘化時期的導論文本中，雖然清楚定義了入廟、入旺和入弱的概念，卻未有「落陷」的相應定義，這引發了一些關於如何看待該行星位置的問題，以及它是否被概念化為無力的因子[93]。加上今日多數通用的印度占星傳統中，落陷通常不被認為是負面或無力因子，這可能是因為許多希臘化早期文本中鮮少被提及或被定義的緣故。

　　直到希臘化傳統結束時，此一概念才開始有明確的定義，並在判斷行星狀態時被認為是負面因子（negative factor），主要可從瑞托瑞爾斯的文本中得見。在瑞托瑞爾斯的著述中，他將行星位在自己廟位對立星座稱為

enantiōma，根據《希英詞典》，這意味著「任何對立或對抗的、障礙、阻礙」或「對立、不兼容、衝突、差別」、或「差異」[94]。該術語與後來的術語「落陷」具有不同程度上的含義；它主要關注相反或對立的事物。這似乎源自瑞托瑞爾斯用於判斷行星基本含義的原理，該原理強調廟位對面的星座主星，其性質經常是互相衝突或矛盾的。這似乎是此一配置被視為困境的主因，因為當一顆行星處在自己廟位對立的星座時，將被具有相反意義的行星所主管。

遺憾的是，這使我們在思考如何稱呼這個狀態時遇到一些難題，因為瑞托瑞爾斯的術語 *enantiōma* 最直接的翻譯是「對立」。儘管這是最直接的翻譯，但它已經是現代占星學用來描述 180 度相位的通用術語（希臘文中通常稱為「直徑」〔diameter〕而非我們今日所說的「對分相」〔opposition〕）。我認為要將處在自己廟位對面的行星稱為「位在它對立的星座」會導致太多混亂，因此我們需要找到替代的關鍵字用以指稱這個概念。根據曾經提及此概念的少數希臘化時期作家的常用解法，有幾個可能的詞可用來指稱此一配置：「落陷」（adversity）、「衰弱」（debility）和「流亡」（exile）。為了解釋這些術語合用的可能性，讓我們看一下在瑞托瑞爾斯之前，希臘化早期作家依此概念所提到的少數幾個例子。

雖然出於某種原因，此概念的定義從未與入廟、入旺和入弱並列，但在早期文本中曾零星提及，行星位在與自己廟位對立的星座時，通常解釋為負面或困境的配置。赫菲斯提歐在總結或解釋都勒斯的流年小限法時，有段關於此概念的簡短描述：「當行星位在與自己廟位對立的星座時，會腐化（*kakunontai*）[95]。」史密特在他對赫菲斯提歐這段話的翻譯中指出，此處的譯文『腐化的』（corrupted）一詞，「在物質層面上可能意味著『損壞』或『削弱』；也可指道德意義上的『變壞』[96]。」「衰弱」一詞似乎可以很好地捕捉到某物在物理上被損壞或削弱的感覺，不過晚期占星家通常將該術語用於更一般的意義上，尤其在文藝復興時期的傳統。十年後，史密特對同一段落的翻譯略有不同：「當與自己的廟位對立（*enantioumenoi*）時，行星會腐化（*kakunontai*）[97]。」《赫爾墨斯占星文集》也有一段非常相似

的拉丁文零散句子寫道，行星在其自己廟位的對面表示 *adversitas*，意思是「對立」、「矛盾」、「敵意」、「反感」、「不幸」或「痛苦」[98]。左拉將其翻譯為「落陷」，很好地總結了上述的一般含義[99]。

此外，瓦倫斯似乎認為，當精神點的主星處在自己廟位對立的位置時，命主將到異國生活並經歷 *tarachais*，意思是「紊亂」、「動盪」、「混亂」、「騷動」或「麻煩」[100]。瓦倫斯繼續說，命主繼承的家產無法留給自家人，而是落到了外人手裡。此處的「落陷」或「衰弱」二詞似乎相當符合一部分描述，不過此陳述還涉及另一個詮釋要素，是關於命主來到異國生活並且其家產將落入外人手裡。我相信，這些其他面向的描述是源自與「家」或「廟」的概念相對立的看法，而無關在對面的是什麼，在此即意味著遠離家鄉生活或是給他人繼承了，而不是原本留在家裡或「在家」的狀態。

瑞托瑞爾斯另一段文字似乎支持這種解釋，他說當命主星盤中的月亮處在廟位對面時，表示「潛逃」、「放逐」或「流亡」（*fugas*）[101]。接著他引述一位不知名作者的詩句描述，也許是轉引自都勒斯，說道：

看哪，月亮在某顆行星的廟，若你發現它潛伏於對面，他真的會是個逃亡者（*fugas*）、默默無聞且是流浪者[102]。

月亮一般象徵命主的家庭和生活狀況，這是為何這段特殊描述會與命主被流放、被驅逐家門有關，因為它處在自己廟位的對面。但這裡似乎還隱含著一個解釋性的主題，即放逐、流放和離家與這些行星的配置有關。這可能是因為行星廟位的對面，是該行星在黃道上距離自己廟位最遙遠的位置，進而以——位其居所而感到舒適——的相反意涵來作為象徵性的詮釋。

在此基礎上，我建議使用「流放」一詞作為指稱該配置的附加慣稱，這既是基於上述瓦倫斯與瑞托瑞爾斯的解釋先例，也是因為從概念上而言，這與行星入廟的概念形成了鮮明的對比。一些中世紀晚期和文藝復興時期的占星家似乎已從早期傳統中汲取了潛在的想法，並將此概念稱為流放而非（或

另稱）落陷。這種用法後來在一些西班牙文、葡萄牙文和法文的占星學傳統中延續到現代，然而不知為何卻未延續到英文傳統中。

總而言之，我會建議將行星處於廟位對立星座的配置，使用慣稱的——行星「落陷」、「衰弱」或「流放」的星座。雖然術語落陷可能聽起來最不可怕，也較不容易與後來的占星傳統中已使用的術語發生衝突，但另外兩個術語在概念上與該系統的其他含義都結合得很好，或許應予以保留，並在適當情況下互換使用。

若採納此一學說，落陷的星座則如下：太陽落陷在水瓶座，月亮在摩羯座，水星在射手座和雙魚座，金星在天蠍座和白羊座，火星在天秤座和金牛座，木星在雙子座和處女座，土星在巨蟹座和獅子座。至於為什麼在希臘化早期的教學文本中，這些配置通常並未與入廟、入旺和入弱一起被定義，目前尚不清楚原因。或許因為根據行星廟位的排列，以及每顆行星自然掌管與另一顆行星性質相反且與之對立的星座，因而被視作不證自明的論據。關於此一概念，似乎不乏文獻來得出結論，而無論得出何種結論，卻都問題重重，就像許多希臘占星學的領域一樣，我們經常被迫根據一些從各地留存至今的零散文獻對實務運用進行推論。

四正星座

所有作者都同意的黃道星座本質屬性之一，就是將黃道星座分為三組，每組四個，在此我將其稱為四正星座（quadruplicities），不過在現代更普遍地稱為模式（modalities）[103]。希臘化時期占星家似乎並未以特定術語指稱此一概念，然而包路斯確實將其稱為「四個一組」的星座組合，故後來所採用的術語——四正星座——似乎合乎其意[104]。

在現代，三組的四正星座分別稱為基本、固定和變動；然而，在希臘

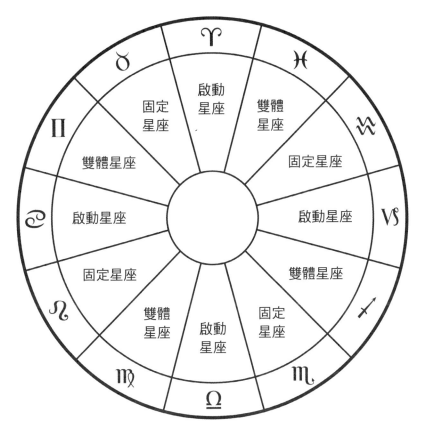

圖 8.8 - 四正星座

文術語中，四正星座通常分別譯為「回歸」（tropical, *tropika*）、「固定」（solid, *sterea*）和「雙體」（double-bodied, *disōma*）。在本書中，我將它們稱為「啟動」（movable）、「固定」（fixed）和「雙體」（double-bodied），原因將於後文說明。採用這組術語，四正星座的標準排列如下：

啟動星座：白羊座、巨蟹座、天秤座、摩羯座
固定星座：金牛座、獅子座、天蠍座、水瓶座
雙體星座：雙子座、處女座、射手座、雙魚座

希臘文術語 *tropikos* 通常翻譯為「回歸」，因為該詞語最初用於指稱發生在巨蟹座和摩羯座的「回歸線」或「至點」，其字面意思是「關於轉向」或「關於變化」，源自 *tropē* 一詞，意思是「轉向」、「改變」或「轉變」。有時四正星座會分成兩組，其中只有巨蟹座和摩羯座被稱為「回歸」或「至點」星座，因其與夏至和冬至重合；而白羊座和天秤座被稱為「等分」或「分點」星座，因其與春分和秋分重合 [105]。多數作者似乎將術語 *tropika* 當作通用術語，用來指稱整個四正的所有四個星座，但是出於前述原因，如若繼續稱其為「回歸」星座，似乎並不合宜。嚴格來說，其中只有兩個星座在回歸線，然而術語 *tropika* 卻似乎被用來指稱全部四個星座，因為該詞語表達了運行或變化之意，而成了詮釋四正星座的主要關鍵詞。在印度和中世紀傳統中，將四正星座稱為「啟動」星座似乎是不錯的嘗試，既表達希臘文術語的含義，也兼顧了占星詮釋。在此我將採用它作為引用此概念之用 [106]。

「固定」星座的希臘文術語是 *stereos*，意思是「堅固」或「穩固」，不過也可用來比喻「僵硬」或「頑固」的事物。該術語的慣用翻譯「固定」似乎已經非常接近希臘原文的含義，我認為無須嘗試改變此處的當代用法，然而我想指出的是，印度傳統將之稱為「非啟動」（immovable）星座，亦提供了一些重要的見解，或許最初是有意與「啟動」星座形成對比 [107]。

「變動」星座的希臘文術語是 *disōmos*，意思是「雙重身體」或「有兩個身體」。後來的一些傳統使用了 bicorporeal 一詞，意思亦同。部分源於一項事實，即某些作為星座命名來源的星宿是由兩個形體所組成，與之相符的星座如雙子座的雙胞胎，或雙魚座的兩條魚。後來還有個與季節相關的原理，我們將在稍後討論。印度占星家將這組四正星座稱為「雙特性」星座，再次提供了概念上的獨到見解 [108]。

在詮釋上，赫菲斯提歐在論及即時占星學時，對四正星座的本質作出簡明的陳述：

啟動星座很容易促成變化（無論好壞），固定星座使所求之事不可改

變，雙體星座使所求之事帶有兩種面向[109]。

　　這似乎與更廣泛的季節隱喻有關，該隱喻在托勒密和瑞托瑞爾斯的回歸黃道相關著述中有更明確的概述[110]。他們說啟動星座與變化有關，因為當太陽進入這些星座時，就標誌著一個新季節的開始：白羊座與北半球春季的開始有關，巨蟹座與夏季，天秤座與秋季，以及摩羯座與冬季有關。每個季節都會帶來溫度和日照長度的變化。接著當太陽進入固定星座時，正適逢季節的中期，天氣變得更加穩定而不太變化，因此是固定的或穩固的。金牛座適逢仲春，獅子座適逢仲夏，天蠍座適逢仲秋，水瓶座適逢仲冬。最後，當太陽進入變動星座時，瑞托瑞爾斯說天氣變得更加「不明確」（epamphoteros），因為萬物開始從某一季節過渡到另一季節。對托勒密來說，這些星座代表一種過渡或中間狀態，因為它們「在季節結束與開始時，共享了兩種天氣狀態的自然特性」，正因如此才被描述為雙體[111]。

　　將四正星座的區別概念與季節的開始、中期和結束加以連結，似乎已成為其他作者一些詮釋性陳述的基礎。在即時占星學中，啟動星座有時被詮釋為容易發起新的行動，但無法完成已發起的行動，故需再次嘗試[112]，它們通常被詮釋為快速且易變。固定星座在星盤中所突顯的，是眼前事物的穩定、不可改變或永久性[113]，它們通常被詮釋為與緩慢或難以改變之事有關，或在某些情況下甚至根本無法改變。都勒斯的阿拉伯文版本寫道，變動星座代表引發事件的方式因採取兩個行動而偏離，故第一個行動尚未完成之前、第二個行動便已結束[114]。它們通常被詮釋為模稜兩可，從穩定到變動。

　　雙體星座通常也被解釋為，在特定星盤中提供任何兩種它們所代表的意義，都勒斯（阿拉伯文版本）曾將此陳述為一個規則：「無論哪一行星，在雙體星座都要加倍[115]。」這就是托勒密陳述的基本原則，即相關代表因子在雙體星座中佔優勢時，將誕下雙胞胎[116]。星盤中的四正星座代表數字或頻率，這類想法有時在其他領域也作為具體的釋義原則。例如，當瓦倫斯談到婚姻主題時，他說若金星位於啟動或雙體星座，再加上其他因子的話，則代表命主會有多次婚姻或淫亂[117]。都勒斯也有類似說法，金星在雙體星

座表示命主將有不止一次的婚姻[118]。如此一來，四正星座便能透過改變行星象徵之事的頻率或數量，來調整行星的表達方式。

三方星座

除了四正星座之外，星座還可分為四組，每組三個，稱為「三角位」（trigons）或「三角形」（*trigōnon*）。我依循中世紀晚期的慣例將這種分組稱為「三方星座」（triplicities），簡單來說就是「三個一組」。四組三方星座如下：

三方星座之一：白羊座、獅子座、射手座
三方星座之二：金牛座、處女座、摩羯座
三方星座之三：雙子座、天秤座、水瓶座
三方星座之四：巨蟹座、天蠍座、雙魚座

這裡的希臘文術語在學術界引起了一些混淆，因為占星家以 *trigōnon* 一詞指稱將星座分為四組，每組三個星座，「三角形」的意思。同一個術語也被用來指稱「三分」相位，然而相位的意思在概念上是不同於將星座分為四組、每組三個的劃分。這就是為什麼我採用了將星座分為四組、每組三個的慣例名稱「三方星座」，而將相位稱為「三分相」。

美索不達米亞的晚期傳統中，占星家已經開始將星座分為四組，每組三個，甚至將行星分配給這些三方星座[119]。在希臘化傳統中，三方星座與四正方位或「風」有關[120]。一些占星家還將火、土、風和水這四個古典元素分配給每一組三方星座。還有一套獨特的行星主星系統與三方星座有關，類似於廟主星系統，不過這些分配與早期的美索不達米亞先驅有所不同。本書後文將更詳細地探討希臘化時期的三分性主星系統。現下我將著重於元素的連結。

◎ 四元素與性質的背景

　　大約在西元前六世紀，一些前蘇格拉底（pre-Socratic）早期希臘哲學家提出，宇宙中的所有事物都可以簡化為單一的基本法則[121]。哲學家泰利斯（Thales）認為此一基本法則是水，阿那克西美尼（Anaximenes）說應該是風，而赫拉克利特（Heraclitus）則假定它是火。到西元前五世紀，哲學家恩培多克勒（Empedocles）概述了一種學說，其中有四個原則，或如他所稱的「根」（*rhizōmata*）：土、風、火和水。這四個「根」後來被西元前四世紀的哲學家柏拉圖所採用，在《蒂邁歐篇》他對宇宙創造的描述中，首度將它們稱為「元素」（*stoicheia*）[122]。希臘文術語「元素」最初是用於指字母表中的「字母」，因為單一字母是構成完整句子可能的最小單位。同樣地，元素被概念化為構成可感知物體的最小成分[123]。

　　柏拉圖的學生亞里士多德也採用了四元素理論，不過他將此概念延伸為元素之間可相互轉化，而不是像恩培多克勒認為的恆久不變[124]。為了解釋每個元素如何轉化成另一個元素，他提出的觀點是，每個元素都有與之相反的特定性質，他認為若沒有相反性質的對立性，就不會有變化。由於元素是可感知物體的基本構成要素，亞里士多德推論，元素的基本性質必定與有形事物最密切相關的感知有關，他推斷出最明顯可能的是觸覺。這就導出了一個前提，即物質是透過有形性質的對立性來區分的。

　　依循這一條思路，亞里士多德選擇了具有主動和被動相反成分的兩組性質，從而建立了四種主要性質：熱和冷、乾和濕，然後分別與四種元素相應，賦予每一元素兩個不會相互抵觸的性質：

　　火元素是熱且乾
　　風元素是熱且濕
　　水元素是冷且濕
　　土元素是冷且乾

亞里士多德認為，除了每一元素都有的雙重性質之外，每一元素都與其中一種性質有最密切的關聯：

火元素主要是熱
風元素主要是濕
水元素主要是冷
土元素主要是乾

亞里士多德接著斷定，雖然每一種元素都能夠轉化成另一種元素，但對於具有共同性質的元素，這種轉化發生得更快。例如，火元素是熱乾，風元素是熱濕；因此，火元素可以單純地透過一種性質的轉換（乾到濕）而轉變為風元素，因為火元素與風元素已共享了一種性質（即熱）。然而，乾熱的火元素，就必須透過改變其兩種性質才能變成冷濕的水元素。

這是亞里士多德對四元素理論的基本看法，至少就如同他在該主題最有影響力的著作《論生滅》（*On Generation and Corruption*，暫譯） 中所概述的。然而，儘管他的權威不容質疑，但他的直系後繼者卻不一定完全接受他的論點。泰奧弗拉斯托斯是接替亞里士多德的首席門生，成為了雅典呂克昂學院（Lyceum）的負責人，他拒絕了他老師將風和熱加以關聯的說法，認為風元素主要是冷，水元素主要是濕。這使得四元素理論與醫生洛克里的腓利斯提翁（Philistion of Locri） 提倡的一些當代醫學學說接軌，也修正了亞里士多德的物理學著作與生物學著作之間存在的基本差異，因為後者經常將風視為冷，或用作製冷劑或冷卻劑 [125]。這反過來可能又影響了後來斯多葛學派對四元素理論的概念，因為該學派的創始人季蒂昂的芝諾在雅典學習，並在亞里士多德死後不久在那裡建立了自己的學院，能夠近距離瞭解亞里士多德的繼任者對其核心學說之一所作的一些更改 [126]。

從西元前三〇〇年左右的芝諾開始，斯多葛學派將四元素理論作為他們宇宙學的基本構成要素。 斯多葛學派有兩項「法則」（*archai*）：主動的和被動的 [127]。被動法則是未被賦予物質的事物，而主動法則是以理性（*logos*）

形塑並賦予物質的上帝。從這兩項法則的結合產生了四元素：火、水、風、土。 火和風元素被概念化為「主動」並能維持事物，而土和水元素被概念化為「被動」且需要被維持[128]。他們依循腓利斯提翁和泰奧弗拉斯托斯倡導的模型，將每個元素與一種性質作連結：

火元素是熱

風元素是冷

水元素是濕

土元素是乾

雖然他們跟隨亞里士多德將四元素中的每個元素與相反的性質作連結，但是不同之處在於將風元素（冷）設定為火元素（熱）的對立，將水元素（濕）設定為土元素（乾）的對立。

這個設定分配很重要，因為在希臘化占星傳統中盛行的似乎是斯多葛學派的元素概念，而非亞里士多德的元素概念。直到中世紀傳統，亞里士多德的概念才重出江湖，並開始取代斯多葛學派的概念。

◎ 三方星座的元素分配

許多希臘化時期占星家將火、土、風和水這四個古典元素按其三分性分配給黃道星座。儘管此一學說盛行於中世紀晚期、文藝復興時期以及現代占星傳統，但在希臘化時期的占星家之間，將元素分配給三方星座並不普遍。事實上，多數現存文獻在涉及此一系統時，明顯並未言及，原因可能出於哲學或概念上對於將元素分配給星座的原理存在分歧。分配的原理似乎來自行星喜樂系統，這將在後文討論，倘若屬實，那麼它似乎可溯及相當古老的希臘化傳統，不過其起源仍然有些模糊。

雖然在希臘化時期占星家中，似乎確實有一套廣為流傳的系統，將四個星座分為一組，每組三個（稱為「三方星座」），這些星座組合與後來按元

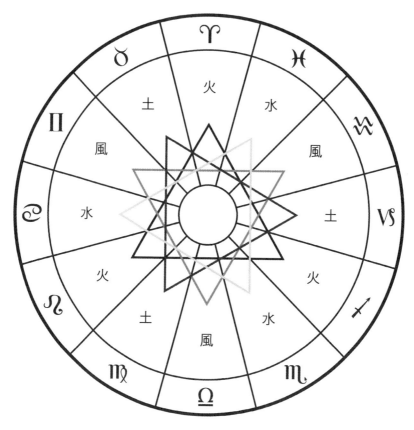

圖 8.9 - 元素與三方星座

素分組的星座組合相符,但許多作者似乎對這些星座與四元素之間的關聯性渾然不覺。他們反而將三方星座與特定的四正方位連結,有時還分配某些行星作為該組的主星。西元一世紀晚期西頓的都勒斯是這方面最顯著的例子,他經常在描述中使用星座的三分性主星,但似乎並未提及與三方星座有關的元素。

　其他曾經討論與星座相關的性質,或將星座分為三方星座但未與元素作連結的作者,包括馬尼利亞斯、斯拉蘇盧斯、安提阿古斯、都勒斯、曼內托、

托勒密、波菲、包路斯、匿名者 379 以及小奧林匹奧多羅斯 [129]。以標準分組
將四元素分配給黃道星座的作者包括瓦倫斯、費爾米庫斯、赫菲斯提歐、老
底嘉城的尤利安和瑞托瑞爾斯 [130]。

　　最早將黃道星座與四元素作連結的文獻，是西元二世紀中葉維第斯・瓦
倫斯的著作 [131]。 瓦倫斯也是我們對於該學說的概念及其在占星學背景下的
應用，單一且最廣泛的希臘化來源。他首先在《占星選集》第一冊第二章中
介紹元素的連結，並列出了與每個星座相關的性質。在他的描述句中，稱
白羊座為「火熱的」（*pyrōdēs*），金牛座為「如土般樸實的」（*geōdēs*），
雙子座為「如風般輕快的」（*aerōdēs*），巨蟹座為「如水一般」（*hudatōdēs*），
以此類推。最終得出四組，每組三個星座，每組都與四個古典元素之一相連
結：

　　　火象：白羊座、獅子座、射手座
　　　土象：金牛座、處女座、摩羯座
　　　風象：雙子座、天秤座、水瓶座
　　　水象：巨蟹座、天蠍座、雙魚座

這些基本連結在西方占星學傳統中一直延續至今。

◎ 元素的詮釋

　　文獻中甚少提及如何在描述中運用這些元素，不過元素的運用通常與性
別分配一樣，既能以非常字面的方式詮釋，也能運用在更廣泛的象徵性詮
釋。

　　就字面詮釋而言，瓦倫斯在論及本命星盤中暴力死亡跡象的一章中，曾
多次引用元素。他以一張星盤為例，此人的相關代表因子位在巨蟹座；他說
命主在泡澡時溺水身亡，因為巨蟹座是水象星座 [132]。之後他提到另一個死
於火災之人的星盤，並指出此人星盤中的主要代表因子是火星獅子座，這是

個火熱的星座 133。在另一個例子中，他談到一位因相關代表因子在水象星座雙魚座而受苦的人，此人顯然在一艘船的貨艙中喪生，大概因為船的沉沒而溺斃 134。

底比斯的赫菲斯提歐的著作第三冊中有一組類似的字面解釋，簡要談到一座城市建立的即時星盤，並得出日／月蝕若發生在特定的三方星座，該城市將受到幫助或傷害的不同描述：

> 事情是這樣的，依照這樣的即時星盤，地震會帶來徹底的破壞，並且對由此誕生的城市造成持續不斷的破壞：在白羊座的三方星座，因它是火熱的，（毀滅將來自）火；在金牛座（那類），因它如土般樸實，必得假設來自土地和農業的傷害或幫助（……），在雙子座的三方星座，因它如風般輕快的本質，（必得預期）來自風的幫助或傷害；在巨蟹座的（三方星座），因它如水一般，故幫助或傷害來自水 135。

如同性別一樣，將元素的字面詮釋帶入相關描述中。雖然在許多情況下元素不見得適用，但在有關命主的物質財富、或檢視即時星盤時，元素可以運用在需要非常精確敘述的特殊情況中。

◎元素性質與氣質解讀

瓦倫斯除了是少數提到三方星座與元素關聯的希臘化時期來源之一，也是唯一將性質與元素作連結的作者，在此他依循斯多葛學派的概念，認為火屬熱，風屬冷，水屬濕，土屬乾。這最終對元素分配給黃道星座的方式產生了重要的影響，因為占星家在提到元素時的普遍共識是，火象星座對立風象星座，水象星座對立土象星座。由此，這一系統的作者提供了斯多葛學派的元素對立概念的具體描述，火／熱對立風／冷，水／濕對立土／乾。例如，在黃道星座中，白羊座是熱的火象星座，與冷的風象星座天秤座對立。其次，金牛座是乾的土象星座，與濕的水象星座天蠍座對立；依此類推。

　　瓦倫斯關於元素性質的主要探討出現在《占星選集》第四冊，討論稱為黃道釋放法之時間主星技法的特定面向時 [136]。瓦倫斯嘗試要解釋的技法部分是「跳轉」（loosing of the bond），其中星座順序被中斷，而時間周期從起始星座跳躍切換到對面的黃道星座。瓦倫斯試圖藉由解釋互為對立之黃道星座間的互動，以及如何發揮重要的互利作用來捍衛該技法的這一面向，其中每組對立元素都能活絡對方並幫助對方成長。瓦倫斯便在此文討論了與各個星座連結的性質。

　　他說火和風相互混合，因為它們都是向上升的，在此上升過程中，熱的火得到冷而適溫的風支持，同時風被火的熱力增溫，使其不會變得過冷或過寒 [137]。同樣地，瓦倫斯說，乾的土被濕的水所滋潤，使土得以滋養萬物，而水本身從土中誕生並被包含其中 [138]。從本質上來說，水的濕度使土變得肥沃，而土則容納水並給予形體。後來，在《占星選集》第九冊中，瓦倫斯又回到這個話題，討論到元素之間的變化和相互平衡的方式：

　　　　每一種元素都以此方式，依自然的規律相互轉變，轉化自己並呈現出自
　　　　身的美和價值，從而顯化出宇宙的結構。一種元素以自身形式的存在去
　　　　侵犯其他元素，只是有害而無益。但是當一種元素與另一種混合時，便
　　　　創造了溫和的狀態，當其滲透到一切時，就不會被任何東西破壞 [139]。

　　這些元素與性質連結的詮釋，似乎對於理解希臘占星學更廣泛的詮釋價值，提供了一個切入點，因為它們將氣質（temperaments）融入了傳統學說，而此氣質又與古代觀點中對性格分析和心靈本質相關聯。西元一世紀的哲學家塞內卡對斯多葛學派的氣質理論提出了有用的概述：

　　　　四種元素——火、水、風、土——具有匹配的屬性——熱、冷、乾、濕。
　　　　於是，元素的混合產生了地方、生物、身體和習俗的變化；生物的先天
　　　　性格傾向於特定的方向，與特定元素的優勢所提供的更大力量成正比。
　　　　因此，我們稱某些地區為「潮濕」、「乾燥」、「炎熱」和「寒冷」。
　　　　此一區別同樣適用於動物和人類身上：依據人的體內有多少水分和熱量

會有所不同；而此人身上最多的元素將決定其行為特徵[140]。

　　儘管斯多葛學派的氣質理論留存甚少，塞內卡仍為我們提供了詮釋上的一些見解。他接著說，火是活躍的、頑固的或不會妥協的，所以偏火熱的人熱情、容易生氣或憤怒，而氣質偏冷的人容易膽小或懦弱，因為冷作為一種性質是緩慢的，並且容易退縮[141]。隨後他又說，雖然火熱型的人容易發怒，但那些氣質偏濕、乾或冷的人可能容易恐慌、唱反調、感到絕望或多疑[142]。他在其他出處還提到水和土是被動的元素，會使人無精打采和睏倦[143]。在一些赫密士主義的哲學文獻中也有類似的陳述，說如果一個人的熱過多，會變得輕盈而熱烈，而過多的冷會使人沉重和緩慢[144]。

　　瓦倫斯在討論某個時間技法時，顯示了他將類似法則應用於元素上，以及當與不同元素的星座被引動時，命主會發生何事：

　　　若時間主星在其掌管期間位於火象星座並與凶星會合或有相位，將遭受嚴重的神經崩潰，違背自己的意願行動，且精神不穩定。若該行星位於風象星座，抑或該星座或該主星受困，命主會心煩意亂且苦惱，並認為所做之事非自己所願。若該行星位於土象星座，他會勇敢地承受命運的打擊，憑著耐力克服一切而存活。若該行星位於水象星座，命主容易感到放心，在許多事情上歷盡滄桑，但會設法達到目的，並在商業往來中取得成功[145]。

　　這指出了構成元素基礎的一套更廣泛的釋義原則，除了用於描述具體外部事件的性質之外，若將元素的性質作為切入點，還可用於描述行動和分析性格。

◎ 三分性主星

　　在希臘化傳統中，三方星座還有另一種形式與黃道星座主星有關。這些三方星座的行星分配稱為「三分性主星」（triplicity lords，*trigōnokratōr*）

日間主星						夜間主星		
1	**2**	**3**				**1**	**2**	**3**
☉	♃	♄	♈	♌	♐	♃	☉	♄
♀	☽	♂	♉	♍	♑	☽	♀	♂
♄	☿	♃	♊	♎	♒	☿	♄	♃
♀	♂	☽	♋	♏	♓	♂	♀	☽

表 8.1 - 通用的三分性主星系統

[146]。在一些早期文本（如都勒斯）中，三分性主星似乎被視為星座主星的另一種形式，與廟主星有許多相同功能。其他作者（如瓦倫斯）則更嚴格地用於特定目的或技法。在中世紀傳統中，三分性主星最終成為五項「必然尊貴」（essential dignities）之一，按重要順位排在廟位和旺位之後[147]。

◎三分性主星的分配

　　主要的三分性主星系統是都勒斯和瓦倫斯使用的系統，是該技法的兩個主要來源[148]。有時被稱為都勒斯三分性主星系統，不過都勒斯可能不是該技法的創始人，因為該系統在整個希臘化傳統中似乎已經相對通用。托勒密設計了另一套三分性主星系統，稱為托勒密三分性主星，不過該系統似乎並未在希臘化傳統中得到廣泛的採用，因為它僅代表了都勒斯系統的修改。這裡我將主要探討都勒斯系統，稍後再另述托勒密系統。

　　每一組三方星座都被分配了三顆主星：一顆日間主星、一顆夜間主星和一顆 協作主星。有時也被稱為第一主星、第二主星和第三主星。主要和次要行星會依據日間盤或夜間盤而改變順位，而 協作主星始終保持不變。星座的三分性主星如下：

1. 黃道星座中與火元素有關的三方星座（即白羊、獅子、射手座），其日間盤的主要主星是太陽，次要主星是木星，協作主星是土星。在夜間盤中，主要主星是木星，次要主星是太陽，協作主星是土星。

2. 土象三方星座（即金牛、處女、摩羯座），其日間盤的主要主星是金星，次要主星是月亮，協作主星是火星。在夜間盤中，主要主星是月亮，次要主星是金星，協作主星是火星。

3. 風象三方星座中，其日間盤的主要主星是土星，次要主星是水星，協作主星是木星。夜間盤的主要主星是水星，次要主星是土星，協作主星是木星。

4. 水象三方星座中，日間盤的主要主星是金星，次要主星是火星，協作主星是月亮。夜間盤的主要主星是火星，次要主星是金星，協作主星是月亮。

都勒斯說水星在土象三方星座也可能有些作用，不過在實務上似乎從未以任何明確的方式使用過[149]。瓦倫斯並未提到水星與土象三方星座的關係，不過他確實曾說由於水星是「共同的」（koinos），它與所有三分性主星一起作用並予以協助[150]。

◎ 三分性主星系統的原理

從歷史的角度來看，三分性主星系統的起源有點模糊，但最初可能與另一個稱為「共同廟主星」（sunoikodespotēs）的早期概念有關。這一概念似乎出現在希臘占星學的早期辯論中，關於廟主星是否為該星座的唯一主星，或者是否有其他方式能使行星與某些星座相連結[151]。

將行星分配給三方星座及其順序的分配，似乎受到兩大原理的影響。第一個原理是由托勒密以及部分由瓦倫斯所討論的，其原理乃基於 (1) 區間和 (2) 每顆行星在三方星座中掌管了多少的廟位和旺位。第二個原理是近期才發現的，與行星的喜樂有關。此處我們將關注於尊貴的原理，然後在後續章節介紹到行星喜樂時，再回到這個主題。

三分性主星系統的尊貴原理主要是由托勒密所探討的[152]。此原理的前

提有三個要點：

1. 只有日間行星可以分配給構成火象和風象三方星座的陽性星座，其原理是陽性星座屬日間而陰性星座屬夜間，因此只有夜間行星可以分配給構成土象和水象三方星座的陰性星座。舉一反三，若該行星與三方星座相關的星座區間相反，那麼就必須被排除在考量之外，且不能成為該三分性的主管行星。

2. 若該行星在一特定的三方星座中具有廟位或旺位，那麼就有資格成為這三個星座的三分性主星。

3. 若該行星在該三方星座中同時具有廟位和旺位，那麼在最後的列表中會獲得更多的權重。

　　這個模型，至少正如托勒密所闡明的那樣，並未充分解釋協作主星，在理論上也並不完全一致。基於此，我懷疑這並非最初的原理，或至少不是最初設計標準三分性主星系統時的主要原理。但是，它在解釋大多數的分配上仍很有道理，其基本原理如下。

● 火象三分性原理

　　火象三方星座全是由陽性星座所組成，因此只有日間行星可以被視為可能的主星。太陽、木星和火星的廟位都落在與這組三方星座相關的星座（即獅子、射手和白羊座）。在此火星須被排除在外，因為它是夜間行星。太陽被認為是日間的，或者應該說是更具日間區間的代表性，而且太陽的旺位在白羊座，因此太陽成了火象三方星座的主要日間主星。而木星則成為次要或夜間主星。土星在火象三方星座中沒有廟或旺的尊貴，但它是最後剩下的日間行星，因此成為協作主星。故日間盤中，火象三分性主星依序是：太陽、木星、土星。

● 土象三分性原理

　　土象三方星座由陰性星座所組成，因此夜間行星須是主星。夜間行星中唯一在這組三方星座中具有廟位的是金星，它掌管金牛座，因此成為主要的日間主星。土星和水星掌管另外兩個星座摩羯座和處女座，但由於它們不是夜間行星，因此被排除在主星範圍之外。月亮入旺金牛座和火星入旺摩羯座，但由於月亮被認為更具夜間代表性，因此成為土象三分性的夜間或次要主星，而火星則成為協作主星。故日間盤中，土象三分性主星的依序是：金星、月亮、火星。

● 風象三分性原理

　　風象三方星座由陽性星座所組成，因此應由日間行星掌管。夜間行星的金星因而被排除在外。水星入廟在雙子座，因此，雖然水星在區間中被視為是中立的，但仍在候選之內。土星是唯一的日間行星，在這組三方星座亦有廟旺，因此土星成為日間三分性的主要主星。水星成為次要或夜間主星。太陽和木星是僅存的兩顆日間行星，出於未知原因，木星取代太陽成為協作主星。故日間盤中，風象三分性主星的依序是：土星、水星、木星。

● 水象三分性原理

　　水象三方星座由陰性星座所組成，因此只將夜間行星列入考量。木星因屬日間而被排除在外。火星和月亮在這組三方星座都有廟位，金星則有旺位。金星成為水象三分性的主要日間主星，而火星成為次要或夜間主星，即使月亮在其他地方被認為更具夜間代表性，月亮則成為協作主星。故日間盤中，水象三分性主星的依序是：金星、火星、月亮。

◎ 尊貴原理的結論

　　尊貴原理有點太整齊了，不太可能是偶然，但同時卻又不完全一致。如

日間	夜間
♈ ♌ ♐	☉ ♃
♉ ♍ ♑	♀ ☽
♊ ♎ ♒	♄ ☿
♋ ♏ ♓	♂ (♀) ♂ (☽)

表 8.2 - 托勒密的三分性主星系統

果這是唯一的一套標準並始終如一地依循，那麼月亮應為日間水象三分性的次要主星，在夜間盤為主要主星，因為月亮比火星更具夜間代表性。此外，即使水星屬中性，但還是成為風象三方星座的主星；大概是因為水星在這裡有廟位。但水星在土象三方星座也有廟旺，卻還是被排除在主要主星之外。還有，並不清楚為何風象三方星座的協作主星是木星而非太陽，因為太陽其實更具日間代表性。因此，雖然尊貴原理的作法大有幫助，但無法完全解釋為何某些行星被指定為該三方星座的主星。行星喜樂系統似乎是另一個可以解釋其中不一致之處的缺失因子，稍後將對此進行探討。

◎ 另一套托勒密三分性主星系統

托勒密有另一套三分性主星系統，是都勒斯和瓦倫斯的主流主星系統的修改版 [153]。在這套系統中，托勒密只將尊貴原理列入考慮，顯然排除了或沒有意識到行星喜樂作為次要解釋的因子，因而導致他出於概念上的原因，改變了其中的一些內容以保持一致性。例如，他摒除了協作主星，因為協作主星在另一系統所分配的三方星座中少有廟旺，因此托勒密的每組三方星座

只有兩顆主星。

在輪到由巨蟹座、天蠍座和雙魚座組成的三方星座時，火星是托勒密系統中最後剩下的行星，因此他將火星作為日間和夜間的主要主星，並順帶提到金星成為日間的協作主星而月亮是夜間的協作主星。這裡的部分目的似乎是讓每顆行星在他的整體三分性主星系統中只使用一次。

托勒密系統從未在希臘化時期或中世紀傳統被廣泛採用，大部分時候，似乎都使用都勒斯和瓦倫斯概述的通用系統。威廉・里利是後來採用托勒密系統的最著名作者之一，他為此引用了托勒密[154]。在後續章節中，我們將在區間光體三分性主星的內文中，探討三分性主星的運用。

次要性質的不規則配置法

除了與性別、廟位、旺位、三分性和四正星座相關的主要性質之外，還有一些次要性質歸因於星座。這些性質通常並不採用以主要性質為基礎的相同邏輯或幾何原理來分配，而是基於其他考量，以更不規則的方式分配。這些分配原理有時似乎源自最初與黃道星宿相關的圖像，圖像的不同面向被詮釋為對某些事物具有更廣泛的象徵意義，其他性質則可能基於其他考量而代表了與特定星座相關的個人特徵。

在某些情況下，這些性質似乎被設計用於特定技法的情境，例如荒地和肥沃星座的區別，據說可作為生育子女容易程度的指標。這些特徵在希臘化時期占星家中並沒有被完全標準化，有時不同占星家對這些性質的看法略有出入。基於其變化性，並且在本書中我們不大會使用到這些性質，在此將不細述所有分類以及不同作者之間的差異。僅提供一些與星座相關的性質概述應已足夠[155]。

四腳／四足星座（*tetrapous*）：白羊座、金牛座、獅子座、射手座。

人形／人性星座（*anthrōpoeidēs*）：雙子座、處女座、天秤座、射手座、水瓶座。

肥沃星座（*polugonos*）：巨蟹座、天蠍座、雙魚座。 此處指誕下許多後代。

荒地星座（*steirōdēs*）：雙子座、處女座、射手座、摩羯座。此處指不育或無法生育。

不全星座（*atelēs*）：金牛座、處女座、射手座、摩羯座。

費解星座（*ainigmatōdēs*）：射手座、摩羯座。

皇家／王者星座（*basilikos*）：白羊座、獅子座、射手座。

有時還有其他各式性質的星座應用：有聲、無聲、放蕩、無恥等。這些性質有許多似乎是衍生自與星宿相關的圖像外形，但有些可能基於其他原理。

瓦倫斯在描述個人星盤中行星的特定相位結構表示暴力死亡時，曾運用一些性質以調整其描述，指出此事將如何發生：

> 若行星在四足星座，則會被野獸攻擊；若在人性星座，則被強盜襲擊；若在固定星座，會從高處墜落而死；若在火象星座，會遭遇火災；若在水象星座，會遭遇海難；若在啟動星座，則會在競技場中被殺 [156]。

這個例子相當典型地展示了某些時候會使用主要和次要的黃道性質，來描述行星所指示的含義將以何種方式顯現。

黃道的人體部位

將身體部位分配行星、黃道星座、外觀或其他占星因子的實踐在希臘文中稱為 *melothesia*，字面意思是「身體部位分配」或「身體部位排列」。黃

道的人體部位（zodiacal melothesia）是將身體的不同部位分配至黃道十二星座的系統，前提是出生的那一刻，人體的微觀世界與宇宙的宏觀世界的排列之間，形成彼此呼應的對應系統。

　　所有黃道的人體部位系統都從身體的頂部開始，以白羊座為黃道的第一個星座為前提，將白羊座分配至頭部，然後沿著身體向下，按順序將星座分配至身體的其他部位，最終來到腳部，分配至黃道的最後一個星座，雙魚座。在中世紀和文藝復興時期的傳統中，黃道星座的圖解及其與不同身體部位的對應關係變得非常普遍，以至於這一概念被稱為黃道人體（Zodiac Man）或星座人體（*Homo signorum*）[157]。在希臘化傳統中，分配相對標準化，雖然不同作者之間存在些微差異，特別是與軀幹相關的部分[158]。通用的分配如下表：

白羊座：頭部

金牛座：頸部

雙子座：肩膀、手臂、手

巨蟹座：胸部

獅子座：肋骨或側面、心臟

處女座：腸胃或腹部

天秤座：髖部和臀部

天蠍座：生殖器

射手座：大腿

摩羯座：膝蓋

水瓶座：小腿

雙魚座：腳部

　　黃道的人體部位通常運用在指出可能受到傷害或疾病的身體部位[159]。都勒斯使用了以火星和土星計算得出的點，稱為「傷害點」（Lot of Injury），並說無論該點落入本命星盤中的哪個星座，命主生命中的某個時刻，其相應的身體部位將遭受傷害或慢性疾病[160]。黃道的人體部位也應用在醫

學占星，稱為 *iatromathēmatika*，不僅是為了指出潛在疾病或傷害，有時也為了判定該如何治療[161]。

　　黃道的人體部位通常被認為是希臘化占星傳統中的獨特發展之一，不過近期發現了保存該學說的楔形文字板，提高了這一概念可溯及更古老的美索不達米亞晚期傳統的可能性[162]。可惜的是，這個楔形文字板的年代只能定在美索不達米亞傳統相對較晚的時期，因此不清楚它是否代表該學說在早期傳統中發展起來，之後傳播到希臘化時期占星家的另一個實例，抑或是一種由希臘化時期占星家發展出來的學說，然後傳回到楔形文字來源[163]。

黃道的子區間

　　黃道星座通常被分為更小的子區間，以區別在同一星座內與不同性質相關的更小度數範圍。在希臘化傳統中有幾種不同劃分星座子區間的方法，其中一些方法在系統的不同部分發揮或多或少的作用。最流行的是將星座分成三份稱為「外觀」，分為十二份的稱為「十二分部」，以及通常分為五個不等分稱為「界」或「界限」。也有一些作者將行星分配至黃道的每個度數，此系統稱為度（*monomoiria*），但我們將略過，因為這些似乎未被廣泛使用[164]。

◎界

　　最重要且最廣泛使用的黃道子區間稱為「界」（bounds），源自希臘文 *horia*。界是黃道星座每一星座內不平均的子區間，這些子區間對每顆行星都有一定的影響範圍。例如，在白羊座中，通常認為該星座的前6度由木星掌管，接下來的6度由金星掌管，再來的8度由水星掌管，再接下來的5度是火星，最後的5度是土星。希臘化傳統中可能有多達九種不同的界系統，不過迄今為止，在希羅占星家中最普遍和最受歡迎的系統被稱為「埃及界」[165]。

　　將這組界歸功於「埃及人」，原因在於該系統通常被認為在據傳為尼切普索和佩多西瑞斯的文本中被普及化[166]。近期則發現，這組界可能起源於美索不達米亞早期傳統[167]。使用埃及界的希臘化時期作家包括都勒斯、瓦倫斯、費爾米庫斯、包路斯等。此外，幾乎所有現存的天宮圖都採用埃及界[168]。這組界之後傳承至中世紀占星家，然後成為該傳統中使用的主要方法。

　　這個子區間的希臘字詞 horia 意思是侷限或限制，以及空間或領域上的分界。在文藝復興時期的傳統中，星座的這種劃分被稱為「界」（terms），源自拉丁文詞彙 termini，不過該詞並未完全傳達出希臘文術語的限制性意涵，因此我們在此使用的術語是「界」（bounds）。史密特最初較偏向「界」（bounds）的概念，並對此慣例加以推廣，但後來決定採用「界限」（confines）一詞[169]。

　　界主要運用於壽長技法。這可能就是為何該術語最初被稱為「界」的原因，因為它們應該是被用來顯示一個人的壽命，而行星劃定了一個人壽命的界限或極限[170]。無論如何，隨著傳統的發展，它們被更廣泛地用作黃道星座子區間，因此每組界都帶有與其主星相關的某些獨特性質，並且當行星位於特定星座中自己的界時，被認為更添吉性[171]。如果整個星座就像某顆行星的住所，那麼界就可比擬該住所內受不同行星掌管的各個房間。自然地，該行星在吉星的掌控下被視為更正面，而在凶星的掌控下則略減吉性。

　　雖然埃及界被廣泛應用，在分配上卻無明確的系統原理，因此其分配邏輯仍是個謎。然而卻有一些令人著迷的模式可尋。在埃及界系統中，只有五顆行星界主；太陽和月亮被排除在外。包路斯指出，十二星座中，每顆行星分配到的度數總合，等於所謂「更大」或「完整」的行星年數：土星－57、木星－79、火星－66、金星－82、水星－76[172]，這使得吉星比凶星擁有更多的度數。還有一種獨特的模式是，凶星之一總被分配為每個星座的最後一顆界主星。就每顆行星被分配的順序和度數而言，會傾向基於哪顆行星根據廟、旺或三分性有某種形式的主管權，予以首要分配。例如，在金牛座、雙子座、處女座、天蠍座和射手座，其廟主星被賦予第一組界，而在天秤

白羊座 ♈

1–6	7–12	13–20	21–25	26–30
♃	♀	☿	♂	♄

金牛座 ♉

1–8	9–14	15–22	23–27	28–30
♀	☿	♃	♄	♂

雙子座 Ⅱ

1–6	7–12	13–17	18–24	25–30
☿	♃	♀	♂	♄

巨蟹座 ♋

1–7	8–13	14–19	20–26	27–30
♂	♀	☿	♃	♄

獅子座 ♌

1–6	7–11	12–18	19–24	25–30
♃	♀	♄	☿	♂

處女座 ♍

1–7	8–17	18–21	22–28	29–30
☿	♀	♃	♂	♄

天秤座 ♎

1–6	7–14	15–21	22–28	29–30
♄	☿	♃	♀	♂

天蠍座 ♏

1–7	8–11	12–19	20–24	25–30
♂	♀	☿	♃	♄

射手座 ♐

1–12	13–17	18–21	22–26	27–30
♃	♀	☿	♄	♂

摩羯座 ♑

1–7	8–14	15–22	23–26	27–30
☿	♃	♀	♄	♂

水瓶座 ♒

1–7	8–13	14–20	21–25	26–30
☿	♀	♃	♂	♄

雙魚座 ♓

1–12	13–16	17–19	20–28	29–30
♀	♃	☿	♂	♄

表 8.3 - 埃及界
出自赫菲斯提歐《結果》1, 1，引自都勒斯的原始韻文文本

座和雙魚座，則是入旺主星被賦予優先權。托勒密注意到這種鬆散的模式，但是批評該模式不一致 [173]。

在批評了埃及界以及他認為屬於「迦勒底人」的另一組界之後，托勒密接著介紹了第三組界，聲稱是在一份舊的損壞手稿中發現的 [174]。通常這個部分被認為是托勒密自己發明的一套界，可能是為了給這些界更清晰、更一致的原理，因為他認為這是前面概述的埃及界和迦勒底界系統所缺乏的 [175]。與他的三分性主星系統一樣，托勒密的界在文藝復興時期之前幾乎沒有追隨者，直到里利和一些與他同時代的人採用並將之推廣 [176]。

◎ 外觀或外表

希臘化時期占星家偶爾會使用的另一個子區間是將每個星座分為三個 10 度的區段，稱為「外觀」（decans／faces）。外觀是從早期的埃及占星傳統繼承而來，最初三十六個 10 度中的每一個都與特定的恆星或星群相關，但在希臘化時期，則變成了黃道星座的 10 度子區間。外觀偶爾出現在隨後的希臘化占星傳統中，不過多數後來的希臘化時期占星家所概述的方法中，其對黃道星座的影響力似乎愈趨減少或偏向從屬作用。

個人誕生星盤中上升點的外觀，有時可用來對命主的人生作出一般性預測。例如，赫菲斯提歐對處女座第一個外觀的描述是：

> 在第一個外觀出生的人將是善良的、喜愛歡笑、為許多人所愛；他將過著奢侈的生活，因無法跟女人定下來而無妻室，他的個人守護神和運氣將是他的保護者，雖然身體不特別健康，但也會得到醫療的解救；在他青年時期後，他將受女性青睞，並迎來美好的結局 [177]。

外觀似乎也被用來描述命主的真實外貌，以及他們身體特定部位的印記。再次引用赫菲斯提歐描述處女座第一個外觀的同一段落：

> 此外觀的徵象：他的身材高挑、他的靈魂果敢、臉型勻稱，眼睛迷人、
> 鼻子短塌但有點厚度。他的胸前會有一個印記[178]。

　　在一些古代手稿中，外觀附有精美的插圖或是具有顯著特徵的人物描
述，想必引起了象徵性的聯想[179]。這也許就是為何外觀（decans）有時也作
外觀（faces）的原因，源自希臘文 *prosōpon*，該詞亦可表示「面具」、「臉
龐」或「面貌」。《赫爾墨斯占星文集》中保留的描述，比其他文獻來得
更詳細[180]。例如，這是對白羊座第一個外觀的描述：

> 這是一個武裝星座，直立挺拔、行走、如人一般、雙腳站立似腳爪、雙
> 手將一把雙面戰斧舉過頭頂[181]。

　　希臘化傳統中有幾種不同的系統賦予外觀意義。一些外觀系統似乎試
圖延續古埃及與外觀相關的某些面向，就像赫菲斯提歐將特定的埃及名稱
歸屬給每個外觀。例如，他說巨蟹座的第一個外觀名為 *Sōthis*，第二個名為
Sit，第三個名為 *Chnoumis*[182]。這些名稱與一些古埃及神廟中記錄的外觀名
稱列表一致，不過諾伊格鮑爾和帕克指出，赫菲斯提歐似乎將兩種不同的古
代命名系統合併到他的列表中[183]。某程度上，外觀在希臘化傳統中僅成為
黃道星座的 10 度子區間，而不是基於特定恆星或星群的標記，因而多半不
再與早期的埃及傳統有所連結。目前尚不清楚繼續使用的一些名稱是否僅僅
是早期傳統遺留的痕跡。

　　似乎還有另一個系統打破了先前的傳統，試圖創建與每個外觀相關之
主星系統的配置。這個系統與巴比倫的特烏瑟一起出現在西元一世紀左右。
根據這一系統，白羊座的第一個外觀與整個白羊座的廟主星相同，即火星。
而其餘的行星，則按照後來占星家慣稱的迦勒底秩序分配給後續外觀，從土
星開始，再者木星，而後火星，接著是太陽、金星、水星、月亮，然後再重
新從土星開始[184]。因此，由於白羊座的第一個外觀是火星，而根據迦勒底
秩序排列的下一顆行星，太陽被分配至第二個外觀。然後，金星被分配至第
三個外觀。接下來，金牛座的第一個外觀分配給水星，其次是月亮，再下一

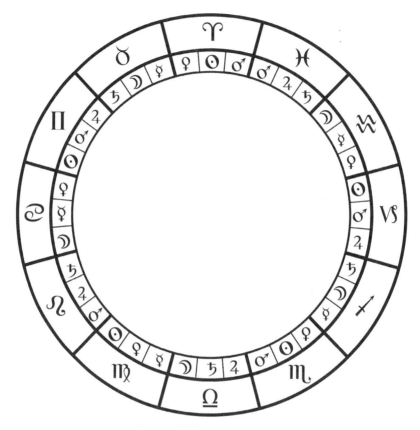

圖 8.10 - 迦勒底秩序的外觀系統

個分配給土星；依此類推。波菲舉例說明如何在詮釋上使用這一外觀系統，
也許是援引自特烏瑟佚失的文本：

例如，假設太陽位於白羊座 10 度，在第一個外觀，火星的外觀；那麼，
既然太陽代表精神，那個（人）的精神會是很男子氣概的、脾氣暴躁、
好鬥且熱愛武器等。又假設太陽在白羊座 20 度，即第二個外觀，在太
陽的外觀；象徵著那個（人）精神飽滿、雄心勃勃、驕傲且一點也不喜
歡戰鬥。再假設太陽位於白羊座 30 度，即第三個外觀，在金星的外觀；
則表示那個（人）有女人味、外表女性化、可恥、好色等。可見外觀如

何在同一星座中展示出三種不同的精神[185]。

　　目前尚不清楚這種為外觀分配含義的系統在希臘化傳統中的普及度如何，而且在某些方面似乎還與其他技法存在競爭。最終到了中世紀傳統，外觀似乎已勝出，並成為五種必然尊貴之一。

　　一些現存來源提到，將外觀進一步分為三分之一的子區間，稱為 *leitourgoi*，意思類似於「侍從」或「大臣」[186]。在一些赫密士主義的哲學資料中，*leitourgoi* 被描述為外觀的僕人和士兵[187]。可惜的是，因為沒有留下任何詮釋性文本，這些子區間的占星用法和解釋仍模糊不清。綜觀而論，希臘化傳統中的外觀，在詮釋價值上仍是個謎，但是奧斯丁·科波克（Austin Coppock）最近出版了一部傑作，試圖探索和綜合外觀的一些不同含義，其靈感來自於數種傳統的來源[188]。

　　雖然外觀（decans）有時可作「外表」（faces，*prosōpa*），但不能與稱為「適當的外表」（proper face，*idioprosōpia*）的獨立學說混為一談。根據廟位的分配，當行星與太陽或月亮維持相同階段（phase）時，則被認為在適當的外表[189]。例如，在廟位分配中，太陽入廟獅子座，並與入廟天秤座的金星有優勢的六分相；因為按照黃道星座順序金星位在太陽之後。若太陽在天蠍座，而金星在兩個星座之後的摩羯座，那麼金星將在其「適當的外表」，因為金星與太陽的相對位置與廟位分配相同。可惜的是，閱讀文本時，這一學說的存在時而帶來一些混淆，因為並不總是很清楚作者所指的是行星在其「適當的外表」，還是指行星位在自己的外觀（按迦勒底秩序）[190]。托勒密將適當的外表概述為行星進入一種有利的條件，然而他卻從未提及外觀，史密特合理推測，其原因在於托勒密使用了回歸黃道，這與古埃及將10度與特定恆星或星群的連結不相符合[191]。

● 十二分部

　　希臘化傳統中使用的第三個主要子區間被稱為「十二分部」（twelfth-parts），源自希臘文 *dōdekatēmorion*（複數 *dōdekatēmoria*）。這是將每個星座細分為十二個較小的增量，通常每兩度半為一個增量。這在較大的黃道十二星座中的每個星座，創建了一種由十二個小星座組成的「微型黃道」（micro-zodiac），總共有一四四個子區間。在給定星座中，第一個兩度半由同一個星座掌管，接下來的兩度半由下一個星座掌管，按黃道順序，依此類推 [192]。例如，白羊座的第一個十二分部是白羊座－白羊座，第二個十二分部是白羊座－金牛座，第三個分部是白羊座－雙子座，依此類推。在金牛座中，第一個十二分部從金牛座－金牛座開始，接下來的分部是金牛座－雙子座，然後是金牛座－巨蟹座，依此類推。

十二分部是可以追溯到美索不達米亞傳統的特定技法之一，因為在某些晚期楔形文字來源中，還留存著它的參考資料 [193]。在希臘化傳統中，這些子區間似乎主要是為了判定星盤中某些行星和虛點的狀態，作為微調之用，而落在某十二分部的行星或虛點的本質，則因為該十二分部對應的主星本質或黃道星座的性質，變得更好或更壞。費爾米庫斯告訴我們，有些占星家非常看重這些細分，他們可以從中得出有關某些配置的隱藏訊息：

> 有些人認為從這些子區間中可以找出整張星盤的本質，他們聲稱星盤中隱藏的任何訊息都可以透過 *dōdekatēmoria* 來揭示 [194]。

費爾米庫斯繼續簡要描述，某些落入由吉星或凶星主管之十二分部的行星，在星盤中的運作因而更有利或更不利。他指出，即使木星作為吉星，其有利的意涵也會因落入不利的十二分部而受到阻礙，而星盤中具棘手含義的土星，其位置若受到十二分部的負面影響，則會變得更加嚴重，同時，其他因子也須納入考量 [195]。當從這個角度研究星盤中的十二分部時，最重要的似乎是從其廟主星的情境來考量，該行星的含義可能會改變星盤中行星的作用，使其更好或更壞。

此外，赫菲斯提歐在論到即時占星學時，保留了對一四四個十二分部的一長套解釋，特別是在占星諮詢起盤時，根據上升點位於哪個十二分部便知

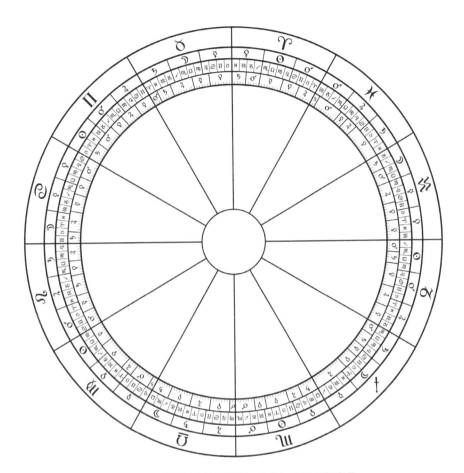

圖 8.11 - 黃道星座的子區間：外觀、十二分部和界

道客戶所問何事 [196]。以下是他對獅子座十二分部的描述：

> 獅子座第一個十二分部暗示名譽、渴望屬於他人的事物且貪婪；第二個
> （獅子座－處女座），關於大事、懲罰和傷害；第三個（獅子座－天秤
> 座），關於戰鬥和貪婪，被雙面夾擊；第四個（獅子座－天蠍座），完
> 成一項偉大的工作；第五個（獅子座－射手座），不是小事（而是）君
> 主般高貴的事，或建立（某事）；第六個（獅子座－摩羯座），關於勞
> 動或外貿或公共收入；第七個（獅子座－水瓶座），關於敵人之類的；

第八個，關於他人事務，或者關心他人（獅子座－雙魚座）；第九個，
關於恐懼和不確定性（獅子座－白羊座）；第十個，在休閒場所或鄉間
別墅或居住在國外；第十一個（獅子座－金牛座），關於戰鬥和意想不
到的事情（獅子座－雙子座）；最後一個（獅子座－巨蟹座），（有關）
神聖的事物或此類事物 [197]。

此文中，我們開始能夠瞭解到十二分部所能描述的一些細微區別，這在
出生星盤或即時星盤的時間相差不遠的情況下，意即星盤配置中只有很小的
差異時 [198]，變得尤為重要。這可能是西元前一世紀的羅馬知識分子兼占星家
尼基迪烏斯‧費古魯斯（Nigidius Figulus）提出的一部分潛在論點，用以回
應有關本命占星和雙胞胎出生時間相近的疑問。聖奧古斯丁講述了如下故事：

> 他使出渾身解數轉動陶輪，在旋轉的同時，他用墨水在陶輪上快速地劃
> 了兩下，顯然是在同一個地方。但是當陶輪停止時，發現這些墨跡的邊
> 緣彼此相差一段距離。「同樣地，」尼基迪烏斯說，「天空旋轉得如此
> 之快，雖然雙胞胎的連續出生可能就像我在陶輪上劃了兩下一樣快速，
> 但其實相當於很大一段天空的差距。這解釋了所有在雙胞胎的性格和他
> 們人生中所謂的巨大分歧 [199]。」

作為占星家，尼基迪烏斯可能已經意識到黃道星座的一些較小子區間，
以及星盤中上升點和其他快速移動的虛點每分鐘的可能變化，這有時在詮釋
某一配置與另一配置相比時會有顯著差異。

詮釋星座中的行星

當行星位於特定黃道星座時，似乎有幾個隱含的公式被用來詮釋行星的
含義。這些描述似乎經常回朔到該特定星座的廟主星。例如，當水星在射手
座時，有時會被詮釋為水星做一些與木星相關的事情，因為木星是該星座的

廟主星。這就是為什麼行星在自己的星座被詮釋為吉利的部分原因，因為它不必依賴另一顆行星來提供含義，而是可以提供自己的含義。

　　描述中使用的兩個隱含公式可以表述為：「y」的「x」以及「x」與「y」，其中 x 取自位於該星座的行星之含義，y 則取自該星座之廟主星的含義。例如，水星在木星的廟（即射手座或雙魚座）被曼內托詮釋為「國王的信使」[200]。「信使」的含義取自位於該星座的行星水星，而「國王」的含義取自該星座的廟主星木星。曼內托的另一個例子是土星在水星的廟（即雙子座或處女座），表示語言障礙。這一段描述值得直接引用曼內托的韻文文本，以便瞭解他從土星中汲取的意象類型：「土星在金光閃閃的水星星座中使人敏銳的耳朵變得遲鈍，剝奪其良好的語言能力或束縛其舌頭[201]。」他從土星那裡汲取諸如呆滯或遲鈍、剝奪、束縛或約束等關鍵詞，而從水星那裡汲取聽力和語言的關鍵詞。結合起來，就基本構成了「聽力困難」或「語言障礙」的描述。

　　正如我們先前所見，這些公式也適用於其他黃道星座性質（如四正星座），不過在這些情況下，源自星座的屬性通常會成為決定行星含義表達方式的調整因子。例如，瓦倫斯在論及婚姻的章節中，談到金星代表婚姻的方式，在其他因子之外，還取決於其所在星座的四正星座而有所調整：「若金星在啟動或雙體星座，特別是夜間盤，男人會結婚多次並且淫亂，尤其與水星會合時[202]。」由於啟動星座與開始或開展事物有關，而雙體星座與過渡以及同時存在兩個事物有關，瓦倫斯將其詮釋為調整了金星對婚姻的含義，從而導出多次婚姻或擁有多個伴侶。那麼，隱含的對比是金星在固定星座，可能被詮釋為更穩定，並且可能只有一個婚姻伴侶或同時只有一個愛情對象。然而，這些描述總會因其他行星和因子的存在而改變，可能會加劇或抵消這些含義，正如我們在他關於水星的陳述中所見，是基於其多變的性質。

註 釋

1   Pliny 在提到「稱為黃道的圓圈被標記為類似十二種動物」時可能暗示了這一點……
    Pliny, *Natural History*, 2, 3: 9, trans. Rackham, p. 177。

2   Schmidt 在其譯著 Valens, *The Anthology, Book I*, pp. xvi–xix. 中,首度將 *zōidion* 當作
    可能指所在位置之詞尾。參照 Paulus, *Introduction*, trans. Greenbaum, p. ix。

3   如 Paulus, *Introductory Matters*, trans. Schmidt, pp. ix–xi 序言中所討論。

4   Paulus, *Introduction*, trans. Greenbaum, p. ix。

5   Paulus, *Introductory Matters*, trans. Schmidt, p. x.

6   在 Schmidt, *Definitions and Foundations*, pp. 93–94 中有所討論。

7   Origen 在其對黃道的批評中曾明確指出,一些占星家以這種方式將黃道概念化並為
    之辯護,在下文論及回歸黃道與恆星黃道的段落中將引用之。

8   例 如 Ptolemy, *Tetrabiblos*, 1, 14: 1。參照 Thrasyllus, *Summary*, p. 101: 17,引 述 自
    Hermes Trismegistus。

9   Varro, *On the Latin Language*, 7: 14: "Signa dicuntur eadem et sidera. Signa quod aliq-
    uid significent, ut libra aequinoctium…"。關於 Varro 與占星家 Lucius Tarutius Firma-
    nus 的關聯,見:Heilen, "Ancient Scholars on the Horoscope of Rome"。Heilen（p.
    50）指出,遺失的 Varro 作品之一,是一本關於天文學／占星學的書。

10   Ptolemy 在 *Tetrabiblos*, 1, 13: 5 對此效力作出陳述。

11   這大致是 Ptolemy 在 *Tetrabiblos*, 1, 12. 概述的原理,參照 Dorotheus, *Carmen*, 5, 3–4.

12   Valens, *Anthology*, 2, 37: 8.

13   有關歲差的詳細討論,見:Evans, *The History and Practice*, p. 245ff。

14   關 於 Hipparchus 發現歲差,見:Evans, *The History and Practice*, p. 246ff。Toomer
    認為 Hipparchus 是在他職業生涯的末期（約西元前一二七年）發現歲差（Toomer,
    "Hipparchus"）。關於 Hipparchus 採用回歸黃道,見:Neugebauer, *A History of An-
    cient Mathematical Astronomy*, p. 278,其中引用 Hipparchus 對 Aratus 評論中的一段話,
    明確指出應該用至點和分點標記星座的開始,這與其他作者（如 Eudoxus）相反,將
    它們放在較後面的位置。這段話見:Manitius, *Hipparchi in Arati et Eudoxi*, 1, 5: 11（p.
    48: 5-7）。Holden 指出,Hipparchus 發表了太陽和月亮在回歸黃道背景下的位置表（*A*
    History of Horoscopic Astrology, p. 17）。

15   在 Jones, "Ancient Rejection and Adoption of Ptolemy's Frame of Reference for Longi-
    tudes" 中有廣泛討論。參照 Holden, "The Classical Zodiac"。

16   Jones, "Ancient Rejection," p. 29.

17   Ptolemy, *Almagest*, 2, 7, trans. Toomer, p. 90.

18   Ptolemy, *Tetrabiblos*, 1, 22: 2–3, trans. Schmidt, p. 45,稍作修改。Ptolemy 在 *Tetrabib-
    los*, 1, 10: 2 中也提到春分標誌著白羊座的起點。Ptolemy 以季節性／回歸黃道的論據

來說明星座基本屬性的其他例子，收錄於 *Tetrabiblos*, 1, 12 對四正星座的討論，以及 *Tetrabiblos*, 1, 18 論及廟主星系統的原理。

19　Pingree 指出，四正星座可溯及 "back in the West to the treatise of Nechepso-Petosiris"（*Yavanajātaka*, vol. 2, p. 216）。若該論述屬實，那麼這二位可能就是 Ptolemy 在此段陳述所指的早期作者。事實上，Valens 確實曾引用 Petosiris 論及孩子主題的描述，其中提到了雙體星座或變動星座（*Anthology*, 2, 39: 4-5）。

20　CCAG, 8, 3, p. 99: 6-7, trans. Schmidt, *Definitions and Foundations*, p. 341，經修改。

21　8 度的規範來自美索不達米亞的太陽理論，稱為「B 系統」，正如 Neugebauer, *A History of Ancient Mathematical Astronomy*, pp. 594–98 中引述其他占星家和羅馬的來源，他們都繼續提到或沿用此規範達幾個世紀。後來的占星家們對這一標準的使用亦有重要討論，如在 Jones, "Ancient Rejection" 中提及的 Valens。Jones 指出，Valens 似乎沒有意識到歲差，並說他使用的位置「實際上是恆星系統」，但透過將固定的經度分配於分點和至點，基本上成了「根據該系統的內在邏輯，其參考框架是回歸系統（p. 23）。」因此，當談到希臘化傳統中是使用恆星黃道或回歸黃道時，占星家的意圖和實際運用之間可能存在脫節或起碼是模糊的，在未來的相關議題討論中應將這點納入考量。

22　Jones, "Ancient Rejection," pp. 34–35.

23　近期在 Bowser, *An Introduction to Western Sidereal Astrology* 中有所論證，援引了現代西方恆星占星學創始人 Cyril Fagan 的著作。Fagan 的歷史論點可能在他後來的 *Astrological Origins* 一書中的形式表達最為成熟。

24　Origen, *Philocalia*, 23: 18, trans. Lewis, p. 192, 經修改。有關這段話的討論，見：Hegedus, *Early Christianity and Ancient Astrology*, pp. 31–33。

25　Manetho, *Apotelesmatika*, 2: 129–140, trans. Lopilato, pp. 206–7，經修改。

26　Paulus, *Introduction*, 2, ed. Boer, p. 8: 7–12 中明確指出以奇數和偶數等於陽性和陰性來分配性別。

27　在諸如這些作者的著作中有明確定義：Antiochus, *Summary*, 2; Porphyry, *Introduction*, 40; Rhetorius, *Compendium*, 1。在其他作者中，通常被認為是理所當然而無需定義而的釋義原則。

28　Sextus Empiricus, *Against the Professors*, 5: 8, trans. Bury, p. 327.

29　Aristotle, *Metaphysics*, 986a 20–25.

30　在 *Yavanajātaka*, vol. 2, p. 207 中，Pingree 將此視為既定事實。

31　Sextus Empiricus, *Against the Professors*, 5: 7, trans. Bury, p. 325.

32　Valens, *Anthology*, 2, 40: 4, trans. Riley, p. 54，經修改。

33　Dorotheus, *Carmen*, 1, 21: 1-4.

34　Valens, *Anthology*, 2, 31: 6-7。在 Hephaestio, *Apotelesmatika*, 2, 5: 5 中，還有另一種託名 Anubio 的技法是以星座的性別來作預測。

35　Firmicus, *Mathesis*, 7, 3: 5, trans. Holden, p. 421，經修改。

36　Anubio, *Carmen*, ed. Obbink, T8: 55–57.

37　*Yavanajātaka*, vol. 2, 1: 30, trans. Pingree, p. 3.

38　Ptolemy, *Tetrabiblos*, 4, 5 以及 3, 15。章節 3, 15 應與論及靈魂性質的 3, 14 一起閱讀。

39　Ptolemy, *Tetrabiblos*, 3, 15: 7, trans. Schmidt, p. 66.

40　這是在 Ptolemy, *Tetrabiblos*, 3, 15: 7–12 中隱含的前提。其他作者也更明確地說明了這一點，尤其是 Manetho, *Apotelesmatika*, 3: 363–396; 4: 508–526; 5: 209–216。

41　這也是他為什麼認為吉星是正面的而凶星是負面的明確理由，因為吉星被視為適度或溫和的，而凶星則被視為趨向極端或過度狀態。見：Ptolemy, *Tetrabiblos*, 1, 5。

42　Valens, *Anthology*, 2, 17: 68, trans. Riley, p. 33.

43　Firmicus, *Mathesis*, 3, 1: 8–15.

44　此 為 Antiochus *Summary*（CCAG, 8, 3, p. 119: 1–4） 第 二 冊 以 及 Macrobius, *Commentary on the Dream of Scipio*, 1, 21: 23-25 中概述的版本。多數的其他版本都收錄在 Rafaelli, *L'oroscopo del mundo*, pp. 141–146。

45　Firmicus, *Mathesis*, 3, 1: 1。Paulus（*Introduction*, 37）中多數行星都在相同星座的 15 度，除了將他太陽置於白羊座 19 度、水星在處女座 7 度、金星在天秤座 3 度。太陽白羊座的配置很奇怪，似乎與旺位的概念合併，因為白羊座 19 度正是太陽的旺度。然而奇怪的是，因為 Paulus 說宇宙的誕生發生在晚上的第十一個小時，那太陽應該位於地平線以下。 Boer 在 Paulus（p. 99）的批註中指出這段話，一個較少傳統手稿提到太陽是在獅子座，不過顯然她認為這點並沒有足夠的手稿得以表示其最一開始是來自 Paulus 的原始版本。Bezza 依循其他的手稿傳統，在翻譯 Paulus 著作時將太陽置於獅子座（Paolo d'Alessandria, *Introduzione all'astrologia*, trans. Bezza, p. 163），他提出的部分論證是，若如 Firmicus 所言，太陽在獅子座 15 度，那麼水星和金星將接近它們傳統的最大距角（即在停滯逆行之前與太陽的最大距離）。這些度數範圍早在 Paulus, *Introduction*, 15 中就已提出，提到水星在距太陽 22 度時達到第一次停滯，而金星是距離 48 度。因此我懷疑 Bezza 作出這一修正並將太陽置於獅子座是正確的，儘管並不清楚為何大多數手稿將太陽置於旺度。在討論這個差異時，Rafaelli（*L'oroscopo del mundo*, p. 145-6）提出 Paulus 的整個章節可能在中世紀時期遭抄寫員篡改，因為受到了強調旺位的宇宙誕生圖（其他波斯文版本）的影響。然而，真正引發懷疑的只是 Paulus 著作中太陽的位置而已。

46　Seneca, *Natural Questions*, 3, 29: 1。見：Van der Sluijs, "A Possible Babylonian Precursor to the Theory of ecpyrōsis" 中的討論。

47　Bouché-Leclercq 首先注意到這點（*L'Astrologie grecque*, pp. 185–6），稱其違反了宇宙誕生圖的埃及起源。有關埃及曆和天狼星的偕日升，見：Bomhard, *The Egyptian Calendar*。

48　Antiochus, *Summary*, book 2（CCAG 8, 3, p. 118: 25）.

49　Plato, *Timaeus*, 29e–37a.

50　Alexander of Aphrodisias, *On Mixture*, 225: 1–2（SVF 2.310, part）, trans. Long and Sedley, *The Hellenistic Philosophers*, vol. 1, 45H, p. 273.

51　Diogenes Laertius, *Lives*, 7: 137（SVF 2.525, part）, trans. Long and Sedley, *The Hellenistic Philosophers*, vol. 1, 44F, p. 270.

52　*Corpus Hermeticum*, 12: 15, trans. Salaman et al, *The Way of Hermes*, p. 62.

53　此概念在 Dorotheus, *Carmen*, 1, 1: 8; *Michigan Papyrus*, col. xvi: 4–20; Ptolemy, *Tetrabiblos*, 1, 18; Porphyry, *Introduction*, 5; Firmicus, *Mathesis*, 1, 2 中有明確的定義。其他作者討論星座屬性時會參考此概念，例如 Valens, *Anthology*, 1, 2; Paulus, *Introduction*, 2。其他的作者則認為這是理所當然且無須言明，而將其用作基本技法概念。

54　Ptolemy, *Tetrabiblos*, 1, 18: 2–3.

55　Ptolemy, *Tetrabiblos*, 1, 18: 4.

56　Porphyry 在 *On the Cave of the Nymphs*, 21, trans. Lamberton, p. 71 中有類似但略為不同的理論，他說：「夏季回歸在巨蟹座，冬季在摩羯座。由於巨蟹座離我們很近，便順理成章地將這個星座與月亮連結，因為月亮是離地球最近的星體。由於南極仍是不可見的，因此摩羯座與其中最遠和最高的星體連結，即土星。」

57　Firmicus, *Mathesis*, 3, proem: 4; 3, 1: 1–2.

58　源自 *Vaticanus graecus* 191, ff. 229–231v.，編纂於 CCAG, 5, 2, pp. 130–37, esp. p. 132: 17–30, trans. George, *The Foundation of the Astrological Art*, pp. 1–2。在 Pingree, *From Astral Omens*, p. 67 中簡要討論了出處，在 Rafaelli, *L'oroscopo del mundo*, pp. 154-160 中有更廣泛的翻譯和評論。Rafaelli 說，一些瑣羅亞斯德教的要素暗示最一開始可能是源自於薩珊波斯來源，雖然文本本身是阿拉伯文本的希臘文譯本。

59　這段記述的神話特徵不禁令人想起在 *Corpus Hermeticum* 1, the *Poimandres* 中概述的宇宙起源，這讓我懷疑宇宙誕生圖的原始記述，在赫密士主義的文本中可能採用類似文學風格的概述。這就能解釋為何 Firmicus 會援引 Hermes、Asclepius 和 Nechepso-Petosiris 的系譜，來解釋他是從哪裡獲得宇宙誕生圖的學說。

60　Firmicus, *Mathesis*, 2, 20: 9–10, trans. Bram, p. 52.

61　Manetho, *Apotelesmatika*, 2: 141–147, trans. Lopilato, p. 207，經修改。

62　Dorotheus, *Excerpts*, 8: 1, trans. Gramaglia.

63　*Michigan Papyrus*, col. xvi: 22–23, trans. Robbins, p. 116.

64　有關 Antiochus，見：CCAG, 8, 3, p. 118: 29–p. 119: 12。有關 Thrasyllus，見：CCAG 8, 3, p. 100: 27–30. Firmicus, *Mathesis*, 3, 1。

65　Firmicus, *Mathesis*, 2, 21, trans. Bram, p. 53.

66　Firmicus, *Mathesis*, 3, 1: 2, trans. Bram, p. 72.

67　Firmicus, *Mathesis*, 3, 1: 15, trans. Bram, p. 74.

68　Rhetorius, *Compendium*, 8.

69　Proclus, *Commentary on Plato's Timaeus*, IV, 66: 7-8, trans. Baltzly, vol. 5, p. 133.

70　Schmidt, *Kepler College Sourcebook*, figure 4.

71　Olympiodorus, *Commentary on Plato's Gorgias*, 47.4, trans. Jackson et al, p. 299。希臘文版本見：Olympiodorus, *Olympiodori in Platonis Gorgiam commentaria*, ed. Westerink。

72　Ptolemy, *Tetrabiblos*, 1, 4.

73　Iamblichus, *On the Mysteries*, 1, 18, trans. Clarke et al, p. 69.

74　Ptolemy, *Tetrabiblos*, 1, 4: 4, trans. Schmidt, pp. 14-15.

75　Schmidt, *Definitions and Foundations*, p. 110.

76　Pingree 在 *Yavanajātaka*, vol. 2, pp. 220–21 中列出了不同版本的旺度。主要分歧在於土星的旺度應是天秤座 21 度還是 20 度，不過似乎多數希臘化時期的來源都傾向於 21 度。另一個不同版本是 Porphyry, *Introduction*, 6，說金星應入旺在雙魚座 26 度而非 27 度，不過這是該說法的唯一來源，所以也許只是一處文本的錯誤。

77　二十世紀中葉的占星師 Cyril Fagan 嘗試提出解釋，認為旺度是基於在西元前七八六年左右不同日期所實際發生的一組行星排列，不過他發現多數的位置只是大致正確，而且依舊不清楚為何這個時間點的排列配置會被視為產生了持久的影響。他推測這是基於當年為了供奉納布（Nabu）而建造一座神廟，而納布是與水星有關的神。該論點最初在 Fagan, *Zodiacs Old and New* 中有所概述，近期在 Bowser, *An Introduction to Western Sidereal Astrology*, pp. 193-201 中對其有進一步的總結和辯證。

78　其中一個例子是 Valens 在 *Anthology*, 3, 4 中概述的「步驟」（steps）和「風」（winds）的技法，不過他同時也指出，有些占星家認為這種技法無用。另一個例子發生在 Balbillus 簡要概述的行運技法內文中，CCAG 8, 4, p. 237: 16-22（trans. Schmidt, *Sages*, p. 70）。

79　Firmicus, *Mathesis*, 2, 3: 1, trans. Holden, p. 46.

80　Dorotheus, *Excerpts*, 8: 2–3, trans. Gramaglia.

81　*Michigan Papyrus*, col. xvi: 23–27, trans. Robbins, p. 116.

82　Dorotheus, *Excerpts*, 64: 1–2, trans. Gramaglia。在此譯文的註釋中，Dykes 指出 *eutelizō* 一詞源自貶低或使之破舊的概念。

83　Rhetorius, *Compendium*, 7.

84　Ptolemy, *Tetrabiblos*, 1, 20.

85　Porphyry, *Introduction*, 6.

86　Schmidt, *Definitions and Foundations*, p. 110。這一點在收錄與廟位配置相關的波斯故事的同一文本中提出，因此就這點而言，入旺行星是被疊加在上升巨蟹的星盤中。見：CCAG 5, 2, p. 133: 18–36。

87　Schmidt, *Definitions and Foundations*, p. 112.

88　正如在 Hunger and Pingree, *Astral Sciences in Mesopotamia*, pp. 28–29; Rochberg-Halton, "Elements of the Babylonian Contribution to Hellenistic Astrology," pp. 53–57; Rochberg, *Babylonian Horoscopes*, pp. 46–50 所探討的。

89　Firmicus, *Mathesis*, 2, 3: 4, trans. Bram, p. 34，經修改。Rochberg 指出，希臘化時

期的旺位與美索不達米亞的祕密地方的關聯，是由 Ernst Weidner 在一九一三年和一九一九年的兩篇論文中首次發表。見：Rochberg-Halton, "Elements of the Babylonian," p. 53, fn. 13。

90　Rochberg, *Babylonian Horoscopes*, p. 48.

91　關於前希臘化時期（pre-Hellenistic）的參考資料，見：Hunger and Pingree, *Astral Sciences*, p. 28。晚期楔形文文獻將白羊座稱為公羊或綿羊，而非舊名稱「僱工」，這通常被認為是受了從希臘化 / 希臘文傳統傳入晚期美索不達米亞傳統的影響，不過這一點以及其他指出是反向傳遞過程的可能證據，近期在 Steele, "Greek influence on Babylonian astronomy?" 中總結跟提出質疑。

92　Rochberg 在早期的一篇論文中說，有證據表明美索不達米亞已經使用了「三分相」，不過她所引用的學說似乎是希臘化概念的先驅，將這些星座分為四組，每組三個星座，現在稱為「三方星座」。Rochberg-Halton, "Elements of the Babylonian," pp. 60–62。造成混淆的原因是，希臘占星家使用同一個詞來指稱「三分相位」和「三方星座」的概念，即 *trigōnon*（「三角形」），雖然這兩種技法在概念上是不同的。在同一篇論文中，Rochberg 本人指出（第 60 頁）「巴比倫人將三個星座分為一組似乎只是將十二元素（這裡指黃道星座）概念配置成四組，每組三個元素，而不是某種幾何或空間關係。」在某種程度上，這並不被視為是行星之間的幾何或空間關係，它或許不該被視為美索不達米亞早期傳統中存在的「相位」學說。

93　Dykes 指出，即使在中世紀早期傳統中，這一概念仍然存在歧義，見：*Works of Sahl and Māshā'allāh*, pp. xxix–xxxiv。

94　Rhetorius, *Compendium*, 8。Rhetorius 保存的 Teucer of Babylon 資料論及黃道星座性質時，也一直使用該術語，不過提到行星位於其廟的對面星座的問題，似乎就是由瑞托瑞爾斯本人插述的。見：CCAG, 7, pp. 214–224。翻譯見：Rhetorius, *Compendium*, trans. Holden, pp. 167–189。

95　Hephaestio, *Apotelesmatika*, 2, 27: 4, trans. Schmidt, p. 81。Serapio 作品中的拜占庭時期摘要中出現完全相同的一段話，但這可能只是轉引自赫菲斯提歐的這句陳述，因為 Pingree 警告說，這份摘要實際上是來自多個來源的彙編（*Yavanajātaka*, vol. 2, p. 441）。

96　Hephaestio, *Apotelesmatika*, 2, trans. Schmidt, p. 81, fn. 208.

97　CCAG, 8, 4: p. 231: 1, trans. Schmidt, *Definitions and Foundations*, p. 225。這段話來自 *Definitions* of Serapio，不過它最一開始似乎是來自 Hephaestio，因為其希臘文句子的措辭完全相同。見：Hephaestio 上一段的腳註。

98　*Liber Hermetis*, 3: 21.

99　*Liber Hermetis, Part I*, trans. Zoller, p. 19.

100　Valens, *Anthology*, 2, 20: 7.

101　CCAG, 8, 4, p. 222: 8-10.

102　Rhetorius, *Compendium*, 113, trans. Holden, p. 161（CCAG, 8, 4, p. 222: 12–14）.

103 在 Ptolemy, *Tetrabiblos*, 1, 12; Rhetorius, *Compendium*, preface（trans. Holden, pp. 1–2）中，此概念有明確定義。在 Valens, *Anthology*, 1, 2; Firmicus, *Mathesis*, 2, 10; Paulus, *Introduction*, 2; Hephaestio, *Apotelesmatika*, 1, 1，此概念被列舉為分配給特定星座的幾種不同屬性之一。其他作者也提到了這個概念，並認為是描述命理所當然的基本法則。

104 Paulus, *Introduction*, 2, ed. Boer, p. 8: 17–p. 9: 1–2.

105 Ptolemy, *Tetrabiblos*, 1, 12.

106 Pingree, *Yavanajātaka*, vol. 2, p. 216. Dykes, *Introductions*, p. 62.

107 Pingree, *Yavanajātaka*, vol. 2, p. 216.

108 Pingree, *Yavanajātaka*, vol. 2, p. 216.

109 Hephaestio, *Apotelesmatika*, 3, 4: 9, trans. Gramaglia, p. 40，經修改。

110 Ptolemy, *Tetrabiblos*, 1, 12. Rhetorius, *Compendium*, preface（trans. Holden, pp. 1–2）.

111 Ptolemy, *Tetrabiblos*, 1, 12: 5, trans. Schmidt, p. 28.

112 Dorotheus, *Carmen*, 5, 3.

113 Hephaestio, *Apotelesmatika*, 3, 4: 9.

114 Dorotheus, *Carmen*, 5, 4: 1.

115 Dorotheus, *Carmen*, 1, 11: 5, trans. Pingree, p. 170.

116 Ptolemy, *Tetrabiblos*, 3, 8.

117 Valens, *Anthology*, 2, 38: 4.

118 Dorotheus, *Carmen*, 2, 3: 13.

119 Hunger and Pingree, *Astral Sciences*, p. 17; Rochberg-Halton, "TCL 6 13;" Rochberg-Halton, "Elements of the Babylonian," pp. 60–61.

120 我不會在本書中探討與星座相關的推運，但在 Pingree, *Yavanajātaka*, vol. 2, pp. 225–226 中對不同系統有很好的總結。

121 大部分關於此說及其後文，見：Warren, *Presocratics,* and Barnes, *Early Greek Philosophy*。

122 Plato, *Timaeus*, 48c.

123 柏拉圖繼續將元素描述為由三角形組成的幾何結構（*Timaeus*, 53c–57d），考慮到希臘占星學中元素與三分性／三角形之間的關聯，這點很有趣。

124 下述內容見：Aristotle, *On Generation and Corruption*, 2, 1–4。Aristotle 在第六章中討論到 Empedocles 的立場，並以他自己的觀點與之對比，即元素確實會相互轉化。

125 有關此問題的詳細說明，見：Longrigg, "Elementary Physics in the Lyceum and Stoa," pp. 211–229。Hahm, *The Origins of Stoic Cosmology*, pp. 91–103 中有類似的敘述。兩者都指出，早在西元四世紀，西西里的醫生 Philistion of Locri 就已將火元素與熱連結，風元素與冷連結，水元素與濕連結，而土元素與乾連結。兩位作者還記錄了 Aristotle 在其生物學著作中將風元素與冷卻屬性連結的傾向，特別是在他的呼吸理論中，認為空氣（風）只有在進入人體並遇上體內的熱力時才會變熱。見：

Aristotle, On Youth and Old Age, On Life and Death, On Breathing, 480a28–480b6。

126 這是上文引用的 Longrigg 和 Hahm 論點的基本前提。

127 Diogenes Laertius, *Lives of Eminent Philosophers*, 7: 134–137.

128 Long and Sedley, *The Hellenistic Philosophers*, vol. 1, 47D, E, F and G，分別引用 Nemesius, *On the Nature of Man*, 164: 15–18，Galen, *On Natural Faculties*, 106: 13–17，Galen, *On Bodily Mass*, 7.525: 9–14，以及 Plutarch, *On Common Conceptions*, 1085C–D。

129 其中的一些作者，偶爾會提到某些星座是水象或其他類似的性質，但這些似乎是來自於與黃道星宿圖像相關的次要性質之不規則用法，而不一定是將四元素分配給三方星座這種在晚期傳統中成為準則的概念。如此一來就有兩種方法可以分配元素性質，但這種方法只適用於少數星座而非所有星座。

130 Valens, *Anthology*, 1, 2; Firmicus, *Mathesis*, 2, 10; Hephaestio, *Apotelesmatika*, 3, 7: 7; Julian in CCAG 4, p. 152: 21–23; Rhetorius, *Compendium*, 3.

131 首先指出這點的是 Robert Hand，在 Valens, *The Anthology, Book I*, trans. Schmidt, ed. Hand, p. ii 中．

132 Valens, *Anthology*, 2, 41: 49。參照 Valens, Anthology, 2, 41: 63。

133 Valens, *Anthology*, 2, 41: 66。可能因為火星是一顆熾熱的行星而加劇。

134 Valens, *Anthology*, 2, 41: 73–76.

135 Hephaestio, *Apotelesmatika*, 3, 7: 7, trans. Gramaglia, p. 65.

136 Valens, *Anthology*, 4, 4: 20–31.

137 Valens, *Anthology*, 4, 4: 24。起初，文本莫名地將火稱為「乾」，Schmidt 和 Hand 指出這可能是手稿中的一處錯誤（*Anthology, Book IV*, trans. Schmidt, p. 7, n. 7），也的確在後文的同一句話—— Valens 將火的加熱屬性與風的冷卻傾向對比——中得到了證實。我想這就是 Valens 最初試圖在這句話中提出的對比概念。

138 Valens, *Anthology*, 4, 4: 25.

139 Valens, *Anthology*, 9, 8: 40, trans. Riley, p. 158.

140 Seneca, *On Anger*, 19: 1–2（in Seneca, *Anger, Mercy, Revenge*, trans. Kaster and Nussbaum, pp. 46–7）.

141 Seneca, *On Anger*, 19: 2.

142 Seneca, *On Anger*, 19: 4.

143 Seneca, *On Providence*, 5: 9（Seneca, *Dialogues and Essays*, trans. Davie）.

144 *Corpus Hermeticum*, vol. 3, fragment 20: 5, ed. Nock and Festugière, p. 87.

145 Valens, *Anthology*, 4, 7: 8, trans. Riley, p. 74，經修改。

146 Hephaestio 多次使用術語 *trigōnokratōr*（如 *Apotelesmatika*, 2, 4: 20; 2, 14: 2），尤其是引用 Dorotheus 時，這可能暗示此為 Dorotheus 使用的原始術語。Valens 傾向於使用術語 *oikodespotēs*（如 *Anthology*, 2, 1-2），在這種情況下，僅表示三分性的「主人」或「主星」，不過這可能有點令人困惑，因為該術語與用於指稱星座的「廟主星」

相同。通常只須根據上下文來推斷他指的是三分性主星還是廟主星，不過當他特指三分性主星時，多半會添加三分性一詞使內文更易讀。

147 應當留意，在文藝復興晚期的作品中使用加權積分而成為準則的必然尊貴系統，是直到中世紀時期才真正開始普及。希臘化傳統中最接近的先例是 Ptolemy 在 *Tetra-biblos*, 3, 3-5 中使用的一些主導性論點，不過他只給每種「尊貴」分配一分。Hermann of Carinthia, *The Search of the Heart*, trans. Dykes 的前言和附錄中，對該主題有全面性探索。

148 Dorotheus, *Carmen*, 1, 1: 2–4. Valens, *Anthology*, 2, 1。參照 Hephaestio, *Apotelesmatika*, 1, 6，直接從原始韻文文本中引用了 Dorotheus，以及 Rhetorius, *Compendium*, 9。

149 阿拉伯文譯本中，似乎暗示水星與土象三方星座的關聯特別適用於或僅限於處女座。Dorotheus, *Carmen*, 1, 1: 3。然而，當 Hephaestio 引用 Dorotheus 的希臘原文段落時，似乎是說水星作為整體土象三方星座的額外主星有更普遍的作用。處女座在阿拉伯文譯本中被提及，或許因為這是唯一一個與水星有主星關係的土象星座，因此這可能是此處提及水星的部分原因。這將在稍後關於三分性主星尊貴原理的部分中進行更多討論。

150 Valens, *Anthology*, 2, 1: 10.

151 見：Antiochus, *Summary*, 5 和 Porphyry, *Introduction*, 7 中關於共同廟主星概念之不同意見的討論。參見：Schmidt, *Definitions and Foundations*, pp. 119–126 中這兩段的翻譯和討論。

152 Ptolemy, *Tetrabiblos*, 1, 19.

153 概述在 Ptolemy, *Tetrabiblos*, 1, 19。

154 Lilly, *Christian Astrology*, 1, 18, pp. 103–105.

155 Ludwich, *Maximi et Ammonis*, pp. 105–112 中對許多性質進行了後來的總結。

156 Valens, *Anthology*, 2, 17: 59, trans. Riley, p. 33，經修改。

157 Wee, "Discovery of the Zodiac Man," p. 217.

158 Wee, "Discovery of the Zodiac Man," pp. 220–222 中有一組非常有用的表格，比較了所有主要希臘化時期占星家給出的黃道人體部位。有關探討黃道人體部位的希臘化時期文本的調查，見：Pingree, *Yavanajātaka*, vol. 2, pp. 199–201。

159 Valens, *Anthology*, 2, 37.

160 Dorotheus, *Carmen*, 4, 1: 75-76.

161 在 Wilson and George, "Anonymi, de Decubitu: Contexts of Rationality" 中有所討論。

162 Wee, "Discovery of the Zodiac Man."

163 Wee, "Discovery of the Zodiac Man," pp. 232–233.

164 關於度（*monomoiria*），見：Paulus, *Introduction*, 32。

165 Pingree, *Yavanajātaka*, vol. 2, pp. 211–215 中對五種系統有不錯的調查。近期的一項調查則列出了九種不同的系統，其中包括 *Yavanajātaka* 中的版本，以及在 Jones and Steele, "A New Discovery of a Component of Greek Astrology in Babylonian Tablets:

The 'Terms'"中引用的一套別無僅有的 Apollinarius 版本。

166　Pingree, *Yavanajātaka*, vol. 2, p. 214; Heilen, "Ptolemy's Doctrine of the Terms," p. 46.

167　Jones and Steele, "A New Discovery"。參照 Steele, "A Late Babylonian Compendium"。

168　Alexander Jones 指出，在他從俄克喜林庫斯收藏的莎草紙中，埃及界是唯一被使用的界系統。Jones, *Astronomical Papyri from Oxyrhynchus*, vol. 1, p. 11。Neugebauer 和 Van Hoesen 在他們的收藏中也發現同樣的情況，只有一個例外，是來自文本文獻。Neugebauer and Van Hoesen, *Greek Horoscopes*, p. 12。

169　Schmidt, *Definitions and Foundations*, p. 113.

170　Paulus 在 *Introduction*, 3 中明確指出，剛開始他介紹埃及賢者（Nechepso 和 Petosiris？）使用界來確定壽主星，後來衍生為由此來界定壽命的長度。然後他繼續列出每顆行星在壽長技法中成為有效行星時所代表的壽命年數。

171　Valens 在 *Anthology*, 1, 3 中給出了每個界的描述。Paulus, *Introduction*, 3 中，說明了行星在自己的界時更添吉性。在 Antiochus, *Summary*, 14; Porphyry, *Introduction*, 25; Rhetorius, *Compendium*, 43 中也暗示了該配置與廟和旺一起作為行星在「戰車」的考量之一。

172　Paulus, *Introduction*, 3。參照 Rhetorius, *Compendium*, 49。

173　Ptolemy, *Tetrabiblos*, 1, 21: 2–4.

174　Ptolemy, *Tetrabiblos*, 1, 21: 20–30.

175　有關 Ptolemy 的界以及相關問題的精彩概述，見：Heilen, "Ptolemy's Doctrine of the Terms and Its Reception"。Heilen 討論了 Ptolemy 聲稱發現手稿的真實性問題，並總結說（第 52 頁）：「要得到確定的答案是不可能的，但是 Ptolemy 自己發明了第三種界是相當可能的。」參照 Houlding, "The Transmission of Ptolemy's Terms"。

176　希臘化傳統中唯一的主要例外是 Hephaestio，他在 *Apotelesmatika*, 1, 1 中將 Ptolemy 的界列在 Dorotheus 的界之後。有關 Ptolemy 的界在後來的占星家中的傳播與採用，在 Heilen, "Ptolemy's Doctrine of the Terms," pp. 67–77 中有詳細的追查。

177　Hephaestio, *Apotelesmatika*, 1, 1: 109–111, trans. Schmidt, p. 13.

178　Hephaestio, *Apotelesmatika*, 1, 1: 110, trans. Schmidt, p. 13.

179　相關文獻和一些不同圖像的探討，見：Pingree, "The Indian Iconography of the Decans and Horâs"。

180　*Liber Hermetis*, chapter 1.

181　*Liber Hermetis*, 1: 4, trans. Zoller, Part I, p. 2.

182　Hephaestio, *Apotelesmatika*, 1, 1: 69.

183　Neugebauer and Parker, *Egyptian Astronomical Texts*, vol. 3, pp. 168–171。參照 Neugebauer and Van Hoesen, *Greek Horoscopes*, pp. 5–6。

184　Paulus, *Introduction*, 4 中概述了這種方法，但並未將行星序列稱為迦勒底秩序，而是將其稱為「七區系統」（seven zone system）。在當代的一些討論中，此行星序

列有時也被稱為「托勒密秩序」。西元五世紀，Macrobius 將其稱為「迦勒底系統」。Macrobius, *Commentary on the Dream of Scipio*, 1, 19: 2。不同的行星序列系統及其來源的更詳細討論，見：Neugebauer, *A History of Ancient Mathematical Astronomy*, pp. 690–693。

185　Porphyry, *Introduction*, 47, trans. Holden, pp. 40–41.

186　Firmicus, *Mathesis*, 2, 4: 4–5; Anubio, *Carmen*, F1: 10–14.

187　*Corpus Hermeticum*, vol. 3, fragment 6: 12, ed. Nock and Festugière, p. 36.

188　見：Coppock, *36 Faces: The History, Astrology, and Magic of the Decans*。

189　Ptolemy, *Tetrabiblos*, 1, 23: 1; Rhetorius, *Compendium*, 54.

190　例如，見：Valens, *Anthology*, 2, 5: 1，並與 2, 6: 1 進行比較。Schmidt 和 Hand 注意到在 Valens, *The Anthology, Book II, Part 1*, p. 10, fn. 3 中的不確定性。

191　Ptolemy, *Tetrabiblos, Book I*, trans. Schmidt, p. 46, fn. 2.

192　Paulus（*Introduction*, 22）概述了另一種方法，涉及一個十三次諧波函數計算，在該計算中，須將配置的度數乘以十三而非十二。Rhetorius（*Compendium*, 18）提到了 Paulus 的計算，並討論計算之間的差異，隨後再與 Dorotheus 和 Ptolemy 的方法進行對比，後者乘以十二而非十三。有關 Dorotheus，見：*Carmen*, 1, 8: 7。關於 Ptolemy，見：*Tetrabiblos*, 1, 22: 1。Hephaestio 在即時占星學的文中曾使用相同方法（*Apotelesmatika*, 3, 4: 19–34），也許是依循 Dorotheus。Olympiodorus 在他對 Paulus 的評論第十九章中稍微討論了計算的問題。Hand 在 Valens, *The Anthology, Book I*, trans. Schmidt, pp. vii–xiv 序言中對十二還是十三次諧波的問題有不錯的探討。

193　Rochberg-Halton, "Elements of the Babylonian Contribution," pp. 57–60。參照 Koch-Westenholz, *Mesopotamian Astrology*, pp. 168–169, Monroe, "The Micro-Zodiac in Babylon and Uruk," 以及 Wee, "Virtual Moons over Babylonia"。

194　Firmicus, *Mathesis*, 2, 13: 1, trans. Bram, p. 43，經修改。

195　Firmicus, *Mathesis*, 2, 13: 4–5.

196　Hephaestio, *Apotelesmatika*, 3, 4: 19-34.

197　Hephaestio, *Apotelesmatika*, 3, 4: 27, trans. Gramaglia, p. 45.

198　Valens 在討論雙胞胎的誕生時曾明確談到這一點（*Anthology*, 3, 7: 15），以及有時一兩度的差異，例如在壽長等技法中所能產生的重大影響。

199　Augustine, *City of God*, 5, 3, trans. Bettenson, p. 182.

200　Manetho, *Apotelesmatika*, 2: 253–265, trans. Lopilato, p. 211.

201　Manetho, *Apotelesmatika*, 2: 191–193, trans. Lopilato, p. 209.

202　Valens, *Anthology*, 2, 38: 4, trans. Riley, p. 50，經修改。

第九章

相位結構

光是瞭解星座的特殊形狀和星體在出生時強加於人們身上的個別規則
還不夠；它們還透過彼此之間的相互協調影響我們的命運，因為它們歡
喜於彼此形成的聯盟，並根據其性質和位置相互合作[1]。

——馬尼利亞斯

　　星盤解讀的第三個領域被稱為相位結構（configuration）學說，在現代
占星學中，則通常被稱為「相位」（aspect）的概念。相位結構的主要目的
是讓行星們在星盤中以不同方式形成關係並彼此互動。

重建相位學說

　　雖說希臘化傳統的占星手冊存世不少，但其內容通常假定讀者已經熟悉
一些基本的技法概念，因此鮮少定義文本中的術語。這點在探討希臘化時期
的相位學說時最為棘手，因為許多用來指稱不同類型的相位結構術語以及一
些基本概念可能非常複雜。

　　在早期的希臘化傳統，一位名叫安提阿古斯的占星家寫了一本書，有系
統地定義了多數的基本技法概念，因此，安提阿古斯是重建希臘化時期相位
結構學說的關鍵來源，並且他的作品似乎還影響了許多晚期作者，包括波
菲、費爾米庫斯、赫菲斯提歐和瑞托瑞爾斯。然而，儘管他影響了許多晚期
作者，安提阿古斯論及定義的原著並未留存至今。作為替代，我們有安提阿
古斯〈定義〉的三個不同版本，分別被釋義、引用，或收錄於晚期作品中。
三部傳世的作品如下：

　　1.《概要》是安提阿古斯〈定義〉的拜占庭式概要[2]。其語意時而參差
不齊，有的內容還是由一位書吏大聲朗讀文本，再由另一位抄寫員抄錄
並摘述，因而導致了錯誤。文本在第二冊就中斷了，但除此之外，大部

分相位學說的相關資料都被保留了下來。

2. 波菲的《四書導論》。一部關於托勒密《占星四書》的介紹，託名西元三世紀的新柏拉圖主義哲學家泰爾的波菲[3]，其多數內容似乎是逐字抄自安提阿古斯的〈定義〉。文本中也有一些來自中世紀晚期的薩爾‧伊本‧畢雪植入的定義，並且似乎也突然中斷了。否則，這會是保留許多安提阿古斯〈定義〉的最清晰版本。底比斯的赫菲斯提歐在其《結果》第一冊的一些定義，似乎是引用自波菲的版本。

3. 瑞托瑞爾斯的《占星摘要》。在希臘化晚期傳統，大約是西元六世紀或七世紀初期，埃及的瑞托瑞爾斯在他所寫的長篇占星學知識概要的開頭，結合了許多安提阿古斯的定義[4]。他似乎重寫了許多定義，可能是為了闡明澄清，或是為了與當代的實際用法一致，因為在希臘化傳統晚期已有一些技法和概念上的改變。也由於這些改寫，瑞托瑞爾斯的定義有時與《概要》和波菲並不一致，不過在某些情況中，這可能有助於澄清原文的意圖。

透過比較這三個安提阿古斯〈定義〉的晚期版本，或許能夠重建出原始的定義。早在一九八五年，霍登曾在一部未公開的瑞托瑞爾斯著作譯本中，建議透過比較這些文本來版定安提阿古斯所寫的內容；史密特在二〇〇九年完成了第一次完整重建的嘗試[5]。可惜的是，由於安提阿古斯定義的三個不同版本經常互有出入，因而可能重建了完全不同的原始學說。二〇一〇年，我與迪米特拉‧喬治和班傑明‧戴克合作，嘗試再次重建安提阿古斯的相位定義，看看是否能驗證史密特所重建的定義；而我們對原始相位學說得出了許多不同的結論。這使得我們重新建構了另一套的原始相位學說，本章大部分即由此重建的內容所構成。

見證或證詞的定義

在安提阿古斯的《概要》及波菲的著作中是從所謂的「見證」（witnessing）或「證詞」（testimony，*epimarturia*）開始探討行星相位結構的一系列定義[6]。波菲的完整定義描述了連結行星的相位結構；行星間的間隔；每個特定相位結構的關係特性；必須按照度數來確認相位結構是否「完整」、「完成」或「精準」（perfect，*teleia*），而不僅是依星座來確認；每個相位結構都有特定的度數間距；並且行星之間經常有星座相位，但「不再」（*ouketi*）是度數內的相位。迪米特拉·喬治將這段話翻譯如下：

> 他們將星體的相位結構稱為彼此見證。有以下幾種相位：三角位是通過五個（間隔），即兩個黃道星座之間間隔三個星座；四角位是通過四個（間隔），即兩個黃道星座之間間隔兩個星座，直徑則是通過七個（間隔），即兩個星座之間間隔五個，六角位是通過三個（間隔），即兩個星座之間只有間隔一個星座。其中三角位是和善且有利的，即使有破壞性的星體存在，其破壞力也會減弱。四角位是嚴峻且不友善的，若有破壞性的星體在此，則會引發痛苦。直徑是帶有對抗性的，若存在凶星則更糟。六角位的影響較小。須得考慮圖形（figures）的度數是否精準（perfect），而不僅僅是黃道星座。三角位的圖形間隔是120度，四角位間隔90度，六角位間隔60度，直徑則間隔180度。通常（星體）是根據黃道星座，而不再純粹根據度數來形成相位[7]。

這段定義提供了關於相位結構最廣泛的陳述，在安提阿古斯的《概要》和波菲著作後續的定義中，進一步地為基本概念添加了細微差別和條件。因此，在討論相位之前，首要之務便是拆解這個定義，以便審視其相位學說的核心中不同的組成部分。

◎ 相位作為視覺

在安提阿古斯的《概要》和波菲的著作中所提出的相位定義，首先會注

意到文中使用術語 *epimarturia* 來指稱這個概念，意思是「見證」某事。《新約聖經》中也經常使用相關的術語 *martureō*，意思是「作證人」、「見證」、「提供證據」或「作證」。泰爾的新約聖經詞典將其定義如下：「作證人，見證，即確認某人已經看見、聽見或經歷過某事，或者他知道這件事是因著神的啟示或啟發所引領[8]。」在法律術語中，提供「證人證詞」，指的是個人親眼目睹了一個事件並能夠提供有關它的訊息。而在占星學當中，這個術語的使用似乎意味著，無論星盤中與其他行星相關之事，抑或關乎命主的人生或命運，行星們都已有所觀察，因而能對其所見提供證詞。

　　希臘化傳統中用於指稱相位的多數術語都帶有視覺的意涵，用於表示行星能夠或不能夠看見彼此。因此，文本中經常以「見證」、「觀看」和「細查」等術語指稱相位。如按字面翻譯希臘文本時，會產生諸如「宙斯見證赫米斯有利於演講和演說」或「馬爾斯審視赫利俄斯會傷害父親」這樣的句子。這是因為在希臘化傳統中，相位被概念化為行星可以看見或無法看見彼此的意思。加之相位學說有部分是基於古希臘的光學理論，該理論與眼睛發出的射線有關，以及需要觀看者和被觀看者之間的近似性（affinity）才能產生視覺。

　　雖然現代占星學已經失去了這些與相位相關的視覺意涵，但英文單詞「aspect」本身源自拉丁文術語 *aspectus*，意思是「看見、注視、瞧、視線[9]。」因此相位學說的視覺意涵仍嵌入於現代的術語中，儘管事實上這個概念在今日的現代占星學中已不再被理解。

◎ 希臘的光學理論

　　相位結構學說根植於希臘化時期光學和幾何學相關領域的發展。希臘的光學理論經常假設，觀看者的眼睛以及透過視覺看見的事物之間存在物理上的連結。西元二世紀的醫師蓋倫（Galen）將這一法則簡要概述為：

　　一個被看見的物體會做兩件事，其一是：該物體自己向我們發送了某些東西，從而表明它的特徵；或是若其本身並未發送某些東西，那麼就是

等待從我們發出的感知能力去到它那裡 [10]。

雖然希羅時期存在許多關於視覺的不同理論，但歷史學家馬克·史密斯（Mark Smith）已經從中歸納出三大類 [11]。這三大類別如下：

1. 發射理論（Extramission）：從眼睛向被觀看的物體發射某些東西。
2. 進入理論（Intromission）：物體向觀看者的眼睛發射某些東西。
3. 中間理論（Intermediate）：以上兩種理論都以某種方式起作用，或有時兩者都不起作用，而是結合了其他因素，例如近似性或共感的概念。

在發射理論中，從眼睛發出一道幾何射線。射線所及的物體可被看見，而射線所不能及的物體則不被看見。這點可用來解釋為何我們看不到轉角處，因為從眼睛發出來的射線是直線。希臘數學家歐幾里得簡要概述了這種方式，他除了撰寫一部關於幾何的名著外，還寫了一部光學專著：

1. 假設從眼睛直接發出的射線涵蓋很大範圍的空間；
2. 而包含在我們視覺射線中的圖形是一個圓錐形，其頂點在眼睛，底部在我們視覺的極限處；
3. 並且視覺射線所及之處的那些東西是被看見的，而視覺射線未及之處的那些東西則不被看見 [12]。

尚不完全清楚希臘化時期占星家依循的是哪一類的光學理論，不過他們似乎將某種的發射理論，定位在射線是從行星的「眼睛」發出，這是它們能夠看見彼此的部分原因。波菲在其《四書導論》第九章中特別提到，每顆行星都會發出七道射線，這似乎是角度相位的部分原理。

此外，占星家似乎還結合了一些柏拉圖和斯多葛學派的光學理論，認為觀看者和被觀看者之間，需要有某種近似性或共感才能產生視覺效果，這似乎就是星座相位背後的理論基礎，我們稍後將會看到。

　　行星能夠看見彼此的能力，在於進入不同的黃道星座時，彼此形成了特定的幾何排列。用於指稱行星之間幾何關係的術語 *schematismos*，意思是「結構」、「圖形」或「形態」。因此，相位術語有時暗示著視覺的意涵，有時則暗示了幾何的意涵，兩者透過希臘化時期的幾何學和光學而有了密切的關聯。

五種相位結構

　　希臘占星學中有五個公認的相位。從實務的角度來看，希臘化時期占星家使用星座相位和角度相位二者，因此相位結構是根據星座之間的間隔以及度數之間的間隔來定義的。

　　第一個，可能也是最早的相位被稱為「共同在場」（copresence, *sumpa-rousia*）或「會合」，發生在兩顆行星位於同一星座（共同在場）時，或兩顆行星位在或幾乎在黃道星座的同一度數時，換句話說，就是當兩顆行星的經度相距為零（會合）的時候。剛開始會合並未被歸類為「相位」或「相位結構」，而希臘化早期占星家似乎將它與四個主相位結構分開定義。這似乎是因為會合只是兩顆行星位在同一星座或同一度數，在概念上不一定有相互「見證」或看見，而只是共同在場。然而，在希臘化晚期傳統，瑞托瑞爾斯等作者開始將會合與其他相位結構歸為一類。為簡單起見，在此我會將會合視為一種主相位，但仍應牢記此一區別，因為在安提阿古斯等早期作者的著作中經常出現。

　　其他四個原始的相位結構如下：

1. 六角位或六分相，即行星相隔三個星座或相距 60 度。
2. 四角位或四分相，即行星相隔四個星座或相距 90 度。
3. 三角形或三分相，即行星相隔五個星座或相距 120 度。

4.直徑或對分相，即行星相隔七個星座或相距 180 度。

　　從幾何學的角度來看，六角位、四角位和三角形的相位結構是在黃道圈上形成內切正多邊形的一個邊。也就是說，它們代表一個完整幾何圖形的一邊：60 度是六邊六角形的一邊；90 度是四邊四方形的一邊；120 度是三邊三角形的一邊。這就是為何用來指稱這些相位的希臘文術語字意為「六角形」、「四方形」和「三角形」。然而，在本書中，我將採用現代慣例，稱這些相位為六分相、四分相和三分相。

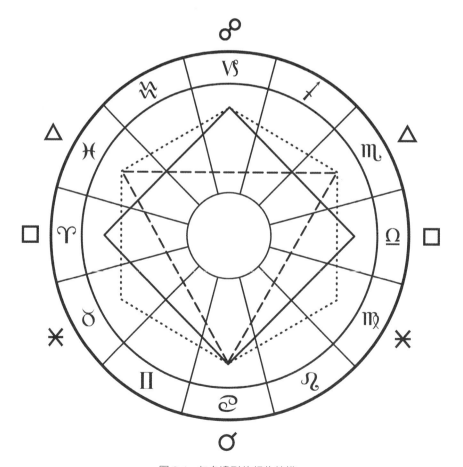

圖 9.1 - 如多邊形的相位結構

這些相位結構有時被簡單稱為「圖形」（figures，*schēma*），主要指相關圖形的多邊形，不過史密特指出，該希臘文術語也可用來指涉某人對待另一個人所採取的態度或舉止[13]。這意味著行星之間的相位特性，有部分是用來顯示當行星有相位時，彼此所採取的態度。因此，這些相位結構的概念，可用於定義行星相對於彼此所採取特定類型的立場，而這些立場中有些是較友善的，而另一些則可能是較具敵意的。

星座相位結構

波菲和《概要》所定義的相位結構，先是按星座，再按度數定義，而在實務中，其他希臘化時期占星家似乎大多同時使用了星座相位和角度相位。當行星彼此的所在星座是有公認的相位結構之一時，即有星座相位。有星座相位的行星之間，因各自所在星座的性質相近而有了共同的連結[14]。意即，星座相位結構背後的部分原理，似乎是將具有相同性別、四正星座或三方星座的星座相連。沒有這種近似性，他們就無法看見彼此，因此也無法建立連結。這與柏拉圖主義者和斯多葛學派所採用的一些古代光學理論有關，這些理論將共感（sympathy）或近似性作為視覺的必要條件。例如，希臘哲學家泰奧弗拉斯托斯解釋道：

> 關於感官知覺的各種意見，廣義上可分為兩派。有些研究者將其歸因於相似性，而另一些研究者則將其歸因於對比性：巴門尼德（Parmenides）、恩培多克勒（Empedokles）以及柏拉圖將其歸因於相似性；阿那克薩哥拉（Anaxagoras）和赫拉克利特（Herakleitos）則將其歸因於對比性。一派認為其他事物在大多數情況下最好透過相似性來解釋；因為認得自己的同類是所有生物的天性；此外，這種感官知覺是透過發射的方式發生，相似相吸[15]。

將視覺感知歸因於相似性或近似性的概念，首先出現在先蘇格拉底哲學

家恩培多克勒的著作中，亞里士多德引用他的話：「透過我們體內的土，我們感知到土；透過我們體內的水感知到水；透過我們體內的風，感知到諸神的風；透過我們體內的火，點燃了火[16]；這個概念後來在西元三世紀哲學家普羅提諾的視覺理論中也發揮了核心的作用，意味著在希臘占星學幾個世紀以來的發展和運用中，這是個常見的概念[17]。

行星透過星座相位的近似性，以下列方式相互連結。六分相星座具有相同的性別，陽性或陰性，例如，在巨蟹座的行星與在處女座的行星有星座六分相，因其所在星座同為陰性而具有相似性；在射手座的行星與在水瓶座的行星有星座六分相，因為兩者同為陽性星座；四分相星座同屬一組四正星座（啟動、固定、雙體），不過它們因性別不同而造成一些對比，例如，在金牛座的行星與在獅子座的行星，因同為固定星座而有星座四分相；三分相星座具有相同的性別和元素三分性（火、土、風、水），例如，在巨蟹座的行星與在天蠍座的行星，因為兩者同為陰性水象星座而有星座三分相；對分相星座則具有相同的四正星座和性別，不過從季節的角度來看，它們代表了季節光譜的兩端（春季對秋季，夏季對冬季）。

黃道星座之間的近似性是重要的，因為它為星座相位提供了概念上的合理理由，並解釋了為什麼希臘化時期占星家在概念上仍認為，即使兩顆行星的度數並不緊密，但仍可能有星座相位。

◎ 不合意

行星之間未構成星座相位的，被稱為「不合意」（aversion，*apostrophē*），因為它們在星座上沒有任何近似性，而彼此「迴避」或「沒有連結」（*asunde-tos*）。托勒密稱它們為「疏遠」或「疏離」（*apēllotriōmenos*）[18]。這正是希臘化傳統中，從未發展出現代占星學的半六分相和補十二分相概念的部分原因，這些間隔的特點缺乏近似性，因此沒有相位結構或相位。

不合意有時是負面的，但有時也可能是正面的，依情況而定。例如，當

你觀察代表某一主題的特定行星時，與吉星有星座相位通常會更好，因為它們可以提供協助和支持。而當吉星與該行星不合意時，就無法看見它，無法提供幫助。相反地，以凶星來說，若代表因子與其不合意通常會更好，因為這樣它們就無法阻礙或否定該行星的象徵意涵。因此，好壞取決於情境；關鍵點在於不合意表示兩顆行星之間沒有相位結構或關係。

　　這一學說有個有趣的規則需要記住，即當每顆行星位於某特定黃道星座時，它在任何時候都會與其他七個星座有星座相位，同時與其他四個星座不合意。例如，若水星在巨蟹座，那麼便與金牛和處女座有星座六分相，與白

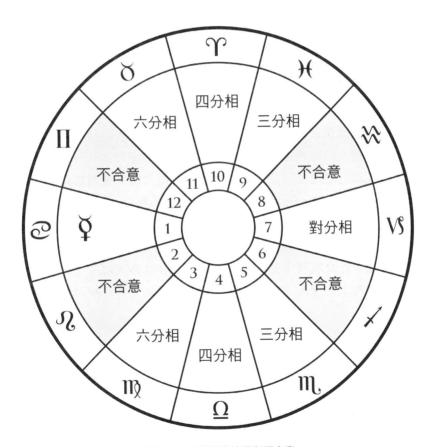

圖 9.2 - 星座相位結構與不合意

羊和天秤座有星座四分相，與雙魚和天蠍座有星座三分相，以及與摩羯座有
星座對分相，而與獅子、射手、水瓶和雙子座不合意。若水星進入到獅子座，
那麼與其有星座相位或不合意的星座也會隨著星座的轉換而改變，因為獅子
座與其他星座的近似關係不同。

◎ 共同在場

位於同一星座的行星被稱為共同在場（copresence），它們的含義會融
合在一起，無論它們在該星座中相距多遠。例如，若水星與土星同在巨蟹
座，那麼兩者將被視為共同在場，即使水星在此星座的最前端巨蟹座 1 度，
而土星在該星座的最末端巨蟹座 29 度。本質上，共同在場是指星座相位的
會合。

打個比方，當兩顆行星在同一星座時，就好像是同住在一個房子裡。當
你與某人同住一個屋簷下，即使是住在屋內的不同側，也很難不意識到對方
的存在，彼此間總是會相互影響。顯然，若兩人緊挨著同住一個房間，這種
關係會更加緊密。但從希臘化時期的角度來看，即便只是在同一個星座，也
足以建立起兩顆行星之間的關係。當這種情況發生時，通常被解釋為行星的
含義會相互混合或融合。例如，瓦倫斯將木星與水星位在同一星座描繪如下：

> 木星與水星同在是好的、和諧的、監督的。會造就管理者、事務監督者，
> 擔任信託和行政職務。造就成功的祕書和會計師，以及受教育界尊重的
> 人。這類人平易近人、朋友眾多，並且值得被支付報酬[19]。

在其他出處，費爾米庫斯亦提到他對金星和木星會合的描述，無論在同
一星座或同一度數都適用：

> 若木星和金星在同一度數或同一星座，代表著饒富魅力的榮耀徽章；同
> 時也總是代表著好人和偉人之間忠實的友誼[20]。

　　雖然對星座相位與角度相位的詮釋各異，但重點在於要理解——古典相位學說的基礎概念，是建立在以黃道星座作為基本框架的相位結構。

角度相位結構

　　波菲和安提阿古斯的《概要》所定義的相位結構，先是按星座，再按角度定義。安提阿古斯似乎在原始定義的末尾就這一區別提出了具體的觀點；他說行星「經常」（pollakis）是以黃道星座，而「不再」（ouketi）是以角度構成相位。我認為這不過是指出了顯而易見的觀點，即從統計的觀點來看，星座相位發生的比例更加頻繁，因為星座相位成立的條件範圍比角度相位所涵蓋的範圍要廣得多[21]。

　　角度相位學說的核心是波菲在《四書導論》定義九中陳述的一個概念，即每顆行星發出七道視覺射線，從行星所在的度數到其他七個星座的相同度數：兩道六分相射線、兩道四分相射線、兩道三分相射線和一道對分相射線。每顆行星都不斷持續地發射這七道「等分」或角度相位的射線。因此，舉例來說，水星在巨蟹座 10 度，將兩道六分相射線投射到金牛座 10 度和處女座 10 度，兩道四分相射線投射到白羊座 10 度和天秤座 10 度，兩道三分相射線投射到雙魚座 10 度和天蠍座 10 度，還有一道對分相射線投射到摩羯座 10 度。

　　當兩顆行星的相位結構達到精準的度數間隔（例如，90 度為四分相，60 度為六分相等）時，該相位結構被稱為「完整」或「精準」（teleia）。意指當一顆行星的視線穿過另一顆行星實體時，兩顆行星彼此的視野最為清晰。這在波菲著作第十章中被定義為「行經」（passing by，parallagē）：「每當行星從度數的角度跨越一個等邊圖形的相位結構時，稱之為『行經』[22]。」

　　從實務的角度來看，這意味著行星一旦進入有相位的星座就會建立一種

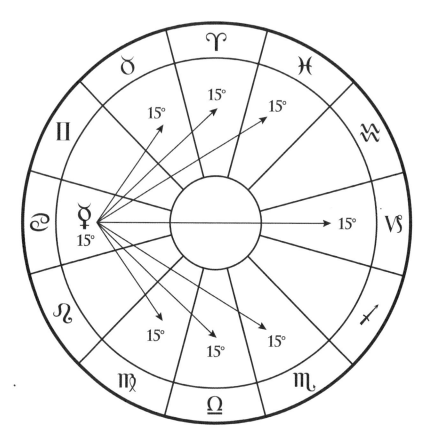

圖 9.3 - 每顆行星都發出七道等分射線

關係，但是當星座相位的度數更加緊密時，這些關係會變得更強大或更強烈。一些希臘化晚期占星家（如瓦倫斯）在提及星座相位結構或一般相位結構時，通常會使用更籠統的說法「見證」，但當特別指角度相位時，會轉而使用不同術語來傳達更為強烈的視覺意涵。提到角度相位結構時，占星家最常使用的術語是 *katopteuō*，根據《希英詞典》，意思是「密切觀看」、「窺探」或「偵察」。史密特將 *katopteuō* 翻譯為「細查」（scrutinize），我也依循了這個用法[23]。這種區別的基礎似乎是這樣一個觀念——視覺射線落入的正中心處最為敏銳，因為在行星整體視覺領域的更廣泛背景下，這代表了

視覺焦點的中心點，此處的事物最為清晰。綜合上述定義，似乎意味著星座相位和角度相位之間的主要區別是一種視覺清晰度，而具有緊密的角度相位結構可以增強這種關係的強度，無論好壞。

◎ 入相位與離相位

當兩顆行星仍朝著精準的角度相位結構或會合移動時，稱為「入相位」（applying，*sunaphē*），而當行星彼此遠離精準相位結構或會合時，稱為「離相位」（separating）或「流出」（flowing away，*aporroia*）[24]。這是術語 *sunaphē* 的一般用法，意指入相位，與離相位形成對比。然而，*sunaphē* 也用於指稱一種更具體的入相位類型。

行星在 3 度內精準入相位角度相位時，被認為處於該相位結構的最強烈範圍。根據《概要》和波菲，當行星在 3 度內入相位六分相、四分相、三分相或對分相時，稱為「接合」（engagement）或「結合」（joining，*sunaphē*），而當兩顆行星在 3 度內入相位會合時，稱為「黏合」（adherence，*kollēsis*）[25]。在此使用兩個不同術語來指稱 3 度內入相位的一般概念，是由於希臘化早期傳統中，會合有別於其他公認的相位。波菲提到，月亮的獨特之處在於其接合或黏合的範圍是 13 度，而不是 3 度，這是月亮在二十四小時內的平均運行距離。我們稍後將回到接合與黏合的概念，並在關於獎賞和虐治的部分討論其實務運用，因為在該學說背景下，此概念已成為特殊的考量因素。

除了月亮以外的其他行星，有時會提到會合的另一種度數範圍，即大於 3 度但小於 15 度。安提阿古斯的《概要》將此範圍稱為「聚集」（assembly，*sunodos*）[26]。這些範圍，尤其是接合的 3 度範圍，似乎是希臘化時期占星家開始發展的，近似現代概念中「容許度」（orbs）對行星的影響力，而近代概念的容許度是直到中世紀時期才完全發展出來。

從詮釋的角度來看，無論好壞，入相位都被認為比離相位更有力。這一

點可以特別參照獎賞和虐治條件的內容。在即時占星學中，認為入相位指示即將在未來發展的事件和情況，而離相位則代表過去已經發生的事情[27]。瑞托瑞爾斯總結了這一法則：

> 因為離相位是對先前的和被保留的事情作出判斷；而入相位是對即將發生的和希望發生的事情作出判斷[28]。

這是因為入相位是仍在形成或朝著精準度數移動的行星相位結構，而離相位代表已經完成且此刻正離開精準度數的排列。這引導出一個具體的釋義原則，即當重要的行星（如月亮）入相位吉星時所引動的任何開端，結果將是正面積極的，而若月亮入相位凶星時，其結果將是負面的[29]。

從當代占星實踐者的角度來看，理解希臘化時期的相位學說與現代方法的區別在於，行星一旦進入有相位結構的星座，彼此就開始「有相位」了。行星越接近精準的角度相位，它們的關係就變得越強烈或越劇烈。這也適用於流運，當行星一形成星座相位，流運也就開始了，但越接近流運相位的精準度數時，流運的影響就越強。3 度內入相位是行星之間角度相位最重要或最強烈的範圍，除了月亮，它是 13 度。在概述完所有的基本原則後，稍後我們將在星盤案例中看到一些具體實例。

◎ 踽行

安提阿古斯《概要》與波菲著作中，出現一項與入相位概念有關的條件，被定義為「踽行」（running in the void，*kenodromia*）：

> 每當月亮沒有任何結合，無論以黃道或角度相位，抑或以圖形或實體黏合，又或者在最接近的 30 度內皆無即將接合或聚集時，稱作踽行。這樣的本命星盤既不傑出，也無法有任何進展[30]。

這就是現代概念稱為「月亮空虛」（void of course Moon）的來源。此

希臘文術語 *kenodromia*，它是由 *kenos*（意為「空無」、「無結果」或「虛空」）
和 *dromos*（意為「路徑」、「跑步」或「賽跑」）組成的複合詞。合在一
起的意思大約是「在虛空中奔跑」或「在空無中奔跑」，不過現代所用的「空
虛」一詞也很到位。

　　安提阿古斯《概要》和波菲著作都說，踮行是一種條件，即月亮在接下
來的 30 度內，沒有任何即將入相位的角度相位，無論是透過行星實體會合
或是任何其他相位 [31]。這與現代對空虛的定義大不相同，後者所定義的度數
範圍通常更窄，有時還會有額外的規定，涉及相位需在月亮進入下一個星座
之前完成。安提阿古斯與波菲給出的希臘化時期定義對星座邊界隻字未提，
只提到月亮在接下來的 30 度內沒有形成精準的相位。這種條件相當罕見，
不過偶爾還是會發生。班傑明·戴克指出，這本質上建立了一組類似以月亮
的度數為起點的等宮制，所有的行星在這張星盤中都必須與第一「宮」不合
意，這一條件才會生效 [32]。

　　我們並不清楚空虛的定義為何在中世紀晚期傳統發生了變化 [33]。這可能
與問事占星學的運用及其延伸發展有關，其中行星在轉換星座之前完成其相
位的概念開始變得更加重要，並以此判斷問題的答案——是肯定還是否定。
與此類似而須留意的重點是，踮行通常只針對月亮來定義，希臘化傳統似乎
未將這一概念應用於其他行星 [34]。

　　從詮釋的角度來看，在希臘化傳統中，踮行通常被視為星盤中極為不利
的跡象 [35]。在論及本命占星時，主要作為一種條件，預示著命主在未來難以
取得進展；大概是因為月亮在未來無法完成相位，這被認為就命主人生中取
得成就的潛力而言是個負面的預兆。這種無法成就的概念，或許就是波菲說
有如此星象配置的命主既不傑出也無法取得進展的原因。

相位結構的性質

　　波菲在見證的定義中對不同相位結構的性質所做的陳述，與其他占星家對這些相位的描述大體一致。一般來說，三分相和六分相被認為是平順的或正面的相位結構，而對分相和四分相被認為是具有挑戰性的或負面的。

　　三分相通常被認為是最正面的相位結構，波菲稱其為「共情的」（sumpathēs）和「有幫助的」或「有利的」（ōphelimos）。六角位或六分相通常被認為與三分相類似，都是正面的，但被視為較弱或效益較低。例如，瓦倫斯在描述了金星與土星的三分相之後，接著說道，「若這些行星彼此有六分相，其效力如同三分相，但暗淡而微弱 [36]。」其他作者對其他行星的星座六分相也有類似的說法 [37]。當形成三分相和六分相的行星是吉星時，被認為是非常正面的，而當形成三分相或六分相的行星是凶星時，據說則無法造成傷害 [38]。

　　波菲和《概要》將直徑或對分相稱為「對抗」（antizēlos），該詞同時可以表示「敵對」或「爭議」。當凶星與其他行星有對分相時，被認為特別困難或具有破壞性，而當與吉星有對分相時，則通常被視為減弱其正面性 [39]。在論及比較盤的內文中，都勒斯將對分相解釋為代表疏遠、不和諧和敵意 [40]。

　　波菲稱四分相或四角位為「困難的」或「嚴酷的」（sklēros）以及「不和諧的」（asumphōnos）。當凶星有四分相時，被認為是特別困難的；而當吉星有四分相時，則被解釋為會有些問題或在某些情況下可能是有利的。關於如何看待吉星的四分相，其模糊之處在於，四分相不但具有挑戰性，同時也被視為非常強大，因此，若吉星在四分相中佔上風，那麼就可以運用這股力量趨向有利。這一點在被懷疑出自佩多西瑞斯的希臘文殘稿中非常明確地提出：

　　每個人都認為三分相為我們的（人生）帶來和諧以及美好的事物，但他

們錯了。因為，四分相具有最強的活動力，無論是代表好事或是鄙事。而三分相通常既無法形成好的（圖形），也無法形成壞的。再者，在四分相中，在右方比在左方更有力。於直徑中，凶星是困難的，但直徑中的吉星從來都不是壞的，無論是與吉星或光體 [有對分相]。而克洛諾斯和阿瑞斯在此圖形中，若為停滯卻還能行使 [力量]，那麼會是極度的凶星[41]。

雖然這段託名為佩多西瑞斯的文字常常受到懷疑，但其所表達的語境似乎與許多希臘化時期占星家所採取的方法基本一致，因此可能代表了一種普遍被接受的觀點，無論它出自誰的手筆[42]。事實上，赫菲斯提歐曾說過類似的話：

> 直徑的圖形有敵對和對立的意涵，三角形的圖形是和諧而共情的，但不如四方形圖形那麼強而有力。六角形則弱得多，是較隱晦地幫助或阻礙[43]。

同樣地，瓦倫斯也曾說，四分相和對分相是最「強大」或「有力」（*dunastikos*）的相位結構類型[44]。很快地當我們討論「凌駕」的概念時，便能對四分相的右方或左方，及其如何運作有具體的理解。

最後，會合或共同在場通常被視為是中性的，當涉及吉星是正面的，涉及凶星則是負面的[45]。因此，撇除其他因子不談，與金星或木星會合通常詮釋為正面的，而與火星或土星會合則通常被視為負面的。會合的多數詮釋似乎都取決於所涉及的行星，因為某些會合被詮釋得非常正面，而另一些則被詮釋得非常負面。有時，這與某些行星的氣質基本理論，以及每顆行星平衡或抵消另一顆行星的潛力有關，在某些情況下，這將賦予特定組合（如火星和土星）出乎意料的正面詮釋[46]。然而，並非所有作者皆作此想。瓦倫斯就認為，火星和土星會合本質上是負面的，除非有其他因子緩解[47]。如此一來，由於占星家之間哲學和概念觀點的不同，會合的中性本質便也得出了不同的詮釋。

◎廟位分配之相位結構的原理

　　托勒密將相位結構的性質與廟位分配作關聯。他演示了若將所有的行星都置於各自的廟位中，行星的本質在很大程度上與對應光體之相位結構的性質一致[48]。其系統如下：首先將每顆行星分配至各自的廟位，然後沿著巨蟹座和獅子座之間的軸線，將黃道分成兩半。一半以太陽為主從黃道獅子座至摩羯座，而另一半以月亮為主從黃道巨蟹座至水瓶座。若從各自半球的光體朝向每顆行星畫出相位線，則每條相位線會連結到一顆吉星或凶星。其分類如下：

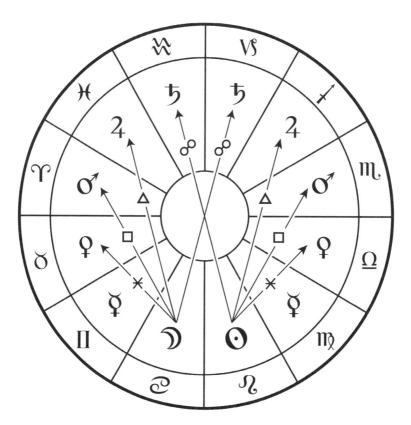

圖9.4 - 從廟位看相位結構的性質

金星與六分相有關
火星與四分相
木星與三分相
土星與對分相

　　因為六分相和三分相與金木兩顆吉星連結，這些相位結構被認為是正面的；反之，四分相和對分相與火土兩顆凶星連結，所以這些相位結構通常被認為是負面的或具有挑戰性的。這似乎意味著這些相位結構的基本性質，有部分來自廟位分配系統中，行星與光體之間的關係，而廟位系統又來自宇宙誕生圖。費爾米庫斯・馬特爾努斯在論及宇宙誕生圖時簡述了這一系統，可能意味著這些概念最初都是透過神祕的宇宙誕生星盤而連結起來[49]。

右方與左方

　　波菲在《四書導論》第九章，介紹了一種行星在相位結構的右方，與行星在相位結構的左方的重要區別：

他們說，行星從三分相、四分相和六分相過來的方向是右方，而行星朝三分相、四分相和六分相前進的方向是左方。（……）因為每顆行星會發出七道射線，三道朝上，三道朝下，一道朝向直徑，其中朝上為在右方，朝下為在左方[50]。

　　這與每顆行星發出七道等分射線的學說有關，其中三道射線發送到黃道順序較前的星座，另外三道射線發送到黃道順序較後的星座。黃道順序是逆時針方向，是行星在多數情況下——順行——通過星座的方向。

　　根據這裡概述的區別，行星投射到黃道順序較其所在星座前面的三道射線，被稱為在右方。因此，例如若水星在巨蟹座，則其向右方投射的六分相

到金牛座，四分相到白羊座，三分相到雙魚座，這些相位都是相對於水星在黃道順序中較前的星座，因此被概念化為右方的相位；反之，行星投射到黃道順序較其位置後面星座的三道射線，則被稱為在左方，例如若水星在巨蟹座，那麼向其左方投射的六分相射線會到處女座，四分相到天秤座，三分相到天蠍座，這些相位都是相對於水星在黃道順序中較後的星座，因此被概念化為左方的相位。

在個人誕生星盤中理解這種區別的一種更簡單的方法，是想像自己站在圓形星盤的中間，被黃道所環繞。當你站在星盤的中心，轉向並注視一

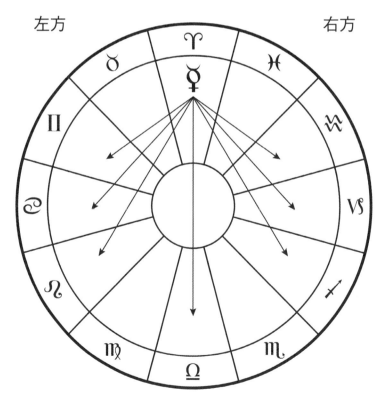

圖 9.5 - 右方與左方的相位結構

顆特定的行星時，在你右方的任何行星即位於該行星的右方，而在你左方的任何行星即位於該行星的左方。因此，左方與右方的概念，就某部分而言是一種從觀測者的視角向上仰望行星的觀測考量，而非從行星的視角向下俯視地球。

左方與右方的區別僅適用於六分相、四分相以及三分相。對分相和會合既非右方也非左方，因為它們就位在兩個半球之間的分界線上。

在希臘文中，作者通常使用委婉詞彙「好名字」（the well-named side，*euōnumos*）來指稱「左方」，因為自古以來，希臘人就認為右方是吉利的，左方是不吉利的[51]。這點作為釋義原則，與稍後將要介紹的概念——凌駕息息相關。右方或左方相位的區別延續至文藝復興時期的傳統中，但改為使用拉丁文術語右旋（*dexter*）和左旋（*sinister*），意即「右方」和「左方」。

凌駕

在安提阿古斯《概要》的定義十和波菲著作的第二十一章，介紹了極其重要的概念，稱為「凌駕」（overcoming，*kathuperterēsis*）。根據這個區別，當兩顆行星有三分相、四分相或六分相時，「右方」的行星對「左方」的行星更具主導性的影響。以下是波菲對凌駕的定義：

> 任何行星，只要是位於三分相、四分相或六分相的右方那顆，都凌駕於左方的那顆行星，因為右方的行星是朝著左方前進。因此，在摩羯座的行星以三分相凌駕位在金牛座的行星，以四分相凌駕位在白羊座的行星，以六分相凌駕在雙魚座的行星；而該行星本身則被位在天秤、處女和天蠍座的行星所凌駕。據說當（行星）有三分相或四分相時，凌駕的力量更強大。如此一來，居於凌駕地位的行星更有力，無論是吉星或凶星，抑或在角宮。吉星則顯示出命主的出類拔萃，而破壞者（譯註：凶

星）則顯示出命主的庸庸碌碌。一般而言，任何右方的行星都前進凌駕左方的行星[52]。

術語凌駕源自 *kathuperterēsis* 一詞，有時在非占星文本中作為隱喻之用，指某人「佔上風」或處於「上位」或「優勢位置」。因此，該詞具有位居上方／之上的含義，《希英詞典》以「壓在對手身上的摔跤手」為例句。

在波菲著作中，藉由導入右方行星比左方行星更有力的概念，將此定義建立在早期對右方和左方相位結構之間的區別基礎上。在右方的行星被認為是處於優勢的位置，因此能夠凌駕處於劣勢的行星。

波菲陳述的定義中，唯一有問題的，是認為右方的行星之所以更有力，是因為它「朝向」左方的行星前進。此段陳述可以有多種不同解釋，但我認為他指的是行星按黃道順序的常態性運動，就一般事實而言，行星最終都會朝向他們當前位置的左方移動[53]。

從實務的觀點，在希臘化文本中，凌駕另一顆行星的行星總是被賦予更大的權重，當詮釋兩顆行星之間的相位結構時，它具有更大的影響力[54]。無論是好是壞，凌駕的行星主導了兩顆行星之間的關係。若吉星佔上風，那麼就會促進其相位結構的正面結果，而如果凶星佔了上風，則通常會促發較為負面或困難的結果。例如，若木星在金牛座而火星在獅子座，那麼木星凌駕火星，因此木星佔上風，能迫使火星有別以往，採取更積極的作為；反之，若火星在金牛座而木星在獅子座，則火星凌駕木星，所以火星佔上風，能迫使木星有別以往，採取較糟糕的作為。

在現存的描述資料中，占星家通常會依據行星之間的凌駕關係，而對相同的相位結構給出不同的詮釋。例如，費爾米庫斯對火木四分相的描繪是：

木星與火星有四分相，且木星佔優勢位置時，表示名氣大、名望好、地位高。有些人可能會投身於軍事行動；有些人則被指派至王室擔任較高

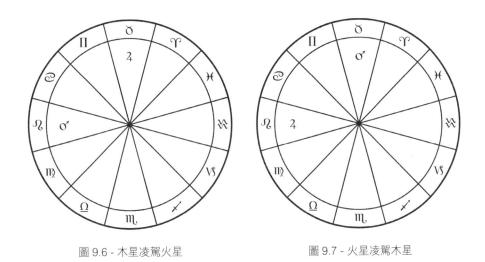

圖 9.6 - 木星凌駕火星　　　　　　　　　　圖 9.7 - 火星凌駕木星

的政府職位。從這些職務中，他們將獲得重要的晉升。但卻永遠無法保留他們的父系遺產；他們得子晚，並因為孩子的事故而不斷悲痛。若火星佔優勢位置，則會引起極度的精神焦慮。命主將被捲入各式各樣的錯誤和困難當中。他們將因王室或政府行動而受苦，並遭到危險敵人的惡意指控[55]。

　　請注意，當木星處於優勢位置而凌駕火星時，對火木四分相的詮釋大多是正面的；但是當情勢對調，由火星凌駕木星時，描述就全然走向負面。即使是更為中性的行星，其詮釋也存在類似的逆轉。例如，費爾米庫斯對月水四分相的描繪：

　　月亮和水星有四分相而水星佔優勢時，代表智慧、學習、流暢的言語和演說能力。但麻煩往往來自群眾起義。（……）但若月亮佔優勢位置，則命主心生不安；他們的計畫易生變，且他們的頭腦無法順著合理的思路[56]。

　　在此，水星凌駕月亮的詮釋相對正面，但月亮凌駕水星的詮釋則較為負面。類似的原則適用於行星間有六分相、四分相或三分相的其他詮釋。

◎ 高居十座或主宰

　　正如波菲所說，「凌駕」被認為在三分相或四分相中是最強大的。事實上，「凌駕」在優勢四分相中被認為是如此強大，以至於有時會被賦予一個單獨的名稱，稱為「高居十座」（upon the tenth, *epidekateia*）[57]，意即當一顆行星位在另一顆行星所在星座位置起算第十個星座時，這與形成星座四分相是一樣的條件。位在第十個星座的行星，透過優勢星座四分相凌駕另一顆行星，成為戰勝或處於優越地位的特殊形式。無論行星位在哪一度數，「高居十座」是以星座為主，這是一種純粹基於星座的相位結構。

　　術語 *epidekateia* 很複雜，它似乎具有雙重含義[58]。一方面，它主要是指「高居十座」，意指一行星位在另一行星所在星座起算的第十個星座，但它可能也有個次要的含義是「什一稅」（tithing），或說從另一行星拿走某樣事物的十分之一。可惜很難找到一個能同時表達這兩種意涵的英文單詞。史密特將這一條件稱為「十一抽殺」（decimation），嚴格來說，意思是取走或殺死十分之一，這是從羅馬軍隊懲罰士兵的做法而來[59]。我認為此翻譯有問題，因為在現代，decimate 的含義更廣泛，意思是殺死、摧毀或拔除大部分或部分。這點是有問題的，因為凶星在星盤中的這個位置通常被詮釋為特別有害，但吉星也可以佔據「高居十座」的位置，而在這種情況下，其詮釋通常相當正面[60]。因此，當吉星對其他行星做一些有利於它們的事情時，說吉星在「十一抽殺」似乎並不合適。基於此，我更傾向將此一條件稱為「主宰的」（domination），我認為這呈現出更中性的意涵，同時仍傳達了權力和權威的地位，可以帶來好處或壞處。霍登使用了一個類似的術語，在他翻譯瑞托瑞爾斯的作品中，將此一條件稱為「主導地位」（dominance）[61]。

　　因此，當一行星位在另一行星的第十個星座時（即優勢四分相），就會發生主宰。若高居十座的行星是吉星，那麼對處於劣勢位置的行星來說是個相當正面的相位結構，尤其當處於優勢位置的吉星在區間內時。例如，若日間盤中木星位在天蠍座，而水星在水瓶座，那麼相對於水星，木星就會高居十座，可以主宰水星；但高居十座的若為凶星，那麼這對處於劣勢的行星來

說，會是個特別不利的相位結構，尤其當處於優勢位置的凶星不在自己的區間，例如：若土星在夜間盤中的金牛座，而月亮在獅子座。稍後我們將回到這個概念，並在介了獎賞和虐治的條件之後，看看它在一些星盤案例中是如何運作的。

緩解因子與其他相位學說

星座相位背後的概念前提——兩個星座之間需要有近似或相似性才能共享一種關係——似乎已經成為判斷星座間關聯的另一套系統基礎。

有時，這些系統會被當作不合意概念的例外，以顯示即使某些星座之間沒有任何基於性別、四正星座或三方星座的近似性，卻仍然可以共享某種關係。「類環帶」（like-engirding, *homozōnia*）便是這類概念的例外，意指共享同一顆廟主星[62]。根據這一學說，具有相同廟主星的星座並非完全不合意，雖然根據標準相位結構它們形成了不合意。這適用於以下黃道星座組合：白羊和天蠍座，金牛和天秤座，以及摩羯和水瓶座。從某種意義上來說，這些星座緩解了不合意。有個類似的概念是涉及那些具有相同赤經時間的星座，被稱為同等上升星座[63]。同等上升星座：

白羊座－雙魚座

金牛座－水瓶座

雙子座－摩羯座

巨蟹座－射手座

獅子座－天蠍座

處女座－天秤座

一個相關的概念是「映點」（antiscia）學說，指的是與至點等距的星座或度數。這些星座在太陽經過時，會經歷大致相同的日照長度，因此具有

一些近似或相似性。術語 antiscia 本質上只是希臘文 *antiskion* 的音譯，是一個複合詞，由希臘文術語的「影子」（*skia*）跟「對立」或「相反」（*anti*）組成，意思是「相反－影子」。由於缺乏更好的翻譯，並考慮到長久以來將這一學說稱為映點的慣例，我在此處將保留該慣用名稱以便進行討論。從夏至（即回歸黃道的巨蟹座）開始，跨越至點的星座如下，：

巨蟹座－雙子座

獅子座－金牛座

處女座－白羊座

天秤座－雙魚座

天蠍座－水瓶座

射手座－摩羯座

在一些作者（如費爾米庫斯）中，映點幾乎變成了另一種相位學說，認為行星能夠將它們的影響力，從其所在的度數發送到映點星座的相應度數[64]。托勒密似乎強化了這種近乎是另一種標準相位學說的想法，他說映點星座能夠「看見」（*blepein*）彼此[65]。因此不禁令人好奇，這些類似學說是否只是代表了在標準相位學說發展起來的同時，依此前提的一種邏輯性的衍伸，抑或代表了在早期傳統中的另一種，甚至是彼此競爭的學說，但早已輸給了依幾何關係來判斷行星間相互作用的標準方法，或是以某種方式被取而代之。許多後來的希臘化時期占星家似乎想要綜合不同的學說，但此做法到最後經常演變成，將映點及其相關概念降級為次要的緩解因子，而非作為可被單獨使用的主要條件。

註 釋

1　Manilius, *Astronomica*, 2: 270-2, trans. Goold, p. 105.

2　編纂於 CCAG 8, 3, pp. 111–119。譯文見：Schmidt, *Definitions and Foundations*, pp. 43–56。

3　編纂於 CCAG 5, 4, pp. 187–228。大多數相位的定義見：Schmidt, *Definitions and Foundations* 譯文。其他的譯文，見：Porphyry, *Introduction*, trans. Holden。

4　來自 Rhetorius 的 Antiochus 定義主要編纂於 CCAG 1, pp. 140–164。近期在 Caballero Sánchez and Bautista Ruiz, "Una paráfrasis inédita de los Tesoros de Antíoco de Atenas: el epítome IIa. Edición crítica, traducción y notas" 中，增補了新的手稿傳統，將 Rhetorius 的這段重新編纂。大多數相位的定義見：Schmidt, *Definitions and Foundations* 譯文。完整譯文，見：Rhetorius, *Compendium*, trans. Holden。

5　Rhetorius, *Compendium*, trans. Holden, p. xi。Schmidt 在 *Definitions and Foundations*, pp. 22–32 中概述了他用於比較文本和重建原始定義的方法。兩者都部分地遵循了 Pingree 於一九七七年的文章 "Antiochus and Rhetorius" 中首次建立的大綱，以確定三個文本之間的關聯。

6　Antiochus, *Summary*, 6; Porphyry, *Introduction*, 8.

7　Porphyry, *Introduction*, 8, trans. George，未發表，經修改。

8　Thayer, *Thayer's Greek-English Lexicon of the New Testament*, p. 390.

9　Lewis and Short, *A Latin Dictionary*, p. 173.

10　Galen, *On the Doctrines of Hippocrates and Plato*, 7.5, trans. deLacy，轉引自 *Greek Science of the Hellenistic Era*, ed. Irby-Massie and Keyser, p. 202。

11　Smith, "Ptolemy and the Foundations of Ancient Mathematical Optics," p. 23ff.

12　Euclid, *Optics*, definitions 1–3，譯文見：Irby-Massie and Keyser, *Greek Science of the Hellenistic Era*, p. 181。

13　Schmidt, *Definitions and Foundations*, p. 134.

14　這似乎是 Ptolemy 在 *Tetrabiblos*, 1, 14 & 17 中對相位結構和不合意的解釋背後所隱含前提的一部分。Manilius 在 *Astronomica*, 2, 379-384 中，對於星座藉由性別的近似性而連結也有類似的陳述。

15　Theophrastus, *On the Senses*, 1，譯自 Irby-Massie and Keyser, *Greek Science of the Hellenistic Era*, p. 335。

16　引述自 Aristotle, *On the Soul*, 404b8–15，不過在此我使用的是 Darrigol, *A History of Optics*, p. 3 之譯文。

17　Plotinus 的觀點在 Emilsson, *Plotinus on Sense-Perception*, pp. 36–61 中有所討論。

18　Ptolemy, *Tetrabiblos*, 1, 17: 1.

19   Valens, *Anthology*, 1, 19: 14.

20   Firmicus, *Mathesis*, 6, 23: 4, trans. Holden, p. 346.

21   另一種解釋見：Schmidt, *Definitions and Foundations*, pp. 130–131。有關 Schmidt 論點的評論分析，見：Dykes 在 Hephaestio, *Apotelesmatika*, 3, trans. Gramaglia, pp. 25–6 中對術語「testimony」的討論。

22   Porphyry, *Introduction*, 10, trans. Demetra George，未發表。

23   Schmidt and Hand, *Project Hindsight Companion to the Greek Track*, p. 46.

24   在 Porphyry, *Introduction*, 11–13 中有所討論。

25   Antiochus, *Summary*, 8–9; Porphyry, *Introduction*, 11.

26   Antiochus, *Summary*, 9.

27   Dorotheus, *Carmen*, 5, 28: 4。Julian of Laodicea 在 CCAG, 1, p. 138: 18–19 中引用了 Petosiris 相同的學說。

28   Rhetorius, *Compendium*, 112, trans. Holden, p. 159.

29   Julian of Laodicea 在 CCAG, 1, p. 138: 15–18 中總結 Petosiris 所述。

30   Porphyry, *Introduction*, 23, trans. Demetra George，未發表，經修改。參照 Antiochus, *Summary*, 11。

31   Rhetorius 最初在他的 *Compendium* 第三十九章中定義了空虛，但未具體說明其所涉及的度數範圍。後來在第一百一十二章中再次予以定義，這次他清楚指出了 30 度的範圍。

32   Dykes, *Introductions to Traditional Astrology*, p. 144.

33   一些與中世紀晚期作者的比較，見：Dykes, *Introductions to Traditional Astrology*, pp. 142–143。

34   唯一的例外是 Rhetorius 在 *Compendium* 112 中所作的簡短陳述，當中提到行星與太陽有特定相位結構時，有時也被稱為空虛，不過我並不十分清楚這裡所指為何。

35   在 Firmicus, *Mathesis*, 4, 8 中有一些關於踽行的描述。

36   Valens, *Anthology*, 2, 17: 67, trans. Riley, p. 33.

37   Dorotheus, *Carmen*, 2, 17: 1; Manilius, *Astronomica*, 2: 358.

38   Porphyry 和 Summary 似乎都說，凶星在星座三分相中危害「較小」，然而在其他出處，占星家似乎一致認為凶星在星座三分相中，不會對與之形成相位的行星造成傷害。例如，*Michigan Papyrus* 上說，凶星在星座三分相中是「無害的」（*ablabēs*）。見：*Michigan Papyrus*, col. xviii: 17–19。

39   *Michigan Papyrus* 上說，凶星能夠透過對分相傷害其他行星，而吉星則較為「和緩」（*atonōteroi*），Robbins 將其解釋為「效力降低」。見：*Michigan Papyrus*, col. xviii: 17–21。

40   Dorotheus, *Carmen*, 5, 16: 38–39.

41   CCAG, 6, p. 62: 9–17, trans. Schmidt, *The Astrological Record*, p. 18.

42　Pingree（"Petosiris," p. 549, n. 33）提到他懷疑該段文字的出處。

43　Hephaestio, *Apotelesmatika*, 3, 41: 5, trans. Gramaglia, p. 119.

44　Valens, *Anthology*, 4, 16: 23.

45　有一個例外是 Paulus, *Introduction*, 10，他提到會合是和諧而有效力的，將其力量比作三分相，這顯然是因為他將會合與對分相作對比。雖然就帶有吉性的會合或共同在場這點似乎是正確的，然而當此配置涉及凶星時，則通常被解釋為有點困難，因此並不清楚 Paulus 的觀點是否完全代表了這種情況下的傳統。

46　例如，在 Dorotheus, *Carmen*, ed. Pingree, pp. 368: 25–30–p. 369: 1-3 中，引自哲學章節中的前半段。

47　Valens, *Anthology*, 1, 19: 3.

48　Ptolemy, *Tetrabiblos*, 1, 18.

49　Firmicus, *Mathesis*, 3, 1: 2–7.

50　Porphyry, *Introduction*, 9, trans. Demetra George，未發表，經修改。

51　一些早期希臘觀點的簡明討論，見：Hall, *The Sinister Side*, pp. 14–21。

52　Porphyry, *Introduction*, 21, trans. Demetra George，未發表，經修改。

53　另一種解釋見：Schmidt, *Definitions and Foundations*, p. 184ff。

54　例如，見：Firmicus, *Mathesis*, 6, 3–14 中之陳述。參照 Anubio, *Carmen*, ed. Obbink, T8: 1–207。

55　Firmicus, *Mathesis*, 6, 10: 1–2, trans. Bram, p. 189，經修改。

56　Firmicus, *Mathesis*, 6, 14: 1-3, trans. Bram, p. 192，經修改。

57　Porphyry, *Introduction*, 20。參照 Antiochus, *Summary*, 10。

58　在 Schmidt, *Definitions and Foundations*, pp. 181–183 中有所討論。

59　Schmidt, *Definitions and Foundations*, p. 182.

60　在 Valens, *Anthology*, 2, 32: 3 中，有一個例子是當吉星高居十座時具有正面含義，Valens 似乎從一位名叫 Timaeus 的早期作者那裡摘錄了一些資料。

61　Rhetorius, *Compendium*, trans. Holden, p. 21.

62　Paulus, *Introduction*, 12.

63　Paulus, *Introduction*, 12。後來的作者有時稱為「反映點」（contra-antiscia）。

64　Firmicus, *Mathesis*, 2, 29.

65　Ptolemy, *Tetrabiblos*, 1, 16: 1.

第十章

十二區位

「十二區位」意指星盤上的十二個扇形區或區域，主要用於劃定個人生命中的不同領域。它們與行星的周日運行有關，太陽的周日運行最能清楚展現這一點，它每日早晨從東方地平線升起，中午爬升到天空中，在傍晚時於西方地平線降落。當太陽從我們的視線中沒入地平線之後，接著在午夜時分運行到反至高點（anti-culmination）的位置，然後在隔日清晨於地平線上升，重啟一輪新的循環。周日運行並非太陽獨有，月亮及其他行星每日也同樣依循著周日運行——升起、揚升至高點、下降與抵達反至高點。

希臘化時期的傳統將周日運行視為黃道的第二參考系統。如同黃道，它被分為十二個扇形區或區段，稱為「區位」或「區域」（*topoi*）。在本命星盤中，十二區位主要用於劃定命主的生活領域或主題，但同時也可以是其他的指標，像是行星的徵象於各區位所展現出的活躍或「忙碌」（busy）的程度，以及提供類象顯化的應期資訊。

在後來的傳統中，「十二區位」和「黃道星座」逐漸被混為一談，最終，現代占星學將「區位」（places）指稱為「宮位」（houses）；儘管宮位一詞最初指的是行星在黃道星座上的「房子」（houses）或「居所」（domiciles，*oikoi*）。隨著我們深入本章，我將主要延續希臘化傳統，將十二個扇形區稱為「區位」，以便與「居所」維持概念上的區別。然而，在談論到現代占星師所說的「宮位制」（House Division）時，我會作出調整並讓位給當代術語。

整宮制

過去三十年來，占星界從希臘占星學的復甦中所獲得的重要發現之一，就是被稱為「整宮制」（整星座宮位制；whole sign house system）的宮位劃分形式。一九八二年，詹姆斯‧霍登在美國占星師協會《研究期刊》發表的論文中指出，在希臘傳統中最初使用的宮位系統，就是整宮制[1]。整宮

制於希臘化傳統中的存在及流行，由史密特和漢德在一九九〇年代中期主持的「後見之明計畫」翻譯典籍的過程中獲得證實[2]。在史密特及漢德的努力下，尤其是後者，整宮制在一九九〇年代晚期至二〇〇〇年以後的這段期間，開始在占星界再度流行起來。

在此項研究計畫之前，西方占星師並不知道「整宮制」是西方占星傳統中最早使用的宮位劃分系統，此一概念早在西方中世紀到文藝復興時期的某個時間點失傳，因而甚至並不認為它是一種宮位制度[3]。自西元二世紀前後，《臾那星占書》傳入印度以來，印度占星傳統仍持續使用整宮制作為主要的宮位系統，直到最近，整宮制才開始在西方再度掀起流行，主要可歸因於希臘占星學在過去二十年間的復興。這也許是近代的早期傳統研究成果中，重現基礎占星技法或概念的重大發現之一。

◎ 整宮制的計算

計算整宮制星盤的第一步，是確定上升點所在的黃道星座位置。上升點是指在任一時刻黃道與東方地平線相交的度數，或指每日清晨太陽從地平線升起的那片天空區域。無論上升點位在哪一黃道星座，該星座從 0 度到 30 度的範圍，都被標記或劃定為第一個「宮位」或「區位」，而無論上升點落在該星座多麼前段或後段的位置都是如此。上升星座的所有區域都因此成為第一宮或第一區位。接著，按黃道星座（逆時針方向）順序，下一個星座的 0 度到 30 度成為第二宮或第二區位。再接著下一個星座成為第三宮，依此類推。最終你會得到十二個星座和十二個宮位／區位，而每一個宮位都有 30 度。

讓我們以一張上升點位在巨蟹座某一度數的星盤為例。以整宮制來看，上升點落在這星座中，因此從巨蟹座 0 度到 30 度的範圍，都會是這張星盤的第一宮。獅子座就成為第二宮，處女座是第三宮，天秤座是第四宮，天蠍座是第五宮，射手座是第六宮，摩羯座是第七宮，水瓶座是第八宮，雙魚座是第九宮，白羊座是第十宮，金牛座是第十一宮，最後雙子座是第十二宮。

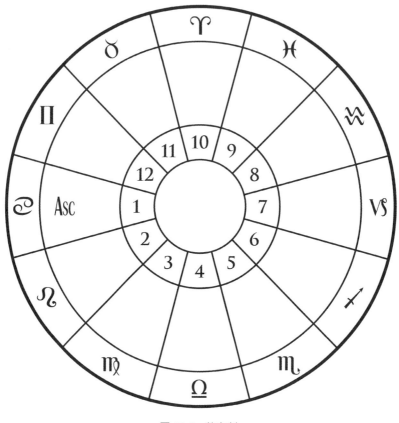

圖 10.1 - 整宮制

這十二個宮位／區位，各自與十二星座完美地重合。事實上，這可能是西方
占星學從一開始就有十二個，而不是八個或三十六個宮位的原因，因為這些
宮位從一開始就被設定要與十二星座一致。如此一來，十二星座持續為整個
宮位系統提供了支撐或說架構，正如我們在相位學說中所見。

　　希臘化時期占星家通常將上升點稱為「時標」，源自希臘文的
hōroskopos，其含義可能來自上升點或時標所「標記」或指向成為第一個「區
位」或「宮位」的星座，由此，其他十一個星座也依照黃道順序形成其他

十一個宮位 [4]。通過這種方式，「時標」永遠是建立宮位順序的起點，這就是包路斯將上升點稱為「十二區位的起點和基礎」的原因 [5]。還有一個有時會被翻譯成「上升點」的希臘文術語 *anatellon*，意思是「上升」或「升起」；儘管在大多數希羅時期的文本中，更常看到的是「時標」一詞 [6]。時標和第一區位之間的密切關聯性，有時會讓占星家使用這個術語指稱第一宮涵蓋的所有區域，而不僅是上升點的度數。因此，當占星家提到有顆行星正「位在時標內」或「標記出時間」（*hōroskopeō*）時，這通常意味著它可能位在上升星座的任一度數 [7]。而當占星家特別指出某個精確的上升點度數時，通常會特別說明，例如瓦倫斯在某一案例星盤中的說法是，金星「標記出時間的度數」（*moirikōs hōroskopousa*）[8]。

十二區位的命名

每一區位都以上升星座為起始點，以黃道順序或逆時針方向從一到十二編號。有時，它們僅被簡單地稱為「第十一區位」或「第七區位」，取決於它們與上升星座的相對位置。然而，這些區位各有其名，希臘化時期占星家經常稱呼它們的名字，而不是數字。

第一區位 時標，舵（*oiax*）、時刻（*hōra*）、上升（*anaphora*）、上升點（*anatellon*）、升起（希臘文 *anatolē*，拉丁文為 *ortus*）[9]、分時器或指時器（*hōronomos*）[10]。
第二區位 黑帝斯之門（Gate of Hades，*Haidou pulē*）
第三區位 月女神（Goddess，*Thea*）
第四區位 地底（Subterraneous，*hupogeion*）
第五區位 幸運（Good Fortune，*agathē tuchē*）
第六區位 壞運（Bad Fortune，*kakē tuchē*）
第七區位 下降（Setting，*dusis*）
第八區位 閒置（Idle，*argos*）

第九區位 日天神（God，*Theos*）

第十區位 上中天（Midheaven，*mesouranēma*）

第十一區位 好精神（Good Spirit，*agathos daimōn*）

第十二區位 壞精神（Bad Spirit，*kakos daimōn*）

重要的是，大多數尖軸區位的命名，例如第十、第七和第四區位，純粹是在描述這些區域的天文特性：第十區位被稱為上中天，佔據天際或天空的正中央位置；第七區位與西方地平線有關，也就是行星沒入地平線，消失在我們視線中的區域；第四區位被稱為地底區位，意思是從觀察者的視角，這是地球下方最低點的區域。

然而，其他區位的命名就與天文特性無關。它們的命名更像是源自行星的喜樂（joy），這是一套為行星指定區位的系統，將於稍後討論。

十二區位的基本概念模型

從概念上來看，十二區位的意義或含義主要源自以下三點：（1）尖軸（angularity）和尖軸三合（angular triads）；（2）與上升星座的相位結構；（3）行星的喜樂。

現代占星習慣將行星、星座和宮位的含義彼此互換，這點在希臘化傳統中似乎並不存在。例如，現代占星師會將黃道星座的第一個星座白羊座，與第一宮以及白羊座的主星火星連結。這樣一來，這三者的意義看起來就會很類似，而且本質上可以互相替換，並因而得出白羊座＝火星＝第一宮，或金牛座＝金星＝第二宮的公式，依此類推。現代占星師通常會提取白羊座和火星的象徵意涵，用於建構出第一宮的意義。

我們首要認知到，這種解釋方法並不存在於希臘化傳統中，他們並未將

行星、星座和宮位劃上等號，反而是使用一系列的特定象徵概念來發展宮位或區位的意義。因此，希臘化時期某些宮位的定義，與後來的傳統大不相同。例如，在希臘化傳統中，第八宮與性無關，因為他們沒有將第八宮與天蠍座連結。還有許多諸如此類的差異，但是，此處的重點在於清空任何先入為主的認知，並逐步瞭解這些宮位意涵於最初是如何根據特定的天文現象和象徵意義建構起來。

軸點或樞軸

軸點（angles）或樞軸（pivots，kentra）就是第一、第四、第七和第十區位，依序被稱為時標、地底區位、下降區位和上中天。從整宮制來看，它們是自上升星座起算，依照黃道順序數來第四、第七和第十個星座。它們無疑是四個最重要的區位或區域，是每張星盤或本命星盤的基礎。

kentron 是統稱這四個區位的專業術語，它在希臘文中有三個獨立但又相關的含義[11]。kentron 的第一個也是最主要的字義是「尖銳的點」，特別是類似「刺棒」的物品，用來刺激或激發行動，比如趕畜棒。kentron 的第二個字意帶有幾何意涵，代表某物的「中心」，例如圓心。最後還有第三個字意是「樞軸」（pivot），或是某物用以當作支點繞轉的部位，例如圓規的固定支腳。可惜的是，沒有任何英文單字可以完全含括這三種含義。史密特提倡將 kentron 翻譯為 pivot（樞軸），這個英文字是很好的選擇，它涵蓋了希臘文術語第二和第三個字義，但卻無法傳達「尖銳的點」或是「刺棒」的意涵[12]。樞軸的意涵，顯然是費爾米庫斯或他的拉丁文文本強調的重點；它在拉丁文中被翻譯為 cardines，意思是「樞軸」或「鉸鏈」[13]。托勒密曾使用希臘文術語 gōnia，意思是「角落」或「角」，作為 kentron 的同義詞，這就是我們現在習慣將這些區域稱為四個「軸點」或「角宮」的原因[14]。

我認為這項字義受到關注的原因，是整宮制的四個角宮為星盤架構出完

整的幾何方塊，而每個角宮都被認為具有高峰或高點的概念，因此行星位在此處會更為突出；而與角宮相鄰的兩個區位，則被認為是攀向高峰或自高峰滑落之處，我們將於後續討論。四樞軸作為四軸點的概念，也有助於將它們概念化為可以促使行星行動的尖刺。在印度傳統中，《輿那星占書》的作者曾將 kentron 翻譯成「尖刺」（spike，kantaka），顯然是著重於刺棒的含義；而中世紀占星家則概略地將其翻譯成阿拉伯文的「標樁」（stake，watad）[15]。雖然我偏好使用術語「軸點」這個在現代約定俗成的說法，但在後續談及這個概念時，我會交替使用「軸點」和「樞軸」這兩個詞彙，以便能更完整地表達它所有的含義。

只有四軸點的區位具有不同於其他區位的象徵性意涵，因而成為了解釋其他區位意涵的基礎。原因是四軸點都有其特殊的天文性質使其特別突出，當我們從象徵性的角度來解釋天文現象時，這點會非常重要。例如，時標之所以獨一無二，是因為它代表太陽和其他行星每天從地平線升起的那片天空；上中天是太陽在其黃道運行路線最高點的所在星座，是行星位於天空正中央最顯眼的地方；下降區位是行星和恆星每天下降並從我們視線消失的區位；最後，地底區位在上中天的正對面，是行星最被遮蔽的區位。許多區位的特性主要來自於它們與四軸點的關係，這使得這四個位置及其象徵性意義成為區位意涵的詮釋基礎。

從歷史的角度來看，四軸點的概念很可能是最早發展的，且在其他區位的概念和意義形成之前已存在一段時間。從理論起源的層面來說，這一點可以透過古埃及人主要以上升點和至高點的外觀來為宗教儀式計算時間而得到證明；到了托勒密王朝《薩爾梅斯基尼亞卡之書》的時代，便已經賦予上升點、至高點、下降點和反至高點的外觀於占星學中獨立詮釋的價值[16]。據說上升點的外觀象徵誕生，至高點的外觀象徵生命或生計（bios），下降點的外觀象徵受傷，而地底的外觀象徵死亡。在發展十二區位的中程階段只使用四軸點，這點也許可以透過都勒斯和赫菲斯提歐留存的擇時法則獲得證實。這些法則幾乎只透過四軸點的區位來詮釋大部分的主題，對於其他區位可算是視而不見[17]。

　　其中一個可能是在此階段獨立發展出來，並且完全只用四軸點的詮釋技法，是一項與周日運行相關的行運技法。這項技法在希臘化傳統中有多種應用方式，但整體概念是將人生分為四個階段，每個階段各由一個軸點作為代表[18]。由於行星和恆星得升上地平線才能被看見，因此上升點和第一區位就與生命第一階段的青年期有關；行星升上地平線之後，將朝向上中天和第十區位的方向移動，並在此處攀上至高點，所以這個軸點與生命的第二階段有關，也就是中年期；在那之後，恆星和行星將在下降區位沉沒到地平線以下，所以這個軸點與生命的第三階段，也就是老年期有關；最後，當行星到達地底區位時，就代表生命的第四和最後一個階段，也就是死亡，於此完成生命周期。這個順序似乎已經隱含在《薩爾梅斯基尼亞卡之書》關於四軸點外觀的含義中，它們在書中按以下順序排列：出生、生活、受傷、死亡。

　　有些占星家會採用另一個與這原理雷同的技法，其大意是位在第一和第十區位的行星，其所代表事物將較早顯化於命主的生命中；而位在第七和第四區位，則較晚顯化[19]。此概念又再次地以周日運行的四階段串起人的一生；儘管這是相對簡單的技法。

　　除了應期上的價值，四尖軸區位也被認為具有兩個主要用途：（1）促發行星行動的能力，以及（2）作為行星在三個區位間運行順序的中心或樞軸，也就是我們接下來要討論的部分。

尖軸三合

　　每一軸點各是其前後共三個區位的中心或樞軸，在此我們採納史密特的說法，統稱為「尖軸三合」（Angular Triads）[20]。四軸點所在的四個區位組成一個十字形，而每一軸點所在的區位，都被它之前及之後上升的二個區位包夾，從而形成以每一軸點為中心，由三個區位組成的序列。

在周日運行中，十二星座每天依順時針方向輪轉，每一軸點的前方都被稱為「衰落」（decline，*apoklima*）或「衰落區位」（declining place），相當於現代占星師所說的「果宮」（cadent house）。術語 Cadent 源自拉丁文的 *cadō*，意思是「墜落」（fall down）或「衰落」（to decline），相當準確地表達出希臘字詞的原意。四個衰落區位分別是第三、第六、第九和第十二區位。位於衰落區位的行星意味著它正從軸點墜落或衰落，因為周日運行將行星帶離這些區位。這在第九區位看得最清楚，因為位在此處的行星正在衰落或正遠離星盤頂點的上中天。

接續在每一軸點之後的區位都稱為「後上升」（post-ascension，*epanaphora*），相當於現代占星所說的「續宮」（succedent house）。術語 succedent 意思是「接續在後」（to follow after），清楚地詮釋其希臘原文的概念，所以我在此繼續使用它。後上升或接續區位指的是第二、第五、第八和第十一區位。行星位在接續區位的概念是正朝向或跟隨四軸點或樞軸而上升中。

總結，十二區位可以分為：

衰落（DECLINES）：第三、第六、第九、第十二區位。
軸點（ANGLES）：第一、第四、第七、第十區位。
接續（SUCCEDENTS）：第二、第五、第八、十一區位。

把上述三種類型的區位組成一個序列時，就會得到我們所說的「尖軸三合」。一組尖軸三合由一個衰落區位、一個尖軸區位和一個接續區位組成。每一張星盤中都有四組尖軸三合，每一組都以一個樞軸或軸點為中心。以上升點或上升星座為中心組成的尖軸三合，是由第十二區位（衰落）、第一區位（軸點）和第二區位（接續）組成。下一組尖軸三合是以上中天為中心，由第九、第十和第十一區位組成。再來是以下降點或下降區位為中心的尖軸三合，由第六、第七和第八區位組成。最後一組尖軸三合是以地底區位為中心，由第三、第四和第五區位組成 [21]。

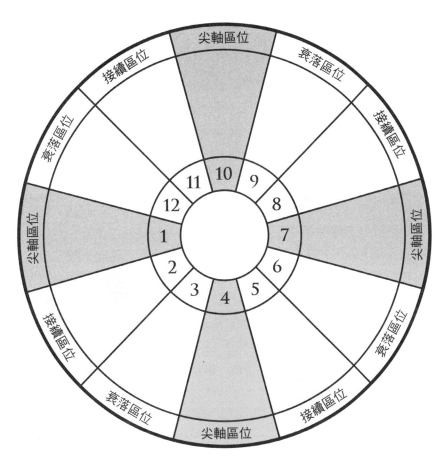

圖 10.2 - 尖軸、接續和衰落區位

小奧林匹奧多羅斯透過宇宙誕生圖清楚地展示了此一概念：

務必找出後上升和衰落區位，以及恆星是位在後上升還是正在衰落⋯⋯。後上升衍生自四個樞軸。原因是，既然存在了四個樞軸——時標、上中天、下降、地底——就必須意識到每個位在樞軸之前的黃道星座，稱為衰落區位，接續在樞軸之後的星座，即是後上升。例如：以宇宙誕生圖為例，巨蟹座為時標，白羊座至高點，摩羯座下降，地底樞軸（Subterraneous Pivot）為天秤座。雙魚座就是白羊座的衰落，金

牛座是它的後上升；獅子座是巨蟹座的後上升，雙子座是衰落，因為巨
蟹座接續在後。而天蠍座是天秤座的後上升，處女座是衰落。每一張本
命星盤都必須依此方式等同視之，那些緊跟在樞軸之後的都是後上升，
但那些在它們之前的則是衰落 [22]。

　　這段文章說明了，四尖軸的概念從一開始就預示了尖軸三合的架構，並
於整宮制中用於識別正朝向或遠離四尖軸區位的黃道星座。

　　尖軸三合的概念似乎以兩種不同方式呈現，並有各自的術語。第一種概
念是以順時針方向輪轉這些區位，恆星與行星在接續區位上升，然後在尖軸
區位達到高峰，最後在墜落區位衰落，完成整個過程。因此，順序是：（1）
接續，（2）軸點，（3）衰落。第二種概念以逆時針方向輪轉黃道順序，從
衰落或墜落區位，有時也稱作「前上升」（proanaphora）的區位開始，然
後是尖軸區位，有時被稱作「上升」（anaphora），最終在被稱為接續區位，
也稱為「後上升」（epanaphora）的區位完成整個過程。因此，第二種順序
是：（1）衰落，（2）軸點，（3）接續。這兩個序列都有各別的象徵性價值，
因為一個描述了行星每一日上升、至高點、下降和反至高點的周日運行順
序；而另一個則描述了行星依照黃道順序或逆時針方向，運行於十二星座中
的次序。正如我們稍後將討論的，占星家在建構區位的意涵時，會同時考量
這兩種序列。

　　從詮釋的觀點來看，在尖軸三合的架構下，四個尖軸區位似乎主要與永
久性的概念或當下的時刻有關。接續區位往往與獲得和積累有關，尤其是第
十一和第五區位，而衰落區位則傾向失去和消散，尤其是第十二和第六區
位。這點與尖軸三合的線性時間觀環環相扣，即衰落與過去相關，軸點與現
在相關，而接續區位與未來相關 [23]。對於某些作者（如塞拉皮奧）而言，它
是一套設計縝密的行運技法；而在另一些作者眼中，它只是區位所蘊含的一
種細微特質，用於發展出各種意義 [24]。

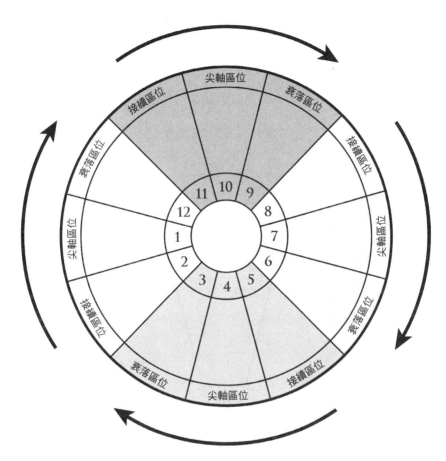

圖 10.3 - 尖軸三合

好區位與壞區位

第一區位是星盤中與命主個人、健康及身體活力最密切相關的區域。因為它是命主出生時正在上升的星座,自然而然地與命主從母親子宮出生的時刻有象徵性的連結。根據波菲的說法,有些占星家相信靈魂會通過一股宇宙流或某個入口進入身體,而此處與出生時的上升點相連[25]。的確,安提阿古斯也說過,時標代表「實體生命的入口」(the entrance into physical life,*tēs zōēs eisodos*)[26]。這也許在象徵意義上很符合,因為星盤的上升點度數就

是天地相合的地方，由此延伸為靈魂進入物質世界的地方。無論出發點為何，在本命占星學中，第一區位與生於此刻的命主，有獨特的個人關聯，而其他區位則與命主生命中的他人或生活領域有關。除了尖軸三合之外，十二區位的含義也建立在它們與上升星座的關係。任何與第一區位有主相位結構的位置，都被稱為「有利的」或「好區位」（good places），因為它們被視為能夠支持命主的生命和身體活力。相反地，任何與上升星座沒有主相位結構的區位，都被稱為「不利的」或「壞區位」（bad places），因為它們被認為不利於命主的生命[27]。這演變成以下的系統：

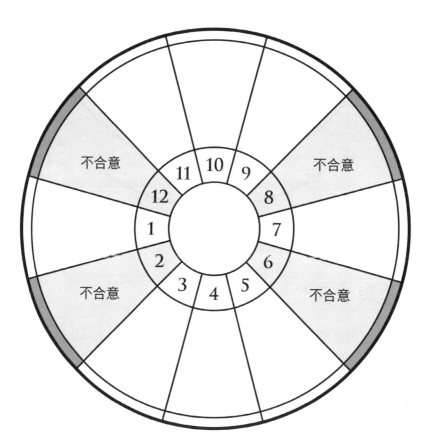

圖 10.4 - 好區位與壞區位

好區位（GOOD PLACES）：
第三、四、五、七、九、十和十一區位
壞區位（BAD PLACES）：
第二、六、八和十二區位

　　此系統的結果是，好區位通常與命主生命中的正面意義或主題相關（例如手足、父母、孩童、伴侶、旅行、事業、朋友），而壞區位往往與負面意義相關（例如疾病、死亡、損失）。

忙碌區位或有利區位

　　另一項重要的十二區位分類，是將它們分為 *chrēmatistikos* 和 *achrēmatistikos*。希臘文術語 *chrēmatistikos* 經常出現在希臘占星文本中，用以指稱某些特定區位，它們要麼被認為對命主更有利，要麼被認為會使行星更加活躍、忙碌，或充滿能量地展現其徵象。這兩種截然不同的解釋，似乎源於早期基礎文本中對同一術語的衝突用法，加上術語本身的希臘文原意也有一些模稜兩可之處。

　　chrēmatistikos 一詞主要帶有透過商業賺錢的概念，而在《希英詞典》的詞條中，它主要的含義之一是指「屬於或適合用在公共事務調度」的事物，史密特將其簡稱為「有利於生意」[28]。當占星文本中使用這個字詞來描述行星的活動時，似乎會將它們描述為「活躍」、「忙碌」、「充滿活力」、「有效」或「有效運作」；相反地，當行星在此概念下被稱為 *achrēmatistikos* 時，則意味著「不活躍」、「懶惰」、「失去活力」、「無效」或「無法運作」。

　　chrēmatistikos 在占星文本中的第二個含義，似乎是當行星涉及命主時的狀態如何，意即它們是否位在對自己有利或不利的位置。在這種情況下，

chrēmatistikos 具有「有利」（advantageous）或「有益」（profitable）的含義，反之則是「不利」或「無益」[29]。這兩組術語在不同脈絡下都很切題，一切取決文本中的用法。

　　廣義來說，希臘化早期傳統，會用兩種不同的方法來定義區位是屬於 *chrēmatistikos* 或是 *achrēmatistikos*。其中一種方法是如蒂邁歐所述[30]，源自尼切普索，而另一種方法顯然被認為來自赫密士的文本。根據尼切普索的說法，四個軸點和四個接續區位是 *chrēmatistikos*，而四個衰落區位是 *achrēmatistikos*。此概念的形成似乎主要來自對 *chrēmatistikos* 區位是「忙碌」、「活躍」或「充滿活力」的觀點有關，源於四軸點的促發本質能夠促進或激勵行星採取行動，從而使它們「有效運作」；衰落區位就會被認為是「不活躍」、「懶散」和「失去活力」，從而使位在其中的行星「無法運作」。因此，尼切普索的版本對於 *chrēmatistikos* 的關注重點，似乎與行星是「充滿活力」還是「失去活力」有關，而這些將是我們論及術語 *chrēmatistikos* 時的主要關鍵字組。

　　根據赫密士和蒂邁歐的說法，*chrēmatistikos* 區位包含四軸點，與時標有相位結構的兩個區位（第五和第九區位），以及上中天的接續區位（第十一區位），其餘都是 *achrēmatistikos* 區位（第二、三、六、八和十二區位）。這種看法似乎混合了二種觀點，一是四尖軸區位因有刺棒的作用而更有活力，一是與上升星座有相位結構的區位對命主具有正向或支持意義。在此概念形成的過程中，焦點轉移到上升星座或第一區位，意味著主要從命主的角度來定義這些區位是「有利」還是「不利」。

　　未來在討論 *chrēmatistikos* 區位時，需要將這些概念牢記在心，並使用兩個主要的關鍵字「充滿活力」和「有利」。

◎十二區位的排名

　　有些占星家會將十二區位排名，依序從最好排到最差。這些名次通常與

chrēmatistikos 的區位學說密切相關，尤其是赫密士學說的各種應用，以及一些納入其他源自行星喜樂系統的意涵，我們將在接下來討論。根據赫菲斯提歐的說法，十二區位從最好到最差的排名如下：

一、十、十一、五、七、四、九、二、三、八、六、十二[31]。

第三區位的排名不是很明確，有時它會與第二區位互換排名。有些作者認為，第三區位是壞區位中最不壞的；而另一些作者則認為，它是好區位中最不好的[32]，原因是第三區位是衰落區位，與上升星座形成較弱的六分相。然而，大部分關於第三區位的解釋通常是正面的，也比第二區位來得好，所以我傾向將赫法埃斯蒂奧的排名修改如下：

一、十、十一、五、七、四、九、三、二、八、六、十二。

在某些情況下，十二區位次序排名的重要性，在於能夠判別哪一個區位更加有利，譬如在即時占星學選出最佳的吉時盤，或是在本命占星學計算出本命星盤中的壽主星（The Master of the Nativity）。

行星的喜樂

每顆行星都有一個特定區位是它們的「喜樂區位」（Joy）[33]。行星的喜樂區位如下：

太陽在第九區位得喜樂
月亮在第三區位得喜樂
木星在第十一區位得喜樂
金星在第五區位得喜樂
火星在第六區位得喜樂

土星在第十二區位得喜樂

水星在第一區位得喜樂

從詮釋的觀點來看，尤其是在瓦倫斯的論述中，似乎有一種普遍觀念認為，好精神和幸運區位會增加吉星的吉性，並減低凶星的凶性[34]；相反地，壞精神和壞運區位會使凶星更凶，並減低吉星的吉性[35]。後來的作者，如包路斯的文本中，行星位在自己的喜樂區位被認為是適得其所，但前提是它們所在的黃道星座和區間也是適合它的位置[36]。

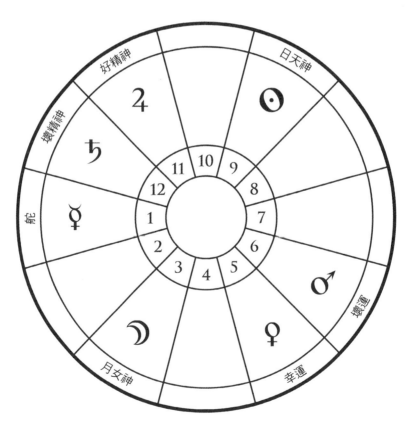

圖 10.5 - 行星的喜樂區位

◎ 喜樂區位的概念結構

　　喜樂區位似乎已經成為一種類似宇宙誕生圖的概念結構，並從中衍生出許多重要的基本概念[37]。從圖面上來看，某些行星喜樂的本質乍看之下很容易理解。例如，日間行星在地平線以上的區位得喜樂，而夜間行星在地平線以下的區位得喜樂。以日夜區間來說，水星是中立的，它在第一區位得喜樂，而此位置在整宮制中，可能位在地平線之上或之下。其他關於行星喜樂本質的圖面線索，則更加細微。例如，以發光體來說，它們都與兩顆凶星有困難的四分相，也同時與兩顆吉星有輕鬆的三分相和六分相。

　　史密特指出，行星喜樂實際上是每一組三分性主星與彼此的尖軸三合[38]。圖 10.5 的星盤頂端兩側是太陽和木星，是兩顆主要的火象星座三分性主星，包圍住上中天形成尖軸三合；位在底部的是月亮和金星，是兩顆主要的土象星座三分性主星，以位在地底的樞軸為中心組成尖軸三合；左側是土星和水星，兩顆主要的風象星座三分性主星，以上升星座為中心組成尖軸三合；最後，我們找到了最後一顆行星，火星，它是水象星座主要的三分性主星之一，位於右側，與下降區位的尖軸三合相連。

　　有趣的是，三分性主星的喜樂區位與四組尖軸三合的相關性，可能早已為黃道星座的四元素分配提供了最初的原理，因為這看起來就像是在仿效亞里士多德的「自然位置」（Natural Place）學說。根據亞里士多德的說法，每個元素都有上升或下降的自然移動趨向，是朝向或遠離宇宙中心，而地球則位於中心點[39]。火元素會上升到最高的區域，而土元素則向下移動到最低的區域；風元素會上升到火元素正下方的位置，而水元素則沉澱並停留在土元素的上方。因此，根據亞里士多德的自然位置學說，四元素的排列層級為：

1. 火
2. 風
3. 水
4. 土

　　這種四元素在宇宙中的位置排序，後來被斯多葛學派和赫密士主義的學說採用，在希臘化時期廣泛流傳且為人所知[40]。

　　就此一脈絡看來，喜樂區位的排列呈現出自然位置學說中所描述的，每顆行星依其特性對應相符的四元素，各自在宇宙位置尋得適所。與火元素相關的兩顆行星位於宇宙秩序的最頂端，聚集在稱為「上中天」（mesouranēma）的區位；與土元素相關的兩顆行星位於宇宙的最底部，聚集在稱為「地底」（hupogeion）的區位；與風元素相關的兩顆行星位於第一區位附近，因為行星於地平線升起後會持續向上移動到上中天，而風元素行星在此處的配置，巧妙地創造出一種將風元素象徵性地向上推向火元素的情境；相反的，與水元素相關的火星，位於第七宮附近稱為「下降」（dusis）的區位，因為行星會在星盤上這塊扇形區沉落並朝下移動至地底區位，將水元素放在此處，代表它被向下推向土元素。

　　最後我們得出，火元素和土元素形成上下兩個端點，而風元素和水元素處於中間位置，但周日運行將風元素上推至火元素，將水元素下推至土元素。因此，它完美再現了自然位置學說中，火、風、水、土在宇宙中的定位。此學說因而提供了將四個古典元素分配給四組行星的原理基礎，我認為這樣的關聯可能早就透過行星喜樂系統進入了黃道星座，因此這套與行星喜樂系統相關的三分性主星和四元素，便成為了黃道星座與三方星座之間的連結。

　　行星喜樂區位的概念，是諭知希臘化早期占星系統不同面向的重要基石，這也許能透過數個區位的命名似乎源自行星喜樂區位的這項事實獲得進一步的確認。例如，第九區位稱為「日天神」（God），而此處是太陽的喜樂之地；正對第九區位的是第三區位，稱為「月女神」（Goddess），而此處正是月亮的喜樂之地；金星和木星這兩顆吉星與兩個好區位有關，分別是「幸運」和「好精神」；相反地，火星和土星這兩顆凶星與兩個壞區位有關，分別是「壞運」和「壞精神」。費爾米庫斯證實了區位的命名與行星喜樂之間的關聯，他說第五區位稱為「幸運」，因為它是金星的喜樂之地[41]，同樣地，他說第六區位稱為「壞運」，是因為它是火星的喜樂之地[42]。包路斯也

有類似的說法，他將第三區位稱為「月亮之地」，將第五區位稱為「金星之地」，將第六區位稱為「火星之地」，依此類推[43]。這種行星與特定區位之間的緊密關聯，似乎讓行星喜樂成為某些區位的意義來源。

最後一個與行星喜樂相關的要點，與水星在此系統中與兩顆發光體的相對位置有關。首先，水星本身及其所在位置頗值得玩味。行星喜樂系統可回溯到西元前一世紀（或再略早一點）一部託名赫密士・崔斯墨圖的文本，我們在此系統中發現，水星或赫米斯（Hermes）位在顯著的第一區位，此處作為星盤上半球和下半球之間的中介，天界和地界之間的橋樑，也是天地在上升點度數合一的所在地。我們已經從行星喜樂系統中得知，兩顆發光體都與吉星有和諧的相位，與凶星有困難的相位，那水星呢？若從兩顆發光體自己的喜樂之地，往水星所在的第一區位各畫出一條相位線，我們就會發現水星與太陽有三分相，與月亮有六分相。我們之前在行星旺位系統中已經明顯看到這點，波菲也提到，所有日間行星，都會在與其廟位有三分相的星座中入旺；而所有夜間行星，都會在與其廟位有六分相的星座中入旺。這會是巧合嗎？或者它證明了希臘占星學創始先驅們某些更縝密的考量？這套系統看起來過於規整，不可能是意外產生，但若是有意為之，這就帶來一個關鍵問題，即組成希臘占星系統的主要要素中，有多少是在西元前一世紀左右的某個時間點，在縝密的精心設計之下，同時創造出來的技術結構。

十二區位的含義

最早（可能也是最初）詮釋十二區位的含義，出現在託名赫密士・崔斯墨圖的文本中[44]。後來的作者將此系統稱為 *dōdekatropos*，意思是「十二轉位」（twelve-turning），或也可能被稱為 *dōdekatopos*，意思是「十二區位」（twelve-place）或「十二主題」（twelve-topic）系統。文本雖未載明哪一個是正確的系統名稱，兩個命名卻各有其道理[45]。在此文本出版之後，另一本被認為是阿斯克勒庇俄斯所著的書，概述了另外一組，或者說是修

改過的含義，僅適用於從上升星座依黃道順序起算的前八個區位，它們被稱為「八轉位」（eight-turning，*oktatropos*）或是「八區位」（eight-place，*oktatopos*）[46]。史密特指出，瓦倫斯等占星家在後來對於十二區位的許多看法，似乎代表了這兩個早期系統的融合[47]。我接下來將分別概述這兩個早期系統，然後再討論瓦倫斯的綜合版本。

◎赫密士版本的十二轉位含義

赫密士的 *dōdekatropos* 含義摘要，留存於斯拉蘇盧斯的《皮納克斯表》摘要中[48]。根據此摘要，十二區位的含義如下：

第一區位：舵、財富、靈魂、生命之途[49]、手足。
第二區位：希望／期望（*elpidōn*）。
第三區位：行動（*praxis*）、手足。
第四區位：幸福的基礎、父親的財產、奴隸。
第五區位：幸運。
第六區位：壞（運）[50]、懲罰（*poinēs*）、受傷。
第七區位：死亡、妻子。
第八區位：生命（*zōē*）、生計（*bios*）。
第九區位：旅行、異國生活。
第十區位：財富、生計（*bios*）、生命（*zōē*）、孩童、生育（*sporan*）[51]、行動／職業（*praxis*）、自尊、權威（*archas*）、統治（*hegemonias*）。
第十一區位：好精神。
第十二區位：壞精神、前上升、生計（*bios*）、奴隸的服從。

赫密士的含義到後來逐漸明朗，其中一項原因是大多數的區位名稱與區位本身已有的含義相連，因為他將第一區位稱為「舵」，第五區位稱為「幸運」，第六區位可能類似「壞運」，第十一區位為「好精神」，以及第十二區位為「壞精神」。如果十二區位的命名確實源自行星的喜樂，看起來也似乎如此，那就意味著行星的喜樂系統，在赫密士文本被撰寫時就已經存在

了。這不僅使他的文本成為最早隱晦地提及行星喜樂的紀錄，更可能是一開始介紹此系統的原文文本。由於斯拉蘇盧斯的寫作年代是在西元一世紀初期左右，這意味著他引述自赫密士文本的這組定義，一定是完成於西元前一世紀或更早的時間點。

我相信此一理論——關於赫密士文本作為行星喜樂系統來源——可以透過以下事實得證，那就是文本中很明確地將手足歸入第一區位的主題中。後來的占星家在大多數情況下，傾向將第三區位作為手足的象徵[52]。然而，如果行星喜樂系統早已存在，且從這裡衍生出區位的意涵，那麼赫密士文本中將手足放在第一區位就有道理了；因為水星在第一區位得喜樂，再加上水星最普遍的含義之一就是兄弟[53]。我相信這代表喜樂系統在赫密士文本的時代就已經被導入，並將此概念結構套用於區位的含義。

◎阿斯克勒庇俄斯版本的八轉位含義

約在赫密士文本的時代前後，另一部具有影響力且以十二區位含義為主題的文本，被認為是由阿斯克勒庇俄斯所著。文本中只列出從上升星座開始，按黃道順序排列的前八個區位的含義，此列表後來被稱為 *oktatropos*[54]。

根據斯拉蘇盧斯的《摘要》，*oktatropos* 包含以下區位[55]：

第一區位：生命（*zōē*）
第二區位：生計（*bios*）
第三區位：手足
第四區位：父母
第五區位：孩童
第六區位：受傷
第七區位：妻子
第八區位：幸運、死亡

　　史密斯指出，*oktatropos* 一項獨特的特徵是，它含括了一個家庭中不同成員的完整含義：手足、父母、孩子和妻子[56]。這似乎是使 *oktatropos* 獨一無二的主要特徵之一，或許也提供了一項動機，說明了為什麼作者覺得有必要為赫密士的 *dōdekatropos* 額外撰寫一篇附錄。然而，尚不清楚這些另外提及的家庭成員，是否完全不存在於 *dōdekatropos* 中，又或者他們只是基於與阿斯克勒庇俄斯文本作者的不同原理，被分配到不同區位。在瓦倫斯文本中有的某個段落是依據行星喜樂系統將家庭成員分配到每個區位：

> （十二區位中）日天神象徵父親；月女神象徵母親；好精神象徵孩童；幸運象徵婚姻；壞精神象徵受苦；壞運象徵受傷；幸運點和時標（*Hōroskopos*）象徵生命和人生；精神點象徵心智；上中天象徵行動；愛情點（Lot of Eros）象徵慾望；必要點（Lot of Necessity）象徵敵人[57]。

　　目前尚不清楚這套分配家庭成員區位的替代系統，是否為後來根據行星喜樂的進一步嘗試，以及它是否已經存在赫密士的原文文本中，只不過是斯拉蘇盧斯的版本沒有完整交代。斯拉蘇盧斯的《摘要》只保留了赫密士文本中一篇非常簡要的含義列表，因此某些部分可能是被遺漏的[58]。無論如何，阿斯克勒庇俄斯文本似乎早就寫明，其用意在於引進另一套截然不同的象徵原理系統。

　　阿斯克勒庇俄斯文本中一項更加顯著且重要的差異，是將死亡主題放在第八區位。在赫密士文本中，死亡被分配到第七區位，但阿斯克勒庇俄斯卻將它往前推進一個黃道星座。有趣的是，這又是另一個後來的作者傾向依循阿斯克勒庇俄斯文本的例子。因此第八區位成為經常與死亡相連的主要位置，而這項慣例隨著時間演進，赫密士文本中第七區位與死亡的關聯性就逐漸被遺忘了。

◎瓦倫斯版本的含義

　　瓦倫斯在《占星選集》中多次討論了十二區位的含義，但他曾在處理流

年小限法的過程中，給出了一份十二區位基本含義的簡明清單，似乎代表了綜合赫密士和阿斯克勒庇俄斯文本的晚期觀點[59]。這整段文字值得花些篇幅引述：

> 讓我們從時標開始，它是生命、舵、身體、精神[60]。第二區位：生計、黑帝斯之門[61]、遮蔽之處[62]、給予[63]、接受、分享[64]。第三區位：手足[65]、旅居國外、王后、權威、朋友、親戚、收入[66]、奴隸。第四區位：名譽、父親、孩童、命主的妻子、老人[67]、行動（praxis）、出生的城市、

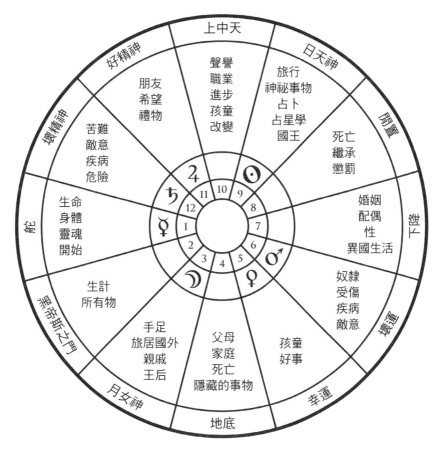

圖 10.6 - 瓦倫斯版本的十二區位含義

家庭、財產、住所[68]、行動的結果[69]、地點的遷移、危險、死亡、禁閉、祕密事項[70]。第五區位：孩童、友誼、慷慨[71]、被解放而重回自由身的奴隸、任何好意的行為或善行[72]。第六區位：奴隸、受傷、敵意、苦難[73]、疾病[74]。第七區位：婚姻、成功、與女人結合[75]、友誼[76]、在國外生活。第八區位：死亡、死亡帶來的好處、閒置區位（Idle place）[77]、懲罰[78]、弱點[79]。第九區位：友誼、旅行[80]、國外事物帶來的好處[81]、日天神（區位）、君王、王權、占星學[82]、神諭、諸神現身[83]、占卜[84]、玄學事[85]、團契[86]。第十區位：命主的營生[87]、名譽、進步、子女、配偶[88]、改變、創新活動[89]。第十一區位：朋友、希望[90]、禮物、孩童、解放奴隸。第十二區位：異鄉[91]、敵意、奴隸、受傷、危險、審判[92]、苦難、死亡、生病[93]。因此，每一個區位都象徵著自己特定的結果，但與其敵對的區位性質也會同時作用。

他得出的結論是，每個區位會與其對立位置的含義共同運作或彼此互通，這點非常有趣，因為在許多例子中，這些區位與其對立位置共有相同或相似的含義。

◎衍生區位含義

值得一提的是，十二區位的某些含義蘊藏著另一個概念模型，那就是現代占星師稱之為「衍生宮」（derived／derivative houses）或「轉宮」（turned houses）的學說。這個概念似乎可以追溯到非常早期的希臘化傳統，而我們的資料出處也沒有此一學說的確切名稱，所以我在這裡將其稱為「衍生區位」（Derived Places）學說。

在希臘化傳統中，這個概念主要用在本命占星學，以便（1）從命主人生中的他人視角來看這張本命星盤，或（2）透過星盤上十二區位彼此間的相對位置，增添額外的含義。這涉及到「轉動星盤」的想像，假想上升點位於第一區位以外的其他位置，然後從這個位置相關的人物視角來解讀這張星盤，便能從新的視角得出第二組十二區位的配置。

　　舉例來說，我正在看某人的本命星盤，其上升點在金牛座，那麼在整宮制中，金牛座位在第一區位，雙子座在第二區位，巨蟹座在第三區位，獅子座在第四區位，依此類推。如果我想用衍生區位學說來研究此人星盤中的手足議題，那麼我可以「轉動」星盤，從巨蟹座的視角——此例中是第三區位——來看這張星盤。以衍生區位來說，從命主手足的視角看出去，巨蟹座會是第一區位，獅子座是第二區位，處女座是第三區位，天秤座是第四區位，依此類推。如此一來，就可用來為命主星盤上某些與他人相關的特定區位增添額外的闡述。例如，命主的第三區位代表手足，從第三區位起算的第七個位置就代表命主手足的配偶，從第三區位起算的第十個位置就代表手足的職業，依此類推。用其他區位取代上升點作為起始點所衍生出的配置，在本質上就為十二區位創造了第二組含義。

　　這項學說在希臘化傳統中的使用頻率，不如後來的中世紀時期和文藝復興時期的傳統，儘管它可能是不同作者們在闡述區位時，某些零散定義的引用來源。例如，包路斯提到，孩童的主題與第四、第五、第十和第十一區位相關[94]。第五區位通常被認為是代表孩童的主要位置，我推測其原因是它位在第四區位尖軸三合的後上升或接續區位，因此代表了父母血脈的延續。第十區位可能與孩童事務相關的原因在於它是實踐（*praxis*）的區位，帶有「行動」、「職業」或「某人的營生」的意思。在某種程度上，生兒育女或撫養孩子可能被視為人生使命的一部分，將這樣的含義放入第十區位可能有些道理。然而，將孩童放在第十一和第四區位的作法，可能就是來自衍生區位的含義，因為它們是代表命主配偶的第七區位起算的第五和第十個位置。但有時我們很難肯定哪些含義是來自衍生區位的應用，又或者有其他象徵性考量可以用來解釋這些含義。例如，第十一區位與孩童相關的原因是木星在此得喜樂，而瓦倫斯最初賦予木星的含義就是「生育」。

　　瓦倫斯曾在《占星選集》第九冊中，寫了一大段關於衍生區位的看法[95]。他在此段落的開頭提到阿斯克勒庇俄斯，說是這位作者寫了最多關於 *dōdekatropos* 的主題，因此許多埃及人和迦勒底人都沿用他的說法[96]。然後在這句話的尾端有個簡短的陳述：「同樣適用於 *oktatropos*」，然後接著開

始為每個區位提供一組來自衍生區位的象徵含義。以下是瓦倫斯的全文：

從時標開始，十二區位依序如下：

第一區位：生命、時間的基礎、靈魂的呼吸（the spiritual breath，換言之，就是時標本身）。相對於手足區位，它是好精神和朋友的位置[97]；相對於父母區位，它是職業的位置；相對於配偶區位，它是帶來婚姻的位置[98]；相對於孩童區位，它是第九位置。

第二區位：生計、財產收入。相對於手足區位，它是壞精神、奴隸、敵人和製造痛苦的位置；相對於父母區位，它是好精神和朋友的位置；相對於孩童區位，它與職業和聲譽有關；相對於配偶區位，它是死亡的位置（……）。

第三區位：與兄弟的生命有關。相對於父母區位，它與敵人和奴隸有關；相對於配偶區位，它是第九位置，也是女神和女王的區位。

第四區位：父母的生命、神祕或祕密事務、基金會、財產和各種發現[99]。相對於手足區位，它與生計有關；相對於配偶區位，它與聲譽和職業有關。

第五區位：孩童的生命、幸運的區位。相對於手足區位，它是私生子和同父異母（或同母異父）手足的位置[100]；相對於配偶區位，它是好精神的位置。

第六區位：與受傷、疾病及苦痛的來源有關。相對於父母區位，它與手足有關；相對於手足區位，它與繼父母和監護人有關[101]；相對於配偶區位，它與敵人和奴隸有關。

第七區位：本命星盤的婚姻締結者；與配偶的生命有關[102]。相對於手足區位，它與孩童有關，並且是幸運的位置；相對於父母區位，它與父母的雙親、基金會、財產、各種發現和神祕事物有關。

第八區位：同樣地，對於命主來說，這個區位與死亡有關。相對於手足區位，它與受傷和生病有關；相對於父母區位，它與私生子有關；相對於配偶區位，它與生計有關。

第九區位：關於旅行、上帝、國王、占卜以及神諭事項[103]。相對於手

足區位，它是婚姻的締結者；相對於父母區位，它是受傷、生病和痛苦來源的位置；相對於配偶區位，它與手足有關；相對於生計區位，它與死亡有關。

第十區位：與職業和聲譽有關。相對於配偶區位，它是基礎、財產、神祕事業和父母的位置。

第十一區位：好精神、朋友、慾望和獲得。相對於手足區位，它與上帝、國王、占卜，以及與神諭有關的交易；相對於父母區位，它與死亡有關；相對於孩童區位，它是婚姻的締結者；相對於配偶的區位，它與繼子女有關。

第十二區位：與敵人、奴隸和痛苦來源有關。相對於手足區位，它與職業和聲譽有關；相對於父母區位，它與旅行、上帝、國王有關；相對於孩童區位，它與死亡有關；相對於配偶區位，它與受傷和疾病有關。

我們有充分的理由相信，這組關於區位的描述以及後來的部分敘述，可能是瓦倫斯根據早期託名阿斯克勒庇俄斯文本所作的摘錄或釋義。其中參照阿斯克勒庇俄斯和 *oktatropos* 的部分，在他首次介紹這些內容時早已透露，但更具說服力的點在於，這些關於區位含義的描述只含括前八個區位的衍生含義。

例如，在關於第一區位含義的段落中，說明了第一區位是相對於第三區位的第十一位置，相對於第四區位的第十位置，相對於第七區位的第七位置，以及相對於第五區位的第九位置。這樣看來，文本所關注的衍生區位含義，結束在第三、第四、第七和第五區位，並沒有繼續往第八區位推進。類似的模式適用於下一個區位的描述，文本說明了第二區位是相對於第三區位的第十二位置，相對於第四區位的第十一位置，相對於第五區位的第十位置，相對於第七區位的第八位置。然後再次停在此處，沒有往前推進到第八區位。其他區位的描述也一樣；此文本從未提供任何超出第八區位的衍生區位含義。由此看來，阿斯克勒庇俄斯對於 *oktatropos* 或八轉位系統的概念，似乎與本章提供的描述有緊密的關聯，而這篇摘錄則代表了該系統與 *dōdekatropos* 的結合。

此點可以透過一項事實進一步證明，那就是以上的衍生區位含義，都與其他作者文本中的 *oktatropos* 相關內容一致。例如，費爾米庫斯說 *oktatropos* 的含義是生命、金錢／希望、手足、父母、孩童、疾病、配偶、死亡[104]。這些用來描述不同衍生區位的含義，基本上只在先前提到的瓦倫斯文本中使用。因此，我們似乎可以從此處得知，瓦倫斯與阿斯克勒庇俄斯的原文文本具有高度的相關性，而這也許能為 *oktatropos* 為何僅包含前八個區位含義的建構模式，提供更多洞見，畢竟此模式可能早與轉動星盤產生衍生區位含義的過程環環相扣。

在以上引用的摘錄之後，瓦倫斯接著簡要地討論一些關於十二區位及其解釋的要點，其中有些參考資料與費爾米庫斯在《論數學》第二冊中對於這些區位的看法相近，這似乎再次強調了──後來的作者所引述或摘錄的十二區位內容，皆源自早期的阿斯克勒庇俄斯文本[105]。

十二區位的評述

雖然就十二區位的含義而言，引述自瓦倫斯的段落是很好的參考資料，但檢視多位不同希臘化時期占星家提供的區位含義也很重要，包括較晚期的瑞托瑞爾斯。如此一來，應該有助於我們發展出對於希臘化占星傳統中，所有關於十二區位含義更加全面的認知。

同時，我想藉此機會討論某些區位含義背後的概念動機，並探討星盤中特定區域被分配到特定含義的象徵性原理是什麼。這對當代占星執業者來說是一個重要的過程，一旦理解了背後的原理，顯然就更容易學會如何在現代社會的情境中應用這些素材。

這個過程也有助於理解在後來的中世紀及文藝復興時期的占星傳統中，是如何發展和增添更多的區位含義。在某些情況下，這些額外增加的含義，

是根據希臘化早期理論的邏輯性擴展，而在其他情況下，它們所依據的概念動機，並不存在於希臘化傳統中 [106]。

　　就資料來源而言，本章節中我主要綜合關於十二區位的各種評述，這些篇幅較長的評論提供了每個區位的含義解釋，出處來自於都勒斯、瓦倫斯、費爾米庫斯、包路斯和瑞托瑞爾斯等作者 [107]。我也整合了一些其他作者對於十二區位本質的相關評論，雖然這不是一個完整的綜合整理或方法學調查，但對我們來說應已足夠 [108]。

◎ 第一區位

　　第一區位通常被稱為「時標」和「舵」。舵是船的一部分，因用來控制航行方向進而帶有航行的隱喻，稍後將進行更詳細的討論。第一區位也被稱為上升和上升點，因為此處就是我們每天看見太陽、行星和恆星從地平線升起的那片天空區域，因此，它與任何在特定時刻出現、開始或誕生的事物有關。

　　在本命星盤中，第一區位成為與命主最密切相關的位置，而其他區位則代表命主生命中不同的生活領域或人物。從某種意義而言，第一區位代表自己，而其他區位則代表他人。同樣地，在即時占星學中，第一區位是與出生或事物啟動的時刻最緊密相關的位置，也代表啟動一切的關鍵人物，而其他位置，例如第七區位，則是被動的接收方 [109]。

　　第一區位是水星得喜樂的位置，由於它是天地結合之處，因此水星被認為是將對比或對立的領域聚在一起。

　　星盤上半球所代表的天空，似乎常與精神領域連結，而星盤下半球似乎與物質和實體的領域連結。我相信這就是為何第十一和第十二區位被命名為好精神和壞精神，而第五和第六區位被稱為幸運和壞運。瓦倫斯則將精神點與太陽、心智和靈魂連結，將幸運點與月亮，以及和身體有關的事物連結

[110]。從此觀點來看,第一區位在整宮制中是獨一無二的,因為它在地平線以上的部分處於精神領域,而在地平線以下的部分則處於物質領域,因此,第一區位同時具有命主的靈魂與身體的意涵。

第一區位有時被稱為生命之地(*zōē*),意思是肉體或生理上的生命。如前所述,根據波菲的說法,有些占星家認為出生時靈魂會經過時標進入身體;這可能就是安提阿古斯將第一區位稱為有形生命入口的原因。第一區位常被認為象徵命主的身體,以及與其健康和體質構造相關的事物,有時包含外貌在內。

第一區位也與命主的精神(*pneuma*)或靈魂(*psuchē*)有關。在 *ok-tatropos* 中,阿斯克勒庇俄斯似乎已將它與「靈魂的呼吸」(*psuchikon pneuma*)連結,這是根據瓦倫斯提到衍生區位的一段引文而來[111]。有一次,瓦倫斯本人將時標及其廟主星,與「靈魂的實現」(actualizations of the soul,*psuchēs energēmata*)相連[112]。延伸其義,也進而與性格特徵和行為有關。

在行運方面,瑞托瑞爾斯的文本認為,第一區位經常被解釋為命主生命中第一階段的情況,與之相對的第七區位,則表示後來的發展。由於時標和第一區位永遠決定了其他區位的序列從何處開始,因此它被稱為區位的起點(*archē*)和基準點(*basis*)[113]。

◎ 第二區位

第二區位被稱為 *bios*,在此脈絡中,它的意思是「生計」、「謀生方式」或「生活方式」。換句話說,它與維持生命所需的資源,或一個人的謀生方式有關。在尖軸三合的順序上,由於第二區位接續或跟隨在第一區位之後,因此它籠統地象徵命主出生之後或伴隨世俗生活的事物。本質上,它是在你出生且靈魂完全地進入或降生到物質世界之後所發生的事情。

這種降生到物質世界的概念，可能是第二區位主要象徵意義的基礎概念因素，意即第二區位與物質財產、金錢和個人所有物相關。包路斯提供了另一個解釋，他認為第二區位是與命主的「職業」或「營生」（*praxis*）相關的區位之一，因為它與上中天有三分相[114]。瓦倫斯也補充說道，第二區位也與付出和接受有關，或者可能是花錢和賺錢，他也用到第三個詞彙*koinōnia*，意思是「分享」、「慷慨」或「慈善」[115]。

以尖軸三合來說，既然第二區位是第一區位的接續區位或後上升的位置，代表著會隨時間推移而發展的事物，有時也被認為與第十一區位相似，象徵著對未來的希望或期望。

第二區位通常被稱為黑帝斯之門或地府之門，原因可能是，第二區位是行星每日東升西落的周日運行旅途中，抵達上升點之前必須經過的最後一個區域。瓦倫斯也稱其為「陰暗的」或「被遮蔽的」。也許受到這些名字的牽連，一些作者有時會認為第二區位帶有負面含義，據說它代表著無所事事、遲緩、監禁、束縛、墓地和死亡之類的事物，這很可能是因為它與上升星座不合意，且與代表死亡的第八區位相對，因此也融入了它的象徵意義。而與黑帝斯（Hades）或陰間的連結，可能也提供了一個它與財務事項有關的次要因素，因為在希臘神話中，黑帝斯也被認為是普魯托（Pluto，*Ploutōn*），與財寶和財富有關。

◎第三區位

第三區位被稱為「月女神」，月亮在此得喜樂。瑞托瑞爾斯稱之為「好的衰落」，因為它與上升星座有六分相，遠離地底的軸點並衰落。第三區位通常代表手足、朋友和親戚。

作為一個衰落區位，它也與旅行、異國地方和在國外生活有關。在希臘化傳統中，所有四個衰落區位都與旅行有關，因為行星位在這些區位，都是象徵性地遠離四軸點所代表的穩定性。在中世紀傳統中，占星家開始區分短

途旅行（適用於第三區位）和長途旅行（適用於第九區位），部分原因可能是月亮在第三區位得喜樂，而且它的移動速度比太陽快得多。雖然希臘化傳統現存的文本中，並沒有指出占星家們對此區分的認知，但這非常容易確認。我們將在稍後的案例星盤中看到，與短程旅行移動有關的問題，很明顯地經常發生於行星位在第三區位的時候。

與第三區位有關的另一個重要主題，是宗教儀式、朝拜、聖地和神廟，以及祭司和女祭司。當凶星為第三區位造成痛苦時，有時會使用褻瀆神靈或與妄論眾神這種描述。順著這樣的思路，第三區位也與占卜和夢境有關。

第三區位也代表城邦的統治權，或是其他因權力而獲得追隨者的權位，如行政官、政府官員、皇室、女王等。這不同於後來傳統中更加強調第十區位代表的權威，可能是因為兩顆發光體在第三和第九區位得喜樂，所以更加重視權力的賦予等相關概念。

這種與神廟和當權者的連結，可能是讓第三區位有時也與銀行、財富、財產或國庫關聯的部分原因。這多少與希羅時期的文化有關，因為在希臘化時期，國王和王后提倡王權崇拜，並強調其神聖不可侵犯，特別是在埃及，更被用來合法化托勒密王朝的統治[116]。這種王權崇拜仿效了希臘文化中的神祇崇拜儀式，既有國家支持的大規模朝拜儀式，也有城邦推動的小規模地方祭儀。在統治者每年的生日當天和每月的生日日期，都會舉行獻祭，這些慶祝活動包括一場吟唱著宗教歌曲的遊行，而城邦中每個人都會前往觀禮或參與盛會。這有助於城邦與君主間打好關係，並對過去和未來的恩惠表示感謝和肯定，這些作法後來有部分在羅馬帝國得以延續。這讓我們很容易聯想到，有些希臘化時期占星家已將第三區位與地方王權的崇拜連結，而第九區位則與更大規模的國家王權連結，說不定還由此衍生出其他的象徵性連結。因此，此時期的社會文化背景，對於理解某些案例中難以辨認的區位象徵就變得非常重要，特別是後來的傳統觀點，這些象徵會因為文化潮流而轉移至其他區位。

◎ 第四區位

　　第四區位被稱為地底或地面之下，有時也被稱為反中天（anti-midheaven）或天空底部（bottom of the heavens）。由於它位在地球下方，且為星盤的最底部，似乎便象徵著與命主的根源或根底的連結。而在占星文本中，第四區位通常被認為象徵著命主的父母、繼承權和遺產。

　　作為星盤中最被隱蔽或最私密的區塊，第四區位與上中天這個星盤中最顯眼，或者說最公開的區域相對，也與一個人的家、住所、家庭用品以及出生的房子相關。而後此概念延伸至包括個人的城市、財產、土地、莊園、祖國和貴族出生等事物。最後，第四區位代表個人根底的概念，有時也被擴展成納入穩定性或持久性的意涵。

　　第四區位在地底並與星盤最公開的區域相對的概念，通常會讓它帶有隱藏或祕密，以及與宗教或神祕事物、寶藏的象徵連結，有時也代表禁閉。從本質上來看，如果第十區位是最公開的事物，那麼第四區位就是最為祕密、私密或隱蔽之處。

　　第四區位通常與老年、生命的終結、死亡、葬禮和死亡之後的事情有關。在我的個人研究中，我驚訝地發現，在命主死亡或不得不處理死亡相關議題的年份中，第四區位被引動的頻率非常高，我們稍後會在流年小限法的章節中看到。

　　瓦倫斯和托勒密說，第四區位是象徵孩童的區位之一，也許是因為它相對於第七區位的第十個位置，因此根據衍生區位的技法，它象徵配偶的產出（praxis）或生計。

◎ 第五區位

　　第五區位被稱為幸運的位置，金星在此處得喜樂。第五區位相關的主要

含義是孩童，顯然這是由阿斯克勒庇俄斯文本中所導入的概念。雖然其他區位有時也被認為象徵孩童，但大多數的作者認為第五區位與孩童主題最為相關。

根據尖軸三合的序列，第五區位是第四區位的後上升，因為它跟在軸點的後面，而位在此處的行星正朝向地底的樞軸移動。從定義的描述來看，第五區位通常與生活中增加的事物有關，特別是涉及命主的物質累積和個人財富。與第五區位相關的行星本質，象徵命主進步或成功的方式。第五區位的配置不佳則與因不幸而導致個人資產損失有關。

第五區位的描述通常與好運、顯赫、榮譽和權力等主題有關。吉星會被解釋為吉性增強，而凶星則被視為凶性減低。瓦倫斯通常將第五區位與「任何立意良好的行為或善行」相連，包括解放奴隸、慷慨或友誼之類的事情。

◎第六區位

第六區位被稱為「壞運」的位置，火星在此得喜樂。後來的作者將第六區位稱為「壞的衰落區位」（a bad decline），因為它正在衰落並遠離下降軸點，同時也與上升星座不合意。

第六區位主要與受傷、疾病、受苦和麻煩有關，部分原因可能是它在尖軸三合的序列中，排在第七和第八區位之前，意味著死亡來臨前的事物。在安提阿古斯的《概要》中，它特別指出「對身體的傷害」，也許更加強調了肉體上而非心靈上的痛苦，因為它是位在地平線下與財富和身體有關的半球[117]。

第六區位通常也與奴隸有關，後來的作者也將它與走獸或四足動物連結，我推測這可能是因為第六區位是從第七區位衰落的位置。如果第一區位代表命主或自我，而第七區位代表他人或伴侶，那麼第六區位可能被概念化為與命主有從屬關係的「他人」，因為這是從第七區位衰落的位置。如此，也可能被概念化為指稱處於較低社會地位的「他人」；儘管這說法多少帶點

推測的意味。第六區位一般也與敵人、陰謀和叛亂有關。

　　旅行有時被列入第六區位的相關事物，而如同所有衰落區位一樣，歸入第六區位的旅行通常帶有負面性質，在某些情況下，此含義會擴展至包括放逐之類的事情。

　　包路斯說，第六區位與一個人的職業有關，因為它與上中天形成優勢的三分相[118]。瓦倫斯有過類似的陳述，他說「壞運」區位比「壞精神」區位好，因為它與上中天有三分相[119]。這似乎暗示著這兩個區位對身體上的事沒什麼幫助，因為它們都與第一區位不合意，但第六區位與第十區位具備有利的相位結構，讓第六區位更能有益於職業相關的事項上。

　　第六區位在希臘占星中的其他關鍵詞和主題包括壓迫、從屬、浪費、耗費、倒霉、出身低賤和殘廢。

◎第七區位

　　第七區位稱為「下降」區位，因為它與行星和恆星在下降點附近沒入地平線的天空區域重合。也因為它與代表「自我」的第一區位相對，所以第七區位通常代表「他人」，主要被認為是代表婚姻、配偶和性結合的區位。

　　就生命的不同階段而言，它通常代表老年，或指一般發生在生命晚年的事件和境遇。有些作者依循赫密士的說法，將第七區位與死亡及死亡的性質連結，這可能是因為太陽和其他行星每日於此處消逝，直到它們再次從地球下方升起，於上升點重生之前，象徵性地死去。

　　瓦倫斯提到第七區位代表居住在國外，而其他作者也提到它與長期在國外有關。

　　有些說法也認為它與身體的隱藏部位有關，可能是因為太陽和其他行星

在此處下降，而被象徵性地概念化為進入藏身處，或是被隱蔽或隱藏的事物。如此一來，它幾乎被視為與在太陽光束下的概念相似，而此概念有時也被稱為「下降」。

在瑞托瑞爾斯文本的某些敘述中，凶星在此處代表受傷、危險或死於暴力，可能是因為它們對分第一區位，當凶星涉及其中，這會是極具破壞性的配置。相反地，當吉星位於此處時，它有時與繼承、獲得他人財產以及從死亡中獲益有關。其中一些含義在第八區位表現地更為顯著，而兩者的重疊之處，可能在於赫密士和阿斯克勒庇俄斯二派傳統之間，要將死亡歸在第七還是第八區位的爭論有關。

◎第八區位

第八區位被稱為閒置區位，帶有一種不移動或不做事的意味，這也許是因為此處是行星每日下降以前，下降點尖軸三合的最後一個階段。第八區位是下降軸點的後上升，所以它的部分含義是從位處第七區位之後的意義衍生而來。

後來的傳統依循阿斯克勒庇俄斯文本，將第八區位與死亡主題作主要連結，其次是與死亡有關或衍生自死亡的事物，例如死亡帶來的好處或繼承。在可能是源自阿斯克勒庇俄斯，而由瓦倫斯掯出的衍生區位系統中，第八區位被認為象徵著配偶的生計，因為它是相對於第七區位的第二個位置，因此它可能具有一些財務方面的意涵。

閒散、懶惰、軟弱、遲鈍、不活動和揮霍所得等概念，通常會被用來描述位在第八區位的行星。瓦倫斯也提到懲罰或正義（dikē）的說法。

◎第九區位

第九區位被稱為日天神的位置，太陽在此得喜樂。它雖然是一個自上中

天墜落的衰落區位，但它與上升星座形成優勢的三分相，因此有些人也稱它為「好的衰落」。

第九區位與許多主題相關，但它演變成主要代表旅行、旅程、遠離家鄉、異國土地和外國人的區位之一。由於這是一個好的區位，這些主題通常帶有正向或富有成效的描述；然而第九區位的不良配置也會為這些正面的主題帶來困難。

第九區位通常也與宗教、宗教儀式、虔誠、正義、哲學家和祭司有關。當凶星位於此處時，希臘化文本通常會將命主描述為掠奪神廟者、不虔誠或褻瀆者。一些與宗教相關的連結會帶來其他諸如占卜、神祕或祕教事物、神諭、占星術／天文學和先知等象徵。

如同第三區位，第九區位也有一些與權威相關的含義，包括國王和君主，這顯示了在十二區位的某些相關含義的概念結構中，存在著些許張力，因為第十區位被視為統率，且與權威或領導的概念有某種聯繫，但行星喜樂系統將兩顆發光體放在第九和第三區位，規範了權力應駐留於此；也因希臘化時期的政教合一，兼具宗教和管理的統治者崇拜趨勢，讓情況變得複雜。

◎第十區位

第十區位被稱為上中天，有時也被稱為「頂峰之處」（place at the peak），源自希臘文 *koruphē*，意思是「頭部」、「頂部」、「頂峰」或「高峰」[120]。從此脈絡來看，此處有時會被認為是代表個人生命和職涯的頂峰或高峰。此處主要被認為代表 *praxis*，意味著行動，但更廣義而言，占星家似乎經常將其視為「個人的營生」（what one does），或換句話說，是個人的職業。安提阿古斯特別將它與個人的技能或技藝（*technē*）連結[121]。

第十區位通常被概念化為星盤中最高或最顯眼的位置，因此它與命主的聲譽、身分，以及個人整體的進步、變化和創新等象徵有關。在赫密士的

文本中，這點顯然延伸至更廣泛的榮譽、統治和領導等概念[122]。一般而言，第十區位及其主星也與命主的效率或成就高低有關[123]。

第十區位有時被列入與孩童相關的區位之一，此概念可能與孩童是由命主的行為產出或作為某種職業的結果相連。

◎ 第十一區位

第十一區位被稱為「好精神」，是木星的喜樂之地。它是跟在上中天之後的後上升或接續區位，而且許多含義源自於向上前往或渴望抵達星盤中最高位置的概念，又或是其他有助於或支持命主在第十區位的行動。

第十一區位成為與友誼主題相關的主要位置，通常會延伸至其他相關概念，例如聯盟、贊助，以及結交權貴。

身為一個後上升之處，它正朝上或帶著行星前往上中天，因此第十一區位通常與希望、渴望和期望有關，它本質上是命主渴望的事物。安提阿古斯說它意味著「在未來會增加的事物」[124]。在相關描述中，它通常被援引為和收穫、禮物、榮譽、尊嚴及財富有關的區位。

有些作者認為第十一區位是與孩童相關的區位之一，可能有部分原因來自於它是第七區位起算的第五個位置，然而或許還有其他原因。在稍早引用的瓦倫斯論述中，會從每個區位的對面區位汲取一些象徵意涵，即可能提供了其他或額外的解釋。

◎ 第十二區位

第十二區位被稱為「壞精神」，是土星的喜樂區位。第十二區位也被稱為時標的前上升，因為它是在命主出生之前升起的星座。瑞托瑞爾斯稱此區位為「世界之間」（*metakosmios*），並說它象徵著「發生在命主出生之前的

一切事物，對母子二人皆然，因為此星座在二人分離之前就已經上升」[125]。

在希臘化時期占星家的文本中，第十二區位成為與敵人相關的主要位置，更廣泛來說，它與損失和不幸有關；在相關敘述中，它通常與受苦、疾病、受傷、危險、虛弱、死亡和各種麻煩有關。這些主要源自一個論點，即它與上升星座不合意且處於衰落區位，而它從上升點衰落的這一點，可能被認為象徵著損害命主的生命或精神。

安提阿古斯表示，第十二區位的含義之一是時而作為土星象徵的必然性（necessity），一般而言，由此衍生的某些描述似乎是屬於透過強制性或約束力而產生的事物。在某些作者的文本中，此項含義被延伸至諸如審判或判決之類的事情。

第十二區位也與奴隸或僕人，以及四足動物或走獸有關。作為其中一個衰落區位，它也與旅行有關。由於這是一個壞區位，它通常代表旅途不順或出自某些原因而使路途波折，例如被流放。

詮釋行星在十二區位的意義

行星位在特定區位的詮釋邏輯，與行星－星座的組合類似。通常第一步是描述與行星相關的一項含義，而第二步則是指出區位的相關含義，但有時順序會顛倒；例如，瑞托瑞爾斯對太陽在第六區位的一項描述是，命主的父親（太陽）是一位奴隸（第六區位）[126]，而在文本的另外一處，他說月亮在第九區位，可能代表命主的母親（月亮）是外國人（第九區位）[127]。行星也可能代表行動而不是人物；例如，瑞托瑞爾斯將位在第六區位的金星，描述為命主與下屬有情感關係，或是命主與身體殘疾者有情感關係[128]，原因是第六區位既代表下屬或奴隸，也代表受傷。

每個區位的多重相關含義，有時會使某些特定區位的配置呈現出多重含糊的顯化方式，原因在於同一配置通常與好幾種情境相關；如前文瑞托瑞爾斯文本的段落所述，他為金星在第六區位提供了兩種描述。在某些情況下，可以透過將其他因素或變因納入考量來予以限縮至特定的顯化形式，並用來確認此一配置的重點是某種特定的顯化形式，而非另一種可能；在其他情況下，命主可能在他們的人生不同階段有多種經歷，而這些經歷會與該配置多種相關的可能性相符；以瑞托瑞爾斯提到的案例來說，命主可能會在人生的某個階段與身體殘疾的人談感情，而在另一個階段則可能與下屬發展關係。在某些情況下，多重含義會合併顯化為一個結果：例如命主可能與一位身體有殘疾的下屬談感情。因此，儘管某程度可以限制或縮小其象徵意義的範圍，但每個配置的特定顯化形式或結果，仍然存在一定程度的不確定性。

◎ 從十二區位看最大吉星和最大凶星的定位

解讀星盤最簡單的起點之一，就是查看吉星和凶星位在星盤中的哪些區位。在文本中，這些位置經常被形容為正面或負面的指標，描述出星盤中以這些區位為主的生活領域，或相關人物角色的各類情境。這項指標可以透過判斷吉星和凶星是區間內或區間外的狀態而更加精確。

一般來說，星盤中區間吉星的所在區位，往往是命主生命中更加幸運和愜意的生活領域，意即日間盤的木星或夜間盤的金星的所在區位，傾向展現出它們最正面的含義。例如，若木星位在日間盤的第七區位，我們預期命主的婚姻會很順利，且意味著這類型的人的確會在生命中的某個時刻結婚，或是會有一段成功的婚姻；若金星位在夜間盤的第十一區位（譯註：夜間盤金星東出呈最大距角時的狀況），則代表命主會有良好的友誼，或是命主的朋友們會是他們生活中的正面角色，又或者他們可能從友誼中得到好運。

相反地，區間外凶星的所在區位，往往成為命主生命中困難、艱辛，有時甚至是不幸的生活領域，意即夜間盤的土星或日間盤的火星的所在區位。例如，土星位在夜間盤的第七區位，可能代表婚姻上的困難，命主可能永遠

無法結婚，或者可能因配偶而陷入困境或蒙受損失；另外，若火星位在日間盤的第十一區位，則可能代表困難的友誼，命主的朋友在其生命中扮演著負面角色，或者命主因朋友而受難。

　　這些配置都會因其他的各類因素，緩解其正面或負面的效力，但一般而言，法則是不變的：吉星和凶星位在哪個區位，即代表命主對生命中那一類型的主題或生活領域，有更為正向或更加困難的主觀感受，尤其是區間最大吉星和凶星，更是如此。吉星和凶星會因星盤區間的影響而變得更為中性；在所處區位的相關生活領域中，仍具有顯化其正面或負面意義的傾向，但是會表現得更為緩和或克制。以吉星來說，會是夜間盤的木星和日間盤的金星；以凶星來說，會是日間盤的土星，和夜間盤的火星。一顆與星盤區間相反的吉星位在第七區位時，可能意味著與婚姻主題相關的正向發展，但其吉性比不上與星盤區間相符的吉星，因此這項配置通常不會是命主生命中最順遂的部分。同理可證，當有一顆與星盤區間相符的凶星位在第七區位時，通常指出了婚姻或關係議題中的一些困難，但這些困難通常是命主能夠克服和解決的課題，且往往不會成為命主生命中最困難的領域。循著這樣的思路，我們就能夠開始辨晰星盤上的不同要素是如何協同運作，並且產出具體的詮釋。

註　釋

1　Holden, "Ancient House Division"。Holden 將其稱為「星座宮位制」（Sign-House system）。他於第 22 頁提到「這是第一個宮位系統」。後來，在他所著的 *A History of Horoscopic Astrology* 一書中，將其稱為「最初的宮位系統」（第 94 頁）。

2　Hand 早已在一九九三年由「後見之明計畫」翻譯出版的第一本希臘占星學典籍的介紹中指出，希臘占星學一項顯著特色即是使用整宮制。見：Paulus, *Introductory Matters*, trans. Schmidt, pp. iii–iv。Schmidt 後來調查了希臘化傳統中的各種宮位制，並寫在 Ptolemy, *Tetrabiblos Book III*, trans. Schmidt, pp. viii-xvi 的譯本前言中。Hand 後來於二〇〇〇年出版專書 *Whole Sign Houses, The Oldest House System*，接著於二〇〇七年發表學術性質更高的論文 "Signs as Houses（Places）in Ancient Astrology"。

3　例如，J.D. North 在一九八六年以古典占星學宮位制歷史的學術著作 *Horoscopes*

and History 中，雖然研究了橫跨西元一世紀到十七世紀超過十幾種不同形式的宮位制，但卻未提及他似乎也對整宮制的概念一無所知。事實上，他從留存至今的多數希臘文天宮圖——都沒有計算上中天或各宮的宮始點位置（這對整宮制而言並非必要）——所得到的結論是，希臘時期的占星家「不如後代的伊斯蘭或基督教占星家重視宮位」（第7頁），這顯然是錯誤的。其他一九七〇年代占星學界關於宮位制的書籍，例如 Dona Marie Lorenz 的 *Tools of Astrology: Houses* 或 Ralph Holden 的 *The Elements of House Division*，同樣沒有提到整宮制，因為當時的西方占星界還不知道整宮制的概念。嚴格來說，自二十世紀中葉以來，有些太陽星座專欄的作者就是用某種形式的整宮制來寫作，雖然這與使用太陽星座的衍生宮所帶來的必要性或便利性有關，然而以上升點為基準帶入整宮制的用法，在二十世紀晚期整宮制復甦之前，並不被認為是正統的宮位劃分方式。

4 在 Schmidt 翻譯 Paulus 的 Introduction, pp. xiii-xiv 時，認為這就是術語 *hōroskopos* 的正確解釋。此一希臘文術語可能衍生自古埃及人以外觀標記夜晚時間的用法，正如 Greenbaum 和 Ross 於 "The Role of Egypt," p. 160ff 所述。還有一點或許值得一提，西元二世紀，亞歷山大城的聖革利免（Clement of Alexandria）將主掌某一特定職責的埃及祭司稱為「時標」（*hōroskopos*），這與一項更為古老的埃及祭司傳統有關，由一位專職記錄時間的祭司，依照指定時間進行神廟儀式。參照 Dieleman, "Stars and the Egyptian Priesthood in the Greco-Roman Period," pp. 138-140。

5 Paulus, *Introduction*, 24（ed. Boer, p. 53: 23–25）, trans. Greenbaum, p. 44.

6 關於 *anatellon* 的用法，見：Thrasyllus, CCAG 8, 3, p. 100: 31。

7 如 Valens, *Anthology*, 2, 4: 1–6；Paulus, *Introduction*, 24, 第一段, ed. Boer, p. 54: 1–14。

8 Valens, *Anthology*, 2, 22: 36-37, trans. Schmidt, p. 40.

9 關於 *anaphora* 和 *anatellon*，見：Thrasyllus, CCAG 8, 3, p. 100: 31, trans. Schmidt, *Definitions and Foundations*, p. 343。關於 *ortus*，見：Firmicus, *Mathesis*, 2, 15: 1。

10 Hephaestio, *Apotelesmatika*, 2, 2: 11，引自 Anubio, *Carmen*, F2, ed. Obbink。以及 Hephaestio, *Apotelesmatika*, 3, 26: 1 and 3, 30: 1，引自 Dorotheus。

11 此點的討論，見：Schmidt, *Definitions and Foundations*, pp. 281-283。

12 Schmidt, *Definitions and Foundations*, p. 281。一九九三年，他照慣例採用 pivot 作為 *kentron* 的英文翻譯，並出現在其譯著 Paulus, *Introductory Matters*, trans. Schmidt, p. 85。Bouché-Leclercq 在 *L'Astrologie grecque*, p. 258 也使用術語 pivot 作為 *kentron* 的英文翻譯。

13 Firmicus, *Mathesis*, 2, 15.

14 Ptolemy, *Tetrabiblos*, 1, 11: 1.

15 *Yavanajātaka*, 1: 61，在第 2 卷第 221 頁中，有 Pingree 的簡短評論。*watad* 的討論，見：Benjamin Dykes, *Works of Sahl and Māshā'allāh*, pp. xxxviii–lix。

16 根據 Hephaestio, *Apotelesmatika*, 2, 18: 75-6 的摘要，見前註。

17　見：Dorotheus, *Carmen*, 5 和 Hephaestio, *Apotelesmatika*, 3。

18　Pingree 在 *Yavanajātaka*, vol. 2, pp. 219-220 討論了這些不同的用法。最常見的用法是在 Porphyry, *Introduction*, 52 概述的方法，上升點代表生命的第一個階段，上中天代表中年，下降點代表晚年，而地底區位則是死亡和死後的事物。參照 Paulus, *Introduction*, 24; Serapio, *Definitions*, p. 231: 24–33。

19　這一原則在 Rhetorius, *Compendium*, 57 經常出現。

20　我認為將三個區位分成一組的專業術語「尖軸三合」，是 Schmidt 和 Black 於 "Peak Times and Patterns in the Life of Dane Rudhyar," p. 40 一文中首次介紹。

21　尖軸三合的序列顯然是 Sextus Empiricus, *Against the Professors*, 5, 15–20 命名十二區位順序的動機。而將生命周期套用在十二區位則歸功 Serapio 於 CCAG, 8, 4, p. 231: 24–33，以及 *Liber Hermetis*, 14 概述十二區位的方式。

22　Olympiodorus, *Commentary*, 7, trans. Greenbaum, p. 84，引述內容經修改。

23　Hephaestio 非常明確地只在一組尖軸三合上使用時間排序，他的說法是即時星盤上的第九區位象徵過去，第十區位象徵現在，第十一區位象徵未來（*Apotelesmatika*, 3, 4: 2–3）。然而，Julian of Laodicea 則認為它是一條適用於所有尖軸三合的通用法則（CCAG, 4, p. 104–p. 105: 1）。在 Greenbaum, *The Daimon*, pp. 66–67 有簡要的討論。

24　關於 Serapio，見：*Definitions*, p. 231: 24–33。

25　Porphyry, *To Gaurus On How Embryos are Ensouled*, 16: 5.

26　Antiochus, *Summary*, 24（CCAG, 8, 3, p. 117: 1–2）, trans. Schmidt, *Definitions and Foundations*, p. 305.

27　如 Firmicus, *Mathesis*, 2, 16–19 的討論。Firmicus 將這些區位的力量對比視為「有利與虛弱無力」（feeble and debilitated）。較委婉的對比是「有益與無益」或「好與壞」，就像第五、第六、第十一和第十二區位的名字那樣平常。

28　Schmidt, *Definitions and Foundations*, p. 279ff.

29　Benjamin Dykes 偏好使用術語「不有利」（unadvantageous）而非「不利」（disadvantageous），來形容 *achrēmatistikos*。Dykes, *Introductions*, p. 118。

30　根據 Antiochus *Summary* 一書，作者 Timaeus 將這一學說歸於 Hermes，而 Antiochus 本人則將第二種說法歸於 Nechepso。見：CCAG 8, 3, p. 116: 3–12。有關此段落的翻譯和討論，見：Schmidt, *Definitions and Foundations*, pp. 279–289 和 Dykes, *Introductions*, pp. 118–213。

31　Hephaestio, *Apotelesmatika*, 1, 12.

32　Serapio 說「吉」區位是一、十、十一、五、九和三，而「凶」區位是二、四、六、七、（八）和十二。Serapio, *Definitions*, p. 226: 20–23。Valens 對前幾個區位的排名與 Hephaestio 類似，但他認為第三、九、七和第四區位都是「中段排名」（*Anthology*, 4, 11: 49）。另一方面，Dorotheus 二度將第三區位歸入壞區位，於 *Carmen*, 1, 10: 28 和 1, 13: 4。

33 以下文本清楚地描述了喜樂區位的要點：Paulus, *Introduction*, 24; Olympiodorus, *Commentary*, 23; Firmicus, *Mathesis*, 2, 15–19; Rhetorius, *Compendium*, 54。而 Manilius 是唯一一位描述了另一套喜樂區位系統的古代作家，在此系統中，金星在第十區位 而非第五區位得喜樂，而土星的喜樂則在第四區位而非第十二區位（*Astronomica*, 2: 918-938）。其餘的行星喜樂區位則與其他作者相同。可惜的是，此套系統只記述在 Manilius 的文本中，因此無法確定他對於喜樂區位的分配是實際發生的流傳演變、 還是文本流傳時的錯誤，抑或是他自己對標準系統所進行的特殊修改。Houlding 曾 試圖捍衛 Manilius 的更動是實際發生的流傳演變，主要是基於他的資料來自古代文 本（*The Houses*, p. 35ff）。另一方面，Schmidt 則毫不採用 Manilius 對宮位的看法， 認為在其希臘化傳統的脈絡中「簡略且違反常理」，並引述 Thrasyllus 的說法作為 更加可靠的早期區位與喜樂學說來源，以挑戰 Houlding 的論點（*Facets of Fate*, p. 126, fn. 11）。更近期的資料，見：Greenbaum, *The Daimon*, pp. 57–58 的討論。她在 書中討論到，將金星與第十區位連結的先例可能來自埃及，論點來源為一份以埃及 世俗體寫成的文本中，將第十區位稱為「女神的宮位／區位」。但 Greenbaum 也指 出，目前尚不清楚女神指的是金星還是月亮。由於意義含糊不清，應謹慎看待此項 連結。有關前述的埃及文本，見：Neugebauer, "Demotic Horoscopes," p. 117。在 Ross, "A Survey of Demotic Astrological Texts," p. 24 也討論過。

34 Valens, *Anthology*, 2, chapters 6 and 12.

35 Valens, *Anthology*, 2, chapters 5 and 11.

36 Paulus, *Introduction*, 24.

37 諸如此類的論據大多首見於 Brennan, "The Planetary Joys and the Origins of the Sig-nifications of the Houses and Triplicities" 一文。此文奠基於我與 Benjamin Dykes 在 二〇一二年四月間的一系列發現，其中大部分內容將陸續於本書介紹。

38 二〇〇八年一月的私下討論。

39 Aristotle, *On Generation and Corruption*, 1: 2–3.

40 斯多葛學派所採用的四元素序列，見：Diogenes Laertius, *Lives of Eminent Philoso-phers*, 7: 137。赫密士傳統，見：*Corpus Hermeticum*, 1: 4 所記述的宇宙起源，其中 火元素和風元素被認為是朝上移動，而水元素和土元素是向下移動。Copenhaver 於 *Hermetica* p. 98 將此段落的用語解釋為受到斯多葛學派的四元素觀念影響。

41 Firmicus, *Mathesis*, 2, 21: 6, trans. Holden，經修改並加註。

42 Firmicus, *Mathesis*, 2, 21: 7, trans. Holden，經修改。

43 Paulus, *Introduction*, 24。Rhetorius 在 *Compendium*, 57 作了類似的陳述。

44 正如 CCAG, 8, 3, p.101：16-30 西元一世紀初的 Thrasyllus 所引述。

45 它在 Valens, *Anthology*, 4, 12: 3 及 9, 3: 4 被稱為 *dōdekatropos*。然而，它在 Hepha-estio, *Apotelesmatika*, ed. Pingree, vol.2, p. 79: 25 第二版摘要，以及在 CCAG, 8, 1, p. 246: 21-22 中，一度被稱為 *dōdekatopos*。在 Valens 引述 Nechepso（*Anthology*, 7,

6: 212）討論區位的段落中，他似乎將其稱為「轉位」（*tropos*），這可能證明了 *dōdekatropos* 是正確的名稱。

46　它在 Antiochus *Summary*, 1, 25（CCAG, 8, 3, p. 117: 21）被稱為 *oktatopos*，雖然在 Valens, *Anthology*, 9, 3: 5，它被稱為 *oktatropos*。

47　Schmidt, *Kepler College Sourcebook*, p. 77.

48　CCAG, 8, 3, p. 101：16-30。見：Schmidt 譯本，*Definitions and Foundations*, pp. 344–345。我對以下關鍵字的翻譯受到 Schmidt 譯本的影響。

49　*tropou zōēs*。或者是「方式」、「方向」或「生命歷程」。

50　*daimonian*。在 Greenbaum（*The Daimon*, pp. 140–141），引述了 Hübner 和 Housman，將 *daiman* 修正為 *daimonian* 之後，就將這個詞視為「一個陰性形容詞，可能是用來修飾 *tuchēn* 這個字。」，這是基於第五區位作為「幸運」的對照結構。Schmidt 則不這麼想，他認為文本中的原始字詞是 *daimoniē*，基於與《密西根大學圖書館的莎草紙》比較之後，他將其解釋為「惡魔的領地」（demonic possession）。Schmidt, *Definitions and Foundations*, p. 345, fn. 125。

51　也可以說是「播種」或「受孕」。

52　例如 Valens, *Anthology*, 2, 40: 4; Paulus, *Introduction*, 24, ed. Boer, p. 55: 6。

53　Valens, *Anthology*, 1, 1: 38; Dorotheus, *Carmen*, 1, 18: 2.

54　在二十世紀的一些學術和占星學文獻中，有時會把 *oktatropos* 的意義誤寫為將整張星盤分為八個宮位或扇形區，而不是十二個（Bouché-Leclercq, *L'Astrologie grecque*, p. 276ff; Fagan, *Astrological Origins*, pp. 161–170;（Ralph）Holden, *The Elements of House Division*, p. 49; Tester, *A History*, p. 26）。早在一九二七年，Manilius 文本的其中一位編輯 A. E. Housman，就曾在信中向 Frank Egleston Robbins 指出，*oktatropos* 並不是將周日運行分為八個區間，而只是另一種為前八個區位設定含義的系統：「不論 *octatropos* 在何處出現，它都不是完整的 *dodecatropos*：它永遠不會把圓周分成八個相等的部分。」引述自 *The Letters of A. E. Housman*, ed. Burnett, vol. 2，p. 154。Housman 對此的判斷近來獲得 Goold（Manilius, *Astronomica*, pp. lxi–lxii）和 Schmidt（*Definitions and Foundations*, p. 308f）的響應。

55　CCAG, 8, 3, p. 101: 3–9。參照 Firmicus, *Mathesis*, 2, 14。

56　Schmidt, *Definitions and Foundations*, p. 309.

57　Valens, *Anthology*, 2, 16: 1, trans. Schmidt, p. 18，經修改。

58　Antiochus, *Summary*, 24，在 CCAG, 8, 3, p. 116: 32–p. 117: 1–20 似乎有一套更為完整的 *dōdekatropos* 早期含義。不過，我在此處關注的是 Thrasyllus 的版本，因為它有更可靠的年代。

59　Valens, *Anthology*, 4, 12: 1–2。不同譯本的比較：Valens, *The Anthology, Book IV*, trans. Schmidt, pp. 32–33; Valens, *Anthology*, trans. Riley, p. 80; Holden, *A History*, pp. 55–56。流年小限法是一種行運技法，將在後面的章節中詳細探討。

60　字面意義是「呼吸」或「生命的氣息」（*pneuma*）。

61　或「冥界之門」（Gate of the Underworld）。

62　*Kataskion*。或「陰暗的」。

63　有禮物或給付的意涵。

64　*Koinōnia*。該術語的意思是「貢獻協助」、「參與」、「分享（某事）」、「交流」、「夥伴情誼」。在 *Corpus Hermeticum*, 13: 9，它被用來與 pleonexia「貪婪」對比。其中的對照似乎是「慷慨」和「貪婪」二者間的對比。另一種正確的替代字義可能是「慷慨」或是「慈善」。

65　*Adelphoi*。嚴格來說，它的意思是「兄弟」，雖然這個字詞的陽性複數型態，有時候在希臘文中同時代表多位兄弟和姊妹。在基督教文本中，這個字詞有時代表「教友」（fellow-believers）、「弟兄們」、同民族的族人、同胞等。

66　此處遵循 Holden 對 *epikarpia* 的解讀釋義，而不採用其他未記述於古籍之意涵（*A History*, p. 55, fn. 137）。我認為此項釋義更有道理，就像某些作者（如 Rhetorius）將某些財務上的意涵與第三區位連結，如我們接下來會看到。然而，如果術語 *epi-kardia* 確確實實是手稿中所用的字，那麼它的字面意義是類似某種「讓人掛心」的事物。Holden 認為 *epi-* 是用來加強語氣的字首，而 *kardia* 則是感覺的比喻，因此他將這個字翻譯為「強烈的感覺」，或者也可能是指「親人」。

67　隱含著尊嚴和智慧之意。

68　*Monai*。或者也可能是「寄宿處」（Riley）。

69　*Metatropai*。這個字有幾種不同的字義，目前尚不清楚哪個是正確的。《希英詞典》引用這篇段落時，說明這個字的意思是「變化」，這合乎 *tropos* 的字義，但沒有考慮到字首 meta 所具有的廣泛含義，包括「接下來」或「之後」的東西。如果這是正確的解釋，那麼它可能意味著「變化帶來的結果」，或更廣泛的「行動的結果」，而這會指向詞條中的其他含義，例如「報應」或「懲罰」。我在此選擇「行動的結果」，這是根據 Hephaestio 在即時占星文本的第三冊中，出現第四區位與最終結果相關的頻率而定。另一方面，如果 *metatropai* 的原始含義真的只是類似「改變」之類的意思，那麼《布理爾希英詞典》（Brill lexicon，暫譯）中的其他詞條可能更貼切，例如：「變遷」、「更動」或「命運的變化」。見：Montanari, *The Brill Dictionary of Ancient Greek*。

70　*Mustika pragmata*。或「與奧祕有關的事情」。*mustikos* 這個字經常被用來指各種神祕的宗教，因為它們的教法傳授是個不得而知的祕密。*Mustikos* 更直接的意思是個人隱私或祕密。

71　*Koinōnias*。這與 Valens 賦予第二區位的最後一個含義用字相同。根據 BDAG lexicon，此字的主要含義是「與共同利益及分享緊密相關」，但次要含義是「表現出對親密關係感興趣的善意態度」，其中透過禮物或貢獻表示友誼。

72　或可能是「善意的行為」（act of kindness）。

73 *Pathous*。此術語通常代表一個人所遭遇的災難或不幸，或是代表折磨心智或靈魂的
　　事物。希臘化時期哲學家往往將感傷描述為一種靈魂的疾病。由於這裡是第六區位，
　　恐怕也隱含著肉體上的痛苦。Schmidt 認為它意味著「疾病」，Holden 取用「生病」，
　　而 Riley 則是「疾病」。

74 *Astheneias*。此術語也帶有「弱點」或「虛弱」的意思，但主要含義是「身心不適」、
　　「生病」、「疾病」。

75 *Gunaikos epiplokēs* 。或「與女人性交」，字面意思是「與女人交纏在一起」。如果
　　我們肯定這是一種委婉的說法，那麼他顯然把性和第七區位相連。

76 *Philias*。或也代表「感情」。

77 *Argos topos*。或「不活躍的區位」（inactive place）。

78 *Dikēs*。也可以是「正義」或「罰則」。

79 *Astheneias*。這個字也是第六區位的最後一個含義，我之前翻譯為「疾病」。

80 *Apodēmias*。這個詞的意思是「遠行」。在占星文本中，它通常隱含著異國旅行或
　　身在他鄉的含義。例如，Ptolemy, *Tetrabiblos*, 4, 8: 2。

81 這可能單純是「來自外國人的好處」，但也可能意味著更廣泛的異國事物意義，包
　　括外國各地。

82 *Astronomias*。其中包括占星學。

83 例如神明突然在信徒前現身或顯靈。

84 *Manteias*。或「預言」。

85 *Mustikōn ē apokruphōn pragmatōn*。也代表「祕密或祕教事物」。第一個含義與第四
　　區位相同，意即與奧祕相關。第二個含義是「隱藏的」、「隱蔽的」、「祕密的」或「隱
　　晦的」事物。

86 *Koinōnias*。同樣的含義也出現在第二和第五區位，儘管我在此處的翻譯使用的是此
　　術語的其他意涵。

87 遵循 Schmidt 對 praxis 的看法。或代表一個人的「職業」、「行業」或「行動」。

88 *Gunaikos*。字面意思是「女人」或「妻子」。

89 *Kainismou pragmatōn*。此組片語有點難，而且本身的意涵不是非常清楚。第一個字
　　似乎意味著「新」、「創新」或「更新」。第二個字只是一個對某人的狀況、事物
　　或業務的泛稱。這組片語似乎與啟動新事務、業務或環境有關。

90 *Elpidōn*。或指「期望」。

91 *Xenēs*。這是有點奇怪的 xenos 陰性詞彙變格。Holden 將其翻譯為「外國女人」，
　　但我認為這不合理。在同一章節的後段，Valens 說所有四個衰落區位都與外國的土
　　地或是外國有關（*Anthology*, 4, 12:13）。

92 *Kritērion*。如果是在法院判決中，它指的是法庭和審判結果。

93 *Astheneias*。或「弱點」。

94 Paulus, *Introduction*, 25，第一段，可能引用自 Ptolemy, *Tetrabiblos*, 4, 6: 1，他提到了

四個區位同樣與孩童有關。Hephaestio 說，Ptolemy 援引了 Petosiris 關於孩童主題的看法，因此這可能代表了一種更加通用的說法（*Apotelesmatika*, 2, 22: 8）。

95　Valens, *Anthology*, 9, 3: 6–18.

96　Valens, *Anthology*, 9, 3: 5.

97　從第三區位起算的第十一個位置，所以代表命主手足的朋友。

98　或「婚姻締造者」。

99　*Heurēmatōn*。Riley 將其翻譯為「寶庫」。它也可能帶有「發明」或「意外發現」的意思，通常還有其他潛在的含義，包括好運或意外之財。據推測，其基礎象徵意義只是揭開了被埋藏或隱藏的東西。

100　Riley 說的是「繼父（或繼母）的孩子」。

101　*Epiplastōn*。Riley 的說法是「養父母」（suppositious parent）。《希英詞典》的說法是，這個字是一個比喻，意思是「偽裝的」或「非真實的」。

102　我一貫將 *gunaikos* 翻譯為「配偶」，儘管它更常見的意思是「妻子」或「女人」。

103　*Chrēmatistikēs*。這與之前討論占星學概念時的 *chrēmatistikos* 是同一個字。它主要具有商貿含義，意思是「有利於商業」，或者如 Riley 的翻譯，與「金錢事務」有關。然而，它其中一個子含義是「神諭的」或「預言的」，而 Valens 在 *Anthology*, 1, 1: 1 較前段的篇幅討論太陽的含義時，也同樣使用這個字來說明「與眾神的交易」（*theōn chrēmatismon*）。除此之外，此區位的前一項含義「占卜」，又與此字有相近的意思，我便將其解釋為與神諭有關的交易。不過，這樣的解釋當然仍有尚待查明的地方。

104　Firmicus, *Mathesis*, 2, 14.

105　Firmicus, *Mathesis*, book 2，尤其是第 20 章，但是第 14 到 19 章節中的大多數的參考來源可能是同一出處，因為他所有十二區位的論述起點都是 oktatropos。稍後我們將在宮位制章節中再次回到這個主題。

106　關於某些中世紀的創新發明，見：Schmidt，"The Facets of Fate" 的討論。

107　特別是 Dorotheus, *Carmen*, 2, 20–27; Valens, *Anthology*, 2, 4–16; Firmicus, *Mathesis*, 3, 2–13; Paulus, *Introduction*, 24; Rhetorius, *Compendium*, 57。

108　另一項的好用的整理，見：Schmidt，"The Facets of Fate"。

109　案例見：Hephaestio, *Apotelesmatika*, book 3, chapters 6, 7, 9, 26, 37。

110　Valens, *Anthology*, 4, 4: 1–2.

111　Valens, *Anthology*, 9, 3: 7.

112　Valens, *Anthology*, 7, 2: 6.

113　Paulus, *Introduction*, 24（ed. Boer, p. 53: 23–25）.

114　Paulus, *Introduction*, 24（ed. Boer, p. 54: 16–28）.

115　Valens, *Anthology*, 4, 12: 1.

116　此討論見：Chaniotis，"The Divinity of Hellenistic Rulers"。

117　CCAG 8, 3, p. 117: 26.

118　Paulus, *Introduction*, 24, ed. Boer, p. 58: 5–9。Rhetorius 在 *Compendium*, 57 關於第六區位詞條的首段中也提出類似的聲明。

119　Valens, *Anthology*, 4, 11: 50.

120　案例見：Ptolemy, *Tetrabiblos*, 4, 6: 1。

121　Antiochus, *Summary*, 24（CCAG, 8, 3, p. 117: 15）.

122　同 CCAG, 8, 3, p. 101:28 中 Thrasyllus 的引述。

123　Valens, *Anthology*, 2, 7: 3.

124　Antiochus, *Summary*, 24, trans. Schmidt, *Definitions and Foundations*, p. 306.

125　Rhetorius, *Compendium*, 57（CCAG 8, 4, p. 216: 18–p. 127: 1–2）.

126　Rhetorius, *Compendium*, 57（CCAG 8, 4, p. 155: 3–5）.

127　Rhetorius, *Compendium*, 57（CCAG 8, 4, p. 164: 3–4）.

128　Rhetorius, *Compendium*, 57（CCAG 8, 4, p. 155: 14–16）.

第十一章

宮位制的議題

雖然整宮制似乎是希臘化傳統中主要的宮位制，但它並不是唯一的宮位劃分形式，為了因應不同目的，也發展出其他將周日運行劃分為不同扇形區的作法。許多關於宮位制的現代爭論，源自希羅時期占星家併用不同宮位系統的方式，甚至對於不同宮位制的確切用途，仍是今日希臘占星學研究持續爭論的主題。我在本章節將概述與宮位制相關的主要議題，並提出一些初步結論，但我認為此一領域的研究會持續進行，爭論亦不會間斷。

我想先引用幾份後來的中世紀文獻作為本節的開頭，因為這些資料回顧了幾世紀前希臘化早期傳統的特點。西元六世紀的占星家小奧林匹奧多羅斯，著有一本關於包路斯的評論性文本考證，其中有一篇以希臘文寫成的簡短章節，講解了象限宮位的計算方法[1]。此文本的現代編輯波爾，將這段章節以較小的字體呈現，基本上是以括號附註，因為這些內容可能根本不屬於原文文本，也許是在後來中世紀時期被插入[2]。雖然這些文字可能來自中世紀晚期，也許晚至十四世紀，但作者的開場白很具啟發性，因為它確認了早期占星家使用的是整宮制：

> 關於十二區位的劃定和區分，占星家們的意見分歧，各執一詞。因為他們直接使用黃道星座（zōidion）來劃分所有區位，而用度數來標誌時間或至高點[3]。

在名為《亞里士多德之書》（*Book of Aristotle*，暫譯）的中世紀文本中也有類似的說法，此文本的現代編輯認為，這是出自八世紀晚期占星家馬謝阿拉[4]。在這段話中，作者提到占星家之間對上升點的概念意見分歧，有一派認為第一宮要從實際的上升點度數起算，而另一派則認為包含上升點的整個星座才是第一宮，就算上升點位於上升星座的最後一度也一樣[5]。至少根據中世紀傳統，似乎可以確定一件事，那就是占星家們在傳統宮位的雙重來源中陷入兩難：有時宮位起始於上升星座，有時則從上升度數起算。這種困惑又從何而來呢？

上中天與三種形式的宮位制

　　廣義上來說，希臘化傳統中有三種不同的宮位制：（1）整宮制，（2）等宮制，以及（3）象限宮位制。這三種宮位制似乎都源自非常早期的希臘化傳統，雖然它們在現存文本中出現的頻率並不相等。此外，在使用特定技法或衡量的方法時，有時候會更常提到某一種宮位制，這可能意味著某些宮位制最初就是為特定技法而開發，並且可能沒有被廣泛地應用。

　　三種宮位制的存在有部分源自於定義「上中天」的三種不同概念。許多希臘化早期占星家傾向於更關注自上升星座起算的第十個星座；在沒有任何先決條件的情況下提到上中天時，他們通常是指第十個整星座宮位。第二種「上中天」的概念，是指位在星盤頂部且與上升點精準相距 90 度，我們現在有時稱它為「黃道地平最高點」（nonagesimal），其字根來自拉丁文的「九十」。在等宮制中，黃道地平最高點是第十宮的宮始點或起點。最後，「上中天」的第三種定義就是子午線的度數，也就是南－北軸線或子午線與黃道的交叉點，而上升點和下降點並不總是位在正東方或正西方，而是會在一天中略微移動。然而，子午線或南－北軸線不會移動，而且總是指向正南方與正北方。因此，子午線與下中天會隨著上升點－下降點這條軸線有相對的位移，這二條軸線從而創造了不均等的象限空間。由於上升點和地平線已經是一個固定不動的參考基準，當我們在看平面圖表時，子午線和黃道的交點會位在黃道上某一特定度數，並隨著上升點－下降點這條軸線，沿著星盤的上半部移動，且不一定總位在相對於上升星座的第十個星座。在象限宮位制中，子午線的度數就會是第十宮的起點。為了更清楚地說明，在下文中，我將把這一點稱為「子午線」（meridian）、「子午線－上中天」（meridian-Midheaven）或「象限上中天」（quadrant Midheaven）。

　　這三種不同的上中天定義，產生了三種計算宮位制的方法。第一種是整宮制，如前文所述，一旦確定上升星座後，十二宮位中的每一個宮位都會依據與它的相對位置，被分配到相對應的黃道星座，因此每一個宮位的起點和終點都會與星座的起點和終點相符。換句話說，現代占星師所說的「宮

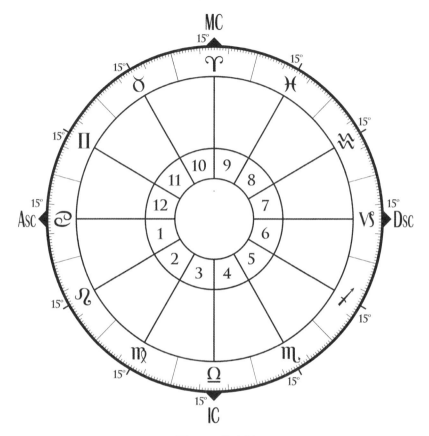

圖 11.1 - 等宮制

始點」（cusp），也就是每宮的起點，在這方法中就是星座之間的分界線。
每一個宮位正好包含了 30 度，因為這是每個黃道星座的長度。此外，正因
為是由十二個星座組成了十二個宮位，這可能是西方占星學中一開始就有
十二個宮位，而不是其他數字，例如八個或三十六個宮位的原因。

　　第二種宮位制，在今日被稱為等宮制。為了在星盤上計算出相等大小的
宮位，要從上升點的度數開始，依照黃道順序，以逆時針方向量出 30 度。
在此度數範圍內，從上升點到下一個星座的相同度數，就會是第一個「宮
位」或扇形區。然後再從該度數，以30度為單位接續測量下一個宮位。例如，

若星盤中的上升點在巨蟹座 15 度，那麼在等宮制中，第一宮就會從巨蟹座
15 度延伸至獅子座 15 度，第二宮從獅子座 15 度延伸至處女座 15 度，第三
宮從處女座 15 度到天秤座 15 度，依此類推。

　　第三種方法是象限宮位制。在象限宮位制中，首先定出以下幾個點的準
確度數：上升點、子午線、下降點和正對子午線的點；依現代慣例稱它為下
中天（Imum Coeli）或 IC。接著，分別將四組弧形度數之間的扇形區域分
成三等分，每一個象限都如法炮製，就能建構出星盤。希臘化傳統最常用的
宮位制，今日稱為波菲制（Porphyry houses），每個象限都依照黃道度數
均分成三等分。因此，舉例來說，你可以在任一星盤上，取上升點和子午線

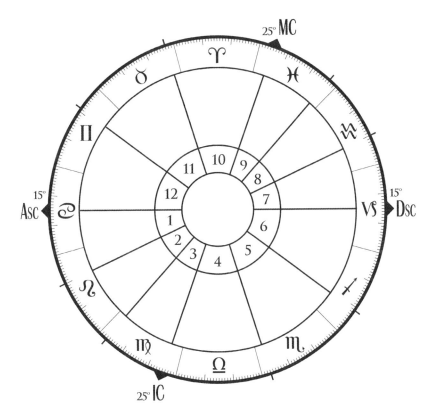

圖 11.2 - 象限宮位制

度數之間的空間，依實際的度數範圍平均分成三塊。然後在其他三個象限：子午線和下降點之間，下降點和下中天之間，最後是下中天和上升點之間的度數範圍，重複相同的過程，使每個象限都被分成三等分，而每一等分為十二宮之一。與整宮制和等宮制不同的是，這種宮位制通常不會每個宮位都恰好是 30 度，反而往往是大小不一。

　　大致上，這就是希臘化時期占星家所使用的三種宮位制，它們在希臘化占星傳統的基礎文本早有記述。接下來，我將論證這些內容：赫密士文本中的整宮制，阿斯克勒庇俄斯文本中的等宮制，以及尼切普索－佩多西瑞斯文本中的象限宮位制。整宮制後來成為主要的宮位形式，而象限制和等宮制通常是作為第二層宮位制，一般只用於某些特定技法中，例如用來判定壽長。最終，在希臘化晚期傳統中，這二種宮位制的應用逐漸擴展，搭配上整宮制，用途更加廣泛，但顯然依舊是作為第二層宮位制。中世紀占星家最初延續了整宮制和象限宮位制併用的傳統，但出於未知的原因，在後來的中世紀和文藝復興時期傳統中，象限宮位制全面掩蓋了整宮制[6]。西元九世紀之後，整宮制的知識概念慢慢地被世人遺忘。

現存希臘化天宮圖的整體調查

　　首先，我會以現存西元前一世紀到西元六世紀之間的天宮圖史料，對這三種宮位制各自的應用方式，做一個整體調查。我們會發現，現存天宮圖中唯一被大量廣泛使用的是整宮制。

　　關於整宮制普遍存在於希臘化傳統中最有力的一項證據，就是雖然有數百個天宮圖留存至今，但其中絕大多數只列出命主出生時間的上升星座，且通常沒有提到上升點的確切度數，也不記錄子午線－上中天的度數[7]。這一點很重要的原因是，整宮制是唯一只靠上升星座，就能計算出十二個宮位的宮位制。等宮制的計算需要精確的上升度數，而象限宮位制的計算則

需要上升點和子午線－上中天的精確度數。讓我們來看看現存天宮圖的一些具體數字，就能瞭解我所說的，大多數只列出上升星座的天宮圖，數量究竟有多少[8]。

　　現存的希臘化傳統的獨立星盤或天宮圖，有些已經出版且收錄在不同的合集中。這些「天宮圖」通常只是一小片莎草紙，記錄著某人誕生星盤中的行星位置。在占星諮詢時，占星家會依據莎草紙上的行星位置，將其重製在天宮圖板中，以便進行描述[9]。因此，目前現存的個人天宮圖，是我們得以解盤的原始數據，這些古代的莎草紙本質上等同於現代印製的星盤，客戶會把它帶給不同的占星家解盤。在諾伊格鮑爾和范‧霍森的合集《希臘文天宮圖》中，大約有三十八張只記錄上升星座的獨立星盤，因此只能計算出整宮制[10]。這些星盤中，大多數僅標示行星的所在星座。例如，請看這張寫在莎草紙上的星盤，日期為西元一五〇年三月十一日或十二日：

> 菲洛（Philoe）的本命星盤。安東尼十三年。
> 凱撒大帝。法莫諾斯月（Phamenoth）十五日
> 至十六日。夜晚的第四個小時，太陽在
> 雙魚座，木星和水星在白羊座，
> 土星在巨蟹座，火星在獅子座，
> 金星（和）月亮在水瓶座。
> 天蠍座是時標[11]。

　　藏集中大部分的獨立星盤，看起來都與這張盤非常相似，而這張星盤特別有趣的原因是，它實際上提出了天蠍座就是時標或第一區位，並進而承認上升點具有標記或指派整星座宮位序列中第一個星座的能力。作為對照，《希臘文天宮圖》那三十八張只記錄上升星座的獨立星盤，其中只有七張獨立星盤給出確切的上升點度數。理論上，這些星盤可以計算出整宮制或等宮制，但實務上，這些星盤可能大多數是用在整宮制上。最後，《希臘文天宮圖》中只有三張獨立星盤同時記錄上升點和子午線－上中天的度數，可用來計算象限宮位制。就算如此，也還是有些不清楚的地方，因為有時即使作者

計算出上升點和子午線的度數，他們依舊使用整宮制，正如我們稍後將在瓦倫斯文本中所見。然而，只有這三張星盤能算出象限宮位制，卻有七張星盤能用於計算等宮制或整宮制，而所有三十八張星盤都能套用整宮制。

我們在亞歷山大・瓊斯的《俄克喜林庫斯的天文莎草紙》（*Astronomical Papyri from Oxyrhynchus*，暫譯）的另一組獨立星盤中，也發現類似的數字。這些星盤都來同一希羅時期的埃及城市，年代從西元一世紀到四世紀不等，正是希臘化占星傳統的核心時期[12]。根據我的計算，書中彙編的星盤中，有三十四張星盤只記錄上升點的星座，因此只能用來計算整宮制。就像《希臘文天宮圖》中的星盤，這些星盤大多只用星座來標示出行星位置，而只有三張星盤給出上升點的度數可套用於等宮制或整宮制。最後，此組星盤中只有一張星盤，同時提供了上升點和子午線－上中天的度數。

還有一些規模較小的天宮圖收藏，但結果相差不遠。諾伊格鮑爾和范・霍森於一九六四年出版了《希臘文天宮圖》的增訂版，他們新增了三張只列出上升星座的獨立天宮圖（或者說「原始資料」），以及一張列有上升點度數，但沒有提供子午線－上中天度數的星盤[13]。後來，一位名為多納塔・巴卡尼（Donata Baccani）的學者，出版了另一部《希臘文天宮圖》增訂版，新增了只記錄上升星座的十六張星盤，以及一張有上升點度數，但沒有子午線度數的星盤[14]。

此外，諾伊格鮑爾在一九四三年發表了六張以埃及世俗體寫成的天宮圖，全部都只記錄上升星座，其中五張列出另外三個軸點星座，而所有星盤都符合整宮制（意思是，其他三個星座都與上升星座有四分相或對分相）[15]。諾伊格鮑爾和帕克（Richard A. Parker）在一九六八年發表了另外兩張世俗體天宮圖，其中一張只列出上升星座和其他行星的所在星座，另一張則列出了行星的實際度數，以及上升點和子午線－上中天的度數[16]。後來，米凱・羅斯（Micah Ross）出版了一系列以世俗體寫在陶塊或陶器碎片上的天宮圖，出土自希羅風格的埃及城市麥地馬迪（Medînet Mâdi），其中至少有十四張天宮圖明確記錄了上升星座，以及一張有上升點度數但沒有子午線－

上中天度數的星盤[17]。此書收錄的天宮圖，還包含另外十五張更簡略的星盤，只依序列出八個黃道星座的位置，可能暗指七顆古典行星所位星座及上升星座[18]，這些星盤都可溯及西元二世紀左右[19]。羅斯在另一篇論文中得出結論，那就是目前已知的世俗體星盤，通常符合整宮制的配置[20]。

　　如前文所說，這些單獨的星盤是為客戶計算出來的，本是諮詢中用來在天宮圖板設定星盤的原始數據資料。就絕大多數的現存星盤只記錄上升星座的這一點，意味著當時大部分的占星家都認為，就希臘占星的一般應用來說，整宮制已經足以符合解盤需求。事實上，現存大多數的天宮圖都沒有記錄上升點和子午線的度數，這代表無論是等宮制或象限宮位制的計算，都無法套用在這些星盤上，因為這些度數是這兩種宮位制不可或缺的先決條件。因此，大部分獨立的希臘文天宮圖都只能套用整宮制。由於這些獨立星盤的年代橫跨西元前一世紀到西元五世紀，意味著整宮制是希臘化占星傳統優先或主要使用的宮位制[21]。

　　除了現存於莎草紙或陶器碎片上的獨立星盤外，還有一些「文獻天宮圖」保存於希臘化傳統的占星學手稿及書籍中。文獻星盤應與其他獨立星盤分開處理，因為它們大多來自同一作者。這些星盤大多主要來自西元二世紀的維第斯・瓦倫斯，因為他在《占星選集》中使用超過一百張星盤案例，來展示不同的概念與技法，有時會多次使用同一張星盤。在諾伊格鮑爾和范・霍森的《希臘文天宮圖》合集中收錄的星盤，約有八十八張星盤只記錄了上升星座；六張星盤列出了上升點的度數，但沒有子午線的度數；約有二十四張星盤同時列出上升點和子午線－上中天的度數[22]。在同時列出上升點和子午線－上中天的二十四張星盤中，其中四張星盤也準確地計算出各宮的宮始點，這顯然是採用了象限宮位制。值得注意的是，此合集所收錄的天宮圖中，同時列出上升點和子午線－上中天的二十四張星盤，大多主要來自希臘化傳統晚期的兩位占星家：一位是瑞托瑞爾斯，另一位則被稱為「帕爾庫斯」[23]。如果我們再從此列表排除西元五世紀，或更晚期的星盤，那麼《希臘文天宮圖》就只剩下六張文獻星盤是同時有上升點和子午線－上中天的度數。這一點值得關注，因為正如我們稍後將看到，象限宮位制和等宮制到了希臘

化傳統的晚期，可能比早期那幾百年間更受重視。

　　此外，這些與文獻星盤相關的統計數字，在諾伊格鮑爾與范・霍森於一九五九年出版《希臘文天宮圖》之後，也會因納入占星手稿所收錄的天宮圖數量而受影響。例如，針對都勒斯現已失傳的原文稿，賓格瑞在一九七六年出版了其阿拉伯文版的文本考證，其中另收錄了九張西元一世紀的文獻天宮圖。文稿中有八張星盤只記錄上升星座，其中一張星盤列出上升點度數，但仍使用整宮制 [24]。就算再將其他零散的星盤納入討論，基本上也不影響結論，而且我認為本章節的廣泛研究，就廣義上已充分證明——現存的希臘文天宮圖普遍使用整宮制 [25]。我們現在將轉向分析現存的占星手稿，以瞭解各種宮位制如何被應用的概念。

引用整宮制的手稿

　　與其它宮位制相比，整宮制獨具一格，其特點在於黃道星座在此系統中成為宮位。因此，其中一種分辨希臘化時期占星家套用整宮制的方法，就是他們用黃道星座來指稱「宮位」或「區位」，並將這兩種概念視為可互相替換。當作者使用其他的宮位制，例如象限宮位制或等宮制時，顯然不會有這種概念互換的情況，因為希臘化時期占星家通常會特別闡明他們正在使用其他的宮位制，也會停止用星座來指稱區位 [26]。這一點也很重要，因為當占星家自己對其他宮位制的論述設下前提時，就暗示他們承認整宮制是標準或主要的宮位系統。希臘化早期占星家尤為明顯，我們經常發現他們使用整宮制的例子，即以黃道星座（複數形：*zōidia*，單數形：*zōidion*）來指稱宮位。現在，讓我們看一些範例。

　　我們的第一項證據是來自西元二世紀的懷疑論者塞克斯圖斯，他寫了一篇長文攻擊占星學，先列舉出幾項主題的核心技法，再對此加以抨擊。在此特別引用他對於十二區位的長篇論述，他盡可能鉅細靡遺地闡述了十二區位

是如何被架構出來，而在文章中，他顯然是使用整宮制：

> 然而，在所有黃道星座（zōidia）中，那些主導每張本命星盤的結果
> （apotelesmatōn），並且主要用來架構出預測的星座，依照他們的說法，
> 一共有四個，他們統稱為「樞軸」（kentra）。更準確來說，這些星座
> 各自的名稱是：「時標」、「上中天」、「下降」、「地底」或「反中
> 天」，最後一個星座同樣位在天空的中間。現在，「時標」是剛好在出
> 生的那一刻升起的（星座）[27]；「上中天」是從它起算的第四個黃道星
> 座（zōidion），它被包含在內；「下降」是「時標」的對面；而「地底」
> 或「反中天」是「上中天」的對面：因此（舉個例子會更清楚），當巨
> 蟹座是「時標」時，白羊座是「上中天」，而摩羯座是「下降」，天秤
> 座是「地底」[28]。

這段文章很重要，因為它說明了這四個軸點，都是根據與上升星座的相
對位置來定義的，上中天也含括在內。而它也說明了在西元二世紀，受過教
育的人即使不涉足占星也都懂這些知識。隨著文章的展開，塞克斯圖斯以哪
些黃道星座是正在離開（衰落）或跟隨在（接續）軸點星座之後的方式，概
述了尖軸三合的學說，正如我們在上一章小奧林匹奧多羅斯的文本中所見：

> 此外，對這些「樞軸」（kentra）來說，排在它們前面的黃道星座被稱
> 為「衰落」（decline，apoklima），排在後面的稱為「接續」（succedent，
> epanaphora）。他們還說，在時標之前，上升到視線可及之處的星座
> （zōidion）是「壞精神」（Evil Spirit）；接著跟在「上中天」之後的
> 是「好精神」，而在「上中天」之前的是「衰落區域」（downwards
> region，katō merida）、「單度」（single-degree，monomorion）和「日
> 天神」；在「下降」之後，是「閒置」的黃道星座（zōidion）和「死亡
> 的主宰」（dominion of death），在「下降」之前，超出視線與「壞精神」
> 相對的是的「懲罰」和「壞運」；迎向「地底」的是「幸運」，與「好
> 精神」相對，而在「反中天」之後，朝向東方的是「月女神」，與「日
> 天神」相對；接著緊鄰「時標」的是「無效」（argon），而它則是與「閒

置」相對。

最後，他再次以尖軸三合的概念總結了整體的配置。

> 或者，更簡潔地說，「時標」的「衰落」黃道星座（zōidion）被稱為「壞
> 精神」，而它的「接續」（被稱為）「無效」；同樣地，「上中天」的
> 衰落是「日天神」，而它的接續是「好精神」；依此類推，「反中天」
> 的衰落是「月女神」，它的接續是「幸運」；同樣地，「下降」的衰落
> 是「壞運」，而它的接續是「閒置」。

塞克斯圖斯明確地用星座來一一點出十二區位，這是一項重要的證據，
因為這些內容在當時的占星家眼中是理所當然的事。也因為在當時這是非常
基礎或淺白的占星學說。一旦理解這點，就能更清楚知道許多占星家們對這
些區位的論點，以及他們顯然將整宮制視為天經地義的事實 [29]。

就占星家本身而言，斯拉蘇盧斯的十二區位學說是最古老的資料來源之
一，而在他現存的《摘要》中，每當他談到這些區位時，他明顯地將它們視
為星座。例如，他會說時標是「有利的黃道星座」（chrēmatizon zōidion），
接著會依照其他三個軸點與上升星座的整星座相位結構一一列舉：

> 與它相對的區位被稱為「下降」；而那先於時標上升，並與它形成右方
> 四分相的是上中天；最後一個樞軸是反中天，也被稱為地底樞軸，與時
> 標形成左方的四分相 [30]。

西元前一世紀的天文學家傑米努斯（Geminus）在批評某些不具名者，
總是把與上升及下降星座有四分相的黃道星座當作上中天時，心中想的肯定
是像斯拉蘇盧斯和他的前輩那樣的占星家。

如前所述，四分相亦被用來支持命主。甚至，各種四分相的配置對某些
人來說也有不同的用法。因為他們認為，當同一組四分相的其中一個星

座下降時，下一個星座會（在）地球的上半球抵達上中天，再下一個星座上升，最後一個則在地球的下半球，抵達下中天，例如摩羯座下降時，白羊座到達上中天，巨蟹座上升，天秤座抵達地球下半球的下中天。相同的邏輯適用於其他組別的四分相 [31]。

後來，在其《摘要》接近尾聲時，斯拉蘇盧斯開始詳述 dōdekatropos 的含義，他提到它源自赫密士・崔斯墨圖，此出處也特別將每個區位，稱為星盤中的「十二分部」（dōdekatēmorion）之一，同樣使用我們之前在托勒密及其他文本中，所使用的黃道星座代名詞 [32]。他繼續從第一區位開始列舉各宮位，並在稍後的結論中提到，「他將星盤上的第十一個黃道星座（zōidion）稱為好精神 [33]」。這一點很重要，因為它是我們現存最早將十二區位歸功於赫密士・崔斯墨圖的文本證詞，它可能介紹了每一個宮位的最初含義、十二區位的名稱，以及行星喜樂系統。如果斯拉蘇盧斯認為，赫密士將每個區位都視為黃道星座，這就意味著在這本最古老，且也許是最初關於十二區位的文本中，就使用了整宮制。這部分解釋了，為何整宮制後來成為主導希臘化傳統的宮位制。

這項理論似乎在其他早期作者，如安提阿古斯關於十二區位的論述中得到證實。在安提阿古斯的《概要》中，他討論了有利區位（chrēmatistikos）和不利區位的概念，而根據根據蒂邁歐的紀錄，他先提出的是赫密士・崔斯墨圖的論點。有趣的是，他定義十二區位的方式，是根據它們相對於上升星座的黃道星座位置：

根據蒂邁歐，他們說，七個黃道星座（zōidia）有助於推展有利的事務——我指的是四個樞軸（kentra）：時標、上中天、下降和反中天；兩個相對於時標的三角圖形，和上中天的後上升。其他區位都無法帶來優勢 [34]。

如果安提阿古斯和蒂邁歐所用的資料，也跟斯拉蘇盧斯一樣，是來自託名赫密士・崔斯墨圖所著的十二區位文本，那麼這似乎更進一步證實了該論

述的概念前提，主要是基於將十二區位視為黃道星座[35]。塞拉皮奧為十二區位從最吉到最凶排序時，也提出類似的論述，他認為「有利星座」（benefic signs，*agathopoia zōidia*）有「時標」、「上中天」、「第十一個星座」、「第五個星座」、「日天神」、「月女神」，而「不利」（malefic）星座是「第二、第四、第六、第七、（第八）和第十二個星座」[36]。後來在安提阿古斯的《概要》中，他敘述了 *dōdekatropos* 所有的名稱和含義，內容非常可能援引自斯拉蘇盧斯引用的同一份赫密士文本，並且清楚地將十二區位稱為星座。例如，安提阿古斯說「第八區位被稱為下降之後（After-Setting）和閒置的黃道星座（*zōidion*）[37]。」在諸如瓦倫斯等其他作者中，第八區位被稱為「閒置區位（*argos topos*）」，而成為一個特定命名或稱號，然而，它在這處是「閒置星座」（*argon zōidion*），再次呈現出兩者是相同的概念[38]。

關於其他西元一世紀初期的作者，馬尼利亞斯有時被認為使用了某種形式的象限宮位制[39]。的確，文本之所以存在一些模稜兩可之處，在於馬尼利亞斯是以詩句的形式寫作，也因此當他在描述十二區位時，使用了許多帶有詩意的神話歷史隱喻和理想化的暗喻，而不是以更為直接的方式來描述它們[40]。古爾德的鬆散譯文，某種程度上加劇了這個問題，例如馬尼利亞斯會用 *locus* 這個字代表「區位」（place），而古爾德有時會將它翻譯成「神廟」，或偶爾會被翻成「點」（point）[41]。然而，當我們仔細閱讀馬尼利亞斯的拉丁文詩句時，他用來描述這些區位的語彙，與其他希臘化時期占星家是一致的，而且他也未曾提出任何將象限二等分的具體步驟。因此，看起來他與同時代的早期占星家一樣，都使用整宮制。

後來西元一世紀和二世紀的作者，仍持續著我們在早期看見的主流作法，將十二區位與星座劃上等號。如前所述，一世紀晚期的都勒斯，其著作中的星盤案例只採用整宮制，並且在各章節中案例的講解示範，也常將星座與區位等同視之。例如，赫菲斯提歐轉述了都勒斯對於受傷主題的看法，他說：

都勒斯（的論述）與這裡的說法一致。必須檢查這些（圖像），他說：

若第六個黃道星座（zōidion）是獸類星座或水象星座，或第六區位主星
位在此種屬性的星座上，就會帶來傷害[42]。

在都勒斯其他主題的著作中，也有類似的論述。以婚姻主題來說，赫菲
斯提歐轉述都勒斯的說法是，你要看的是「自時標起算的第七個黃道星座
（zōidion）[43]」。此段都勒斯文本的阿拉伯文譯本更加精確：

若你發現凶星與代表婚禮的星座——自上升點起算的第七個星座——
有相位，並且發現此處的主星位在衰落區位，或與凶星有相位而受腐
化，或配置不佳，那這就指出了我將要說明的事[44]。

在都勒斯阿拉伯文譯本的其他段落中，有對於手足主題的論述，他指導
讀者「從上升點起算的第三個星座，來看兄弟間的事務[45]」。在談論財務事
件時，他說：「我引導你去看的星座，是自上升點起算的第二區位。若你發
現有顆凶星在其中，在對面，或與它四分，可判斷財產和生計的衰落[46]。」
關於孩童主題，他說：

從第五區位（代表孩子的星座）和它的主星來看——它位在哪個區位，
它是顆吉星還是凶星（……）。若有顆吉星與第五區位有相位，且此處
的主星位在與上中天有相位的好區位，那麼這就代表（他的）兒女成群
且品行良善[47]。

在都勒斯其他與十二區位相關的常見主題論述中，也都依循將星座等
同於區位的類似模式。有趣的是，赫菲斯提歐曾說，都勒斯在討論婚姻等
特定主題時，援引了尼切普索的文本，若真是如此，那這就意味著託名尼
切普索與佩多西瑞斯所著的早期基礎文本，可能也應用了整宮制來研究特
定的主題[48]。

在西元二世紀的瓦倫斯著作中，也有類似的情形。當他談到各個區位
時，時常會用區位（topoi）和星座（zōidia）來交替稱呼它們。例如，當他

第一次介紹第十二區位時，他曾說「在此區位（topos）發現的吉星不會施恩」，但在接下來的句子中，他轉而稱其為星座：「每當這三顆行星位在這個黃道星座（zōidion）[49]」；對於第十一區位，他說：「若吉星位在好精神的星座（zōidion），坐落在適合的區位（epitopōs keimenoi）且位在恰當的外觀，它們讓人在年輕時就出類拔萃且富有……[50]」；在其他出處，他從第八區位落筆，將它稱為區位，並說「吉星位在此區位（topos）是無效且虛弱的」，但接著又轉而將此區位稱為星座：「若水星單獨位在此黃道星座（zōidion）……[51]」；在關於婚姻主題的後面章節中，他說「婚姻的區位（topos）想當然爾是自時標起算的第七個黃道星座（zōidion）[52]」。當他接連講到其他區位時，也一直互換星座和區位的說法。最後，他在《占星選集》第二冊中，介紹了十幾個星盤案例，並在所有星盤中都始終如一地示範了整宮制的應用。

　　另一位來自西元二世紀的重要占星家是托勒密。托勒密的作品與眾不同的其中一個原因是，他顯然傾向特別關注行星作為某些特定主題（如父母、婚姻、個性等）的代表因子，同時他也不傾向根據特定主題來使用區位或希臘點，而這是其他與他同時代的人（如都勒斯和瓦倫斯）的作法[53]。這種把重點放在行星，而不是依主題目的來應用十二區位的傾向是如此明顯，以至於曾有譯者在翻譯時指出「托勒密很少提及本命星盤上的『十二區位』（不那麼正確的說法是『宮位』）[54]」。以現在來說，這在某種程度上是正確的，但僅限於主題式應用。例如，托勒密從未將婚姻主題與第七區位連結，而正如我們所見，都勒斯和瓦倫斯都是這樣做。然而，當談到尖軸三合的概念時，托勒密確實經常提到十二區位。尖軸（無論行星位在軸點、接續或衰落）有部份被概念化為，提供行星在星盤中活躍和顯著程度的資訊，而托勒密曾說過，位在尖軸和接續的行星是有效益的，而位在衰落的行星是虛弱的[55]。在《占星四書》第三和第四冊中，托勒密幾乎在每個章節都提到尖軸的概念，在某種程度上，它與十二區位的概念密切相關；托勒密其實很常使用十二區位，但並非出於主題目的，而是主要用來判定行星有多「忙碌」、「充滿活力」或「有效運作」。

話雖如此，托勒密並非完全不將十二區位應用在主題目的上。事實上，有幾個區位會被他特別應用於此，而他的用法在很大程度上，與其他希臘化時期占星家賦予這些區位的意義一致。例如在第三和第四冊的某些要點上，他提出了以下的相關性：

時標與命主的外表[56]。

第六區位與受傷[57]。

上中天與職業[58]。

第十二區位與奴隸[59]。

第十、第十一、第四、第五區位與孩童[60]。

我只有找到這幾個他將特定主題與某些區位相連的例子，而其他區位則未被討論到，即使該文章脈絡與它們的主題含義相關。在某種程度上，這似乎是托勒密傾向以改革傳統者自居的結果，因此他閉口不提某些區位含義的作法，可能是一種對當時許多同儕，理所當然接受這些傳統連結的否定態度。比如，他為何不在談論手足的章節提及第三區位，或者談論關係的章節中提到第七區位？另一方面，他對這些主題的論述都非常簡短，也許事實就是如此，如果他一開始就決定在撰寫每個主題時，做更廣泛且詳細的探討，也許他就會使用更多與這些區位相關的傳統主題。很可惜，我們無法肯定這點。

綜上所述，雖然托勒密強調行星，並淡化將十二區位用於主題目的的傾向，這意味著《占星四書》中並無太多案例可供我們研究他所使用的宮位制，然而，從他用來討論十二區位的幾個案例中，似乎大多指出他主要使用整宮制。我們來看幾個具體的例子。

在《占星四書》第三冊第四章中，托勒密提供了他對本命占星學的概論綜述，接著在後續的章節中系統化地應用這些方法。在倒數第二段，他說位在本命星盤上尖軸或接續區位的行星，最能帶來效益。我們正是從此處發現，這是他首次提到整宮制：

而它們是本命星盤上最有效率的，每當它們行經四個樞軸或十二分部（dōdekatēmoriōn）的後上升時，尤其是主要的樞軸（我指的是上升樞軸和至高點的樞軸）[61]。

如果托勒密在此處是使用整宮制以外的其他宮位系統，那他應該使用「區位」這個字。在那種情況下，句子應該會是：「每當它們行經四個軸點和接續區位時」。相反的，他將接續區位稱為「十二分部」或「星座」。從象限宮位制或等宮制的角度來看，這沒有多大意義，但如果我們從整宮制的脈絡去理解他的方法，一切都說的通了。托勒密在書中其他地方提到，研究奴隸主題要觀察：

佔據壞精神的黃道星座（zōidion），以及本命星盤上星體們與所在區位（topos）的天生適性，以及在它們的推進或對分相，尤其是只要星體們對十二分部（dōdekatēmorion）有主導權，與本命星盤上居領導位置的區位有和諧相位，或與其有對分相[62]。

這個段落明確提及了整宮制，因為他說「星座」佔據了壞精神，後來又將其稱為「區位」和「十二分部」。

在接下來關於旅行主題的章節中，托勒密的判斷主要是根據兩顆發光體和四軸點之間的關係。他最終建立出來的準則是，第七區位以及所有的「衰落」區位，都跟旅行有關。托勒密接著舉出幾個帶有旅行預兆的實際案例或配置。首先，他說當月亮位在衰落或衰落點時，就會帶來旅行。接著，他說當火星位在下降點或自上中天衰落時（意味著第九區位），也會發生旅行。最後，在這一段的結尾，他說：

若幸運點也位在導致離家的黃道星座（zōidia），（命主）一生中會不斷在異鄉居住和活動[63]。

這部分是另一個明確指向整宮制的參考，因為本章節此時並沒有提到特

定的黃道星座。到目前為止，唯一提到與旅行相關的區位，是四個衰落區位
和第七區位。托勒密在此處明確地將這些「區位」稱為「星座」，因此我們
有充分的理由認為，他與當時的同儕一樣，主要使用整宮制來研究特定主
題。

　　雖然我們還可以從更多作者的著作中，找出許多使用整宮制的例子，但
就我們的目的而言，我認為目前的調查已足以說明，整宮制的應用不僅普遍
存在於現存的希臘文天宮圖中，在希臘化時期占星家的技法手冊中也是如
此。此外，我們現在知道，希臘文天宮圖中大量應用整宮制的原因，不單純
是因為古代受限於技術的限制，而會有諸如出生時間紀錄的準確性，或上升
點度數的天文精確程度等種種難題。我們反而能夠知道，是十二區位的某些
本質，讓它們在希臘化傳統非常早期的階段，就在概念上與黃道十二星座
連結。那麼問題來了，若真如此，那麼其他的宮位劃分形式又是從何而來，
以及它們又是如何被應用的呢？

象限宮位制與活躍度

　　正如我們所知，希臘化時期占星家通常傾向將黃道星座視為區位，特別
是在討論與十二區位相關的特定主題或生活領域時。然而，在判定行星有多
「忙碌」或「充滿活力」（chrēmatistikos）的情況下，有時候會使用其他形
式的宮位制。史密特是在翻譯托勒密《占星四書》第三冊前言的時候，第一
次注意希臘化時期占星家的這種傾向，同時也引進了一種慣例，那就是把宮
位用作判定各類主題或生活領域時，稱為「主題式（topical）應用」，而把
宮位用作判定行星強度或活躍度的作法，稱為「活躍度（dynamic）應用」
[64]。雖然這樣的區別不是毫無瑕疵，因為這兩種應用有時候會重疊，但在大
多數情況下是有效且必須的，這是為了謹記並理解希臘化傳統中，不同形式
的宮位制被導入的原因和方法。

　　這種區別，似乎最初發展自我們在一些早期文本中所發現的概念，就是時標的所在度數為行星「提供能量」的那股力量，被認為會依照黃道順序向下延伸或輻射幾個度數，甚至可能跨越星座的分界。例如，在都勒斯著述的阿拉伯文譯本中，有一段關於判別行星是否 *chrēmatistikos* 的討論，寫道：

> 若你發現一顆行星與上升點之間（相距）15度，那麼，即使它位在自上升點起算的第二個星座，也要把它的力量視同位在上升點一樣。但若是超越了這段距離，它在上升點就沒有力量[65]。

　　推動此概念的基礎來自一項事實，那就是緊跟在上升點之後的那幾個度數，不久之後就會上升；因此，就算某顆行星在出生那一刻，沒有準確地位在上升點度數，但如果它與上升點之間的相隔不遠，它也會在不久之後上升。在安提阿古斯《概要》中也有類似的敘述，出現在概述 *chrēmatistikos* 區位的同一段落後半段，取自《蒂邁歐篇》內赫密士的說法：

> 但通常，若大部分的時標度數都上升了，而由最後幾個度數標示出時刻，那麼後上升的黃道星座（*zōidion*）將與時標共同聯手開展有利的事務[66]。

　　這個段落與都勒斯論述的相似之處，是提到上升點度數的力量，可以擴展至上升星座之外，但只有在此段落中提到，上升星座和依照黃道順序的第二個星座，都會被標記為「忙碌」或 *chrēmatistikos*，並將它們稱為「共同忙碌」（jointly-busy）或「共同活躍」（*sunchrēmatizon*）。

　　這種將上升點度數的力量，依照黃道順序向下擴展的概念，似乎為其他形式宮位制的發展提供了部分動機。值得注意的是，除了整宮制之外，其他形式的宮位制，通常只會在早期作者判定行星是否 *chrēmatistikos* 的相關討論中出現，特別是在論及用來判定命主壽命長度的特定技法時，通常會先提到其他形式的宮位制。例如，瓦倫斯在《占星選集》第二冊中，使用了許多整宮制的案例星盤，但是當他在第三冊中談到壽命長度時，突然首

次介紹了一種象限宮位制的宮位劃分形式（被稱為波菲制，Porphyry house system），並解釋了在此特定技法的脈絡下，如何用它來判斷行星是否「忙碌」（chrēmatistikos）[67]。象限宮位制作為找出行星活躍度的應用，在於找出壽命技法中，強大到足以代表命主生命力的「生命主星」（predominator；epikratētōr），雖然它也能夠應用在其他技法上，例如找出壽主星（the Master of the Nativity）。瓦倫斯在第三冊結束壽命長度的討論後，在《占星選集》中的其他星盤案例，又回復使用整宮制。

　　有趣的是，當瓦倫斯首次介紹象限宮位制的活躍度應用時，甚至沒有像傳統認知般，完全套用象限宮位制；首先，他說道，當你三等分所有四象限軸點間的弧形度數時，緊跟著四軸點的第一個三分之一區域是「忙碌的」（chrēmatistikos），而所有象限中的另外兩個三分之一區域是不忙碌的[68]。其結論基本上是將象限宮位的運作，分為八個扇形區：緊跟在四軸點之後的是四個忙碌區域，接著是在其之後的四個不忙碌區域。然而，他隨後引介了自己對此應用的修改版，並提到在他看來更好的作法是，將每個象限中緊跟著四軸點的第一個三分之一視為「最忙碌」，第二個三分之一視為適中或中等，最後三分之一視為失去活力[69]。基本上，這是把軸點、接續和衰落區位的概念，從整宮制的骨架擴展至象限宮位制上，令人驚訝的是，在瓦倫斯所處的西元二世紀，這種擴展顯然是一種創新。在討論的最後，提到一位名為奧瑞恩（Orion）的作者，「在自己的書中闡述這所有一切」，這表示瓦倫斯某些關於象限宮位制的資料，引用自一個更早期的文本出處，然而這可能不包括瓦倫斯自己提出的修改版本[70]。

　　這裡可以跟都勒斯著作中的另一個段落進行比較，其內容講述了四軸點所在度數的力量，是以每 15 度為單位，依黃道順序向外輻射，這顯然是指星座上升的度數[71]。這些內容出現在討論區間光體三分性主星法的上下文中，都勒斯的說法是，四軸點之後的第一個 15 度區間是強大的，第二個 15 度區間也同樣強大，第三個 15 度區間強度中等，然後任何超出以上度數範圍，直到下一個軸點之間的度數，將沒有任何力量。目前還不清楚，他此處是談論等宮制或是象限宮位制的軸點。然而無論是哪一種，都再次重述了早

期傳統中的三重等級標準：軸點、接續和衰落，不一定每次都能直接套用在象限宮位制或等宮制上。相反的，這種分級最初似乎是應用在整宮制的脈絡下，直到後來的占星家，才開始將其應用於其他非主流的宮位系統上。

　　同時參看瓦倫斯此章節與都勒斯的段落，似乎指出了象限宮位制的軸點度數，可能最初就被概念化為，軸點能量在一定範圍內的延伸，但這並不一定等於將象限宮位制的十二個扇形區，分為能量最強、中等和最弱三個等級（意即嚴格按照軸點、接續及衰落的順序來區分）。這反而只是一個大致的概念，即在四軸點後一定範圍內的度數，能夠為行星提供能量使它們「忙碌」，但仍有各種不同技法，可以用來設定這段度數範圍。這樣看來，這種說法大多可溯及後來的作者對於援引的一些早期源文本的不同闡述。以尼切普索的文本為例，根據安提阿古斯的說法，四軸點和四個接續區位是 *chrēmatistikos*，而四個衰落區位則不是 [72]。

　　與瓦倫斯作法相同，托勒密直到在《占星四書》第三冊第十一章談到壽長技法時，才首次介紹另一種宮位劃分形式。托勒密在此章節中描述的是哪一種宮位形式，始終是歷史上備受爭論的主題，儘管最近史密特和霍登都認為，此段落概述了某種形式的等宮制，並從位在上升點之前 5 度的位置起盤 [73]，這看起來是經過兩個世紀以後，赫菲斯提歐對托勒密此段落內容的最初解釋，而他似乎也認為，其他人也因為此一特殊技法的緣故，而採用類似的作法 [74]。然而，他接著引用了一位名叫潘查里烏斯（Pancharius）的早期托勒密評論家，他顯然對此段落有不同的解釋，認為其描述的是某種形式的象限宮位制 [75]。潘查里烏斯概述的是經改良的波菲制，或也可能是後來被稱為阿卡比特斯制（Alcabitius house system）的版本 [76]。在波菲對《占星四書》的《四書導論》中，同樣將托勒密此段內容解釋為，應用於壽長技法中的象限宮位制 [77]。波菲在此章節中，建議將每個象限按比例分成三等分，從而形成今日的波菲制；儘管正如我們之前看到的，瓦倫斯在西元二世紀已經描述了一樣的作法。因此，我們可以看到，托勒密的這段文章，在他逝世後的幾個世紀內，被至少兩位不同的作者，出於對托勒密的不同詮釋，而用來當作推廣象限宮位制的理由，但也可能是因為意識到其他較早的占星家，

例如瓦倫斯，早就因為壽長技法而使用象限宮位制，而非等宮制。

那麼問題來了：為什麼希臘化時期占星家，如瓦倫斯和托勒密，只會在使用壽長技法時，才首次介紹這些非主流的宮位制呢？答案似乎與希臘化傳統所使用的壽長技法有關，包含找出一顆生命主星，然後將它用在主限向運法（primary directions）的星盤中；此技法可溯及尼切普索和佩多西瑞斯的文本。西元一世紀後期的老普林尼，在研究中提到，尼切普索與佩多西瑞斯流傳下來的一種用來判定壽命長度的技法，被稱為「象限」（quarters）理論，原因是此技法認為任何人的壽命長度，都無法超過生命主星，在主限向運法中，自本命星盤所在位置往前推進 90 度所需的時間 [78]。這一學說被後來的作者廣為流傳，以曼內托為例，他的結論是「每一個象限的邊界綁定了一個休止點。因為以此作為凡人最遠的終點，取悅了命運三女神 [79]」。瓦倫斯在他關於壽長技法的論文中，引用並批評了此學說，說他曾見過命主的壽命超出了象限的邊界，儘管「老人家」（the old one，palaios）特別強調這是不可能的 [80]。托勒密一定也援引同樣的文本，在他關於壽長技法的章節開頭，就提到這項技法應該用在所有其他技法之前，因為根據「古人」（the ancient one，archaion）的說法，對一個活不到未來事件發生之時的人提供預測，是一件荒謬的事 [81]。雖然老普林尼將這項技法歸功於尼切普索和佩多西瑞斯，但我推測佩多西瑞斯才是此技法的關鍵人物，因為早在西元一世紀，詩人盧西留斯（Lucilius）的諷刺短詩就嘲諷他：

> 占星家奧盧斯，在起了自己的本命星盤後，說死亡的時刻已經到了，他只剩下四個小時的生命。當時間到了第五個小時，他不得不背負著無知的罪名苟活，卻漸為佩多西瑞斯感到羞愧而上吊，他吊在空中逐漸死去，仍舊不知所以 [82]。

這段諷刺詩的意思是，這位占星家對於佩多西瑞斯無效的壽長技法感到羞愧，因而決定自殺。這可能就是為何瓦倫斯和托勒密，不約而同地以第三人稱單數，將這位神祕的古代作家稱為「老人家」或「古人」的原因，因為在後來的占星家之間廣為流傳的壽長技法，最早記載於託名佩多西瑞斯所著

的文本。如此一來，就能解釋為何托勒密和瓦倫斯一談到此特定技法時，都會介紹這些非主流的宮位形式，這肯定也是根據佩多西瑞斯文本上的記載。

更進一步來說，這也許是另一個技法被含糊記載的例子，讓不同作者對於此技法應當選用哪一種宮位制有不同的詮釋，而之所以引發某些爭議的原因，來自於對尼切普索如何計算幸運點的方式有不同看法[83]。以托勒密來說，他可能將它解釋為對等宮制的描述，而對於瓦倫斯和其他作者來說，它可能被解釋為象限宮位制，但普遍的共識是，源文本似乎意指，若要使用這項特定技法，宮位必須以度數而不僅是星座計算。我們或許能透過安提阿古斯的《概要》，稍微瞭解源文本所用的語言；此著作保留了一段如何決定生命主星（epikratētōr）的短文，對後來的作者而言，堪稱是計算壽長的先驅：

> 但更準確地說，日間盤的太陽恰巧位在東方時，其本身就具有生命主星的地位，因為它統御白天；但當它在白天朝西方衰落，而月亮位在東方時，月亮將會統領一切。同樣地，即使月亮本身恰巧位在時標的後上升，而來自東方的太陽正朝向衰落，月亮也將取得生命主星的地位，但是當它們都朝向西方衰落時，時標將取得生命主星的地位[84]。

短文中對於方位的模糊敘述獨樹一格，而瓦倫斯在他關於找出生命主星的章節中，所列出的相似規則，大概也是引用了相同的出處（也許是佩多西瑞斯？），但他將關於方向性的術語翻譯成更具體的十二宮位配置[85]。可能正是原文模稜兩可的文風，導致了對此技法使用不同宮位制的討論。特別有疑慮的地方，在於對上中天的描述，其中的模糊地帶是否寬廣到足以含括不同的解釋空間。無論如何，以上種種因素對某些非主流的宮位劃分系統意義重大，特別是象限宮位制，它可能是由佩多西瑞斯在希臘化傳統的早期階段，為了壽長技法而延伸發展出來的。此外，似乎還有一股趨勢，是將這些宮位制用於行星活躍度，而非主題式的目的；雖然仍有一些例外。我們將在接下來進行討論。

◎上中天度數的象徵主題

　　雖然瓦倫斯在象限宮位制的應用上，似乎僅限於壽長技法，除此之外的星盤案例都套用整宮制。但在《占星選集》第五冊中，他的確另外寫了一篇專題短文，關於子午線－上中天，以及與它相對的點（下中天的度數）[86] 的重要性。他說，這些度數帶有與第十和第四區位相關的含義，並將這些含義一併帶入它們在整宮制中的所在位置，並為這些星座位置相關的主題，帶來加倍的效應。這種用法與希臘點相似，正如我們稍後將看到，任何敏感點位在特定的黃道星座度數上時，其自身的含義效應會擴及整個星座，而不是侷限在其落點後的那一段度數範圍。瓦倫斯曾用一個例子來解釋他的意思：

> 正如同位在雙子座的時標一樣，位在水瓶座的上中天也有自己的度數。那麼，此地既與活動、名譽和孩童有關，也與異鄉和天神有關，因為它位在黃道上，自時標起算的第九區位（……），同樣地，水瓶座的對向（即獅子座），是地底樞軸，與地基、建築、雙親有關，也與天神、手足和異鄉有關[87]。

　　接著，他說子午線－上中天的其他配置也是如此，比如它在整星座宮位中位在第十一宮。這點成為整宮制實際應用上的重要原則，因為這意味著子午線－上中天和下中天的度數仍被納入考量，但會被認為是將本身的象徵意涵，帶入任何它們在整宮制的落點。這種方式，似乎代表了整宮制和象限宮位制並用的早期嘗試，而值得注意的是，瓦倫斯只將此概念應用於子午線－上中天和下中天的所在度數，似乎並沒有在此章節提到象限宮位制中，其他宮始點的計算，反而很明顯地只關注在子午線本身及其相對位置的度數。

　　我們知道，瓦倫斯後來在《占星選集》第七冊中的一張星盤案例，應用了這個概念，他解釋了位在整宮制第九宮的土星被引動後，連同子午線－上中天，象徵著命主生命中某段困難的時期，但他也同樣將位在整宮制第十宮，且被其他方式引動的火星納入考量，並將它視為帶來麻煩的肇因[88]。我們由此得知，就算某些現存的希臘文天宮圖，計算了上升點和子午線－上中

天的度數，也不能想當然爾地認為希臘化時期占星家們，早就使用了某種形式的象限宮位制，因為他們有時仍將這些度數視為敏感點，並套入到整體而言仍屬於整宮制的架構中。

◎四軸點度數對行星活躍度的影響

在希臘化傳統的中程階段，包路斯在西元四世紀提出了另一個重要的技法，有時候會同時用到整宮制與象限宮位制。他導入的概念是，上升點和子午線－上中天的度數，能夠促發其他行星採取行動，並藉由緊密的星座相位，讓它們成為 *chrēmatistikos* 或「忙碌的」[89]。包路斯將此技法視為一種緩解條件，對於位在整宮制中任一衰落或墜落區位的行星而言，儘管這些區位的部分特徵是讓行星失去活力，此技法卻能夠讓行星「變得忙碌」。

他說，為了讓緩解因子生效，位在衰落或墜落區位的行星，必須與任一軸點在3度內形成精準三分相。他接著舉出一個例子：上升點在獅子座14度，木星在白羊座15度。他說，此例中的木星位在衰落區位，因為它位在自上升星座起算的第九區位；然而，在這種情況下，木星的狀態會變得更加「忙碌」或充滿活力，因為它與上升點度數形成3度內的三分相[90]。

包路斯接著舉了另一個例子，說明此概念如何與上中天的度數共同運作。他說，假設上中天在金牛座14度，金星在摩羯座15度。那麼，金星位在整宮制的第六區位，因此正在衰落，但由於它與上中天形成3度內的三分相，這讓金星成為「有利的」和「忙碌的」。據推測，包路斯在此指的是子午線－上中天的度數，因為他後來在《緒論》第三十章說明了計算方式。雖然在理論上，此例的上中天會與上升點精準相距90度，如同等宮制的上中天宮始點，而如果前一個例子的上升點在獅子座14度的話，那他可能在講的是同一個星盤。像瓦倫斯一樣，包路斯在後面的章節指出，子午線－上中天的度數並不總是位在自時標起算的第十個星座，反而有時候會位在第九或第十一個星座。

　　包路斯所做的，正是將上升點和子午線－上中天的度數，合併套用到整宮制中，這點可以從他在《緒論》第二十四章中，不斷地以黃道星座來描述這些區位看得出來。例如，他將第二區位稱為「時標的接續」，然後在下一個句子描述行星位在此地的情境時，他首先說「在這個黃道星座（zōidion）中，當吉星位在此處……[91]」，然後在下一段談到第三區位時，他指出此地和「與天神有關的黃道星座（zōidion）相對」，就是在指第九區位。他接著繼續談論第三區位，並說「在這個星座，月亮得喜樂[92]」。在此章節的其他部分，他仍舊維持類似的模式，交替使用區位和星座來指稱宮位。

　　以上的敘述，讓我們看到另一個在希臘化傳統的中程階段中，合併使用整宮制和象限宮位制的例子。或者說，至少在整宮制的架構下運作時，解盤時仍會將上升點和子午線的實際度數納入考量，依此例而言，是為了判斷行星的活躍度。正如我們稍後將在一些星盤案例看到，在解讀星盤上位置不佳的行星時，這個技法其實是一個非常有效且重要的緩解因子。

等宮制與阿斯克勒庇俄斯文本

　　當托勒密可能早已將等宮制用於行星活躍度時，其他人則是在壽長技法中使用象限宮位制，但他並不是唯一提到等宮制的希臘化時期占星家。除了托勒密，等宮制也出現在希臘化傳統中另外兩個重要的來源，那就是瓦倫斯和費爾米庫斯。以瓦倫斯來說，等宮制的概念只在《占星選集》第九冊中被簡短地引用，緊接在他首次介紹並描述衍生宮含義之後；這些內容在前文介紹過[93]。正如前文所討論，瓦倫斯著作中的這篇簡短章節（以衍生宮的含義作為開頭），似乎主要在總結或重述，早期託名阿斯克勒庇俄斯的文本中關於 oktatropos 的內容，並且與費爾米庫斯《論數學》前面幾章從 oktatropos 介紹十二區位的內容有某些雷同之處[94]。事實上，瓦倫斯在此章節提到衍生區位含義之前，一開頭就先介紹阿斯克勒庇俄斯撰寫了許多有關 dōdekatropos 和 oktatropos 主題，這可能暗示了這些內容是總結自其他文本。

就像《占星選集》先前那篇標題為〈論父母，出自蒂邁歐〉章節，似乎就是一個關於父母主題的總結[95]。在書中其他章節也是如此，瓦倫斯先引用了亞伯拉罕關於旅行主題的內容，然後再提出一些該主題的具體配置描述[96]。在介紹了《占星選集》第九冊同一章節的衍生區位含義之後，作者開始簡要論述十二區位及各區位主星的詮釋，並論述如何在非特定的時間主星技法中使用它們（這聽起來像在講流年小限法）[97]。接下來的內容，則突然轉向等宮制的介紹：

> 首先，務必計算出每個區位的度數位置：從被判定為上升點的位置開始計算，劃定第一區位的30度區域後；這裡就是「生命的區位」（Place of Life）。接著繼續劃定下一個30度區域，即「生計的區位」（Place of Livelihood）。依照星座順序進行，一個星座時常會被劃分到兩個區位，且會根據各自所佔據的度數，作為其性質的指標。同樣地，也要查看星座的主管行星位在哪一星座上，以及統治哪一區位（根據它在天宮圖上的度數位置）。有了這些步驟，「轉位」（turn，*tropos*）就很好解釋了。如果計算出來後，整張星盤上每個區位都剛好對應到一個星座（這種情況很少見），那麼命主就會被捲入監禁、暴力和難纏的事件中[98]。

此段落清楚地解釋了等宮制，也說明了有時候一顆行星可以根據整宮制坐落在某一區位，而根據等宮制卻是坐落另一個區位，而在描述中，這二個區位的性質會有某種程度的相關性。下文接著開始討論，當十二區位完全對齊黃道星座時，會發生什麼事。但很可惜，此處的內容殘缺不全，只能拼湊出一部份關於本命的敘述，然後文句就突然轉而談起一種新的行運算法：

> 若水星與這些時間主星（chronocrators，即太陽和火星的主管星座）有連結，那這種情況代表由文件引發的攻擊或監禁。依此類推。正如我所描述的，要注意星體們的流運，以及它們在各種時間主星系統（chronocratorships）中的星座轉換。務必按照以下步驟計算：在出生日期加上與命主歲數（以年為單位）相等的天數。接著，求出日期之後，無論它是在出生當月或下一個月，都從這一天起盤[99]。

　　史密特近來將上一段結尾的論述，解釋為一種切勿只用整宮制的告誡，然而此處的文字內容已經難以辨認，且轉而描述特定的本命星盤配置及行運技法，因而尚不清楚此作法的用意何在，也不確定這段論述，是否最初是由瓦倫斯還是阿斯克勒庇俄斯提出的[100]。唯一可確信的是，此段落緊接在《占星選集》中，關於衍生區位首次且唯一的延伸論述之後，在兩個不同的行運技法（似乎是小限法和次限推運）的殘稿之間，並提出兩個區位可以剛好位在同一個星座中的聲明。在這個簡短的段落中，沒有清楚說明兩個區位共用同一個星座，是否為區位主題帶來了影響。例如，瓦倫斯在第五冊提到，子午線的度數位置，可以為其所在的整宮位置帶入額外的主題；或者純粹用於判定行星的活躍度，就像瓦倫斯在《占星選集》第三冊使用象限宮位制作為第二層宮位制，又或者像托勒密在《占星四書》第三冊的等宮制應用。

　　可惜的是，瓦倫斯似乎從未在《占星選集》內的一百多個星盤案例中，使用過等宮制，因此我們無法知道，他是否真的經常在實務中，將它作為整宮制的第二層宮位制。如果該篇章的大部分內容，其實是在轉述阿斯克勒庇俄斯某些失傳的文本，那麼《占星選集》的其他章節都沒再出現等宮制的其中一項原因，可能是瓦倫斯僅僅是從早期文本中發現了一個技法，但並未將它付諸應用。其中一種可能的解釋是，等宮制也許是最早的第二層宮位制，用於判斷行星活躍度，以便找出那些 *chrēmatistikos* 的行星，而這顯然是托勒密的用法。然而，佩多西瑞斯文本後來介紹了某種形式的象限宮位制，用來判定哪些行星是 *chrēmatistikos*，此種宮位制在競爭之下勝出，成為在判斷行星活躍度時，更廣受歡迎的第二層宮位制。

　　這在某種程度上，解釋了為何後來像潘查里烏斯和波菲這樣的評論家，不斷地將托勒密的等宮制，重新詮釋為用來判斷行星活躍度的象限宮位系統。瓦倫斯為了壽長技法導入了象限宮位制，以便判定哪顆行星是 *chrēmatistikos*，而托勒密則採用等宮制。這意味著到了西元二世紀時，為了應用此技法，已經發展出兩種截然不同的宮位制。如果是這樣的話，那麼瓦倫斯沒有在《占星選集》的其他章節使用等宮制，大概是因為他更傾向僅在壽長技法中使用象限宮位制。他在第九冊摘要了一些阿斯克勒庇俄斯文本內

容的同時，仍然盡責地記錄了其中將等宮制描述為一種概念的段落。

　　就算瓦倫斯本人沒有實際應用等宮制，也不會改變阿斯克勒庇俄斯文本中出現此一論述的事實，也代表了等宮制在希臘化傳統非常早期的階段就被導入了。事實上，從赫菲斯提歐保存的《薩爾梅斯基尼亞卡之書》對埃及外觀的描述中，可能就暗示了某種「類等宮制」（quasi-equal house system）的應用，但只限於四軸點，用來識別上升點、上中天、下降點和反中天的外觀[101]。這形成了一個完整的「外觀宮位制」（whole-decan house system），其中所謂的「軸點」，就是每一個與四「軸點」外觀重合的 10 度區域。在赫菲斯提歐保存的《薩爾梅斯基尼亞卡之書》簡短概要中，上中天的外觀掌管「生計」，並被認為是自時標起算的第二十八個外觀，並含括地平線上的黃道最高點度數（the nonagesimal degree）。這不是個將周日運行分為十二個區域的系統，只是用四軸點的度數，作為四個樞軸外觀的依據。

　　這樣看來，就像赫密士介紹的那樣，阿斯克勒庇俄斯文本後來導入以等宮制的軸點為基準，並將整個星盤劃分為十二個區域的作法，是衍生自以星座劃分十二個區域的獨創特色。外觀的用意，並不是將周日運行分為十二個扇形區，但黃道的確分成十二個區域，從邏輯上來看，這說明了為何必須先導入整宮制，等宮制的概念才能繼續發展。確切來說，如何將等宮制作為第二層宮位制應用，還沒有定論。雖然我們知道托勒密出於判定行星活躍度的用途，將它用於壽長技法中，而費爾米庫斯則可能早就將它用在各類主題上，如我們接下來將談到的部分。

◎費爾米庫斯、瑞托瑞爾斯與兩個文本的內容

　　費爾米庫斯似乎汲取了阿斯克勒庇俄斯的文本內容，作為撰寫十二區位的主要參考資料，因此他似乎比某些希臘化時期占星家，更強調該文本提到的方法。這方面的其中一個佐證是，當費爾米庫斯在《論數學》第二冊中，首次介紹十二區位概念及含義時，用了一個簡短的章節概述了 *oktatropos* 的象徵意義[102]。有趣的是，費爾米庫斯一開始是從整宮制的角度來說明 *oktatropos*：

一般來說，生命區位是時標所在的星座（*signum*），希望或金錢區位
（Place of Hope or Money）位在自時標起算的第二個星座（*signum*），
第三為兄弟區位，第四為父母區位，第五為孩童區位，第六為疾病區
位，第七為配偶區位，第八為死亡區位[103]。

他接著說，這就是十二區位的一般定義（*platicus*），但也解釋了如何
根據度數來劃定區位的方式[104]。正如史密特的論證，這段內容後來似乎成
為費爾米庫斯談論整宮制與等宮制的關鍵字[105]。幾個世紀後，瑞托瑞爾斯
在一張星盤案例中，交替使用整宮制和象限宮位制時，也用了類似的說法。
因此這可能代表希臘化晚期占星家，在提到其他類型的宮位劃分形式時，會
更傾向廣泛地用「星座劃分」或「度數劃分」來區分二者[106]。在接下來的
章節中，費爾米庫斯根據星座和度數決定了四個尖軸區位：

> 但是為了讓你更容易理解，自時標的度數開始測量，一路穿過其他星座
> 直到 180 度，而無論在哪一個星座中找到第 181 度，就在此星座，（即
> 第七個星座，它是由度數所確立的。為了讓你可以更清晰地理解它，就
> 在此星座）或度數上，就是本命星盤的下降點。上中天其實是自時標起
> 算的第十個星座，但有時會落在自時標起算的第十一個星座中，這是由
> 度數決定的。但是為了讓你更容易理解，自時標的度數作為起點，一路
> 穿過其他星座直到 270 度，而無論在哪一個星座中找到第 271 度，都會
> 被分配為上中天……[107]。

這一段很有趣，因為看來費爾米庫斯是在強調，上中天是相對於上升星
座的第十個星座，雖然，就像包路斯，他指出了子午線－上中天的度數並不
總是落在自上升星座起算的第十個星座中。在下一章中，當他提供了各區位
的傳統名稱時，也繼續將這些區位稱為星座，這種用法也許是在赫密士文本
首次提出的：

> 月女神是第三區位，即來自時標起算的第三個星座；正如我們方才提到
> 的，此地被希臘人稱為 *Thea*。但被稱為日天神的星座，位在（前一個）

的星座正對面——也就是自時標起算的第九個星座。此地被希臘人稱為 *Theos*[108]。

同樣地，他在下一個章節定義好區位和壞區位時，似乎也是根據它們的所在星座與上升星座的相對位置來決定：

此外，剩下四個區位的第一個，是位在自時標起算的第二個星座，此地被稱為黑帝斯之門或 *anaphora*。正對這個星座的區位，即自時標起算的第八個星座，被稱為 *epikataphora*。而最後二個（區位）是壞運和壞精神。壞運位於自時標起算的第六個（星座），壞精神位在自時標起算的第十二個星座。但希臘人將壞運稱為 *Kake Tuche*。壞精神，是自時標起算的第十二個星座，希臘人稱之為 *Kakos Daimon*[108]。

最後，在第十九章中，費爾米庫斯明確地依照等宮制定義了每個區位。他首先提到，現在將解釋本章中十二區位的「特定」（*specialiter*）含義，這似乎是在回應他前文以星座概述區位的一般定義（*platicus*）。正如在瓦倫斯《占星選集》第九冊中的內容，費爾米庫斯定義是，等宮制的每個宮位都是從時標的度數起算，然後他說時標會將它的「力量」（power，*vires*）向後擴展 30 度，直到進入下一個星座，以相同度數開始的第二個等宮位置為止。在接下來的章節中，費爾米庫斯說明了如何解讀十二區位及其主管行星，其中大部分內容，是在延伸說明瓦倫斯於《占星選集》第九冊中，緊接在解釋等宮制計算之後所總結的簡短概要[110]。我的推測是，費爾米庫斯在這裡所轉述的資料出處跟瓦倫斯相同，都是阿斯克勒庇俄斯已佚失的文本，這就解釋了為什麼希臘化時期占星家中，只有費爾米庫斯一人在早期著作中就介紹了等宮制，而瓦倫斯直到《占星選集》的後續章節才出現簡短的摘要。出於某種原因，費爾米庫斯似乎比瓦倫斯更著重阿斯克勒庇俄斯的文本。

在《論數學》第三冊中，費爾米庫斯對行星位於十二區位中每一位置的含義，都提供了延伸的解讀。這些素材有助於我們更清楚地理解，費爾米庫斯是如何使用十二區位，他顯然是將一部出處不明的希臘文源文本翻

譯成拉丁文，因此內容很複雜。可惜的是，很難辨認哪些內容來自源文本，而哪些又是費爾米庫斯自己的補充評述。費爾米庫斯的敘述與一些從阿努畢歐的作品中留存至今的殘稿，二者之間的相似之處，最初被認為是費爾米庫斯直接翻譯自阿努畢歐[111]。然而，海倫近年來提出的論點，反而是阿努畢歐和費爾米庫斯的解釋出處，各自引用了完全不同的源文本[112]。大致上，費爾米庫斯的描述比阿努畢歐中流傳下來的殘稿更加冗長，同一種配置有時還會有不同的詮釋[113]。

更重要的是，霍登指出，費爾米庫斯這本書中對於行星配置的描述，與瑞托瑞爾斯著作中同一主題的某篇章節之間，有許多極為相似之處，因此他得到的結論是：「很明顯地，費爾米庫斯和瑞托瑞爾斯都從相同的來源出處，推導出這些論述[114]。」這點很重要，因為這代表我們必須同時參照費爾米庫斯與瑞托瑞爾斯敘述中的相似之處，才能理解源文本真正的內容，並釐清後來的作者（包括費爾米庫斯）是如何詮釋這些文本。

瑞托瑞爾斯對十二區位含義的論述，主要出現在他的《占星摘要》第五十七章。這是一個非常長的章節，瑞托瑞爾斯從第十二區位開始，然後按照黃道順序講述其他十一個區位。他每介紹一個新的區位，都會先列出此區位的各種名稱，和一些廣泛的象徵含義。接著他會逐一檢視每顆行星，為它們在本命星盤的所在區位，提供一組特定的詮釋方法。接著就是瑞托瑞爾斯的獨門風格：完成這組詮釋之後，他會重新來過，提供每顆行星位在此區位的第二組詮釋。第二組的詮釋內容與第一組完全不同。他會用相同的方式接續寫完十二區位，為每顆行星提出兩組不同的詮釋。更有趣的是，瑞托瑞爾斯提供的第一組詮釋，與都勒斯、瓦倫斯和包路斯等人文本中相同主題的章節，有部分雷同之處，而第二組詮釋則通常與費爾米庫斯《論數學》第三冊中的相關段落相似[115]。從第二組的詮釋內容來看，瑞托瑞爾斯和費爾米庫斯似乎是引用了相同的源文本為素材；而關於第一組的詮釋內容，尚不清楚瑞托瑞爾斯是否取得了第一手的源文本資料，或是直接編纂了都勒斯、瓦倫斯和包路斯的說法，因為我們知道他能夠取得這三位作者的著作[116]。我認為，瓦倫斯和包路斯（以及一些都勒斯）在詮釋上的相似之處，以

及瑞托瑞爾斯將這些論述視為一種獨特的傳統，都意味著這些作者一開始是受到某種基礎的詮釋素材啟發，才引用這些內容。然而，這件事的確讓希臘化時期占星家對行星位在十二區位的詮釋方法，分化成二派主要學說。

在討論宮位制時，確認這是屬於哪一派學說的行星與區位配置論述，是很重要的；因為〈學說一〉（以都勒斯、瓦倫斯、包路斯和瑞托瑞爾斯為代表）總是以星座代稱十二區位，意即採用整宮制，而在〈學說二〉（以費爾米庫斯和瑞托瑞爾斯為代表）談到十二區位時，則兼用星座與度數為代稱。我推測這兩派學說之間的差異，與據傳為赫密士・崔斯墨圖文本中的 dōdekatropos，以及阿斯克勒庇俄文本中的 oktatropos，兩種說法之間的分歧有關。但這點很難確認，因為後來的作者傾向將這兩個系統混為一談，而早期作者（如斯拉蘇盧斯和安提阿古斯）則傾向將二者分開討論。等宮制的概念似乎早已出現在阿斯克勒庇俄的文本中，正如我們在瓦倫斯和費爾米庫斯著作中所見，這解釋了為何以費爾米庫斯和瑞托瑞爾斯為代表的〈學說二〉，會在描述中對十二區位的星座和度數位置多加著墨。不過，在費爾米庫斯和瑞托瑞爾斯的源文本中，某些關於區位度數的應用細節，仍有點模糊。讓我們來看看這兩位作者是如何看待這個議題。

費爾米庫斯《論數學》第三冊，就從「宇宙誕生圖」的論述開始談起。在他延伸闡述此圖之前，特別先引用了阿斯克勒庇俄斯一本關於此主題的著作《無限的誕生》[117]。費爾米庫斯在其他章節也提到，這本書提供了上升點位在黃道上每度每分的描述[118]。此敘述如果為真，那麼這就解釋了阿斯克勒庇俄斯學說，極度重視四軸點精確度數的一部分原因。在此章的結尾，費爾米庫斯結束了「宇宙誕生圖」的討論，並準備在《論數學》第三冊剩下的篇幅中，轉為描述行星位在十二區位的配置，但在此之前，他寫了一篇重要的前言：

> 現在，由於這些內容都已經被論述和證明過了，該來定義每顆星體位在本命星盤上不同區位的含義。（……）但就算有些人認為這只需要籠統地定義（platicus）就好，但本書中有許多需要從度數（partiliter）來論

述的部分。因為星體若精確地位在各自的本位上，那它們就會發揮應有的效用[119]。

換句話說，費爾米庫斯此時已知道，有些占星家只用星座（即整宮制）來定義區位；然而，他認為應該也要加入度數的定義，因為當行星精確地位在某些特定區位的度數上時，它們會更加「有效」或「強大」（efficacia）。他在此處的用語，讓人聯想到其他一些希臘化時期占星家會使用 chrēmatistikos 這個希臘字，來描述行星越接近四軸點的精確度數，就會越「忙碌」或「充滿活力」的狀態，正如我們從前文所見。

在接下來的章節中，費爾米庫斯從土星開始，提供了每顆行星位在每個區位的描述。這些描述的有趣和獨特之處在於，費爾米庫斯總是用一套特定的開場白來描繪軸點的度數。例如，他對土星的描述是這樣開始：

> 日間盤的土星位在時標度數（partiliter）上，意即若它準確地位在時標的所在度數時，出生時將伴隨著非常響亮的嚎叫。[120]。

費爾米庫斯此處所使用的拉丁文 partiliter，有獨特的重要性，儘管它的字義有些模糊。這個字源自拉丁文 pars，意思是「部分」（portion），在這句話的語境中，它可能等同於希臘文的 moira，字義也是「部分」，雖然在占星學的脈絡中，這個字通常表示「度數」（degree）。Partiliter 是副詞，所以它在這句話的意思是「在度數上」（to-the-degree）。霍登將它解釋為，行星正好位在軸點的度數上，而史密特近來提出的論點是，這是費爾米庫斯用來說明他將等宮制作為第二層宮位制的措辭[121]。費爾米庫斯對其他三個軸點也使用相同的說法，例如他會說「土星正坐落在自時標起算的第四區位的度數上（partiliter），意即下中天」，或「土星正坐落在時標起算的第七區位，意即在下降點的度數上」，或「土星正坐落在自時標起算的第十區位，意在上中天的度數上」[122]。然而，出於某些原因，費爾米庫斯在《論數學》第三冊，討論中間的宮位（intermediate houses）時，並未使用這種說法；相反地，他只會根據這些區位相對於上升星座的位置，用數字來稱呼他們，

有時稱中間區位（intermediate places）為「星座」（signum）[123]。例如，當費爾米庫斯談到土星位在第二區位時，他說「當土星佔據自時標起算的第二區位（locus）時」，但當他講到第三區位時，他說「土星坐落在自時標起算的第三個星座（signum）[124]」。這形成了一種奇怪的情況，那就是費爾米庫斯在談到與四軸點相關的四個區位時，會以某種方式強調確切的度數，但卻沒有強調其他八個區位的度數。這讓我們不確定費爾米庫斯對於四軸點「在度數上」（partiliter）的描述，是否只被用來解釋四軸點所在的確切度數，或者它們是指四軸點之後整個30度的範圍，這就與費爾米庫斯在《論數學》第二冊使用等宮制的四個尖軸區位的範圍有關。

在瑞托瑞爾斯著作中與費爾米庫斯相同主題的描述中，他傾向依照排序來稱呼這些區位，而不是明確地將它們稱為星座。這點可能值得注意，因為瑞托瑞爾斯談論這些區位的內容，與都勒斯、瓦倫斯和包路斯的第一組敘述（delineations）相符，但將區位稱為「星座」的頻率更高，就像他在引言中對每個區位的評論。唯一的例外出現在他與費爾米庫斯共用的第二組描述中，當瑞托瑞爾斯談到第一和第十區位時，他確實傾向於將它們稱為星座。例如，將費爾米庫斯前文關於土星位在時標「度數上」的論述，對比此段瑞托瑞爾斯的引文：

> 當土星恰巧位在時標星座（hōroskopountos zōidiou）時，出生時會發出響亮的嚎叫……[125]。

在費爾米庫斯的敘述中，這種配置被認為與時標本身，或與其相關的度數有關，然而瑞托瑞爾斯的敘述是建立在上升星座的脈絡中。同樣地，對比費爾米庫斯對木星位在第十區位的敘述：

> 木星位於第十區位，即日間盤的上中天度數（partiliter），會造就公共事務的重要領導者。而且，它會造就位列前十的偉大強國，還有那些被人民和傑出人士授予榮耀的人，以及那些總是炫耀恩典的人……[126]。

對比瑞托瑞爾斯關於木星位在第十區位的敘述，是這樣寫的：

木星恰好位在日間盤的上中天星座（*zōidion*）時，代表體育選手、公共事務主管、受人敬重、名氣大、出名，或受國王和權貴委任（管理）他們事務的人，（或是）那些終生戴著王冠的人 [127]。

這些敘述都清楚地汲取了某些內容相似的基礎源文本，但出於某些原因，瑞托瑞爾斯強調的似乎是至高點的星座，而費爾米庫斯則強調關於某一（些）特定度數的說法。這是因為瑞托瑞爾斯使用整宮制，而費爾米庫斯使用等宮制所帶來的差別嗎？若是如此，那麼他們最初參考的基礎源文本是怎麼說的？費爾米庫斯的著作中，有些特定配置的敘述只能存在於整宮制中，這意味著最初的源文本，確實在某種程度上是從整宮制的角度來思考 [128]。例如，費爾米庫斯對於某張日間盤的敘述是，太陽位在第一區位，然而這種說法只適用於整宮制，因為在等宮制和象限宮位制中，第一區位完全位於地平線下方 [129]。

雖然這似乎證明了最初的源文本在一定程度上使用了整宮制，但並不一定等於它是唯一被使用的宮位系統。在瑞托瑞爾斯同一章節中，還有數個各自獨立的語句，可以證明他還使用了罕見的希臘字彙 *homokentros*，用來說明那些與四軸點相關的特定度數。在本章節關於區位的所有論述中，瑞托瑞爾斯只用了這個字彙幾次而已，但有兩點非常清楚：（1）這個字彙只出現在與費爾米庫斯同一來源的第二組敘述中，（2）這個字彙只出現在瑞托瑞爾斯談論第一和第十區位的時候。*homokentros* 的用法，似乎與費爾米庫斯在討論四個尖軸區位使用 *partiliter* 的用法一致。在調查使用同一術語的其他作者時，瓦倫斯的《占星選集》中出現了兩次 *homokentros*，而這兩次似乎都在指兩顆行星「位於同一個尖軸區位」 [130]。它在赫菲斯提歐／安提阿古斯的著作中，也出現了兩次，以哈德良的星盤為例，它被用來代表月亮和木星在星盤中的位置，這兩顆行星都與上升點會合，因此「位在相同的尖軸區位」 [131]。此例中值得注意的，或許是月亮和木星都精準地會合在水瓶座 1 度的上升點，這點有助於我們理解費爾米庫斯對此概念的應用。*homokentros*

一詞可能帶有更寬鬆的定義，僅涉及到整宮制的兩顆行星位在同一軸點，然後存在一個更加理想化的配置，那就是這兩顆行星的角度精準結合，同時也精準地位在軸點的度數上。如果是這種情況，那麼費爾米庫斯在他每一項的敘述中，可能是在強調度數上的配置，因為同時位在軸點星座與軸點度數上，是最理想的形式。

　　瑞托瑞爾斯只在談論第一和第十區位時使用 homokentros。如前文所述，在他與費爾米庫斯共用的第二組敘述中，也只有這兩個區位明確地被描述為星座，雖然瑞托瑞爾斯似乎偶爾會把 homokentros 當作修飾這些敘述的關鍵詞，用來指與四軸點相關的特定度數。這樣做的結果是，瑞托瑞爾斯對同一種配置提出了兩種描述：一種是行星位在尖軸區位的星座中，而另一種則是行星位在尖軸區位的精確度數上。這之中的區別似乎在於強度，因為位在度數上的配置，一般似乎被解釋為更加極端或理想化，而位在星座中的配置則略為平和。關於這點的其中一個例子是，瑞托瑞爾斯在某段敘述中，接連兩次提到月亮位在第十區位，第一句描述月亮位在上中天度數的理想配置，而下一句描述其位在上中天的星座中：

> 月亮恰巧在區間內，位在上中天星座（zōidion）中，位在軸點同一位置（homokentros），將創造出偉大的統治者、君王，主掌生殺大權。恰巧位在上中天區位的星座（zōidiakōs）中：代表大有作為的人、被委以重任或出於自己的利益而行動的人、得到金錢的人[132]。

　　費爾米庫斯在相同主題的段落中，對於相同的配置有一段非常相似但又稍有延伸的敘述：

> 月亮位於時標起算的第十區位，即上中天，或若它在夜間盤自己的旺位星座，或得到喜樂之處——意即正在增光，並且透過吉相位得到木星的庇護——它會造就最偉大的皇帝或強大的管理者，並被賦予生殺大權。當有此配置時，它也造就出正規執政官。但是，若它位在下一區位（locus），無論是位在上中天度數之前或之後的鄰近度數，都將造就

將軍、護民官和行政官；但若它是配置於同一個星座（signum），它會
創造出那些成就偉大，且廣受各種好運青睞的人們 133。

　　此處有趣的是，這兩位作者都強調上中天所在的精準度數，是最理想和
強大的位置，並評比了超出此度數範圍的任何位置。二位都同意其中一項評
比，與上中天的星座有關；費爾米庫斯額外增加了一項評比條件，那就是位
在上中天的度數附近，但不是位在同一區位。如果費爾米庫斯這裡所指的上
中天度數是來自他在《論數學》第二冊中所套用的等宮制，那麼這意味著他
在本章中同時使用了整宮制和等宮制。有趣的是，瑞托瑞爾斯並未提到這個
額外的評比條件，不清楚它是出自源文本，還是費爾米庫斯自己為了強調將
等宮制作為第二層宮位制而加入的。

　　其他在瑞托瑞爾斯書中使用 homokentros 的例子，出現在他討論第一區
位的章節中。此章節大部分關於行星進入第一區位的敘述，瑞托瑞爾斯講的
是整個上升星座，但當他談到太陽和月亮時，他又再次根據行星與上升星座
度數的距離，給出不同的評比：

　　　月亮位在時標星座且在區間內，沒有（與任一行星）呈入相位，將被
　　　認定為不佳。但恰巧位在時標的軸點（homokentros）時，它將造就
　　　出掌權者、統治者、權貴、國王（……）。但當它恰巧位在時標星座
　　　（zōidion）且在區間內時，它將造就管理神廟資金的祭司、大祭司，或
　　　主持神聖賽事的人，或從事神聖事務並獲得利益的人（……）。而且一
　　　般來說，當月亮空虛發生在本命星盤的重要區位（topoi）時，不會帶
　　　來任何好處。有助於你判斷的是，（留意）月亮在本命星盤上的所在區
　　　位（topos），並且正處於月相的哪一階段；因為，若它恰巧位在日間
　　　盤的時標星座上，與軸點相同位置（homokentros），它將造就船長或
　　　海盜，或那些困難航程的主舵者 134。

　　同樣的敘述再次出現，瑞托瑞爾斯來回比較且說明了，行星位在星座中
及精準地位在軸點度數上的配置，並解釋精準度數的配置，通常涉及到更

卓越的成就或力量。在費爾米庫斯著作中，對於相同主題的敘述要簡短些，似乎更加重視位在精準度數上的配置：

> 月亮位在夜間盤時標的度數（*partiliter*）上，若它是滿月且得歡喜，則代表幸運大幅地增長。它會讓命主領先他的兄弟，無論是年紀還是功績。但若這樣的度數配置發生在日間盤，它會造就出主要船隻的舵手[135]。

　　我們似乎在此處看見了希臘化晚期傳統的一種張力，那就是瑞托瑞爾斯主要將這些區位描述為星座，偶爾會描述具體的度數；而費爾米庫斯則明顯傾向強調與軸點有關的度數，只偶爾在提到它們時使用星座。顯然在瑞托瑞爾斯和費爾米庫斯援引為理論基礎的源文本敘述中，記載了一些關於行星位在四尖軸區位，且位在與四軸點相關的準確度數上，力量最為強大等等的內容。但看起來費爾米庫斯可能已經在某些案例中，擴展了這項理論於等宮制作為第二層宮位制的效力，概念化為可擴及並超出星座的疆界，這當然是為了行星活躍度，甚至是主題式的應用目的。在這一點上，瑞托瑞爾斯的用法就不是那麼明確，他個人似乎是有意將第二層宮位制，限定為行星活躍度之用，因為在他的敘述中，這些關於軸點度數的討論，通常僅限於涉及的特定星座，以及在此星座內會帶來額外力量和強度的一定度數範圍。當他為太陽在第一區位提供敘述時，有一次是從整個上升星座的脈絡切入，但他的確區分了星座中的「軸點」及可能是非軸點的部分：

> 太陽位在時標星座（*zōidion*），與軸點同一位置（*homokentros*），將造就國王或指揮官（……）。但若在夜間，這位神祇位在時標星座（*zōidion*）時，代表父母會來自下層階級。（……）但總歸是太陽，當它出現在星座的尖軸（*epikentros*）部位時，它會摧毀兄長，但這也代表某些（命主）是長子，或是第一個養育的孩子[136]。

　　從這些敘述中，還不能肯定瑞托瑞爾斯使用哪一種宮位制，來判斷四軸點在某個度數範圍之後會更加活躍；儘管我們確實從他《占星摘要》的其他章節，得知他將象限宮位制當作第二層宮位制，用於判斷行星活躍度。

例如，在《占星摘要》較後面的內容中，瑞托瑞爾斯描述了一張星盤案例，命主是一位在參加叛亂後垮台的學者 [137]。瑞托瑞爾斯概述了星盤中的所有位置，接著他在「按照星座」的整宮制和「按照度數」的象限宮位制之間的敘述，來回分析行星的配置。這是第一部分的敘述：

> 在調查上述的本命星盤時，我發現從度數來看，月亮、土星、金星和火星位在衰落區位，但從星座來看，月亮、土星和金星在尖軸區位，而太陽、水星和木星的所在星座已衰落，但從度數來看，太陽恰巧接續在下降（區位）之後。然後我看到土星是時標的主星，也是時標的首三分性主星和（區間）光體的主星，象徵人生的第一個階段，它位在地底軸點的衰落區位而且逆行，並與火星形成精準三分相，然而金星，它的定位星和月亮的定位星對衝著它。他怎麼可能不在人生的第一階段遇到麻煩……[138]。

此處的重點是，瑞托瑞爾斯為了行星活躍度的應用，使用了象限宮位制作為他的第二層宮位制，而費爾米庫斯似乎一直都在用等宮制。我們從瓦倫斯和托勒密的著作中，也發現了相似的情形，前者使用象限宮位制，而後者則出於行星活躍度的應用，而使用等宮制。費爾米庫斯和瑞托瑞爾斯共同參照的源文本使用的是哪一種宮位制，仍有許多討論空間，而在更廣泛的脈絡中，它似乎只強調四軸點的度數，並以此來判定整宮制中哪一顆行星是最「忙碌」或最強大的。然而有一點是很清楚的，那就是到了希臘化晚期傳統的費爾米庫斯和瑞托瑞爾斯的時代，這些第二層宮位制被更廣泛地使用，以便詮釋行星在誕生星盤中的基本配置，而這些宮位系統的應用，也不僅限於某些特定技法的脈絡中。雖然仍有一股趨勢，是更常將第二層宮位制用於行星活躍度，而非主題式的應用中，但在希臘化晚期傳統，其他形式的宮位制已經被整合到占星系統中，甚至到了與整宮制併用的程度。

◎ 結論

現在，我想大家可以理解，為何我會以後來中世紀占星家的論述來作為討論的起點了。在他們所承襲的占星傳統中，對於第一宮是以上升點的星座還是以度數起算，似乎有些混亂，而這項爭議源自希臘化傳統的根底——在託名為赫密士・崔斯墨圖的文本中，介紹了整宮制；阿斯克勒庇俄斯的文本介紹了等宮制；而在尼切普索和佩多西瑞斯的彙編文本中，也描述了可能是某種形式的象限宮位制。雖然我認為整宮制是希臘化傳統中最原始以及最主要的宮位系統，這樣的說法仍然可行，但明顯地在非常早期的階段，有其他希臘化傳統的奠基者認為有必要導入其他形式的宮位制，作為與整宮制併用的第二層宮位制。的確，這些第二層宮位制看起來主要是用於活躍度的目的，以便衡量軸點和行星的強度，而整宮制則往往更常用在判定主題或生活領域上。我認為這與以下事實有關，意即十二區位的象徵意涵，都與上升星座及彼此之間的整星座相位有緊密的連結。相位學說從一開始就與希臘化傳統中的黃道星座密不可分，以至於最早發展出來的十二宮位基本含義，其概念就是建立在整宮制的架構上。

話雖如此，在希臘化傳統非常早期的階段，顯然就已經試圖整合並協調等宮制和象限宮位制背後的參考架構，原因是這些參考架構都有一些各自獨立的象徵價值，這為早期占星家提供了整合它們的動力。此外，就算希臘化傳統中，有一股將等宮制和象限宮位制作為活躍度應用的趨勢，我們也還是能夠看到它們在主題式應用上的逐步發展；例如瓦倫斯透過子午線，將第十宮的相關主題帶到其他的整星座宮位中，或者費爾米庫斯顯然想把等宮制當作主題式應用的第二層宮位制，這可能是受到阿斯克勒庇俄斯文本論述的激勵。到了後來的中世紀，這樣的發展便朝向將象限宮位制或等宮制用於主題目的，而似乎代表了在希臘化傳統中早就預示這樣的發展。在此過程中有一個令人遺憾的副作用，那就是這些討論，最終完全轉向哪種形式的象限宮位制最準確，在此同時，整星座的宮位概念，也隨著希臘化傳統的演進而完全被遺忘。這的確是個不幸的損失，因為整宮制的概念和實務應用，在整個系統中都十分重要，再加上其用意也一直都是要與其他宮位系統併用。

在接下來的內容中，我將繼續使用整宮制，作為本書切入宮位系統的主軸，因為許多希臘占星技法，最初就是在它的脈絡中發展和實踐，我認為就整體而言，它最能代表希臘化傳統，這點應該已經很清楚了。因此，本書的部分用意，是要展示整宮制的效用，並教讀者如何在實務中應用。然而，我偶爾還是會在主題式的應用中，納入瓦倫斯使用子午線－上中天和下中天度數的技法，並將包路斯技法中，與上升點和子午線－上中天有緊密度數的相位結構，作為緩解因子，因為我已經發現，這些考量在實務中非常有用。我鼓勵讀者更深入地探索宮位制的議題，因為就當代占星學的實踐而言，最令人嚮往的終極目標，是將整宮制的某些元素，與其他的宮位制併用，而我們可以看到，這就是希臘化傳統在瑞托瑞爾斯的時代所欲發展的方向。不過，目前尚不清楚這種綜合用法，是否已經在希臘化傳統中發展成熟，因此並不適合在本書中介紹這種創新的運用。

註　釋

1　Olympiodorus, *Commentary*, 23, ed. Boer, Boer, pp. 75–78; trans. Greenbaum, pp. 118–120.

2　Schmidt 在 *The So- Called Problem of House Division*, pp. 56–58 指出，此章節可能是在中世紀晚期插入的。而這樣的編輯作法是必要的，因為這項議題近年來已經引起了一些討論，既然象限宮位出現在 Qlympiodorus 的著述中，它就可能是希臘化傳統晚期存在象限宮位的證據，相關討論如 Hand, *Whole Sign Houses*, pp. 16–17。除此之外，文本考證的括號用法，在於標誌這段文字可能是額外插入的引文，而在 Greenbaum 譯本中並沒有正確傳達這一點。Boer 在校註中提到，此章節只出現在 β 的手稿傳統，這顯然出自十四世紀的 John Abramius 學派的創作（見：Pingree, *Yavanajātaka*, vol. 2, p. 428）。Pingree 曾在別處警告我們，在抄寫像 Hephaestio 這類作家的文本時，「Abramius 會無 s 設限地大範圍更動內文，刪去長文段落，增添許多額外的內容，改寫文句，有時甚至大量改寫段落內文。」見：Pingree, "The Astrological School of John Abramius," p. 202。因此，不能理所當然地認為這段章節出自 Olympiodorus，反而可能是出自拜占庭晚期文獻。感謝 Levente László 為我澄清了手稿上的一些細節。

3　Olympiodorus, *Commentary*, 23, ed. Boer, p. 75: 24–27, trans. Greenbaum, p. 118，略有修改。

4　*The Liber Aristotilis of Hugo of Santalla*, 1, 4, ed. Burnett and Pingree.

5　譯文見：Dykes, *Persian Nativities*, vol. 1, p. 15。

6　有關中世紀早期傳統中整宮制和象限宮位制併用的分析，見：Dykes, *Works of Sahl and Māshā'allāh*, pp. xxxviii–lix。

7　此論點源於 Hand, "Signs as Houses," pp. 135–143。

8　Hand 最初也以類似方法統計列出上升點或上中天度數的星盤數量，請見："Signs as Houses," pp. 138–142。他提出的其中一項要點是，雖然大多數希臘文天宮圖有列出上升點，但只有很少的天宮圖明確記載著上中天的位置。我決定自己重新計算重要文集中的天宮圖，以便清楚瞭解在哪種情況下，會記錄度數而不只是星座，而下文中的數字都是基於此研究提出。

9　正如 Evans, "The Astrologer's Apparatus," pp. 3–4 中所提到。

10　在 Neugebauer 和 Van Hoesen 所著的 *Greek Horoscopes*, pp. 14–75 中，這些天宮圖被稱為「原始文件」（original documents），年代橫跨西元前一世紀末到西元五世紀末。

11　Neugebauer and Van Hoesen, *Greek Horoscopes*, No. 150, pp. 47–48，譯文略經修改，將 "Horoscopos" 改為 "Hour-Marker"。

12　Jones, *Astronomical Papyri from Oxyrhynchus*, vol. 2, pp. 371–447.

13　Neugebauer and Van Hoesen, "Astrological Papyri and Ostraca," pp. 67–70.

14　見：Baccani, *Oroscopi greci*。

15　Neugebauer, "Demotic Horoscopes," pp. 115–121。他在第 120 頁附註說明這些星盤大多數可溯及西元一世紀上半葉。

16　Neugebauer and Parker, "Two Demotic Horoscopes."

17　Ross, Horoscopic *Ostraca from Medînet Mâdi*, pp. 47–143.

18　Ross, Horoscopic *Ostraca from Medînet Mâdi*, pp. 145–266.

19　Ross, Horoscopic *Ostraca from Medînet Mâdi*, pp. 268–9.

20　Ross, "A Survey of Demotic Astrological Texts," p. 25.

21　此結論與 Holden 的判斷一致，意即整宮制「為大多數古典時期占星家所用有半世紀之久。」Holden, "The Sign–House System of House Division," pp. 3–4。Greenbaum 也有類似的說法，即整宮制是「截至目前希臘化時期占星家之間最盛行使用的宮位制」。Greenbaum, *The Daimon*, p. 400, fn. 6。

22　「文獻天宮圖」見：Neugebauer and Van Hoesen, *Greek Horoscopes*, pp. 76–160。

23　帕爾庫斯身分的重要討論，見：Pingree，"The Astrological School of John Abramius"，他認為「帕爾庫斯」是十四世紀拜占庭占星家／抄寫員 Eleutherius Zebelenus of Elis 的筆名。Pingree 提到，Eleutherius 的文字保留了許多早期的希臘文文獻，雖然他有時候會更動所抄寫的原文。

24　列出上升點度數的那張星盤來自 Dorotheus, *Carmen*, 3, 2 的案例。Pingree 首先將這張星盤的年代定為西元二八一年，並推測它是被額外加入的，但 Holden 後來重新

將它的年代標註為西元四十四年十月二日（Holden, *A History*, p. 35）。在星盤中，上升點被認為位在天蠍座 6 度左右的位置，且沒有列出上中天。在星盤的描述中，太陽和月亮似乎位在果宮，從其所在星座來看是正確的，太陽在天秤座，月亮在巨蟹座。火星被描述為位在幸運的位置，這意味著第十一區位，從星座上來看也是正確的。這個例子很有趣，就算都勒斯以此示範用度數計算壽長的技法，他依舊是透過星座得出行星的尖軸位置。 Holden 注意到都勒斯使用整宮制，即便在討論上中天時也是如此，見：*A History*, p. 34。

25　如果有興趣進行更全面的調查研究，建議使用近期出版的 Heilen, *Hadriani Genitura*, vol. 1, pp. 204–333，其中收錄了現存已知的古代天宮圖。

26　例如 Valens, *Anthology*, 3, 2。

27　「星座」一詞在此處是透過一種 *men/de* 的文法結構，在 Sextus 談到上中天時，將置於句尾的術語「星座」（*zōidion*）當作連接起句子的開頭。Sextus 洛布叢書版本的譯者 R. G. Bury，辨識出這種文法結構，並將此句的開頭翻譯為「現在『時標』是恰巧於出生後那一刻升起的星座……」然而，既然星座這個詞，嚴格說來是出現在希臘文原句的後面，我便將它加上括號。若省略該詞，整個句子讀起來就很奇怪：「現在，『時標』是（空格）剛好升起……」。在後面的段落中，當他以巨蟹座作為時標舉例，或是在段落結尾前再次講到「時標星座」時，就更清楚知道他整個句子的主題是在講星座。為了符合文法，Spinelli 在義大利文的翻譯中，同樣將「星座」一字加上括號："Oroscopo è（il segno）che si trova a sorgere al tempo in cui viene portata a compimento la nascita..."，Sextus Empiricus, *Contro Gli Astrologi*, trans. Spinelli, p. 59。

28　此處和下文的翻譯修改自 Sextus Empiricus, *Against the Professors*, 5: 12– 19, trans. Bury, pp. 327–331，並參考 Sextus Empiricus, *Contro Gli Astrologi*, trans. Spinelli, pp. 59–61 的義大利文譯本。在大多數情況下，我的譯文幾乎是依照 Bury 的譯本，但在十二區位的名稱上我會用自己的術語，而他則因為本段落文法結構的關係，對於何時要使用「星座」這個字有更開放的態度。對於此段文章，雖然我認為他的翻譯是正確的，但基於上下文的脈絡關係，此處我採取了稍微保守的切入點，我會建議各位將本書的譯文與 Bury 的版本互相對照。

29　可以將 Sextus Empiricus 這段文字與 Olympiodorus, *Commentary*, 7 對比，其內容同樣透過四軸點星座前後的星座來劃定尖軸三合的範圍。

30　CCAG, 8, 3, p. 100: 30–34, trans. Schmidt, *Definitions and Foundations*, pp. 343–4。為了說明得更清楚，我稍微修改了 Schmidt 的譯文，把「四角位」（tetragonal）改為「四分相」（square），雖然這兩者的意思一樣。

31　Geminos, *Introduction*, 2: 18–19, trans. Evans and Berggren, p. 129。括號內的字句是由譯文的編輯加上的。對於其他的 Geminus 論述，見全文中的 2: 18–26。關於將 Geminus 的年代定為西元前一世紀，見：Geminos, *Introduction*, trans. Evans and Berggren, pp. 15–22。

32　CCAG, 8, 3, p. 101: 16–18。關於「十二分部」的用法，見：Ptolemy, *Tetrabiblos*, 1, 14: 1。

33　CCAG, 8, 3, p. 101: 28–29：“To de ia' en tōi diathemati zōidion agathon ekalei daimona…”

34　Antiochus, *Summary*, 19, trans. Schmidt, *Definitions and Foundations*, p. 279，我做了點修改，將 zōidia 譯為「黃道星座」（zodiacal signs），而不是 Schmidt 慣用的「圖像」（images）。

35　此段落接著提出關於上升星座的接續區位同樣會帶來優勢的論述，我們稍後會回來討論這點。

36　CCAG 8, 4, p. 226: 20–23.

37　Antiochus, *Summary*, 24, CCAG, 8, 3, p. 117: 11–12.

38　第八區位被稱為「閒置區位」的案例，見：Valens, *Anthology*, 4, 12: 1。

39　Houlding, *The Houses*, pp. 95 & 100，他引用了 Jones, "Celestial and Terrestrial Orientation: The Origins of House Division in Ancient Cosmology"。Jones 的論文發表於一九八九年，那是在整宮制的概念被重新發現且廣為流傳之前。她多次提出，若說 Manilius 用的是坎氏位制（Campanus house system），其實用整宮制套入也適用，這令我們不禁試問，以我們時至今日對希臘化傳統的深入理解，此論述是否仍成立呢？

40　關於他對於十二區位的論述方式，見：Manilius, *Astronomica*, 2: 788–970。

41　Manilius, *Astronomica*, 2: 788–970, trans. Goold, pp. 145–159 通篇。Pingree 在評論 Goold 的譯文時，也提出要注意其對術語「天頂」（zenith）的誤用，他說 Manilius 文本中的術語「天頂」，是指「觀者正上方的球體頂點」，這點對於理解 Manilius 如何描述宮位具有重要意義。見：Pingree, "Review of Manilius, Astronomica," p. 265。同樣地，Greenbaum 指出，在 Manilius 概述宮位的主要段落中，「一般在讀 Goold 對這段文章的翻譯時，都認為 Manilius 在其他句子中都使用了『templum』。並非如此。這個字只出現過兩次……」Greenbaum, *The Daimon*, p. 57, fn. 50。

42　Hephaestio, *Apotelesmatika*, 2, 13: 24–25, trans. Schmidt, pp. 50–51，略有修改。這段敘述與 Dorotheus, *Carmen*, 4, 1: 65–66 一致，內容講得幾乎是同一件事。我之所以在此處引用 Hephaestio 的文本，是因為它有時候比阿拉伯文譯本更接近希臘原文。

43　Hephaestio, *Apotelesmatika*, 2, 21: 33.

44　Dorotheus, *Carmen*, 2, 1, 16, trans. Pingree, p. 198.

45　Dorotheus, *Carmen*, 1, 21: 8, trans. Pingree, p. 180.

46　Dorotheus, *Carmen*, 1, 27: 4–5, trans. Pingree, p. 193.

47　Dorotheus, *Carmen*, 1, 12: 17–19, trans. Pingree, p. 211.

48　Hephaestio, *Apotelesmatika*, 2, 21: 26.

49　Valens, *Anthology*, 2, 5: 2–3, trans. Riley, p. 28.

50　Valens, *Anthology*, 2, 6: 1, trans. Riley, p. 28, 經修改。在 Valens 文本中，*epitopos* 一

字的意思是「適當」或「居其位」，這主要代表它位在一個擁有一定程度的主導權或是熟悉感的黃道星座中，例如它的廟位，*contra*，見：Schmidt, *The So- Called Problem of House Division*, pp. 14– 18; p. 33。它的反義詞是 *atopos*，意思是「不恰當」或「不居其位」。其含義類似於 Hephaestio（*Apotelesmatika*, 2, 18: 12）在著作中詮釋 Dorotheus（*Carmen*, 1, 25: 6）文本的論述內容，其中提到行星處於「適當的區位」或「熟悉的區位」（*oikeiois topois*）。 Valens 後來多次使用類似的術語，當他指出行星正位在它們「適當的區位」（*idiotopeō*）時，就證明了 topos 可以是「黃道星座」（例如 *Anthology*, 2, 17: 23; 2, 20: 5 等），而我想不出不把 *epitopos* 視為一個同義詞的理由。例如，Valens 曾經提出一個木星在雙魚座的星盤案例（見 *Anthology*, 2, 22: 37），他提到木星正位在它「適當的區位」（*idiotopeō*）。 同樣地，Valens 在同一章節（*Anthology*, 2, 22: 1-9）提出的第一個星盤案例中，解釋了為何他在星盤上所觀察的三顆主要行星，都是位在自己的廟（*idiōi oikoi*），而不是位在衰落區位的原因，而他所下的結論是，顯然命主會出人頭地，因為這三顆主星的配置都「適得其所」或「居其位」（*epitopōs*）。在此例中，整宮制也符合行星所在的配置，因此就廣義而言，這個術語可能意指配置良好的星座或區位，但這點仍無法支持 Schmidt 將它詮釋為引發套用第二層等宮制的關鍵字。此外，我將 *epitopōs* 理解為一個通用術語，意思是坐落在配置良好的星座和區位，而在 Valens 書中附錄的一個釋義（*Anthology*, Appendix, 11: 35）似乎也證明如此，它用了 *epitopōs* 這個字，然後用括號附註：「也就是說，不是衰落（*apoklinōn*），也不是位在沒有尊貴（*adoxōs*）的區位。」它很可能是一個中世紀時期的加註，但不代表沒有參考價值。關於此加註的討論，以及其他 Valens 使用術語 *epitopōs* 的案例，顯然在 Schmidt 對此術語「原意」或「本意」的論述中付之闕如。

51　Valens, *Anthology*, 2, 9: 1 and 5, trans. Riley, p. 28.

52　Valens, *Anthology*, 2, 38: 2.

53　Ptolemy 在 *Tetrabiblos*, 3, 4: 4 中，對其他占星家使用希臘點的作法不屑一顧。

54　Ptolemy, *Tetrabiblos*, trans. Robbins, p. 267, fn. 3.

55　Ptolemy, *Tetrabiblos*, 3, 4: 7.

56　Ptolemy, *Tetrabiblos*, 3, 12: 2ff.

57　Ptolemy, *Tetrabiblos*, 3, 13: 1ff.

58　Ptolemy, *Tetrabiblos*, 4, 4: 1ff.

59　Ptolemy, *Tetrabiblos*, 4, 7: 10.

60　Ptolemy, *Tetrabiblos*, 4, 6: 1.

61　Ptolemy, *Tetrabiblos*, 3, 4: 7, trans. Schmidt, p. 12。Robbins 的譯文是：「每當它們行經四軸點或在後上升的星座，尤其是主要的星座，我指的是上升星座和上中天星座。」Ptolemy, *Tetrabiblos*, trans. Robbins, p. 239。

62　Ptolemy, *Tetrabiblos*, 4, 7: 10, trans. Schmidt, p. 33，稍作修改。

63　Ptolemy, *Tetrabiblos*, 4, 8: 2, trans. Schmidt, p. 33，稍作修改。

64　Ptolemy, *Tetrabiblos, Book III*, trans. Schmidt, p. viii。參照 Schmidt, "The Facets of Fate," pp. 84–85, and p. 106, fn. 3。

65　Dorotheus, *Carmen*, 1, 7: 7–8, trans. Pingree, p. 165。參照 *Carmen*, 1, 26: 1–9。

66　Antiochus, *Summary*, 19, trans. Schmidt, *Definitions and Foundations*, p. 50.

67　Valens, *Anthology*, 3, 2.

68　Valens, *Anthology*, 3, 2: 1–14.

69　Valens, *Anthology*, 3, 2: 15–19.

70　Valens, *Anthology*, 3, 2: 20, trans. Riley, p. 59.

71　Dorotheus, *Carmen*, 1, 26: 1-9.

72　Antiochus, *Summary*, 19.

73　Ptolemy, *Tetrabiblos, Book III*, trans. Schmidt, pp. xii–xiv。Holden, "Ancient House Division," pp. 22-24。Holden 在其他著作對 Ptolemy 這一章節的評註是「引起最多占星學爭論的文本」（*A History*, p. 49）。

74　Hephaestio, *Apotelesmatika*, 2, 11: 6–7.

75　Hephaestio, *Apotelesmatika*, 2, 11: 8ff.

76　Schmidt 指出 Pancharius 所用的宮位制,是某種阿卡比特斯制的修改版,見：Hephaestio, *Apotelesmatika*, 2, trans. Schmidt, p. v。然而,Holden 將 Pancharius 所用的宮位制視為波菲制的修改版,見："House Division II," p. 33,而不認為 Rhetorius 是在幾世紀後提及阿卡比特斯制的第一人。

77　Porphyry, *Introduction*, 43.

78　Pliny, *Natural History* 7, 49: 160.

79　Manetho, *Apotelesmatika*, 3: 427–8, trans. Lopilato, p. 237.

80　Valens, *Anthology*, 3, 3: 2.

81　Ptolemy, *Tetrabiblos*, 3, 11: 1.

82　這是 *Palatine Anthology* vol. 11 編號 164 的諷刺詩,即 T3 in Riess, *Nechepsonis et Petosiridis*, p. 330。譯文來自 *The Greek Anthology*, trans. Paton, vol. 4, p. 151。

83　正如 Valens, *Anthology*, 3, 11 首段討論的內容。

84　Antiochus, *Summary*, 1, 29, trans. Schmidt, *Definitions and Foundations*, p. 54.

85　Valens, *Anthology*, 3, 1.

86　Valens, *Anthology*, 5, 6: 65–69.

87　Valens, Anthology, 5, 6: 66–67, trans. Schmidt, p. 30.

88　Valens, *Anthology*, 7, 6: 111–116. Chart no. L 111, IX in Neugebauer and Van Hoesen, *Greek Horoscopes*.

89　Paulus, *Introduction*, 27.

90　Levente László 私下向我指出,目前 Paulus 文本中的案例,都不存在於原始手稿以及

Rhetorius 的摘錄中，因此可能是後來才被加入的。他指出，從語言學的角度來看，Olympiodorus 評註中所用的案例可信度更高，其時標位於天蠍座 15 度，太陽位於巨蟹座 15 度，位在第九區位。我在此保留 Paulus 的案例以供對照，因為它與 Paulus 和 Olympiodorus 概述的原則一致，就算對照 Olympiodorus, *Commentary*, 26 也是如此。

91　Paulus, *Introduction*, 24, ed. Boer, p. 54: 16–19.

92　Paulus, *Introduction*, 24, ed. Boer, p. 55: 9–12.

93　Valens, *Anthology*, 9, 3.

94　Firmicus, *Mathesis* 2, 14–20.

95　Valens, *Anthology*, 2, 32.

96　Valens, *Anthology*, 2, 29–30。Riley 指出，Abraham 所用的術語與瓦倫斯略有差異，並認為第三十章大部分的內容都是摘錄而來（*A Survey of Vettius Valens*, p. 8）。

97　Valens, *Anthology*, 9, 3: 19–20.

98　Valens, *Anthology*, 9, 3: 21–25, trans. Riley, p. 154，經修改。Riley 將句尾的 tropos 翻譯為「區位」，這可能是因為十二區位先前被稱為「十二轉位」（*dōdekatropos*），雖然瓦倫斯在其他章節使用此術語來表示「轉變」（change），但按字面意思是「轉」（turn）。Valens 曾經引用 Nechepso 將 tropos 用來指稱「區位」（place）的用法（*Anthology*, 7, 6: 212），所以它在此處很可能只是 *topos* 的同義詞。但我們仍應謹慎，因為若此處意思是「轉變」的話，那麼這整個句子可能會有不同的解釋。

99　Valens, *Anthology*, 9, 3: 26–28, trans. Riley, p. 154。就我所知，這裡概述的行運算法，應該是希臘化傳統中第一也是唯一的次限推運的出處。這點值得關注，因為 Holden 說，就他所知最早提到次限推運的作者，是十七世紀約翰內斯‧開普勒（Johannes Kepler）。Holden, *A History*, p. 173。

100　關於 Schmidt 近期對此段落的討論，見：*The So-Called Problem of House Division*, pp. 27–32; 59–61。

101　見前註。Hephaestio, *Apotelesmatika*, 2, 18: 75–6。無法確定這段文字的年代，但一般認為早於 Nechepso 和 Petosiris。然而，這樣的推測是建立在某一錯誤觀念，即 Nechepso 曾經引用 *Salmeschiniaka*，這是對前述 Hephaestio 段落文字的誤解。Heilen 在 *Hadriani Genitura*, p. 1333ff 釐清了這一點。Heilen 指出，Porphyry 和 Iamblichus 提到這些內容與埃及祭司查里蒙有關，這位祭司生活在西元一世紀，因此我們最多只能說 *Salmeschiniaka* 可能是此一時期前後的作品，也許是在托勒密王朝的時期。

102　Firmicus, *Mathesis*, 2, 14.

103　Firmicus, *Mathesis*, 2, 14: 3, trans. Holden, p. 61，經修改。Holden 將 locus 翻譯為「宮位」（house），我已將之改譯「區位」（place）；並將 Firmicus 所用的拉丁文 horoscopus 譯為「時標」（Hour–Marker），而不是 Holden 所譯的「上升點」（ASC）。我接下來會繼續修改出現在其他段落中 Firmicus 的譯詞，以維持本書詞彙的一貫性。

104　Firmicus, *Mathesis*, 2, 14: 4.

105　Schmidt, *The So-Called Problem of House Division*, pp. 33–35.

106　Rhetorius, *Compendium*, 113.

107　Firmicus, *Mathesis*, 2, 15: 3–4, trans. Holden, pp. 62–63，經修改。括號中的字來自 Holden 的譯詞，他是從手稿 N 加入的。

108　Firmicus, *Mathesis*, 2, 16: 2, trans. Holden, p. 63，經修改。

109　Firmicus, *Mathesis*, 2, 17: 1, trans. Holden, p. 64，經修改。括號中所有文字均是 Holden 的譯文。他說手稿 A 加入「星座」（sign），而手稿 N 則加入「區位」（place）。

110　特別是 Firmicus, *Mathesis*, 2, 20: 3–7 與 Valens, *Anthology*, 9, 3: 20 這部分的內容對照。

111　Anubio, *Carmen*, ed. Obbink 一書中指出了這些相似之處。

112　Heilen, "Anubio Reconsidered," p. 131ff.

113　見：Heilen, "Anubio Reconsidered," p. 131–133 的討論。

114　Firmicus, *Mathesis*, trans. Holden, p. 95, fn. 2。Holden 在 Rhetorius, *Compendium*, 57, trans. Holden 的腳註中，列出好幾處其他相似之處。

115　Rhetorius, *Compendium*, 57 的第一組描述，請對照 Dorotheus, *Carmen*, 2, 20-27; Valens, *Anthology*, 2, 4-15; Paulus, *Introduction*, 24。Rhetorius 的第二組描述，請對照 Firmicus, *Mathesis*, 3, 2-13。

116　Pingree 將 Rhetorius 這一章節形容為「整合了來自 Valens、Firmicus（或其資料出處）、Paulus 和其他作者的晚期作品。使用 Dorotheus 和 Critodemus 的文本。」Pingree, "Antiochus and Rhetorius," p. 211。Pingree 在其他譯著也提到，Rhetorius 援引的文獻可能與 Valens 是相同的源文本，而不是直接引用了 Valens 的內容（Pingree, *Yavanajātaka*, vol. 2, p. 431）。Rhetorius 數次在其著作 *Compendium* 提到了 Dorotheus、Valens 和 Paulus 的名字。

117　Firmicus, *Mathesis*, 3, 1: 2.

118　Firmicus, *Mathesis*, 5, 1: 36–38.

119　Firmicus, *Mathesis*, 3, 1: 19, trans. Holden, p. 94，經修改。

120　Firmicus, *Mathesis*, 3, 2: 1, trans. Holden, p. 95，經修改。

121　Holden 在翻譯時簡要地討論了 partiliter 的含義，見：Firmicus, *Mathesis*, trans. Holden, p.xxviii。Schmidt, *The So-Called Problem of House Division*, p. 33ff。

122　Firmicus, *Mathesis*, 3, 2: 8; 3, 2: 14; 3, 2: 20.

123　感謝 Benjamin Dykes 指出關於中間區位。

124　Firmicus, *Mathesis*, 3, 2: 4 & 7。其他例子見：Firmicus, *Mathesis*, 3, 2: 8; 3, 3: 12; 3, 4: 24。

125　Rhetorius, *Compendium*, 57（CCAG, 8, 4, p. 135: 10），trans. Holden, p. 51，經修改。

126　Firmicus, *Mathesis*, 3, 3: 18, trans. Holden, p. 107，經修改。

127　Rhetorius, *Compendium*, 57（CCAG, 8, 4, p. 168: 6–9），trans. Holden, p. 93，經修改。

128　見：Holden, *A History*, p. 74, fn. 170。

129 Firmicus, *Mathesis*, 3, 5: 3。在 Rhetorius 著作的相似敘述內文中，一開頭就談到太陽位在上升星座，暗示這是一張日間盤，然而在中段卻切換成夜間盤的說法。Rhetorius, *Compendium*, 57（CCAG, 8, 4: p. 136: 9–20）。

130 Valens, *Anthology*, 2, 4: 1; 2, 38: 16.

131 Hephaestio, *Apotelesmatika*, 2, 18: 33; 48.

132 Rhetorius, *Compendium*, 57（CCAG, 8, 4: p. 170: 5–9）, trans. Holden, p. 95，經修改。

133 Firmicus, *Mathesis*, 3, 13: 9, trans. Holden, p. 169，經修改。

134 Rhetorius, *Compendium*, 57（CCAG, 8, 4: p. 138: 3–22）, trans. Holden, pp. 54–5，經修改。

135 Firmicus, *Mathesis*, 3, 13: 1, trans. Holden, p. 166，經修改。

136 Rhetorius, *Compendium*, 57（CCAG, 8, 4: p. 136: 9–20）, trans. Holden, pp. 52–3，經修改。CCAG 的編輯群修改了文本，並在比對費爾米庫斯著作中同主題的段落之後，把土星加入 *homokentros*，與太陽一起位在上升點的度數。我不清楚這樣做是否合適，因為 Rhetorius 可能只是在談論太陽位在軸點度數上，就像他關於月亮的討論。從另一方面來看，這裡的描述比我們預期的更負面一點，所以也許在最初的文本中應該提到了土星。

137 Rhetorius, *Compendium*, 113.

138 Rhetorius, *Compendium*, 113, trans. Holden, p. 160–161，經修改 Holden 說 Rhetorius 在此處使用了所謂的阿卡比特斯制（p. 160, fn. 5）Levente László 私下指出，雖然阿卡比特斯制可能在 Rhetorius 的 *Compendium* 中另一張本命星盤案例中出現過，但仍不清楚此例使用的是阿卡比特斯制還是波菲制。

第十二章

時標的廟主星

在希臘占星學中，有幾種在星盤上識別不同主管行星的方式，它們在形塑命主的生命目標及品質方面，扮演著重要角色。最重要的星盤主星之一，是時標的廟主星（domicile lord）：主管上升星座的行星。瓦倫斯特別指出，時標的廟主星是檢視本命星盤時應優先考量的重點之一：

> 每一張本命星盤，在準確地繪製出每顆行星的位置之後，都必須要檢視廟主星的配置，包含它與哪些行星有星座相位，它見證了哪些星體，它正在升起還是下降（在光束下），它與星盤區間的關係是熟悉還是陌生[1]。

由於第一區位是星盤上與命主關係最為密切的位置，時標廟主星便成為星盤中最重要的行星之一，用於描述命主的人生重心、主題和重要的發展方向。瓦倫斯認為它與「靈魂的實現」（psuchēs energēmata）有關，他曾寫道：

> 首先，必須調查時標的樞軸以及它的主星配置。因為若它的主星正好在時標上，或是另一個友好的位置，就會對生命的關鍵時刻和靈魂的實現有助益。但若它不巧正在下降，或是位在衝突或不友善的位置，處境就很困難；因為一切已成定局，無論是時標的黃道星座上升時間，或是它所在黃道星座的上升時間，或是它所在黃道星座的人生階段，都背離了（生命的）時間。若發生了這種情形，它會使命主短壽。[2]

我們可以從此處看出，瓦倫斯將第一區位與命主的靈魂、身體或是身體的活力相連。在《占星選集》的其他地方，也出現過上升主星與命主健康和壽命之間的相關性。例如，在《占星選集》第二冊中，瓦倫斯提到：

> 一般來說，當凶星注視著發光體及時標，且與吉星沒有星座相位，會使男人短壽。若時標主星位在適當的區位，或是在自己的區間，它會賜予長壽。若它與幸運點的主星有星座相位，命主將會長壽且幸運。若這顆主星剛好在下降，則命主將會短壽。[3]

時標的廟主星，也能提供一些關於命主性格特徵的資訊。在討論黃道星

座的相關特性時，瓦倫斯列舉了「出生在」或「出生於」各星座的一些特徵，此處似乎是指出生時，時標所在的星座[4]。例如，他談到金牛座時說：

> 出生於這個星座的男人，高貴、精力充沛、勤勞、善於保管東西、愛好娛樂、愛好音樂、慷慨大方。有些是勞動者、傳播者、耕作者[5]。

然而，瓦倫斯說，這些詮釋可以根據此星座的廟主星狀態而調整，可能更好或更差：

> 若吉星偏好這個區位，或是廟主星配置得宜，男人會是祭司和學院院長，並被認為值得冠冕、紫衣、紀念碑和雕像；也會是神廟的監管者和卓越顯赫者[6]。

此處描述的更清楚了，當吉星與第一區位有星座相位，或是時標的廟主星在星盤中配置良好時，命主的生命中就會突顯出許多金牛座和金星最積極正向的一面。瓦倫斯在談到白羊座時也有類似的論述：

> 取決於此星座與其廟主星的關係，出生於此星座的人會是聰明、傑出、專制、公正、對罪犯嚴屬、自由、統治、思想大膽、自誇、心胸寬廣、不安分、不穩定、傲慢、自誇、令人生畏、快速變化、富有的。當廟主星配置良好，且受吉星見證時，就會誕生國王和權勢者，能夠主掌生殺大權[7]。

位於此處讓白羊座及其廟主星火星的特性，成為命主的性格特徵，因為它們與第一區位：自我的區位（the place of self）有關。然而，只有當上升點的廟主星配置良好，且與吉星有星座相位時，一些最正向的詮釋才會成真。瓦倫斯後來總結了此一原則，他說，廟主星的含義往往會表現在其主管的星座中，這些含義可能會隨著行星的狀態而變得更好或更壞：

> 一般而言，廟主星通常帶來與其本質相符的事物，無論好壞多寡，都是

根據此廟主星的吉凶而定[8]。

此一原則可追溯到行星將黃道星座視為自己的家或居所的概念主張，但這裡我們對此學說有個額外的調整，即黃道星座所表達的象徵意涵，其性質可能因星座主星的狀態而有所改變。這點很重要，因為這意味著雖然每個星座都有某些核心的屬性，但其特質的表現方式在每張星盤都有所不同，一切視主管行星的配置而定。這點在分析時標的廟主星時，會特別突顯其重要性。

航海的隱喻

在古占星文本中，通常將第一區位稱為「舵」（*oiax*），此名稱顯然可溯及最初赫密士文本的 *dōdekatropos*，正如斯拉蘇盧斯所引用的內文[9]。此希臘文術語的原意，是船舵的把手或是小舟的舵柄，雖然它後來更廣泛地代表「舵」或是船上掌舵的位置。在占星學的脈絡中，這引發了一個提問：如果本命星盤中有一個舵，那船體是什麼？是誰在操縱呢？

史密特認為，這種將第一區位稱為「舵」的比喻，以及波菲《四書導論》中另一種航海主題的比喻，證明古代占星家精心設計了這套解釋性的比喻，用以理解星盤上各部位的不同功能[10]。現存文本中有些關於航海主題的比喻，看起來的確有此暗示，雖然目前尚不完全清楚，希臘化時期占星家對這些內容的瞭解程度。

有一項證據，似乎支持了自星盤詮釋中延伸出航海比喻的說法，那就是出土自俄克喜林庫斯，一張留存至今的莎草紙天宮圖[11]。這張天宮圖並不完整，但它將時標稱為舵，並在下一行斷斷續續地出現「舵手」、「領航員」或「船長」（*kubernētēs*）等字眼。這似乎意味著舵的主管行星，會被視為這艘船的舵手，而時標的廟主星，自然是合理的選項，因為它是出生時主管

上升星座的主要行星。因此，時標的廟主星扮演了掌舵的角色，它的使命是將命主的生命帶領至某個特定的地方或目的地。因此，舵手擔任了某種導航員或嚮導的角色。

◎ 船隻的舵手

波菲在他關於胚胎學的文本中，認為靈魂在出生的那一刻就進入身體，而為了支持這項論點，他說這也是當時占星家們的觀點[12]。他把孕育肉身比喻為船隻的建造，而誕生就像新船下水；就在此時此地，船長或舵手（*kubernētēs*）上船開航[13]。

由於星盤中存在其他主星，使得這項類比有些複雜。在他針對托勒密《占星四書》所寫的《四書導論》中，波菲區分了本命星盤的「主宰星」（Master，*oikodespotēs*）和「主星」（Lord，*kurios*），認為它們是兩顆獨立的統治者，支配著整張星盤（及命主的人生）[14]。波菲強調，本命星盤的主宰星和主星是不同角色的統治者，他接著將它們比喻為不同職責的船長（*kubernētēs*）和船主人（*nauklēros*）。史密特認為，這段內容進一步證明了希臘占星學使用複雜的航海隱喻，作為釋義原則的根本[15]。航海比喻在希臘文文獻中並不少見，尤其在柏拉圖學派的作品中，但波菲在這裡可能只是做了一般性的比喻，而不是要在此章節提出特定的占星學釋義原則。遺憾的是，目前尚無定論。因此，我們手上唯一能夠支持航海隱喻的文字內容，似乎僅有時標廟主星與舵手的連結。

十二區位的廟主星

檢視時標的廟主星最重要的釋義原則之一，就是弄清楚它位在十二區位中的哪個位置。命主的生命往往會以某種方式，專注於或被引導至與該特定區位相關的主題，比起命主生命中的其他領域，這項主題通常會以一種更被

重視，或更獨特的方式突顯出來。瓦倫斯在《占星選集》第二冊首次介紹十二區位，他為各區位提供的詮釋內容，一部分是論斷時標廟主星位在該區位的情形，因為此種配置會使命主的人生方向更著重這些主題[16]。

例如，時標的廟主星位在第十區位的人，有時候會被引向專注於職業和聲譽，這些是第十區位的象徵意涵。這種配置的現代案例之一是保羅・蓋提（J. Paul Getty），他是二十世紀中葉一家大型石油公司的創辦人兼老闆。他出生於摩羯座上升，日間盤的土星入旺在天秤座第十區位。他是一九五〇年代全美國最富有的人，而到了一九六〇年代，他是全世界最富有的人。《紐約時報》的訃聞描述了他對職業和聲譽的關注：

「我不認為被稱為印鈔機，有什麼好奇怪的，」他用奧克拉荷馬州拖長語調的口音強調著，「我寧願被視為商人。」的確，商業就是蓋提先生的命脈。他其中一任前妻曾刻薄地說，生意是他的「初戀」，而財富只是副作用而已。他經常被描述為一天工作十六到十八小時，來處理他五花八門的商業買賣，以及其中所涉及的龐雜交易，蓋提先生似乎同意這樣的說法。他在一九六五年寫道：「在過去四十五年來，我不記得有哪一天的假期，沒有被來自國內外的電報或電話打斷，並花上幾個小時處

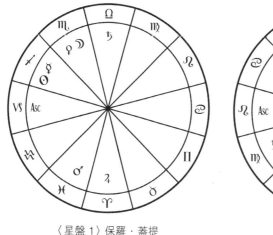

〈星盤 1〉保羅・蓋提

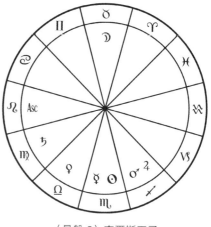

〈星盤 2〉查爾斯王子

理生意上的事。」「這樣的工作安排，以及需要將大部分的時間投入到
事業中，對我的私人生活帶來沉重的打擊。」（……）他認為自己是一
個需要獨處的人。但顯然在《財富》雜誌大肆宣傳他的財富之後，他出
盡了風頭[17]。

　　每個人的時標廟主星位在不同的區位，便會將注意力導向生命中的不同
主題或領域。例如，廟主星在第四區位的人，跟其他人比起來，家庭或父母
的議題會更顯著地引導或支配著他們的生命進程。這方面的案例之一是查爾
斯王子（Prince Charles），他出生於獅子座上升，太陽在天蠍座，是第四整
宮區位。他是英國女王伊莉莎白二世（Queen Elizabeth II）的長子，也是英
國王位的繼承人。他的大半人生，都難以擺脫何時會繼承母親王位的提問。
六十多年前，他的母親在他三歲時登基為英國女王；他不僅是英國歷史上
在位時間最長的王儲，女王本人最近也成為了英國歷史上在位時間最長的
君主。這讓他有些沮喪，因為登基日看來遙遙無期。雖然女王是國家元首，
但查爾斯王子經常代表母親或英國出公差。

　　有時，當上升主星位在比較困難的區位時，命主的人生會面臨更具挑戰
性或艱難的主題。例如，切・格瓦拉（Che Guevara）出生於白羊座上升，

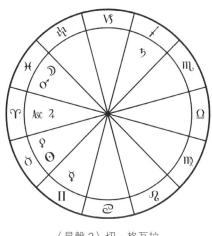

〈星盤 3〉切・格瓦拉

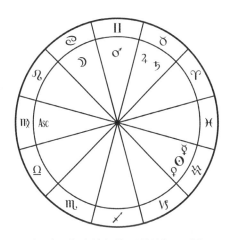

〈星盤 4〉富蘭克林・德拉諾・羅斯福

而火星位在雙魚座第十二區位。他讀大學時，進行了二次橫越南美洲的長途旅行，對其人生方向產生了重大影響。在目睹了整個拉丁美洲普遍存在貧困、疾病、剝削和被剝奪公民權的問題後，他認定唯一的解決方案是武裝革命。他隨後成為古巴革命的重要人物，後來更環遊世界，在其他國家煽動革命，但最終在玻利維亞的戰爭中被敵人俘虜並處決。我們從他的星盤中看到，第十二區位的重要主題在他的生命中變得更加突出，例如苦難、敵人和旅行。這些主題各自以不同方式，成為形塑他不凡生命之途的重要因素。

另一個與上升廟主星配置有關的困難例子，是富蘭克林・德拉諾・羅斯福（Franklin D. Roosevelt），他在一九三三到一九四五年間，擔任美國第三十二任總統。他出生時於處女座上升，水星在水瓶座第六區位。他在三十多歲罹患小兒麻痺症，導致腰部以下永久癱瘓。康復後重返政壇，最終成為總統，但由於當時的時代看不起殘疾人士，他便隱瞞自己的病情。他是美國史上第一位患有嚴重殘疾的總統，餘生致力找出幫助自己以及其他小兒麻痺症患者恢復健康的方法。他創立的基金會後來持續資助小兒麻痺症的疫苗研發，並在數十年後幾乎根除了小兒麻痺症這項疾病。由此可見，時標的廟主星顯化出命主生命中的重要主題和奮鬥，但有時候也能指出，命主的人生能夠在某些領域，對外在世界帶來更廣泛或持久的影響。

有時候，命主在某區位經歷的正面或負面主題，是因為時標的廟主星位於此，又與吉星或凶星同在。例如，在一九七〇至八〇年代以扮演超人一角聞名的演員克里斯多夫・李維（Christopher Reeve），他出生於獅子座上升，太陽在第三區位（天秤座）。這是一張夜間盤，太陽同時與金星（區間內的吉星）及土星（區間外的凶星）同在。由於時標的廟主星在第三區位，旅行主題似乎在他一生中都很顯著，他喜愛在閒暇時開飛機及航海，而區間外的凶星位在此處，我們預期這與他遭遇到某些極大困難有關。一九九五年，一場騎馬意外導致他四肢癱瘓。在此之後，他用自己的名氣吸引人們關注脊髓損傷和殘疾，成立了克里斯多夫和達娜・李維基金會（the Christopher and Dana Reeve Foundation），致力於資助治癒脊髓損傷研究，及改善癱瘓患者的生活品質。在他受傷後的幾年來，李維對促進脊髓損傷以及其他神

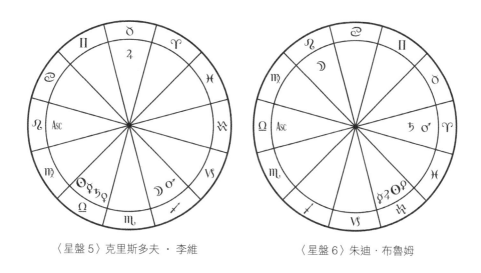

〈星盤 5〉克里斯多夫 · 李維　　　　　〈星盤 6〉朱迪 · 布魯姆

經系統失調的研究貢獻良多。在此例中，與第三區位象徵的旅行相關主題，似乎已經延展至更廣的整體活動性，以及與上升點主星有關的身體健康。

　　幾乎每一個區位的配置，對命主都有直接的個人層次意義，也提供與整個世界連結的廣泛象徵含義。例如，第五區位的配置，通常會指出命主的子嗣或分娩主題，但有時這些配置，可以更廣泛地擴及到命主生命中的孩童主題。一個很好的例子是朱迪 · 布魯姆（Judy Blume），她是一位著名的兒童和青少年文學作家。她出生時於天秤座上升，夜間盤的金星在水瓶座第五區位。一九九六年，她獲得了美國圖書館協會（American Library Association）頒發的著名愛德華終身成就獎（Margaret A. Edwards Award），已售出超過八千萬冊著作，並被翻譯成三十多種語言。她在自己的孩子上幼兒園時就開始寫童書，截至目前已經寫了二十多本書。

　　時標的廟主星配置，似乎顯示出個人生命中有時會深受吸引或著迷的生活領域，就算這些領域在他人眼中看來很奇怪或無聊。有時候，當時標的廟主星位在不吉利的區位（如第八區位），可能意味著該區位的主題（如死亡）在個人生命中具有更廣泛且抽象的作用。已故占星師理查德 · 胡克（Richard Houck）出生於摩羯座上升，夜間盤的土星在獅子座第八區位。時至今日，

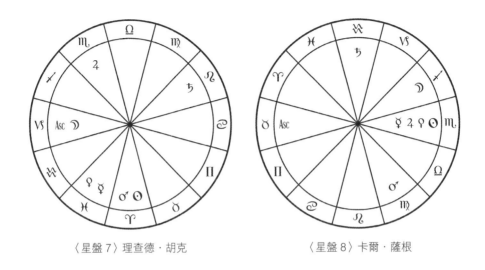

〈星盤 7〉理查德・胡克　　　　　〈星盤 8〉卡爾・薩根

他最知名的著作可能是他在一九九四年出版的《死亡占星學》（*The Astrology of Death*，暫譯）。他在書中融合了現代的西方和印度占星學，並稱之為占星學史上第一本以死亡為主題的書。由於他在五十三歲時英年早逝，《死亡占星學》最終成為他在占星界的代表作。

　　上升主星也揭示出命主為了完成預設的生命任務，必須以某種方式涉歷某些領域或與某些人物共事，或那些能夠幫助命主完成人生目標的事物。例如，科學家卡爾・薩根（Carl Sagan）出生於金牛座，金星在天蠍座第七區位。他有過三段婚姻，第一任妻子是琳・馬古利斯（Lynn Margulis），時間是一九五七年至一九六三年；接著是琳達・薩爾茨曼（Linda Salzman），時間是一九六八年至一九八一年；最後是安・德魯彥（Ann Druyan），時間是一九八一年至一九九六年。他對事業的全神貫注，以及在水瓶座第十區位的土星，四分相位在第七區位的天蠍星群，導致前兩次的婚姻破裂。他的後兩次婚姻，與其事業和人生志向有更緊密的連結。他與馬古利斯共同設計了太空探測器先鋒 10 號和 11 號的飾牌（由她完成製圖）。他終於在第三段婚姻中找到平衡點，那就是與妻子共同打拼事業。他們一起寫了幾本書，並製作由他擔任主持人的電視節目《宇宙》（*Cosmos*），在世界各地廣為人知。他於一九九六年去世後，安・德魯彥接下他一部分的工作，成為電影《接

觸未來》（*Contact*）的製片人，這部片是根據他們合寫的小說改編；她後來成為二〇一四年《宇宙：時空漫遊》（*Cosmos: A Spacetime Odyssey*）系列節目的創作者、製片和編劇。因此，關係和婚姻透過一種難以忽視且獨特的方式，串起了薩根的人生走向。

困難配置的緩解

　　每個壞區位的困難本質，會使位在這些扇形區的時標廟主星，為命主帶來相應的挑戰性體驗，但其中仍有讓正向或積極事物發揮作用的可能性，尤其在具有緩解因子的情況下。例如，當行星在第六區位時，似乎會突顯健康和疾病的相關議題。在某些時候，困難配置若得到緩解，便有望朝正向發展；若無緩解，那麼疾病和傷害就可能成為首要議題。使第六區位困難重重的原因之一，乃因它是衰落區位，行星不是處於 *chrēmatistikos* 或「忙碌」的狀態，因而會削弱行星，使它們無法體現為命主帶來好處的象徵事物。但是，這種處境在某些情況下可以改變。如前面的討論，包路斯在論述第六區位時提到，位在此處的行星若與子午線－上中天有 3 度內的相位結構，或甚至與位在尖軸區位（如第十區位）的行星有星座相位，那它們可以被視為「忙碌」（*chrēmatistikos*）。包路斯將它解釋為適用於所有衰落區位的通則：

> 人們必須知道，有四個樞軸、四個後上升、四個衰落，而有時，這些衰落具有其效力（*chrematizō*），會帶來經過評估的行動，而不是隨機行事。每當任一星體正巧出現在其中一個衰落，且與樞軸或某顆星體在其射線 3 度內形成三分相時，它們實際上是和諧的關係 [18]。

　　包路斯接著舉了一個例子，示範了行星在第九或第六區位的應用。我發現它作為一個通用的緩解因子，似乎對其他的衰落配置也有幫助，包括第十二區位和第二區位。尤其是第六區位，是否存在這項緩解因子，會呈現出截然不同的意義。

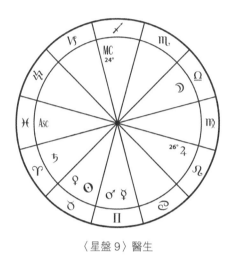

〈星盤 9〉醫生

　　例如，出生於雙魚座上升，木星在獅子座且在衰落的第六區位的人，卻因木星與子午線－上中天有 3 度內的三分相而得到緩解，並在夜間盤中也由金星凌駕，亦無來自凶星的困難相位。因此，雖然上升主星在第六區位，但它得到緩解，且配置相對良好。命主是一位醫生，對增進病患照護感興趣，並傾向擔任管理職。在職業生涯的某個時間點，她成為了某家醫院的院長。命主的人生顯然專注在第六區位的疾病主題上，但這並不是她自己受疾病所苦；相反的，她將時間花在幫助病患上。

　　因此，關注緩解因子很重要，因為它們似乎對在壞區位的行星有助益，或是會增強在好區位的行星狀態。當它們與軸點度數有相位結構而變得忙碌時，情況更是如此。

時標主星在第一區位

　　當時標的廟主星在第一區位時，它可以直接掌舵。這實際上意味著作為廟主星，這顆行星的自然徵象，在描述命主的生活方向和重點時，躍居重要

地位。例如在描述不同的時標主星時，瓦倫斯說：

> 若土星被分配到「時間」（the Hour）或希臘點（此指幸運點）上，位
> 在時標且沒有與火星對分，那命主在土星統御的活動是幸運的[19]。

也就是說，命主會在土星類型的活動表現出色或得到幸運，因為土星入
廟，在第一區位，且是時標的主星。行星喜歡待在自己的廟，原因是它與這
個星座有相似的本性，因此是一個最適合展現天性的區位。當這顆行星同時
是上升主星時，意味著命主的人生會傾向追求或擅長與此顆行星相關的事
物。

這方面的一個例子是教宗本篤十六世（Pope Benedict XVI），本名若瑟·
拉青格（Joseph Ratzinger），上升在雙魚座，時標的廟主星也在雙魚座第一
區位。拉青格就任教宗時，成為了天主教會的領袖。這顯然符合瓦倫斯賦予
木星的其中一項徵象，即「聖地的首領」[20]。

另一個例子是威廉·藍奎斯特（William Rehnquist），出生於射手座上
升，日間盤的木星在射手座第一區位。他是一位美國律師、法學家和政治人

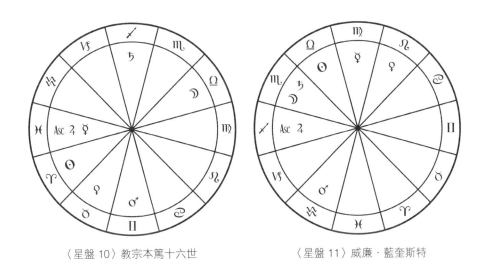

〈星盤 10〉教宗本篤十六世　　　　　〈星盤 11〉威廉·藍奎斯特

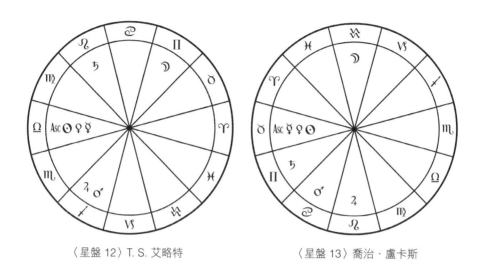

〈星盤 12〉T. S. 艾略特　　　　〈星盤 13〉喬治‧盧卡斯

物，曾擔任美國最高法院大法官（Associate Justice of the Supreme Court of the United States），後來成為第十六任首席大法官。他高居美國最高法院的首長一職約十九年。根據瓦倫斯的說法，木星也象徵「正義、官方當局、政府、榮譽（……）和裁決審判[21]」。

　　接著來談其他行星。美國詩人 T. S. 艾略特（T. S. Eliot）出生於天秤座上升，金星主管時標，與水星同在第一區位。在此例中，金星和水星的結合帶來了詩歌，或引人入勝的藝術性言辭。金星在自己的廟位是有利配置，代表他將在藝術領域表現出色；他因對當代詩歌的開創性貢獻，於一九四八年獲得諾貝爾文學獎。

　　電影製片人喬治‧盧卡斯（George Lucas）出生於金牛座上升，金星主管時標，在第一區位。他在大學期間對製作電影產生興趣，並取得電影方面的藝術學士學位。後來成為一名導演，以創作《星際大戰》（Star Wars）和《印第安納瓊斯》（Indiana Jones）系列電影而聲名大噪。盧卡斯另一個有趣的金星主題，是他的電影融合了許多早期電影和電視節目的主題、概念和美學，這可能是受到金星的統合原則所影響。

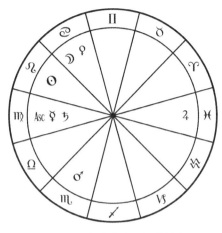

〈星盤 14〉史蒂夫・沃茲尼克

史蒂夫・沃茲尼克（Steve Wozniak）的水星入廟於上升，並因此主管時標（水星在處女座第一區位），這是一個很好的例子。沃茲尼克是一名電腦程式設計師，他與史蒂夫・賈伯斯（Steve Jobs）共同創立了蘋果公司（Apple Computer, Inc.）。他是程式設計師和技術天才，而賈伯斯是有遠見的行銷大師。根據瑞托瑞爾斯的說法，「水星在時標會讓命主聰明、謹慎，（和） 具有巧思[22]」。水星在處女座尤其擅長技術性的活動，這類型的現代事物包括程式設計和電腦。

此處有其中一個普遍接受的觀點，那就是行星的原型可以有多種不同的體現方式，例如某個特定的職業或生活焦點；雖然在各別例子中，生活焦點到頭來確實都被引導至特定行星的主管事務範疇。

◎行星在第一區位的身體外觀或特徵

在第一區位的行星有時描述或象徵了命主的身體外觀，包含命主體型上的突出特徵[23]。例如，金星在第一區位，有時會與別具魅力的外貌條件有關，

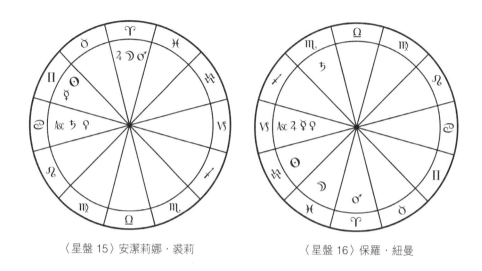

〈星盤 15〉安潔莉娜‧裘莉　　　　〈星盤 16〉保羅‧紐曼

因為第一區位代表身體和外貌，而金星代表美麗和美的事物。例如，安潔莉娜‧裘莉（Angelina Jolie）出生時上升點在巨蟹座 28 度，且金星與時標在巨蟹座 28 度會合。二〇〇六年，她在《時人》雜誌「全球百位最漂亮的人物」中名列第一。

另一個例子是保羅‧紐曼（Paul Newman），他出生時上升點在摩羯座 13 度，而金星在夜間盤的摩羯座 14 度。《紐約時報》上的訃聞將他描述為「一位面容出眾的人物，具有旺盛的生命力及一雙坦率的藍眼睛，讓人幾乎無法抗拒他的魅力[24]。」

相反地，凶星在第一區位有時可能指向身體的病痛或受傷[25]。例如，火星可能是割傷或疤痕，而土星可能是慢性疾病。在第一區位的行星，也能夠指出或調整命主的性格或行為。由於這些行星位在舵的區域，它們有時候會發揮更大的作用，推動命主的人生往更好或更壞的方向發展。

主星的區間

　　區間外的凶星，通常是星盤上帶來最多困難的行星，它往往會不利於命主的利益。當這顆行星同時是時標的廟主星時，命主有時候就自己扮演起凶星或它的代理人，因為第一區位在星盤中代表自我。我的觀察是，區間外的凶星作為時標主星的人，有時傾向於損害或違背自己的最佳利益。換句話說，命主生命中的困難不是來自他人或外在處境，而是來自他自己。

　　這方面的一個例子是泰德・甘迺迪（Ted Kennedy），他出生時上升在摩羯座，夜間盤的土星在摩羯座末度數，為第一區位。他是美國總統約翰・甘迺迪（John F. Kennedy）和羅伯特・法蘭西斯・甘迺迪（Robert F. Kennedy）的弟弟，在二位兄長於一九六〇年代被暗殺後，他有望接替他們成為美國總統。然而，他成為總統的機會卻毀於一場疑似酒駕的車禍，導致當時與他同車的一名婦女死亡。他在美國參議院仍舊有一段長遠且成功的職業生涯，但他從未成為總統，主要歸因於他在此特定事件中所犯的錯誤。

　　命主出生於摩羯座上升，夜間盤的土星在第二區位（水瓶座），他出生於美國的大蕭條時期。在他成長過程中遇到家庭經濟困難，自小便十分節

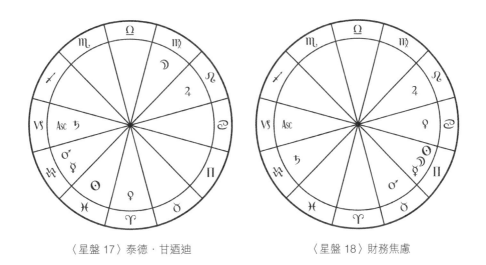

〈星盤 17〉泰德・甘迺迪　　　　　　　〈星盤 18〉財務焦慮

儉。家裡常說的一句話是「我們拿不出更多了。」因此，他總是非常在意每一分錢，甚至到了過於執著的地步。隨著年齡的增長，他仍舊非常謹慎地消費，有時候會造成與家人相處時的問題或麻煩。他最終在成年後長久維持了一段成功的事業，也得以在經濟上為家人帶來舒適的生活，但他有時仍對金錢感到擔憂或焦慮。星盤的配置可能影響了命主的客觀外在環境，以及生命早期的財務經歷，但也可能是這些經歷，形塑了他的金錢觀及某些性格特徵。土星位在它所主管的星座，有助於緩解此配置可能對財務造成的負面影響，所以這不是最極端的例子。

上中天的度數位在其他區位

如前所述，象限上中天和下中天的度數，會將第十和第四區位的含義帶到它們落入的整宮區位。它們也會使行星更為有利，「忙碌」或「充滿活力」（chrēmatistikos）。在某些情況下，與象限上中天的精準度數會合，似乎也是一個非常重要的指標，其效應類似位在第十整宮區位，就算度數沒有位在第十個星座中也是如此。

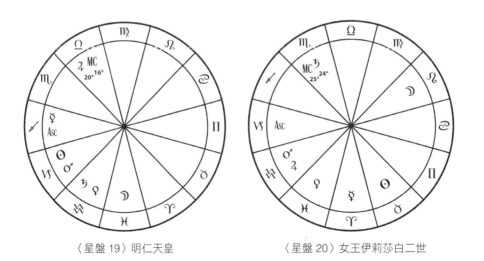

〈星盤 19〉明仁天皇　　　　　〈星盤 20〉女王伊莉莎白二世

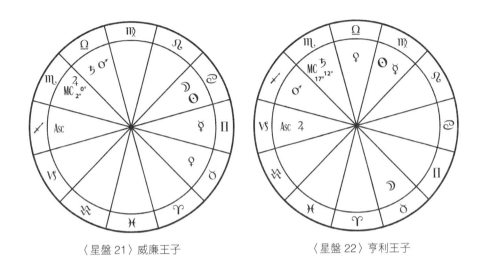

〈星盤 21〉威廉王子　　　　　　　　〈星盤 22〉亨利王子

　　明仁天皇（Emperor Akihito）出生於射手座上升，木星在天秤座 20 度第十一個星座，但與在天秤座 16 度的象限上中天會合。在父親裕仁（Hirohito）去世後，他於一九八九年成為天皇，雖然二戰後日本天皇的權力被削弱成傀儡的角色，但在身為現代皇室的命主身上看到這樣的配置很有趣。

　　伊莉莎白二世，英國和大英國協王國的現任女王，出生於摩羯座上升，土星在天蠍座 24 度第十一個整宮區位，與在天蠍座 25 度的象限上中天會合。一九五二年，她在父親去世後登基，近期已成為英國歷史上在位時間最長的君主。

　　她的長孫，劍橋公爵威廉王子（Prince William, Duke of Cambridge）也有類似的配置，上升在射手座，木星在天蠍座 0 度第十二個星座，但與在天蠍座 2 度的象限上中天會合。他是其祖母伊莉莎白二世的第二順位繼承人，排在父親查爾斯之後。

　　威廉王子的胞弟，威爾斯親王亨利王子（Prince Henry of Wales），也有類似的配置。他出生於摩羯座上升，土星在天蠍座 12 度第十一區位，與在天蠍座 17 度的上中天會合。

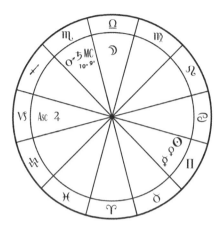

〈星盤 23〉安德烈‧卡西拉奇王子

　　亨利王子出生於一九八四年九月十五日；奇怪的是，另一位在幾個月前
出生的王子，也有類似的配置。摩納哥王室的安德烈‧卡西拉奇王子（Prince
Andrea Casiraghi）出生於一九八四年六月八日，上升在摩羯座，土星在天
蠍座 10 度第十一區位，與在天蠍座 9 度的上中天會合。截至二〇一六年，
他是家族中的第四順位的繼承者。有趣的是，雖然他比亨利早幾個月出生，
但他們的上升度數很接近，相同的時標廟主星也與象限上中天的度數會合。

　　這些例子強調了關注象限上中天度數的重要性，以及此度數為所在星座
帶來的事件主題及活躍度。此概念也擴及到象限下中天的度數，它同樣能為
所在星座帶來事件主題且具活躍度。透過這種方式，我們可以開始瞭解象限
制和整宮制該如何整合及共同運作，以及為何需要這麼做。

註 釋

1　Valens, *Anthology*, 7, 2: 2, trans. Riley, p. 24，略經修改。

2　Valens, *Anthology*, 7, 2: 5–7, trans. Schmidt，經修改。

3　Valens, *Anthology*, 2, 4: 13–14, trans. Riley, p. 27，經修改。

4　在 Teucer / Rhetorius 同主題的敘述中明確指出，這些內容適用於那些出生時上升點或月亮位在此黃道星座的人（CCAG 7, p. 196: 4）。

5　Valens, *Anthology*, 1, 2: 16, trans. Riley, p. 3，經修改。

6　Valens, *Anthology*, 1, 2: 16, trans. Riley, p. 3，經修改。

7　Valens, *Anthology*, 1, 2: 1–2, trans. Riley, p. 2，經修改。

8　Valens, *Anthology*, 1, 2: 20, trans. Riley, p. 3，經修改。

9　CCAG, 8, 3, p. 101: 16-18.

10　Schmidt, *Definitions and Foundations*, p. 325。參照 Porphyry, *Introduction*, 30。

11　Jones, *Astronomical Papyri from Oxyrhynchus*, horoscope 4277（vol. 2, p. 421）.

12　Porphyry, *To Gaurus on How Embryos are Ensouled*, 16: 5–6.

13　Porphyry, *To Gaurus*, 10: 4.

14　Porphyry, *Introduction*, 30.

15　Schmidt, *Definitions and Foundations*, p. 325.

16　Valens, *Anthology*, 2, 4–15.

17　Alden Whitman, "J. Paul Getty Dead at 83; Amassed Billions From Oil," *New York Times*，June 6, 1976.

18　Paulus, *Introduction*, 27, ed. Boer, p. 76: 13–19, trans. Greenbaum, pp. 58–9.

19　Valens, *Anthology*, 2, 4: 1, trans. Riley, p. 27，經修改。

20　Valens, *Anthology*, 1, 1: 17.

21　Valens, *Anthology*, 1, 1: 17.

22　Rhetorius, *Compendium*, 57, trans. Holden, p. 48，經修改。

23　這是 Ptolemy 在 *Tetrabiblos*, 3, 12 中特別談到的內容。參照 Hephaestio, *Apotelesmatika*, 2, 12: 1。

24　Aljean Harmetz, "Paul Newman, a Magnetic Titan of Hollywood, Is Dead at 83," *New York Times*，September 28, 2008.。

25　Ptolemy 在 *Tetrabiblos*, 3, 13: 1 提到，上升點是其中一個用來查看受傷主題的區位。他接著談論該位置以及其他出現凶星會帶來受傷或病痛的相關區位。參照 Hephaestio, *Apotelesmatika*, 2, 13: 3。

第
十
三
章

十二區位的主星

在《占星選集》第二冊中，瓦倫斯概述了一項與十二區位主星相關的重要釋義原則：

> 若有人徹底研究過十二區位主星，那麼他很容易就能判斷本命星盤上的吉凶領域。無論是哪一顆與本命關聯的星體（意即主管生計、生命、傷害、疾病、職業，或任何其他相關領域的主星）受到某種折磨，它也會在這方面傷害到命主[1]。

每一顆行星都會以黃道星座的廟主星來掌管其守護的區位，成為該區位的「主星」（ruler）或「主星」（lord）。例如，假設雙子座守護星盤的第五區位，那水星就會是第五區位的主星。我們已經看過時標（第一區位）的廟主星是如何運作的，但在本章中，我們將著重在如何將主管權（rulership）的概念延伸到其他的區位。這樣一來，我們會便能開始瞭解星盤上的不同部分是如何共同運作。

主管某一個區位的行星，會成為星盤中該區位相關含義的主要代表，就算該區位的相關含義與此行星的自然徵象無關，也依舊如此。例如，假設水瓶座守護第七區位，而此區位代表婚姻，那麼土星就會成為這張星盤中婚姻主題的象徵，即使婚姻與土星的自然徵象無關。

實際位在該區位內的行星，通常更直接地象徵了該主題事件，然而一般認為，區位主星對於任何與該區位相關事件的結果更加重要。例如在敘述第九區位主星時，瑞托瑞爾斯說：

> 位在此區位的好（星），會帶來外國的好運和虔誠的人，以及正統的宗教儀式，特別是如果該區位主星也配置良好，在自己的廟位或旺位，且不受凶星的敵視[2]。

同樣地，瓦倫斯在討論第十區位時特別指出，區位主星是命主工作或行動成功與否的主要決定因子：「當此區位主星配置良好時，它會造就成功的

人；但是當配置不佳時，就會造就失敗者。[3]」

　　就同一特定主題而言，區位主星的重要性，往往比該主題的自然徵象星更受重視。例如在婚姻主題，有時候第七區位的主星會比金星更被看重。原因可能是這顆主星源自出生時的上升點位置，更關乎命主自身，而一般的行星代表因子則適用於當天出生的每一個人。

區位主星研究的釋義原則

　　檢視星盤上的區位主星時，會使用到三個主要釋義原則：

1. 第一項原則是關於當某區位主星位在另一區位時的相關象徵含義，以及如何結合這兩個區位的象徵意義。例如，假設第五區位主星在第八區位，那麼這就會帶來一系列特定的詮釋。舉個例子，瑞托瑞爾斯說，代表孩童的第五區位主星位在第八區位時，可能象徵著孩童的死亡 [4]。他在其他區位也提到，代表婚姻的第七區位主星，位在代表國外旅行的第九區位時，說是代表命主可能會與來自異國的人結婚 [5]。
2. 第二項的考量是，與區位主星相關的各類主題事件及其後續的吉凶發展，完全基於區位主星所在區位的好壞。如果區位主星位在好區位，則結果傾向正面；如果區位主星位在壞區位，結果傾向負面。例如，假設第七區位主星位在第十一區位，那麼通常是正向的詮釋，因為第十一區位是好區位。相反地，如果第七區位主星位在第十二區位，那麼通常會朝負面詮釋，因為第十二區位是壞區位。
3. 第三項的考量是區位主星的整體狀態，例如它是否入廟或入旺，是否得到獎賞或被虐治，這影響了它所象徵的主題會得到肯定或否定、受到支持或被腐化。

　　獎賞和虐治的條件將在下一章討論。

我們現在把重點放在前兩項的考量因素。

初論

在我們進入瑞托瑞爾斯關於行星在十二區位的詮釋，以及查看星盤案例之前，我想對此主題相關的一些概念和哲學議題，提出一些初步論點。過去幾年間，我研究了這項主題，並在進行各類的案例研究時，注意到以下幾項要點並感到必須清楚說明其中的一些內容，以便理解當我們試圖應用這項技法時，或研究這項占星領域時，應當關注的重點是什麼。

◎ 配置作為原型情境

現在我們要討論的重點是，行星的配置將如何指向各種可能在生命中上演的情境。我這裡所說的「情境」（scenario），指的是一個假定的發展結果或系列事件。有時候，這些情境是一次性的，有時候則在個人生命中反覆出現。由於找不到更好的用語，我暫時將它們稱為「象徵性情境」或「原型情境」。這些情境通常指的是動態性的發展，例如，某項過程或是一系列事件，但是當它們發揮在象徵性的層次上時，會出現不同的顯化方式。

一般而言，希臘占星的解盤重點之一，尤其是區位主星，在於你必須學會理解和詮釋這些象徵意義。象徵具有多重意義，而且在其象徵事物的整體脈絡中，可以有多種不同的詮釋方式，但這些象徵通常可以在考量額外的變數之後，加以限縮或限制，因為每加入一個變數，都會限制這些象徵的顯化範圍。但大體而言，重點在於認知到單一配置，會有一系列可能的表現形式。當我們談到瑞托瑞爾斯書中的敘述時，會看到任何特定的單一配置或多種配置的組合，都有好幾個可能的結果。

本章主要關注各區位本身所象徵的事物，以及它如何在象徵的層次上，

與另一個區位的含義結合。在下一章中，我們將花更多時間示範如何限縮其象徵意義，並將行星在星盤上的狀態納為額外的變數考量，進而榨取出更具體的詮釋。

◎ 個人意義與普遍意義的比較

在某些情況下，行星配置會描述出命主對生命中特定事件的主觀感受，而在其他情況下，它們所描述的是命主生命中為人所知的事物，或對整體世界的貢獻。因此可以從這兩種情形區分出：（1）這些配置代表個人生命中的個人或主觀視角，相對於（2）這些配置在普遍或客觀的意義上，如何象徵個人生命對外在環境的廣泛意義或影響。我們已經從時標的廟主星看到這方面的一些例子，而這項主題也會重複出現在各區位主星的討論中。在某些情況下，我們會看到主觀和客觀的意義同時出現，雖然能夠區分這兩者，但判斷的方法不是本章的重點。

◎ 星盤中的自我與他人

現代心理占星學傾向將星盤上的每個區塊，視為命主心理狀態的一部分。然而，從希臘占星的角度來看，星盤上某些部分代表命主，而其他部分則更具體地代表命主生命中的他人。例如，上升點或時標主星專屬於命主，而其他區位的主星則經常是命主生命中的他人、事物或情況。

在某些情況下，我們可以判斷出這些人會如何與命主互動，或者他們將在命主的生命中扮演哪種角色。這是一個重要的區別，因為這些配置雖然有時候能夠描述出命主對他人在自身生命中擔任各種角色的感受，但更常發生的情況是，它描述出命主身邊的人物角色所涉及的客觀情勢和事件。因此，為了保有清晰明確的詮釋內容，重點在於區分出星盤中哪些部分屬於命主，而哪些屬於命主周遭的他人。區分命主的主觀體驗，與他們生命中的客觀現實也很重要，因為這兩件事不一定能相提並論。

◎ 單一事件與反覆出現的主題

個人星盤中的各類配置，代表著生命中可能上演的情境，或可能的最終結局，但並非所有主題都是接連不斷地在其生命進程中顯化。有些配置代表只會發生一次的單一事件或處境，而其他配置則會以不同的形式多次顯化，還有一些則會成為一生中持續或反覆出現的主題。

有時候，我們很難預測某個配置所象徵的事件或主題，只會發生一次或是反覆出現，然而從技法角度來看，也許某程度可以解決這個問題。因為在占星文本中的一些考量方法也許指出了某個主題是否帶有持續性。例如，四正星座通常會與命主生命中某些特定配置的顯化頻率有關。瑞托瑞爾斯解析道，第七區位主星如與第八區位主星有連結，則代表命主將喪偶或離婚，這項配置如果發生在固定星座，則此情況只會發生一次；如果在雙體星座，則會發生兩次；而如果在變動星座，則會發生多次[6]。此外，在某些情況下，這些暗示只會顯化一次或幾次事件的情境配置，會在該配置成為時間主星，或被某些類型的流運引動時顯化。我們將在稍後討論這點。

然而，整體而言，我們必須避免將每件事都視為與命主的整個生命周期相關，而非只發生一次的重大事件。本命星盤所帶來的一系列預兆，會成為命主生命的顯著特徵，而有時候，那些在個人生命中最顯著的重大事件是一次性的。

文獻中的行星描述

希臘化傳統中的占星學文獻，偶爾會出現關於區位主星的描述。例如，瓦倫斯為時標主星在每一區位，都做了一些簡短的描述（《占星選集》2，4-15），但他在同一章節中只偶爾論及其他的區位主星。出於某種未知原因，瑞托瑞爾斯的文本是唯一用完整的章節描述各區位主星於不同區位的文獻

來源（《占星摘要》，57）。目前尚不完全清楚他是從何處彙整並編輯這些內容，但因為它們傾向被歸為衍生自都勒斯、瓦倫斯和包路斯文本的首批改編內容，所以他可能是收集這些作者的零散參考資料，或者引用自某個共同的出處。無論瑞托瑞爾斯的年代有多晚，在這種情況下，他從早期所留存的資料，可能如實呈現了一種在希臘化傳統中描述星盤時的共通方法。

第二區位主星

在前一章的內容中，我們已經討論了該如何描述第一區位主星（時標的廟主星），因此我們將直接進入第二區位。雖然瑞托瑞爾斯文本中沒有第二區位主星的描述，但他確實在第二區位的段落小節中，概述了如何應用區位主星來理解受凶星影響時的情況：

> 在我看來，如果這是顆凶星的話，每一個受到凶星破壞的居所和區位，其損失會由該星座主星的性質以及該區位的象徵含義呈現出來。[7]。

瑞托瑞爾斯從都勒斯的這句論述，推衍出一項普遍的原則，那就是如果凶星與第二區位有星座相位，將可能導致命主面臨生計的損失[8]。瑞托瑞爾斯在前一段文章中，總結了這項出自都勒斯的論點：「如果凶星以四分相、對分相或會合注視著第二區位，便意味著命主的生計損失[9]。」接著，他依據不同的第二區位主星，其象徵意義將如何造成生計損失，提供了一些詮釋：

金星：為了女性或透過女性而遭受損失。
水星：因學習、計算、繼承或分離。
木星：因權貴或公共事務遭受損失。
火星：損失來自軍事事務或軍人、戰爭、燃燒、搶劫或攔路強盜。
土星：損失來自老人、奴隸或自由人，因土地、遺產、墓地、亡者或一文不值的人們。

　　太陽：損失來自父親、父執輩、長輩、貸款、某些金錢或商業事務。
　　月亮：因母親、母系親屬、繼母或母系親屬[10]。

　　此處通用的釋義原則是，當某顆凶星位在第二區位，或與第二區位有四分相或對分相的星座相位時，意味著命主的財務和生計有問題。因此，生計損失的肇因，會由第二區位主星所象徵。

◎第二區位主星的星盤案例

　　瑞托瑞爾斯提供的區位主星描述並不完整，但它們的確清楚地展示出處理這類主題的方法。我想用一些現代星盤案例來示範區位主星的應用，並標誌出這些現代案例各自獨特的生命軌跡。正如我們將看到的，第二區位主星對於研究命主的生計及財務相關事務特別有用。

● 墨里奇奧・古馳

　　命主出生於夜間盤，巨蟹座上升，獅子座為第二個整星座區位。太陽主管第二區位，位在天秤座第四區位，與金星互容。代表墨里奇奧・古馳（Maurizio Gucci）生計的第二區位主星，位在代表父母與家庭的第四區位。命主的祖父是古馳時尚帝國的創辦人古馳奧・古馳，當他的父親於一九八三年五月十六日因癌症去世時，命主繼承了家族企業 50% 的股份。在一九八〇年代，他對企業進行了惡意收購，最終將他的叔叔和三個堂兄弟趕出了董事會。他因揮霍無度而臭名昭著，一九九三年，他以 1.7 億美元的價格出售了他持有的公司股票。此處關於第二區位主星位在第四區位的描述可能是：「命主透過家庭賺錢」或是「從他們的家庭繼承財富」。他的個人財務和生計圍繞著家族企業和父系遺產，由第四區位代表。

● 史蒂夫・沃茲尼克

　　另一個例子。日間盤，處女座上升，天秤座守護第二區位。金星是第二

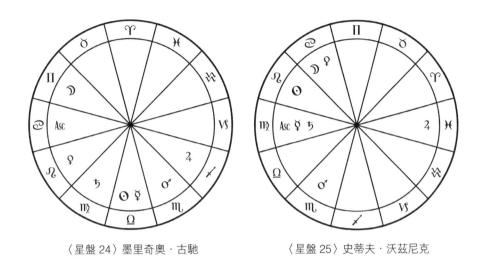

〈星盤 24〉墨里奇奧・古馳　　　　　〈星盤 25〉史蒂夫・沃茲尼克

區位的女主人，位於巨蟹座（第十一區位），與月亮共同在場，並被木星以優勢的三分相凌駕。此星盤屬於蘋果電腦的共同創辦人史蒂夫・沃茲尼克，他是一個絕佳的案例，其第二區位主星位在第十一區位。沃茲尼克約在高中畢業時與史蒂夫・賈伯斯成為朋友，最終他因這段友誼而變得富有。第二區位主星位在第十一區位，基本的描述是：命主因朋友而富有；或者更廣泛地說：他的生計與友誼息息相關。但需要注意的是，此案例區位主星有著相對較佳的配置，尤其是它與木星的相位結構，因而使其結果更加正向。反之，如果第二區位主星位在第十一區位，但狀況不佳，則描述可能是：命主因朋友而損失金錢或生計有問題。

第三區位主星

　　在瑞托瑞爾斯的文本中，第三區位主星通常與朋友、旅行、外國和手足有關。以下是瑞托瑞爾斯對第三區位主星，及其相關配置的一些描述：

第六或第十二區位的主星位在第三區位：

朋友的虛偽和背叛，敵人的傷害。或在國外旅行時受傷和生病。

第三區位主星位在第二或第六區位：

被路上的土匪襲擊。

第五或第十一區位主星位在第三區位：

良好和有利可圖的國外旅居和友誼。

第七區位主星位在第三區位：

異國婚姻。

第三區位主星位在肥沃星座，並與吉星有星座相位：

手足眾多。

第三區位主星位在第二、第十一、第九或第十區位：

代表年幼和年長的兄弟。

第三區位主星位在第一區位：

命主是長子或獨生子。

第三區位主星位在第十二區位：

命主會與兄弟和朋友為敵。

第三區位主星位在第六區位：

命主受到朋友或兄弟的虐待，或兄弟受傷[11]。

在現代星盤案例中，第三區位對於手足主題的研究非常有用。泰德‧甘迺迪和梵谷的星盤顯示了，常第三區位主星位在壞區位和好區位時（分別是第八和第十區位）會如何運作。

● 泰德‧甘迺迪

泰德‧甘迺迪出生於夜間盤，摩羯座上升，雙魚座守護第三區位，而木星（第三區位主星）在獅子座（第八區位），逆行，在區間外，與火星呈對分相。他不僅第三區位主星位在第八區位，第八區位的主星也在第三區位。他是美國總統約翰‧甘迺迪的兄弟。第三區位主星在第八區位的情況下，他經歷了手足的死亡，而這些事件成為他一生中最顯著的生命轉折點。他年輕

時，長兄小約翰・甘迺迪（Joseph P. Kennedy Jr.）在二戰中陣亡。幾年後，他的妹妹凱瑟琳（Kathleen A. Cavendish）死於飛機失事。後來在一九六三年，他的兄弟約翰・甘迺迪總統被暗殺。一九六八年，他的兄弟羅伯特・法蘭西斯・甘迺迪，也在參加總統競選後不久即被暗殺。因此，代表手足的第三區位，其主星位在代表死亡的第八區位，意味著泰德・甘迺迪一生中某些重要且反覆出現的主題。

● 梵谷

　　日間盤，巨蟹座上升，處女座守護第三區位，水星（第三區位主星）在白羊座（第十區位）。梵谷（Vincent van Gogh）是荷蘭著名畫家。雖然他生前沒有非常成功，但他的弟弟西奧（Theo van Gogh）提供了財務和情感上的支持，讓他能夠持續創作。代表手足的第三區位主星，位在代表職業的第十區位，此種狀況最普遍的說法是，手足會涉入命主的職業或事業，這在梵谷的案例中活靈活現地呈現出來。有趣的是，梵谷整星座第十區位的主星同樣位在第九區位，會合子午線—上中天的度數。回想瓦倫斯在關於衍生區位的段落中提到：「相對於（第三區位）手足，它（第九區位）是婚姻的締結者[12]。」也就是說，由於第九區位是自第三區位起算的第七個位置，

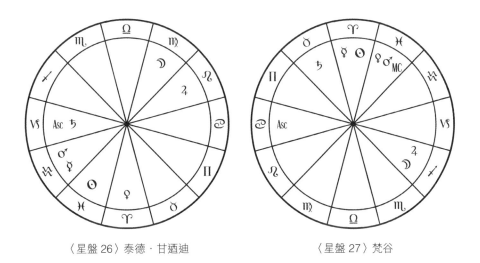

〈星盤 26〉泰德・甘迺迪　　　　　　　〈星盤 27〉梵谷

它便與手足的配偶有關。梵谷的弟弟西奧在他死後幾個月後也過世了，西奧的妻子喬安娜·梵谷—伯格納（Johanna van Gogh-Bonger）在梵谷死後推廣他的畫作，並最終成功地使他的創作在今日受到廣泛認可。如果沒有她，梵谷的創作還不一定能達到目前受讚賞的程度。

因此，我們必須意識到這一點——有時，星盤中與此配置相關的不同主星，會出現重疊的意涵，而有時，得查看衍生區位的配置所帶出的含義，才能全然理解。雖然在大多數情況下，考量各類配置中所有衍生區位的可能含義是不切實際的，甚至是不可能的，但仍需留意到，它仍然是一個重要的、附加層次的象徵意義。

第四區位主星

瑞托瑞爾斯對第四區位主星只有一項描述，而它與命主的死亡相關。

如果（第四區位的）廟主星對分相此區位，或位在第六、第八或第十二區位：（命主）將客死異鄉[13]。

他在第十二區位的段落中添加了類似的補充描述：「而如果天底尖軸的主星被發現落在此處（第十二區位），就預言了他的結局在國外。[14]」這段文字提到命主的「結局」將發生在國外，顯然把重點放在第四區位與死亡、事件的結局或定論的相關性。正如我們曾在其他地方讀到的內容，第四區位也可以用來研究與命主父母、家庭或生活狀況有關的事項，接下來兩張星盤案例，顯示出這些主題如何活靈活現地體現在命主的生命中。

● 萊因霍爾德·埃伯丁

著名的占星家萊因霍爾德·埃伯丁（Reinhold Ebertin）出生於夜間盤，摩羯

座上升，白羊座守護第四區位，火星是第四區位主星，位在處女座第九區位，在區間內，火星位在處女座 5 度與位在摩羯座 5 度的木星，形成度數緊密的整星座三分相。他的母親是德國著名的占星家厄爾斯貝斯‧埃伯丁（Elsbeth Ebertin），她根據希特勒的誕生星盤，預測他在一九二〇年代初期的崛起。萊因霍爾德小時候對占星學不感興趣，但厄爾斯貝斯在他二十歲初對占星學產生興趣後，開始教導他。他最終創立了卓具影響力的占星學派，即「宇宙生物學派」（Cosmobiology）。由於代表父母的第四區位主星，位在代表占星學和預測占卜的第九區位，這一切非常明顯，他的母親是一位占星家，並且他受教於她。

◎第四區位主星在第九區位

　　第四區位主星也代表家庭和生活情況。例如，命主出生於夜間，處女座上升，而射手座守護第四區位，木星是第四區位的主星，位在金牛座第九區位。隨著第四區位主星位在第九區位，命主從小就強烈渴望異國生活。當此配置在命主成年後被觸發時，全家永久移居國外。這項配置也因第九區位主星，位在第四區位而被突顯。也就是說，第九和第四區位的主星彼此互容，這種排列強調了兩個區位之間的聯繫，正如我們已在泰德‧甘迺迪的星盤中所見。

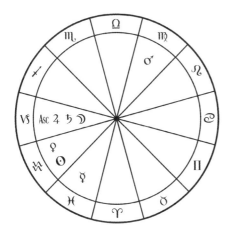

〈星盤 28〉萊因霍爾德‧埃伯丁

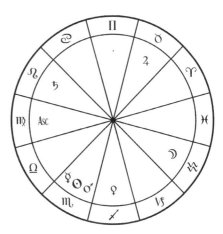

〈星盤 29〉第四區位主星在第九區位

第五區位主星

　　第五區位主星通常被描述為與命主的子女，或與孩童的主題有關。瑞托瑞爾斯對第五區位主星有以下描述：

> 第十二區位主星在第五區位，或是第五區位主星在第十二區位：
> 命主將成為他人子女的繼父或養父[15]。
> 第五區位主星，或是孩童點（Lot of Children）的主星位在第八區位：
> 無子嗣者或是兒童的死亡。
> 婚姻的區位主星或是婚姻點（Lot of Marriage）主星位在第五區位：
> 它會使男人婚姻幸福，或是娶育有一子的寡婦為妻。

　　就現代的星盤案例而言，第五區位主星通常用來描述命主生命中與孩童有關的事件，或者有時會廣泛地代表命主子女的生活情況。

◎第五區位主星在第九區位

　　這是一個夜間盤的案例，命主上升在獅子座，射手座守護第五區位，木星在白羊座。由於第五區位主星在第九區位，命主其中一個孩子在成年後變得非常虔誠，進而形塑了她關於信仰的生活樣貌；她追隨她的牧師遠離家鄉，並在該國另一個地區開設了一座新的教堂。命主的另一個孩子在美國長大，但從小就對亞洲文化著迷，並在學校學習日語。他成年後移居亞洲，並且大部分的時間一直在不同的亞洲國家生活。最終他放棄了美國公民身分，入籍異國。這個例子很有趣，因為它描繪了第九區位的兩種不同面向的含義，如何顯化在命主兩個孩子的人生中。

◎第五區位主星在第八區位

　　命主出生於金牛座上升，而處女座守護第五區位。金星（上升主星）位在處女座，水星（第五區位主星）位在射手座（第八區位）。由於第五

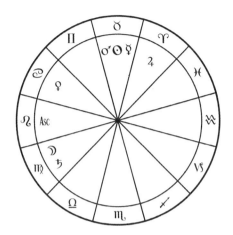
〈星盤 30〉第五區位主星在第九區位

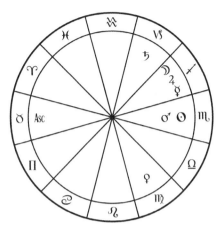
〈星盤 31〉第五區位主星在第八區位

區位主星在第八區位，命主有過三個小孩；其中兩個未成年就過世，一個在嬰兒時期死亡，另一個在二十歲時死去。命主的丈夫出生於巨蟹座上升，天蠍座守護第五區位。第五區位主星是火星，位在水瓶座第八區位。因此，父母雙方的星盤都有子女死亡的跡象。

第六區位主星

瑞托瑞爾斯對配置不佳的第六區位主星，提供了幾種不同的描述，各自代表不同類型的疾病或傷害：

木星主管第六區位，受虐治且落在第六或第十二的壞區位：
受葡萄酒所害而使肝臟不適。
金星主管第六區位：
那些為女人瘋狂，並因此招來禍事的人。
水星主管第六區位：
聽力、口語能力或喉嚨受損。

他還對第六區位主星提出了一些概論性的描述：

第四區位主星位在第六區位；第八或第九區位主星位在第六區位：
它會帶來浪跡天涯和客死異鄉的情況。
第七區位主星位在第六區位：
命主與女奴、瘸子或身心受苦的女人發生性關係。
第三區位主星位在第六區位：
命主被朋友或兄弟虐待，或兄弟受傷。

在現代星盤中，第六區位和它的主星通常被用來研究與身體傷害和疾病有關的事項。

● 海明威

美國著名作家海明威（Ernest Hemingway）出生於日間盤，處女座上升，水瓶座守護第六區位，而土星位在射手座。由於第六區位主星位在第四區位，他從父親那裡繼承的一種遺傳疾病，後來使他自殺身亡。他的父親可能患有同樣的疾病「血鐵沉積症」（Hemochromatosis），也因此自殺。血鐵沉積症會使身體無法代謝鐵，從而導致身心退化，海明威生前的不適顯然與父親相似。在這種情況下，第六區位主星位在第四區位的描述是：遺傳自父親的病痛或疾病。第四區位與終結生命和死亡的關聯也很重要，因為這種疾病最終導致了他的死亡。

● 傅柯

著名的法國哲學家傅柯（Michel Foucault）出生於日間盤，天蠍座上升，白羊座守護第六區位，火星位在金牛座第七區位。他在一九八〇年代初期於加州擔任客座教授期間，因性交而感染了人類免疫缺乏病毒，並於一九八四年因愛滋病（HIV/AIDS）的併發症而去世。傅柯去世後不久，他的長期伴侶丹尼爾·德菲（Daniel Defert）在法國創立了第一個人類免疫缺乏病毒／愛滋

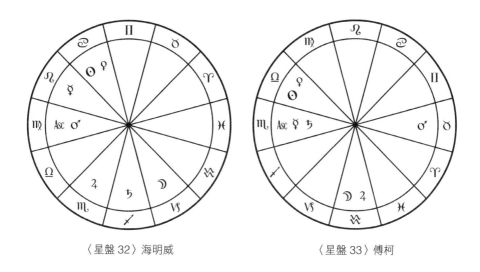

〈星盤 32〉海明威　　　　　　　　　〈星盤 33〉傅柯

病組織，並因致力於愛滋病相關運動而為人所知。從某方面看來，第六區位
主星位在第七區位，似乎意味著因性伴侶而感染疾病。而從另一方面來看，
這種配置也反映出，傅柯因其悲劇性的疾病死亡之後，對伴侶造成的影響。

第七區位主星

　　瑞托瑞爾斯對第七區位主星提供了以下的描述，其內容涉及婚姻、配偶
或性交：

第七區位主星位在第十二區位，或第十二區位主星位在第七區位：

婚姻運不佳，或與奴隸結婚。

第七區位主星與第八區位主星有相位結構：
鰥夫或離過婚的人，如果發生在固定星座，則離婚一次；在雙元星座則

二次，在回歸星座（譯註：啟動星座）則會有多次。

第七區位主星位在第十區位，第十二區位主星位在第四區位：

買妻或與奴隸結婚的人[16]。

第七區位主星在第九區位：

妻子是外國人或信仰虔誠。

第七區位主星在光束下，或在第四區位，或受凶星影響：

與妓女或女奴性交。

　　在現代的本命星盤中，第七區位主星用於研究與關係或婚姻相關的一般事項；有時主星的配置可用來判斷命主的重大愛情事件將發生在何時。我想先以兩個案例來看看相同的配置，如何在這二人毫無交集的生命中展現出相似的表現方式。

● 約翰・卡森

　　脫口秀主持人約翰・卡森（Johnny Carson）出生於日間盤，天蠍座上升，金牛座守護下降區位，金星位在射手座，因此，他的第七區位主星位在第二區位。從一九六二年到一九九二年，他擔任《今夜秀》（*The Tonight Show*）的主持人長達三十年。在職業生涯尾端，他的年薪是二千五百萬美元，而去世時的身家則約有三億美元。他結過四次婚，第二任妻子在離婚時，分得了價值五十萬美元的現金和藝術品，以及每年十萬美元的終生贍養費。他的第三任妻子於一九八三年提出離婚，而由於他們在加州結婚，她有權獲得此段婚姻所積累的一切資產的 50%。離婚官司和解後，她最終獲得價值二千萬美元的現金和物產。

　　據報導，在與第四任妻子結婚之前，他曾說過：「聽著，我不會再忍受這種鳥事。如果我再婚的話，就用把點三八手槍抵住我的頭；如果我們沒有婚前協議，就扣下那該死的扳機[17]。」位在第二區位的第七區位主星，在此清楚地呈現出卡森人生中，反覆出現與婚姻和個人財務有關的主題。

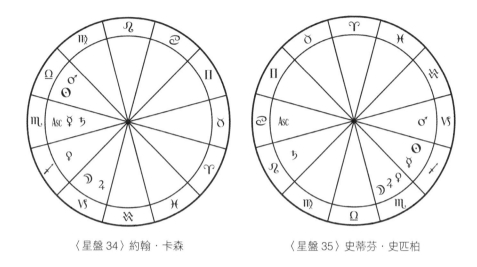

〈星盤 34〉約翰・卡森　　　　　　〈星盤 35〉史蒂芬・史匹柏

● 史蒂芬・史匹柏

　　導演史蒂芬・史匹柏（Steven Spielberg）出生於夜間盤，巨蟹座上升，摩羯座守護第七區位，而土星位在獅子座。因此，他的配置與卡森相似，第七區位的主星同樣位在第二宮，但不同之處在於，其主星是夜間盤的土星，並且位在固定星座。當他正與第一任妻子離婚時，法官宣布他們的婚前協議無效，因為它是寫在一張餐巾紙上。結果是，他的妻子收到了大約一億美元的和解金，正是他財產的一半，這在當時被報導為史上最昂貴的名人離婚之一。

● 阿道夫・希特勒

　　阿道夫・希特勒出生於日間盤，天秤座上升，白羊座守護第七區位，而火星位在金牛座。他的第七區位主星位在第八區位，他一結婚便與妻子伊娃・布朗（Eva Braun）一起自殺。他的蜜月之旅是看著他的妻子自殺，再朝自己的頭部開槍，然後讓人把他們的屍體燒毀並扔進陰溝中。他的姪女潔莉・羅包爾（Geli Raubal）被認為是他早年的愛人，趁他外出旅行時，在他的公寓裡用槍自殺。因此在希特勒的星盤中，位在第八區位的第七區位主星，將關係主題與死亡緊密地綁在一起。

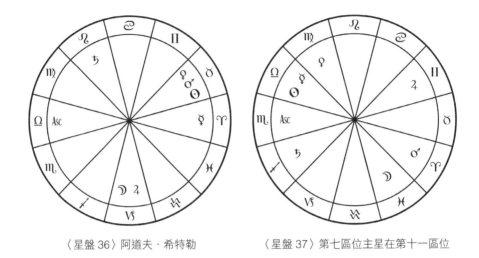

〈星盤 36〉阿道夫・希特勒　　　　〈星盤 37〉第七區位主星在第十一區位

◎第七區位主星在第十一區位

　　一個比較正面的案例。命主出生於日間盤，天蠍座上升，金牛座守護第七區位，第七區位主星金星在處女座第十一區位。由於第七區位主星位在第十一區位，命主在社群媒體上結識了未來的結婚對象，後來才透過共同的朋友介紹他們會面。起初他們只是朋友，後來建立了長期的戀愛關係，最後步入禮堂。

第八區位主星

　　瑞托瑞爾斯對第八區位的描述通常集中在死亡和繼承的相關議題上：

第八區位主星位在衰落區位：
命主在國外去世。
第四區位主星位在第八區位：

命主同樣會在國外去世[18]。

第八區位主星在第十、第十一或第五區位：

命主因與亡者的相關事務而變得富有，當主星入廟或入旺，不在光束下且移動快速時，尤其如此。但如果它在光束下，它會帶來遺產，但命主會立即揮霍一空。

第三區位主星位在第八區位：

手足先於命主死去。

第五位區位主星位在第八區位：

無子嗣。

第十二或第六區位主星位在第八區位：

敵人和奴隸的死亡。

　　瑞托瑞爾斯用一個完整的段落來討論第八區位，並論斷命主如何終老，這顯然是衍伸自克里托迪莫斯的說法：

土星作為第八區位的主星，它注視著（譯註：第八區位），當它位在水象星座，又或者位在另一星座內受到虐治，會在國外因水禍而亡。如果土星位在性質乾的星座（譯註：土象星座），他死於山難。只要查看第八區位主星位在哪個星座上，依其性質就能得知會是哪種死法。

當太陽是第八區位主星，位在其他星座受到虐治，且如果第八區位本身受到腐化，它就會從高處（墜落）而死，依其所在星座的性質而定。火星作為第八區位主星，當這個區位受到腐化，會死於暴力；有時候，甚至會死在獵犬的嘴裡。

金星作為第八區位主星受到腐化，而此區位也受到腐化時，會因過度飲酒而死於暴力，或被女人下毒而死。水星作為第八區位主星，而此區位受到腐化時，會因奴隸或寫作而死。木星作為第八區位主星，而當此區位本身受到腐化，會讓國王和偉人死亡；如果主星入廟、得三分性尊貴或入旺時，會發生在自己的國家，但如果在其他星座，則發生在國外[19]。

　　讓我們用兩個現代星盤案例，來看看第八區位主星如何描述出命主的死亡。

● 海明威

回到海明威的例子，我們已經看到他因遺傳自父親的疾病，而在生命的最後階段，經歷了精神和身體的衰退。在他的星盤中，這些議題變得複雜，因為他的白羊座守護第八區位，火星位在處女座第一區位，並且是一張日間盤。第八區位和第一區位之間的連結，在希臘化傳統中通常與自殺有關，因為第一區位是自我的區位，因此當第八區位主星位在此處時，有時會被解釋為，命主的死亡在某種程度上，是由自己的行為所致。

事實上，海明威的確是用一把霰彈槍朝頭部開槍自殺。在這種情況下，第八區位主星位在第一區位，會帶來更多問題，因為它是一顆區間外的凶星，因此是星盤中最難處理的行星。

● 戴安娜王妃

另一個由第八區位主星暗示命主死法的案例，出現在戴安娜王妃（Princess Diana）的星盤中。她出生於日間盤，射手座上升，巨蟹座守護第八區位。第八區位主星是月亮，位在第三區位，在 13 度內入相位對分相日間盤上超

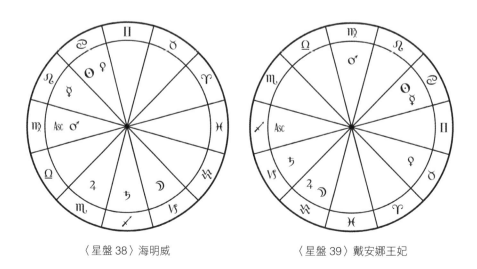

〈星盤 38〉海明威　　　　　　　〈星盤 39〉戴安娜王妃

出整星座相位的火星。（譯註：戴安娜王妃的火星位在處女座，與獅子座無星座相位。）這是一種虐治的情況，我們將在下一章討論。她代表旅行的第九區位主星也位在第八區位。眾所皆知，她死於一場發生在國外的車禍。

第九區位主星

瑞托瑞爾斯對第九區位的描繪，通常會與出國旅遊、外國人和宗教事務有關：

第八區位主星位在第九區位：
在國外死亡。
第九區位主星配置良好，不在光束下，入廟或入旺：
國外的好運。
第九區位主星位在第六、二、三、十二或第八區位：
在國外流浪的人。
第七區位主星在第九區位：
配偶是外國人或信仰虔誠。

我在這裡只會用一個例子，講解「外國事物」的概念是如何透過第九區位主星，帶進不同區位。

◎第九區位主星在第四區位

命主出生於夜間，天蠍座上升，巨蟹座守護第九區位，月亮位在水瓶座第四區位。在第九區位主星位在第四區位的情況下，命主出生於美國，但他的母親娘家來自菲律賓。由於他的家人來自與他成長環境不同的文化，他也對其他不同的文化產生廣泛的興趣。他母親的家人分佈在世界各地，他會定期拜訪他們。當主管第九區位的月亮位在第四區位時，我們可以這樣描述：命主的母親是外國人，或者母系家人住在國外。

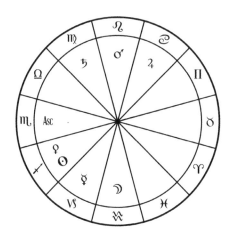

〈星盤 40〉第九區位主星在第四區位

第十區位主星

　　瑞托瑞爾斯並未在此段落中，描述太多關於第十區位主星的內容，但我們在接下來的第五十七章中找到了以下內容：

　　第七區位主星位在第十區位：
　　好姻緣。
　　第八區位主星位在第十區位：
　　因繼承而增加的事物。
　　第九區位主星位在第十區位：
　　國外的好運。

　　在其他文章中，瓦倫斯對第十區位主星的描述如下：「當此區位的主星配置良好時，會使人有效率；但當配置不佳時，會使人失敗[20]。」以現代星盤來說，十宮主星有時可以用來描述命主的職涯或職業性質。

● 一位醫生的星盤

命主出生於夜間，雙魚座上升，射手座守護第十區位，木星位在獅子座第六區位。木星在 3 度內六分相象限上中天，受到金星（區間的吉星）的凌駕，符合獎賞的條件，這點將在下一章中討論。在第十區位主星進入第六區位，且配置良好的情況下，命主當了醫生，後來成為某間醫院的院長。

● 愛蓮娜・羅斯福

美國總統富蘭克林・德拉諾・羅斯福的妻子，第一夫人愛蓮娜・羅斯福（Eleanor Roosevelt），出生於日間，射手座上升，處女座守護第十區位，水星位在天秤座。她的第十區位主星位在第十一區位，朋友和同盟的議題，似乎顯著地出現在她的職業生涯中，無論是羅斯福生前或去世之後，她都深入參與政治並特別關注社會議題（這點可能與第十一區位廣泛帶有朋友和同盟意義有關）。

在二十世紀美國最重要的幾項社會改革運動中，包括美國進步運動（the Progressive Movement）、羅斯福新政（the New Deal）、婦女運動（the

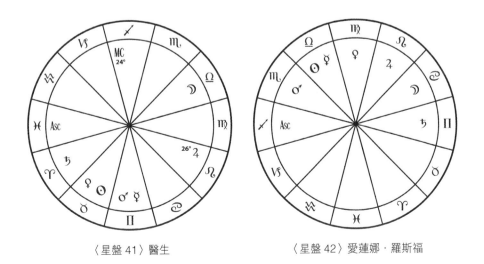

〈星盤 41〉醫生　　　　　　　　〈星盤 42〉愛蓮娜・羅斯福

Women's Movement）、美國民權運動（the Civil Rights Movement）和聯合國，她都是重要的關鍵人物。聯合國成立後不久，她被任命為美國駐聯合國大使（the United Nations General Assembly），並成為首任聯合國人權理事會（the United Nations Commission on Human Rights）的首任主席。她位在天秤座2度的水星，會合了位在天秤座7度的子午線—上中天，並和處女座金星互容，這項配置突顯了她對上述領域的關注。

第十一區位主星

瑞托瑞爾斯對第十一區位主星有以下描述：

第十一區位主星都象徵著美好的事物；
除非它遭受到某些不利的影響或配置不佳，在這種情況下，它的正向徵兆就會被削弱。
第十一區位主星位在第一區位，而第十二區位主星位在第十一區位：
命主年輕時一帆風順，但年老時際遇較為平凡。
第十一區位主星位在第七區位，且第十二區位主星位在第一區位：
年輕時際遇普通，年老時較順遂。

在現代星盤中，第十一區位主星往往與朋友主題密切相關，它有時能夠描繪出友誼在命主不同的生命領域中所扮演的獨特角色。

● 老虎伍茲

著名的高爾夫球手老虎伍茲（Tiger Woods），第十一區位主星位在第四區位，他的父親支持了他的人生和事業，老虎伍茲認為他是自己最好的朋友。當他的父親在二〇〇六年去世時，老虎伍茲寫道：「我父親是我最好的朋友和最偉大的榜樣，我深深地想念他（……），我的心為他一生的

偉大成就而撼動。他是一位了不起的父親、教練、導師、士兵、丈夫和朋友。沒有他，我不會有今天的成就，我很榮幸能延續他留給世界的分享與關懷[21]。」事實上，老虎伍茲的本名是艾德瑞克·唐特·伍茲（Eldrick Tont Woods），但為了紀念他父親的朋友，綽號「房老虎」（Tiger Phong）的王廷房（Vuong Dang Phong）上校，他因此得到一個小名「老虎」（Tiger）。就像這個例子，有時候多種重疊的結果可能來自於同一種配置，並各自在潛藏的象徵意義下，以獨特的方式顯化。

◎第十一區位主星位在第八區位

　　命主出生於日間，射手座上升，天秤座守護第十一區位，金星與火星同在巨蟹座，這代表第十一區位主星位在第八區位，並與區間外的凶星共同在場，這使它惹上更多麻煩。她人生的大部分時間都只有一個親密的朋友，是一位和她一起長大的女孩。這位女孩在命主三十多歲時不幸死於癌症。好友的去世對命主而言尤其痛苦，因為她沒有任何其他的朋友，也沒有興趣發展新的友誼。

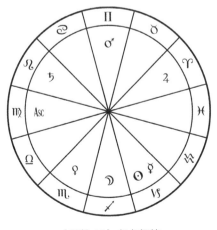

〈星盤 43〉老虎伍茲

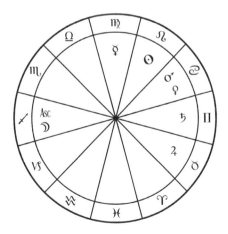

〈星盤 44〉第十一區位主星在第八區位

第十二區位主星

　　許多關於第十二區位的描述，似乎都有一個共通點，那就是十二區位主星會將不幸或損失，帶進它的所在區位。瑞托瑞爾斯對第十二區位有許多描述：

第三區位主星位在第十二區位：
命主的兄弟和朋友會與他為敵。
第四區位主星位在第十二區位：
在國外死亡。
第十二區位主星和第五區位主星互容：
命主會成為繼父。
第七區位主星位在第十二區位：
糟糕的婚姻、與奴隸結婚、婚姻造成的損失（*zemias*）或損害（*blabas*）。
第八區位主星位在第十二區位：
與死亡相關的事物（遺產、遺產），或發生在國外的死亡所帶來的損失。
第九區位主星位在第十二區位：
遊蕩在異國他鄉，可能是負面的含義，也許是「漫無目的地遊蕩」或是「誤入歧途」。
第九區位主星位在第十二區位，且土星出現在第十二區位：
海難或海上的危險，除非有吉星的緩解。
第九區位主星位在第十二區位，且火星出現在第十二區位：
命主在國外或旅行時遭到士兵或強盜（或是海盜、小偷）的襲擊。
第十二區位主星位在第一區位：
命主年輕時可能庸庸碌碌或是費盡辛勞。
第十二區位主星位在第七區位：
命主將在晚年遭受苦難。
第十二區位主星是土星或火星且位在第一區位：
命主會被狗或野獸吃掉，或者喜歡打獵。

第十二區位主星與太陽同在：

父親一文不值，或者來自父親的遺產被摧毀。

第十二區位主星與月亮同在：

效應與太陽相同，但適用於母親。

　　第十二區位的主星會將損失或不幸的相關主題，帶入它所在區位的普遍概念，有時會在現代星盤中以奇妙的方式發揮作用。

● 小約翰 · 甘迺迪

　　命主是美國總統約翰 · 甘迺迪的兒子，在父親於一九六〇年十一月，當選總統後十七天出生。他有一張處女座上升的夜間盤，獅子座守護第十二區位，太陽位在射手座第四區位。甘迺迪總統於一九六三年十一月二十二日被暗殺，他的國葬在三天後舉行，即十一月二十五日，恰好是他兒子的三歲生日。在這種情況下，位在第四區位的第十二區位主星，代表與父母有關的損失或不幸，並且由於主星是太陽，顯然特別指向父親。

● 喬治 · 盧卡斯

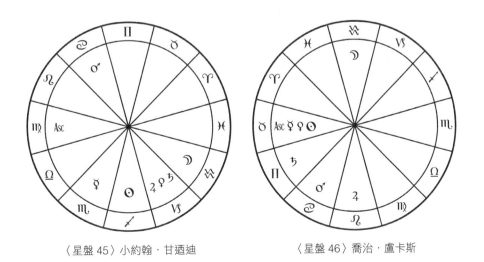

〈星盤 45〉小約翰 · 甘迺迪　　　　　〈星盤 46〉喬治 · 盧卡斯

　　電影導演喬治‧盧卡斯在日出前不久出生，金牛座上升，白羊座守護第十二區位，火星位在巨蟹座第三區位。他的出生時間離日出很近，以至於他的星盤似乎表現得像日間盤，而火星成了星盤上區間外的凶星。

　　盧卡斯從小就對汽車著迷，並想成為一名職業賽車手，然而，他剛滿十八歲就捲入了一場可怕的車禍，在高中畢業前三天差點喪命；這輛車最後撞毀在一棵樹上，當時他被甩出車外，反而救了他一條命。不過他受了重傷，當他的朋友們發現他時，以為他已經死了。他昏迷了四十八個小時，隨後在加護病房待了兩週。

　　在最初的三天，他徘徊於生死之間。盧卡斯後來說：「你不可能在經歷這種事情之後，不會覺得你活下來一定有什麼原因。我意識到我應該花時間去弄清楚那個原因是什麼，並努力實現它[22]。」因此，在第十二區位主星位在第三區位的情況下，盧卡斯在旅行途中受了重傷，差點喪命，但由於這次的經歷，他決定停止賽車並就讀大學，在大學時對電影製作產生興趣，這後來決定了他的職業生涯。

註　釋

1　Valens, *Anthology*, 2, 41: 13–14, trans. Riley, p. 55, 經修改。

2　Rhetorius, *Compendium*, 57, trans. Holden, p. 87，經修改。

3　Valens, *Anthology*, 2, 7: 3, trans. Schmidt, p. 11.

4　Rhetorius, *Compendium*, 57（CCAG, 8, 4, p. 152: 25–27）.

5　Rhetorius, *Compendium*, 57（CCAG, 8, 4, p. 159: 8）.

6　Rhetorius, *Compendium*, 57（CCAG, 8, 4, p. 159: 4–6）.

7　Rhetorius, *Compendium*, 57（CCAG, 8, 4, p. 141: 13–16）, trans. Holden, p. 58.

8　Dorotheus, *Carmen*, 1, 27: 4–12.

9　Rhetorius, *Compendium*, 57（CCAG, 8, 4, p. 140: 23–24）, trans. Holden, p.57.

10　Rhetorius, *Compendium*, 57（CCAG, 8, 4, p. 141: 1–12）, trans. Holden, pp. 57–8。此處及他處的敘述，是根據 Holden 對 Rhetorius, *Compendium*, 57 的翻譯改編而來，並經對照希臘文文本後進行修改。

11　此處及他處的敘述，是根據 Holden 對 Rhetorius, *Compendium*, 57 的翻譯改編而來，
並經對照希臘文文本後進行修改。

12　Valens, *Anthology* 9, 3: 15.

13　Rhetorius, *Compendium*, 57（CCAG, 8, 4, p. 150: 7–8）.

14　Rhetorius, *Compendium*, 57（CCAG, 8, 4, p. 128: 5–7）, trans. Holden, p. 44.

15　根據 Valens 的說法，這也是土星的象徵含義，可能與土星在第十二區位得喜樂有關。

16　此處可能部分受到凶星腐化的影響，因為在 Rhetorius 後來的文本中，第七區位主星
位在第十區位的詮釋更加正向。

17　Bushkin, *Johnny Carson*, p. 229.

18　此處似乎有點奇怪，應該要改為「死於家中」。

19　Rhetorius, *Compendium*, 57（CCAG, 8, 4, p. 162: 1–15）, trans. Eduardo Gramaglia，未
發表。

20　Valens, *Anthology*, 2, 7: 3, trans. Schmidt.

21　Londino, *Tiger Woods: A Biography*, p. 28.

22　Pollock, *Skywalking*, p. xvi.

獎賞與虐治
的條件

根據星盤上行星的所在星座、區位，以及與其他行星的相位結構，我們已經知道好幾種用來判斷行星狀態的方式。在希臘化傳統中，也有一組特別用來辨別行星狀態，賦予本命星盤上吉星和凶星特殊作用的考量條件，那就是獎賞（bonification）和虐治（maltreatment）。

如同許多其他技法一般，獎賞和虐治的概念四散在現存的古代占星文集中，然而只有安提阿古斯的定義書及其衍生的內容，才真正定義了這些概念。遺憾的是，安提阿古斯流傳至今的三種版本，定義都略有不同，因此必須拼湊這些不同的定義，才能真正重建出安提阿古斯失傳之作的技法概念。本章的目的，是呈現我在二〇一〇年與迪米特拉‧喬治和班傑明‧戴克共同完成獎賞和虐治條件的重建成果，並示範如何在實踐中應用這些條件[1]。

獎賞與虐治條件的目的

獎賞和虐治條件係建基在吉星和凶星於星盤中所扮演的特殊角色之上，其主要用意是為吉星和凶星設立某種途徑，進而肯定或否定其他行星想在星盤上呈現的。如先前討論，吉星的主要作用之一是肯定，或對其他行星想在星盤中呈現的內容說「是」；另一方面，凶星的主要作用是否定，或對其他行星想呈現的內容說「不」。

獎賞和虐治的條件，成為吉星和凶星得以行使這項特殊任務的主要方式，並因提供了一套特定的條件，使它們能在其中充分行使自己的權力。這對於星盤上不同區位的主題式分析非常有用，可以用來瞭解命主生命中是否會發生某些事件，例如他們是否會有小孩、是否會結婚、是否會交到朋友等等。

此外，獎賞和虐治的條件，也會改變命主生命中某個主題顯化的品質。獎賞會肯定、穩定或改善其他行星的狀態，虐治則會帶來否定、攪亂或腐

化。這點用來查看十二區位主星特別有用，可以為某些特定主題或生活領域，將如何在命主生命中發揮作用，提供額外的資訊。

由於獎賞和虐治是一組非常具體的條件，所以當它們出現在星盤上時，無論哪顆行星成為焦點，往往都代表著極端正面或負面的情境。有時會導致與該行星配置相關的情境，有大好或大壞的發展。然而，有時這些條件也會起到緩解的作用，可以改善處於不利配置的行星狀態，或是反過來讓原本處於有利配置的行星狀態惡化。當某顆行星同時得到獎賞或虐治時，這點尤其明顯。

最後，重要的是留意到，這些條件會同時影響到行星本身的一般含義，以及它在星盤中所主管的區位。例如，若金星受到虐治，那麼可能否定金星在特定星盤中婚姻的一般含義；若金星也是第五區位主星，那麼它也可能否定星盤中關於孩子的主題。雖然在本章我們將傾向關注於區位主星，但重要的是牢記，這些條件也會影響行星的自然徵象及其一般性象徵意涵的展現方式。

不平等的命運

所有的星盤都是不平等的，正如每個人在他們的生命中所經驗的事件性質也並非平等，有些人比其他人更加幸運，也是如此。事實上，有些人的生活可說是特別地幸運或不幸，此外，有些人可能在某個生命領域特別幸運，但在另一領域則特別不幸。在我們開始分析本命星盤上的獎賞和虐治條件之前，要先對這些重點有所認識，才能理解我們所看到的情況。

在某些星盤中，吉星佔上風，而在其他星盤中，凶星佔上風。這些條件的用途，有部分在於判斷哪些行星在星盤中佔上風，並對應哪些它們所代表的生命領域。在某些情況下，它會被限制在某一特定的生命領域，而在其他情況下，吉星或凶星可能主宰整個星盤，從而標誌出整體生命的品質（例

如，一個人可能過著「艱難的生活」或「美好的生活」）。

虐治的定義

虐治的定義有三個文獻出處：安提阿古斯《概要》的定義十七；波菲《四書導論》的第二十八章；瑞托瑞爾斯《占星摘要》的第二十七章。虐治的術語是 kakōsis，根據《希英詞典》，它的意思是：虐待、壓迫、受苦、痛苦，或疾病、損害、不幸的後果。它源自動詞 kakoō，《希英詞典》將其定義為：虐待、虐治、折磨、悲楚；遭受不幸、落難、苦惱；破壞、毀壞。

史密特將這個術語翻譯為「虐治」（maltreatment），我也採用了這個譯法[2]。另一個可選用的詞語是「折磨」（affliction），因為這是在後來的占星傳統中採用「折磨」一詞作為術語的源頭。然而，由於術語「折磨」在現代占星學中，泛指任何處於不利配置的事物，因此在這裡有必要以更專門的術語，來指稱一種特別顯著或極端的折磨。我們將使用「虐治」來指稱這個概念。

在安提阿古斯的《概要》、波菲和瑞托瑞爾斯的著作中，從未系統性地定義出一組可與虐治的負面條件相對應的正面條件，然而，當這些文本定義出許多虐治相關的概念時，也明確暗示出一組相對應的正面條件，通常是在虐治條件中，用吉星取代凶星一詞。希臘文術語 agathunō，意思是「使之良好（to make good）」，偶爾被占星家（如都勒斯）用來指稱吉星對其他行星的積極影響。史密特以此為起點，倡議使用術語「獎賞」作為補充，用以指稱與「虐治」對應的正面條件[3]。我在此也沿用此一慣例。

在現存的三項論述中，波菲提供了最明確的虐治定義，如下：

所謂「虐治」，是每當那些（行星）被破壞者的射線攻擊、包圍，或與

某顆毀滅性的行星接合、黏合、對衝、凌駕，或受配置不佳的破壞者統治。它本身就在不利區位衰落[4]。

在安提阿古斯最初的文本中，虐治的定義明確出現在其他概念的一系列定義之後，因此，為了理解每項單一條件，就必須理解此前的所有定義。如此一來，虐治的定義也能作為一種基準，用以檢視安提阿古斯書中許多重建的其他定義，特別是那些與相位學說有關的內容[5]。我們已經看過此定義中的幾個概念，例如黏合和凌駕，而其他幾個尚未介紹的概念，例如射線攻擊（striking with a ray）和包圍（enclosure）。在本章中，我們將逐一介紹每項單一條件，並理解當作為虐治條件時，會是如何的情形。

波菲在第一部分的定義中，提到了六項可明確區分的條件，然而，對於最後一部分的定義，究竟是描述了一項附加條件，還是概述了兩項獨立條件，仍有一含糊不清的地方。模稜兩可的語法讓兩種解釋都適用，可惜的是，由於安提阿古斯的《概要》有更大的語法問題，因此無法作為對照。

在第一種解釋中，它可以被簡單地描述為一項單獨的條件，基本上與「反作用」（counteraction，*antanalusis*，即行星受另一顆配置不佳的行星統治，在此情況中是一顆凶星）的定義相同；接著它明確指出這顆凶星必須（1）位在衰落區位和（2）位在不利區位，這就將範圍限縮為第六和第十二區位。

在第二種解釋中，這些內容可能是兩個單獨的子句：其中一句將反作用定義為虐治的條件之一；而另一句則是將位在第六或第十二區位的行星，視為虐治的一種條件。我相信第一種解釋是正確的，即這兩條陳述共同組成了同一項條件，而這點可以透過瑞托瑞爾斯改寫了最後一部分的定義，試圖澄清這一點而得證。這是瑞托瑞爾斯對虐治定義的版本：

所謂虐治，是每當行星被凶星的射線攻擊、或注視（*epitheoreō*）[7]、包圍、或與一顆破壞性行星接合、或與之黏合、或與之對衝、或被一些處

於非常不利區位的行星統治。自時標起算的第二、第六、第八、第十二區位，都是閒置和不利的區位[8]。

瑞托瑞爾斯改寫了最後一部分的定義，似乎是為了釐清安提阿古斯原始定義中的模糊之處。雖然他擴展了不利區位的名單，特別納入第二和第八區位，但用意顯然是為了釐清最後一部分的定義是如何作為單一條件而存在。如果這個解釋是正確的，那麼在安提阿古斯最初的定義中，就有七項虐治的條件：

1. 被凶星「射線攻擊」（*aktinobolia*）。
2. 被凶星「包圍」（*emperischesis*）。
3. 與凶星「接合」（*sunaphē*）。
4. 與凶星「黏合」（*kollēsis*）。
5. 與凶星有對分相。
6. 受到凶星凌駕。
7. 受到配置不佳的凶星統治。

在其他諸如凌駕和包圍的定義中，正面條件會與負面條件相應列出，經過一番推論及比對之後，獎賞的條件便可設立如下：

1. 被吉星「射線攻擊」。
2. 被吉星「包圍」。
3. 與吉星「接合」（*sunaphē*）。
4. 與吉星「黏合」（*kollēsis*）。
5. 與吉星有三分相。
6. 受到吉星凌駕。
7. 受到配置良好的吉星統治。

在本章中，我們將個別討論這些條件，從關注行星之間的星座相位結構開始，然後是更複雜的角度相位條件。

凌駕

　　凌駕（Overcoming）已在先前關於相位結構的章節中討論過，此條件的設定是，黃道星座排序較前的行星處於優勢位置，得以「凌駕」排序在它之後，且與之呈星座相位的其他行星。我們現在需要討論的是，在哪些特定情況下，凌駕會成為獎賞或虐治的條件，以及實際應用的情形。

　　波菲對於凌駕的定義是，所有位在右方的行星都凌駕位在左方、並與它們有星座相位的行星；然而，他也說，帶有四分相或三分相的凌駕，特別強大：

> 他們說，當（行星們）呈三分相或四分相時，凌駕都更加強大。透過這種方式凌駕的行星是更強大的，無論它是吉星還是凶星，或是否位在尖軸。因為吉星顯示出命主的出類拔萃，而破壞者則顯示出命主的庸庸碌碌[9]。

　　再加上一條單獨的規則，即凶星的三分相或六分相並不會帶來傷害，這在見證（witnessing）的定義中有所暗示（見波菲，《四書導論》，8），這項條件似乎寫明了，吉星能夠透過優勢的星座三分相或四分相獎賞其他行星，而凶星只能透過優勢的星座四分相虐治其他行星。優勢的三分相和四分

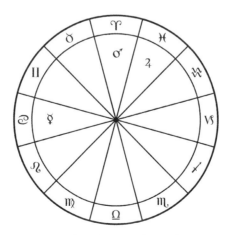

圖 14.1 - 透過凌駕，火星虐治水星，木星獎賞水星

相都符合凌駕的條件，而四分相本身是如此的強大，以至於它被賦予了一個特殊的名稱：「高居十座」（upon-the-tenth）或「主宰」（domination）。值得注意的是，就行星而言，凌駕和主宰被認為是非常強大的位置，在此處只需與其他行星有星座的相位結構即可，而不必有角度相位。雖然，吉星以優勢六分相凌駕另一顆行星同樣具有正面性質，但通常認為六分相弱於三分相，因此，不確定這一點是否完全符合獎賞的條件。

舉個例子，若水星位在巨蟹座，而木星位在雙魚座或白羊座，那麼木星就能夠以優勢三分相或四分相凌駕水星，木星因此得以獎賞水星。反之，若水星位在巨蟹座，而火星或土星位在白羊座，它們將能夠以優勢四分相凌駕水星，從而虐治水星。

◎區間作為緩解因子

這裡必須牢記的另一個重要因子，就是區間的作用，因為它能夠增強或緩解吉凶星獎賞或虐治其他行星的力量。區間於所有獎賞和虐治的條件中都擔任這樣的作用，因為它是識別吉凶星能否充分發揮其吉凶本質的衡量因素，或者反過來，它們的作用是否會被抑制，並因而減低了應有的獎賞或虐治的效應。

在應用上，我們可以從區間得知的一項重要資訊，就是識別出最有可能傷害或虐治，以及最有可能幫助或獎賞星盤上其他星體的行星。撇開其他因子，最有可能透過虐治傷害其他星體的行星，就是區間外的行星，即日間盤的火星或夜間盤的土星；反之，最有機會透過獎賞而幫助其他星體的行星，就是區間內的吉星，即日間盤的木星或夜間盤的金星。區間內的凶星對其他行星的虐治，通常破壞性不高；同樣地，區間外的吉星對星盤上其他星體的獎賞，通常幫助也不大。這就得以建立一套光譜或是等級排序，作為判斷星盤上哪些行星正在接受獎賞或虐治，無論是位在光譜兩端最極端的情況，還是在兩者之間。

◎透過凌駕施行獎賞和虐治的案例

瓦倫斯對於凌駕概念的應用，多次出現在《占星選集》的星盤案例中，雖然這些案例通常一併展示了其他尚未在本書介紹的技法，像是區間光體的三分性主星，或是幸運點 [10]。因此，我們將專注於經由凌駕來施行獎賞和虐治的現代星盤案例。

● 第三區位主星受虐治

命主出生於日間盤，巨蟹座上升，處女座守護第三區位，主星水星在雙子座第十二區位。火星在雙魚座，透過優勢星座四分相凌駕並主宰水星，而這張日間盤加劇了火星的凶性。命主的姊姊生活順遂且成功，這點由位居入廟優勢的水星所代表。她被形容為「一位高成就者」，高中時曾擔任班代表，大學時擔任學生會會長。命主形容她的姊姊漂亮且人緣佳，是替他們的媽媽活出理想人生的超級巨星。但命主的姊姊在三十三歲時被診斷罹患癌症，並在三十五歲去世。在此案例中，代表手足的第三區位主星位在自己的黃道星座，暗示命主姊姊的人生具有積極的特質與潛力，但水星配置於第十二區位並受到火星虐治，也意味在人生巔峰時期蒙受損失，以及在人生高峰時殞落。

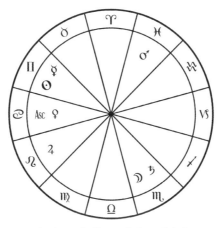

〈星盤 47〉第三區位主星受虐治

● 史蒂夫‧沃茲尼克

　　我們之前已經看到，史蒂夫‧沃茲尼克的第二區位主星金星位在第十一區位，這似乎解釋了他如何因為與史蒂夫‧賈伯斯的友誼，繼而共同創立蘋果電腦公司而變得非常富有。我們還能為此例提供更進一步的訊息，那就是注意到日間盤的金星，也被位在雙魚座的木星，以優勢三分相所凌駕，因此木星的吉性全然發揮，它正以最正向的相位結構──三分相──凌駕金星。因此，命主的財務和朋友，不僅透過位在第十一區位的第二區位主星串聯起來，更因為這顆主星得到獎賞而有正向的結果。

● 切‧格瓦拉

　　切‧格瓦拉的星盤，是曾在前面章節中作為時標主星位在第十二區位的案例，他的第八和第四區位的主星也都位在第十二區位。他被敵人俘虜並處死，葬身於異國。這裡我們可以再額外補充一個細節，就是注意到他有一張夜間盤，土星位在射手座第九區位，凌駕並主宰了位在雙魚座第十二區位的火星和月亮，它們分別是第一、第八和第四區位的主星。因此，就他個人的經歷而言，這樣的結果是負面的，或說是困難的，因為這些主星們受到了虐治。

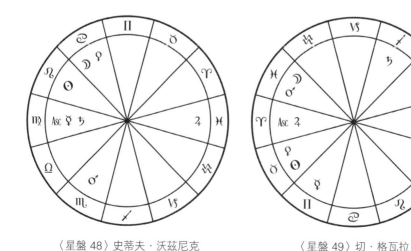

〈星盤 48〉史蒂夫‧沃茲尼克　　　　　　　〈星盤 49〉切‧格瓦拉

● 匿名案例（醫生）

　　回到成為醫院院長的那位醫生星盤。先前提到，這張星盤的木星是第一和第十區位的主星，位在獅子座第六區位，與象限上中天有 3 度內的相位結構。我們現在知道，這項配置帶來正向結果的另一個原因：就是這張夜間盤上的金星金牛，透過優勢星座四分相，凌駕並主宰著木星。此技法有時會帶來多項的緩解條件，讓原本困難的配置能夠以具有建設性，或帶來益處的方式顯化。

● 菲利普・波佐・迪博戈

　　菲利普・波佐・迪博戈（Philippe Pozzo di Borgo）的星盤，展示出同一顆徵象星受到獎賞與虐治的混合案例。他出生於日間盤，巨蟹座上升，月亮位在雙子座第十二區位。月亮被來自第九區位的火星雙魚凌駕，而同樣位在雙魚座的木星和金星，也透過優勢星座四分相凌駕著它。迪博戈是一位富有的法國商人，因一次滑翔翼意外而癱瘓。大約在同一時間，他的妻子被診斷出癌症，並在他的康復期間去世。他陷入了深深的抑鬱之中，曾試圖自殺但沒有成功。一位來自阿爾及利亞的外國看護救了他一命，這位看護一開

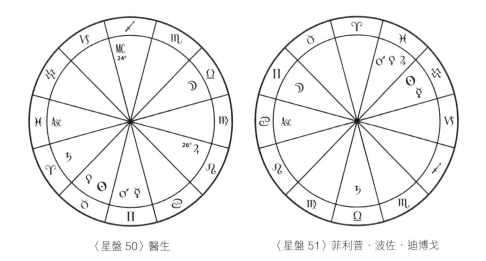

〈星盤 50〉醫生　　　　　　　〈星盤 51〉菲利普・波佐・迪博戈

始的工作是照顧他的日常所需，但後來幫助他重新振作並過著有意義和目標的生活。迪博戈在二〇〇一年將這段經歷寫成《逆轉人生》（*Le Second Souffle*）一書，後來在二〇一一 年被改編成一部成功的電影。此案例的重點是，有時當某顆徵象星同時受到獎賞與虐治時，可能會為這顆徵象星相關的人生經歷，帶來極端正面和負面的事件。或者在其他情況下，這也會有一種緩解的效果，能夠減低行星受到獎賞或虐治影響的程度。

對分相與三分相

　　波菲特別指出，與凶星呈對分相是虐治的條件之一；這裡似乎是指與凶星的星座對分相，而不是角度對分相。在文獻中，似乎普遍認為對分相是最困難的相位結構，就某方面而言，它成為凶星能夠帶來最多傷害的特殊相位；在宇宙誕生圖中，對分相特別與土星有關。

　　若凶星能透過星座對分相施以虐治，那麼依此所推斷出相應的獎賞條件，我認為應該是三分相。在先前談到凌駕的條件中，很明顯地，凶星的虐治只能透過優勢星座四分相施行，而吉星的獎賞卻可以透過優勢星座四分相或三分相施行。因此在之前的條件中，吉星有兩種相位結構，但凶星只有一種，在這種情況下加入對分相，便能使一切平衡了，因為它帶給凶星兩種可以虐治其他行星的星座相位結構。由此可知，吉星的特殊相位是三分相，在文本中普遍認為此相位是兩個吉相位中，更加強大且更加有利的相位，這點暗示了三分相正是吉星得以獎賞其他行星的特殊相位結構。在宇宙誕生圖中，三分相與木星有關。要得到獎賞，可能有優勢星座三分相就可以了，並不需要度數緊密的三分相。

◎ 透過星座對分相施行虐治的星盤案例

　　前文已經示範過優勢三分相能夠帶來獎賞，因此這裡將把重點放在透過

星座對分相施行虐治的案例。

● 邁克爾‧帕特里克‧麥克唐納

　　邁克爾‧帕特里克‧麥克唐納（Michael Patrick MacDonald）是一位美國作家，出生於日間盤，金牛座上升。他的月亮主管代表手足的第三區位，位在天秤座第六區位，與位在白羊座的火星呈對分相。由於火星白羊位在第十二區位且區間外，使得這個寬鬆的星座對分相更加困難。這項配置稍微受到來自木星雙子凌駕的影響，命主雖然有許多兄弟姊妹，但不幸的是，其中許多手足都發生了憾事。有一位手足在嬰兒時期就去世了；其中一位兄弟割腕並跳樓自殺；一位姊妹因毒品糾紛從樓頂被推下，雖然保住一條命，但腦部受損且癱瘓；另一位兄弟在一次銀行搶劫時中槍，但隨即被搶劫同夥勒死，以免洩露他們的身分；另一個兄弟在監獄中上吊身亡，可能是被謀殺或自殺；最後，另一個弟弟在十三歲時捲入一位朋友的謀殺案。如此，當第三區位主星落入第六區位，受到日間盤的火星以對分相虐治時，命主的手足們都被捲入受傷、意外和各種災禍之中。

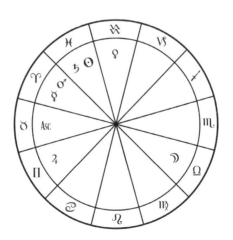

〈星盤 52〉邁克爾‧帕特里克‧麥克唐納

反作用

虐治定義中提到的最後一個條件，是行星受到配置不佳的凶星所統治。先前提到的安提阿古斯《概要》和波菲的文本中，將此定義為「反作用」（*antanalusis*）[11]。波菲對反作用的定義如下：

> 所謂的反作用是，只要日間行星佔據夜間行星的廟位或旺位，或夜間行星佔據日間行星的廟位或旺位，或行星位在對自己有利的黃道星座，但其廟主星受到虐治，落入不利區位（*achrēmatistoi*）[12]。

第二部分的解釋，著重於將星座廟主星落入不利區位的情況納入虐治的定義。這個概念似乎在希臘化傳統中廣為盛行，瓦倫斯和費爾米庫斯也提到了這一點[13]。一般通則是，當行星不在自己的黃道星座時，就必須仰賴它所在星座的主星支持；而「反作用」的發生是，當某顆行星所在星座的廟主星，於星盤中的狀態與之相反時。以虐治來說，反作用發生於當一顆行星受到配置不佳的凶星所統治，且這顆凶星又落入其中一個壞區位，特別是第六或第十二區位，這兩個最糟的區位。瑞托瑞爾斯將反作用的概念運用在所有壞區位中，這可能有他的道理，儘管普遍認為只有當主星落入最糟的區位時，才可能發生最糟的情境。

依此推論，這項狀態的相反情境能夠構成透過反作用的正面獎賞，意即一顆配置不佳的行星，受到一顆位在好區位，尤其是第一、第十、第十一或第五區位的吉星統治。因此，透過反作用所形成的獎賞，基本上發生在當行星受到某顆配置良好，位在其中一個好區位或有利區位的吉星統治時。

由於獎賞和虐治的狀態往往代表極端的情況，因此不同的配置組合，可能有益或有害，重要的是謹記，行星仰賴其廟主星的支持，是建立在稍早討論的「主客」隱喻上。

● 老虎伍茲

　　著名的高爾夫球手老虎伍茲的星盤，就是一個透過反作用形成虐治的現代案例。他出生於夜間盤，處女座上升，水星位在摩羯座第五區位。水星的配置相對較好：位在天蠍座的金星，透過緊密且優勢的角度六分相凌駕水星。水星也與木星形成星座四分相，並同時與二顆凶星不合意。然而，水星配置雖然相對良好，但它並不在自己的星座，反而位在土星的廟，因此它必須依賴土星的支持。

　　不幸的是，土星在這張星盤中的配置並不理想：它是一顆位在第十二區位的凶星，逆行、區間外，並在自己的陷位。因此，這顆水星——時標的廟主星——透過反作用而受到它所在星座廟主星（土星）的虐治。

　　伍茲是一位神童，他在很小的時候就接觸到高爾夫這項運動，最終成為世界上最成功且收入最高的運動員之一。然而，當他的多段婚外情在二〇〇九年底被曝光後，生活受到了巨大的影響。此事件導致他失去婚姻，失去贊助商，最終影響了他在球場上的表現。雖然他很想捲土重來，但一場無可避免的背部手術，讓他難以重振雄風。到了二〇一六年，他首次在職業運動員

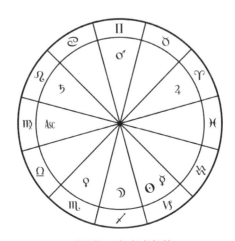

〈星盤 53〉老虎伍茲

生涯中，跌出世界排名前五百的位置。　　　　.

　　這個例子展示了反作用的兩個重要特徵。第一，它們往往帶有反轉的特色，尤其是當一顆行星配置非常良好，而其星座主星配置非常之差時，反之亦然；第二，第一顆行星的配置，通常描述了最初的情況或事情的開端，而其星座主星的狀態，則描述了事情的後續發展。作為一項釋義原則，這點在極端的反作用案例中最為明顯。它也出現在擇時的相關文本中，例如在一篇被認為是佩多西瑞斯撰寫的論述，談到一張擇時盤，其中月亮的狀態指出了事件前半部分的發展，而月亮的星座主星狀態，則帶出事件的結局 [14]。

包圍

　　「包圍」（emperischesis）在希臘化傳統中，等同於中世紀傳統的「圍攻」（besiegement），即一顆行星被兩顆凶星、或兩顆吉星的實體或射線包圍。安提阿古斯的《概要》、波菲和瑞托瑞爾斯的文本中都定義了此一概念 [15]。此概念既有星座相位的版本，也有角度相位的版本，還有第三個版本，可以在某些情況下構成使兩者無效的條件。我們將在文中逐一檢視這三個版本。

　　此概念的星座相位版本稱為 perischesis，根據《希英詞典》，它的意思是「包圍」、遭側擊或「封鎖」。我依循史密特的說法，將此術語翻譯為「遏制」（containment） [16]。此概念僅在波菲和赫菲斯提歐（可能是依循波菲的說法）的文本中被定義 [17]。根據這些作者的說法，發生遏制的條件是，行星位在星座，受到另一行星以星座相位包圍，且沒有其他行星向這顆被遏制的行星，射出能夠進行干預的星座相位。作為示範，波菲以處女座月亮和白羊座火星為例。

　　這顆火星向獅子座射出一道星座三分相，也向天秤座射出一道星座對分相，月亮即被視為受到火星射線的「遏制」。因為獅子座和天秤座緊鄰處女

座兩側，月亮會受到火星射線的遏制，而這具有破壞性。波菲補充，若吉星與被遏制的行星有星座相位，那麼它就能夠抵消來自凶星遏制的破壞性。雖然波菲只舉了一個負面的例子，並補充說明吉星可以打破遏制，若以此反向推論——吉星的遏制——也應當成立。

此條件還有另一個稱為 *emperischesis* 的角度相位版本，且更頻繁地出現在現存文獻中。《希英詞典》稱它為「圍堵」（hemming in），但我仍會依循史密特的說法，將它稱為「包圍」（enclosure）[18]。波菲將其定義如下：

「包圍」的意思是，當兩顆行星一左一右地圍住某顆行星，沒有其他行星的射線投入到此一封閉的區域，也沒有其他（行星）在其行進路徑的前後 7 度內，依據相位投擲射線，甚至相同的這顆行星也沒有從其他相位投擲射線，就像先前提到的那樣。當這種遏制是由具破壞性的行星施行時，是嚴酷的，但由吉星施行時，是有益的[19]。

此處定義了兩種形式的包圍。第一種是兩顆吉星或兩顆凶星的實體，會合於某顆行星的兩側。第二種是兩顆吉星或兩顆凶星，透過角度相位的射線，包圍住第三顆行星，每一側的容許度在 7 度內。這兩種類型的包圍，都可以被第三種條件抵銷，那就是「干預」（intervention，*mesembolēsis*）。當某顆行星介入包圍時，就會發生干預，無論是實體（介入一顆行星試圖包圍另一顆行星的路徑之間），或是透過投擲射線到執行包圍和被包圍的二顆行星之間的度數範圍，以進行干預[20]。

這意味著，在這兩種包圍的情況下，被包圍的行星兩側必須只有兩顆吉星或兩顆凶星；否則包圍將會被破壞，且不會被視為獎賞或虐治。干預的定義似乎很廣，以至於它適用於某些妨礙到行星之間產生角度相位的情形，因此，它也可能適用於我們稍後將討論的其他條件，例如「黏合」（adherence）。

雖然容許度曾在以射線進行包圍中被提及，但對於以行星實體會合所進

行的包圍，則未特別說明。是否可以有一個極為寬廣的容許度（只要沒有其他行星發送出干預的射線），或者是否該將容許度限制在任一側的 7 度範圍內，這當中有許多模糊之處。目前也尚不清楚是否該將星座邊界納入考量，儘管看起來應當如此，而且大多數這類型的相位都被假定要發生在同一星座之內。

● 克里斯・法利

克里斯・法利（Chris Farley）的本命星盤就有一個包圍的例子，他是一位在一九九〇年代初期受到歡迎的喜劇演員。他出生於日間盤，上升點在獅子座 5 度，太陽位在水瓶座 26 度 14 分。太陽的實體，被位在水瓶座 25 度的土星，和水瓶座 26 度 30 分的火星包圍住。由於這是一張日間盤，星盤上凶星包圍的情況更加糟糕，而太陽——時標的廟主星——正入相位火星，意味著太陽正黏合一顆區間外的凶星，並且沒有任何干預存在。

法利是每週播出的電視喜劇節目《週六夜現場》的固定班底，在多場短劇中擔任主要角色，並在一九九〇年代中期逐漸走紅。然而，他陷入藥癮和酒癮的掙扎中，並於一九九七年十二月十八日死於過量服用古柯鹼和嗎啡，享年三十三歲。

● 羅賓・威廉斯

另一個包圍的例子，出現在知名演員和喜劇演員羅賓・威廉斯（Robin Williams）的本命星盤中。他的星盤是個有趣的案例，藉由吉星的包圍，緩解並改善了星盤上最困難的行星狀態。

他出生於日間盤，天蠍座上升，而火星位在巨蟹座第九區位。火星區間外，並位在自己的弱。由於這顆火星是上升主星，我們預期它會以某種方式承擔或體現凶星的角色，或者它會在第一區位相關的象徵事物範疇內，顯化出部分的特質。

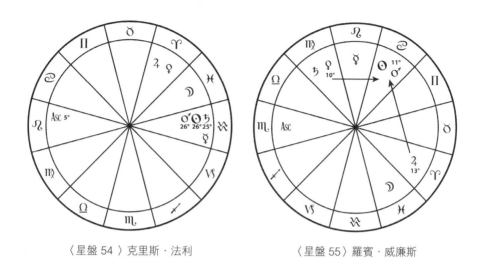

〈星盤 54 〉克里斯‧法利　　　　　〈星盤 55〉羅賓‧威廉斯

　　雖然羅賓‧威廉斯在大眾眼中是一名喜劇演員和藝人，但私底下他深受憂鬱症所苦，並與藥癮和酒癮搏鬥著，這些都與火星同時主管代表疾病的第六區位有關。然而，他享有一段相對來說較長遠且成功的人生，原因在於火星的狀態受到吉星的射線包圍而得到緩解。

　　火星在巨蟹座 11 度，而金星在處女座 10 度，木星在白羊座 13 度。金星的六分相射線投向巨蟹座 10 度的方向，這個度數正巧在火星前方，同時木星的四分相射線投向巨蟹座 14 度，正巧位於火星的後方。因此，火星被兩顆吉星的射線包圍，每一側的容許度都在 7 度內，因此火星得到獎賞。這種緩解，似乎能夠讓他控制並克服許多長年掙扎的問題。

　　然而，在他人生的最後幾年，他逐漸受到路易氏體失智症和帕金森氏症的侵襲。最終，他在六十三歲時上吊自殺。儘管他有過許多掙扎，但人們普遍認為他對許多人產生了正面的影響。雖然從某種意義上說，火星的凶性特質確實透過他內心的掙扎和病痛表現出來，但他的例子說明了，吉星的包圍似乎緩和了其中某些問題的嚴重性，並且幫助與支持著他走過一段可稱得上是成功且幸福的人生。

黏合

　　在安提阿古斯的《概要》和瑞托瑞爾斯的文本中，將黏合（*kollēsis*）定義為行星實體在 3 度內入相位完成精準的會合[21]。波菲補充，對月亮而言，這個度數範圍是 13 度，也就是它在二十四小時內平均的運行距離[22]。就虐治的定義而言，行星只要與凶星黏合，就會受到虐治。

　　雖然虐治的條件大致清楚，但在細節上仍有一些模稜兩可的地方。若黏合是指行星在 3 度內入相位會合，這是否意味著，另一顆行星必須要入相位凶星才會受到虐治，或者凶星必須入相位該行星才能虐治它？換句話說，以這項條件來看，到底是哪一顆行星要朝另一顆行星移動？或是這項條件無論哪顆行星入相位另一顆行星都適用？從安提阿古斯《概要》的語句來看，似乎暗示著必須是由另一顆行星入相位凶星。然而，瑞托瑞爾斯的說法似乎是凶星必須入相位另一顆行星。最後，波菲的說法更加模稜兩可，任一方的詮釋都說得通。

　　這個問題的當代解決方案也有諸多分歧。史密斯偏好的詮釋是，凶星必須入相位另一顆行星才能施行虐治[23]。我對這種詮釋持反對意見，這意味著土星永遠無法透過黏合來虐治其他行星，而火星只能虐治木星和土星。

　　一顆行星要能夠入相位，或是朝向與另一顆行星精準會合的方向移動，那麼它必須是運行較快的那一方。因此，若凶星必須要入相位其他行星才能虐治它們，在很大程度上會使虐治的條件失效[24]。因此，我更傾向這樣的詮釋：當行星入相位會合某顆凶星時，它可能會受到虐治。

　　在這種情況下，所有行星都會因黏合而受到土星的虐治，因為它是運行最慢的可見行星，因此任何行星都可以在 3 度內入相位會合土星。雖然這種詮釋的確讓木星和土星免於在一般情況下，因黏合而受到火星的虐治，因為它們的運行速度並沒有快到能夠入相位火星，但其他所有行星——金星、水星、太陽、月亮——都可能因入相位會合火星而受到虐治。

　　這種詮釋在概念上也很吸引人，因為它符合一般認知的入相位和離相位概念，這點在安提阿古斯的文本中，寫在虐治定義的前頭[25]。如前所述，在即時占星學的文本中，入相位的相位結構，通常被認為象徵即將發生的事件和情況，而離相位的相位結構，則描述已發生的狀況。這就是為何在擇時占星學的文本中，有時會更加重視入相位的原因，因為它們指出了當下正要發生的未來事件。至於在黏合的學說中，只要任何行星是朝著與凶星精準會合的方向前進，都預示著未來的困難情況。

　　如果這樣的詮釋是正確的，那麼因黏合而發生的虐治，便是當某顆行星實體在 3 度內入相位會合凶星。例如，若水星在巨蟹座 18 度，土星在巨蟹座 20 度，那麼水星會受到土星虐治，因為它將在 3 度內入相位會合土星。

　　反之，可由此推論，因黏合而發生的獎賞，是當某行星實體在 3 度內入相位會合吉星的時候。例如，若水星在巨蟹座 18 度，而木星在巨蟹座 20 度，那麼水星將得到木星的獎賞，因為它將在 3 度內入相位會合木星。除了土星之外的所有行星，都可以透過這種方式得到木星的獎賞，而金星則能夠經常獎賞太陽、月亮和水星。行星逆行的期間使情況變得特殊，那些原本無法因入相位而黏合其他行星的星體，在此期間便有機會為之。

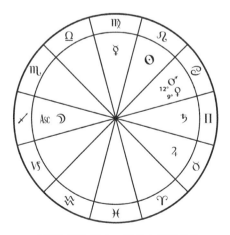

〈星盤 56〉第十一區位主星受虐治

◎第十一區位主星受虐治

　　讓我們回到上一章的一個案例。命主星盤上主管朋友圈的第十一區位主星，位在代表死亡的第八區位，他唯一的朋友因罹癌而先走一步了。十一區位的主星是位在巨蟹座9度的金星，在3度內入相位會合位在巨蟹座12度的火星，而此為一張日間盤，火星同時是區間外的凶星，因此，第十一區位的主星不僅落在一個壞區位，更因黏合而被星盤上最難對付的凶星虐治著。這是一個有效的案例，因為它展現出有時這些最壞的情境，只不過是多重因子結合下的產物。在此例中，來自木星金牛的優勢星座六分相，提供了一些緩解效用，雖然仍不足以完全抵消黏合，但足以確保命主的早年並不完全缺乏友誼。

● 瑪雅・安吉羅

　　著名的美國作家和詩人瑪雅・安吉羅（Maya Angelou）的星盤中，有兩個因黏合而得到獎賞的例子。她出生於日間盤，獅子座上升，太陽位在白羊座14度第九區位，黏合位在白羊座16度的木星。除了太陽和木星，她還有水星位在雙魚座20度，黏合位在雙魚座21度的金星。因此，時標的廟主星和水星都得到獎賞。與先前的 T. S. 艾略特案例相同，他星盤上的金水會合在天秤座上升點的度數，體現出他在詩歌領域的成功；而瑪雅・安吉羅同樣作為一位成功的詩人，她的星盤也強調了類似的行星配置。在她的星盤中，金星是代表事業和聲譽的第十區位主星，入旺於雙魚座，並與水星黏合。她的作家生涯獲得了許多獎項和榮譽，包括歐巴馬總統在二〇一一年授予她的「總統自由勳章」（Presidential Medal of Freedom），這是美國最高的平民榮譽獎項。

● 詹姆斯・伊根・霍爾姆斯

　　詹姆斯・伊根・霍爾姆斯（James Eagan Holmes）是一名大規模殺人犯，他在二〇一二年七月二十日，於科羅拉多州奧羅拉市的一間劇院犯下大規

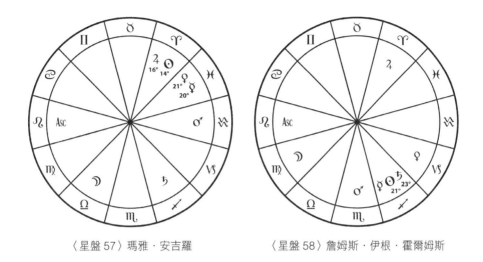

〈星盤 57〉瑪雅・安吉羅　　　　　〈星盤 58〉詹姆斯・伊根・霍爾姆斯

模槍擊案，造成十二人死亡，七十人受傷。儘管這是一起經過精心策畫的槍擊案，他在審判中仍然提出因心神喪失而無罪的抗辯，最終他被定罪並判處終身監禁且不得假釋。他有著獅子座上升，太陽位在射手座 21 度，黏合位在射手座 23 度的土星，因此，時標的廟主星受到土星的虐治，且此為一張夜間盤，讓情況變得更糟。這個案例很有意思，它帶出了以下的提問。在此例中，時標主星受到的虐治，是否意味著命主的腐化？與土星的黏合，是否導致命主最終行使或體現出凶星的本質？或者，受到虐治的上升主星僅僅預示了，他會在二十七歲第一次土星回歸前夕，被判處終身監禁？

● **父親的壽險保單**

　　這是最後一個關於黏合的案例，命主出生於白天，獅子座上升，太陽位在雙魚座 22 度第八區位，黏合位在雙魚座 24 度的木星。命主的父親在她二十六歲時，突然心臟病發去世。命主繼承了父親高額的壽險給付金，因為她是獨生女，父母也早在幾年前就離婚了。她將一部分的給付金投入一檔績效不錯的共同基金，讓她能夠有十多年的餘裕來尋找自己的人生方向。這個例子顯示出，有些諸如死亡和繼承等，與第八區位相關的典型課題，是如何名副其實地顯化出來。這個案例之所以重要的原因在於，它說明了在某

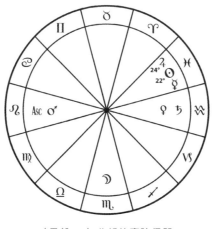

〈星盤 59〉父親的壽險保單

些特殊情況下，困難的事件有時會帶來正面的結果，且最終以具有建設性的方式幫助命主重塑人生。

射線攻擊

　　「射線攻擊」（*aktinobolia*），是安提阿古斯失傳之作所記載的一系列不同相位結構定義中，最難理解和重建的重要概念之一。重建這個概念的原義是一件複雜的事，在希臘化傳統中，不同占星家似乎對於該術語都有不同的定義和用法。安提阿古斯的《概要》、波菲和瑞托瑞爾斯的文本中，都定義了此一概念 [26]。我們在此面臨的挑戰是，包含理解此一術語的一般用法，以及最初它在安提阿古斯文本中被視為一種虐治條件的具體方法。根據波菲的說法，它的核心定義是：

　　前方的行星沿著相位（*schēma*），朝後方的行星「投擲射線」（hurls a ray）。例如，一顆位在白羊座的行星，沿著四分相位，朝向位在摩羯座的行星投擲射線；並沿著三分相位，朝一顆位在射手座的行星投擲射

線。後方的行星注視著（*ephoraō*），甚至凌駕著，被帶往前方的行星，就像剛剛提到的那樣，但它並不真的投擲射線。每一道光束（*augēs*）、視線（*opsis*）都會被帶往前方的行星，但射線（*aktis*）卻是向後方的行星投擲的。然後，務必觀察這道射線，是僅按照黃道順序投擲，還是也以角度結合（joining，*sunaptei*）[27]。

此概念的希臘文術語 *aktinobolia* 是一個複合詞，由 *aktina*（「射線」〔ray〕或「光束」〔beam〕）和 *ballō*（「拋」〔throw〕、「投」〔cast〕、「投擲」〔hurl〕或「攻擊」〔strike〕）組成。作為一個專用術語，*aktinobolia* 的意思可能是「投擲射線」，強調過程本身，或者也可以使用史密特的說法，「射線攻擊」，強調過程的最終結果[28]。這些文本作者大多會分別使用 *aktina* 和 *ballō*，泛指「投出射線」的概念，例如波菲說，每顆行星會發射七道等分（partile）射線；但是當這兩個字組成一個複合詞時，它似乎指的是一種特定的技法概念，即「射線攻擊」或「投擲射線」。

在安提阿古斯和波菲一系列的定義中，將沿著星座順序的相位結構或相位射線，定義為「凌駕」，意思是在黃道上排序較前的行星，能夠在相位結構中，凌駕排序較後的行星；但 *aktinobolia* 的定義，似乎是將那些逆著黃道順序回擲相位結構或射線的稱為「投擲射線」或「射線攻擊」。

如此一來就產生了兩種對比的區別：行星之間順著黃道順序，朝前發送並能「注視」（*ephoraō*）其他行星的「相位」，和行星逆著黃道順序，往回發送的「投擲射線」。《概要》和瑞托瑞爾斯的著作中，都以一顆位在白羊座的行星舉例，它逆著黃道順序，往回朝向一顆位在摩羯座的行星投擲射線。波菲也使用了同樣的例子，但隨後補充說明，一顆位在白羊座的行星，也會朝位在射手座的行星投擲射線。所以，回到最根本的層面，「投擲射線」或「射線攻擊」最初就被定義是一種逆著黃道順序，往回投射的相位，因此，它必然會與類似的區別有所連結，例如左方相位與右方相位，以及凌駕和主宰。

當我們從虐治條件的脈絡中來探討這項定義時，事情就變得更加複雜，

因為凌駕和射線攻擊都被認為是虐治的條件。正如我們先前所見，透過凌駕施行的虐治，只能沿著優勢星座四分相的路徑進行，因為三分相和六分相通常被認為無法造成傷害。同樣的限制，也適用於我們將射線攻擊，視為一種逆著星座順序，往回投射的相位；若作為一項虐治條件，那麼它只能是逆著星座順序，往回投擲射線的劣勢四分相（inferior aspect）。

　　這時就產生了矛盾：凌駕的定義是，星座順序排行較前的行星，永遠居於優勢的位列，因此它能夠虐治位於劣勢四分相一端的行星，但若依照虐治的定義來看，那便意味著無論凶星位在優勢四分相或劣勢四分相的位置，都能夠施行虐治；換句話說，這與它們所在的黃道星座順序的前後無關。這在概念上是有出入的，因為這似乎否定了先前關於優勢相位和劣勢相位的區別。

　　這個問題的解決方案，似乎就在波菲的附加論述中，他在討論定義的結尾時說道：「務必觀察這道射線，是僅按照黃道順序投擲，還是也以角度結合（sunaptei）。」這讓我們聯想到定義「證詞」的論述，其中說明了見證可同時發生於依據星座和依據度數。這似乎意味著，我們此處討論的範疇不僅是星座相位，而是擴及了角度相位。

　　事實上，在後來的作者文本中，此概念的討論經常僅限於須有具體度數範圍的主限向運法[29]。甚至是連「射線攻擊」或「投擲射線」等術語，也讓人聯想到波菲先前提到的概念，即每顆行星都會發射七道的角度相位射線，從它所在度數到其他七個星座的相同度數。

　　因此，我認為解決虐治定義的矛盾，其方法是：在黃道順序位列較前，且因處於優勢位置的凶星，只要透過星座四分相就能虐治其他行星；而在黃道順序位列較後，處於劣勢位置的凶星，必須透過一個度數緊密的角度相位，逆著黃道順序，往回投擲一個四分相，才能虐治另一顆行星。這使得我們能夠沿用前面介紹過的區別，即在黃道順序位列較前的行星，會在兩顆行星的相位關係中發揮主宰的角色，但同時，為這項規則加上一項不常發生的例外情形，即是允許透過一組特定條件，讓位列較後的行星即使處於劣勢，

也能夠反擊或扭轉局面。

　　我建議以此觀點來看 *aktinobolia* 的概念：當此術語不提及特定對象時，它僅代表「逆著星座順序往回發送相位」；但當特指某一行星時，就意味著「逆著星座順序，以射線回擊另一顆行星。」因此，即便這兩種情況都使用 *aktinobolia*，但此術語的解讀應視特定的脈絡而定。有時，當文本作者指的是逆著星座順序往回投射一道星座相位時，「投擲射線」就是最合適的解讀；但當作者指的是一道觸及其他行星的角度相位時，「射線攻擊」會更合適。

　　這似乎解釋了波菲在「射線攻擊」的第二部分定義中，所談到兩派不同學說的一些含糊之處：

　　關於這個問題有兩派學說。有些人說，投擲射線是從位在前方星座的行星，朝向後方星座行星，投擲出一道四分相。例如，位在巨蟹座的行星，朝向位在白羊座的行星投擲射線，但白羊座的行星注視著巨蟹座的行星，他們甚至說，若這是顆凶星，它就會帶來毀滅。帶來毀滅的是投擲射線的行星，而不是予以注視的行星。星座對分相的行星，既投擲出射線，也予以注視的目光，然而星座三分相的行星，從不投擲射線，因為這顆行星將射線固定在高於三分相而更接近四分相的位置上，所以，三分相更趨於吉性。就這些問題而言，就是如此。

　　然而，斯拉蘇盧斯說，投擲射線是一種破壞，而帶來破壞的（行星），是那些依據時標度數的間隔，與其他行星形成四分相或對分相圖形的行星，這就證明了三分相的相位結構並不具備破壞性。他說，無論相位射線是從右方、還是左方進入時標的接續區位，或是從具有月亮主管權的行星發出這道射線，都沒有差別。他說道，即使月亮恰巧與她所在星座的主星（會合）或對衝，射線依舊是從星座主星發出的。例如，若月亮與木星同在射手座，或木星在雙子座，而月亮自己在射手座，我們將從木星釋放（*aphēsis*）射線[30]。

　　這篇評論顯然出自波菲之手，因為在安提阿古斯的《概要》中並無類似的內容。我從中得出的主要論點是：其中一派學說主要將「射線攻擊」視為逆著星座順序往回投射的四分相位射線；而另一派學說（衍生自斯拉蘇盧斯）則認為「射線攻擊」可以發生在行星的右方或左方。這似乎是因為最初「射線攻擊」的定義是逆著星座順序往回投射相位，特別指角度相位；但在占星傳統的演進之下，「射線攻擊」的概念也與主限向運法融合，使得相位的方向性變得不那麼重要，因而成為一個用來描述任何類型角度相位的通用術語；也就是說，每一顆行星會射出七道角度相位射線的認知，與「射線攻擊」的概念相結合，這似乎在後來的占星傳統中造成了一些混亂，而這些混亂在閱讀許多文本時，仍明顯可見。

　　接下來的問題是，一顆行星是否要在一定的度數範圍內，才可視作被另一顆行星的射線「擊中」。可惜的是，針對此一問題，安提阿古斯、波菲和瑞托瑞爾斯都沒有清楚的解釋。然而，瓦倫斯在《占星選集》關於壽長技法的內容中曾經討論到 aktinobolia，並特別指出，無論在行星哪一側的 3 度範圍內，都容易受到射線攻擊的影響[31]。這點很令人玩味，因為 3 度同時也是黏合（kollēsis）和接合（sunaphē）的容許度範圍，而雖然在不同版本的安提阿古斯文本中，都未清楚說明這點，但我強烈懷疑，這意味著射線攻擊的度數範圍也是如此。但是如果瓦倫斯所用的度數範圍，也為其他占星家所用，那麼在虐治定義的脈絡中，射線攻擊就會被認定是凶星逆著星座順序，往回發射出角度相位，並在一個精準相位前後 3 度的範圍內，擊中另一顆行星。

　　最後，就是角度相位是否必須是一個入相位或離相位的區別。值得再次注意的是，波菲在定義「射線攻擊」的論述結尾裡提到，重點在於查看這顆行星是否只以星座相位投擲出一道射線，或者它實際上是「以角度結合（sunaptō）」。sunaptō 這個詞通常使用在其他衍生自安提阿古斯的定義，藉以描述處於角度相位結構中的行星，共同「結合」形成精準相位的過程。它特別被用於 sunaphē 和 kollēsis 的定義中，這兩個字都與 3 度內的入相位有關；而此處使用的術語「結合」像是暗示，判斷這道射線是正在結合或「正在完成」與被擊中的行星所形成的相位結構，在某種程度上是重要的。這

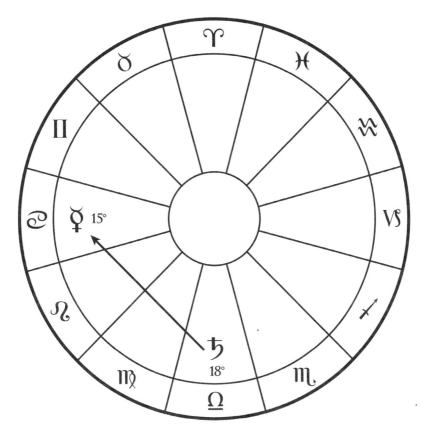

圖 14.2 - 土星以射線攻擊水星

似乎意味著（1）射線攻擊需要是一個在 3 度內入相位「完成」的相位結構，或者（2）射線攻擊需要是一個會在未來的某個時間點以入相位完成的相位結構，但對於容許度並無任何限制。

　　我相信這表明了「射線攻擊」的理想形式，是以一個在 3 度內入相位的相位結構，逆著星座順序往回投擲，並最終能觸及處於優勢位置的行星，這使得處於劣勢位置的行星，能夠對優勢位置的行星發動射線攻擊。當投擲射線的是凶星時，會視為特別地危險，因為運行較快的行星在朝向較慢的行星移動時，就會撞上這道射線。

這將多個概念聯繫在一起，例如：投擲射線是一道逆著星座順序往回投射的相位；入相位比離相位更強力；而「接合」（*sunaphē*）則與在 3 度內入相位的精準結合有關，這是一個特別重要的度數範圍。根據瓦倫斯的說法，雖然射線攻擊在精準相位結構任一側的 3 度內都有效，但最理想或最強大的狀態，仍是它處於 3 度內精準入相位的條件下。

◎ 透過射線攻擊的虐治與獎賞

倘若上述重建的內容是正確的，那麼當凶星逆著星座順序往回投射一道精準的角度四分相，且此道射線會在 3 度內入相位「擊中」另一顆行星時，就會發生經由射線攻擊的虐治。反之，當吉星逆著星座順序，往回投射出一道三分相、四分相或甚至可能是六分相的射線，尤其此道射線會在 3 度內入相位擊中另一顆行星時，就會發生經由射線攻擊的獎賞。

● 馬丁 · 路德 · 金恩

美國民權運動家馬丁 · 路德 · 金恩（Martin Luther King Jr.）的星盤中，就有一個以射線攻擊施行虐治的例子。他出生於日間盤，月亮位在雙魚座 19 度，與位在雙子座 21 度的火星，形成一個精準入相位的角度四分相。儘管月亮的所在黃道星座排序較前，而處於優勢位置，但它正朝著與火星形成精準四分相的方向移動，因此火星正以射線攻擊月亮並施以虐治。由於這是一張日間盤，火星是區間外的凶星，這使得月亮成為生命力受損的指標；月亮是身體的先天徵象星，而在這張星盤中，也正好主管了位在巨蟹座的幸運點（這點將稍後討論）。因此，這似乎是他星盤中，預示著他將在三十九歲遭到暗殺的其中一個重要因子。

● 阿爾伯特 · 愛因斯坦

科學家愛因斯坦（Albert Einstein）的星盤中出現了一個獎賞的例子。他出生於日間盤，巨蟹座上升，月亮位在射手座 14 度第六區位，三分相入相位白羊

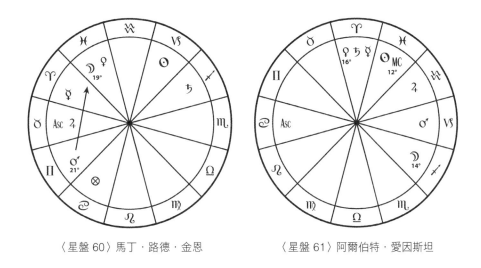

〈星盤 60〉馬丁‧路德‧金恩　　　　〈星盤 61〉阿爾伯特‧愛因斯坦

座 16 度第十區位的金星，他的月亮因射線攻擊而得到金星的獎賞，再加上月亮與位在雙魚座 12 度的象限上中天所形成的相位結構，大大緩解了時標廟主星落入第六區位所帶來的潛在挑戰，為他帶來了一生致力於科學研究領域的成就。

接合

最後一項虐治的條件，稱為「結合」（joining together）、「聯合」或「接合」（sunaphē）。根據安提阿古斯的《概要》：

接合（sunaphē）是指行星們以角度結合（sunaptō）或即將在 3 度內結合。月亮的接合被認為可以在 13 度內[32]。

因此，接合是在 3 度內精準入相位的一個角度相位。我在重建虐治條件的論述中，把它放到最後一項，因為在其他一些依星座為基準的虐治條件中，它不過是更加有力罷了。由此觀點，透過接合而發生的虐治，是當行星在 3 度內以四分相或對分相入相位凶星之時，透過這兩個相位，凶星的確會造成傷害。

　　三種包含接合的狀態（即凌駕、對衝和射線攻擊），在配置上都各有一般的有效範圍，但這項條件要求它們還需處於接合的狀態（即在 3 度內精準入相位）才能發揮最大效力。因此，先前提到作為虐治條件之一的星座對分相，經由接合而形成更為緊密的角度對分相時，將更具破壞力。同樣地，透過優勢星座四分相而凌駕的凶星，當處於接合時，將變得更有害。最後，原本允許在行星任一側各有 3 度容許度的射線攻擊，當兩顆行星進入接合時，將變得更加強烈，也就是行星在 3 度內，精準四分相入相位處於劣勢的凶星。

　　透過接合的獎賞會發生在，當一顆行星以精準三分相、四分相或六分相入相位吉星之時。尚不清楚對分相的困難本質，是否能讓獎賞在此相位結構中，展現它最大的正面意義，不過，似乎普遍認為入相位吉星是正面的，因而有這樣可能性。

● 羅伯特・法蘭西斯・甘迺迪

　　羅伯特・甘迺迪的星盤中，有一個因接合而受到虐治的例子。他出生於日間盤，金牛座上升，月亮位在摩羯座 28 度，入相位天蠍座 4 度的火星，形成一個超出星座（out-of-sign）的角度四分相。回顧安提阿古斯的論述，月亮接合的容許度是 13 度，而其他行星為 3 度。因此在這種情況下，月亮因接合火星——區間外的凶星——而受到虐治。在第三區位主星受到如此虐治的情況下，帶出了手足相關的不幸：命主的大哥在二戰中喪生，他的姊姊死於一場飛機事故，他的二哥約翰・甘迺迪總統於就任期間被暗殺。月亮在他的星盤中也主管位在巨蟹座的幸運點，與馬丁・路德・金恩的星盤一樣，命主後來在競選總統時被暗殺。

● 安德烈・羅梅勒・楊格（德瑞博士）

　　饒舌歌手及音樂製作人德瑞博士（Andre Romelle Young〔Dr. Dre〕）的星盤中，就有個因接合而得到獎賞的例子。他出生於雙子座上升，月亮位

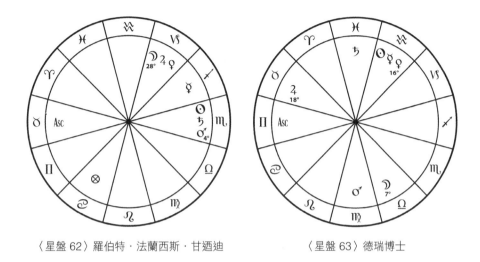

〈星盤 62〉羅伯特‧法蘭西斯‧甘迺迪　　　　　　〈星盤 63〉德瑞博士

在天秤座 7 度，金星位在水瓶座 16 度。在他的星盤中，月亮主管代表財務的第二區位，位在代表好運的第五區位，並在 13 度內三分相入相位金星（且被容納於金星的廟，這將稍後討論），第二區位主星因金星的射線攻擊而得到獎賞。有趣的是，金星本身在 3 度內以四分相入相位金牛座 18 度的木星，並形成容納，所以，金星也經由射線攻擊而得到獎賞。二〇一四年，他售出共同創立的公司 Beats Electronics，使他成為世界上最富有的饒舌歌手之一。

● 甘迺迪‧歐納西斯‧賈桂琳

　　賈桂琳（Jacqueline Kennedy Onassis）的星盤中，就有經由對分相的接合而受到虐治的例子。她出生於日間盤，天蠍座上升，金牛座守護代表婚姻的第七區位。第七區位的主星是金星，位在雙子座 21 度，代表死亡的第八區位。金星以對分相入相位射手座 24 度的土星，第七區位主星因接合而受到凶星的虐治。她的丈夫，美國總統約翰‧甘迺迪，在他們共乘同一輛車時遭到暗殺，並死在她的懷裡。星盤上位在處女座 14 度的火星，讓情況變得更糟，金星因而被兩顆凶星的射線包圍。這強調了一點，那就是一張星盤上經常會有多個重疊的獎賞或虐治，無論更好或更壞，都可能強化了結果的性質。

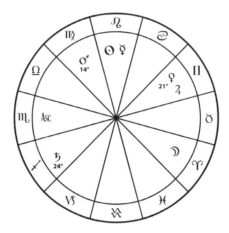

〈星盤 64〉賈桂琳・甘迺迪・歐納西斯

緩解條件：容納（Reception）

在本章結尾，我想討論一些在技法實踐中，需要額外納入考量的緩解條件：容納、廟互容或互容。雖然這些概念顯然只在中世紀早期傳統中，由馬謝阿拉和薩爾・伊本・畢雪等作者明確定義，但在概念上則根植於希臘化早期傳統。此外，這些概念在這兩位中世紀早期作家的文本中，就已經能有如此詳細的定義，讓我不禁懷疑，他們其實是援引了一種早已存在於希臘化晚期傳統的技法，只不過沒有文獻記載罷了。從應用的角度來說，我發現它們在我個人的實踐中，是非常重要且需要納入考量的因子。出於這些原因，我很樂意在這裡討論這些概念，並將那些關於它們的起源，銘記於心。

將星座視為居所的概念，其隱含的想法是，星座的主星（作為主人）接待任何進入其星座的行星（作為客人）來家裡。可以將此概念延伸為，當廟主星也與位在家中的客座行星有星座相位時，就更好了，這有助於在廟主星和客座行星之間，形成更為順利或有助益的關係。例如，瓦倫斯在《占星選集》第七冊中曾說過：

一行星位在另一行星的星座，並與之有某種聯繫，這在時間主星期間，是有效益且有利的[33]。

此概念在後來的中世紀早期傳統中，正式成為「容納」技法學說[34]。雖然容納這項術語，直到中世紀才被明確定義或使用，但我仍將在這裡使用它，因為這個概念的前身顯然出自希臘化時期。

在中世紀的技法脈絡中，容納通常定義為，兩顆行星之間有著即將完成或形成精準的入相位，而其中一顆行星對另一顆行星具有某種形式的星座主管權[35]。雖然這個概念在希臘化傳統中並無明確定義，但它顯然根植於主客關係模型（guest-host relationship model），認為行星與它的廟主星有相位時，將更具有建設性；而與其廟主星沒有相位或不合意的行星，則會更加困難。

在希臘化傳統中，容納的概念，最初可能只應用在行星與其廟主星之間；兩者只需有星座相位，而不需有入相位的角度相位，就如同上文引用自瓦倫斯的內容。因此，我們在這裡所使用的容納定義，會比中世紀的定義再寬鬆一點。

瓦倫斯說，當存在容納關係，且當那些行星作為時間主星被引動時，會為個人生命帶來成效和益處，這似乎與中世紀的普遍觀念一致，意即容納有助於兩顆行星建立起更強大且有益的關係，因為從此刻起，它們有更多的共同之處。希臘化傳統中的一項通則是，兩顆行星的共通點越多就越能幫助彼此，因為這使得兩顆行星就像家人般互動，而我們通常不會去傷害自己的家人。這似乎是稱為「相鄰」（neighboring，*homorēsis*）概念的部分原理，波菲定義如下：

「相鄰」的意思是，當行星們位在相同的界，無論是經由黏合（*kollēsis*），或是經由任何相位，在同一界主星的範圍內彼此注視[36]。

此定義的核心，是兩顆互有相位的行星位在同一行星的界，那麼它們就

像彼此相鄰，帶有積極或友好的意味。此定義似乎在某種程度上，體現了中世紀傳統中的容納，因為它說明了當行星們互有相位，並因在黃道星座上有某些共通點時，就概念上會被視為更加友好的關係。

在實務中，容納的主要作用之一，是它有助於緩解兩顆行星間困難相位結構的負面效應，或是強化有利相位結構的積極影響。更具體地說，我發現當一顆行星受到另一顆行星虐治時，若其中一顆行星位在另一顆行星的廟而發生了容納，那麼虐治將會輕微許多，比起其他情況通常更容易處理。同樣地，當一顆行星獎賞另一顆行星時，若其中一顆行星位在另一顆行星的廟而發生了容納，那麼獎賞的正面效應，會增強到超出一般水準的程度。當然，這僅限於獎賞及虐治的特定形式中，行星們彼此形成相位結構才有這層相應的意義，在其他條件下，則不那麼有相關性。

◎ 互換星座（互容，Mutual Reception）

在中世紀傳統中，更加嚴格地將「互容」定義為，兩顆行星位在彼此的廟（或其他尊貴）且有星座相位，尤其是透過入相位形成的角度相位。在希臘化早期傳統中，此概念似乎也以某種形式存在著，雖然它被簡化成：他們只注意到兩顆行星位在彼此的廟，互換了黃道星座。希臘文中對此的專業術語是 *enallassō*，意思就是「交換」。當行星位在彼此的主管星座時，視為「互換」廟，或有時是界[37]。

關於互換居所的詮釋仍有一些模糊之處，然而一般認為，因為涉及其中的兩顆行星是相互支持的，所以是互利的。以下是瓦倫斯對一組木火三分相配置中，兩顆行星互換星座的描述：

> 木星與火星三分相，若其中一顆行星是壽主星，而另一顆是主星（*despozontos*）的情況下，代表著偉大的人、領袖和專權者，尤其當這些行星位在自己的星座、三分性星座或度數，位在有利的星座，或者彼此互換廟或界，尤其如果它們主管了幸運點或其廟主星[38]。

　　瓦倫斯此處明確地將廟互容描述為一種次要正向的黃道星座配置，相比行星位在自己的主管星座，吉性可能較低 [39]。

　　兩顆行星互換星座並彼此形成星座相位當然更好，這樣不僅形成容納，兩顆行星還彼此迎接對方進入它們的居所。例如，星盤上的太陽在白羊座 20 度，火星在獅子座 22 度，因為它們位在彼此的廟，太陽和火星互換了星座，同時因彼此有星座相位，也形成了容納。另一種情況是，星盤上的水星在金牛座，金星在雙子座，兩顆行星互換了廟，並為彼此帶來了些許支持，然而由於它們沒有星座相位，也就沒有容納，因此不是最理想的狀態。這種缺乏星座相位的配置，依然被視為有益的，費爾米庫斯似乎說明了這一點，他以土星在處女座和水星在水瓶座之間的互換為例 [40]。

　　從功能性的觀點，容納和互換星座都是需要考量的重要因子，因為它們能夠改善行星在星座相位中的關係，並帶來額外的支持或熟悉感，這種熟悉感類似後來占星家所說的「尊貴」，甚至當行星的所在黃道星座並非它們的家，也是如此。

註　釋

1　我們重建這些條件的原因，是試圖核對和驗證 Schmidt 在 *Definitions and Foundations*, p. 266ff 的內容。不過，我們對於 Antiochus 一開始是如何定義獎賞和虐治的條件有不同的結論。儘管如此，我們的重構工作部分是基於 Schmidt 所做的研究，讀者們應該比較我們雙方的重建成果，然後得出自己的結論。

2　Schmidt, *Definitions and Foundations*, p. 266ff.

3　Schmidt, *Definitions and Foundations*, p. 272。參照 Dorotheus, *Carmen*, ed. Pingree, p. 380: 11。

4　Porphyry, *Introduction*, 28, trans. Demetra George，未發表，經修改。

5　同 Schmidt 的建議，見：*Definitions and Foundations*, p. 267。

6　這是 Schmidt 的首選解釋，見：*Definitions and Foundations*, p. 272。

7　在 Rhetorius 版本中的 *epitheoreō* 相當於凌駕（overcoming）。

8   Rhetorius, *Compendium*, 27（採用的版本節錄自 IIa, ed. Caballero Sánchez and Bautista Ruiz, “Una paráfrasis,” p. 225）, trans. Demetra George，未發表，經修改。

9   Porphyry, *Introduction*, 21, trans. Demetra George，未發表，經修改。

10   例如 Valens, *Anthology*, 2, 27: 8-12（Neugebauer, *Greek Horoscopes*, No. L 101, III）；*Anthology*, 2, 37: 48-51（No. L 85, XI）；*Anthology*, 2, 37: 60–62（No. L 92, XI）。

11   Antiochus, *Summary*, 16. Porphyry, *Introduction*, 27.

12   Porphyry, *Introduction*, 27, trans. Demetra George，未發表。

13   Valens, *Anthology*, 2, 2: 26–28. Firmicus, *Mathesis*, 2, 20: 7–9.

14   Julian of Laodicea 在 CCAG, 1, p. 138: 2–15 摘要了 Petosiris 的說法。

15   Antiochus, *Summary*, 12; Porphyry, *Introduction*, 15, Rhetorius, *Compendium*, 41.

16   Schmidt, *Definitions and Foundations*, pp. 195–196.

17   Porphyry, *Introduction*, 14; Hephaestio, *Apotelesmatika*, 1, 15: 1–2.

18   Schmidt, *Definitions and Foundations*, p. 197.

19   Porphyry, *Introduction*, 15, trans. Demetra George，未發表。

20   此定義見：Porphyry, *Introduction*, 16，以及 Rhetorius, *Compendium*, 36 也略有提及。

21   Antiochus, *Summary*, 9; Rhetorius, *Compendium*, 34.

22   Porphyry, *Introduction*, 11。參照 Rhetorius, *Compendium*, 35。

23   Schmidt, *Definitions and Foundations*, pp. 269–270.

24   然而，Valens, *Anthology*, 2, 31: 20 的一段文字可能支持著這種說法，他似乎附註了一段論述：「凌駕」發生的條件是，當行星們位在同一星座或是彼此對分時，那顆逐漸靠近的行星凌駕了在它之後的行星。目前尚不清楚這是一般通則的學說，還是 Valens 自己的觀點。凌駕通常僅適用於四分相、三分相和六分相，而這點似乎就是瓦倫斯為何首先發表此說法的原因，因為是非主流的觀點。此外，還有一個概念上的問題，像土星這樣的外行星，並不會入相位或走向在它之後的行星，因為土星的移動速度比其他行星都慢。因此，目前尚不清楚這樣的說法，是否足以將 Antiochus 版本的虐治條件，詮釋為黏合會發生在凶星入相位另一顆行星的狀況下。

25   尤其見：Porphyry, *Introduction*, 12。

26   Antiochus, *Summary*, 13; Porphyry, *Introduction*, 24, Rhetorius, *Compendium*, 20–22.

27   Porphyry, *Introduction*, 24, 上半部文字 , Demetra George，未發表，經修改。

28   Schmidt, *Definitions and Foundations*, pp. 207–208.

29   如 Valens, *Anthology*, 3，1：2ff。

30   Porphyry, *Introduction*, 24，後半部分，trans. Demetra George，未發表，經大量修改。

31   Valens, *Anthology*, 3, 3: 42–43.

32   Antiochus, *Summary*, 8, trans. Demetra George，未發表，經修改。

33   Valens, *Anthology*, 7, 2: 34, trans. Riley, p. 125，經修改。

34   有關該術語的於中世紀早期的定義，見：Sahl, *Introduction*, 5.8 或 Māshā’allāh, *On*

Reception, in: Dykes, *Works of Sahl and Māshā'allāh*。

35　Sahl, *Introduction*, 5.8.

36　Porphyry, *Introduction*, 22, trans. Demetra George，未發表，經修改。參照 Antiochus, *Summary*, 11; Rhetorius, *Compendium*, 40。參照 Schmidt, *Definitions and Foundations*, p. 187ff。

37　雖然 Valens 在描述不同的配置和相位結構時，不時會提到這個概念，但希臘化傳統中沒有留下此概念的明確定義。見：*Anthology*, 2, 17: 46; 2, 17: 84; 2, 23: 8。Firmicus 在 *Mathesis*, 2, 29: 18-19 也提到這一點。

38　Valens, *Anthology*, 2, 17: 84, trans. Riley, p. 34，經修改。

39　或許還有一點值得注意，在 Valens 描述水星四分相火星的段落結尾，他似乎認為這兩顆行星之間星座互換，可能會產生更負面的解釋。Valens, *Anthology*, 2, 17: 59。這可能意味著在某些情況下，此種互換是否被視為正向，部分取決於涉及哪些行星；但我不完全確定這樣詮釋此段落是否正確。

40　Firmicus, *Mathesis*, 2, 29: 18–19.

第十五章

區間光體的三分性主星

　　我們已經知道如何透過時標廟主星的配置和狀態，描述出命主的人生輪
廓。本章將著重介紹區間光體的三分性主星法，此技法也可用來為命主的人
生提供廣泛的描述，並判斷在其不同的人生階段中將享有的安定及繁榮程
度。正如我們之前所看到的，三分性主星是另一種星座主星系統，近似於廟
主星，但分配的原理不同。

三分性主星法的來源

　　瓦倫斯和都勒斯是區間光體三分性主星法的兩個主要文獻來源[1]。瓦倫
斯的論述較為廣泛，這也是他在《占星選集》第二冊介紹的第一個技法，緊
接在第一冊行星和星座等基本概念的相關內容之後。

　　都勒斯談論此技法的切入點與瓦倫斯非常相似，瓦倫斯只看區間光體的
三分性主星，而都勒斯會看其他行星和區位主星的三分性主星。都勒斯的著
作一開始就強調了他對三分性主星的重視：

> 我告訴你，三分性主星決定或指示了一切，人世間的一切的苦難，也由
> 三分性主星做主[2]。

　　瓦倫斯似乎只將三分性主星法應用在區間光體，然而他相當重視此技法
的分析內容，並且在《占星選集》的不同章節中，頻繁地使用此技法來判
斷本命星盤的「整體支柱」（general support，katholikos hupostasis）或「基
礎」（katabolē）[3]。兩位作者都認為此技法涉及命主的安定、支持和幸運，
有時也與命主的顯赫（doxa）或榮耀（lampros）有關[4]。瓦倫斯是在「幸福」
（eudaimōnia）的這個大主題下討論此技法，但他此處的意思似乎更接近「榮
華富貴」（prosperity），奠基命主不同生命階段中享有的物質等級與安定
程度。因此，對瓦倫斯來說，至少在《占星選集》與此相關的內容中，幸福
的概念似乎部分建立在傳統認知上的健康、財富和安定等事物。

識別區間光體的三分性主星

此技法的第一步是找出區間光體，即日間盤的太陽或夜間盤的月亮，以及光體的所在星座，進而從該星座找出三顆三分性主星。根據瓦倫斯的說法，這三顆行星將為本命星盤提供「總體支柱」或是「基礎」。若它們在星盤中的配置良好，那麼命主的生活將是安定、幸運，並且可能出人頭地。若它們的配置不好不壞，那麼生命的發展會較為平凡或中等。最後，若三分性主星的配置不佳，那麼命主的人生將會不穩定、不幸和平庸。

區間光體的三分性主星也將人生切分成不同階段，每一階段的生命品質，都視三分性主星的狀態而定。根據都勒斯和瓦倫斯的說法——主三分性主星主管人生的上半段，次三分性主星主管人生的下半段，而末三分性主星（譯註：又稱協作主星）則協助這兩階段人生的運作[6]。這點很重要，因為這是希臘化時期和中世紀傳統，在技法上分道揚鑣的重要領域之一；在中世紀作者的眼中，三分性主星將人生分為三個階段，而不是上下兩階段——第一階段由主三分性主星主管，第二階段由次三分性主星主管，最後的第三階段由末三分性主星主管[7]。這似乎背離了將人生分為上下兩階段的希臘占星用法，而原因很可能出自都勒斯的波斯文－阿拉伯文譯本。我們來看看這是怎麼發生的，而這段譯文正好說明並示範了我們在使用這些不同版本的文本時，應當注意的一些問題。

綜觀都勒斯的著作，他似乎依循了通用的希臘占星技法，也就是以三分性主星將人生分為上下二階段。在討論婚姻主題的時候，都勒斯一度指示讀者查看金星的三分性主星，而此文本的波斯文－阿拉伯文譯本，卻似乎把此技法寫成將生命分成三階段：

> 若金星的主三分性主星位在好區位，而次三分性主星位在壞區位，那麼他人生初期與女性相關的事項發展良好，而晚期則不佳，因為金星的主三分性主星代表早年，次三分性主星代表中年，末三分性主星代表生命晚年[8]。

　　然而，底比斯的赫菲斯提歐，恰好留存了都勒斯同一主題的希臘文版本，當把它與阿拉伯文譯本進行對比時，很明顯地在希臘原文中，都勒斯實際上只將人生分為二階段而非三階段：

> 再次地，我們將都勒斯詩句中，討論尼切普索和其他作者的內容做個摘要（……），每當主三分性主星處於有利位置，但次三分性主星狀態不佳時，代表早年的婚姻很好，但晚年很差；當二者狀態互換時，境遇也隨之改變。[9]。

　　這樣看來，這段描述似乎在都勒斯的波斯文－阿拉伯文譯本中有了微妙的變化，可能是出於誤解或翻譯錯誤，而這點顯著地改變了後來中世紀占星傳統的應用方式。

尖軸的重要性

　　瓦倫斯和都勒斯似乎都認同，尖軸是分析區間光體三分性主星狀態的關鍵。在判斷三分性主星的狀態時，他們都強調將尖軸的概念作為主要考量條件，甚至無視在不同情況下（如位在第八區位）可能會帶來挑戰的配置，而傾向強調尖軸和接續區位普遍比衰落區位更有利[10]。

　　根據這種方法，當任一顆三分性主星位在任一尖軸或樞軸區位（第一、第四、第七、第十區位）時，會被解釋為良好。當任一顆主星位在接續區位（第二、第五、第八、第十一區位）時，則被解釋為中等或居中。最後，當任一顆三分性主星位在任一衰落區位（第三、第六、第九、第十二區位）時，則被解釋為負面或壞的。此技法強調尖軸的用意，似乎是將三分性主星的概念與命主的幸運及財富連結，而位在尖軸區位象徵鼎盛的財富，位接續區位象徵財富的積累或增長，而位在衰落區位象徵著財富的減少或耗損。

　　都勒斯和瓦倫斯著作中的星盤案例，都使用整宮制演示此一技法，並不斷強調擁有更多尖軸區位配置的重要性。都勒斯的確一度談到，要依三分性主星與四軸點度數的緊密程度，來判斷命主的財富規模，並建立了以四軸點度數為起點，每 15 度為一單位的評等制度；然而這看起來像是根據赤經時間，而非精確的經度[11]，因此尚不確定他這裡所說的第二層宮位制是等宮制，還是指象限制的四軸點。

　　當瑞托瑞爾斯在他其中一個星盤案例使用區間光體的三分性主星法時，他似乎同時談到了三分性主星位在整宮制和象限制的尖軸議題，最終他從某顆三分性主星得到的結論之一，似乎更強調此行星位在象限制中的衰落區位[12]。就像瑞托瑞爾斯的例子，目前尚不清楚這是否為希臘化晚期傳統的變革，抑或他單純是更加明確地說明了那些在早期就已經默默流傳的技法。這似乎是個值得一併研究整宮制和象限制的領域，特別是其中被高度關注的尖軸概念，以便釐清哪種宮位制在實際應用中效果更好。

命主的人生序列

　　一旦根據三分性主星及其狀態，將命主的人生分成上下階段，就能夠展開其生命序列中的不同場景。若區間光體的主三分性主星配置良好，但次三分性主星的配置不佳，則說明命主的上半生順遂，下半生則不佳。反之，若主三分性主星配置不佳，但次三分性主星配置良好，那麼命主的上半生是艱難的，但下半生則會很順遂。若兩顆三分性主星都配置良好，那麼命主一生都是幸運的；若兩顆三分性主星都配置不佳，那麼命主一生都會是不幸的。最後，當上述任一種配置與其後的配置調換時，也會有相應的變化，代表情況更加和緩；另外也會根據協作主星的狀態而有變化，不論是強化兩顆主三分性主星，或是透過反作用拖累它們。

　　瓦倫斯指出，須注意三分性主星的廟主星是否配置良好[13]。他說，一個

	日間	夜間	協作主星
♈ ♌ ♐	☉	♃	♄
♉ ♍ ♑	♀	☽	♂
♊ ♎ ♒	♄	☿	♃
♋ ♏ ♓	♀	♂	☽

表 15.1 - 三分性主星系統

良好的配置可能會被一個配置不佳的廟主星全盤推翻，反之亦然。這基本上是將反作用的概念，應用在區間光體之三分性主星狀態的研究上，並且對於翻轉原本配置良好或不佳的三分性主星狀態非常有用。

瓦倫斯與都勒斯的星盤案例

讓我們來看一些瓦倫斯和都勒斯的星盤案例，以便更加理解他們如何將此技法付諸實踐。瓦倫斯舉了一個匿名星盤案例，他說時標和金星在天秤座，太陽、水星和火星在天蠍座，木星在射手座，月亮在巨蟹座[14]。根據瓦倫斯的說法，這是一張夜間盤，所以月亮是區間光體。月亮位於巨蟹座，所以我們要看水象星座的三分性主星。火星是夜間盤上水象星座的主三分性主星，金星是次三分性主星，而月亮則是協作主星。

火星位在接續區位，入廟，得主三分性尊貴，在區間內。因此該配置被認為是中等到良好。金星是次三分性主星，位在尖軸區位且入廟。這被認為是非常好的配置。最後，月亮作為協作的三分性主星，也位在尖軸區位且入廟，被認為是非常好的吉兆。瓦倫斯說明，命主「出類拔萃」且「得到敬重」

的原因，就是得益於這些三分性主星的配置。

　　瓦倫斯舉了另一個例子。獅子座上升，月亮和木星在天蠍座，太陽、火星、金星和水星在水瓶座，土星在白羊座[15]。瓦倫斯在講解此案例時，說明這是一張日間盤，太陽是區間光體，位在水瓶座，所以我們要看的是風象星座的三分性主星，日間盤上的主三分性主星是土星，次三分性主星是水星，而木星則是協作主星。

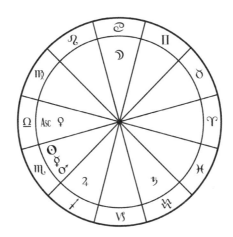

〈星盤 65〉瓦倫斯的三分性星盤案例 1

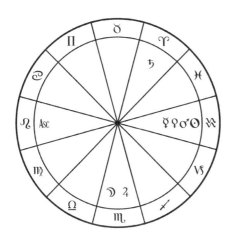

〈星盤 66〉瓦倫斯的三分性星盤案例 2

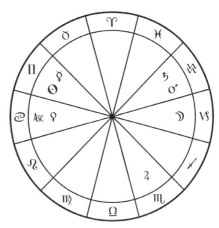

〈星盤 67〉瓦倫斯的三分性星盤案例 3

　　土星位在衰落區位，被認為是不好的配置。水星位在尖軸區位，被解釋為非常好的配置。最後，木星也位在尖軸，這被認為是絕佳的配置。因此，命主的財務從貧困或中等階層躍升，原因是上半生的主星配置不佳，而下半生的主星配置良好。

　　在瓦倫斯的另一個星盤案例中，上升點和金星在巨蟹座，木星在天蠍座，月亮在摩羯座，火星和土星在水瓶座，太陽和水星在雙子座[16]。這是一張日間盤，所以太陽是區間光體，而太陽在雙子座，所以我們要看的是風象的三分性主星。土星是主三分性主星，水星是次三分性主星，而木星是協作主星。

　　土星位在接續區位，為中等配置。水星位在衰落區位，是非常糟糕的配置。木星位在接續區位，為中等配置。瓦倫斯說，命主出生於奴隸家庭，但他有辦法透過家族人脈謀得一個政治職缺。後來他的生計受到影響，負債累累。此例子顯示，命主沒有含著金湯匙出生，但他依舊能夠在上半生取得一些成就，但後來因次三分性主星的配置不佳而陷入困境。

　　都勒斯所舉的例子是：雙子座上升，太陽和金星在獅子座，水星在處女座，月亮和土星在天蠍座，火星在水瓶座，木星在金牛座[17]。他說這是一張夜間盤，所以月亮是區間光體。月亮在天蠍座，所以我們要看水象星座的三分性主星。火星是主三分性主星，金星是次三分性主星，而月亮是協作主星。

　　火星在衰落的第九區位，被認為是不好的配置。金星在衰落的第三區位，也被認為是負面的。最後，月亮也在衰落的第六區位，一共有三個負面配置。都勒斯說命主「一無所有、貧困、生計沒有著落、悲慘[18]。」

　　都勒斯的另一個案例，上升點和月亮在天蠍座，火星在水瓶座，水星在雙魚座，太陽在白羊座，金星在金牛座，而木星和土星在處女座[19]。這是一張夜間盤，所以月亮是區間光體。月亮位在天蠍座，所以我們看水象星座的三分性主星，這使得火星成為主三分性主星，金星是次三分性主星，而月亮是協作主星。

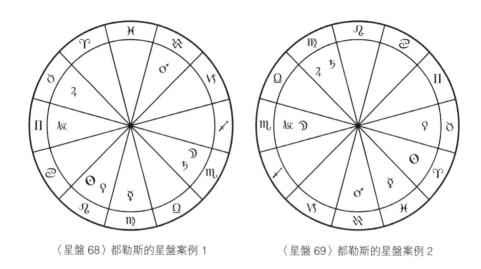

〈星盤 68〉都勒斯的星盤案例 1　　　　〈星盤 69〉都勒斯的星盤案例 2

　　火星位在尖軸第四區位，為非常好的配置。金星也位在尖軸第七區位，這也被認為是非常吉利的配置。最後，月亮也在尖軸第一區位，這被認為是正向的。都勒斯說，由於三顆主星都位在尖軸，代表此人「勢力顯赫，是強大的領導者，得到金銀冠冕的加持，並受到讚揚[20]。」

與其他技法的結合應用

　　瓦倫斯將區間光體的三分性主星與其他技法整合應用，例如時標的廟主星、幸運點、旺點（Lot of Exaltation）、基礎點（Lot of Foundation）。瓦倫斯和都勒斯似乎都認同當三分性主星配置不佳時，就必須仰賴幸運點及其主星，若二者配置良好，那麼命主也許能夠靠運氣撐過去[21]。瓦倫斯也將旺點、基礎點以及它們的主星，作為額外的占星因子使用，以便判定命主是否會出人頭地。需要注意的是，瓦倫斯在概述這些技法之前，並未介紹任何星盤案例。他在每張用於示範三分性主星的星盤案例中，也會考量其他技法，因為希臘點有時會被認為是緩解因子。我們將在下一章講解希臘點，

但這裡需要說明的是，本章雖是為了講解區間光體的三分性主星法而獨立出的一個章節，但這並不代表它必須與其他技法和考量因素分開來應用。

現代星盤案例

我們接著來看區間光體的三分性主星法，是如何作用於一些現代的本命星盤案例。上文的描述為我們提供了一些在分析三分性主星時，需要衡量的事項：

1. 三分性主星是位在尖軸、接續還是衰落區位？
2. 它是入廟、入旺，或是得三分性尊貴？
3. 它是位在區間內還是區間外？
4. 它是否與區間內的吉星形成有利的星座相位？
5. 它是否與區間外的凶星有不利的星座相位？
6. 它是否可見，或是在太陽光束下？
7. 它的三分性主星的廟主星狀態如何？
8. 它是否受到任何的獎賞或虐治？

● 拿破崙一世

拿破崙一世（Napoleon Bonaparte）出生於日間盤，天蠍座上升，太陽在獅子座。主三分性主星是太陽本身，位在尖軸的第十區位，入廟且得三分性尊貴，在區間內。次三分性主星是木星，它也位在尖軸，然而它在天蠍座沒有得到任何尊貴。木星受火星統治，火星的配置不算好，它位在接續第十一區位，且為區間外。協作主星是土星，它衰落於巨蟹座第九區位。

就此技法能夠指出獲得顯赫成就的這項潛能來說，拿破崙是一個有趣的例子，他在十九世紀初成為法國人的皇帝（the Emperor of France），並試

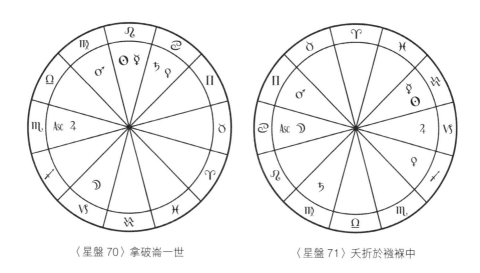

〈星盤 70〉拿破崙一世　　　　　〈星盤 71〉夭折於襁褓中

圖征服大部分的歐洲地區。最終，次三分性主星似乎把他拉下馬來。雖然這顆主星位在穩健的尖軸區位，卻受到區間外的凶星統治，拿破崙最後失去權力並在流放中死去。

● 夭折於襁褓中

這位命主出生於日間盤，巨蟹座上升，太陽在水瓶座。主三分性主星是土星，位在衰落的第三區位。次三分性主星是水星，位在接續第八區位。協作主星是木星，位在尖軸第七區位。這名嬰孩沒有活過主三分性主星的主管期間，於襁褓中夭折。主三分性主星土星處於衰落，逆行，受到日間盤的火星以優勢星座四分相的凌駕，並因而受到虐治。位在摩羯座的木星經由劣勢三分相，為土星帶來一些緩解，但顯然力有未逮。命主在他二歲生日前不久，因被一口食物噎住而去世。

● 小勞勃・道尼

演員小勞勃・道尼（Robert Downey Jr.）出生於日間盤，獅子座上升，

太陽在白羊座。太陽是主三分性主星，入旺，得主三分性尊貴且黏合一顆吉星，但位在衰落區位。木星是次三分性主星，位在尖軸，並且為區間內的吉星。協作主星是土星，位在接續區位。他的早年生活和職涯充滿了許多起伏，主要是因為他的毒癮問題帶來許多不穩定的表現。隨著年歲漸長，他的成癮問題得到控制，變得更加穩定和傑出，最終成為好萊塢片酬最高的演員之一。

● 科特・柯本

音樂家和詞曲創作者科特・柯本（Kurt Cobain）出生於夜間盤，處女座上升，月亮在巨蟹座。主三分性主星是火星，入廟且得三分性尊貴，但位在天蠍座守護的衰落區位。次三分性主星是金星，位在由雙魚座守護的尖軸，入旺。協作主星月亮，位在由巨蟹座守護的第十一區位。三顆三分性主星都位在配置良好的星座，但金星因黏合而受到土星的虐治。柯本的青少年時期麻煩不斷且起伏不定，後來他在二十多歲時，成為了一個成功且傑出的音樂家，但在二十七歲時因抑鬱和藥物濫用問題而自殺。

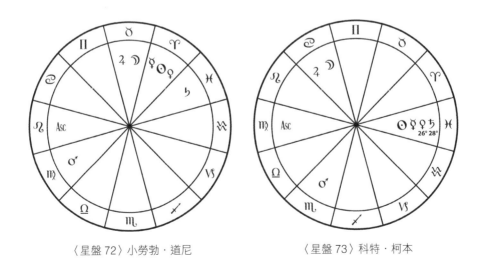

〈星盤 72〉小勞勃・道尼　　　　　　〈星盤 73〉科特・柯本

● 比爾・柯林頓

美國總統比爾・柯林頓（Bill Clinton）出生於日間盤，天秤座上升，太陽在獅子座。太陽為主三分性主星，位在接續區位，入廟，得三分性尊貴，在區間內。次三分性主星是木星，位在尖軸，與金星和火星共同在場。協作的三分性主星是土星，位在接續區位。他的主三分性主星位在尖軸三合的中段，但位在適宜的星座。次三分性主星位在尖軸三合中極佳的位置，但由於與火星共同在場，因此帶來一些紛爭。但請注意，火星無法完全地虐治木星，因為沒有出現黏合，意味著這不是最糟的情況。他在四十六歲時成為美國第四十二任總統，雖然醜聞幾乎讓他下台，但他最終成功連任八年。

● 惠妮・休斯頓

歌手惠妮・休斯頓（Whitney Houston）出生於夜間，雙魚座上升，月亮在白羊座。木星是主三分性主星，位在接續區位，得三分性尊貴。太陽是次三分性主星，入廟，但位在衰落區位，約在 3 度入相位精準對分土星。土

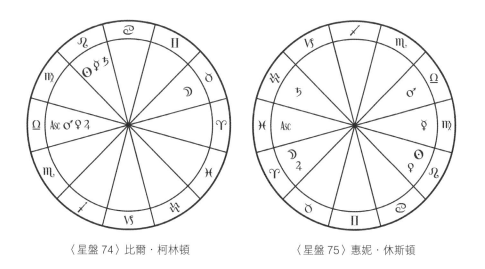

〈星盤 74〉比爾・柯林頓　　　　　　〈星盤 75〉惠妮・休斯頓

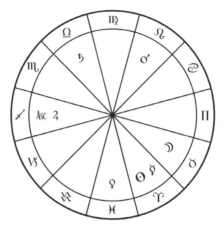

〈星盤 76〉漢斯・克里斯汀・安徒生

星是協作主星，入廟且得三分性尊貴，但也位在衰落區位。雖然她在二十歲就成為一位非常成功的歌手和音樂家，生活仍因漸趨嚴重的毒癮而失衡，在四十八歲時死於飯店浴缸內。

● 漢斯・克里斯汀・安徒生

　　丹麥作家安徒生（Hans Christian Andersen）出生於夜間盤，射手座上升，月亮在金牛座。月亮是主三分性主星，入旺，但衰落於整宮制的第六區位。金星是次三分性主星，位在尖軸的第四區位且入旺。協作主星是火星，衰落於獅子座第九區位。他出生貧困，但後來成為歐洲最著名的作家之一。

計算三分性主星的轉換期

　　瓦倫斯提到，主三分性和次三分性主星的轉換期，可以透過黃道星座的行星期間法和赤經時間法計算得知。

對於配置不佳的本命星盤來說（日夜間盤皆然），若主三分性主星位在不利的位置，但次三分性主星位在軸點或是有好的相位，命主早年會經歷跌宕起伏，直到該星座的赤經時間，或是時間主星的周期回歸，將迎來充滿活力與衝勁的人生——不過仍會帶有些不穩定和焦慮感。若主三分性主星配置有利，而次三分性主星配置不佳，命主一開始能夠很好地實現人生，但之後將每況愈下，發生的時間點是配置不佳的次三分星主星所在星座的赤經時間[22]。

瓦倫斯前面提到的「時間主星的周期回歸」（cyclical return of the chronocrator）或是行星的「循環周期」（circular period），在其他地方可能被稱為行星的「次要」、「較少」或「最少年數」。此概念與每顆行星特定的年份數字有關[23]。這些年數大多數是來自與太陽的會合周期（synodic cycle）或是復發性會合周期（recurrence cycle），即某顆行星和太陽會在約略相同的時間段，於黃道上的同一區域會合。根據大多數的希臘化時期文獻，各行星期間如下：

太陽：19

月亮：25

水星：20

金星：8

火星：15

木星：12

土星：30

這些行星期間的基本原理，漢德及其他占星學者已經進行過許多研究[24]。十九個太陽年與默冬周期（metonic cycle）有關，意思是每十九年就會有一次蝕發生在黃道上同一區域。月亮的周期結合了一年有三百六十五天的埃及曆法以及月相周期（lunation cycle），意即每二十五個埃及年，月亮就會在相同的日期，形成相同月相。漢德指出，太陽和月亮的周期是自彼此衍生而出。水星的二十年周期源自復發性會合周期，其中大約每二十個埃及

北半球 南半球	♈ - ♓ ♍ - ♎	♉ - ♒ ♌ - ♏	♊ - ♑ ♋ - ♐	♋ - ♐ ♊ - ♑	♌ - ♏ ♉ - ♒	♍ - ♎ ♈ - ♓
0°	27.91	29.90	32.18	32.18	29.90	27.91
5°	26.89	29.08	31.84	32.51	30.73	28.92
10°	25.86	28.24	31.50	32.85	31.56	29.96
15°	24.79	27.38	31.15	33.20	32.43	31.02
20°	23.67	26.47	30.77	33.58	33.34	32.14
21°	23.44	26.27	30.69	33.66	33.53	32.37
22°	23.20	26.08	30.61	33.74	33.72	32.61
23°	22.97	25.89	30.53	33.82	33.92	32.85
24°	22.72	25.69	30.45	33.90	34.12	33.09
25°	22.48	25.48	30.36	33.99	34.32	33.34
26°	22.23	25.28	30.28	34.07	34.53	33.59
27°	21.97	25.06	30.19	34.16	34.74	33.84
28°	21.71	24.85	30.10	34.25	34.96	34.10
29°	21.45	24.63	30.01	34.34	35.18	34.36
30°	21.18	24.40	29.91	34.44	35.40	34.63
31°	20.90	24.17	29.81	34.54	35.63	34.91
32°	20.62	23.94	29.71	34.64	35.87	35.19
33°	20.34	23.69	29.61	34.74	36.11	35.48
34°	20.04	23.44	29.50	34.85	36.36	35.77
35°	19.74	23.19	29.39	34.96	36.62	36.07
36°	19.43	22.92	29.28	35.07	36.88	36.38
37°	19.11	22.65	29.16	35.19	37.16	36.70
38°	18.79	22.37	29.04	35.31	37.44	37.03
39°	18.45	22.08	28.91	35.44	37.73	37.36
40°	18.10	21.78	28.78	35.57	38.03	37.71
41°	17.75	21.47	28.64	35.71	38.34	38.07
42°	17.38	21.14	28.49	35.86	38.66	38.43
43°	17.00	20.81	28.34	36.01	39.00	38.81
44°	16.61	20.45	28.18	36.17	39.35	39.21
45°	16.20	20.09	28.01	36.34	39.72	39.61
46°	15.78	19.71	27.83	36.52	40.10	40.03
47°	15.34	19.30	27.64	36.71	40.50	40.47
48°	14.88	18.88	27.44	36.91	40.92	40.93
49°	14.41	18.44	27.23	37.12	41.37	41.40
50°	13.91	17.97	27.00	37.35	41.84	41.90
51°	13.40	17.48	26.75	37.60	42.33	42.42
52°	12.85	16.95	26.49	37.87	42.86	42.96
53°	12.29	16.39	26.19	38.16	43.42	43.53
54°	11.69	15.79	25.88	38.47	44.01	44.12
55°	11.06	15.15	25.53	38.82	44.65	44.75
56°	10.40	14.46	25.14	39.21	45.35	45.41
57°	9.70	13.71	24.70	39.65	46.09	46.11
58°	8.96	12.90	24.21	40.14	46.91	46.85
59°	8.17	12.01	23.64	40.71	47.80	47.64
60°	7.33	11.03	22.97	41.38	48.78	48.48
61°	6.44	9.94	22.18	42.17	49.87	49.38
62°	5.47	8.71	21.20	43.15	51.10	50.34
63°	4.44	7.32	19.94	44.41	52.49	51.37
64°	3.32	5.71	18.25	46.10	54.10	52.49
65°	2.11	3.82	15.70	48.65	55.99	53.70
66°	0.80	1.53	10.88	53.47	58.28	55.02

表 15.2 - 黃道星座的赤經時間表

由班傑明・戴克編輯整理，參考彼得・杜菲特 - 史密斯（Duffett-Smith）
《實用天文學》（*Practical Astronomy with your Calculator*，暫譯）。

年，太陽和水星將在大致相同的日期及度數形成會合。金星的周期與其會合周期有關，大約每八年會在同一個日期與太陽會合。其他行星的數字同樣也是復發性會合周期：火星每十五年大約在同一日期與太陽會合，木星是每十二年，土星是每三十年。漢德指出，火星、木星、土星與太陽的會合，是星座相位而不是角度相位[25]。

赤經時間法的自然原理是，根據你在地球上的不同位置，每一個星座從地平線升起的時間也會不同。有些星座上升得非常很快，有的非常慢，這也正是長上升和短上升的學說基礎。每個星座在不同的北緯或南緯度數上升所需的時間，都列在本章節所提供赤經時間表中。這些數值都是赤經（right ascension）度數，而這些度數可以直接轉換為年數，一度等於一年的生命。例如，如果某個星座的上升時間是二十一度，那麼可以直接將它轉換為二十一年的生命。每個數值都會隨著命主所在的緯度而變化。

瓦倫斯說，三分性主星會在行星期間結束時，或是在三分性主星的黃道星座赤經時間結束時被引動[26]。時間點會落在命主當年生日的前一年，以序數計算。例如，火星的行星周期是十五年，這意味著火星會在命主生命的第十五年被引動，時間點會落在十四歲到十五歲之間。

雖然瓦倫斯是我們關於赤經時間法和行星期間法的主要文獻出處，但他似乎援引了尼切普索和佩多西瑞斯的內容來補充一些細節；也引用了一些都勒斯和瑞托瑞爾斯的技法來源[27]。瓦倫斯最初在《占星選集》第二冊（*Anthology* 2, 28）中論述了這項主題，但在第七冊中，他又回到了這項主題，並進行了更詳盡的論述，同時引用了許多尼切普索的內容。在這些論述中，他示範了不同的行星期間和赤經時間的數字相加組合，提供了不同配置將被引動的特定年份，代表除了區間光體的三分性主星之外，行星期間和赤經時間可被用於計算其他行星被引動的時間。他也示範了如何將加總所得的年份除以三、除以二，或是取三分之二，以找出個人生命中較次要的時間點[29]。

全面性地論述行星期間法和赤經時間法的應用，超出了本書的範疇[30]。

我認為還有其他更有效用的行運技法，將在後面的章節探討。

正如我們所看到的，區間光體的三分性主星對於概觀命主的生命歷程，和辨識誕生星盤上的重要行星很有幫助。雖然為了清楚說明，我單獨示範了此技法的應用方式，但重點在於重申它絕不是該單獨使用的技法。相反地，它應該與其他技技法一起使用，例如我們接下來要討論的希臘點。

註 釋

1　在 Valens, *Anthology*, 2, 1-2 首次介紹此概念，接著不時在第二冊的其他地方提及。在 Dorotheus, *Carmen*, 1, 1 首次介紹，接著不時在第一冊其他地方提及。Rhetorius 也簡要論及了此一技法，並在 *Compendium*, 113 的星盤案例中使用。

2　Dorotheus, *Carmen*, 1, 1: 4, trans. Pingree, p. 162.

3　關於 *hupostasis*，見：Valens, *Anthology*, 2, proem: 2ff。關於使用 *katabolē* 作為同義詞的用法，見：Valens, *Anthology*, 6, 2: 29。

4　Valens, *Anthology*, 2, 2: 1–12.

5　Valens, *Anthology*, 2, 2: 1.

6　Valens, *Anthology*, 2, 2; Dorotheus, *Carmen*, 1, 22。後續章節將會比較這兩位作者的星盤案例。

7　在我知道的希臘化傳統中，唯一可能的例外是 Valens, *Anthology*, 2, 22: 24–25 的一個星盤案例（No. L 72 in Neugebauer and Van Hoesen, *Greek Horoscopes*），其中 Valens 似乎提到一顆與命主後半生有關的協作主星。然而，此案例很複雜，因為他同時提到幸運點主星和旺點主星，都與此階段有關。由於希臘點本身通常被詮釋為與人生的上半階段有關，而希臘點的主星則被認為與下半階段有關，因此希臘點的主星可能才是用來形容命主人生下半場的重點。所以，我們在使用這個案例來判斷中世紀晚期技法時，要特別謹慎。

8　Dorotheus, *Carmen*, 2, 3: 21, trans. Pingree, p. 200.

9　Hephaestio, *Apotelesmatika*, 2, 21: 26; 29, trans. Schmidt, p. 69.

10　這在 Dorotheus, *Carmen*, 1, 24 和 Valens, *Anthology*, 2, 22 所提供的星盤案例中最明顯。

11　Dorotheus, *Carmen*, 1, 26: 1–9.

12　Rhetorius, *Compendium*, 113.

13　Valens, *Anthology*, 2, 2: 26–28.

14　Valens, *Anthology*, 2, 22: 1–9. No. L 50 in Neugebauer, *Greek Horoscopes*.

15　Valens, *Anthology*, 2, 22: 13–16. Neugebauer, *Greek Horoscopes*, L 85 II.

16　Valens, *Anthology*, 2, 22: 43–44. Neugebauer, *Greek Horoscopes*, L 109.

17　Dorotheus, *Carmen*, 1, 24: 1–4。星盤「octava」於 Pingree 譯本中。

18　Dorotheus, *Carmen*, 1, 24: 3, trans. Pingree, p. 185.

19　Dorotheus, *Carmen*, 1, 24: 9–11. Pingree 譯本中的「Septima」。

20　Dorotheus, *Carmen*, 1, 24: 11, trans. Pingree, p. 187.

21　Dorotheus, *Carmen*, 1, 26: 10; Valens, *Anthology*, 2, 2: 18.

22　Valens, *Anthology*, 2, 2: 6–8, trans. Riley, p. 25，經修改。

23　行星較少年份的概念大綱，見：Valens, *Anthology*, 3, 11: 6, Rhetorius, *Compendium*, 49, 以及 Balbillus（CCAG 8, 4, p. 237: 16–22）。此概念也曾被許多作者明確地或隱晦地使用，同時與其他幾項時間主星技法整合。

24　關於此原理及其相關的闡述，見：Hand 的序言，於 Valens, *The Anthology, Book II, Part 1*, trans. Schmidt, pp. v–vii。參照 Neugebauer and Van Hoesen, *Greek Horoscopes*, pp. 10–11; Pingree, *Yavanajātaka*, vol. 2, pp. 334–335。

25　Ibid. , p. vii.

26　Valens 在第七冊的星盤案例中演示了這一點，儘管他似乎一度在 *Anthology*, 7, 6: 193-194 的內容中，提到結局會發生在赤經時間和行星期間結束後。

27　Dorotheus, *Carmen*, 1, 23。Rhetorius 在 *Compendium*, 54, trans. Holden, p. 37 簡要地提到按照埃及人的用法，來使用赤經時間法和行星期間法。

28　Valens, *Anthology*, 7, 1–5.

29　Valens, *Anthology*, 7, 6.

30　此技法的更多資訊，見：Valens 的 *Anthology* 第七冊。

第
十
六
章

希臘點

　　希臘化時期傳統中一個非常重要但又神祕的概念，是那些有時用來詮釋星盤的數學點，它們被稱為「希臘點」（lots，*klēroi*），是將其他配置以數學運算推導而出的虛點，目的是以一種類似十二區位的方式，透過附加的主題或含義來標記黃道星座。希臘點的年代似乎可以一路回溯到希臘化傳統的起點，並且是用來詮釋星盤和進行預測的重要基礎之一。

　　希臘化傳統的希臘點，等同於現代占星學所說的「阿拉伯點」（Arabic parts），其中以幸運點（Part of Fortune）最為人所知。然而，「阿拉伯點」卻是個誤用的術語，因為中世紀阿拉伯占星傳統始於西元七七五年左右，而此技法至少從西元前一世紀起，就已為希羅時代的占星傳統所使用。阿拉伯的占星學作者們擴增了他們自希臘化傳統中繼承的希臘點數量，這似乎使後人誤以為是阿拉伯作者發明了這個概念。十二世紀的占星作家比魯尼（al-Bīrūnī）曾莫可奈何地表示，為了不同目的而發明的希臘點數量與日俱增[1]。

　　在希臘化傳統中，這些數學點最初被稱為「lots」，源自希臘文 *klēros*。這個字與古代的搖籤或抽籤方法有關，也有點類似現代的摸彩。搖籤的用意是把決定某事的權力交付給機會或運氣（*tuchē*）。*Kleromancy* 或占卜籤（lot-divination）是一種透過搖籤來明辨神明旨意的方法。此種占卜形式的部分原理，在於看似隨機的機會或運氣中，有某種神聖的力量在其中運作[2]。在《新約聖經》裡，有個關於此信仰的重要例子：猶大背叛耶穌之後，使徒們必須找一名遞補人選[3]，而這個位子有兩名競爭者：約瑟（Joseph）和馬提亞（Matthias），於是，十一個使徒祈求上帝的指引，然後進行搖籤，搖出了馬提亞的籤，所以他被選中了。因此，*kleromancy* 與其他形式的占卜系統類似，其中：（1）占卜結果完全不受提問者的控制，（2）看似一切隨機，但卻假設有一股神聖的力量提供了最適切的答案。

　　占星學概念中的希臘點，在星盤中也扮演著類似的角色，它們被視為某種未知或是不可預測的因子，與十二區位相比，它們更能夠隨機地分配主題和結果，即便是隨機的運氣，也仍然受天意的命運之手引導。

希臘點的計算與概念

　　希臘點的計算通常是先測量兩顆行星之間的距離，然後再以上升點的度數為起點，量出相同的距離。在現代，希臘點的算式通常會是抽象的代數公式，例如以下幸運點的算式：

日間盤：幸運點＝上升點＋月亮－太陽
夜間盤：幸運點＝上升點＋太陽－月亮

　　然而，在希臘化占星文本中，通常認為希臘點的計算更接近幾何學的性質：先測量 A 點到 B 點的距離，然後再從上升點量出相同的距離。以下是包路斯所描述的幸運點計算：

　　首先是幸運點，對於白天出生的人，必須從太陽的度數計算到月亮的度數，然後一定要從時標的度數投射出這段距離，以每個星座 30 度來計算，而所得到的數字，就是幸運點的位置；對於晚上出生的人來說，要反過來從月亮的度數計算到太陽的度數，同樣也須從時標的度數投射出此差數[4]。

　　換句話說，日間盤的幸運點算式，要測量太陽到月亮的距離，再以上升點為起點，量測出相同的距離；而在夜間盤，這兩者的計算順序是反過來的，要測量月亮到太陽的距離，再次以上升點為起點，量出相同的距離。在最後一個步驟所得到的測量距離，就是幸運點在星盤上的位置。的確，許多早期的希臘點公式是依照區間來做反轉計算，其重點在於將希臘點的計算視為幾何測量，而非抽象代數的等式，這有助於理解公式的原理。我們稍後就能理解這點。

　　一般在文本中出現的既定算式，永遠是依照黃道順序計算，即逆時針從 A 點起算到 B 點的距離，然後自上升點的度數（也是順著黃道順序）再次量出相同的距離[5]。有另一種更簡單且一目瞭然的希臘點計算方式，那就是

測量 A 點到 B 點的最短距離，不論在星盤中是哪個方向，接著依方才的量測方向，從上升點的度數量出相同的距離，以計算出二點之間的最短距離。這個方法一看就懂，從數學的角度來看，結果也是一樣的，雖然它不一定完全符合包路斯和其他作者在計算希臘點時最常使用的方式。

　　從希臘點的計算方式，可以看出其背後運作的部分原理是，擷取參與其中的兩顆主要行星之間的關係或距離，然後自上升點投射出相同的距離，進而為此關係賦予個別的意義。如果這兩顆行星彼此形成三分相，那麼希臘點也會位在與上升點形成三分相的位置；如果這兩顆行星彼此形成四分相，那麼希臘點也會位在與上升點形成四分相的位置；最後，如果這兩顆行星彼此不合意，那麼希臘點也會與上升點不合意。因此，無論這兩顆行星之間的相位關係為何，都會複製到希臘點與上升點之間的相位結構。

　　將這兩顆行星之間的距離自上升點投射出去，並與星盤上最個人化的點連結，成為專屬命主個人的點。雖然世界上任何出生於同一天的人，星盤上的行星相位大致相同，但他們的希臘點配置會不一樣，因為上升點度數會依出生地點而有所不同。與行星相比，上升點每時每刻都在快速移動，而希臘

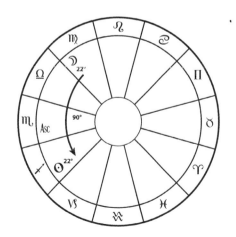

圖 16.1 - 夜間盤的幸運點計算，
步驟 1：測量月亮到太陽的距離

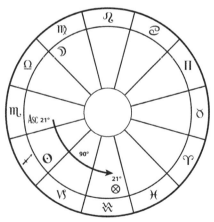

圖 16.2 - 夜間盤的幸運點計算，
步驟 2：自上升點投射出這段距離

點的位置也會相應地頻繁變動。因此，希臘點概念的用意，似乎有一部分是試圖將命主星盤上各行星之間的相位關係個人化[6]。

希臘點於本命占星學的應用

　　希臘點在希臘化傳統中的主要應用，在於為黃道星座及十二區位增添額外的主題。無論希臘點位在星盤上的哪個位置，它所在的星座都會帶有與此希臘點相關的特定主題。例如，如果星盤上的婚姻點落在天蠍座第二區位，那麼此星座及其主星就會對這張星盤的婚姻主題產生一些影響，就算第二區位以及天蠍座的本質通常與此主題無關。如此一來，希臘點便成為星盤上為十二區位分配不同主題的第二套系統，具有隨機性的分配原理，與總是將某些主題分配到星盤上某些區位或區域的典型系統，性質大不相同。

　　事實上，希臘化時期占星家在討論希臘點時，有時會交替地使用「希臘點」或是「區位」（topoi）這兩個字。例如，瓦倫斯提供了一個由火星和土星組成的希臘點算式，並將其所在的星座稱為「指控區位」（Place of Accusation）[7]；而在其他出處，費爾米庫斯不斷地用拉丁文的「區位」（loci）來稱呼希臘點，例如「父親區位」（loco patris）、「母親區位」（loco matris）、「兄弟區位」（loco fratrum）等[8]。這引發了一些有趣的考據問題，即希臘點學說是否代表了一種在希臘化早期傳統中，同樣用來為各區位分配主題的方法，儘管安提阿古斯的《概要》的確已將這些關於希臘點的討論，歸功於西元一世紀的赫密士·崔斯墨圖，而這意味著這個概念可能與「十二轉位」是在大約同一時間導入，甚至可能來自同一部文本[9]。

　　希臘點的部分目的，似乎在於創造出一個虛點，以便強調或特別在計算公式中，呈現出其中一顆行星的某項特定含義。例如，瓦倫斯賦予月亮的眾多意涵之一是身體，而這就成為與幸運點有關的主要含義之一[10]。他賦予太陽的其中一項涵義是智慧（phronēsis），而這就成為精神點的主要

含義之一 [11]。

　　有時，這些希臘點也會被用來詳述人物或各種主題，並且是一種比衍生自十二區位的既定類象更加具體的描述。例如，第四區位似乎被用來泛指雙親，但為了區分出父親和母親，就可以使用父親點（Lot of the Father）或母親點（Lot of the Mother）。都勒斯說，若欲知命主的雙親哪一方會先去世，請查看與凶星同在的是父親點還是母親點，或凶星是否與此二希臘點有四分相或對分相 [12]。

　　從實務的角度來看，希臘點往往是占星家在分析命主生命中的特定主題，如孩子、婚姻、事業等情況下，作為第三步驟關注的領域。第一步驟通常是分析與該主題相匹配的行星，例如研究婚姻時分析金星； 第二步驟是分析與該主題匹配的區位，在以婚姻為例的情況下，就是第七區位及其主星；最後，第三步驟是分析與該主題相對應的希臘點，例如婚姻點及其（所在星座）主星。我認為這些步驟一部分暗示了主題式研究的「三次法則」（rule of three），意即若某事被暗示了一次，它有可能發生；若被暗示了兩次，則非常有機會發生；若被暗示了三次，那就肯定會發生。此概念可追溯至希臘化時代，阿拉托斯（Aratus）在《物象》（Phaenomena，暫譯）結尾的內文中關於天氣預兆的陳述：

　　　　逐一觀察徵兆是個好主意，若有兩個徵兆符合，那可能性就更大，若再加上第三個徵兆的話，你就有十足把握了。（……）若你整年都在觀察這些徵兆，那就絕對不會對天空的證詞做出無知的判斷 [13]。

　　這也是一些中世紀早期占星家所理解到，他們承繼的希臘化傳統是如何結構性地處理不同主題。例如，九世紀初期的占星家阿布阿里‧哈亞特，在其著作《論本命星盤的判斷》（On the Judgments of Nativities，暫譯）的結尾中，描述了三次法則：

　　　　不論象徵的事物為何，都須特別注意：若只有一項證詞支持，這是常態

（普遍）；若有兩項，就會更加有效；若有三項，並且主星本身或此事物的代表因子強大且未受到任何阻礙時，一切就齊全了[14]。

希臘點也可用於其他目的，例如在比較盤上對照兩人的星盤，或者用於特定的行運技法中（如黃道釋放法），這將在稍後討論。

希臘點的解析步驟

在應用上，希臘點的用法與十二區位及各區位主星非常相似，都是為了判定與某個區位主題相關的結果[15]。當我們在分析希臘點的配置，並嘗試判斷與其相關的主題意義時，有四個主要步驟：

1. 查看希臘點的所在星座。此星座的本質是什麼？例如，如果孩童點位在陽性星座，這通常視為男孩誕生的徵兆，位在陰性星座，則視為女孩誕生的徵兆。而所在星座的其他特性是否相關，則依所要解析的希臘點含義而定。
2. 查看此希臘點位在整宮制中的哪一區位。這個區位的本質如何？是有利還是不利？是好區位還是壞區位？對於希臘點的相關主題而言，區位的本質會被視為吉利或不祥的指標。
3. 判斷哪一顆行星與此希臘點的所在星座有星座相位。與此希臘點有星座相位的行星，將會對此希臘點相關主題的成敗做出貢獻，與此同時，與它不合意的行星則無法施力。有星座相位的行星是吉星還是凶星？此相位結構是容易的還是困難的？此行星是在區間內還是區間外？
4. 查看此希臘點所在星座的廟主星狀態。這顆行星的本質為何？它所在的星座或區位是否合適，以及與其他行星是否有相位結構？與它所主管的希臘點是否有星座相位，或是不合意？這顆主星是否得到獎賞或被虐治？

最後的成果會類似一份檢核清單，用來判斷此希臘點的配置是吉還

凶。以下是一些相關的考量因素：

好因素

1. 希臘點位在好區位。
2. 吉星與希臘點共同在場。
3. 吉星與希臘點有星座相位。
4. 凶星與希臘點不合意。
5. 希臘點的主星為吉星。
6. 主星位在合適的星座。
7. 主星位在好區位。
8. 主星與希臘點有星座相位。
9. 主星與吉星有星座相位。
10. 主星與凶星不合意。
11. 主星得到獎賞。
12. 主星未受虐治。
13. 主星不在太陽光束下。

壞因素

1. 主星位在壞區位。
2. 凶星與希臘點共同在場。
3. 凶星與希臘點有星座相位。
4. 吉星與希臘點不合意。
5. 希臘點的主星為凶星。
6. 主星位在不適合的星座。
7. 主星位在壞區位。
8. 主星與希臘點沒有星座相位。
9. 主星與吉星不合意。
10. 主星與凶星有星座相位。
11. 主星未得到獎賞。
12. 主星受虐治。
13. 主星在太陽光束下。

　　還有其他幾項與希臘點相關的細瑣規則，可以在不同作者的書中找到，而在某些文本的描述中秉持著一項解析原則，那就是希臘點的相位結構代表事情的初始狀態，但其主星的狀態則代表後續發展[16]。這是衍生自某派學說的內容，有時會出現在反作用條件的相關內文中，其中提到最初的配置狀態代表了事件發生時的相關情況，但其主星的狀態才會指出事件的結果。

　　當希臘點的主星在太陽光束下時，有時意味著與保密相關的主題。例如：瑞托瑞爾斯認為，婚姻點的廟主星在太陽光束下時，代表命主可能會涉及祕密的婚姻[17]。在其他出處，赫菲斯提歐引用了都勒斯的說法，即當希臘點的主星在太陽光束下，或甚至是將要進入太陽光束下時，此希臘點所象徵的一切都將會「枯竭」、「消亡」或「枯萎」（*marainetai*）[18]。

幸運點

　　幾乎所有重要的希臘化時期占星家都曾提及幸運點（Lot of Fortune，
klēros tuchēs），它可能是最初發展希臘點概念時所介紹的第一個希臘點。
瓦倫斯將幸運點稱為「原型希臘點」（*archetupon klēron*），也許是認可了
其作為希臘點始祖的地位，但也可能是因為機會或運氣的概念，被視為是希
臘點整體概念原型的一部份[19]。都勒斯和瓦倫斯首先提出，若區間光體的三
分性主星配置不佳，則查看幸運點；若幸運點及其主星的配置良好，在基底
不是很穩固的情況下，命主的人生仍可能因運氣而獲得一些成就和幸福[20]。
故而，幸運點似乎已被納入某些占星家所用的技法中，用來判斷機會或運氣
在個人生命中所扮演的角色。這些占星家們可能依循了斯多葛學派的信念，
意即運氣不過是一種人類理智上難以理解的歸因，然而透過占星學，他們能
夠試著讓運氣背後的運作機制及結果為理性所接受[21]。

◎關於幸運點計算的爭論

　　在希臘化傳統中，關於幸運點的正確算式一直存在爭議，並因而產生了
一些不同的計算方式[22]。大多數作者使用和提倡的標準算式，是在日間盤測
量太陽到月亮的距離，但在夜間盤測量月亮到太陽的距離，然後依照黃道順
序自上升點量出相同的距離。這似乎是都勒斯、瓦倫斯、包路斯和其他作者
偏好的計算方法[23]。

　　在瓦倫斯關於幸運點的章節中，保留了一段出自尼切普索，關於如何計
算幸運點的難解段落[24]。瓦倫斯說，許多作者都曾評論過這段內文，並得出
了不同的結論，接著他提供了自己的詮釋版本：在日間盤中應使用日間計算
公式來計算幸運點，而在夜間盤中應使用夜間計算公式——但前提是月亮
在地平線以上（否則一律使用日間計算公式）。

　　雖然瓦倫斯對這段尼切普索的文字提出自己的詮釋，但在後面的星盤案
例中，他似乎並未真正使用這項規則；相反地，他在使用日間盤或夜間盤

的算式時，會無視月亮在地平線之上或之下。撇開瓦倫斯的個人偏好不談，這段內文似乎說明了後來關於幸運點算法的一些分歧，可能是出自早期源文本語意不清而導致的不同詮釋。

托勒密有自己的獨特見解，他說幸運點的計算不應該因日、夜間而顛倒；相反地，應始終測量太陽到月亮的距離，然後再自上升點投射出這段距離[25]。這實際上意味著將其他作者所用的日間公式，同時用在日間盤和夜間盤上。雖然托勒密的聲譽卓著，但大多數希臘化晚期和中世紀的占星家，並未依循他的做法；直到文藝復興時期，人們將托勒密奉為希臘化傳統中更為悠久且更具權威性的人物，這種算法才變得更加流行。

還有另一段被認為出自塞拉皮奧的短文，其中對於幸運點的計算有幾種不同的考量因素，雖然用詞有些難以理解，但它似乎與尼切普索的段落相呼應，因為它也認為希臘點的計算取決於星盤中的某些因子：

> 很多時候幸運（點）變成了精神（點）：例如當區間光體位在區間外（行星）的界；或根據其陰陽性——意即當日間盤的太陽位在陰性星座，或當夜間盤的月亮位在陽性星座時；或當區間光體沒有位在區間半球的東方時。還有當兩顆光體都正好位在地平線下半球，而其他行星處於不適合的狀態，那麼幸運（點）就會從處於優勢位置的光體取得，也就是，從前一個星座向下一個星座的方向[26]。

這段話的確切含義不是很明確，特別是最後一段句子，但一般而言，有些作者在決定是否反轉幸運點的計算公式時，可能考量了其他因子。史密特在評論此段落時，想知道的是這些計算爭議是否被晚期的作者簡化，並從而標準化了這項公式，這在都勒斯、瓦倫斯、包路斯和其他作者的文本中似乎相當明確[27]。這是有可能的，但我們隨後要考慮的是，晚期作者普遍採用此算式的概念動機為何：是什麼讓它具有說服力並被廣泛採用？為此，我們必須轉向此計算方式背後的象徵意義。

◎幸運點和精神點算式的基本原理

在幸運點之後，第二個在希臘化傳統中廣泛使用的希臘點稱為「精神點」（Lot of Spirit，*klēros daimonos*）[28]。大多數的希臘化時期的作者都認為幸運點主要與身體相關，而精神點與命主的靈魂和智性相關。例如，瓦倫斯說：

> 幸運點和精神點對於付諸行動與否有很大的影響。原因在於，幸運點展現出與身體（*sōma*）和使用雙手的相關事項，但精神點及其主星主管與靈魂（*psuchē*）和智性（*dianoia*）的事項相關，以及經由話語、付出和接受所表達出來的行動[29]。

這些含義似乎與光明與黑暗之間隱含的對比關係密不可分，光明與心智和靈魂有關，而黑暗與身體和肉體化身有關。根據大多數作者主張的計算版本，並查看日間盤和夜間盤公式的共通點，就能透過幸運點和精神點的計算方式梳理出差異。

例如，幸運點的標準公式是，在日間盤中測量太陽到月亮的距離，或在夜間盤中測量月亮到太陽的距離，然後再從上升點量出相等的距離。根據文本，這兩個算式都能算出幸運點，那麼問題在於，這兩個算式有什麼共同點？也就是說，即使是依據星盤區間反轉計算而得的幸運點也依舊有效？在這兩種情況下，算式可以改寫為：測量區間光體到區間外光體之間的距離，然後從上升點投射出相同的距離。因此，在這兩種情況下的日／夜間算式共同點是，你以那顆正為一天中的特定時段提供光線的光體為起點，測量它與另一顆在一天中的特定時段變暗或被遮蔽的光體之間的距離。幸運點算式的基本概念前提，象徵了從光明走向黑暗。

有趣的是，精神點的計算方式和概念原理是相反的。它的說法是，我們應該在日間盤上測量月亮到太陽的距離，或在夜間盤上測量太陽到月亮的距離，然後自上升點量出相同的距離。在這兩種情況下，日／夜間盤計算方式

的共同點，似乎都是以區間外的光體為起點，測量它與區間內光體之間的距離。其中的原理概念是，我們正象徵性地從黑暗走向光明。因此，精神點和幸運點最根本的對比，是其中一個與光明有關，而另一個與黑暗有關；因此，精神點與靈魂和心智有關，而幸運點則與身體有關。

這為我們提供了一個有趣的切入點，有助於理解這些希臘點算式背後的用意，也同時說明了希臘點的結構和應用中，可能潛藏了某些具體的概念或哲學性的理由。史密特指出了令人懷疑的一點——即希臘點的發展是從經驗而來，因為很難相信最初的發明者會注意到一個在星盤中不斷出現的敏感點，然後由此推導出或反推出算式 [30]。我認為前文討論所展示的數種思考模式，肯定促進了某些早期希臘點的發展，也為今日試圖判斷要用哪個算式的占星師，提供了一個有用的切入點。在接下來的內容中，我將使用都勒斯、瓦倫斯和包路斯所主張的幸運點和精神點標準算式，依據日／夜間盤來反轉計算公式。

◎ 好記的幸運點規則

使用依據日／夜間盤顛倒算式的標準公式計算幸運點時，有一些規則可以簡單地計算出它的位置。正如前文討論的，幸運點與上升點的相位結構，永遠與上升點和兩顆光體之間的相位結構相同。換句話說，上升點與幸運點之間相距的度數，會與太陽和月亮之間的度數相同。因此推導出以下幾項好記的規則：

1. 新月，也就是太陽和月亮會合時，幸運點總是與上升點會合。
2. 滿月，當兩顆光體彼此對分相時，幸運點必定會（在下降點上）對分相上升點。
3. 上弦月或下弦月，也就是兩顆光體彼此四分時，幸運點一定會（在整宮制第四或第十區位附近）與上升點呈四分相。

瞭解星盤中月相周期與幸運點這二者之間的位置關係，既是一個實用的

計算技巧，也對理解幸運點的本質與應用帶來額外的幫助。

◎ 幸運點的衍生區位

　　幸運點有時會用來替代上升點或時標，以建立起第二套衍生宮位或區位系統。根據這套系統，幸運點所在星座成為第一區位，然後依照黃道順序排在其後的星座成為第二區位，依此類推。在瓦倫斯的著作中，自幸運點衍生的十二區位，也被賦予與自上升點衍生十二區位的相似意義，雖然它們可能額外潛藏著某些與命主的際遇、生活環境以及身體議題相關的暗示[31]。

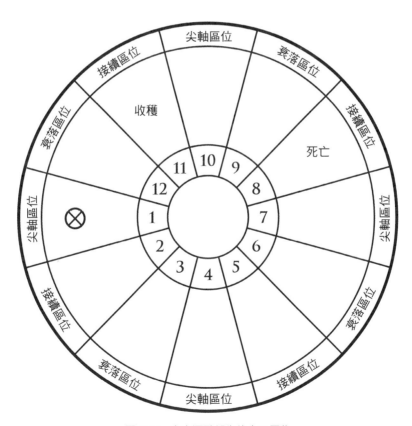

圖 16.3 - 自幸運點衍生的十二區位

　　瓦倫斯特別強調將幸運點起算的第八區位，視為命主的死亡品質指標，而在他用來展示本命星盤如何呈現暴力死亡的案例中，討論的重點大多集中在幸運點起算的第八區位 [32]。在其他小節，他把重點放在幸運點起算的第十一區位，即他所說的「收穫的區位」（Place of Acquisition），當有吉星進入或與此區位有星座相位而配置良好時，就能夠獲得財物 [33]。

　　幸運點的廟主星與自幸運點衍生十二區位的相對位置，被認為指示出某些即將在命主人生中出現，或以某種方式成為其特色的重大主題，其作用類似於時標的廟主星。當瓦倫斯為時標廟主星在十二區位提供描述時，他也一併提供了幸運點主星位在這些區位的敘述 [34]。

　　在某些如黃道釋放法的行運技法中，自幸運點衍生的十二區位，遠比自上升點衍生的十二區位更加重要。我們將在後面的章節更詳細地討論這一點。

關於其他希臘點的調查

　　到目前為止，希臘化傳統中最廣泛使用的希臘點是幸運點，其次是精神點。還有少數其他基本主題的希臘點，例如父母、孩子、婚姻、手足等，這些希臘點似乎很早就被導入了，有可能出自其中一本希臘化早期傳統的基礎文本。當此概念被導入後，似乎有多位早期作者若不是介紹了新的希臘點，就是為同一個希臘點提出了另一個計算方式。這為某些希臘點帶來了多種不同的計算方式，例如婚姻點。

　　在接下來的段落中，我將列出某些重要作者常用的希臘點計算方式，並含括一些關於這些算式變化的討論。這並不是一項全面性的調查，而是對希臘化傳統中主要使用的某些希臘點的概略研究。

◎ 七個赫密士點（The Seven Hermetic Lots）

　　包路斯介紹了以七個為一組的希臘點，每一個希臘點都與一顆七大行星有關，他說這組希臘點來自一部名為 *Panaretus* 的作品，意思是「所有的美德」（all-virtuous）[35]。包路斯文本中的旁註以及小奧林匹奧多羅斯的評論，都認為 *Panaretus* 是赫密士・崔斯墨圖的作品[36]。以下是來自包路斯七個赫密士點的計算和介紹：

● 幸運點（Lot of Fortune）

　　在日間盤上測量太陽到月亮的距離，再從上升點投射出相同的距離；在夜間盤上，測量月亮到太陽的距離，再從上升點投射出相同的距離。包路斯說，月亮是那顆與幸運點有連結的行星，而幸運點本身代表身體、生計（*tas kata bion praxeis*）、財產、名譽和特權。

● 精神點（Lot of Spirit）

　　在日間盤上測量月亮到太陽的距離，在夜間盤上測量太陽到月亮的距離，再從上升點量出相同的距離。包路斯說，精神點與太陽有連結，它象徵著靈魂、氣質、智慧（*phronēsis*）、行使一切的權力（*dunasteia*），並且有時會與個人的職業（*praxis*）選擇有關。

● 愛情點（Lot of Eros）

　　在日間盤上測量精神點到金星的距離，在夜間盤上測量金星到精神點的距離，再從上升點量出相同的距離。它與金星有關，並且據說它象徵發自內心的渴望（*orexis*）、慾望（*epithumia*）以及友誼和恩惠（*karitos*）。*eros* 的意思是「愛」或「慾望」。艾洛斯（Eros）也是希臘愛神、性慾之神和魅力之神的名字；現代人則更熟知羅馬版本的愛神，丘比特（Cupid）。

● 必要點（Lot of Necessity）

在日間盤上測量水星到幸運點的距離，在夜間盤上，測量幸運點到水星的距離，再從上升點量出相同的距離。他將必要點（*anankē*）與水星連結，並說它象徵著約束（*sunochē*）、從屬[37]、戰役（*machas*）、戰爭、敵意、仇恨、譴責和所有其他受到約束的情況。

● 勇氣點（Lot of Courage）

在日間盤上，測量火星到幸運點的距離，在夜間盤上，測量幸運點到火星的距離，再從上升點量出相同的距離。包路斯將勇氣點（*tolma*）與火星連結，說它象徵著大膽、背叛、力量[38]和一切惡行（*kakourgias*）。

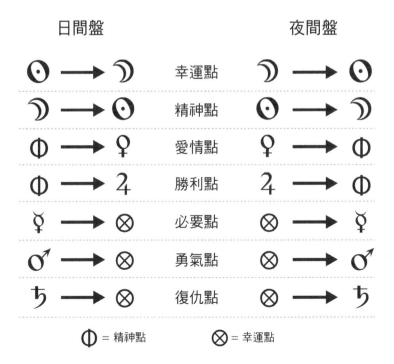

表 16.1 - 出自包路斯的赫密士點算式

● 勝利點（Lot of Victory）

在日間盤上，測量精神點到木星的距離；在夜間盤上，測量木星到精神點的距離。他將勝利點（*nikē*）與木星連結，並說它象徵著信仰（*pisteōs*）、美好的希望、競爭、各種形式的慷慨（*koinōnias*）、進取心和成功（*epituchias*）。

● 復仇點（Lot of Nemesis）

在日間盤上，測量土星到幸運點的距離；在夜間盤上，測量幸運點到土星的距離。他將復仇點與土星連結，並說它象徵著冥界的幽魂、隱藏的事物（*kekrummenōn*）、暴露（*apodeixeos*）[39]、軟弱、放逐、破壞（*apōleias*）[40]、悲傷（*penthos*）和臨終的品質。霍登在翻譯包路斯的譯文中，將此點稱為「報復點」（Lot of Retribution）。

◎ 愛情點和必要點的其他計算方式

目前尚不清楚包路斯著作中的七個赫密士點，是來自希臘化傳統的早期還是晚期，因為他提供的愛情點和必要點的算式，與早期作者如都勒斯、瓦倫斯和費爾米庫斯等人不同。我懷疑這意味著包路斯所參考的希臘點文本，是寫於西元二世紀和四世紀之間（即在瓦倫斯之後，但在包路斯之前的年代）。根據瓦倫斯的說法，愛情點和必要點的早期算式如下：

● 愛情點（Lot of Eros）

在日間盤上，測量幸運點到精神點的距離，再從上升點量出相同的距離；在夜間盤上，測量精神點到幸運點的距離，再從上升點量出相同的距離[41]。瓦倫斯說愛情點象徵慾望（*epithumia*）[42]。赫菲斯提歐說，都勒斯描述了有些占星家用愛情點來判斷友誼（*philias*）的問題，而赫菲斯提歐則將它放到與朋友和敵人有關的章節中[43]。

● 必要點（Lot of Necessity）

在日間盤上，測量精神點到幸運點的距離，再從上升點量出相同的距離；在夜間盤上，測量幸運點到精神點的距離，再從上升點量出相同的距離[44]。瓦倫斯說，必要點象徵敵人（*echthrōn*）[45]。都勒斯的殘稿之一，似乎指出他與瓦倫斯使用相同的愛情點算式[46]。費爾米庫斯同樣提供了愛情點和必要點的算式，其中只用到精神點和幸運點，但是他可能誤將算式弄反了[47]。在四世紀的包路斯之前，沒有任何一位作者提到勇氣點、勝利點或必要點。所有這一切似乎都意味著，希臘化早期傳統中所使用的原始算式，是出自瓦倫斯和都勒斯，然後在後來的某個時間點，愛情點和必要點以及另外三個行星點的替代算式，才被一併導入，這顯然是包路斯引用了託名赫密士·崔斯墨圖的文本內容。

在後來的中世紀傳統中面對此種歧異，阿布·馬謝的處理方式似乎是合併這兩者，愛情點及必要點的算式使用瓦倫斯和都勒斯的版本，而勇氣點、勝利點、復仇點的算式，則使用包路斯的版本[48]。這組混合的算式後來傳到了中世紀晚期的占星家，例如波那提[49]。

◎ 各家庭成員的希臘點

有好幾個希臘點與家庭成員有關，在此僅提及比較重要或常見的希臘點，主要取自都勒斯、瓦倫斯、包路斯和費爾米庫斯。

● 父親點（Lot of The Father）

根據都勒斯和包路斯所說的父親點算式，在日間盤是測量太陽到土星的距離，再從上升點量出相等的距離；夜間盤則測量土星到太陽的距離，再從上升點量出相等的距離。都勒斯和包路斯都認為，如果星盤上的土星位在太陽光束下，就改為測量火星到木星的距離，然後再從上升點投射出這段距離[50]。包路斯說，這段從火星到木星的測量距離，同時適用於日間盤和夜

間盤，而且都勒斯也顯然同意這點[51]。費爾米庫斯也有相同的算式，雖然他並未提到土星若在太陽光束下，則以火星到木星的距離來替代[52]。瓦倫斯還說，父親點是測量太陽到土星的距離，這段內容顯然是摘自占星家蒂邁歐，雖然文本在討論反轉公式的地方，已經受到毀損[53]。

● 母親點（Lot of The Mother）

在日間盤上，測量金星到月亮的距離，再從上升點量出相等的距離；但在夜間盤上，則測量月亮到金星的距離[54]。包路斯、都勒斯和費爾米庫斯都記載了相同的計算公式[55]。瓦倫斯也記載著同樣的日間盤算式，顯然是援引自蒂邁歐，但此文本在應是記載夜間盤算式的部分卻已經毀損[56]。

● 手足點（Lot of Siblings）

根據瓦倫斯和費爾米庫斯的說法，日間盤上的手足點算式，是測量土星到木星的距離，再從上升點量出相同距離，但在夜間盤上，則是測量木星到土星的距離[57]。然而，都勒斯和包路斯認為，不論是日間盤或是夜間盤，都不應反轉算式，而應該始終都從土星測量到木星[58]。在這種情況下，我們不確定這是否因概念問題而引起計算上的意見分歧有關，不論是因文本錯誤而導致的分歧，抑或是另一個晚期傳統對於某一難解的源文本而有不同詮釋的例子。

在大多數譯文中，這個點通常被稱為「兄弟點」（Lot of Brothers），雖然一般而言它似乎是適用於所有手足。造成混淆的部分原因，在於兄弟的希臘文術語也可用來指稱任何性別的兄弟姊妹。

● 婚姻點（Lot of Marriage）

傳統上，婚姻點有幾種不同的計算方法，而我們也經常發現同一位作者使用多種的計算方法。都勒斯和包路斯說，對男性而言，應當始終測量土

星到金星的距離，再從上升點量出相同的距離，但對女性而言，應當始終
測量金星到土星的距離[59]。算式因性別而異的這項議題，使不同作者各持不
同的計算方法。費爾米庫斯採用了大致相同的婚姻點算法，但其中略有不
同之處是，在日間盤測量土星到金星的距離，再從上升點量出相同的距離，
但在夜間盤則測量金星到土星的距離[60]。這大概只適用於男性的星盤，費爾
米庫斯對於女性星盤上的丈夫點（Lot of the Husband）有另外一套計算方式，
其中在日間盤上，是測量火星到金星的距離，然後可能在夜間盤反轉公式，
但對反轉的描述卻語焉不詳[61]。

　　都勒斯的阿拉伯文版本保留了另外兩種婚姻點。他將第一種稱之為「愉
悅和婚禮點」（Lot of Pleasure and Wedding），其計算方式是測量金星到「第
七個星座度數」的距離，再從上升點量出相同的距離，顯然日間盤或夜間
盤皆是如此[62]。下一個章節則提供了另一個婚禮點（Lot of Wedding），計
算方式是測量太陽到月亮的距離，再從金星的所在度數量出這段距離，顯然
無須反轉公式[63]。在這篇文本後面幾行，他似乎暗示這適用於男性本命星盤
的計算，但在女性的星盤中，要用火星替代金星，並測量火星到第七個星座
度數的距離[64]。這與一個歷久不衰，且曾出現在費爾米庫斯及其他作者著作
中的信念有關，那就是在男性的星盤中，金星象徵妻子；但在女性星盤中，
火星象徵丈夫[65]。這可能是對於如何計算婚姻點意見分歧的源頭——男性和
女性是否該有不同的婚姻點，以及是否要根據男女性別來決定使用哪一顆行
星或哪一占星因子。

　　瓦倫斯提供好幾種不同的婚姻點。第一種婚姻點，是在日間盤測量木星
到金星的距離，再從上升點量出相同的距離，但在夜間盤則要測量金星到
木星的距離[66]。在同一章節的後文，他提供了另一套基於性別而定的算式。
他說，男性星盤要測量太陽到金星的距離，再從上升點投射出相同的距離，
但在女性星盤中，要測量月亮到火星的距離[67]。顯而易見的是，這套計算公
式並沒有因星盤的日夜區間而翻轉。

● 孩童點（Lot of Children）

　　孩童點有好幾種不同的計算方式。都勒斯和包路斯著作中的算式，是測量木星到土星的距離，再從上升點量出相同的距離，日間盤和夜間盤都是如此 [68]。這正是他們手足點算式的反轉公式。瓦倫斯在討論孩童點時，分成了男孩點與女孩點 [69]。要算出男孩點——我們在此稱之為兒子點（Lot of Sons）——他說要測量木星到水星的距離，再從上升點量出相同的距離。要算出女孩點——我們在此稱之為女兒點（Lot of Daughters）——他說要測量木星到金星的距離，再從上升點量出相同的距離。顯然地，瓦倫斯的算式不須反轉。費爾米庫斯的孩童點也用到金星和水星，然而他自有一套獨特的算式，那就是以黃道順序排序較前的行星為起點，然後測量到排序較後的行星，再從上升點投射出此段距離 [70]。

◎ 從十二區位衍生而出的希臘點

　　有幾個希臘點的組成部分衍生自十二區位。例如，都勒斯和赫菲斯提歐都提到生計點（Lot of Livelihood），其計算方式是測量第二區位主星到第二區位之間的距離，再將這段距離加到上升點 [71]。這大概意味著以整宮制第二區位的主星為起點，一路計算第二區位的宮始點；這是史密特的詮釋 [72]。顯而易見的是，這套計算公式並沒有因星盤的日夜區間而翻轉。

　　另一個是死亡點（Lot of Death）。赫菲斯提歐所引用的都勒斯算式，是測量月亮到相對於上升點的第八個星座（即整宮制的第八區位）的距離，再從土星投射出此距離 [73]。命主死亡的相關情況，應該能透過對此區位、其區位主星，以及與此區位有星座相位的行星來觀察得出。

● 疾病點（Lot of Illness）或指控點（Lot of Accusation）

　　幾位早期作者曾提及一個特別困難且由兩顆凶星組成的希臘點，與區間內的凶星及區間外的凶星之間的距離有關。算式如下：在日間盤上，測量

土星到火星的距離，再從上升點加上此距離；在夜間盤上，測量火星到土星的距離，再從上升點加上此距離。

在傳統上，這個點似乎有好幾種不同的名稱。在阿拉伯文版的都勒斯著作中，它被稱為「慢性疾病點」（Lot of Chronic Illness），而作者說它的所在星座即代表命主將患上慢性疾病的身體部位[74]。例如，若它落在白羊座，則疾病會發生在頭部；若在金牛座，則發生在頸部等。赫菲斯提歐有一個章節提到了同樣的希臘點，就出現在引用都勒斯的內容之前，他稱之為「疾病點」（Lot of Illness，sinos）[75]。希臘文術語 sinos 的意思是疼痛、傷害、受傷等。據推測，都勒斯最初是用這個希臘字來命名此點。費爾米庫斯將它稱為「身體缺陷和疾病之處」（Place of Bodily Defects and Illness）[76]。

瓦倫斯也留下了對此點的簡短討論，雖然他所使用的名稱稍微晦澀了點[77]。他用 aitiatikos 來形容這個區位，意思是「因果」或「遭遇非難」。萊利將它翻譯為「製造危機的區位」（Crisis-Producing Place），而史密特則稱其為「控訴點」。史密特可能是正確的，因為費爾米庫斯對於同一個點有另一個版本，他稱之為「控訴的區位」（accusationis locum）[78]。瓦倫斯說它象徵著恐懼、危險和監禁，並接著說，若此點的主星是一顆位在同星座的凶星，或與凶星有星座相位，這代表對命主有危險，因此人生將會是不穩定且容易被擊倒；但若此點與吉星有星座相位，那麼它會大大減輕難題，並讓命主得以擺脫重大危機。

◎ 旺點與基礎點

瓦倫斯介紹了兩個重要的希臘點，他同時使用了區間光體的三分性主星、幸運點和精神點，以判定命主星盤的安定和顯赫程度。

● 旺點（Lot of Exaltation）

首先是旺點的計算方式，日間盤是測量太陽到白羊座的距離，再從上升

點量出相同的距離；夜間盤則測量月亮到金牛座的距離，再從上升點量出相同的距離[79]。這兩種情況中的算式，都與測量區間光體到其入旺星座之間的距離有關。瓦倫斯說要查看旺點的所在星座及其主星的狀態。若旺點的主星位在第一或第十區位，尤其若該主星位在此希臘點（我相信他的意思是指幸運點）的相對角宮，並得到本命星盤的基石——區間光體的三分性主星的支持，則命主最終有望晉升皇室或地位顯赫。

● 基礎點（Lot of Foundation ／ Lot of Basis）

　　瓦倫斯後來在論及卓越的內文中，介紹了第二個希臘點，他稱之為基礎點（*basis*）。他的意思似乎是說，日間盤是測量幸運點到精神點的最短距離，然後再從上升點投射出這段距離；夜間盤則是測量精神點到幸運點的最短距離[80]。它與瓦倫斯在其他地方提出的愛情點和必要點的算式相似，除了一定要測量的幸運點和精神點之間的最短距離這點之外，意味著基礎點將永遠位在愛情點或必要點的位置，並且也一定會落在星盤下半部分的某個地方。事實上，這可能是它會被命名為基礎點的原因之一。由於基礎點也必然等於瓦倫斯的愛情點或必要點的計算結果，這也意味著廣義上來說，愛情點或必要點在某種程度上成為命主人生中的基本原則。瓦倫斯接著列出了許多不同的組合，說明精神點、幸運點和基礎點（及它們的主星）之間的互動，如何在命主的星盤中指出了不同類型的卓越表現。透過仔細研究《占星選集》第二冊中所使用的星盤案例，可以進而理解這些希臘點的應用方式。

註　釋

1　　al-Bīrūnī, *The Book of Instruction*, 476, trans. Wright, p. 66.

2　　Cicero 說：「受到神聖之力影響，它們可能會受牽引並落在適當的位置。」 Cicero, *On Divination*, 1: 34, trans. Wardle, p. 57。

3　　*Acts*, 1: 24–26.

4　　Paulus, *Introduction*, 23, ed. Boer, p. 47: 15–18, p. 48: 1–5; trans. Greenbaum, p. 41，經修

改。

5　Paulus（*Introduction*, 23）的算式的確是如此，其他作者也大多採用相同的算法，然
而在 Hephaestio 文本的簡短討論（*Apotelesmatika*, 2, 11: 23-25）中，似乎暗示了（假
設 Pingree 的校訂是正確的）在某些案例中，尚無法清楚 Nechepso 和 Petosiris 是否
自上升點向後投射出這段距離。Pingree 在翻譯阿拉伯文版的 Dorotheus 著作時，他
似乎在某些情況下會依照日 / 夜間盤反轉自上升點投射出去的方向，而不是依照架
構出幸運點的那兩顆行星之間的方向。雖然 Benjamin Dykes 曾向我提到，在阿拉伯
文文本中，似乎沒有提到任何與反轉上升點投射方向有關的內容，而目前也尚不清
楚 Pingree 為何如此翻譯的原因。儘管如此，這依舊是個值得關注的議題，因為就
算只是反轉上升點的投射方向，而非反轉構成幸運點的二點計算方向，在數學上的
結果都是相同的；如果有些早期作者是採用這種方式，那麼可能是受到其他重要的
學派概念影響。

6　幸運點對命主而言，甚至比上升點更貼近個人的想法，似乎曾隱晦地出現在 Valens
的一段評論中，他將以上升點為基準的四尖軸稱為「普世的」（universal, *kos-
mikos*），而將幸運點為基準的四尖軸稱為「本命的」（genethlialogical）或「本命的」
（*genethlialogikos*）。Valens, *Anthology*, 2, 18: 6。

7　Valens, *Anthology*, 5, 1: 2–5.

8　Firmicus, *Mathesis*, 6, 32.

9　Antiochus, *Summary*, 1, 26–27 （CCAG 8, 3, p. 117: 28 – p. 118: 1–2）.

10　比較 Valens, *Anthology*, 1, 1: 4 與 4, 4: 1-3。

11　比較 Valens, *Anthology*, 1, 1: 1 與 4, 4: 1-4。Paulus 特別在 *Introduction*, 23 中使用了
phronēsis 這個術語。

12　Dorotheus, *Carmen*, 1, 15: 1.

13　Aratus, *Phaenomena*, 1142–1154, trans. Kidd, p. 157.

14　Abū ʿAli al-Khayyāt, *On the Judgments of Nativities*, 50, trans. Dykes, *Persian Nativities*,
vol. 1, p. 331.

15　Valens 在 *Anthology*, 1, 20 :40 提供了一組簡明的規則，應可適用於詮釋十二區位主
星、希臘點主星和三分性主星的狀態。

16　這可能是 Dorotheus, *Carmen*, 2, 4: 34-35 所隱含的原則；這似乎也暗示了 Valens 在
Anthology, 2, 19: 5 對旺點的初步討論；也可能是 Valens, *Anthology*, 2, 27: 12 最後一
段論述的動機。最後，Rhetorius 在 *Compendium*, 54 （CCAG 8, 4, p. 122: 19-20）詳
細說明了此原則。

17　Rhetorius, *Compendium*, 48.

18　Hephaestio, *Apotelesmatika*, 2, 18: 18.

19　Valens, *Anthology*, 2, 13: 1。Serapio 在 *Definitions*, p. 227: 17 中也有類似的說法。

20　Dorotheus, *Carmen*, 1, 26: 10; Valens, *Anthology*, 2, 2: 18.

21　Alexander of Aphrodisias 在 *On Fate* 描述並批評了斯多葛學說，Aristotle（*Physics*, 2.4 196b5）也已提過這種關於運氣的觀點，而斯多葛學派統整了這些觀點，並與涵蓋了必然性和天意等其他觀點結合，正如 Dudley 在 *Aristotle's Concept of Chance*, p. 12 所討論的內容。關於斯多葛學派對於運氣的概念以及與占卜的關聯性，在 *The Cambridge History of Hellenistic Philosophy*, ed. Alegra, pp. 535–4 有簡短的討論，同見：Bobzien, *Determinism and Freedom in Stoic Philosophy*, pp. 174–5。

22　此問題的討論，見："Calculating the Lots of Fortune and Daemon in Hellenistic Astrology," pp. 172–184。

23　Dorotheus, *Carmen*, 1, 26: 11；關於 Valens 的算式，請特別參見第二冊的星盤案例；而 Paulus 的算式，請參閱前文所引用的段落。

24　Valens, *Anthology*, 3, 11: 1–5.

25　Ptolemy, *Tetrabiblos*, 3, 11: 5.

26　Serapio, *Definitions*, p. 228: 10–16, trans. Gramaglia, p. 5，經修改。可與以下譯文相互比較：Greenbaum, "Calculating the Lots of Fortune and Daemon in Hellenistic Astrology," p. 180，以及 Schmidt, *Definitions and Foundations*, p. 311。

27　Schmidt, *Definitions and Foundations*, pp. 311–12.

28　Greenbaum 說，現存大約三百張的希臘化傳統的星盤中，有九十一張星盤計算出幸運點，而有三十三張計算出精神點。Greenbaum, "Calculating the Lots of Fortune and Daemon," p. 164。

29　Valens, *Anthology*, 2, 20: 1, trans. Schmidt, p. 30.

30　Schmidt, *Kepler College Sourcebook*, p. 10.

31　正如首次出現於 Valens, *Anthology*, 2, 18 中的內容。

32　Valens, *Anthology*, 2, 41.

33　Valens, *Anthology*, 2, 21.

34　Valens, *Anthology*, 2, 4–15.

35　Paulus, *Introduction*, 23.

36　關於旁註，見：Paulus, *Introduction*, ed. Boer, p. 118: 24–26（scholia 48）。關於評論，見：Olympiodorus, *Commentary*, ed. Boer, p. 51: 13-15。

37　*hupotagē*。或「服從」（sjubjections）。

38　*ischuos*。或者也可能是「蠻力」（brute force）。

39　Greenbaum 指出，小奧林匹奧多羅斯已經「揭開了隱藏的事物」，這有助於闡明可能的含義（Olympiodorus, *Commentary*, trans. Greenbaum, p. 42, n. 6）。

40　或「損失」。

41　Valens, *Anthology*, 4, 25: 13。Pingree 誤將這段句子用括弧插入手稿中，可能是誤以為 Paulus 版本的愛神點是標準的計算方式。我要感謝 Dorian Greenbaum 在二〇〇八年的一次研討會上向我指出這一點。

42 Valens, *Anthology*, 2, 16: 1.

43 Hephaestio, *Apotelesmatika*, 2, 23: 10–18.

44 Valens, *Anthology*, 4, 25: 16.

45 Valens, *Anthology*, 2, 16: 1.

46 Dorotheus, *Excerpts*, 16: 6.

47 Firmicus, *Mathesis*, 6, 32: 45–46.

48 Abū Ma'shar, *The Abbreviation*, 6.

49 Bonatti, *Book of Astronomy*, tr. 8, pt. 2, ch. 2（trans. Dykes, vol. 2, pp. 1043–49）.

50 Dorotheus, *Carmen*, 1, 13；Paulus, *Introduction*, 23, ed. Boer, p. 52: 9–17.

51 Dorotheus, *Carmen*, 1, 13: 1-6。關於這點，Pingree 對阿拉伯文版本的 Dorotheus 著作的英文翻譯內容顯然不足採信，正如 Benjamin Dykes 曾私下向我指出，無論英文譯本怎麼說，阿拉伯文版本完全沒有提到要在夜間盤翻轉公式的相關內容。

52 Firmicus, *Mathesis*, 6, 32: 3–20.

53 Valens, *Anthology*, 2, 32: 10.

54 Paulus, *Introduction*, 23, ed Boer, p. 52: 17–19.

55 Dorotheus, *Carmen*, 1, 14: 1; Firmicus, *Mathesis*, 6, 32: 21.

56 Valens, *Anthology*, 2, 32: 11.

57 Valens, *Anthology*, 2, 40: 7; Firmicus, *Mathesis*, 6, 32: 23.

58 Dorotheus, *Carmen*, 1, 19:1; Paulus, *Introduction*, 23, ed Boer, p. 52: 20–22。再次地，Pingree 翻譯 Dorotheus 阿拉伯文版本的英文譯文，顯然不足採信；Benjamin Dykes 指出，無論 Pingree 的譯文是怎麼寫的，在阿拉伯文的版本中並沒有任何關於在夜間盤顛倒算式的內容。

59 Dorotheus, *Carmen*, 2, 2: 1 and 2, 3: 1. Paulus, *Introduction*, 23, ed. Boer, p. 52: 24–p. 53: 1–5。至於手足點，Pingree 對 Dorotheus 的英文譯文也有問題，它似乎意指男性的婚姻點要翻轉公式，雖然在阿拉伯文版本中似乎沒有提到這一點。

60 Dorotheus, *Carmen*, 2, 2: 1–2; Firmicus, *Mathesis*, 6, 32: 27–28.

61 Firmicus, *Mathesis*, 6, 32: 32.

62 Dorotheus, *Carmen*, 2, 5: 4, trans. Pingree, p. 204。Pingree 的譯文在反轉公式這部分再次地不可信。

63 Dorotheus, *Carmen*, 2, 6: 1。Pingree 的譯文再次有前述問題。

64 Dorotheus, *Carmen*, 2, 6: 5.

65 Firmicus, *Mathesis*, 6, 32: 32.

66 Valens, *Anthology*, 2, 38: 51.

67 Valens, *Anthology*, 2, 38: 56.

68 Dorotheus, *Carmen*, 2, 10: 1; Paulus, *Introduction*, 23, ed. Boer, p. 52: 22–24。Pingree 對阿拉伯文版本的 Dorotheus 著作的英譯內容，再次錯誤地暗示了有一套反轉公式的

存在。

69　Valens, *Anthology*, 2, 39: 2–3.

70　Firmicus, *Mathesis*, 6, 32: 33–35.

71　Dorotheus, *Carmen*, 1, 27: 19; Hephaestio, *Apotelesmatika*, 2, 18: 16–17.

72　Hephaestio, *Apotelesmatika*, 2, trans. Schmidt, p. 56, fn. 137.

73　Hephaestio, *Apotelesmatika*, 2, 25: 16.

74　Dorotheus, *Carmen*, 4, 1: 75–76.

75　Hephaestio, *Apotelesmatika*, 2, 14.

76　Firmicus, *Mathesis*, 6, 32: 40.

77　Valens, *Anthology*, 5, 1: 2–5.

78　Firmicus, *Mathesis*, 6, 32: 53.

79　Valens, *Anthology*, 2, 19: 1.

80　Valens, *Anthology*, 2, 23: 7.

流年小限法

時間主星技法

　　希臘化時期的傳統中，使用了許多不同的行運技法來判斷某些特定事件何時會發生在一個人的生命中。這些技法有時會被統稱為建立「時間的區段」（divisions of the times），因為它們通常被用來將命主的生命劃分為不同的章節及小節，各具有不同的性質和特色。每一個章節和小節都由星盤中某顆特定行星擔任主星，稱為「時間主星」，來自希臘文 *chronokratōr*。在當代的討論中，這些不同的時間分割法被稱為時間主星技法（time-lord techniques）。

　　時間主星技法的基本前提是，個人誕生星盤上的所有配置，並非一直處於被引動的狀態；應該是說，個人生命中的某些配置會處於休眠狀態，直到被喚醒為時間主星，屆時，原本休眠於此配置中的潛能會在命主的生命中被引動，無論結果好壞。

　　西方的時間主星系統，相當於目前仍為印度占星學使用的大運系統（*dasha* system）。在過去二千多年來的西方占星學沿革中，希臘化傳統主要使用的時間主星系統大多已經失傳了，直到過去二十年，西方占星師才開始經由古文本的翻譯重拾這些技法。

流年小限法

　　希臘化時期傳統中最廣為流傳的時間主星技法，即是今日所知的流年小限法。幾乎所有現存希臘化時期重要占星家的著作，都提供了示例或提及此技法。在希臘化傳統中，流年小限法的論述主要出處如下（按年代先後排列）：

　　馬尼利亞斯，《天文學》，第 3 冊：510-525。

都勒斯，《占星詩集》，第四冊。

托勒密，《占星四書》，第四冊，第十章。

瓦倫斯，《占星選集》，第四、五、六冊。

費爾米庫斯，《論數學》，第二冊，第二十七章。

包路斯，《緒論》，第三十一章。

赫菲斯提歐，《結果》，第二冊，第二十七及二十八章。

　　瓦倫斯的著作是現存最全面的小限法論述。他在《占星選集》第四、五、六冊中，提出了一種比大部分作者更為複雜的小限法應用方式，這種進階用法似乎部分援引自已失傳的克里托迪莫斯著作[1]。他也從據傳為赫密士和尼切普索的著作中，引用了關於小限法的不同思考，這似乎代表了即使是最早期的作者們，也廣泛使用了此一技法[2]。

　　基本的流年小限法計算相當簡單。從上升星座開始，每年按黃道星座順序計數一個星座，即代表命主生命中的一年。無論在那一年算到哪一個星座，該星座的主星就會被引動而成為年主星。

　　例如，如果某人出生於巨蟹座上升，那麼巨蟹座將在他生命的第一年被引動，而從出生的那一刻直到第一個生日的這段期間，月亮都被引動作為年主星；在此人滿一歲的生日當天，小限法會推進到下一個星座，即獅子座，從而引動太陽作為年主星；在其後的那一年，它將推進至處女座，從而引動水星，依此類推。最後，當小限法推進了一圈之後，會在命主十二歲時回到上升星座，屆時，巨蟹座和月亮將再次被引動一整年，因為這個周期回到了起點；因此，每隔十二年小限法就會回到上升星座，這會發生在十二歲、二十四歲、三十六歲、四十八歲、六十歲、七十二歲、八十四歲、九十六歲等歲數。

　　就像大多數的時間主星系統，儘管它有時被描述為一種判斷年主管星或年主星的方法，希臘化時期占星家似乎沒有為這種技法命名。小限法（profection）這個術語源自中世紀時期用來描述此種技術的拉丁字 *profectio*，意

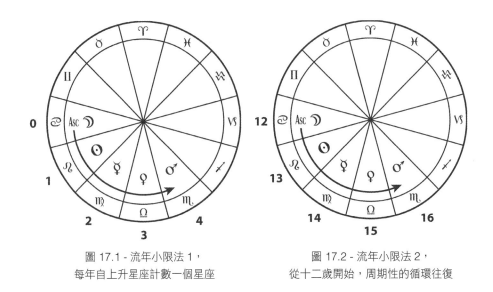

圖 17.1 - 流年小限法 1，
每年自上升星座計數一個星座

圖 17.2 - 流年小限法 2，
從十二歲開始，周期性的循環往復

思是「上路」、「動身」、「啟程」或「前進」。這是因為流年小限法會從上升星座「啟程」，以每年一個星座的速度使星盤「前進」。小限法也可以按月、按天甚至按小時推進，然而作為本章的目的，我們將重點放在按年推進的方法。

十二區位的引動

當流年小限法來到星盤中的特定區位時，該區位相關主題會在命主那一整年的生活中被引動。例如，如果小限法推進到與第二區位重合的星座，那麼命主的財務和生計等主題就會成為當年的重點；如果小限法推進到第七區位，那麼關係將成為當年的重點之一；如果它引動了第十區位，事業的相關事項就會被強調，依此類推。

小限法年份的簡稱說法，是以被引動的區位來稱呼它們。舉例來說，如

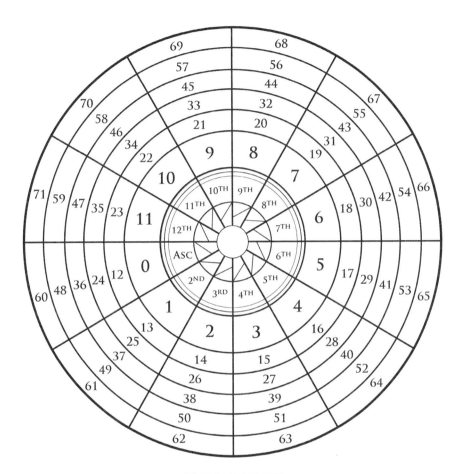

圖 17.3 - 流年小限盤

果第十區位正被引動，那麼我們可以稱它為「第十區位小限流年」；如果第
七區位被引動，那就是第七區位小限流年，依此類推。雖然希臘化時期的文
本不盡然會使用這樣的術語，但它與當時小限法用法是一致的，且有助於讓
此技法的相關討論變得更容易一些。

　　讓我們來看看一些不同命主經歷不同小限流年的案例，以便領會在這些
特定年份中，區位的相關含義是如何變得更加顯著。

● 麗莎‧瑪麗‧普里斯萊

麗莎‧瑪麗‧普里斯萊（Lisa Marie Presley）是個很好的第二區位小限流年案例。她的父親是著名歌手貓王艾維斯‧普里斯萊，在她九歲時就去世了。在她二十五歲之前，遺產一直由信託機構保管，直到二十五歲生日當天，她繼承了父親估值約達一億美元的遺產；因此，當她進入第二區位小限流年時，財務主題便成為焦點。

● 羅伯特‧法蘭西斯‧甘迺迪

美國總統約翰‧甘迺迪的胞弟羅伯特‧法蘭西斯‧甘迺迪，於一九六三年十一月二十日滿三十八歲，進入第三區位小限流年。他的哥哥約翰，在兩天後的一九六三年十一月二十二日被暗殺。因此，在他進入第三區位小限流年後不久，他的手足之一及其暗殺事件的後續發展，便成為當年的焦點。

● 與母親和解

此案例的命主在滿五十一歲時，進入了第四區位小限流年，突然覺得有必要與她已經疏遠了一段時間的母親和解。她們之間的隔閡始於上一個第四區位小限流年，也就是十二年前，於是命主找了一位中間人來進行調解，而母親最終張開雙臂擁抱了她，經過這一年，她對母親有了更大的感激之情，並與她建立了一段真摯的關係；然而，在同一個小限流年，她的父親去世了。因此我們可以說，在她的第四區位小限流年，她的父母親成為焦點。

● 孩子的誕生

另一位命主在年滿二十八歲時，進入了第五區位小限流年。大約在生日前後，他得知女朋友懷孕，五個月後他們有了第一個，也是唯一的一個孩子。

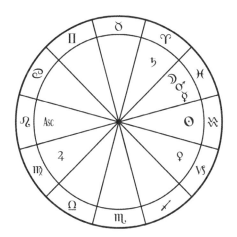

〈星盤 77〉麗莎・瑪麗・普里斯萊

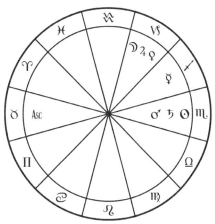

〈星盤 78〉羅伯特・法蘭西斯・甘迺迪

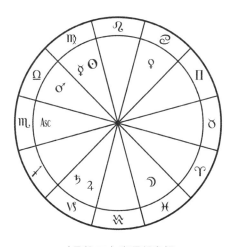

〈星盤 79〉與母親和解

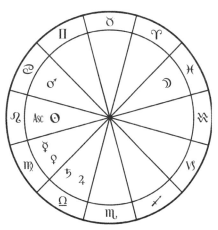

〈星盤 80〉孩子的誕生

● 米高‧福克斯

演員米高‧福克斯（Michael J. Fox）在他二十九歲時開始注意到一些身體狀況，當時他正值第六區位小限流年。根據他的自傳，他在一九九〇年十一月十三日醒來時，手指不受控制地抽搐，讓他決定對此症狀進行檢查[3]，結果診斷出患有帕金森氏症。

● 遇見未來的丈夫

另一位命主在一九五一年滿十八歲時，進入了第七區位小限流年。那一年，她遇到未來的丈夫，並開始與他交往；在第七區位有一顆區間內吉星的條件下，他們已經結婚六十多年了。

● 派屈克‧史威茲

當演員派屈克‧史威茲（Patrick Swayze）滿五十五歲時，他進入了第八區位小限流年，就在這一年他被診斷出患有第四期胰腺癌，八卦小報大肆報導他將去世。他接受手術切除一部分的胃，改寫遺囑，將財產轉移給妻子，可想而知，當年的重點大多放在他的死亡以及遺產事項；雖然他從癌症中康復，但一年後又再次復發，並在不久後就去世了。

● 亞曼達‧諾克斯

亞曼達‧諾克斯（Amanda Knox）是一名美國人，她滿二十歲時去義大利留學一年，當時正值第九區位小限流年。她待在當地幾個月後，她的室友被謀殺，諾克斯和她的男朋友被指控涉案；最初，他們被定罪並被判處二十六年監禁，但幾年後兩人被無罪釋放。

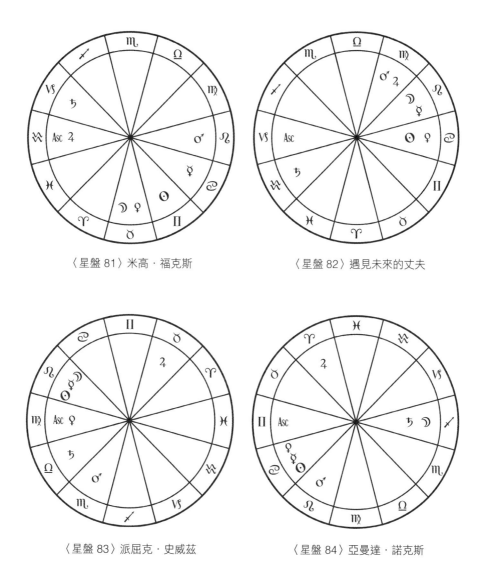

〈星盤 81〉米高・福克斯

〈星盤 82〉遇見未來的丈夫

〈星盤 83〉派屈克・史威茲

〈星盤 84〉亞曼達・諾克斯

● 卡爾·薩根

　　知名天文學家、宇宙學家和天文物理學家卡爾·薩根，是《宇宙》系列電視節目最初的主持人及共同作者，該節目於一九八〇年秋季首播，當時他正值第十區位小限流年。此節目在六十個國家播放，觀看人口達五億，因而讓他成為一九八〇年代和一九九〇年代初期，世界上最知名的科學家之一。

● 安東尼·路易斯

　　占星師安東尼·路易斯（Anthony Louis）於一九九一年出版了一本問事占星學的書。在一九八〇年代末期到一九九〇年代初期，古典占星學開始紮根復興之時，這本書是第一批出版的著作之一。一九九二年四月，在毫無通知的情況下，他在華盛頓特區舉行的聯合占星大會上獲得了軒轅十四獎，當時他四十六歲，正值第十一區位小限流年。此獎項由三個重要的占星組織贊助。這是他首次參加重要的全國性占星研討會，他說在這次研討會上遇到了很多人，其中許多人都成為幾十年的好友。值得注意的是，這本書是在研討會前一年即一九九一年出版，時值第十區位小限流年的期間。

● 魯道夫·赫斯

　　魯道夫·赫斯（Rudolf Hess）在二戰前和戰爭期間是一名納粹高級官員，基本上就是希特勒的副手。一九四一年五月十日，他從德國獨自飛到英國進行和平協議談判，隨後被捕入獄，在獄中度過了接下來的四十六年。他於一九八七年八月十七日死亡，確實是上吊自殺。他出生於一八九四年四月二十六日，在飛抵英國前剛滿四十七歲，正邁入第十二區位小限流年，也標誌出他將展開被監禁於異國的餘生。

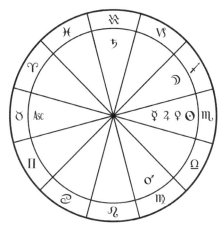

〈星盤 85〉卡爾・薩根

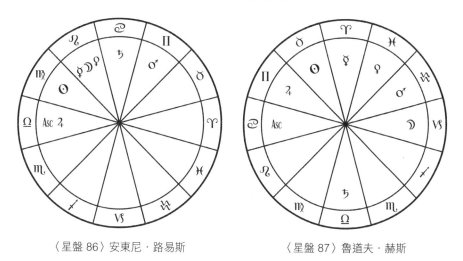

〈星盤 86〉安東尼・路易斯　　　　〈星盤 87〉魯道夫・赫斯

年主星的狀態

　　被引動為年主星的那一顆行星，其狀態代表了當年的人生特色，以及圍繞著它開展的各類主題將帶來的好壞結果。被引動的區位可能提供了一部分會成為當年度重點主題的資訊，而主星的狀況則可以回答諸如「這一年會過得如何」，或是「命主會經歷幸運或不幸的事件？」等問題。

　　此處的通用法則也是印度占星學中常論述的一點，即行星在本命星盤上的承諾，會在它被引動為時間主星時顯現出來。如果這顆行星因在星盤中配置良好而承諾了好事，那麼當它被引動時，好事就會實現；而壞事也將因行星在星盤中的狀態不佳而被應允，並在此行星被喚醒時顯化。因此，務必要瞭解這顆行星的狀態，以及任何可能使它變得更好或更壞的緩解因子。此狀況在流年小限引動了受獎賞或虐治的行星時，特別顯著。這裡有兩個例子足以說明年主星狀態所帶來的具體影響。

● 安德烈・羅梅勒・楊格（德瑞博士）

　　饒舌歌手及音樂製作人德瑞博士在二〇一四年將他共同創立的耳機公司 Beats Electronics 售予蘋果電腦，賺進約六億二千萬美元。蘋果於二〇一四年八月一日收購 Beats，當時他已經四十九歲，時值第二區位小限流年。本命星盤的第二區位由巨蟹座守護，因此月亮被引動為年主星。他的月亮在出生時位在天秤座第五區位，並透過一個 13 度內入相位金星的三分相而得到獎賞，且由於月亮位在金星主管的星座，此相位結構便因容納而增強。因而，命主的第二區位小限流年顯然指向財務事項；不僅如此，由於主星的先天配置良好，事情進行得非常順利。那一年，他配置良好的第二區位主星所潛藏的本命承諾，全部都被喚醒了。

● 羅伯特・法蘭西斯・甘迺迪

　　前面曾出現過羅伯特・法蘭西斯・甘迺迪的星盤案例，我們看到他的哥哥在他進入第三區位小限流年的兩天後被暗殺。他的第三整宮區位與巨蟹座重合，而月亮位在摩羯座尾段度數，13 度內入相位日間盤上的火星，形成一個星座外的四分相，因而受到區間外的凶星虐治，而在它被引動的那一年，他經歷了與第三區位主題相關的悲慘事件。

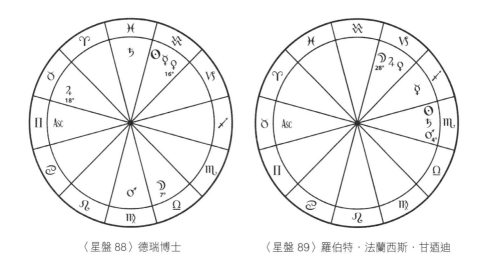

〈星盤 88〉德瑞博士　　　　　　〈星盤 89〉羅伯特・法蘭西斯・甘迺迪

被主星引動的區位

　　年主星所在區位的象徵意涵，也與那一整年將發生的主題、主旨和事件有關。因此，此技法整合了早期詮釋區位主星的方法。例如，如果某人正值第七區位小限流年，而第七區位主星在第十一區位，那麼人際關係或是與朋友的合作關係就會成為本年度的重點之一。

● 麗莎・瑪麗・普里斯萊

　　我之前講解過麗莎・瑪麗・普里斯萊是如何在她滿二十五歲那一天繼承父親的遺產，並由此展開她的第二區位小限流年。她星盤上的處女座與第二整宮區位重合，而主星水星則位在雙魚座第八區位，是死亡和繼承的位置。因此，主星所在的位置會幫助我們更加清楚，她在那一年會從哪裡獲得意外之財以及它將來自遺產這件事。

● 史蒂夫・沃茲尼克

　　同樣地，史蒂夫・沃茲尼克在一九七六年四月一日，和他的朋友史蒂

夫・賈伯斯共同創立蘋果電腦時，也是二十五歲。時值第二區位小限流年，第二區位主星金星位在代表朋友的第十一區位，經由木星的凌駕而得到獎賞。最終，沃茲尼克因與朋友的合作而變得富有，而這段合作關係源自那一年被引動的第二區位主星。

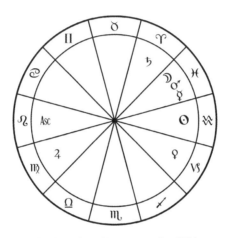

〈星盤 90〉麗莎・瑪麗・普里斯萊

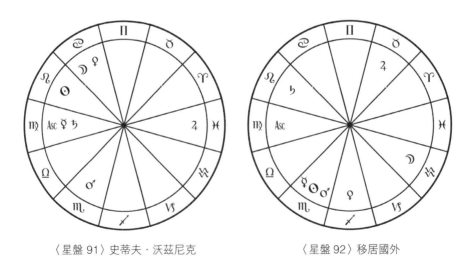

〈星盤 91〉史蒂夫・沃茲尼克　　　　〈星盤 92〉移居國外

● 移居國外

命主出生於夜間盤，處女座上升，金牛座守護第九區位，而第九區位主星金星，則位在射手座第四區位。當她滿三十二歲時，她進入第九區位小限流年，從而引動在第四區位的金星，那一年，她永久移居國外。在此技法中，永遠都要關注小限法引動的區位相關主題，以及年主星所在區位的相關主題。

重複和流運

正如我們所看到的，小限法的周期每十二年重複一次，這意味著同樣的區位和主星將每十二年被引動一次。當這些周期重複發生時，往往會有類似的主題出現在命主的生命中，並且是由相同的區位或區位主星所引動。其中會改變的，是在不同的十二年期間發生的流運以及其他被引動的時間主星。這些變動會加強或抵消某些特定配置的特性，使它們更加正面或負面。

流運的應用需要觀察行星在當下或是未來將移動到天空中的哪個位置，以及此處與它們最初在本命星盤中的位置的相對關係。希臘文中用來指稱流運的術語是 *epembasis*，意思是「踏上」、「走上」、「登船」或「過境」。在希臘化時期的占星學中，流運大多以星座相位為主。只要行星一推進或移動到某個與本命星盤配置有星座相位的位置，流運的作用就開始了。流運的效應越接近精準相位或相位結構就越強，這與星座相位和角度相位之間的區別相同。

例如，在現代占星學中，通常認為土星回歸是土星精確地回歸到出生度數才開始，首次發生的時間大約是在命主二十八歲時；然而，在希臘化傳統中，此類流運事實上是從土星推進到它在本命星盤上的星座時就開始了，並且會一直運作到土星在該次周期中最後一次離開此星座時才會結束。舉個具體的例子，如果某人的土星在天秤座 15 度，他的土星回歸將從土星進

入天秤座 0 度時開始，並在離開天秤座 29 度時結束。當土星的回歸往精確度數（天秤座 15 度）靠近時，可能會發生某件特別重要或具決定性的事件；但圍繞此次流運的相關事件和情況，早在它進入該星座時就已開展，而這些事件要直到土星離開此星座後才會結束。其他類型的流運也依循著類似以星座為基準的方法。

流年小限法與流運一起運作，因為被引動為年主星的行星，它在本命星盤以及流運中的位置都同時被引動。赫菲斯提歐可能援引了都勒斯的說法來解釋這一點：

首先，要檢視年主星的狀態，它的氣質、所在位置、相位階段，以及從固定的位置還有從流運中看見它的行星們，它在本命星盤中的位置以及在流運中的情況 [4]。

這意味著所有引動年主星的流運，在那一年會變得更加重要。其中包括：

1. 流運引動本命星盤中的年主星
2. 流運盤中的年主星引動本命行星
3. 引動流年小限星座的流運

將流年小限法與流運一起使用的目的在於，它有助於占星師篩選出哪些流運會符合當年的實際事件，而哪些流運則不會。一段據傳都勒斯關於流運的文句（可能部分衍生自他的著作）清楚說道：「不必檢查每一顆星體的推進，只需要檢查年主的相關推進就好 [5]。」一段關於流運且據傳為阿努畢歐的文句也有相似說法：「當推進的行星同時也是時間主星的時候，就是可靠的指標 [6]。」

小限法恢復了一塊占星學中曾經缺失的重要部分，沒有小限法，我們將無法以任何可靠的方式，區分出哪些流運會與命主生活中重要事件相符，而哪些流運只是過客，不會帶來任何實質意義。因此，小限法讓占星師得以

評估和排序當年度流運的重要性。有時那些看似不太重要或是快速經過的流運，如果涉及到當年的年主星，其重要性就會顯著提高。

● 房屋火災

　　命主在二〇一四年時滿三十九歲，因而進入了（摩羯座）第四區位小限流年。在當年度的下半年，流運火星推進當年的小限星座摩羯座，幾天後，他的房子失火了，連同他所有的財產都被燒毀，而他的身體有百分之二十被燒傷。當時的流運火星在摩羯座 2 度或 3 度，與下中天的度數會合，並四分他的上升點度數。因為小限流年引動了他的第四區位，突顯了家庭和生活情況；流運火星推進到當年的小限星座時，為該領域帶來了與火星相關的議題。由於火星在他出生的日間盤是區間外的行星，這讓事情變得更糟。這裡要強調的一點是，引動小限星座的流運會比其他沒有帶來引動的流運更加重要。

● 強納森‧布蘭戴斯

　　強納森‧布蘭戴斯是一位在童年和青少年時期取得成功的男演員，但在

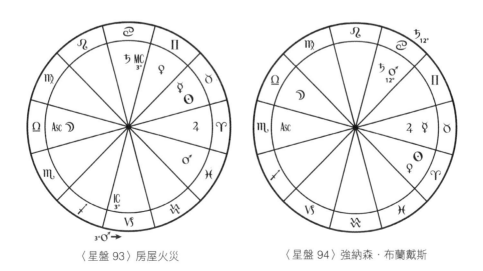

〈星盤 93〉房屋火災　　　　　　〈星盤 94〉強納森‧布蘭戴斯

二十多歲時，他的演藝生涯開始下滑並為此苦苦掙扎。他於二〇〇三年十一月十一日上吊自殺，年僅二十七歲，時值第四區位小限流年，引動了水瓶座，土星因此被引動為年主星，這讓問題變得更加嚴重，因為他出生於夜間盤。他去世時，流運土星在巨蟹座 12 度，與他在巨蟹座 12 度的本命火星同時也是上升主星會合，於是，年主星與上升主星在流運中會合。這說明了年主星是如何透過流運突顯星盤上其他行星在當年度的重要性。

● 喬治‧盧卡斯

正如我們之前看到的，電影製片人喬治‧盧卡斯在一九六二年六月十二日發生了一場重大車禍，當時他十八歲，此事件發生在第七區位小限流年，引動了天蠍座，因此火星成為當年的年主星。事故發生時，流運火星在金牛座 11 度，會合他在金牛座 11 度第一區位的本命金星，同時也是時標主星。這是一場非常嚴重的車禍，他幾乎當場喪命，幸好他在車子撞上樹之前被甩出車外；在此值得注意的是，車禍當天在巨蟹座 25 度的流運金星，會合了在巨蟹座 25 度的本命火星，此流運因此起了正面或改善的作用，抵消了流運火星對本命上升主星的影響。

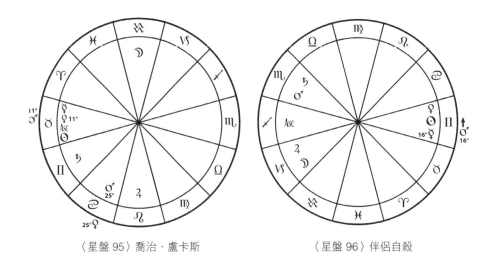

〈星盤 95〉喬治‧盧卡斯　　　　　〈星盤 96〉伴侶自殺

● 伴侶自殺

星盤案例是一名二十三歲的命主，他的女友在兩人同住的公寓裡，朝自己的心臟開槍自盡，她死在他的懷裡。當時命主正值第十二區位小限流年，天蠍座被引動，因此火星是當年的年主星。在他女友死去的當晚，流運火星精準會合了命主位在雙子座 16 度的水星，而水星正是本命星盤上的第七區位主星，且本命星盤上的太陽才剛日落，所以仍可被視為一張日間盤，這使得火星成為區間外的凶星。

瓦倫斯的進階小限法

在《占星選集》的第四、五和六冊中，瓦倫斯介紹了一種更進階或更複雜的流年小限法。他一開始先講了一段很長的題外話，關於他如何對正在使用的某些時間主星技法逐漸地感到不滿，然後開始尋找更好的技法來研究更小的時間區段[7]。最終，經過一番努力，他在埃及找到了一位老師傳授他這項技法。這項技法可能部分衍生自克里托迪莫斯的失傳作品，基於此部作品流傳下來的摘要似乎與此技法驚人地相似，再加上瓦倫斯也頻繁地在《占星選集》的不同地方提到克里托迪莫斯[8]。

◎ 受小限星座引動的行星

瓦倫斯進階技法的特點之一，是他處理位在小限流年星座上本命行星的方法。對於瓦倫斯而言，這些行星會被引動且被強調。都勒斯的方法也是如此，雖然瓦倫斯的獨特之處似乎是他更加強調這點[9]。此行星的特質總結了當年度的生命特色，如果有吉星位在當年度的小限流年星座，將帶來愉快或舒適的成果；相反地，如果有凶星，結局將是糟糕或困難的。例如，在第十區位小限流年時，若有一顆本命土星位在夜間盤上的第十區位，通常會解釋為命主在工作上遭遇困難；然而，如果是吉星在此，那麼就會為職涯帶來正

面事件。

● 查理・辛

演員查理・辛（Charlie Sheen）在二〇一〇年九月年滿四十五歲，所以直到二〇一一年九月，第十區位（雙魚座）會被引動。他有個土星雙魚位在夜間盤上。根據瓦倫斯的方法，土星將被引動且將描繪出當年主要的生命特色。查理・辛最後在二〇一一年初毀掉自己的職業生涯，他被主演多年且讓他成為收入最高的電視演員的劇集開除。藥物濫用、酗酒、怪異的公開舉止，以及媒體上的負面新聞，讓他走向自我毀滅的道路。在此期間，他也被診斷出感染愛滋病毒。此處的重點是，夜間盤上的土星因位在小限流年星座而被引動，從而描繪出這一年的生命主軸。

● 麗莎・瑪麗・普里斯萊

回到麗莎・瑪麗・普里斯萊的例子，我們先前已經知道她在二十五歲生日當天，繼承了來自父親的一億美元遺產，當時正值第二區位小限流年。她日間盤上的本命木星也在第二區位，因此，那一年的整體描述會是個關於財務事項的好年。

● 丈夫之死

另一個星盤案例的命主出生於金牛座上升，日間盤，火星位在天蠍座第七區位，她的丈夫在她滿三十歲後不久死於癌症。三十歲是第七區位小限流年，因引動了命主位在第七區位的本命火星，也喚醒了該配置休眠中的潛能。此案例可與以下案例進行對比。

● 開始成功的關係

命主出生於摩羯座上升，夜間盤，金星位在巨蟹座第七區位，她在十八

歲時進入了第七區位小限流年，從而引動了區間內的吉星金星。那一年，她
遇到了未來的丈夫，開始了一段戀情並結婚，兩人相伴了六十多年，攜手共
度餘生。

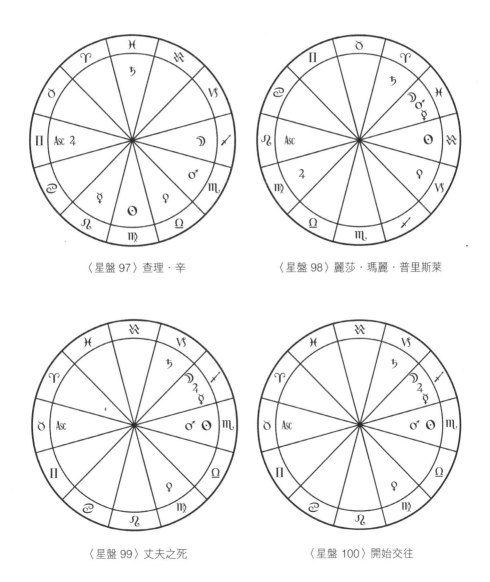

〈星盤 97〉查理‧辛　　　　　　　〈星盤 98〉麗莎‧瑪麗‧普里斯萊

〈星盤 99〉丈夫之死　　　　　　　〈星盤 100〉開始交往

　　瓦倫斯的小限流年技法與其他占星家完全不同，差異在於，他以位在該星座的行星取代了其星座主星[10]。雖然都勒斯提到位在小限流年星座的行星會被引動，但他似乎並未暗示它們會接管星座主星的角色。這兩種不同學派或方法似乎為占星傳統帶來了衝突。

　　在經驗上值得一提的是，在過去的十年中，我一直依循瓦倫斯的方法，但最終得出的結論是，位在小限流年星座的行星和星座主星都會被引動（而不是非此即彼的情況）。就像任何讓占星傳統產生歧異的例子，每一位占星師不僅要意識到傳統中的各種差異與矛盾，而更要依據自己的實踐經驗得出自己的結論，這一點很重要。

◎ 小限法的其他起點

　　使用瓦倫斯的方法，我們可以從星盤中的任何行星、區位或虛點開始推進小限法，而不僅僅是上升點[11]。起點提供了背景脈絡，而終點則指向結果。在這種方法中，當我們想研究某個特定主題時，我們會把與該主題相符的區位或行星作為小限法的起點，而不是從上升星座開始。例如，如果我們想研究婚姻，我們可能會以第七區位為小限法的起點，然後每年從該星座計數一個星座，直到我們抵達與命主年齡相符的星座。小限法所突顯星座中被引動的行星（們），將告訴我們命主那一年與該主題相關的情況。因此，各種小限法都提供了一個主題式的時間主星系統，可以用來判斷命主在某個年度會有哪些特定生命領域的發展。

　　此方法的重點在於從所有區位和行星推進，但根據瓦倫斯的說法，三個最重要的起點是（1）區間光體，（2）時標，和（3）區間外的光體[12]。對瓦倫斯而言，這三個起點將定調一整年。在實踐中，我經常發現，當以上升點為起點的小限流年未顯現出某些事務時，它就會在以區間光體為起點的小限流年中清楚表現出來。

　　瓦倫斯的小限法進階應用可以變得極其複雜，因而此處僅提供最基礎的

論述。我認為在大多數情況下，單純自上升點起算的小限法所提供的資訊，對於掌握當年度基調的整體氛圍就已經非常足夠，而對於那些想深入瞭解進階方法的人，我會建議探索瓦倫斯《占星選集》的第四、五和六冊。

註　釋

1　據傳出自 Critodemus 著作的流年小限法概論，見：CCAG, 8, 3, p. 102，其內容與 Valens 在 *Anthology* 第四冊中的論述非常相似，尤其是第 17-24 章對每顆行星的描述。

2　Hermes 的部分，見：Valens, *Anthology*, 4, 27。Nechepso 的部分，見：Valens, *Anthology*, 5, 4: 1，其中涉及到流月小限法。

3　福克斯，《回到未來》的幸運兒：米高・福克斯自傳，頁 4。

4　Hephaestio, *Apotelesmatika*, 2, 27: 6, trans. Schmidt, p. 81.

5　CCAG, 2, p. 198: 14–15, trans. Schmidt, *Teachings on Transits*, p. 6.

6　CCAG, 2, p. 203: 14–15, trans. Schmidt, *Teachings on Transits*, p. 13.

7　Valens, *Anthology*, 4, 11: 1–10.

8　Critodemus 的摘要，編纂於 CCAG 8, 3, p. 102, trans. Schmidt, *Sages*, p. 49，對比 Valens, *Anthology*, 4, 11–24。

9　Dorotheus, *Carmen*, 4, 1: 22–39.

10　Valens 在首次介紹小限法時概述了此技法，並在 *Anthology*, 4, 11: 18-26 提供了第一個示範此技法的星盤案例。隔了幾行句子後他提到，若小限流年星座是空宮，那麼就由星座主星接管（4, 11: 28）。接著又說，若一顆流運行星正經過此空宮星座，那麼就由該行星接管（4, 11: 31）。

11　Valens 在 *Anthology*, 4, 11–12 章中反復強調了這一點。

12　Valens, *Anthology*, 5, 7: 1。參照 *Anthology*, 4, 11: 28; 4, 16: 15。

第十八章

黃道釋放法

迄今自希臘化傳統所復甦的時間主星技法中，最令人印象深刻且強大的技法之一，即是我們今日所稱的「黃道釋放法」（zodiacal releasing）。此技法只記錄在維第斯‧瓦倫斯的著作中，他第一次提到就稱它是一個「強大」或是「有效」的技法。對我而言，它無疑是最傑出的技法。

最適合形容此技法的說法是，將命主的一生比喻為一本書，分成數篇不同的章節和段落。具體而言，此技法指出了個人生命中某些最重要的章節，其中包含了諸如職業或健康等不同主題，同時也提供了關於這些章節特色的資訊。

黃道釋放法是希臘化時期占星家應用進階時間主星技法的絕佳範例之一，它的計算方式不僅比流年小限法更複雜，還被用來預測命主生命中較長的時間跨度。黃道釋放的期間並不僅限於幾個特定的年份，而是經常長達十年以上。

黃道釋放法的預測準確度一開始可能令人驚嘆不已，而它所引發的許多哲學和倫理議題，卻是當代占星師應用此技法時，須設法解決的。

我在本章節的目標是提供此技法的綜論，並使用一些星盤案例，來說明將此技法用在當代人身上時，會有哪些不同的面向。

技法出處

瓦倫斯是我們黃道釋放法概論的唯一出處[1]，其主要論述出現在《占星選集》第四冊，然而早在第二冊關於旅行的討論中，他就先介紹過它了[2]；此處引用了託名亞伯拉罕的早期文本，說明了一些如何運用此技法預測命主何時會去旅行。雖然此技法最初可能是由研究旅行發展而來，但瓦倫斯在第四冊的全面論述中，證明了它也可以用來研究個人生命中包羅萬象的主題。

　　黃道釋放法使用精神點和幸運點作為計算行運期間的起點，在此技法的相關論述中，瓦倫斯將太陽與精神點相連，而月亮則與幸運點相連[3]。在費爾米庫斯的著作中，有一篇據傳為亞伯拉罕所著的占星研究，間接地說明了亞伯拉罕與希臘點學說的連結。費爾米庫斯在著作中為希臘占星學奠基者排序時，將亞伯拉罕列為晚期釋經者之一，但在介紹幸運點和精神點時，則再次提到他的名字。他在討論幸運點時說「亞伯拉罕稱它為月亮的區位」；同樣地，在討論精神點時，又說「亞伯拉罕稱它為太陽的區位[4]。」這似乎暗示了瓦倫斯和費爾米庫斯援引了同一個源文本，即託名亞伯拉罕的希臘點著作；儘管在現存的費爾米庫斯著作中，並未提到黃道釋放法。雖然如此，我們仍可從中推斷出，黃道釋放法是在西元二世紀某個早於瓦倫斯之前的時間點發展出來，並且被瓦倫斯以外的其他占星家所使用。事實上，在討論黃道釋放法時，瓦倫斯還花了些時間，駁斥一種顯然被某些佚名占星家所主張的應用方式[5]。

黃道釋放法的期間計算

　　瓦倫斯在論述黃道釋放法時，開篇即言應從精神點或幸運點的所在星座作為釋放期間的起點，而依研究主題所選定的希臘點，就能為此技法算出的時間區段提供背景脈絡。二者最根本的區別在於，以精神點的所在星座為起點，是用於心智相關事項的研究；而若是從幸運點開始，則是與身體有關的事項。

> 那麼，當我們尋找身體事項的時間區段，諸如危機、弱點、流血、跌倒、受傷、痛苦，以及一切與身體相關的事項，用以求得力量、享受、享樂、美麗和美好，那就一定要從幸運點投射出黃道（……）；若我們問及行動或聲譽相關，那麼將從精神點開始黃道釋放[6]。

　　我從實務中發現，自精神點的釋放，對於判斷人生方向和職涯發展的時

間區段是有效的，而起自幸運點的釋放，則主要用於與健康和身體活力相關的事項。

一旦選定了想從哪個希臘點開始，每個黃道星座就會依據其廟主星的行星期間，分配到一定的年數[7]。以下為黃道釋放法中每個星座期間的年數：

巨蟹座：25

獅子座：19

雙子座和處女座：20

金牛座和天秤座：8

白羊座和天蠍座：15

雙魚座和射手座：12

摩羯座：27

水瓶座：30

請注意，每個星座期間是我們已熟知的一般行星周期，但在此技法的脈絡中，摩羯座的相關期間是二十七年，而不是一般的土星三十年[8]。

無論你想研究的希臘點位在哪個星座，每個人生命的第一章節或區段，會一直持續到該星座的年數為止。例如，如果你想研究命主的職涯相關事項，而精神點位在天蠍座，那麼其生命中與此主題相關的第一章節將持續十五年，也稱為天蠍座／火星期間。當該星座的期間走完時，按黃道順序的下一個星座及其主星，將依照該星座的年數進入被引動的狀態。因此，天蠍座之後是射手座，而它將被引動十二年，一旦該星座期間結束，按黃道順序的下一個星座也將被引動。只要命主仍在世，這些期間就會以不同的速率繼續推進。

就像大多數的時間主星系統，瓦倫斯沒有為此技法命名；他用與「釋放」幸運點和精神點所在星座有關的方法來稱呼它[9]，即術語 *aphesis*，意思是「釋放」、「放手」、「解散」或「卸除」。史密斯最初在瓦倫斯著作第四冊的

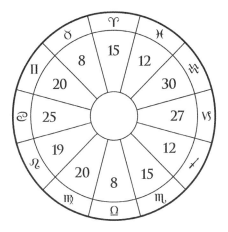
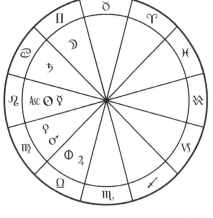

圖 18.1 - 黃道釋放法期間　　　　〈星盤 101〉精神點在天秤座的星盤案例

譯者序中，主張 *aphesis* 的正確譯文是「釋放」[10]，並認為這個字在占星學脈絡中，更深一層的含義可能與免除負擔有關。然而，它可能只是在形容某顆徵象星從其誕生星盤上的既定位置被「釋放」出來，並允許它依照一定的速率在星盤上移動的過程。瓦倫斯將 *apoluō* 這個字當作 *aphesis* 的同義詞用法，似乎證實了「釋放」的確是此字的正確翻譯，因為它的意思是「解放」、「擺脫」或「釋放」[11]。術語 *aphesis* 也適用於主限向運法，通常是用於壽長技法中，這說明了黃道釋放法只是眾多「釋放」技法中的一種[12]，由於此技法的移動速率是按黃道星座順序而定，我們便稱它為黃道釋放法。

　　例如，假設我們想研究某個案例的職涯期間，而命主出生於一九四六年，我們首先要找出精神點的所在星座，在本例中為天秤座。由於此張星盤的精神點位在天秤座，所以命主生命的第一期間或章節將持續八年，這是與天秤座及其主星金星有關的期間；一旦金星期間（於一九五四年）結束後，將按照黃道順序進入下一個星座天蠍座，並持續十五年（一九五四年至一九六九年）；一旦這十五年的期間結束，釋放區段將轉移至射手座並持續十二年（一九六九年至一九八一年）；接下來是二十七年的摩羯座期間（一九八一年至二○○七年）；然後是三十年的水瓶座期間（二○○七年至二○三七年），依此類推。依序列出所計算的期間如下：

圖 18.2 - 黃道釋放法的主期間和副期間

天秤座：1946–1954
天蠍座：1954–1969
射手座：1969–1981
摩羯座：1981–2007
水瓶座：2007–2037

　　一個關於黃道釋放法計算的重點是，瓦倫斯在此技法的脈絡中使用理想年數（idealized year），也就是一年三百六十天，一個月三十天[13]。如此一

來，每個月正好是一年的十二分之一，這導致每一個黃道釋放年都比正規的三百六十五天日曆年略短，有時也會隨著時間的推移累加，然而為了本章討論的目的，我仍會稱它們為「年」和「月」。

◎計算副期間

在每個持續十年、二十年，或甚至三十年的主期間內，也仍有一些明顯較短的副期間會引動黃道星座[14]。黃道釋放法一般分為四個層級：「年」、「月」、「週」、「日」，這四個層級各以不同的速度繞行黃道，就像一只有著四根指針的時鐘，每一個副期間的持續期間恰好是上一層的十二分之一。將四個層級拆分之後就會得到：

第一層：三百六十天的「年」（主期間）。
第二層：三十天的「月」（第一個副期間）。
第三層：二天半的「週」（第二個副期間）。
第四層：五小時的「日」（第三個副期間）。

左圖為每個黃道星座提供了一共四個層級的時間長度。就本書而言，我所關注的是年和月的層級，即主期間和第一個副期間；其他副期間的計算則不予詳述。有許多不同的軟體具有計算黃道釋放期間的程式，我會建議去探索這些程式，以便更加理解這些副期間是如何被拆分出來。

我們在上一章運用流年小限法關注單一年份，而在本章，我將說明運用黃道釋放法以研究一個人橫跨數十年的人生。

解讀黃道釋放法的期間

瓦倫斯在論及黃道釋放法的章節中，提供了幾個不同的釋義原則以供觀

察，但一般來說，為了判斷特定期間的特色，須關注以下三個重點：

1. 在星盤上被引動之黃道星座的性質和位置，包含任何位在該星座之本
命行星的特質。
2. 與被引動之黃道星座有星座相位的行星本質。
3. 被引動之星座的主星狀態。

瓦倫斯在一開始介紹黃道釋放法的引言中，似乎更強調星座主星而非星
座本身，但在詮釋星盤案例的期間特色時，他似乎更強調位在被引動之星
座內的行星，或是與該星座有星座相位的行星[15]。我在過去十年來使用該技
法時，發現與本命星盤中被引動之星座有相位的行星，往往更有助於描述
出不同期間的特色，而在接下來的大部分內容中，我將傾向著重這種方法，
然而讀者也應注意到，研究被引動之星座的主星，可以獲知不同層次的細節
差異。

高峰期

瓦倫斯在討論從精神點開始的黃道釋放法時，提到一項釋義原則的概
念，是當被引動的星座位於幸運點起算的相對尖軸時，將會是命主生命中極
為活躍和顯赫的期間：

那麼，若此區段由精神點起算，走到了幸運點的相對上中天，或甚至是
幸運點的所在之處，那麼命主將得到領導地位及盛名，並在此期間成為
知名且適得其位、引人注目的領袖……[16]。

瓦倫斯接著說道，在此技法的脈絡中，幸運點的相對尖軸區位比起本命
星盤上的四軸區位，更為「充滿活力」或「有效」（energesteroi）[17]。因此，
當我們研究職涯期間，自精神點展開的第一步驟，就是識別出幸運點所在星

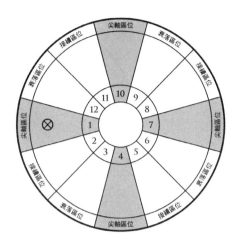

圖 18.3 - 幸運點的相對尖軸

座的四個相對尖軸星座。這會是本命星盤上幸運點起算的第一、第四、第七和第十個星座，也就是所謂的幸運點四尖軸，或是幸運點的相對尖軸區位。

　　瓦倫斯在此概述的方法，涉及到以精神點所在星座為起點的行運技法，然後一路計數到幸運點的其中一個相對尖軸。我發現，當從精神點釋放，引動到幸運點相對尖軸的這些期間，往往與命主生命中具有高度重要性和活躍度的時期相符，且特別與命主的職涯或整體人生方向有關；因此，當精神點的釋放抵達幸運點的相對尖軸時，我會將這段期間稱為「高峰期」。

　　當我在二〇〇五年夏天加入「後見之明計畫」時，他們正開始釐清黃道釋放法的運作原理以及它的強大效力。我們當時在研習會中使用的兩個星盤案例，是當時的美國總統喬治・沃克・布希（George W. Bush）和美國前副總統艾爾・高爾（Al Gore），就高峰期是如何運作而言，這兩張星盤仍可作為最顯著的案例。

　　讓我們從布希的星盤看起，他的精神點在金牛座，而幸運點在天蠍座，由於幸運點在天蠍座，我們知道他的高峰期將與四個固定星座重合：天蠍

喬治・沃克・布希－精神點期間

♉ L1/L2 - 7/6/1946
  ♊ L2 - 3/3/1947
  ♋ L2 - 10/23/1948
  ♌ L2 - 11/12/1950
  ♍ L2 - 6/4/1952
  ♎ L2 - 1/25/1954
♊ L1/L2 - 5/25/1954
  ♋ L2 - 1/15/1956
  ♌ L2 - 2/3/1958
  ♍ L2 - 8/27/1959
  ♎ L2 - 4/18/1961
  ♏ L2 - 12/14/1961
  ♐ L2 - 3/9/1963
  ♑ L2 - 3/3/1964
  ♒ L2 - 5/22/1966
  ♓ L2 - 11/7/1968
  ♈ L2 - 11/2/1969
  ♉ L2 - 1/26/1971
  ♐ L2 - 9/23/1971 - LB
  ♑ L2 - 9/17/1972
♋ L1/L2 - 2/9/1974
  ♌ L2 - 2/29/1976
  ♍ L2 - 9/21/1977
  ♎ L2 - 5/14/1979
  ♏ L2 - 1/9/1980
  ♐ L2 - 4/3/1981
  ♑ L2 - 3/29/1982
  ♒ L2 - 6/16/1984
  ♓ L2 - 12/3/1986
  ♈ L2 - 11/28/1987
  ♉ L2 - 2/20/1989
  ♊ L2 - 10/18/1989
  ♑ L2 - 6/10/1991 - LB
  ♒ L2 - 8/28/1993
  ♓ L2 - 2/14/1996
  ♈ L2 - 2/8/1997
  ♉ L2 - 5/4/1998
♌ L1/L2 - 10/1/1998
  ♍ L2 - 4/23/2000
  ♎ L2 - 12/14/2001
  ♏ L2 - 8/11/2002
  ♐ L2 - 11/4/2003
  ♑ L2 - 10/29/2004
  ♒ L2 - 1/17/2007
  ♓ L2 - 7/5/2009
  ♈ L2 - 6/30/2010
  ♉ L2 - 9/23/2011
  ♊ L2 - 5/20/2012
  ♋ L2 - 1/10/2014
  ♒ L2 - 1/30/2016 - LB
♍ L1/L2 - 6/23/2017

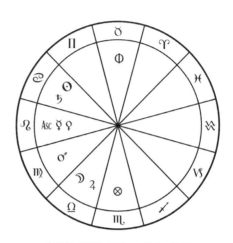

〈星盤 102〉喬治・沃克・布希

座（幸運點所在星座）、獅子座（自幸運點起算的第十個星座）、金牛座（自幸運點起算的第七個星座）和水瓶座（自幸運點起算的第四個星座）。如果我們從精神點開始釋放來研究他的職業生涯，起點會是八年的金牛座（一九四六年至一九五四年），因為它在幸運點的相對尖軸，所以這是一個高峰期，但他當時年紀太小，還不足以成就任何大事；之後，他進入了二十年的雙子座期間（一九五四年至一九七四年），此期間不是幸運點的相對尖軸，因此不是高峰期；接著進入為期二十五年的巨蟹座期間（一九七四年至一九九八年）；然後在一九九八年開始新的十九年獅子座期間，這是相對於幸運點的第十個星座，因此處於高峰期。在這段期間開始幾個月後，他於一九九九年六月開始競選總統，於二〇〇一年一月就任美國第四十三任總統，並在二〇〇九年任職期滿卸任前，完成了兩屆的四年任期。因此，瓦

艾爾・高爾－精神點期間

♏ L1/L2 · 3/31/1948
♐ L2 · 6/24/1949
♑ L2 · 6/19/1950
♒ L2 · 9/6/1952
♓ L2 · 2/23/1955
♈ L2 · 2/18/1956
♉ L2 · 5/13/1957
♊ L2 · 1/8/1958
♋ L2 · 8/31/1959
♌ L2 · 9/19/1961
♐ L1/L2 · 1/12/1963
♑ L2 · 1/7/1964
♒ L2 · 3/27/1966
♓ L2 · 9/12/1968
♈ L2 · 9/7/1969
♉ L2 · 12/1/1970
♊ L2 · 7/29/1971
♋ L2 · 3/20/1973
♑ L1/L2 · 11/10/1974
♒ L2 · 1/28/1977
♓ L2 · 7/17/1979
♈ L2 · 7/11/1980
♉ L2 · 10/4/1981
♊ L2 · 6/1/1982
♋ L2 · 1/22/1984
♌ L2 · 2/10/1986
♍ L2 · 9/3/1987
♎ L2 · 4/25/1989
♏ L2 · 12/21/1989
♐ L2 · 3/16/1991
♋ L2 · 3/10/1992 · LB
♌ L2 · 3/30/1994
♍ L2 · 10/21/1995
♎ L2 · 6/12/1997
♏ L2 · 2/7/1998
♐ L2 · 5/3/1999
♑ L2 · 4/27/2000
♒ L1/L2 · 6/21/2001
♓ L2 · 12/8/2003
♈ L2 · 12/12/2004
♉ L2 · 2/25/2006
♊ L2 · 10/23/2006
♋ L2 · 6/14/2008
♌ L2 · 7/4/2010
♍ L2 · 1/25/2012
♎ L2 · 9/16/2013
♏ L2 · 5/14/2014
♐ L2 · 8/7/2015
♑ L2 · 8/1/2016
♌ L2 · 10/20/2018 · LB
♍ L2 · 5/12/2020
♎ L2 · 1/2/2022

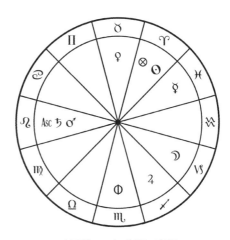

〈星盤 103〉艾爾・高爾

倫斯在論述中提到，命主會在當精神點釋放期間抵達幸運點起算的第十個星座時，獲得權力和顯赫地位的說法，在此例中是相當準確的。

　　布希在二○○○年美國總統大選期間的對手是艾爾・高爾。高爾的本命精神點在天蠍座，幸運點在白羊座，星盤上幸運點的相對尖軸是四個啟動星座：白羊座、摩羯座、天秤座和巨蟹座。自他出生的一九四八年到一九六三年，精神點從十五年的天蠍座期間開始釋放；此期間走完之後，便推進到約十二年的射手座釋放期間（一九六三年到一九七四年）；一九七四年，他進入了長達二十七年的摩羯座期間，這很重要，因為它是幸運點起算的第十個星座，所以是個高峰期。高爾在此期間開始後不久，就開啟了他的政治生涯，他於一九七六年底當選美國國會議員。一九九二年，比爾・柯林頓在當年的美國總統大選期間，選他作為競選搭

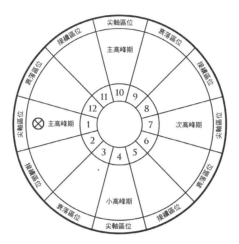

圖 18.4 - 幸運點相對尖軸的排名

檔,幾個月後他成為美國副總統,這可能是他有生之年最高的政職任命。
高爾在二○○○年與布希競選總統時,尚處在他二十七年的摩羯座高峰期,
但此段高峰期結束於二○○一年六月,正好是他輸掉總統大選的幾個月後,
也是布希就任總統之時。

　　這兩個案例令人稱奇之處在於,你能從中看見這兩人的高峰期符合他
們成為傑出政治家的時間點,就像瓦倫斯所說的那樣。同樣值得注意的是,
其中一人在高峰期開始之際,實現其政治抱負,而另一個則在高峰期結束之
時,淡出其最輝煌的政治舞台。

　　我在二○○五第一次得知此一技法時,就震撼於它可能得以應用的程
度,並在過去十年間持續見證它所帶來驚人的準驗性,儘管有些不夠周全,
但我希望能提供一些心得作為導覽。在接下來的內容,我將概述此技法的一
些其他要點。這些要點部分來自於研究瓦倫斯著作中所描述的方法,一部分
則是建立在我自己過去十年來的實務經驗與觀察。

● **幸運點相對尖軸的排名**

　　正如在希臘化傳統中，將一些上升點的相對尖軸視為比其他尖軸更強大，一些幸運點的相對尖軸也比其他尖軸更強大。相對於幸運點的第一和第十個星座，是最為強大或充滿活力的兩個星座，這是瓦倫斯在論述幸運點的相對尖軸時，開頭即提出的要點[18]。當這兩個尖軸在副期間被引動時，我通常將之稱為「主高峰期」（major peak period）；次強大的相對尖軸，是自幸運點起算的第七個星座，我稱之為「次高峰期」（moderate peak period）；最後一個是自幸運點起算的第四個星座，我稱之為「小高峰期」（minor peak period）。此排序依循了希臘化時期的區位排名，通常第一和第十區位是最強大的，其次是第七區位，最後是第四區位。

　　當查看副期間中較短的時間區段時，主高峰、次高峰和小高峰之間的區別就很重要。不是每張本命星盤的精神點釋放，都會在第一層的（年）主期間抵達幸運點所在的第一個星座或是第十個星座；雖然這對於達到職業高峰並非不可或缺。一般而言，在主期間觸及任何幸運點相對尖軸的時間點，通常會符合命主在職涯或整體人生方向中，具有高度重要性和活躍度的時間區段，就算不是第十個或是第一個星座也是如此。無論是哪一個尖軸，對於此人的職業或事業而言，它往往都是個人生命中某個階段的高峰期。

　　正如我們將在以下星盤案例看到，此技法似乎適用於各種不同的職業領域。在這一點上，我也應該指出除了幸運點的相對尖軸之外，還有許多其他因素是重要的釋義因子，有時甚至比幸運點的相對尖軸更加重要，我們將在後文討論。然而在此之前，讓我們來看看更多幸運點相對尖軸與職涯高峰期同時出現的例子。

● **喬治・盧卡斯**

　　喬治・盧卡斯的本命精神點在處女座，幸運點在水瓶座[19]，他從二十年的處女座期間開始（一九四四年至一九六四年），接著是天秤座期間

喬治·盧卡斯－精神點期間

♍ L1 / L2 · 5/14/1944
♎ L2 · 1/4/1946
♏ L2 · 9/1/1946
♐ L2 · 11/25/1947
♑ L2 · 11/19/1948
♒ L2 · 2/7/1951
♓ L2 · 7/26/1953
♈ L2 · 7/21/1954
♉ L2 · 10/14/1955
♊ L2 · 6/10/1956
♋ L2 · 1/31/1958
♌ L2 · 2/20/1960
♓ L2 · 9/12/1961 · LB
♈ L2 · 9/7/1962
♉ L2 · 12/1/1963
♎ L1 / L2 · 1/30/1964
♏ L2 · 9/26/1964
♐ L2 · 12/20/1965
♑ L2 · 12/15/1966
♒ L2 · 3/4/1969
♓ L2 · 8/21/1971
♏ L1 / L2 · 12/19/1971
♐ L2 · 3/13/1973
♑ L2 · 3/8/1974
♒ L2 · 5/26/1976
♓ L2 · 11/12/1978
♈ L2 · 11/7/1979
♉ L2 · 1/30/1981
♊ L2 · 9/27/1981
♋ L2 · 5/20/1983
♌ L2 · 6/8/1985
♐ L1 / L2 · 10/1/1986
♑ L2 · 9/26/1987
♒ L2 · 12/14/1989
♓ L2 · 6/1/1992
♈ L2 · 5/27/1993
♉ L2 · 8/20/1994
♊ L2 · 4/17/1995
♋ L2 · 12/7/1996
♑ L1 / L2 · 7/30/1998
♒ L2 · 10/17/2000
♓ L2 · 4/5/2003
♈ L2 · 3/30/2004
♉ L2 · 6/23/2005
♊ L2 · 2/18/2006
♋ L2 · 10/11/2007

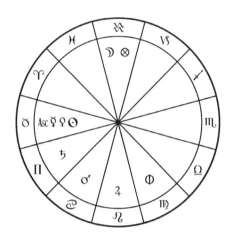

〈星盤 104〉喬治·盧卡斯

（一九六四年至一九七一年），並在一九七一年進入十五年的天蠍座期間，即幸運點起算的第十個星座，因此是他的主高峰期。

整段高峰期的副期間始於十五個月的天蠍座期間（一九七一年十二月至一九七三年三月），接著是射手座的十二個月（一九七三年三月至一九七四年三月），隨後是摩羯座的二十七個月（一九七四年三月至一九七六年五月）。一九七六年五月進入了為期三十個月的水瓶座期間，即幸運點的所在星座。一九七七年五月，電影《星際大戰》上映，隨之成為一部非常成功的系列電影，此時，他所處的（第一層）主期間和（第二層）副期間都是高峰期。

水瓶座的副期間結束於一九七八年十一月，並開啟了為期十二個月的雙魚座期間，接著在一九七九年十一月進入了十五個月的白羊

史蒂夫・沃茲尼克－精神點期間

Ω L1/L2 - 8/11/1950
♏ L2 - 4/8/1951
♐ L2 - 7/1/1952
♑ L2 - 6/26/1953
♒ L2 - 9/14/1955
♓ L2 - 3/2/1958
♏ L1/L2 - 6/30/1958
♐ L2 - 9/23/1959
♑ L2 - 9/17/1960
♒ L2 - 12/6/1962
♓ L2 - 5/24/1965
♈ L2 - 5/19/1966
♉ L2 - 8/12/1967
♊ L2 - 4/8/1968
♋ L2 - 11/29/1969
♌ L2 - 12/19/1971
♐ L1/L2 - 4/12/1973
♑ L2 - 4/7/1974
♒ L2 - 6/25/1976
♓ L2 - 12/12/1978
♈ L2 - 12/7/1979
♉ L2 - 3/1/1981
♊ L2 - 10/27/1981
♋ L2 - 6/19/1983
♑ L1/L2 - 2/8/1985
♒ L2 - 4/29/1987
♓ L2 - 10/15/1989
♈ L2 - 10/10/1990
♉ L2 - 1/3/1992
♊ L2 - 8/30/1992
♋ L2 - 4/22/1994
♌ L2 - 5/11/1996
♍ L2 - 12/2/1997
Ω L2 - 7/25/1999
♏ L2 - 3/21/2000
♐ L2 - 6/14/2001
♋ L2 - 6/9/2002 - LB
♌ L2 - 6/28/2004
♍ L2 - 1/19/2006
Ω L2 - 9/11/2007
♏ L2 - 5/8/2008
♐ L2 - 8/1/2009
♑ L2 - 7/27/2010
♒ L1/L2 - 9/20/2011
♓ L2 - 3/8/2014
♈ L2 - 3/3/2015

座期間。一九八一年一月，他進入了八個月的金牛座期間，這是幸運點起算的第四個星座，因此是另一個高峰期（雖然重要性較低）。他參與創作的電影《法櫃奇兵》於一九八一年六月上映，成為他第二知名的系列電影。最後，這十五年的（天蠍座）高峰期在一九八六年走到了終點。由此可見，喬治・盧卡斯電影生涯的二大亮點，精確地發生在他的黃道釋放法高峰期間，在主期間與副期間皆然。

● 史蒂夫・沃茲尼克

沃茲尼克的本命精神點在天秤座，幸運點在處女座，也由於幸運點在處女座，高峰期就會落在變動星座。他從八年的天秤座期間（一九五〇至一九五八年）開始，然後是十五年的天蠍座期間（一九五八至一九七三年），一九七三年，進入了十二年的射手座期間，為

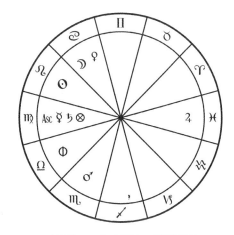

〈星盤 105〉史蒂夫・沃茲尼克

克里斯・布里南－精神點期間

♏ L1/L2 - 11/1/1984
♐ L2 - 1/25/1986
♑ L2 - 1/20/1987
♒ L2 - 4/9/1989
♓ L2 - 9/26/1991
♈ L2 - 9/20/1992
♉ L2 - 12/14/1993
♊ L2 - 8/11/1994
♋ L2 - 4/2/1996
♌ L2 - 4/22/1998
♐ L1/L2 - 8/15/1999
♑ L2 - 8/9/2000
♒ L2 - 10/28/2002
♓ L2 - 4/15/2005
♈ L2 - 4/10/2006
♉ L2 - 7/4/2007
♊ L2 - 2/29/2008
♋ L2 - 10/21/2009
♑ L1/L2 - 6/13/2011
♒ L2 - 8/31/2013
♓ L2 - 2/17/2016
♈ L2 - 2/11/2017
♉ L2 - 5/7/2018
♊ L2 - 1/2/2019
♋ L2 - 8/24/2020
♌ L2 - 9/13/2022
♍ L2 - 4/5/2024
♎ L2 - 11/26/2025
♏ L2 - 7/24/2026
♐ L2 - 10/17/2027
♋ L2 - 10/11/2028 - LB
♌ L2 - 10/31/2030
♍ L2 - 5/23/2032
♎ L2 - 1/13/2034
♏ L2 - 9/10/2034
♐ L2 - 12/1/2035
♑ L2 - 11/28/2036
♒ L1/L2 - 1/22/2038

幸運點起算的第四個星座，因此處於高峰期。同年，他的朋友史蒂夫・賈伯斯讓沃茲尼克為另一家公司製作電路板，這是兩人在電子項目的首次合作。到了一九七五年，沃茲尼克開發了第一台蘋果電腦的原型，一九七六年，沃茲尼克和賈伯斯創立了蘋果公司。沃茲尼克約在蘋果公司工作了十年，最後於一九八五年初離開，並於一九八七年正式離職。他十二年的射手座高峰期從一九七三年開始到一九五八年結束，顯然符合他在蘋果公司時期成為個人電腦領域先驅的時間點。

● 克里斯・布里南

我的本命幸運點在雙子座，精神點在天蠍座。一九八四年我開始了為期十五年的天蠍座期間，於一九九九年進入十二年的射手座期間，這是一段高峰期，因為射手座是幸運點起

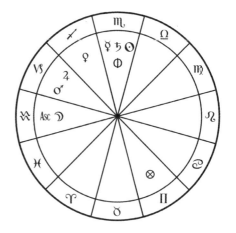

〈星盤 106〉克里斯・布里南

算的第七個星座。邁入射手座期間後不久，我開始學習占星學，它也成為我的人生重心。在這十二年射手座期間中，在一九九九年八月到二〇〇〇年八月，我進入了為期十二個月的射手座副期間，接著是二十七個月的摩羯座期間，直到二〇〇二年十月，然後是三十個月的水瓶座期間，直到二〇〇五年四月。而在二〇〇五年四月，我進入了十二個月的雙魚座期間，這是幸運點起算的第十個星座，所以是一段主高峰期。二〇〇五年五月，我受邀加入「後見之明計畫」，協助他們正在進行的文獻計畫，那年夏天，我得以開始閱讀所有他們先前翻譯的希臘化時期文本，並著手研究瓦倫斯和黃道釋放法，所以，當我發現此技法時，正是處於最佳的高峰期之一；可以這麼說，當占星師發現了一個強大的技法時，此技法本身也會向他揭示此事件[20]。有趣的是，當我在今年完成此書時，又再次處於雙魚座的主高峰期。

期間特質的詮釋

　　高峰期可以是更為活躍和重要的期間，但不一定代表正面或負面。決定某段期間特質的主要考量因素是：（1）位在被引動星座上的本命行星本質，（2）與被引動星座有星座相位，特別是四分相和對分相的本命行星，以及（3）星座主星的狀態。如前所述，前兩項為主要的考量因素，我發現它們更為重要之外，瓦倫斯在他的兩個星盤案例中，也似乎更強調它們。

　　在他的星盤案例中，瓦倫斯只提及那些與被引動星座有星座相位的行星，這些行星可能是位在該星座中，或是與其形成四分相或對分相。對此作法，目前尚不清楚瓦倫斯是刻意所為還是無心之舉，它可能與據傳為佩多西瑞斯的某項學說有關，其中四分相等硬相位被認為比諸如三分相等軟相位更強大，無論其效應是好還是壞（取決於相位中的行星）[21]。瓦倫斯在討論流年小限法的脈絡下，曾一度提及四分相和對分相較為強大的說法[22]。

　　根據經驗，我發現吉星和凶星的相對尖軸，往往最能判斷哪些期間對命

主而言，是最正面還是最負面的體驗。關於這點，區間特別有助於判斷哪些星座將帶來最正面或最負面的體驗，意即辨識出區間內的吉星以及區間外的凶星。最正面之吉星的四個相對尖軸星座，代表那些帶來正向或舒適體驗的期間，以及會發生有利或討喜事件的時間點；相反的，星盤上最負面之凶星的相對尖軸，通常代表將經歷困難或具挑戰性的期間，而這些期間往往會發生不利或不討喜的事件。此處須強調的重點是，行星可以與空宮形成相位，而當某個星座被引動時，它所有的本命相位結構也會被引動，無論好壞[23]。

每顆行星對於與它形成星座相位的星座，都有著較強或較弱的影響力，將實務經驗與普遍使用的希臘化時期相位學說再次結合後，排名似乎如下：吉星或凶星對所在星座擁有最大的影響力；再來是它以優勢四分相凌駕的星座，影響力次之；接著是與之形成對分相的星座；最後是與之形成劣勢四分相的星座，影響力最弱。此排名的重要性，主要在於為副期間提供描述與差異，或者當有多顆行星與某個特定星座形成星座相位時，用來判斷哪些行星對該星座有更大的影響力，並判定該星座期間的首要主題。

● 查理．辛

演員查理．辛出生於夜間盤，雙子座上升，金星在天秤座，土星在雙魚座，幸運點在水瓶座，精神點在處女座。從精神點的釋放來看事業，辛的起點是二十年的處女座期間（一九六五年至一九八五年），隨後是八年的天秤座時期（一九八五年至一九九三年）。此天秤座期間是他主觀上認為最正面的時間段，因為該星座內有一顆夜間的吉星金星位在其中，在此期間的早期，他在一部一九八六年的電影《前進高棉》中首次扮演重要角色，而在此期間的結尾也開始得到其他電影的演出機會。

一九九三年，他開始了為期十五年的天蠍座高峰期，為幸運點起算的第十個星座，火星位於其中，但由於這是張夜間盤，而火星是區間內的凶星，因此不算太難應付。我發現當區間內的凶星被引動時，一個經常出現的關鍵詞是「可克服的困難」，由於這是一段十五年的高峰期，似乎與他作為演

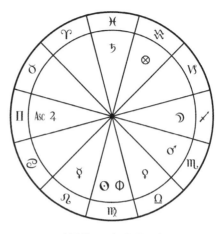

〈星盤 107〉查理‧辛

員的事業巔峰期相吻合。一九九四年，他獲得一面鑲嵌在好萊塢星光大道上的星形獎章。在此期間開始後不久的一九九〇年代下半，他在好幾部重要電影中擔任主角。他在二〇〇〇年代初期轉戰電視圈，從二〇〇〇年的《城市大贏家》開始，接著是二〇〇三年的《男人兩個半》，並憑藉該節目中的角色獲得艾美獎和金球獎提名，在那十年成為收入最高的電視演員。

當這段十五年的高峰期結束於二〇〇八年時，他開始了新的十二年射手座期間，而射手座不僅不再是高峰期，同時又與夜間盤位在雙魚座的土星形成四分相，因此成為他最難克服的星座期間之一。他的事業和生活此時開始瓦解，於二〇〇九年十二月因毆打妻子被捕，二〇一〇年初進入康復中心療養。二〇一〇年十月再次被捕，隨後被他高價主演的電視影集開除，原因是行為異常和辱罵此影集的創作者，

並在接下來的一至兩年因情緒崩潰被大肆報導。此處的重點是，雖然高峰期通常代表命主生命中那些具有高度重要性和活躍度的期間，但吉星和凶星的相對尖軸代表了更為正面或負面的主觀體驗。在黃道釋放法中，當某人抵達困難的精神點期間時，可能意味著其職業生涯中的困難時期。

● 凡妮莎‧威廉斯

　　另一個案例是女模特兒、歌手和演員凡妮莎‧威廉斯（Vanessa L. Williams），她出生於日間盤，巨蟹座上升，木星在雙魚座，火星在獅子座，精神點在天秤座，幸運點在白羊座。從精神點的釋放來看事業，她從八年的天秤座期間開始（一九六三年至一九七一年），隨後是十五年的天蠍座期間（一九七一年至一九八五年），在天蠍座期間結束時（一九八三年九月），她成為第一位贏得美國小姐（Miss America）選美比賽的非裔美國人。然而幾個月後，她進入了為期十九個月的獅子座副期間，引動了區間外凶星所在

凡妮莎‧威廉斯－精神點期間

♎ L1/L2 - 3/18/1963
　♏ L2 - 11/13/1963
　♐ L2 - 2/5/1965
　♑ L2 - 1/31/1966
　♒ L2 - 4/20/1968
　♓ L2 - 10/7/1970
♏ L1/L2 - 2/4/1971
　♐ L2 - 4/29/1972
　♑ L2 - 4/24/1973
　♒ L2 - 7/13/1975
　♓ L2 - 12/29/1977
　♈ L2 - 12/24/1978
　♉ L2 - 3/18/1980
　♊ L2 - 11/13/1980
　♋ L2 - 7/6/1982
　♌ L2 - 7/25/1984
♐ L1/L2 - 11/17/1985
　♑ L2 - 11/12/1986
　♒ L2 - 1/30/1989
　♓ L2 - 7/19/1991
　♈ L2 - 7/13/1992
　♉ L2 - 10/6/1993
　♊ L2 - 6/3/1994
　♋ L2 - 1/24/1996
♑ L1/L2 - 9/15/1997

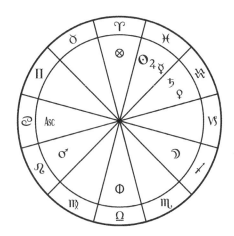

〈星盤 108〉凡妮莎‧威廉斯

的星座，大約在此時間點，她被迫辭去美國小姐的頭銜，原因是某本雜誌發佈了她的裸照。獅子座副期間及整段主期間在一年後同時結束，她進入了嶄新的十二年射手座期間，正是她本命木星雙魚的相對尖軸。她聘請一位新經紀人幫她打造全新的形象，此後不久便在（第二層）為期二十七個月的摩羯座高峰期內，於一九八八年二月發行了首張專輯，成為一名成功的歌手。在幾年後的一九九一年八月，她在第二層的雙魚座期間，也就是本命木星的所在星座，發行了第二張也是最成功的一張專輯。這樣一來，我們便能清楚地比對她職業生涯中最困難的事件之一，是發生在區間外凶星所在星座被引動的期間；而職涯中最順利的時間段，則是發生在區間內吉星所在星座被引動的期間 [24]。

　　到目前為止，我們一直專注在展現命主職涯的精神點釋放期間。然而，瓦倫斯還說，黃道釋放法還可以透過釋放幸運點，來研究與命主的健康和身體有關的期間，他也在第一張星盤案例中證明此點，並示範了當幸運點的釋放抵達夜間盤土星的所在星座時，命主經歷了海難、疾病和最終的死亡 [25]。我也發現幸運點的釋放能用於研究受傷、疾病，有時甚至是死亡的期間，以下示範兩個星盤案例：

● 妮可·布朗·辛普森

　　這是一張夜間盤，土星在摩羯座，幸運點在天秤座，命主從八年的天秤座期間開始（一九五九年至一九六七年），隨後是十五年的天蠍座期間（一九六七年至一九八二年）和十二年的射手座期間（一九八二年至一九九三年），在一九九三年十一月，開始了為期二十七年的摩羯座期間，而摩羯座內有顆夜間盤的土星，我們因此認為這會是她最困難的期間，幾個月後的一九九四年六月，她死於謀殺。

● 車禍

　　命主出生於夜間盤，土星在射手座，幸運點在天蠍座，她從十五年的天

妮可・布朗・辛普森－幸運點期間

♎ L1/L2・5/19/1959
　♏ L2・1/14/1960
　♐ L2・4/8/1961
　♑ L2・4/3/1962
　♒ L2・6/21/1964
　♓ L2・12/8/1966
♏ L1/L2・4/7/1967
　♐ L2・6/30/1968
　♑ L2・6/25/1969
　♒ L2・9/13/1971
　♓ L2・3/1/1974
　♈ L2・2/24/1975
　♉ L2・5/19/1976
　♊ L2・1/14/1977
　♋ L2・9/6/1978
　♌ L2・9/25/1980
♐ L1/L2・1/18/1982
　♑ L2・1/13/1983
　♒ L2・4/2/1985
　♓ L2・9/19/1987
　♈ L2・9/13/1988
　♉ L2・12/7/1989
　♊ L2・8/4/1990
　♋ L2・3/26/1992
♑ L1/L2・11/16/1993
　♒ L2・2/4/1996
　♓ L2・7/23/1998
　♈ L2・7/18/1999
　♉ L2・10/10/2000
　♊ L2・6/7/2001

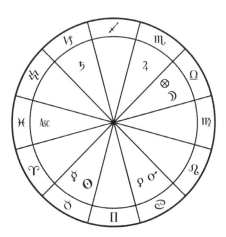

〈星盤 109〉妮可・布朗・辛普森

車禍－幸運點期間

♏ L1/L2・5/6/1987
　♐ L2・7/29/1988
　♑ L2・7/24/1989
　♒ L2・10/12/1991
　♓ L2・3/30/1994
　♈ L2・3/25/1995
　♉ L2・6/17/1996
　♊ L2・2/12/1997
　♋ L2・10/5/1998
　♌ L2・10/24/2000
♐ L1/L2・2/16/2002
　♑ L2・2/11/2003
　♒ L2・5/1/2005
　♓ L2・10/18/2007
　♈ L2・10/12/2008
　♉ L2・1/5/2010
　♊ L2・9/2/2010
　♋ L2・4/24/2012
♑ L1/L2・12/15/2013

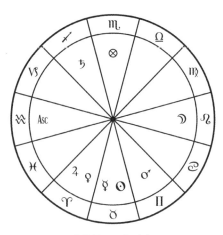

〈星盤 110〉車禍

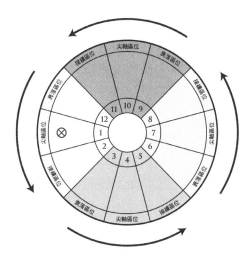

圖 18.5 - 幸運點的尖軸三合

蠍座期間（一九八七年至二〇〇二年）開始，隨後在二〇〇二年進入為期十二年的射手座期間，並引動了位在該星座的區間外凶星——土星。在為期十二年的射手座期間中，也開啟了（第二層）十二個月的射手座副期間，隨後是二十七個月的摩羯座副期間，然後是三十個月的水瓶座副期間，二〇〇七年十月十八日，開始了為期十二個月的雙魚座副期間，此期間受到本命星盤上的土星射手所凌駕，在這段副期間開始的兩天後，她死於一場車禍。

相對於幸運點的尖軸三合

在我的經驗中，衍生自上升點並結合各區位的尖軸三合概念，似乎也適用於幸運點的衍生區位。事實上，瓦倫斯甚至暗示了他是從幸運點架構出衍生區位，並將幸運點的相對尖軸星座視為樞軸或 *kentra*[26]。根據此系統，以幸運點的四尖軸為中心，十二星座可以被分為四組，每組三個星座。

每一組尖軸三合都代表了一個包含開始、中間和結尾的序列。緊接在任

迪米特拉・喬治－精神點時期

♎ L1/L2 · 7/25/1946
　　♏ L2 · 3/22/1947
　　♐ L2 · 6/14/1948
　　♑ L2 · 6/9/1949
　　♒ L2 · 8/28/1951
　　♓ L2 · 2/13/1954
♏ L1/L2 · 6/13/1954
　　♐ L2 · 9/6/1955
　　♑ L2 · 8/31/1956
　　♒ L2 · 11/19/1958
　　♓ L2 · 5/7/1961
　　♈ L2 · 5/2/1962
　　♉ L2 · 7/26/1963
　　♊ L2 · 3/22/1964
　　♋ L2 · 11/12/1965
　　♌ L2 · 12/2/1967
♐ L1/L2 · 3/26/1969
　　♑ L2 · 3/21/1970
　　♒ L2 · 6/8/1972
　　♓ L2 · 11/25/1974
　　♈ L2 · 11/20/1975
　　♉ L2 · 2/12/1977
　　♊ L2 · 10/10/1977
　　♋ L2 · 6/2/1979
♑ L1/L2 · 1/22/1981
　　♒ L2 · 4/12/1983
　　♓ L2 · 9/28/1985
　　♈ L2 · 9/23/1986
　　♉ L2 · 12/17/1987
　　♊ L2 · 8/13/1988
　　♋ L2 · 4/5/1990
　　♌ L2 · 4/24/1992
　　♍ L2 · 11/15/1993
　　♎ L2 · 7/8/1995
　　♏ L2 · 3/4/1996
　　♐ L2 · 5/20/1997
　　♋ L2 · 5/23/1998 · LB
　　♌ L2 · 6/11/2000
　　♍ L2 · 1/2/2002
　　♎ L2 · 8/25/2003
　　♏ L2 · 4/21/2004
　　♐ L2 · 7/15/2005
　　♑ L2 · 7/10/2006
♒ L1/L2 · 9/3/2007
　　♓ L2 · 2/19/2010
　　♈ L2 · 2/14/2011
　　♉ L2 · 5/9/2012
　　♊ L2 · 1/4/2013
　　♋ L2 · 8/27/2014
　　♌ L2 · 9/15/2016
　　♍ L2 · 4/8/2018

一幸運點尖軸前方的星座代表此序列的開始，而就我的觀察，在此星座期間發生的事件通常帶有預期或預備性質，作為接下來兩個星座期間將發生事件的前兆；接下來是幸運點本身所在的尖軸，它代表了發生在序列中間的一段高度活躍且重要的期間，此時在前一個星座期間發起的事件將全然活躍起來；尖軸三合的最後一部分是緊接在幸運點尖軸之後的星座，代表序列的結尾，在前兩個星座期間發起的事件及主題，將在此期間持續推進至完成。如此一來，每組尖軸三合都各有開始、中間和結尾，此序列會在下一組尖軸三合開始新的循環。

● 迪米特拉・喬治

　　占星師迪米特拉・喬治出生於日間盤，精神點在天秤座，幸運點在巨蟹座。從精神點的釋放來看迪米特拉的事業，她從八年的天秤座期間

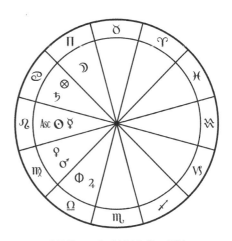

〈星盤 111〉迪米特拉・喬治

（一九四六年至一九五四年）開始，接著是十五年的天蠍座期間（一九五四年至一九六九年），在此之後於一九六九年進入了為期十二年的射手座期間。此射手座期間代表了一組幾乎貫穿了她整段成年人生的尖軸三合起點，因為它位在摩羯座——即幸運點起算的第七個星座之前。在此射手座期間的開端，她即將從大學畢業並成為一名數學老師，但她在一九七〇年初離開學校，加入了一個公社；到了一九七一年，她開始透過社區圖書館的藏書學習占星。在接下來的十年間，她對占星學的興趣與日俱增，在這段主期間中首次參加占星研討會，於會中獲得了一份剛出版的小行星星曆表，她開始研究星盤中的小行星，並發展出詮釋和使用它們的系統。

　　一九八一年一月，她完成了十二年的射手座期間，進入了二十七年的（位於幸運點相對尖軸）摩羯座高峰期。同月，她開始寫一本關於小行星的書，最終於一九八六年出版了《四女神星》一書，此書的出版讓她開啟了作為占星師的職涯，並鞏固她作為二十世紀末和二十一世紀初最傑出占星師之一的聲譽。在此期間的最後一段日子，她出版了其他著作，並經歷了最為活躍的教學和諮詢職涯階段，其工作成果也獲得肯定。大約在此期間的中段，她取得了古典文學碩士學位，因此對希臘占星學產生了興趣，在二〇〇〇年代中期，她開始教授希臘占星學課程，是近代最早完全以希臘占星學為主軸的課程之一。

　　二〇〇七年，二十七年的摩羯座期間結束，她進入了三十年的水瓶座期間，此星座在高峰期之後，先前的主題會在此期間繼續推進並完成。一年後，也就是二〇〇八年，她出版了《占星與真我》一書，是嘗試將現代和古典占星學成功結合的代表之一，書中融合了她在小行星和現代心理占星學方面的早期成果，以及後來的希臘占星學研究工作。在此段期間的後期，她計畫出版第一本關於希臘占星學的重要教科書[27]，完成了許多在尖軸三合前兩個星座中發起的事件和主題。

跳轉

　　瓦倫斯曾解釋，在任何副期間的時間層次當中，如果這段周期回到了最初從主期間開始的星座，那麼副期間將不會從該星座開啟新的周期，而是跳到主期間的對向星座，並自此開始推進[28]，瓦倫斯將此稱為「跳轉」（loosing of the bond，*sundesmōn luseis*）或「中斷序列」[29]。跳轉只發生在主期間超過十七年半的星座，因為這大約是走完所有層級的副期間所需時間的總合[30]，所以只會發生在雙子座、巨蟹座、獅子座、處女座、摩羯座和水瓶座。在我的精神點釋放研究中，發現跳轉通常代表個人的事業和人生方向發生重大轉變，這是此技法的陌生領域之一，卻也是讓它更加重要且可靠的面向之一。

　　舉個例子，讓我們想像某人出生於一九六五年，精神點在巨蟹座，他的生命起始於二十五年的巨蟹座期間。第二層的副期間從二十五個月的巨蟹座開始，然後是十九個月的獅子座，二十個月的處女座，八個月的天秤座，十五個月的天蠍座，十二個月的射手座，二十七個月的摩羯座，三十個月的水瓶座，十二個月的雙魚座，十五個月的白羊座，八個月的金牛座，二十個月的雙子座。此時，所有的黃道星座都在副期間內被引動，而釋放法應回到它的起點巨蟹座，但卻跳到巨蟹座的對向星座摩羯座，從進程的中繼處重新開始循環：摩羯座二十七個月，水瓶座三十個月，雙魚座十二個月，依此類推；因此，跳轉是以副期間跳到與主期間對向的星座為起點，而不是回到它們的出發點。

　　任一主期間底下的所有時間層次只會發生一次跳轉，如果這些副期間第二次抵達它們的起點星座，那麼該起點星座將再次被引動，而不是發生第二次跳轉；只有摩羯座和水瓶座的星座期間長度，足以在跳轉之後再次被引動。事實上，這種情況發生時非常重要，因為副期間回到了它們主期間的起點星座，而該星座曾

跳轉的星盤案例

♋ L1/L2 - 4/4/1965
　♌ L2 - 4/24/1967
　♍ L2 - 11/14/1968
　♎ L2 - 7/7/1970
　♏ L2 - 3/4/1971
　♐ L2 - 5/27/1972
　♑ L2 - 5/22/1973
　♒ L2 - 8/10/1975
　♓ L2 - 1/26/1978
　♈ L2 - 1/21/1979
　♉ L2 - 4/15/1980
　♊ L2 - 12/11/1980
　♑ L2 - 8/3/1982 - LB
　♒ L2 - 10/21/1984
　♓ L2 - 4/9/1987
　♈ L2 - 4/3/1988
　♉ L2 - 6/27/1989
♌ L1/L2 - 11/24/1989

圖 18.6 - 跳轉

在「跳轉」時被繞過，當此情況發生在摩羯座和水瓶座時，我稱之為「完成期」（completion period），通常命主生命中的某些事件會在此時完結落幕。

● 喬治・盧卡斯

　　喬治・盧卡斯的本命精神點在處女座，幸運點在水瓶座，他在十八歲時經歷的那次跳轉與這兩個希臘點有關。他從小就想成為一名賽車手，並在青少年時期就開始為高中畢業後的賽車手職涯做準備。他的精神點期間從二十年的處女座開始，副期間則始於二十個月的處女座，然後依序是天秤座、天

喬治·盧卡斯－精神點期間

♏ L1/L2 - 5/14/1944
　♎ L2 - 1/4/1946
　♏ L2 - 9/1/1946
　♐ L2 - 11/25/1947
　♑ L2 - 11/19/1948
　♒ L2 - 2/7/1951
　♓ L2 - 7/26/1953
　♈ L2 - 7/21/1954
　♉ L2 - 10/14/1955
　♊ L2 - 6/10/1956
　♋ L2 - 1/31/1958
　♌ L2 - 2/20/1960
　♓ L2 - 9/12/1961 - LB
　♈ L2 - 9/7/1962
　♉ L2 - 12/1/1963
♎ L1/L2 - 1/30/1964

喬治·盧卡斯－幸運點期間

♒ L1/L2 - 5/14/1944
　♓ L2 - 10/31/1946
　♈ L2 - 10/26/1947
　♉ L2 - 1/18/1949
　♊ L2 - 9/15/1949
　♋ L2 - 5/8/1951
　♌ L2 - 5/27/1953
　♍ L2 - 12/18/1954
　♎ L2 - 8/9/1956
　♏ L2 - 4/6/1957
　♐ L2 - 6/30/1958
　♑ L2 - 6/25/1959
　♌ L2 - 9/12/1961 - LB
　♍ L2 - 4/5/1963
　♎ L2 - 11/25/1964
　♏ L2 - 7/23/1965
　♐ L2 - 10/16/1966
　♑ L2 - 10/11/1967
　♒ L2 - 12/29/1969
　♓ L2 - 6/16/1972
　♈ L2 - 6/11/1973
♓ L1/L2 - 12/8/1973

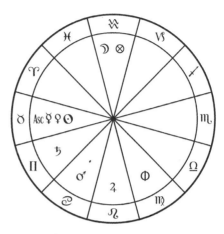

〈星盤 112〉喬治·盧卡斯

蠍座、射手座、摩羯座、水瓶座、雙魚座、白羊座、金牛座、雙子座、巨蟹座、獅子座。他接著經歷了一次跳轉，在一九六一年九月從處女座跳到雙魚座，在幾個月後的一九六二年六月，盧卡斯因捲入一場車禍，幾乎喪命，在醫院躺了好幾個星期。該事件是他的職業生涯和整體人生方向的重大轉折，此後他便無意參與賽事，轉而進入大學，並於就學期間對電影製作萌生興趣，最終成為了一名著名的電影製片人。此例值得注意的是，精神點和幸運點都位在時間長度足以發生跳轉的星座期間中，以至在大約十七年半時同時經歷跳轉，就他的職涯以及身體或健康而言，這次跳轉是個重大的轉變。

● 阿諾·史瓦辛格

　　跳轉通常意味著從某個職業領域轉換到另一個領域。例如，阿諾·史瓦辛格的本命精

史瓦辛格－精神點期間

♐ L1/L2 - 7/30/1947
♑ L2 - 7/24/1948
♒ L2 - 10/12/1950
♓ L2 - 3/30/1953
♈ L2 - 3/25/1954
♉ L2 - 6/18/1955
♊ L2 - 2/13/1956
♋ L2 - 10/5/1957
♑ L1/L2 - 5/28/1959
♒ L2 - 8/15/1961
♓ L2 - 2/1/1964
♈ L2 - 1/26/1965
♉ L2 - 4/21/1966
♊ L2 - 12/17/1966
♋ L2 - 8/8/1968
♌ L2 - 8/28/1970
♍ L2 - 3/20/1972
♎ L2 - 11/10/1973
♏ L2 - 7/8/1974
♐ L2 - 10/1/1975
♋ L2 - 9/25/1976 - LB
♌ L2 - 10/15/1978
♍ L2 - 5/7/1980
♎ L2 - 12/28/1981
♏ L2 - 8/25/1982
♐ L2 - 11/18/1983
♑ L2 - 11/12/1984
♒ L1/L2 - 1/6/1986
♓ L2 - 6/24/1988
♈ L2 - 6/19/1989
♉ L2 - 9/12/1990
♊ L2 - 5/10/1991
♋ L2 - 12/30/1992
♌ L2 - 1/19/1995
♍ L2 - 8/11/1996
♎ L2 - 4/3/1998
♏ L2 - 11/29/1998
♐ L2 - 2/22/2000
♑ L2 - 2/16/2001
♌ L2 - 5/7/2003 - LB
♍ L2 - 11/27/2004
♎ L2 - 7/20/2006
♏ L2 - 3/17/2007
♐ L2 - 6/9/2008
♑ L2 - 6/4/2009
♒ L2 - 8/23/2011
♓ L2 - 2/8/2014
♈ L2 - 2/3/2015
♓ L1/L2 - 8/2/2015
♈ L2 - 7/27/2016
♉ L2 - 10/20/2017

神點在射手座，幸運點在水瓶座，一九七六至七八年間，他經歷了第一次跳轉，大約是在他從專業健美運動員退休，並開始轉職往專業演員發展的時候。多年後，他在二〇〇三年至二〇〇四年間經歷第二次跳轉，釋放期間抵達了獅子座，是幸運點起算的第七個星座，因此為高峰期。自一九八〇年代中期起，他開啟了三十年的水瓶座高峰期，並建立起一段世界知名演員的職業生涯。但在二〇〇三年五月，即此次跳轉後不久，他突然宣布參選加州州長並且當選，就在這段跳轉期間的幾個月內，幾乎是一夜之間，他從演員變成了政治家。

　　史瓦辛格也是一個很好的「完成期」案例，因為當水瓶座在二〇一一至二〇一四年間的第二層副期間再度被引動時，他結束了州長任期，並轉職回去當演員。因此在某種意義上，事情又回到了原點，他發現自己回到一九八〇

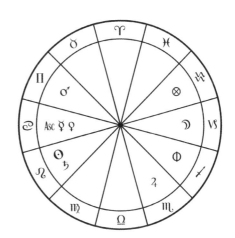

〈星盤 113〉阿諾・史瓦辛格

琳達・古德曼－精神點期間

♏ L1/L2 - 4/9/1925
　♐ L2 - 7/3/1926
　♑ L2 - 6/28/1927
　♒ L2 - 9/15/1929
　♓ L2 - 3/3/1932
　♈ L2 - 2/26/1933
　♉ L2 - 5/22/1934
　♊ L2 - 1/17/1935
　♋ L2 - 9/8/1936
　♌ L2 - 9/28/1938
♐ L1/L2 - 1/21/1940
　♑ L2 - 1/15/1941
　♒ L2 - 4/5/1943
　♓ L2 - 9/21/1945
　♈ L2 - 9/16/1946
　♉ L2 - 12/10/1947
　♊ L2 - 8/6/1948
　♋ L2 - 3/29/1950
♑ L1/L2 - 11/19/1951
　♒ L2 - 2/6/1954
　♓ L2 - 7/25/1956
　♈ L2 - 7/20/1957
　♉ L2 - 10/13/1958
　♊ L2 - 6/10/1959
　♋ L2 - 1/30/1961
　♌ L2 - 2/19/1963
　♍ L2 - 9/11/1964
　♎ L2 - 5/4/1966
　♏ L2 - 12/30/1966
　♐ L2 - 3/24/1968
　♋ L2 - 3/19/1969 · LB
　♌ L2 - 4/8/1971
　♍ L2 - 10/29/1972
　♎ L2 - 6/21/1974
　♏ L2 - 2/16/1975
　♐ L2 - 5/11/1976
　♑ L2 - 5/6/1977
♒ L1/L2 - 6/30/1978
　♓ L2 - 12/16/1980
　♈ L2 - 12/11/1981
　♉ L2 - 3/6/1983
　♊ L2 - 11/1/1983
　♋ L2 - 6/23/1985
　♌ L2 - 7/13/1987
　♍ L2 - 2/2/1989
　♎ L2 - 9/25/1990
　♏ L2 - 5/23/1991
　♐ L2 - 8/15/1992

年代中期，主期間開始時的職業領域，當時在水瓶座因跳轉而被繞過，這段職涯遭到中止。

像史瓦辛格這樣，因跳轉至幸運點相對尖軸的星座而經歷高峰期，也往往代表命主會在自己的職涯領域達到高峰。艾爾・高爾即是一例，他從一九七〇年代中期開始（第一層）二十七年的摩羯座高峰期（見本章前文所列的期間表）。然而，當他在一九九二年經歷第二層的跳轉時，他實現了人生最高的政職，當上美國副總統。

同樣地，占星師琳達・古德曼（Linda Goodman）二十七年的摩羯座高峰期始自一九五一年，是幸運點起算的第四個星座。一九六九年，當她在副期間經歷跳轉時，引動了她本命星盤幸運點起算的第十個星座，並在一九六八年底出版了《太陽星座》（Sun Signs，暫譯）一書，

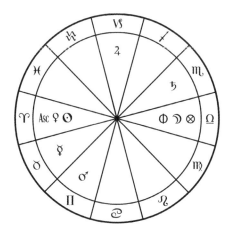

〈星盤 114〉琳達・古德曼

突然間名聲大噪。這本書成為有史以來銷量最高的占星學書籍，也是她最知名和最具影響力的著作。

　　其他案例包括比爾・蓋茲，他在一九七五年初讀了某期電子學雜誌上的一篇文章後，萌生了創立一家軟體公司的想法，時值他的首次跳轉。他不久便創立了微軟（Microsoft）公司，並在一九八○和一九九○年代成為世界最大的軟體製造商。多年後，蓋茲在一九九九年至二○○一年間經歷了第二次跳轉，他在此期間辭去了微軟首席執行長一職，並創立了比爾及梅琳達・蓋茲基金會（Bill and Melinda Gates Foundation），此基金會後來成為世界規模最大的私人慈善基金會。由於幸運點在水瓶座，第二次（位在幸運點相對尖軸）的跳轉，是這兩次跳轉中更為重要的高峰期。

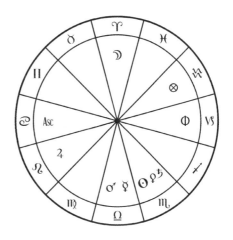

〈星盤 115〉比爾・蓋茲

伊莉莎白二世－精神點期間

♉ L1/L2 - 4/21/1926
♊ L2 - 12/17/1926
♋ L2 - 8/8/1928
♌ L2 - 8/28/1930
♍ L2 - 3/20/1932
♎ L2 - 11/10/1933
♊ L1/L2 - 3/10/1934
♋ L2 - 10/31/1935
♌ L2 - 11/19/1937
♍ L2 - 6/12/1939
♎ L2 - 2/1/1941
♏ L2 - 9/29/1941
♐ L2 - 12/23/1942
♑ L2 - 12/18/1943
♒ L2 - 3/7/1946
♓ L2 - 8/23/1948
♈ L2 - 8/18/1949
♉ L2 - 11/11/1950
♐ L2 - 7/9/1951 - LB
♑ L2 - 7/3/1952
♋ L1/L2 - 11/25/1953
♌ L2 - 12/15/1955
♍ L2 - 7/7/1957
♎ L2 - 2/27/1959
♏ L2 - 10/25/1959
♐ L2 - 1/17/1961
♑ L2 - 1/12/1962
♒ L2 - 4/1/1964
♓ L2 - 9/18/1966
♈ L2 - 9/13/1967
♉ L2 - 12/6/1968
♊ L2 - 8/3/1969
♑ L2 - 3/26/1971 - LB
♒ L2 - 6/13/1973
♓ L2 - 11/30/1975
♈ L2 - 11/24/1976
♉ L2 - 2/17/1978
♌ L1/L2 - 7/17/1978
♍ L2 - 2/7/1980
♎ L2 - 9/29/1981
♏ L2 - 5/27/1982
♐ L2 - 8/20/1983
♑ L2 - 8/14/1984
♒ L2 - 11/2/1986
♓ L2 - 4/20/1989
♈ L2 - 4/15/1990
♉ L2 - 7/9/1991
♊ L2 - 3/5/1992
♋ L2 - 10/26/1993
♒ L2 - 11/15/1995 - LB

　　另一個案例是女王伊莉莎白二世，她的父親於一九五二年二月六日去世，她因此繼承了英國王位，時值她的跳轉期間。

　　類似情形也發生在日本昭和天皇裕仁身上，他的父親於一九二六年十二月去世時，裕仁正經歷一次跳轉，並繼位為天皇。二十年後，他在一九四六至四八年間又經歷了一次跳轉，這次從巨蟹座跳到摩羯座，而他本命夜間盤的土星就坐落於此，時間點是在二戰日本戰敗之後。在此期間，他被迫放棄了君權神授的天皇地位，改以立憲君主制取代帝制，因此其政權本質只是名義上的領袖。此處的重點在於，跳轉後的星座是否有吉星或凶星位在其中，或是與之形成星座相位，這點通常會決定此段轉換期將會是正面或負面的體驗[31]。

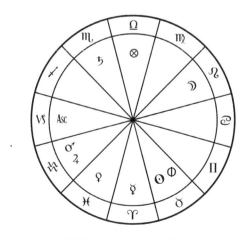

〈星盤 116〉女王伊莉莎白二世

昭和天皇裕仁－精神點期間

♉ L1／L2 - 4/29/1901
　Ⅱ L2 - 12/25/1901
　♋ L2 - 8/17/1903
　♌ L2 - 9/5/1905
　♍ L2 - 3/29/1907
　♎ L2 - 11/18/1908
Ⅱ L1／L2 - 3/18/1909
　♋ L2 - 11/8/1910
　♌ L2 - 11/27/1912
　♍ L2 - 6/20/1914
　♎ L2 - 2/10/1916
　♏ L2 - 10/7/1916
　♐ L2 - 12/31/1917
　♑ L2 - 12/26/1918
　♒ L2 - 3/15/1921
　♓ L2 - 9/1/1923
　♈ L2 - 8/26/1924
　♉ L2 - 11/19/1925
　♐ L2 - 7/17/1926 - LB
　♑ L2 - 7/12/1927
♋ L1／L2 - 12/3/1928
　♌ L2 - 12/23/1930
　♍ L2 - 7/15/1932
　♎ L2 - 3/7/1934
　♏ L2 - 11/2/1934
　♐ L2 - 1/26/1936
　♑ L2 - 1/20/1937
　♒ L2 - 4/10/1939
　♓ L2 - 9/26/1941
　♈ L2 - 9/21/1942
　♉ L2 - 12/15/1943
　Ⅱ L2 - 8/11/1944
♑ L2 - 4/3/1946 - LB
　♒ L2 - 6/21/1948
　♓ L2 - 12/8/1950
　♈ L2 - 12/3/1951
　♉ L2 - 2/25/1953
♌ L1／L2 - 7/25/1953
　♍ L2 - 2/15/1954
　♎ L2 - 10/7/1956
　♏ L2 - 6/4/1957
　♐ L2 - 8/28/1958
　♑ L2 - 8/23/1959
　♒ L2 - 11/10/1961
　♓ L2 - 4/28/1964
　♈ L2 - 4/23/1965

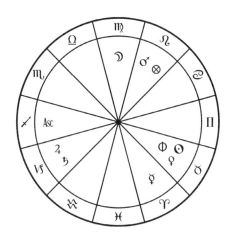

〈星盤 117〉昭和天皇裕仁

　　由此看來，跳轉期間通常會至少發生三種截然不同或能夠輕易識別的情境。第一種是在特定職業領域有所成就，但隨後因跳轉而進入另一個職業領域，或者退出職場。我們看到的例子包括喬治·盧卡斯和阿諾·史瓦辛格。另一個是案例是美國總統巴拉克·歐巴馬（Barack Obama）的星盤，他於二〇一七年五月進入跳轉，正是他完成第二任也是最後一任總統任期後不久。其實這些內容部分來自我在二〇一二年做出的預測：他將在當年年末成功連任，因為跳轉清楚指示了二〇一七年初的職涯轉換，所以看起來他非常可能連任[32]。

　　第二種典型的跳轉情境，是在主期間初期已建立起穩固職涯的人，其職涯會在抵達跳轉

巴拉克·歐巴馬－精神點期間

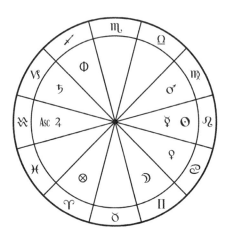

〈星盤 118〉巴拉克·歐巴馬

時攀上高峰，到目前為止，這樣的案例我們已經看過艾爾·高爾和琳達·古德曼。

　　最後，第三種尚未談到的情境，是在跳轉之前的主期間初期，便已試著進入某個特定職業領域的人，而他們一旦抵達跳轉，邁出了最後一步，就會完全沉浸於該領域。我在客戶們的星盤中看過幾次這樣的案例，這些人在主期間初期獲得碩士學位，並在抵達跳轉時完成了博士學位，而此時也是他們完全投入該職涯領域的時候。

　　觀察跳轉會發生在尖軸三合的哪一個位置，有助於判斷手上的案例屬於哪一種情境。如果跳轉發生在尖軸三合的開端或預備星座，那麼它通常代表命主需要經歷一段轉換期，才

會踏上之後將投入數十年的職涯道路，就像喬治‧盧卡斯的案例；如果跳轉發生在尖軸三合的中間部分，通常代表命主在當前的領域達到高峰，就像艾爾‧高爾或琳達‧古德曼的案例；最後，如果跳轉發生在尖軸三合的最後一個星座，那麼它通常代表著命主這幾十年來專注投入的職涯將走入尾聲，歐巴馬總統即是此例。

在判斷即將到來的跳轉將會著重於哪個面向時，我發現最有用的作法是將觀察重點放在將被跳轉引動的星座上，並回顧約八年前該星座被引動時，命主的生活與職涯發生了什麼事。我將該星座在跳轉前第一次被引動的期間稱為「預示期間」（foreshadowing period），預示期間的發生點是在副期間走到主期間的一半時，或者換句話說，會發生在跳轉前的主期間對向星座。當該星座第一次被引動時，通常預示著往後會在跳轉期發生的事件，且通常以將要發生但尚未成真的形式出現。

比如，命主在預示期間就想過要轉換領域，有時甚至已經著手進行，但最終停下腳步，並未一鼓作氣完成轉換。而幾年過後，抵達跳轉時，該星座再次帶他們重回類似主題的情境，這次他們徹底掌握住第二次機會做出改變，進而為他們的職涯與人生方向帶來重大轉變。因此，如果仔細觀察的話，通常可以透過檢視預示期間所發生的事，看見即將到來的改變。

雖然我們在此處著重於精神點的釋放，但發生於幸運點釋放期間的跳轉，也代表了命主在健康和物質環境的遽變。例如戴安娜王妃出生於日間盤，火星在處女座，幸運點在獅子座。她從十九年的獅子座期間開始，即一九六一年至一九八〇年；然後在一九八〇年進入了二十年的處女座期間。在進入這個主期間的第十七年半時，她經歷了一次跳轉，副期間從處女座跳到雙魚座，自一九九七年七月下旬開始了一段十二個月的副期間。此次跳轉發生於幸運點期間，且位在與她本命日間盤火星對分相的星座上，為她帶來了健康和身體上的難題，而就在跳轉開始的一個月後，她便死於一場車禍。

戴安娜王妃－幸運點期間

- ♌ L1/L2 - 7/1/1961
- ♍ L2 - 1/22/1963
- ♎ L2 - 9/13/1964
- ♏ L2 - 5/11/1965
- ♐ L2 - 8/4/1966
- ♑ L2 - 7/30/1967
- ♒ L2 - 10/17/1969
- ♓ L2 - 4/4/1972
- ♈ L2 - 3/30/1973
- ♉ L2 - 6/23/1974
- ♊ L2 - 2/18/1975
- ♋ L2 - 10/10/1976
- ♒ L2 - 10/30/1978 - LB
- ♍ L1/L2 - 3/23/1980
- ♎ L2 - 11/13/1981
- ♏ L2 - 7/11/1982
- ♐ L2 - 10/4/1983
- ♑ L2 - 9/28/1984
- ♒ L2 - 12/17/1986
- ♓ L2 - 6/4/1989
- ♈ L2 - 5/30/1990
- ♉ L2 - 8/23/1991
- ♊ L2 - 4/19/1992
- ♋ L2 - 12/10/1993
- ♌ L2 - 12/30/1995
- ♓ L2 - 7/22/1997 - LB
- ♈ L2 - 7/17/1998
- ♉ L2 - 10/10/1999
- ♎ L1/L2 - 12/9/1999

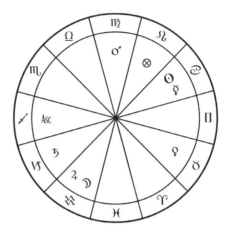

〈星盤 119〉戴安娜王妃

精神點與幸運點在同一個星座

在黃道釋放法的脈絡中，瓦倫斯提到另一個不尋常但重要的規則，該規則與那些幸運點和精神點位在同一星座的本命星盤案例有關。如果你想釋放精神點，應該按黃道順序推進至下一個星座，然後從該星座開始釋放[33]。此情形通常發生在出生於新月或滿月的命主身上，因為此時這兩個希臘點會同在上升點或下降點附近。例如，某位命主的本命精神點和幸運點都在天蠍座，那麼你要將精神點向下推進一個星座到射手座，以便釋放精神點，而幸運點仍留在天蠍座。

約翰・凱瑞－精神點期間

♋ L1/L2 - 12/11/1943
　　♌ L2 - 12/30/1945
　　♍ L2 - 7/23/1947
　　♎ L2 - 3/14/1949
　　♏ L2 - 11/9/1949
　　♐ L2 - 2/2/1951
　　♑ L2 - 1/28/1952
　　♒ L2 - 4/17/1954
　　♓ L2 - 10/3/1956
　　♈ L2 - 9/28/1957
　　♉ L2 - 12/22/1958
　　♊ L2 - 8/19/1959
　　♑ L2 - 4/10/1961 - LB
　　♒ L2 - 6/29/1963
　　♓ L2 - 12/15/1965
　　♈ L2 - 12/10/1966
　　♉ L2 - 3/4/1968
♌ L1/L2 - 8/1/1968
　　♍ L2 - 2/22/1970
　　♎ L2 - 10/15/1971
　　♏ L2 - 6/11/1972
　　♐ L2 - 9/4/1973
　　♑ L2 - 8/30/1974
　　♒ L2 - 11/17/1976
　　♓ L2 - 5/6/1979
　　♈ L2 - 4/30/1980
　　♉ L2 - 7/24/1981
　　♊ L2 - 3/21/1982
　　♋ L2 - 11/11/1983
　　♒ L2 - 11/30/1985 - LB
♍ L1/L2 - 4/24/1987
　　♎ L2 - 12/14/1988
　　♏ L2 - 8/11/1989
　　♐ L2 - 11/4/1990
　　♑ L2 - 10/30/1991
　　♒ L2 - 1/17/1994
　　♓ L2 - 7/5/1996
　　♈ L2 - 6/30/1997
　　♉ L2 - 9/23/1998
　　♊ L2 - 5/21/1999
　　♋ L2 - 1/10/2001
　　♌ L2 - 1/30/2003
　　♓ L2 - 8/22/2004 - LB
　　♈ L2 - 8/17/2005
　　♉ L2 - 11/10/2006
♎ L1/L2 - 1/9/2007
　　♏ L2 - 9/6/2007
　　♐ L2 - 11/29/2008
　　♑ L2 - 11/24/2009
　　♒ L2 - 2/12/2012
　　♓ L2 - 7/31/2014
♏ L1/L2 - 11/28/2014

　　此技法的這一面向的確看來相對古怪且有違常理，但是我一再地從客戶或其它的星盤案例研究中，發現它非常有用而且準確。許多這類星盤的精神點期間，只有在套用此規則時才有意義，並切合時間段。琳達・古德曼就是一例，由於她本命星盤的精神點和幸運點都落在天秤座，因此我先前使用的期間（即她在跳轉期間同步推出了最暢銷的著作），就是建立在將精神點推進到下一個星座天蠍座的基礎上。另一個例子是美國前國務卿約翰・凱瑞（John Kerry），由於他這兩個希臘點都在雙子座，如果將精神點推進一個星座從巨蟹座開始，那麼他在二○○四年一度非常接近總統大位的嘗試，就會與發生在主期間幸運點高峰期的那次跳轉完美契合。還有一個例子是政治家泰德・甘迺迪，他的本命精神點和幸運點在巨蟹座，

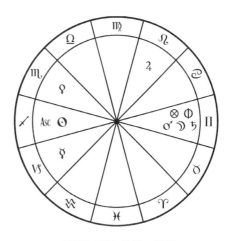

〈星盤 120〉約翰・凱瑞

如果將精神點的釋放推進一個星座，那麼他的兄長羅伯特在一九六八年被暗殺一事，就會與那次的跳轉完全吻合。

還有許多類似的案例足以佐證其效力，而就該技法的這一應用，我雖然鼓勵讀者自行驗證，但對我來說，它已成為標準且可靠的規則。

可進一步研究的領域

從我個人的實踐中發現，此技法在許多面向的詮釋上，仍有細微的差別，但就本書的目的而言，本章提供的技法概述已經很充足，因此我將結束這裡的論述。

過去十年來，有些人對此技法進行了大量的研究，雖然發現了許多令人嘖嘖稱奇的事情，但在某種程度上，我認為我們只觸及此一技法的皮毛而已，還有許多誘人的研究主題尚未被完全開發。例如，很多人會自然而然地想到一個問題，就是除了精神點和幸運點，是否也能釋放其它的希臘點。雖然瓦倫斯並未提到這種可能性，但我認為這個想法很有趣，於是自二〇〇五年十一月開始，以包路斯版本的愛情點做了測試，發現成效頗彰。我經常用它來記錄個人一生中關於愛情和人際關係的時間點，大多依循前述的指導原則並從而發現，當某人的愛情點釋放期間抵達幸運點起算的任一相對尖軸時，通常會與感情生活中極為重要和活躍的時期相合。我還看到了其他希臘點一些有趣的可能性，但我大部分將這些主題留待其他人進行研究和探索。

我在本章著重的黃道釋放法非常關注星座本身，而較少關注星座主星的部分原因是，我發現星座本身的狀態在大多數情況下更切題和有用，但我認為這是一個值得進一步研究的領域，也知道其他如史密斯等人，已開發出以星座主星為導向的方法。在史密斯對於星座主星的觀察中，我發現其中一項特別有用，那就是當精神點主星所在的星座被引動時，通常會讓命主的一生

志業變得更加清晰或開始顯化[34]。自二〇〇九年以來，我從客戶和名人的星盤中看到了許多這樣的案例，以至於它已成為我解盤時的必備要點，至於其他被引動之星座主星的用法，目前仍屬個人研究的範疇。

　　黃道釋放法是一項非常古老的技法，對於近十到二十年才重新使用它的當代占星師而言，它依舊非常陌生，目前世界上只有少數人真正懂得如何去有效地使用它，但這一點肯定會改變的。印度占星師近二千年來一直使用類似的技法，建構出他們大運系統中主期間和副期間之間的相互作用，而其中有許多領域，是希臘占星學的當代實踐者在復興古代時間主星系統時，可以從他們身上大量學習的地方。

　　於此同時，此類技法的卓越效用也引發了許多倫理和哲學議題，許多占星師甚至對於它們的應用領域一無所知。在某些方面，當代的現代占星學尚未準備好處理諸如黃道釋放法等技法所引發的相關議題，因為它的用途和潛力，以及直到近期才為人所知的一切，都令人感到陌生，不過，探討這些議題卻是復興希臘占星學技法不可或缺的一環。此技法的完整應用步驟已經消亡了很長一段時間，突然間我們又開始為它注入活力，我們此時此刻所行之事，不僅是恢復一項古代的技法學說，更是發展出一套準則來說明它的用法及含義，而本章節不過是為了此項技法的全面復興所拉開的序幕，現在我將交棒給你。

註　釋

1　另一位提及此技法的占星家是 Rhetorius，他在 *Compendium*, 97, trans. Holden, p. 147 中，簡要地引用了 Valens 的《占星選集》第四冊來介紹此技法。

2　Valens, *Anthology*, 4, 4–10; Valens, *Anthology*, 2, 30: 5–7.

3　Valens, *Anthology*, 4, 4: 1–2.

4　Firmicus, *Mathesis*, 4, 17: 5; 4, 18: 1.

5　Valens, *Anthology*, 4, 4: 23–31.

6　Valens, *Anthology*, 4, 4: 3–4.

7   Valens, *Anthology*, 2, 30: 5–7.

8   Valens 為此提供了一個簡要的解釋，即這與行星的「最終」或「最大」年份有關，是另一個用來決定行星期間的系統，見：*Anthology*, 4, 6: 1-4。他說太陽的最後年數是一二○年，此數的一半等於六○年，而太陽再將此數的一半分給了與自己的居所相對的星座，等於將三○年給了水瓶座。月亮有一○八個最終年數，分一半即是五十四年，再將此數的一半分配給與它的居所相對的星座，其結果即為分給摩羯座二十七年。

9   Valens, *Anthology*, 4, 4: 3–4。在書中的他處，他似乎暗示這是根據行星的小周期來劃分時間的方法之一（*Anthology*, 4, 11: 6）。

10 Valens, *Anthology*, 4, trans. Schmidt, pp. xiii–xvi.

11 Valens, *Anthology*, 4, 8: 3.

12 Valens, *Anthology*, 3, 3.

13 Valens, *Anthology*, 4, 9.

14 最詳盡的副期間概要，見：Valens, *Anthology*, 4, 10: 1-6。

15 這兩個星盤案例在 *Anthology* 第四冊的第八和第十章。

16 Valens, *Anthology*, 4, 7: 14-15, trans. Schmidt.

17 Valens, *Anthology*, 4, 7: 15。雖然他明確指出與希臘點四分相的區位更加活躍，然而與本命的四軸區位比較之後，會更加清楚他所指的是幸運點起算的四個相對尖軸。

18 Valens, *Anthology*, 4, 7: 14.

19 由於他的太陽只比上升點低幾度，而且我發現當太陽接近早晨日出時刻時，星盤的表現就開始趨近日間盤，因此在他的星盤中，我使用日間公式計算希臘點。我也將他的出生時間往前調快一分半，使精神點位在處女座，而不是較晚的獅子座，這似乎還在可接受的範圍內，因為上午五點四十分的出生時間記錄，可能是略微四捨五入的結果。

20 瓦倫斯在著作中講述了一段關於尋找時間主星技法的故事，史密特最初對瓦倫斯說法的解釋是，只有在技法本身揭示出他將尋得這項技法時，他才能知道自己找到的是一種有效的技法。見：Valens, *Anthology*, 4, 11: 7-10, trans. Schmidt, p. 23, fn. 6。然而，其他人對於這段話的詮釋是，瓦倫斯的守護神或代蒙（*daimōn*）將他帶向此技法。見：Komorowska, *Vettius Valens of Antioch*, p. 347; Greenbaum, *The Daimon*, p. 36。

21 CCAG, 6, p. 62: 9–17.

22 Valens, *Anthology*, 4, 16: 23.

23 Valens 在他第一個黃道釋放法星盤案例中，說明了行星可以與空宮形成相位，他有一次提到水星和火星正在見證或證明水瓶座，描述出此一期間的特質（*Anthology*, 4, 8: 18）。星盤上的水星在獅子座，火星在天蠍座，而水瓶座內沒有任何行星。另一個值得注意的是，此張星盤的水星與它的星座主星不合意，我認為這與史密特的說法相互矛盾，他推測行星也必須與其星座主星有相位，才能在黃道釋放法中見證空

宮。參照 Schmidt, "Two Conjectures about the Hellenistic Concept of Testimony"。

24　此例示範了我在實踐中發現有效的規則，即主期間的焦點或重點事件，有時候會發生在：主期間的星座主星之所在星座被副期間引動的時間點。在此例中，十五年天蠍座期間的決定性事件發生在副期間抵達火星的所在星座時，而她最成功的專輯是在十二年的射手座期間發行，當時木星所在的星座被副期間所引動。這近似於 Robert Zoller 在二〇〇七年與我分享的一個與流年小限法有關的技法，即當流月小限法推進到年主星的所在星座時，就會指出命主當年生命中最重要的月份。

25　Valens, *Anthology*, 4, 8: 1–13.

26　Valens, *Anthology*, 2, 18: 5–7（kentra 是 kentron 的複數形式）。

27　Demetra George, *Ancient Astrology in Theory and Practice: A Manual of Traditional Techniques*.

28　Valens, *Anthology*, 4, 4: 20–22.

29　Valens, *Anthology*, 4, 5: 1.

30　Valens, *Anthology*, 4, 4: 22.

31　Valens 提出同樣的說法，也說要關注被跳轉引動之星座主星的本質，以及它在星盤的狀態（*Anthology*, 4, 5）。

32　Brennan, "An Introduction to Hellenistic Astrology, Part 2," pp. 79–80，由 *The Mountain Astrologer* 雜誌於二〇一二年四月出版。

33　Valens, *Anthology*, 4, 4: 7。Valens 提到某些佚名的占星家也會在希臘點彼此對分時，將精神點推進下一個星座開始釋放，雖然在他看來是多此一舉（*Anthology*, 4, 4: 9-10）。

34　二〇〇七年的一次私人交流。此觀察部分基於 Valens, *Anthology*, 4, 7: 14 中可能暗示的釋義原則。Shcmidt 和 Black 的共同論文 "Peak Times and Patterns in the Life of Dane Rudhyar," p. 39 中，指出了精神點星座主星所在星座被引動時的重要性。

結　語

──────────◉──────────

　　希臘化時期占星學是一個龐大的主題，儘管本書已經涵蓋許多內容，但仍有未盡之處。例如，囿於篇幅限制而無法納入的某些技法，如「護衛星」（spear-bearing，*doruphoria*），或其他的重要概念，如掌管整張星盤的主星，即壽主星（*oikodespotēs geneseōs*），我希望將來有機會能在其他作品中闡述這些主題。我雖然非常清楚費爾米庫斯在《論數學》一書中也曾提及類似的想法，他打算專寫一本有關壽主星的書，但由於沒有該著作留存的線索，我們無從得知他是否實現了此一承諾。

　　重建和復興希臘占星學之路，有許多工作尚待推進，而本書的概述僅是過程中相對較早的一步。我希望經由本書所揭示古代占星傳統的價值和複雜性，進而啟發更多人共同參與這項研究。這還有仰賴更多在歷史、古代語言、哲學及其他領域接受過專業培訓的人來研究這些史料，並進一步獲得更加清晰的理解。我也鼓勵具有這方面長才且懷抱熱忱的人，到大學繼續尋求相關專業領域的培訓，因為這是學習必要技能，以盡最大可能深入研究文獻的最佳途徑。

　　除了文本分析，還有許多需要將這些技法付諸實踐、驗證和改良的工作尚待完成。雖說有些技法可以直接作為應用，但可以這麼說，其他尚有許多技法需依現代的情況加以調整，才能在當代環境中被有效地運用。我嘗試了一些可以在我的案例星盤中示範的方法，然而，還有更多案例尚待進一步的探討。此外，許多這些技法能夠做到現代占星學所不能的事，因此，在運用這些技法時，應如何為客戶的星盤進行詮釋，當中還有許多倫理與程序上的考量，有待制定適當的規範以作為準則。在某些情況下，就算占星師

能道出人的一生，也並不意味著他們應當說出口，但同時，占星師希望能夠直接如實陳述星盤中所揭示的內容，卻因為無法坦誠關於占星學的說法，也有短處。近幾十年來，許多大型占星組織雖然都採用了倫理準則，但希臘占星學的實踐範圍及其本質有其特殊的考量，因而需要特別的解決方案。

這些技法也掀起了關於命定、自由意志，以及就廣義上，論及宇宙本質的主要哲學議題。剛開始研習希臘占星學時，其中最令我感到驚訝的是某些技法的效力，尤其是時間主星系統。這套技術可以勾勒出一個人從出生那一刻起的整個生命歷程，於我個人而言，這使得我在那一兩年內面臨到哲學危機。我努力重新看待占星學的能耐，以及這對我自己和其他人是為何意——我們的人生有多大程度是命定的。到後來，我變得比原先自認的更偏向命定論以及斯多葛學派的哲學立場。持平而論，我認為希臘化時期的占星家，通常比他們在二十世紀與二十一世紀初的同行來得更加命定論，但即使如此，我個人傾向採納的哲學觀點並不一定適合所有人，而且，希臘化傳統中蘊含著足夠多的哲學與宗教的多樣性，得以確保沒有一種方法可以聲稱對其整個傳統具有至高無上的地位。目前尚不清楚希臘占星學在創建時期，具有何等一致的哲學綱領作為實踐的基礎，又或者它只代表被許多持有相異哲學與宗教立場、隸屬不同派別占星家所使用的一種工具或技術。不過我確實認為，對於涉獵這些資料的人來說，進一步探索更廣泛的哲學議題，有益於在現代建構出一個更為清晰的占星學概念和哲學論述，而本書正是朝著尋溯源頭著墨，並已協助澄清一些在二十世紀仍不明朗的重大議題。

總結而論，研究古代傳統占星學，其目的並非緬懷過去而流連不已，而是應當將目標放在回顧過去，重建並理解傳統的意義，然後將其最精要的部分帶進未來。我們雖然也可以只使用希臘化傳統占星學的技術，而這會是一種全然有效且可行的辦法，但我們也應當意識到所謂的傳統，是一直活現於眼前，是不斷演進的存在，它從不是靜止不變。單憑這一認識，就足以對抗堅守原始的基本教義派，每當這類派別的團體回顧過去時，便是逐步走向將傳統技法理想化。雖然本書很大一部分的前提是：透過研究古代占星家的作品能夠獲益良多，但這並非表示希臘占星學就是某種可以解決當代占星實

踐中所有缺點的靈丹妙藥。圍繞在占星學的概念、哲學和技法等前提之下，仍有許多有待未來著力之處，而將占星家與我們的歷史和傳統重新聯繫起來，便是其中的一環，它使我們能夠從數十世紀以來的占星實踐中，重拾許多累積的智慧，而再下一步便是著手於當代和古代傳統的融合。我們可以預見一種集大成的出現，標誌著——占星傳統的新紀元，仿若兩千多年前，美索不達米亞和埃及占星傳統的融合，締造了希臘占星學的誕生。正是基於這樣的意義，我相信透過回顧過去，我們可以、並且將創造出更合於後世的占星學。

附 錄 ： 星 盤 與 生 時 資 訊

　　此表列出了本書使用的所有誕生星盤，並依其出現於文中的順序，列出各個名人星盤案例的生時資訊。名人的生時資訊大多可於占星資料庫（AstroDatabank）找到，網址為：www.astro.com/astro-databank/，占星資料庫使用一種用於判別出生時間資訊來源的羅丹評級（Rodden Rating）系統，下述的每筆資料也據此列出評級。在某些情況下，我會提供我所使用的其他特定資料來源，以及與星盤或生時的相關資訊。雖然這些星盤都可被評級為AA或A（即來自出生證明，或其他直接引自出生紀錄的資料來源），但出於隱私與保密之故，將不列出匿名個案的生時資訊。

1. 保羅・蓋提（J. Paul Getty）：December 15, 1892 at 8:45 AM in Minneapolis, Minnesota。羅丹評級：B，據傳記所述，他於 9:00 AM 前不久出生。
2. 查爾斯王子（Prince Charles）：November 14, 1948 at 9:14 PM in Buckingham Palace, England。評級為 A，其生時發佈於新聞。
3. 切・格瓦拉（Che Guevara）：May 14, 1928 at 03:05 AM in Rosario（Santa Fé），Argentina。評級為 AA，來自出生證明及傳記。
4. 富蘭克林・德拉諾・羅斯福（Franklin D. Roosevelt）：January 30, 1882 at 8:45 PM in Hyde Park, New York。評級為 AA，引自其傳記中他母親的日記。
5. 克里斯多夫・李維（Christopher Reeve）：September 25, 1952 at 3:12 AM in Manhattan, New York。評級為 A，來自一封向占星師尋求諮詢的信。其他占星師則引用其他出處，時間為 3:14 AM 和 3:30 AM，亦得出相同的上升星座。
6. 朱迪・布魯姆（Judy Blume）：February 12, 1938 at 9:59 PM in Elizabeth, New Jersey。評級為 AA，來自出生證明。
7. 理查德・胡克（Richard Houck）：April 13, 1947 at 12:51 AM in Des Moines, Iowa。評級為 A，引自一封給占星資料庫編輯的信。

8.　卡爾・薩根（Carl Sagan）：November 9, 1934 at 5:05 PM in New York, New York。評級為 AA，來自出生證明。

9.　匿名（醫生）：私人資訊。

10.　教宗本篤十六世（Pope Benedict XVI，Joseph Ratzinger）：April 16, 1927 at 4:15 AM in Marktl, Germany。評級為 AA，來自出生證明，從其兄長的傳記中得到二次證實。

11.　威廉・藍奎斯特（William Rehnquist）：October 1, 1924 at 11:32 AM in Milwaukee, Wisconsin。評級為 AA，來自出生證明。

12.　T. S. 艾略特（T. S. Eliot）：September 26, 1888 at 7:45 AM in St. Louis, Missouri。評級為 AA，引自其父親的一封信。

13.　喬治・盧卡斯（George Lucas）：May 14, 1944 at 5:40 AM in Modesto, California。評級為 AA，來自出生證明。我使用微調過的時間 5:41:35 AM。

14.　史蒂夫・沃茲尼克（Steve Wozniak）：August 11, 1950 at 9:45 AM in San Jose, California。評級為 AA，引自一份公開聲明。

15.　安潔莉娜・裘莉（Angelina Jolie）：June 4, 1975 at 9:09 AM in Los Angeles, California。評級為 AA，來自出生證明。

16.　保羅・紐曼（Paul Newman）：January 26, 1925 at 6:30 AM in Cleveland, Ohio。評級為 AA，來自出生證明。

17.　泰德・甘迺迪（Ted Kennedy）：February 22, 1932 at 3:58 AM in Dorchester, Massachusetts。評級為 AA，來自出生證明。

18.　匿名（財務焦慮）：私人資訊。

19.　明仁天皇（Emperor Akihito）：December 23, 1933 at 6:39 AM in Tokyo, Japan。評級為 A，來自其出生後不久發佈的新聞。

20.　女王伊莉莎白二世（Queen Elizabeth II）：April 21, 1926 at 2:40 AM in London, England。評級為 AA，來自一份公開聲明。

21.　威廉王子（Prince William）：June 21, 1982 at 9:03 PM in Paddington, England。評級為 AA，來自出生證明。

22.　亨利王子（Prince Henry）：September 15, 1984 at 4:20 PM in Paddington, England。評級為 A，來自出生當天的新聞報導。

23.　安德烈・卡西拉奇王子（Prince Andrea Casiraghi）：June 8, 1984 at 10:50 PM in Monte Carlo, Monaco。評級為 A，來自出生當天的新聞報導。在一份報導中為 10:52 PM。

24.　墨里奇奧・古馳（Maurizio Gucci）：September 26, 1948 at 1:10 AM in Florence, Italy。評級為 AA，來自出生證明。

25.　史蒂夫・沃茲尼克（Steve Wozniak）：見星盤 14。

26.　泰德・甘迺迪（Ted Kennedy）：見星盤 17。

27.　梵谷（Vincent van Gogh）：March 30, 1853 at 11:00 AM in Zundert, Netherlands。評級

為 AA，來自出生證明。

28. 萊因霍爾德・埃伯丁（Reinhold Ebertin）：February 16, 1901 at 4:45 AM in Görlitz, Germany。評級為 A，來自他本人引述的星盤。

29. 匿名（第四區位主星在第九區位）：私人資訊。評級為 AA。

30. 匿名（第五區主星在第九區位）：私人資訊。評級為 AA。

31. 匿名（第五區位主星在第八區位）：私人資訊。評級為 AA。

32. 海明威（Ernest Hemingway）：July 21, 1899 at 8:00 AM in Oak Park, Illinois。評級為 AA，來自他母親剪貼簿上的記載。

33. 傅柯（Michel Foucault）：October 15, 1926 at 7:30 AM in Poitiers, France。評級為 AA，來自出生證明。

34. 約翰・卡森（Johnny Carson）：October 23, 1925 at 7:15 AM in Corning, Iowa。評級為 AA，顯然來自出生紀錄，即使與 11:47 PM 存在爭議。

35. 史蒂芬・史匹柏（Steven Spielberg）：December 18, 1946 at 6:16 PM in Cincinnati, Ohio。評級為 AA，來自出生證明。

36. 阿道夫・希特勒（Adolf Hitler）：April 20, 1889 at 6:30 PM in Braunau, Austria。評級為 AA，來自出生證明。

37. 匿名（第七區位主星在第十一區位）：私人資訊。

38. 海明威（Ernest Hemingway）：見星盤 32。

39. 戴安娜王妃（Princess Diana）：July 1, 1961 at 7:45 PM in Sandringham, England。評級為 A，顯然出自他母親的一封信，經戴安娜本人向她的占星師證實。

40. 匿名（第九區位主星在第四區位）：私人資訊。

41. 匿名（醫生）：私人資訊。

42. 愛蓮娜・羅斯福（Eleanor Roosevelt）：October 11, 1884 at 11:00 AM in New York, New York。評級為 AA，來自出生證明。

43. 老虎伍茲（Tiger Woods）：December 30, 1975 at 10:50 PM in Long Beach, California。評級為 AA，來自出生證明。

44. 匿名（第十一區位主星在第八區位）：私人資訊。

45. 小約翰・甘迺迪（John F. Kennedy Jr.）：November 25, 1960 at 12:22 AM in Washington, D.C.。評級為 A，來自其出生後不久發佈的新聞。

46. 喬治・盧卡斯（George Lucas）：見星盤 13。

47. 匿名（第三區位主星受虐治）：私人資訊。

48. 史蒂夫・沃茲尼克（Steve Wozniak）：見星盤 14。

49. 切・格瓦拉（Che Guevara）：見星盤 3。

50. 匿名（醫生）：私人資訊。

51. 菲利普・波佐・迪博戈（Philippe Pozzo di Borgo）：February 14, 1951 at 2:45 PM in Tunis, Tunisia。評級為 AA，來自出生證明。

52. 邁克爾・帕特里克・麥克唐納（Michael Patrick MacDonald）：March 9, 1966 at 8:35 AM in Boston, Massachusetts。評級為 AA，來自出生證明。

53. 老虎伍茲（Tiger Woods）：見星盤 43。

54. 克里斯・法利（Chris Farley）：February 15, 1964 at 3:34 PM in Madison, Wisconsin。評級為 AA，來自出生證明。

55. 羅賓・威廉斯（Robin Williams）：July 21, 1951 at 1:34 PM in Chicago, Illinois。評級為 AA，來自出生證明。

56. 匿名（第十一區位主星受虐治）：私人資訊。

57. 瑪雅・安吉羅（Maya Angelou）：April 4, 1928 at 2:10 PM in Saint Louis, Missouri。評級為 AA，來自出生證明。

58. 詹姆斯・伊根・霍爾姆斯（James Eagan Holmes）：December 13, 1987 at 9:04 PM in La Jolla, California。評級為 AA，來自出生證明。

59. 匿名（父親的壽險保單）：私人資訊。

60. 馬丁・路德・金恩（Martin Luther King Jr.）：January 15, 1929 at 12:00 PM （noon.） in Atlanta, Georgia。評級為 A，據傳來自母親的記憶。在一部傳記中也給了約末正午的時間。

61. 阿爾伯特・愛因斯坦（Albert Einstein）：March 14, 1879 at 11:30 AM in Ulm, German。評級為 AA，來自出生證明。

62. 羅伯特・法蘭西斯・甘迺迪（Robert F. Kennedy）：November 20, 1925 at 3:11 PM in Brookline, Massachusetts。評級為 A，據傳引自甘迺迪的官方報導。

63. 安德烈・羅梅勒・楊格（德瑞博士）（Andre Romelle Young〔Dr. Dre〕）：February 18, 1965 at 10:56 AM in Los Angeles, California。評級為 AA，來自出生證明。

64. 賈桂琳・甘迺迪・歐納西斯（Jacqueline Kennedy Onassis）：July 28, 1929 at 2:30 PM in Southampton, New York。評級為 A，據傳透過了共同朋友提供給占星師弗朗西斯・麥克沃伊（Frances McEvoy）。

65. 瓦倫斯的三分性星盤案例 1：出自 Valens, *Anthology*, 2, 22: 1–9。Neugebauer and van Hoesen, Greek Horoscopes, p. 81 的第 L 50 號星盤，生時為 October 25, 50 CE，約 4:00 AM。

66. 瓦倫斯的三分性星盤案例 2：出自 Valens, *Anthology*, 2, 22: 13–16。Neugebauer and van Hoesen, *Greek Horoscopes*, p. 93f 的第 L 85 II 號星盤，生時為 February 5, 85 CE，日落前不久。

67. 瓦倫斯的三分性星盤案例 3：出自 Valens, *Anthology*, 2, 22: 43–44。Neugebauer and van Hoesen, *Greek Horoscopes*, p. 104f 的第 L 109 號星盤，生時為 June 2, 109 CE，約 8:00 AM。

68. 都勒斯的三分性星盤案例 1：Dorotheus, *Carmen*, 1, 24: 1–4。星盤「octava」見 Pingree 譯本，生時為 August 2, 43 CE，約 2:00 AM。

69. 都勒斯的三分性星盤案例 2：Dorotheus, *Carmen*, 1, 24: 9–11。星盤「septima」見 Pingree 譯本，生時為 April 2, 36 CE，約 8:00 PM。

70. 拿 破 崙 一 世（Napoleon Bonaparte）：August 15, 1769 at 11:30 AM in Ajaccio, France。評級為 A，據推測出自家族成員，即使其他人提出的時間為 11:00 AM，也不會改變其天蠍座上升。此筆資料來源是我最無法確定的生時資訊，在查閱該案例時須留意這點。

71. 匿名（夭折於襁褓中）：私人資訊。

72. 小勞勃 · 道尼（Robert Downey Jr.）：April 4, 1965 at 1:10 PM in Manhattan, New York。評級為 A，引自他本人。

73. 科 特 · 柯 本（Kurt Cobain）：February 20, 1967 at 7:38 PM in Aberdeen, Washington。評級為 AA，來自出生證明。

74. 比爾 · 柯林頓（Bill Clinton）：August 19, 1946 at 8:51 AM in Hope, Arkansas。評級為 A，引自他母親，即使與 7:30 AM 的時間存在爭議。

75. 惠妮 · 休斯頓（Whitney Houston）：August 9, 1963 at 8:55 PM in Newark, New Jersey。評級為 AA，來自出生證明。

76. 漢斯 · 克里斯汀 · 安徒生（Hans Christian Andersen）：April 2, 1805 at 1:00 AM in Odense, Denmark。評級為 AA，來自教區教堂的紀錄。

77. 麗莎 · 瑪麗 · 普里斯萊（Lisa Marie Presley）：February 1, 1968 at 5:01 PM in Memphis, Tennessee。評級為 AA，來自醫院紀錄。

78. 羅伯特 · 法蘭西斯 · 甘迺迪（Robert F. Kennedy）：見星盤 62。

79. 匿名（與母親和解）：私人資訊。

80. 匿名（孩子的誕生）：私人資訊。

81. 米高 · 福克斯（Michael J. Fox）：June 9, 1961 at 12:15 AM in Edmonton, Alberta。評級為 A，據傳引自他所諮詢的占星師。

82. 匿名（遇見未來的丈夫）：私人資訊。

83. 派屈克 · 史威茲（Patrick Swayze）：August 18, 1952 at 8:10 AM in Houston, Texas。評級為 A，據傳引自他所諮詢的占星師。

84. 亞曼達 · 諾克斯（Amanda Knox）：July 9, 1987 at 2:47 AM in Seattle, Washington。評級為 AA，來自出生證明。

85. 卡爾 · 薩根（Carl Sagan）：見星盤 8。

86. 安東尼 · 路易斯（Anthony Louis）：September 3, 1945 at 9:05 AM in Waterbury, Connecticut。評級為 AA，來自出生證明。

87. 魯道夫 · 赫斯（Rudolf Hess）：April 26, 1894 at 10:00 AM in Alexandria, Egypt。評級為 A，據傳來自為赫斯提供諮詢的占星師。

88. 安德烈 · 羅梅勒 · 楊格（德瑞博士）（Andre Romelle Young〔Dr. Dre〕）：見星盤 63。

89.　羅伯特‧法蘭西斯‧甘迺迪（Robert F. Kennedy）：見星盤 62。

90.　麗莎‧瑪麗‧普里斯萊（Lisa Marie Presley）：見星盤 77。

91.　史蒂夫‧沃茲尼克（Steve Wozniak）：見星盤 14。

92.　匿名（移居國外）：私人資訊。

93.　匿名（房屋火災）：私人資訊。

94.　強納森‧布蘭戴斯（Jonathan Brandis）：April 13, 1976 at 8:00 PM in Danbury, Connecticut。評級為 A，據傳引自他本人。

95.　喬治‧盧卡斯（George Lucas）：見星盤 13。

96.　匿名（伴侶自殺）：私人資訊。

97.　查理‧辛（Charlie Sheen）：September 3, 1965 at 10:48 PM in New York, New York。評級為 A，據傳引自他本人的出生證明。報導也曾指出些微差異的 10:58 PM，而其上升星座、幸運點和精神點都維持在相同星座。

98.　麗莎‧瑪麗‧普里斯萊（Lisa Marie Presley）：見星盤 77。

99.　匿名（丈夫之死）：私人資訊。

100.　匿名（開始交往）：私人資訊。

101.　精神點在天秤座的星盤案例：見詞條中的星盤 111（迪米特拉‧喬治）。

102.　喬治‧沃克‧布希（George W. Bush）：July 6, 1946 at 7:26 AM in New Haven, Connecticut。評級為 AA，來自出生證明。

103.　艾爾‧高爾（Al Gore）：March 31, 1948 at 12:53 PM in Washington, District of Columbia。評級為 AA，來自出生證明。

104.　喬治‧盧卡斯（George Lucas）：見星盤 13。

105.　史蒂夫‧沃茲尼克（Steve Wozniak）：見星盤 14。

106.　克里斯‧布里南（Chris Brennan）：November 1, 1984 at 1:28 PM in Aurora, Colorado。評級為 AA，來自出生證明。

107.　查理‧辛（Charlie Sheen）：見星盤 97。

108.　凡妮莎‧威廉斯（Vanessa L. Williams）：March 18, 1963 at 11:28 AM in Millwood, New York。評級為 AA，來自她自傳中發表的寶寶卡。

109.　妮可‧布朗‧辛普森（Nicole Brown Simpson）：May 19, 1959 at 2:00 AM in Frankfurt am Main, Germany。評級為 AA，來自出生證明。

110.　匿名（車禍）：私人資訊。

111.　迪米特拉‧喬治（Demetra George）：July 25, 1946 at 6:22 AM CST in Chicago, Illinois。評級為 AA，來自出生證明。

112.　喬治‧盧卡斯（George Lucas）：見星盤 13。

113.　阿諾‧史瓦辛格（Arnold Schwarzenegger）：July 30, 1947 at 4:10 AM in Graz, Austria。評級為 A，據傳引自他本人。

114.　琳達‧古德曼（Linda Goodman）：April 9, 1925 at 6:05 AM in Morgantown, West

Virginia。評級為 AA，來自出生證明。

115. 比爾‧蓋茲（Bill Gates）：October 28, 1955 at 10:00 PM in Seattle, Washington。評級為 A，引自他本人給占星師的資訊。一部自傳報導了一個有爭議的時間為「9:00 PM 後不久」。兩筆時間都得出相同的上升星座和幸運點，而 9:00 PM 得出的精神點在射手座，而 10:00 PM 則在摩羯座。我傾向採用 10:00 PM，因為從黃道釋放法的精神點期間，更符合他的年表。

116. 女王伊莉莎白二世（Queen Elizabeth II）：見星盤 20。

117. 昭和天皇裕仁（Emperor Hirohito）：April 29, 1901 at 10:10 PM in Tokyo, Japan。評級為 B，明顯出自兩本歷史書的記載。也有人引用 9:51 PM，但資料來源不明，據推測，這個時間出自當代的新聞報導，而得出的上升星座、幸運點、精神點配置亦相同。

118. 巴拉克‧歐巴馬（Barack Obama）：August 4, 1961 at 7:24 PM in Honolulu, Hawaii。評級為 AA，來自出生證明。我對星盤的區間劃分有所保留，因為他出生於日落之後。在本書中，我將此星盤視為夜間盤來示範黃道釋放法，儘管在某些方面，以日間盤來看本命配置可能更說得通。（於本書出版之際，此議題的研究仍進行中。）

119. 戴安娜王妃（Princess Diana）：見星盤 39。

120. 約翰‧凱瑞（John Kerry）：December 11, 1943 at 8:03 AM in Fitzsimons, Colorado。評級為 A，引自他母親所說的「日出時」，以及引自他的姨子，據傳直接經本人證實。後來，據傳是透過他的妻子獲知了午夜到 1:00 AM 之間的時間段而有爭議，儘管這一時段非常模糊，與其他兩個時間極不一致，因此我認為不足為信。

時 間 軸

西元前五世紀

● 已知最古老的美索不達米亞誕生星盤可溯及西元前四一〇年。本命占星學（natal astrology）或生辰占星學（genethlialogy）的概念正是在此時期發展起來。

西元前四世紀

● 西元前三四七年，希臘哲學家柏拉圖（Plato）逝世。
● 西元前三三四年，亞歷山大大帝（Alexander the Great）對波斯帝國發動戰爭。
● 西元前三三二年後不久，亞歷山大大帝在埃及創建亞歷山大城（Alexandria）。
● 約西元前三二二年，希臘哲學家亞里士多德（Aristotle）逝世。
● 西元前四世紀晚期，托勒密王朝建立於埃及；托勒密一世（Ptolemy I）和托勒密二世（Ptolemy II）開始興建著名的亞歷山大博物館和圖書館。

西元前三世紀

● 約西元前三百年，季蒂昂的芝諾（Zeno of Citium）創立了斯多葛哲學派（Stoic）。
● 西元前三世紀初，貝洛蘇斯（Berossus）從美索不達米亞移民至希臘科斯島（Kos），於此地建立了一所占星學院。

西元前二世紀

● 西元前二〇〇年，黃道星座的描繪開始出現在埃及的神廟中。

- 一種用於計算行星位置的機械裝置被稱為安提基特拉機械（Antikythera Mechanism），目前普遍認為建造於西元前二〇〇年左右（卡爾曼〔Carman〕與伊凡斯〔Evans〕共同發表的〈在安提基特拉機械的時代〉〔On the epoch of the Antikythera mechanism〕）。
- 一些被認為出自赫密士‧崔斯墨圖（Hermes Trismegistus）、阿斯克勒庇俄斯（Asclepius）、尼切普索（Nechepso）以及佩多西瑞斯（Petosiris）所著的基礎理論文本，可能寫於西元前二世紀末或西元前一世紀初。

西元前一世紀
- 最晚近的楔形文字與最古老的希臘文誕生星盤出現在西元前一世紀中葉左右。
- 西元前四四年，凱撒大帝（Julius Caesar）被暗殺。羅馬帝國時代來臨，凱撒的姪子屋大維（Octavian）成為第一位皇帝，史稱奧古斯都（Augustus）。
- 羅馬吞併埃及，托勒密王朝隨著埃及艷后克麗奧佩托拉（Cleopatra）於西元前三〇年逝世而結束。
- 提麥奧斯（Timaeus）於西元前一世紀末或西元一世紀初撰寫了一部文本，內文引述了赫密士‧崔斯墨圖（Hermes Trismegistus）著作中關於有利區位（advantageous place）的主題。
- 大約在西元前一世紀末或西元一世紀初，巴比倫的特烏瑟（Teucer of Babylon）寫了一部關於行星、星座和共同升恆星（co-rising stars）的文本。

西元一世紀
- 斯拉蘇盧斯（Thrasyllus）在西元二年之前成為提貝里烏斯（Tiberius）皇帝的私人占星師，並在西元三六年去世前撰寫了一本名為《皮納克斯表》（The Tablet／Pinax）的占星手冊。
- 馬尼利亞斯（Manilius）在西元一四年，即奧古斯都（Augustus）去世前後的十年間寫下了《天文學》（Astronomica）。
- 巴爾比斯（Balbillus）很可能是斯拉蘇盧斯（Thrasyllus）的兒子，他承

接了父親在羅馬帝國宮廷中的職位，先後為克勞狄烏斯一世（Claudius）、尼祿（Nero）和維斯帕先（Vespasian）皇帝效力。

- 大約在一世紀初，克里托迪莫斯（Critodemus）寫了一部名為《預示》（*Vision*）的作品，另一部為《皮納克斯表》（*The Tablet*）。
- 有一部著作被認為出自亞伯拉罕（Abraham），內文涵蓋了希臘點（lot）和黃道釋放法（zodiacal releasing）。
- 一世紀時，有幾本占星學著作被認為出自瑣羅亞斯德（Zoroaster）。
- 亞歷山大城的塞拉皮奧（Serapio of Alexandria）撰寫了關於即時占星學（inceptional astrology）和其他主題的文章。
- 西元一世紀下半葉左右，雅典的安提阿古斯（Antiochus of Athens）寫了一本關於占星學概念定義的書。
- 西頓的都勒斯（Dorotheus of Sidon）在西元一世紀最後二、三十年間寫了一部共五冊的占星教學詩。
- 阿努畢歐（Anubio）大約在西元一世紀末或二世紀初寫了一首關於占星的教學詩。

西元二世紀

- 曼內托（Manetho）在二世紀初寫下了《結果》（*Apotelesmatika*），他出生於西元八〇年五月二十七／二十八日。此書內容在後來的幾個世紀中不斷被擴增。
- 《密西根大學圖書館的莎草紙》（*Michigan Papyrus*）寫於西元二世紀左右。
- 根據賓格瑞（Pingree）的說法，亞瓦涅西瓦拉（Yavaneśvara）在西元一四九至一五〇年間，將《與那星占書》（*Yavanajātaka*）的希臘原文翻譯成梵文。
- 克勞狄烏斯‧托勒密（Claudius Ptolemy）在二世紀中葉左右撰寫了《占星四書》（*Tetrabiblos*）。
- 維第斯‧瓦倫斯（Vettius Valens）撰寫了一系列書籍，這些書籍在西元二世紀第三季度左右被彙編成《占星選集》（*Anthology*）。生於西元一二〇年二月八日。

● 大約在二世紀末或三世紀初，尼西亞的安提哥努斯（Antigonus of Nicaea）寫了一部包括知名人士出生案例的作品，例如哈德良（Hadrian）皇帝。

西元三世紀
● 根據賓格瑞（Pingree）的說法，舒吉德哈法亞（Sphujidhvaja）在西元二六九／七○年對《臾那星占書》（*Yavanajātaka*）進行了闡釋。
● 泰爾的波菲（Porphyry of Tyre）可能在三世紀晚期寫了一部關於托勒密（Ptolemy）《占星四書》（*Tetrabiblos*）的《四書導論》（*Introduction*），大抵參照安提阿古斯（Antiochus）。

西元四世紀
● 西元三一三年，君士坦丁大帝（Emperor Constantine）賦予基督教在羅馬帝國的合法地位。
● 西元三三○年，君士坦丁大帝將羅馬帝國的首都從羅馬遷至拜占庭，從此被稱為君士坦丁堡（今土耳其伊斯坦堡）。
● 費爾米庫斯．馬特爾努斯（Firmicus Maternus）在四世紀中葉撰寫了《論數學》（*Mathesis*）。
● 亞歷山大城的包路斯（Paulus of Alexandria）在三七八年寫下了《緒論》（*Introduction*）。
● 在西元三七九年，匿名者 379（Anonymous of 379）於羅馬寫了一部關於恆星的著作。
● 馬克西姆斯（Maximus）在西元四或五世紀左右寫了《論開始》（*On Inceptions*）。
● 西元三五七、四○九和四二五年頒布了更嚴格的法令，禁止在羅馬帝國進行占星活動。

西元五世紀
● 底比斯的赫菲斯提歐（Hephaestio of Thebes）於五世紀初在埃及寫下了《結果》（*Apotelesmatika*）。他出生於西元三八○年十一月二十六日。

● 西元四一〇年,羅馬城被西哥德人洗劫一空。
● 西元四一五年,亞歷山大城的希帕提亞(Hypatia of Alexandria)被一群基督教暴徒殺害。
● 西羅馬帝國皇帝羅穆盧斯・奧古斯都(Romulus Augustulus)於西元四七六年被廢黜,一般標誌為西羅馬帝國的滅亡。

西元六世紀

● 老底嘉城的朱利安(Julian of Laodicea)在西元五〇〇年左右寫了一部關於即時占星學(inceptional astrology)的著作。
● 東羅馬帝國(拜占庭)查士丁尼大帝(Emperor Justinian)於西元五二九年禁止教授「異教」哲學,從而關閉了雅典的哲學學院。
● 在六世紀中葉,占星學在薩珊王朝波斯國王霍斯勞一世(Kusrō Anūshirwān)的宮廷中蓬勃發展。
● 西元五六四年夏天,小奧林匹奧多羅斯(Olympiodorus the Younger)在亞歷山大城對包路斯(Paulus)的《緒論》(Introduction)發表了評論。

西元七世紀

● 埃及的瑞托瑞爾斯(Rhetorius of Egypt)於西元六世紀初或七世紀初彙編了《占星摘要》(Compendium)。他是最後一位重要的希臘化時期占星家。
● 埃及於西元六三九年被伊斯蘭帝國入侵,不再受制於以希臘文為主要語言的東羅馬(拜占庭)帝國。這實質上標誌著希臘化占星傳統的結束。

西元八世紀

● 中世紀的占星傳統始於八世紀下半葉,在阿拔斯哈里發(Abbasid Caliphate)統治下的巴格達盛行。都勒斯、瓦倫斯和瑞托瑞爾斯等早期占星家的著作被翻譯成阿拉伯文。
● 八世紀末和九世紀初,占星家埃德薩的西奧菲勒斯(Theophilus of Edessa)、馬謝阿拉(Māshā'allāh)和薩爾・伊本・畢雪(Sahl ibn Bishr)撰寫了一些中世紀傳統的基礎文本。

名 詞 釋 義

名詞釋義是針對本書使用的一些重要術語，解釋其定義。若與希臘原文相應，我會提供希臘文術語。至於本書使用的其他術語和詞句，無論在其希臘文本中是否有精確相應的詞彙，我都會簡要地說明。此釋義列表的建立，部分歸功於定義出希臘文術語的一些重要作品，例如 Neugebauer and van Hoesen, *Greek Horoscopes,* pp. 2–13，Schmidt and Hand, *Project Hindsight Companion to the Greek Track*，Bezza,“Per un lessico astrologico: glossario dei termini tecnici dell'Isagoge di Paolo d'Alessandria”，以及 Schmidt, *Kepler College Sourcebook*, pp. 23–38。當中許多術語，可以在我的網站上找到更詳盡的條目[1]。

—— 以下依原英文名詞之字母排序 ——

黏合（adherence）：*kollēsis*。指行星在 3 度內（月亮在 13 度內）入相位實體「會合」時，即描述為兩顆行星處於「黏合」或「結合」狀態。

有利（advantageous）：*chrēmatistikos*。有利區位通常指 (1) 在星盤中與上升星座有星座相位，或 (2) 接近四軸點的區位，處於「忙碌」狀態。當行星沒有在上述任一區位，則視為「不利」（disadvantageous）。另見「忙碌」（busy）和「有利」*chrēmatistikos*）。

軸點（angle）：*kentron*。通常指任一四尖軸區位：第一、第四、第七和第十區位，或者，有時亦指任一四軸點的度數：時標 / 上升點、上中天、下降點和下中天（IC）。軸點也稱為「樞軸」（pivots）或「中心」（centers）。

入相位（application）：*sunaphē*。指兩顆行星仍在形成或朝向精準角度相
　　位移動的過程；反之則是彼此遠離的「離相位」（*aporroia*）。有關術
　　語 *sunaphē* 的更嚴謹用法，請見「接合」（engagement）。

上升點（Ascendant）：*Hōroskopos*。指黃道與東方地平線相交的度數，或
　　指星盤中，於東方地平線上升的整個黃道星座，有時泛指第一區位，或
　　整宮制的第一宮。在文本中更常被稱作「時標」（Hour-Marker）。

升交點（ascending node）：*anabibazō*。月亮的北交點。

聚集（assembly）：*sunodos*。行星以超出 3 度，但在 15 度內入相位的實體
　　會合。

不合意（aversion）：*apostrophē*。行星的所在星座彼此沒有「星座相位」，
　　即稱「不合意」，意味著彼此「迴避」，即現代占星師所稱的半六分相
　　（semi-sextile）或補十二分相／梅花相（inconjunct ／ quincunx）。位
　　於這些星座的行星無法看見彼此，因而無法形成關係。

壞區位（bad places）：與上升星座不合意的四個區位，即第二、第六、第
　　八、第十二區位。因為它們與上升星座沒有連結，往往導致這些區位被
　　賦予負面或困難的意涵。

吉星（benefic）：*agathopoios*。帶來好運的行星。通常指金星和木星這兩
　　顆吉星。在一些文本中，其他行星例如太陽、月亮或水星也被歸類為吉
　　星，或根據它們在星盤中的狀態或作用，而被視為具有吉星的作用。

實體會合（bodily conjunction）：當兩顆行星在同一星座會合，或接近相
　　同度數時，兩顆行星「實體」在黃道上的物理距離很近。有時使用該
　　術語來與「圖形的會合」（figural conjunction）作區別，即當兩顆行星
　　形成精準相位時，例如六分相、四分相、三分相或對分相，因為術語
　　sunaphē 同時可能指「入相位」或「會合」。

獎賞（bonification）：源自 *agathunō*。意指吉星能夠肯定或改善其他行星
　　含義的特定條件。

界（bounds）：*horia*。黃道星座的非等距子區間，各個子區間由一顆行星
　　主管。文藝復興時期占星學通常稱為「界」（term），有時也稱作「界
　　限」（confines）或「分界」（boundaries）。希臘化傳統中最常見的是
　　埃及界，只用五顆行星來分配界，不包括太陽和月亮。

忙碌（busy）：見 *chrēmatistikos*。

中心（center）：*kentron*。見「軸點」。

迦勒底秩序（Chaldean Order）：行星從最慢到最快的順序或序列，依序為土星、木星、火星、太陽、金星、水星、月亮。在希臘化傳統中，通常稱為「七區系統」（seven zone system）或「七區球層秩序」（order of the seven-zoned sphere），然而馬克羅比烏斯（Macrobius）將其稱作「迦勒底系統」（Chaldean system），後來的占星家似乎就沿用了迦勒底秩序的說法。在一些現代的討論中，也稱作「托勒密秩序」（Ptolemaic order）。

戰車（chariot）：*lampanē*。當行星入廟、入旺，或在其界的時候，稱其「在它的戰車上」（in its chariot）。波菲將三分性也納入。在文本中提到該術語時，主要指行星在光束下，可免於太陽強烈射線的緩解條件。

chrēmatistikos：一個重要的希臘文術語，兼具「有利」（advantageous）和「忙碌」（busy）的雙重含義。當用於指稱對命主有利的區位時，通常指整宮制中，與上升星座有星座相位的區位。當行星不在上述任一區位時，則稱為「不利」（disadvantageous）或「沒有利」（unadvantageous，*achrēmatistos*）。然而，它更常被用於描述行星的活躍度以及它們是否「忙碌」，這與「尖軸」（angularity）的概念有關。當行星位於接近整宮制的尖軸，或位在四軸點的精準度數時，視為「忙碌」，而行星位於衰落區位時，則視為「不忙碌」，或者，也可能將行星描述為「充滿活力」與「失去活力」，或「有效運作」與「無法運作」。

共同壽主星（Co-Master of the Nativity）：*sunoikodespotēs*。或「聯合壽主星」（Joint Master of the Nativity）。在某些來源中提到，除了壽主星之外，另一顆本命的主管星。

相位結構（configuration）：*schēmatismos*。當行星在星座或角度上，以幾何等距呈現五種公認的「相位結構」之一時，它們就形成了關係。相位結構是通用的幾何術語，用於指稱現代占星家所說的「相位」（aspect）。公認的相位結構是會合、六分相、四分相、三分相和對分相。另見「見證」（witness）。

會合／合相（conjunction）：當行星位在相同的黃道星座或相同的黃道度

數時。在星座相位的版本中，更常被稱作「共同在場」（copresence）。

遏制（containment）：*perischesis*。當行星位於某一星座，受到另一行星以星座相位的射線包圍，並且沒有其他行星介入，向被包圍行星以星座相位投擲射線。此為星座相位概念中的「包圍」（enclosure）。

區間外（contrary to the sect）：*para tēn hairesin*。當行星位在與偏好區間相反的星盤時，即當夜間盤中的日間行星（太陽、木星或土星），或日間盤中的夜間行星（月亮、金星或火星）。例如，夜間盤的土星即被描述為「區間外」。

共同在場（copresence）：*sumparousia*。當兩顆行星位於同一星座時。現代占星師稱之為星座相位的會合。

反作用（counteraction）：*antanalusis*。安提阿古斯將其定義為 (1) 當行星位在另一行星的廟位或旺位時，即與自身所屬的區間相反，更常見的是 (2) 行星在星盤中的配置良好，但其廟主星卻配置不佳。

外觀（decan）：*dekanos*。將黃道的各個星座皆以 10 度劃分三個子區間，從而產生三十六個子區間。有時也稱為「外觀」（faces）。

衰落（decline）：*apoklima*。四個衰落區位，分別為第三、第六、第九、第十二區位。在尖軸三合（angular triads）的序列中，「衰落」先於「尖軸」。相當於現代占星師所稱的「果宮」（cadent house）。

入弱／弱位／弱宮（depression）：*tapeinōma*。行星在旺位星座的對面。現代占星學更常稱為行星的「弱」（fall）。太陽入弱在天秤座、月亮在天蠍座、水星在雙魚座、金星在處女座、火星在巨蟹座、木星在摩羯座、土星在白羊座。

下降點（Descendant）：黃道與西方地平線相交的度數，即太陽和其他行星每日沉落之處。這是上升點對面的度數。在文本中多稱作「下降」（setting）。另見「下降（區位）」〔setting（place）〕。

降交點（descending node）：*katabibazō*。月亮的南交點。

直徑（diameter）：*diametros*。「對分」（opposition）相位或相位結構的標準術語，即行星位在彼此相對的黃道星座，或相距 180 度。

不利（disadvantageous）：*achrēmatistikos*。另見「有利」（advantageous）。

入廟／廟位／廟宮（domicile）：*oikos*。作為行星住所或居所的黃道星座。

例如，月亮入廟在巨蟹座、太陽在獅子座、水星在雙子座和處女座、金星在金牛和天秤座、火星在白羊和天蠍座、木星在雙魚和射手座、土星在水瓶和摩羯座。

廟主星／星座主星（domicile lord）：*oikodespotēs*。一黃道星座為一行星的居所，即稱此行星為該黃道星座的主管星、主星或主宰星。當它位在星盤中其他位置時，除了履行它所在星座的職責，同時透過主客關係，對其任何位在它居所的行星發揮影響力。

主宰（domination）：*epidekateia*。當行星位於另一行星起算的第十個星座時，稱為「主宰」另一行星，或「高居十座」（upon the tenth）。它可以是正面或負面的條件，取決於位居優勢位置的是吉星還是凶星。主宰是一種特別強大的「凌駕」（overcoming）。

雙體星座（double-bodied）：*disōma*。黃道星座的四正星座之一，包括雙子、處女、射手和雙魚座。在現代占星學中稱為四個「變動」（mutable）星座。也可稱為「雙體」（bicorporeal）。

互換（exchange）：*enallassō*。通常指兩顆行星位在彼此的廟位，例如當金星在雙子座而水星在天秤座時，兩者為互換星座或互換廟。有時也指行星互換界。基本上，此希臘化術語就是中世紀和現代「互容」（mutual reception）概念的前身。

包圍（enclosure）：*emperischesis*。當二者其一時：(1) 兩顆行星分別位在第三顆行星的左右兩側 7 度內，且沒有其他行星向兩側 7 度內投擲「干預」的射線，或 (2) 兩顆行星分別在第三顆行星兩側緊密接近（會合），且未受到其他行星的射線干預。這是角度相位概念中的「遏制」（containment），相當於中世紀的「圍攻」（besiegement）。

充滿活力（energetic）：見 *chrēmatistikos*。

接合（engagement）：*sunaphē*。兩顆行星在 3 度內（月亮在 13 度內）形成入相位結構時，稱這兩顆行星為「接合」（engaged）；或者在不涉及特定的度數範圍的情況下，有時泛指兩顆行星朝向彼此「入相位」的過程，反之則是過程中彼此遠離的「離相位」（*aporroia*）。另見「入相位」（application）。

入旺／旺位／旺宮（exaltation）：*hupsōma*。就積極的意義而言，行星位在

被「擢升」的黃道星座，反之則稱為「入弱」（depressed）。太陽入旺在白羊座、月亮在金牛座、土星在天秤座、木星在巨蟹座、火星在摩羯座、金星在雙魚座、水星在處女座。

外觀（face）：*prosōpon*。見「外觀」（decan）。

固定（星座）〔fixed（sign）〕：*stereon*。四個黃道固定星座是金牛、獅子、天蠍和水瓶座。

好區位（good places）：與上升星座或第一區位有星座相位，通常視為對命主有利或具有支持作用的區位，包括第三、第四、第五、第七、第九、第十和第十一區位。另見「壞區位」（bad places）。

六角位（hexagon）：*hexagōnos*。一種相位結構或相位，行星之間相隔三個星座或相距 60 度。在本書中，我們通常使用現代慣例，稱此相位結構為「六分相」（sextile）。

時標（Hour-Marker）：*Hōroskopos*。星盤的上升點度數，或是從東方地平線上升的整個黃道星座，有時泛指第一區位，或整宮制的第一宮。在現代占星學的角度相位版本中，稱為「上升點」（Ascendant）。

宮位（house）：現代術語，希臘化時期占星家通常稱作「區位」（place，*topos*）。另見「區位」（place）。

投擲射線（hurling a ray）：通常指行星逆著黃道星座順序形成的相位。另見「射線攻擊」（striking with a ray）。

IC：下中天（*Imum Coeli*）的縮寫。

下中天（Imum Coeli）：現代術語，用於指稱希臘化傳統中整宮制的第四區位，或是上中天對面的度數。另見「地底」（subterraneous）。

即時星盤（inception）：*katarchē*。為了得知結果而起的盤，指某一事件或任務象徵性的開始。在即時占星或擇時占星的脈絡下，通常用於當考慮開始某一事項之時。

即時占星學（inceptional astrology）：源自 *katarchē*。占星學的一個分支，指以某一事件開始的時間點起盤，從而判定其性質和結果。辭義含括在後來的傳統中提及的「擇時占星學」（electional astrology）。

干預（intervention）：*mesembolēsis*。當行星藉由實體或投擲射線而干預了遏制或包圍，或干擾兩顆行星之間的黏合或接合。

喜樂（joy）：*chara*。每顆行星在十二區位都有一個喜樂之處。水星在第一區位得喜樂、月亮在第三、金星在第五、火星在第六、太陽在第九、木星在第十一、土星在第十二區位。

左方（left）：*euōnumos*。指行星位於相位的「左方」，即按黃道星座順序前進的方向。另見「右方」（right）。

類環帶（like-engirding）：*homozōnia*。共有相同廟主星的星座，即使其相位為「不合意」，例如白羊和天蠍座、金牛和天秤座，以及摩羯和水瓶座。

主星（lord／lady）：*kurios／kuria*。根據廟位的分配，當一顆行星主管某一黃道星座時，即稱它是該星座的主星。在某些情況下，術語「主星」可廣泛用於指稱其他形式的主管權（rulership），例如：三分性主星，或界主星。

勝利星（Lord of the Nativity）：*kurios geneseōs*。本命星盤中的重要主管行星之一，不過顯然更經常被提及的是「壽主星」。另見「壽主星」（Master of the Nativity）。

希臘點（lot）：*klēros*。星盤中經計算求出的點，通常透過量測兩顆行星或點之間的距離，再從上升點度數，量測出相同距離而得出。它作為星盤中的敏感點，將額外的含義賦予所在的任一黃道星座。

光體（luminary）：*phōta*。太陽和月亮被稱為兩顆發光體或光體。

凶星（malefic）：*kakopoios*。帶來厄運的行星，通常指火星和土星這兩顆凶星。在一些文本中，當其他行星帶來負面影響時，也會具有凶星的作用。

虐治（maltreatment）：*kakōsis*。在特定條件下，凶星能夠否定或腐化其他行星的含義。

主宰星／定位星（master）：*despotēs*。通用術語，偶爾用來指稱星座的主管星（ruler）或主星（lord），尤其是廟主星（domicile lord）。

壽主星（Master of the Nativity）：*oikodespotēs geneseōs*。通常被認為是整張星盤的主管星，有時用於計算壽命的長度。通常是生命主星（Pre-dominator）的主星之一。波菲和楊布里科斯說，有些人會用它來找出命主的代蒙（*daimōn*）或守護神（guardian spirit）（Iamblichus, *On the Mysteries*, 9:3）。更多資訊見：Porphyry, *Introduction*, 30。

MC：*Medium Coeli* 的縮寫，拉丁文意指「上中天」（Midheaven）。

上中天（Midheaven）：*mesouranēma*。通常指上升星座起算的第十個星座，
　　或整宮制的第十區位，有時也可用來指稱子午線的度數（象限宮位制的
　　上中天度數），或是黃道地平線的最高點（等宮制的上中天度數）。

度（monomoiria）：*monomoiria*。將黃道的每一度數配予主管行星的系統。
　　見：Paulus, *Introduction*, 32。

啟動（星座）〔movable（sign）〕：*tropika*。四個黃道啟動星座為白羊、
　　巨蟹、天秤和摩羯座，相當於現代占星學中的「基本」（cardinal）星座。
　　更常翻譯為「回歸」（tropical）星座。在文本中，有時回歸星座僅限
　　於巨蟹和摩羯座。

互容（mutual reception）：當兩顆行星分別位在對方的廟位，理想情況
　　是兩者形成公認的星座相位。另見「容納」（reception）和「互換」
　　（exchange）。

本命／本命星盤（nativity）：*genesis*。通常指命主的誕生命盤，有時更廣
　　義地泛指命主的整個人生。

相鄰（neighboring）：*homorēsis*。當二者其一時：(1) 兩顆行星不僅在 3 度
　　內入相位實體會合（黏合），同時也位在相同行星的界內，或 (2) 兩顆
　　行星位在不同的黃道星座並有星座相位，但同時位在同一顆行星的界
　　內。見 Porphyry, *Introduction*, 22 中的定義。

區間內（of the sect）：*tēs haireseōs*。當星盤的區間符合一行星偏好時，該
　　行星被描述為「區間內」或「適應該區間」（belonging to the sect）。
　　即當太陽、木星或土星在日間盤，或月亮、金星或火星在夜間盤。

有效運作（operative）：見 *chrēmatistikos*。

對分相（opposition）：*diametros*。行星之間相隔七個星座或相距 180 度的
　　相位結構或相位。在文本中通常稱為「直徑」（diameter）。

凌駕（overcoming）：*kathuperterēsis*。當兩顆行星有星座相位時，星座順
　　序較前的行星「凌駕」、「勝出」（prevails）或「優勢」（superiority）
　　於星座順序較後的行星。順序較前的行星位於右方，較左方行星居於
　　「優勢」位置。

經過（passing by）：*parallagē*。發生於行星的射線「經過」另一行星的實
　　體時。

樞軸（pivot）：*kentron*。任一四尖軸或樞軸的區位：第一、第四、第七和第十區位。有時指尖軸的度數，如時標、上中天、下降點和下中天。另見「軸點」（angle）。

區位（place）：*topos*。星盤中與行星周日運行相關的十二個區域或扇形區之一。從上升星座或時標開始依序排列的十二個區位，相當於現代占星家所稱的「宮位」（house）。

後上升（post-ascension）：*epanaphora*。位於尖軸區位之後：第二、第五、第八、第十一區位，在現代占星學更常稱作「續宮」。另見「接續／續宮」（succedent）。

前上升（pre-ascension）：*proanaphora*。偶爾用來指稱四個衰落區位，因為在星盤中，它們比當前尖軸區位的星座先上升。另見「衰落」（decline）。

生命主星（predominator）：*epikratētōr*。一顆配置良好的行星，能夠部分代表命主的生命力，尤其是用於壽長技法，在判定壽主星方面扮演重要角色。

小限法（profection）：源自拉丁文 *profectio*，在中世紀時期被用來描述一象徵因子以一定速率環繞星盤「前進」（advancing）的過程。在流年小限法的脈絡下，用來描述以每年一個星座的速率「遠離」（departing）上升星座、並從起點處「前進」（advancing）的過程。也可用於其他速率，例如流月小限法（monthly profections）和流日小限法（daily profections）。

容納（reception）：此處用於描述當一行星容納另一行星在其廟位的情況，尤其當一行星在另一行星的廟位，且兩顆行星彼此有公認的星座相位時。

釋放（releasing）：*aphesis*。在本命星盤中選擇一顆象徵因子，並允許它以一定的速率環繞著星盤移動，繼而將其從固定位置「釋放」的過程。

右方（right）：*dexios*。通常指行星右側或左側的相位結構。相對於特定的行星，位在黃道星座順序較早的，稱在其右方，而較後的在其左方。

踽行（running in the void）：*kenodromia*。月亮在接下來的 30 度內（不論星座分界），未與任何行星完成實體會合或精準的角度相位，是現代「空虛」（void of course）概念的起源。

細查（scrutinize）：*katopteuō*。一種緊密的角度相位結構，而不是星座相位。

區間（sect）：*hairesis*。日間盤與夜間盤，以及一組日間行星與夜間行星的區別。若一個人在白天出生，其星盤的區間屬於日間，若在夜晚出生，則屬於夜間。日間行星由太陽、木星和土星組成，而夜間行星由月亮、金星和火星組成。水星是中性的，位於哪一區間須視星盤中的狀態而定。

區間光體（sect light）：符合星盤區間的光體，即日間盤的太陽，或夜間盤的月亮。

離相位（separation）：*aporroia*。指行星開始遠離實體會合或精準的相位結構（相位），現代占星學稱為「離相位」（separating aspect），此情況與正在形成會合或相位結構的「入相位」相反。

下降（區位）〔setting（place）〕：*dusis*。通常指第七區位，是自整宮制的上升星座起算的第七個星座。在某些情況下，也可以指時標／上升點對面的實際度數，即現代占星學所稱「下降點」（Descendant）的度數。切勿與在太陽光束下的「下降」（setting）概念混淆。

六分相（sextile）：*hexagōnos*。一種相位結構或相位，行星之間相隔三個星座或相距 60 度。在文本中通常稱為「六角位」（hexagon）。

星座（sign）：*zōidion*。黃道星座的單數，是黃道上的 30 度區段。

護衛星（spear-bearing）：*doruphoria*。行星在三種特定條件下被稱為「守護者」、「護衛」或「儀隊」，尤其是光體。這些條件代表卓越，並可能在本命星盤中起到保護的作用。本書無法論及這個主題，請見 Porphyry, *Introduction*, 29 與 Denningmann, *Die astrologische Lehre der Doryphorie*，以瞭解更多資訊。

四分相（square）：*tetragōnos*。行星之間相隔四個星座或相距 90 度的相位結構或相位。在文本中通常稱為「四角位」（tetragon）。

射線攻擊（striking with a ray）：*aktinobolia*。也稱為「投擲射線」（hurling a ray）。當二者其一時：(1) 行星逆著黃道星座順序，向右方的行星投射相位，或 (2) 行星逆著黃道星座順序，以角度相位射線攻擊另一行星。第二種類型的適用情境可能是：3 度的「容許度」且即將入相位完成相位。

地底（區位）〔subterranean（place）〕：*hupogeion*。通常指第四區位，

是自整宮制的上升星座起算的第四個星座。在某些情況下,可以指上中天對面的實際度數,在現代占星學稱為下中天(*Imum Coeli* / IC)。

接續/續宮(succedent):*epanaphora*。在尖軸區位之後上升,通常指第二、第五、第八、第十一區位,相當於現代占星學的「續宮」(succedent);有時也直接翻譯為「後上升」(post-ascension)。

界(terms):*horia*。見「界」(bounds)。

證詞(testimony):*epimarturia*。見「見證」(witnessing)。

時間主星(time-lord):*chronokratōr*。依據任一行運技法,在個人星盤的特定期間內被引動的行星。

流運(transit):*epembasis*。當行星經過或通過星盤的特定區域時,通常是衡量行星在誕生星盤中,於未來的相對位置。

三分相(trine):*trigōnon*。行星之間的標準幾何相位結構或相位之一,行星之間相隔五個星座或相距120度。亦稱作「三角形」(triangle)或「三角位」(trigon)。

三方星座(triplicity):*trigōnon*。在黃道星座中具有相似性質的組別。黃道星座分為四組「三方星座」,每組三個。據一些作者的說法,每組三方星座都與四個古典元素之一相關:火、土、風、水。同一希臘文術語可用於指稱三分相,即使兩者在概念上並不相同。

回歸(星座)〔tropical(sign)〕:*tropika*。有時在文本中用於指稱至點的兩個星座:巨蟹和摩羯座,但更常用於指稱四個「啟動」星座:白羊、巨蟹、天秤和摩羯座。另見「啟動星座」(movable)。

十二分部(twelfth-part):*dōdekatemorion*。有時作為星座(*zōidion*)的同義詞,指一個完整的黃道星座,因為它是黃道劃分的十二分之一。在其他情況下,意指將個別的黃道星座再細分成十二等分的較小區段。

在光束下(under the beams):*hupaugos*。當行星與太陽在15度內實體會合,稱為「在太陽光束下」(under the beams of the Sun)。

高居十座(upon the tenth):*epidekateia*。一行星位在另一行星起算的第十個星座,等同於位在星座四分相的右方。另見「主宰」(domination)和「凌駕」(overcoming)。

空虛(void of course):見「踾行」(running in the void)。

見證（witnessing）：*epimarturia*。相位結構的基本術語，或現代占星師所說的「相位」（aspect）。當行星位在具有相似性的星座時，它們能夠「見證」彼此，亦稱作「證詞」（testimony）。

星座（*zōidion*）：單一黃道「星座」的希臘文術語，複數是 *zōidia*。

註　釋

1　占星學詞典（www.theastrologydictionary.com）和希臘占星學網站（www.hellenisti-castrology.com）。

縮　寫　說　明

　　這份目錄收錄了我在本書中使用的縮寫列表，或特定的占星學文本和作者，或經常引用的參考著作。我採用了縮寫命名慣例，以代稱多數主要的占星學作者；下表通常列示了對應的希臘文或拉丁文文本考證的引用出處，再者是不同譯本的引用出處。每一出處的完整條目皆列於參考書目中。

Anonymous of 379, *Fixed Stars* 匿名者 379《恆星》

　　編纂於 CCAG 5, 1, pp. 194–212.

　　Trans. Schmidt = Anonymous of 379, *The Treatise on the Bright Fixed Stars*, trans. Schmidt, ed. Hand.

Antiochus, *Summary* 安提阿古斯《概要》

　　編纂於 CCAG 8, 3, pp. 111–119.

　　Trans. George = Antiochus, *Summary*, trans. Demetra George, 2010, 未發表.

　　Trans. Schmidt = Schmidt, *Definitions and Foundations*.

Anubio, *Carmen* 阿努畢歐《詩集》

　　Anubio, *Carmen Astrologicum Elegiacum*, ed. Obbink.

BDAG《新約及早期基督教希臘文大詞典》

　　A Greek-English Lexicon of the New Testament and Other Early Christian Literature, ed. Danker et al.

CCAG《希臘占星學目錄》

　　Catalogus Codicum Astrologorum Graecorum, ed. Cumont et al.

***Corpus Hermeticum*《赫密士文集》**

　　Hermès Trismégiste, *Corpus Hermeticum*, ed. Nock and Festugière.

Dorotheus, *Carmen* 都勒斯《占星詩集》

Dorotheus of Sidon, *Dorothei Sidonii Carmen Astrologicum*, ed. and trans. Pingree, 1976.

Dorotheus, *Excerpts* 都勒斯《摘錄》

Vaticanus Graecus 1056, . 238–41, 編纂於：*The Liber Aristotilis of Hugo of Santalla*, ed. Burne and Pingree, pp. 204–214.

Trans. Gramaglia = Dorotheus, *Excerpts*, trans. Eduardo Gramaglia, ed. and comm. Benjamin Dykes, 2013, 未發表. 一部分翻譯見 Hephaistion of Thebes, *Apotelesmatics, Book III*, trans. Gramaglia, ed. Dykes, pp. 147–156. 班傑明即將出版的都勒斯譯本應有完整版。

Firmicus, *Mathesis* 費爾米庫斯《論數學》

Firmicus Maternus, *Iulii Firmici Materni Matheseos libri VIII*, ed. Kroll, Skutsch, and Ziegler.

Trans. Bram = Firmicus Maternus, *Ancient Astrology, Theory and Practice:Matheseos Libri VIII*, trans. Bram.

Trans. Holden = Firmicus Maternus, *Mathesis*, trans. Holden.

Hephaestio, *Apotelesmatika* 赫菲斯提歐《結果》

Hephaestio of ebes, *Hephaestionis Thebani apotelesmaticorum libri tres*, ed. Pingree.

Book 1, trans. Schmidt = Hephaistio of Thebes, *Apotelesmatics, Book I*, trans. Schmidt, ed. Hand.

Book 2, trans. Schmidt = Hephaistio of Thebes, *Apotelesmatics, Book II*, trans. Schmidt.

Book 3, trans. Gramaglia = Hephaistion of Thebes, *Apotelesmatics, Book III: On Inceptions*, trans. Gramaglia, ed. Dykes.

Liber Hermetis 《赫爾墨斯占星文集》

Hermetis Trismegisti de triginta sex decanis, ed. Feraboli.

Trans. Zoller (chapters 1–24) = Hermes Trismegistus, *Liber Hermetis, Part I*, trans. Zoller, ed. Hand.

Trans. Zoller (chapters 25–37) = Hermes Trismegistus, *Liber Hermetis, Part*

II, trans. Zoller, ed. Hand.

LSJ《希英詞典》

A Greek-English Lexicon, ed. Liddell, Sco , Jones et al.

Manetho, *Apotelesmatika* 曼內托《成果》

Manetho, *The Apotelesmatika of Manetho*, ed. and trans. Lopilato.

Manilius, *Astronomica* 馬尼利亞斯《天文學》

Manilius, *Astronomica*, ed. and trans. Goold.

Michigan Papyrus《密西根大學圖書館的莎草紙》

"Michigan Papyrus 149: Astrological Treatise," ed. and trans. Robbins.

Olympiodorus, *Commentary* 小奧林匹奧多羅斯《評論》

Olympiodorus, *Heliodori, ut dicitur, In Paulum Alexandrinum commentarium*, ed. Boer.

Trans. Greenbaum = Paulus Alexandrinus and Olympiodorus, *Late Classical Astrology: Paulus Alexandrinus and Olympiodorus*, trans. Greenbaum, ed. Hand.

Paulus, *Introduction* 賓格瑞《緒論》

Paulus of Alexandria, *Pauli Alexandrini Elementa Apotelesmatica*, ed. Boer.

Trans. Greenbaum = Paulus Alexandrinus and Olympiodorus, *Late Classical Astrology: Paulus Alexandrinus and Olympiodorus*, trans. Greenbaum, ed. Hand.

Trans. Schmidt = Paulus Alexandrinus, *Introductory Matters*, trans. Schmidt, ed. Hand.

Pingree, *Yavanajātaka* 賓格瑞《與那星占書》

The Yavanajātaka of Sphujidhvaja, ed. and trans. Pingree.

Porphyry, *Introduction* 波菲《四書導論》

編纂於 CCAG 5, 4, pp. 187–228, ed. Weinstock.

Trans. George = Porphyry, *Introduction to the Tetrabiblos of Ptolemy*, trans. Demetra George, 2010, 未發表.

Trans. Holden = Porphyry the Philosopher, *Introduction to the Tetrabiblos*, trans. Holden.

Trans. Schmidt = Schmidt, *Definitions and Foundations*.

Ptolemy, *Tetrabiblos* 托勒密《占星四書》

Ptolemy, *Claudii Ptolemaei opera quae exstant omnia, vol. III, 1: ΑΠΟΤΕΛΕΣΜΑΤΙΚΑ*, ed. Hübner.

Trans. Robbins = Ptolemy, *Tetrabiblos*, ed. and trans. Robbins.

Book 1, trans. Schmidt = Ptolemy, *Tetrabiblos, Book I*, trans. Schmidt, ed. Hand.

Book 3, trans. Schmidt = Ptolemy, *Tetrabiblos, Book III*, trans. Schmidt, ed. Hand.

Book 4, trans. Schmidt = Ptolemy, *Tetrabiblos, Book IV*, trans. Schmidt.

Rhetorius, *Compendium* 瑞托瑞爾斯《占星摘要》

下述章節結構首次確立於 Pingree, "Antiochus and Rhetorius," 使用於：
Rhetorius the Egyptian, *Astrological Compendium*, trans. Holden. Chapters 1–53 編纂於 CCAG 1, pp. 140–64. Chapters 54–98, 104, and 113–17 編纂於 CCAG 8, 4: pp. 115–224. 其餘章節編纂於 Rhetorius, *Compendium Astrologicum*, ed. Pingree and Heilen, forthcoming.

Trans. Holden = Rhetorius, *Astrological Compendium*, trans. Holden.

Sahl, *Introduction* 薩爾《導言》

Sahl ibn Bishr, *Introduction,* in: *Works of Sahl and Māshā'allāh*, trans. Dykes, pp. 1–50.

Serapio, *Definitions* 塞拉皮奧《定義》

編纂於 CCAG 8, 4, p. 225–232.

Trans. Gramaglia = Serapion of Alexandria, *Paranomasiai or De nitions of the Con gurations of the Stars*, trans. Gramaglia, 2013.

Trans. Holden = Porphyry, *Introduction*, trans. Holden, pp. 61–70.

Schmidt, *Definitions and Foundations* 史密特《定義與基礎》

Schmidt (ed. and trans.), *Antiochus, with Porphyry, Rhetorius, Serapio, Thrasyllus, Antigonus et al., Definitions and Foundations*.

Thrasyllus, *Summary* 斯拉蘇盧斯《摘要》

編纂於 CCAG 8, 3, pp. 99–101.

Trans. Schmidt = Schmidt, *Definitions and Foundations*.

Valens, *Anthology* 瓦倫斯《占星選集》

Valens, *Vettii Valentis Antiocheni anthologiarum libri novem, ed. Pingree.*

Book 1, trans. Schmidt = Valens, *The Anthology, Book I*, trans. Schmidt, ed. Hand.

Book 2, chapters 1–37, trans. Schmidt = Valens, *The Anthology, Book II, Part 1*, trans. Schmidt, ed. Hand.

Book 2, chapters 38–41, and book 3, trans. Schmidt = Valens, *The Anthology, Book II (concl.) & Book III*, trans. Schmidt, ed. Hand.

Book 4, trans. Schmidt = Valens, *The Anthology, Book IV*, trans. Schmidt, ed. Hand.

Books 5–6, trans. Schmidt = Valens, *The Anthology, Books V & VI*, trans. Schmidt, ed. Hand.

Book 7, trans. Schmidt = Valens, *The Anthology, Book VII*, trans. Schmidt.

Trans. Riley = Valens, *Anthologies*, trans. Riley.

參 考 書 目

1. Abū 'Ali al-Khayyāt, *The Judgement of Nativities,* trans. James Holden, American Federation of Astrologers, Tempe, AZ, 1988.

2. Abū Ma'shar, *The Abbreviation of the Introduction to Astrology*, ed. and trans. Charles Burnett, ARHAT Publications, 1994 (rev. ed. 1997).

3. Adamson, Peter, "Plotinus on Astrology," *Oxford Studies in Ancient Philosophy*, vol. 35 (2008), pp. 265–91.

4. Adler, Ada (ed.), *Suidae Lexicon*, Teubner, Stuttgart, 5 vols., 1928–1938.

5. Al-Biruni, *The Book of Instruction in the Elements of the Art of Astrology*, trans. R. Ramsay Wright, Luzac & Co., London, 1934.

6. Alcinous, *The Handbook of Platonism*, trans. John Dillon, Clarendon Press, Oxford, 1993.

7. Alexander of Aphrodisias, *On Fate*, trans. R. W. Sharples, Duckworth, London, 1983.

8. Algra, Keimpe et al. (eds.), *The Cambridge History of Hellenistic Philosophy*, Cambridge University Press, Cambridge, 1999.

9. Algra, Keimpe, "Stoic Theology," in: *The Cambridge Companion to the Stoics*, ed. Brad Inwood, Cambridge University Press, Cambridge, MA, 2003, pp. 153–78.

10. Allatios, Leo (ed.), *Procli Diadochi Paraphrasis in Ptolemaei libros IV. De siderum effectionibus*, Elzevir, Leiden, 1635.

11. Amand, David, *Fatalisme et liberté dans l'antiquité grecque. Recherches sur la survivance de l'argumentation morale antifataliste de Carnéade chez les philosophes grecs et les théologiens chrétiens des quatre premiers siècles*, *Bibliothèque* de *L'Université*, Lovain, 1945.

12. Anonymous of 379, *The Treatise on the Bright Fixed Stars*, trans. Robert Schmidt, ed. Robert Hand, The Golden Hind Press, Berkeley Springs, WV, 1993.

13. Antiochus of Athens, *The Thesaurus*, trans. Robert Schmidt, ed. Robert Hand, The Golden Hind Press, Berkeley Springs, WV, 1993. [Actually a translation of Rhetorius, *Compendium*, 1–53, with other scattered chapters.]

14. Antiochus, *Summary*, trans. Demetra George, 2010, unpublished.

15. Anubio, *Anubio. Carmen Astrologicum Elegiacum*, ed. Dirk Obbink, Teubner, Munich/Leipzig, 2006.

16. Anubio, *Anoubion. Poème Astrologique: Témoignages et Fragments*, ed. and trans. Paul Schubert, Les Belles Lettres, Paris, 2015.

17. Appleby, Derek, *Horary Astrology: The Art of Astrological Divination*, 1985 (repr. Astrology Classics, Bel Air, MD, 2005).

18. Aratus, *Phaenomena*, trans. Douglas Kidd, Cambridge Classical Texts and Commentaries 34, Cambridge University Press, Cambridge, 1997.

19. Aristotle, *The Complete Works of Aristotle*, 2 vols., ed. Jonathan Barnes, Princeton University Press, Princeton, NJ, 1984.

20. Augustine, *City of God Against the Pagans*, 7 vols., trans. McCracken, Green et al, Loeb Classical Library, Harvard University Press, Cambridge, MA, 1957–72.

21. Augustine, *City of God*, trans. Henry Bettenson, Penguin, London/New York, 1972 (rev. ed. 2003).

22. Aulus Gellius, *Attic Nights*, trans. J. C. Rolfe, vol. 3, Loeb Classical Library 212, Harvard University Press, Cambridge, MA, 1927 (rev. ed. 1967).

23. Baccani, Donata, *Oroscopi greci: documentazione papirologica*, Ricerca Papirologica 1, Sicania, Messina, 1992.

24. Bagnall, Roger S., et al, *Consuls of the later Roman Empire*, American Philological Association, Atlanta, GA, 1987.

25. Bagnall, Roger S., "Alexandria: Library of Dreams," *Proceedings of the American Philosophical Society*, vol. 146, no. 4 (2002), pp. 348–362.

26. Bagnall, Roger S., Kai Brodersen, Craige B. Champion, Andrew Erskine, and Sabine R. Huebner (eds.), *The Encyclopedia of Ancient History*, 13 vols., Wiley-Blackwell, Malden, MA, 2012.

27. Baigent, Michael, *From the Omens of Babylon: Astrology and Ancient Mesopotamia*, Penguin/Arkana, London, 1994.

28. Barnes, T. D., "Two Senators under Constantine," *The Journal of Roman Studies*, vol. 65 (1975), pp. 40–49.

29. Barnes, Jonathan, *Early Greek Philosophy*, Penguin, Harmondsworth/New York, 1987.

30. Barton, Tamsyn, *Ancient Astrology*, Routledge, London, 1994.

31. Beck, Roger, "Thus Spake Not Zarathustra: Zoroastrian Pseudepigrapha of the Greco-Roman World," in: *A History of Zoroastrianism. Vol. 3: Zoroastrianism under Macedonian and Roman Rule*, ed. Mary Boyce and Frantz Grenet, Brill, Leiden, pp. 491–565.

32. Beck, Roger, "The Mysteries of Mithras: A New Account of Their Genesis," *The Journal of Roman Studies*, vol. 88 (1998), pp. 115–128.

33. Beck, Roger, *A Brief History of Ancient Astrology*, Blackwell Publishing, Malden, MA, 2007.

34. Beck, Roger, *The Religion of the Mithras Cult in the Roman Empire: Mysteries of the Unconquered Sun*, Oxford University Press, Oxford, 2006

35. Belmonte, Juan Antonio, and A. César González-García, "Nemrud Dag," in: *Handbook of Archaeoastronomy and Ethnoastronomy*, ed. Ruggles, 2015, pp. 1659–68.

36. Bernard, Alain, "Theon of Alexandria," in: *The Encyclopedia of Ancient Natural Scientists*, ed. Keyser and Irby-Massie, 2008, pp. 793–295.

37. Bernard, Alain, "The Alexandrian School: Theon of Alexandria and Hypatia," in: *The Cambridge History of Philosophy in Late Antiquity,* ed. Gerson, 2010, vol. 2, pp. 697–710.

38. Betz, Hans Dieter (ed.), *The Greek Magical Papyri in Translation, Including the Demotic Spells*, University of Chicago Press, Chicago, 1986 (2nd ed. rev. 1992).

39. Bezza, Giuseppe, *Arcana Mundi: Antologia del pensiero astrologico antico*, 2 vols., Rizzoli, Milan, 1995.

40. Bezza, Giuseppe, "L'astrologia greca dopo Tolemeo: Retorio," in: *Homo Mathematicus: Actas del Congreso Internacional sobre Astrólogos Griegos y Romanos (Benalmádena, 8–10 de Octubre de 2001*), ed. Aurelio *Pérez Jiménez and Raúl Caballero, Charta Antiqua, Málaga, 2002.*

41. Bezza, Giuseppe, "Per un lessico astrologico: glossario dei termini tecnici dell'*Isagoge* di Paolo d'Alessandria," *MHNH: Revista Internacional de Investigación sobre Magia y Astrologia Antiguas*, vol. 5 (2005), pp. 277–305.

42. Bezza, Giuseppe, "The Development of an Astrological Term – from Greek *hairesis* to Arabic *hayyiz,"* Culture and Cosmos, vol. 11, nos. 1–2 (2007), pp. 229–260.

43. Bidez, Joseph, and Franz Cumont, *Les Mages Hellénisés: Zoroastre Ostanès et Hystaspe d'après la tradition grecque*, 2 vols., Les Belles Letters, Paris, 1938.

44. Bobzien, Susanne, *Determinism and Freedom in Stoic Philosophy*, Clarendon Press, Oxford, 2001.

45. Bomhard, Anne-Sophie von, *The Egyptian Calendar: A Work for Eternity*, Periplus, London, 1999.

46. Bomhard, Anne-Sophie von, *The Naos of the Decades: From the Observation of the Sky to Mythology and Astrology*, trans. Ludwig von Bomhard, Oxford Centre for Maritime Archaeology, University of Oxford, 2008.

47. Bonatti, Guido, *The Book of Astronomy*, trans. Benjamin N. Dykes, 2 vols., Cazimi Press, Golden Valley, MN, 2007.

48. Bos, A. P., "Supplementary Notes on the 'De mundo'," *Hermes*, vol. 119 (1991), pp. 312–33.

49. Bouché-Leclercq, Auguste, *L'Astrologie grecque*, Leroux, Paris, 1899.

50. Bouché-Leclercq, Auguste, *L'Astrologie grecque*, trans. Lester Ness, forthcoming.

51. Bowser, Kenneth, *An Introduction to Western Sidereal Astrology*, American Federation of Astrologers, Tempe, AZ, 2012.

52. Brack-Bernsen, Lis, and Hermann Hunger, "The Babylonian Zodiac: Speculations on its Invention and Significance," *Centaurus*, vol. 41 (1999), pp. 280–292.

53. Bremmer, Jan N., "Foolish Egyptians: Apion and Anoubion in the Pseudo-Clementines," in: *The Wisdom of Egypt: Jewish, Early Christian, and Gnostic Essays in Honour of Gerard P. Luttikhuizen*, ed. Anthony Hilhorst and George H. van Kooten, Brill, Leiden,

2005, pp. 311–329.

54. Brennan, Chris, "The Katarche of Horary," National Council for Geocosmic Research *Geocosmic Journal,* Summer 2007, pp. 23–33.

55. Brennan, Chris, "The Theoretical Rationale Underlying the Seven Hermetic Lots," *The Tradition Journal,* no. 2 (Spring 2009), pp. 16–27.

56. Brennan, Chris, "Hellenistic Astrology," NCGR *Research Journal*, vol. 1, no. 1 (Summer 2010), pp. 15–24.

57. Brennan, Chris, "An Introduction to Hellenistic Astrology, Part 1," *The Mountain Astrologer*, no. 161 (Feb./Mar. 2012), pp. 64–75.

58. Brennan, Chris, "An Introduction to Hellenistic Astrology, Part 2," *The Mountain Astrologer*, no. 163 (Jun./Jul. 2012), pp. 68–80.

59. Brennan, Chris, "The Planetary Joys and the Origins of the Significations of the Houses and Triplicities," *ISAR International Astrologer Journal*, vol. 42, no. 1 (Apr. 2013), pp. 27–42.

60. Brunet, Stephen, "The Date of the First Balbillea at Ephesos," *Zeitschrift für Papyrologie und Epigraphik*, vol. 117 (1997), pp. 137–138.

61. Bugh, Glenn (ed.), *The Cambridge Companion to the Hellenistic World*, Cambridge University Press, Cambridge, 2006.

62. Burnett, Archie (ed.), *The Letters of A. E. Housman*, 2 vols., Clarendon Press, Oxford, 2007.

63. Burnett, Charles, and David Pingree (eds.), *The Liber Aristotilis of Hugo of Santalla*, The Warburg Institute, London, 1997.

64. Burnett, Charles, and Dorian Giesler Greenbaum (eds.), *The Winding Courses of the Stars: Essays in Ancient Astrology, Culture and Cosmos*, vol. 11, nos. 1 and 2 (2007).

65. Burnett, Charles, "Astrological Translations in Byzantium," in: *Actes du Symposium international Le Livre. La Roumanie. L'Europe. 4ème édition, 20–23 septembre 2011, Tome III,* ed. Martin Hauser, Ioana Feodorov, Nicholas V. Sekunda, and Adrian George Dumitru, Editura Biblioteca Bucureștilor, Bucarest, 2012, pp. 178–83.

66. Bushkin, Henry, *Johnny Carson*, Houghton Mifflin Harcourt, Boston/New York, 2013.

67. Caballero Sánchez, Raúl, and Hilario Bautista Ruiz, "Una paráfrasis inédita de los Tesoros de Antíoco de Atenas: el epítome IIa. Edición crítica, traducción y notas," *MHNH: Revista Internacional de Investigación sobre Magia y Astrología Antiguas*, vol. 6 (2006), pp. 177–242.

68. Caballero Sánchez, Raúl, "Historia del texto del Comentario anónimo al Tetrabiblos de Tolomeo," *MHNH: Revista Internacional de* Investigacion *sobre Magia y Astrología Antiguas*, vol. 13 (2013), pp. 77–198.

69. Caballero Sánchez, Raúl, "El Comentario anónimo al Tetrabiblos de Tolomeo. Edición crítica y traducción castellana de los escolios metodológicos del libro I," *MHNH: Revista Internacional de Investigación sobre Magia y Astrología Antiguas*, vol. 13 (2013), pp. 221–258.

70. Campion, Nicholas, "The Traditional Revival in Modern Astrology: A Preliminary History," *The Astrology Quarterly*, vol. 74, no. 1 (Winter 2003), pp. 28–38.

71. Campion, Nicholas, *A History of Western Astrology. Volume 1: The Ancient and Classical Worlds*, Bloomsbury, London/New York, 2008 (repr. 2012).

72. Campion, Nicholas, *A History of Western Astrology. Volume 2: The Medieval and Modern Worlds*, Continuum, London, 2009.

73. Campion, Nicholas, "More on the Transmission of the Babylonian Zodiac to Greece: The Case of the Nativity Omens and their Modern Legacy," *ARAM Periodical*, vol. 24 (2012), pp. 193–201.

74. Cancik, Hubert, and Helmuth Schneider (eds.), *Brill's New Pauly: Encyclopaedia of the Ancient World*, 22 vols., Brill, Leiden/Boston, 2002–2011.

75. Carman, Christián C., and James Evans, "On the epoch of the Antikythera mechanism and its eclipse predictor," *Archive for History of Exact Sciences*, vol. 68, no. 6 (2014), pp. 693–774.

76. Cassius Dio, *Dio's Roman History*, trans. Earnest Cary and Herbert Baldwin Foster, 9 vols., Loeb Classical Library, London/New York, 1914–1927.

77. Chaniotis, Angelos, "The Divinity of Hellenistic Rulers," in: *A Companion to the Hellenistic World*, ed. Erskine, 2003, pp. 431–445.

78. Charlesworth, James H., "Jewish Interest in Astrology during the Hellenistic and Roman Period," in: *Aufstieg und Niedergang der Römischen Welt* (ANRW), II.20.2, ed. W. Haase, de Gruyter, Berlin/New York, 1987, pp. 926–950.

79. Cole, Susan Guettel, "Greek Sanctions Against Sexual Assault," *Classical Philology*, vol. 79, no. 2 (April, 1984), pp. 97–113.

80. Copenhaver, Brian P. (trans.), *Hermetica*, Cambridge University Press, Cambridge, 1992.

81. Coppock, Austin, *36 Faces: The History, Astrology, and Magic of the Decans*, Three Hands Press, Richmond, CA, 2014.

82. Cornelius, Geoffrey, *The Moment of Astrology: Origins in Divination*, Penguin Arkana, London, 1994 (2nd rev. ed. Wessex Astrologer, Bournemouth, 2002).

83. Cicero, *On Old Age. On Friendship. On Divination*, trans. W. A. Falconer, Loeb Classical Library 154, Harvard University Press, Cambridge, MA, 1923.

84. Cicero, *On Divination, Book 1*, trans. David Wardle, Oxford University Press, Oxford, 2006.

85. Cichorius, Conrad, Römische *Studien*, Teubner, Leipzig/Berlin, 1922.

86. Cichorius, Conrad, "Der Astrologe Ti. Claudius Balbillus, Sohn des Thrasyllus," *Rheinisches Museum für Philologie*, vol. 76 (1927), pp. 102–105.

87. Clagett, Marshall, *Ancient Egyptian Science, Vol. 2: Calendars, Clocks, and Astronomy*, American Philosophical Society, Philadelphia, PA, 1995.

88. Cramer, Frederick H., *Astrology in Roman Law and Politics*, American Philosophical Society, Philadelphia, PA, 1954.

89. Cramer, Frederick H., "Review of Catalogus Codicum Astrologorum Graecorum," *Specu-*

lum, vol. 29, no. 2, part 1 (Apr., 1954), Medieval Academy of America, pp. 257–264.

90. Cumont, Franz, et al (eds.), *Catalogus Codicum Astrologorum Graecorum*, 12 vols. in 20 parts, Lamertin, Brussels, 1898–1953.
    — Vol. I, *Codices Florentinos*, ed. Boll, Cumont, Kroll, Olivieri, 1898.
    — Vol. II, *Codices Venetos*, ed. Boll, Cumont, Kroll, Olivieri, 1900.
    — Vol. III, *Codices Mediolaneses*, ed. Martini, Bassi, 1901.
    — Vol. IV, *Codices Italicos praeter Florentinos, Venetos, Mediolanenses, Romanos,* ed. Bassi, Cumont, Martini, Olivieri, 1903.
    — Vol. V, Part 1, *Codicum Romanorum*, ed. Cumont, Boll, 1904.
    — Vol. V, Part 2, *Codicum Romanorum*, ed. Kroll, 1906.
    — Vol. V, Part 3, *Codicum Romanorum*, ed. Heeg, 1910.
    — Vol. V, Part 4, *Codicum Romanorum*, ed. Weinstock, Boer, 1940.
    — Vol. VI, *Codices Vindobonenses*, ed. Kroll, 1903.
    — Vol. VII, *Codices Germanicos*, ed. Boll, 1908.
    — Vol. VIII, Part 1, *Codicum Parisinorum*, ed. Cumont, 1929.
    — Vol. VIII, Part 2, *Codicum Parisinorum*, ed. Heeg, 1911.
    — Vol. VIII, Part 3, *Codicum Parisinorum*, ed. Boudreaux, 1912.
    — Vol. VIII, Part 4, *Codicum Parisinorum*, ed. Boudreaux, 1921.
    — Vol. IX, Part 1, *Codices Britannicos*, ed. Weinstock, 1951.
    — Vol. IX, Part 2, *Codices Britannicos*, ed. Weinstock, 1953.
    — Vol. X, *Codices Athenienses*, ed. Delatte, 1924.
    — Vol. XI, Part 1, *Codices Hispanienses*, ed. Zuretti, 1932.
    — Vol. XI, Part 2, *Codices Hispanienses*, ed. Zuretti, 1934.
    — Vol. XII, *Codices Rossicos*, ed. Sangin, 1936.

91. Cumont, Franz, *Astrology and Religion Among the Greeks and Romans*, Dover, New York, 1912 (repr. 1960).

92. Cumont, Franz, "Antiochus d'Athènes et Porphyre," in: *L'Annuaire de l'Institut de Philologie et d'Histoire Orientales* 2 (Mélanges Bidez), 1934, pp. 135–56.

93. Cumont, Franz, *L'Égypte des astrologues*, Fondation égyptologique reine Élisabeth, Brussels, 1937.

94. Dan, Joseph, "Three Phases in the History of the *Sefer Yezira*," *Frankfurter Judaistische Beiträge*, vol. 21 (1994), pp. 7–29.

95. Darrigol, Olivier, *A History of Optics: From Greek Antiquity to the Nineteenth Century*, Oxford University Press, Oxford, 2012.

96. Deakin, Michael, *Hypatia of Alexandria, Mathematician and Martyr*, Prometheus Books, Amherst, MA, 2007.

97. DeConick, April D., "From the Bowels of Hell to Draco: The Mysteries of the Peratics," in: *Mystery and Secrecy in the Nag Hammadi Collection and Other Ancient Literature: Ideas and Practices*, ed. Christian H. Bull, Liv Ingeborg Lied, and John D. Turner, Brill, Leiden/Boston, 2012, pp. 3–37.

98. Denningmann, Susanne, *Die astrologische Lehre der Doryphorie: Eine soziomorphe Metapher in der antiken Planetenastrologie*, De Gruyter, Berlin, 2005.

99. Denningmann, Susanne, "The Ambiguous Terms ἑῴα and ἑσπερία ἀνατολή, and ἑῴα and ἑσπερία δύσις," *Culture and Cosmos*, vol. 11, nos. 1 and 2 (2007), pp. 189–210.

100. Denzey, Nicola, "A New Star on the Horizon: Astral Christologies and Stellar Debates in Early Christian Discourse," in: *Prayer, Magic and the Stars in the Ancient and Late Antique World*, ed. Noegel, Walker, and Wheeler, 2003, pp. 207–21.

101. Denzey Lewis, Nicola, *Cosmology and Fate in Gnosticism and Graeco-Roman Antiquity:Under Pitiless Skies*, Nag Hammadi and Manichaean Studies 81, Brill, Leiden, 2013.

102. Denzey Lewis, Nicola, *Introduction to "Gnosticism": Ancient Voices, Christian Worlds*, Oxford University Press, Oxford/New York, 2013.

103. Dieleman, Jacco, "Stars and the Egyptian Priesthood in the Greco-Roman Period," in: *Prayer, Magic and the Stars in the Ancient and Late Antique World,* eds. Noegel, Walker, and Wheeler, 2003, pp. 137–53.

104. Dillon, John, *The Middle Platonists*, Cornell University Press, Ithaca, NY, 1977 (rev. ed. 1996).

105. Dillon, John, "Plotinus on Whether the Stars are Causes," in: *La science des cieux. Sages, mages, astrologues*, ed. Rika Gyselen, Bures-sur-Yvette (Res Orientales 12), 1999, pp. 87–92.

106. Dio Cassius, *Roman History*, trans. Earnest Cary and Herbert B. Foster, 9 vols., Loeb Classical Library, Harvard University Press, Cambridge, MA, 1914–1927.

107. Diodorus Siculus, *Library of History*, Books 1–2.34, trans. C. H. Oldfather, Loeb Classical Library 279, Harvard University Press, Cambridge, 1933.

108. Diogenes Laertius, *Lives of Eminent Philosophers*, trans. R. D. Hicks, 2 vols., Loeb Classical Library, Harvard University Press, Cambridge, MA, 1925 (rev. ed. 1931).

109. Dodge, Bayard (trans.), *The Fihrist of al-Nadim, A Tenth Century Survey of Muslim Culture*, 2 vols., Columbia University Press, New York, 1970.

110. Dorotheus of Sidon, *Dorothei Sidonii Carmen Astrologicum, Interpretationem arabicam in linguam anglicam versam una cum Dorothei fragmentis et graecis et latinis*, ed. and trans. David Pingree, Teubner, Leipzig, 1976.

111. Dorotheus of Sidon, *Carmen Astrologicum*, trans. David Pingree, Astrology Center of America, Abingdon, MD, 2005. [Republication of Pingree's 1976 English translation of Dorotheus, *Dorothei Sidonii Carmen Astrologicum*, without the Arabic text, and with an English translation of Pingree's original Latin introduction by Dorian Greenbaum.]

112. Dorotheus of Sidon, *Excerpts*, trans. Eduardo Gramaglia, ed. and comm. Benjamin Dykes, 2013, unpublished.

113. Dudley, John, *Aristotle's Concept of Chance: Accidents, Cause, Necessity, and Determinism*, State University of New York Press, Albany, 2012.

114. Duffett-Smith, Peter, *Practical Astronomy with Your Calculator,* Cambridge University

Press, Cambridge, 3rd rev. ed. 1988.

115. Dykes, Benjamin N. (trans.), *Works of Sahl and Māshā'allāh*, Cazimi Press, Golden Valley, MN, 2008.

116. Dykes, Benjamin N. (trans. and ed.), *Persian Nativities, Volume I: Māshā'allāh and Abū'Ali,* Cazimi Press, Minneapolis, MN, 2009.

117. Dykes, Benjamin N. (trans. and ed.), *Introductions to Traditional Astrology: Abu Ma'shar and al Qabisi,* Cazimi Press, Minneapolis, MN, 2010.

118. Dzielska, Maria, *Hypatia of Alexandria*, trans. F. Lyra, Harvard University Press, Cambridge, MA, 1995.

119. Edwards, Mark (trans.), *Neoplatonic Saints: The Lives of Plotinus and Proclus by Their Students*, Liverpool University Press, Liverpool, 2000.

120. Emilsson, Eyjólfur Kjalar, *Plotinus on Sense-Perception: A Philosophical Study*, Cambridge University Press, Cambridge, 1988.

121. Erskine, Andrew, "Culture and Power in Ptolemaic Egypt: The Museum and Library of Alexandria," *Greece and Rome*, vol. 42, no. 1 (Apr. 1995), pp. 38–48.

122. Erskine, Andrew (ed.), *A Companion to the Hellenistic World*, Blackwell, Oxford, 2003.

123. Evans, James, *The History and Practice of Ancient Astronomy*, Oxford University Press, Oxford/New York, 1998.

124. Evans, James, "The Astrologer's Apparatus: A Picture of Professional Practice in Greco-Roman Egypt," *Journal for the History of Astronomy*, vol. 35, part 1, no. 118 (2004), pp. 1–44.

125. Fagan, Cyril, *Zodiacs Old and New*, Llewellyn, Los Angeles, 1950.

126. Fagan, Cyril, *Astrological Origins*, Llewellyn, St. Paul, MN, 1971.

127. Feke, Jaqueline, *Ptolemy in Philosophical Context: A Study of the Relationships Between Physics, Mathematics, and Theology*, PhD diss., University of Toronto, 2009.

128. Feke, Jaqueline, and Alexander Jones, "Ptolemy," in: *The Cambridge History of Philosophy in Late Antiquity,* ed. Gerson2010, vol. 1, pp. 197–209.

129. Feraboli, Simonetta (ed.) *Hermetis Trismegisti de triginta sex decanis*, Hermes Latinus, vol. 4, part 1 = Corpus Christianorum, Continuatio Mediaevalis 144, Brepols, Turnhout, 1994.

130. Festugière, André-Jean, *La Révélation d'Hermès Trismégiste,* 4 vols., Lecoffre, Paris, 1944–1954.

131. Firmicus Maternus, *Iulii Firmici Materni Matheseos libri VIII*, ed. Wilhem Kroll, F. Skutsch, and K. Ziegler, 2 vols., Teubner, Leipzig, 1897–1913.

132. Firmicus Maternus, *The Error of the Pagan Religions*, trans. Clarence A. Forbes, Newman Press, New York, NY, 1970.

133. Firmicus Maternus, *Ancient Astrology, Theory and Practice: Matheseos Libri VIII,* trans. Jean Rhys Bram, Noyes Press, Park Ridge, NJ, 1975 (repr. Astrology Center of America, Abingdon, MD, 2005).

134. Firmicus Maternus, *Mathesis*, 3 vols., ed. and trans. Pierre Monat, Les Belles Lettres,

Paris, 1992–1997.

135. Firmicus Maternus, Julius, *Mathesis*, trans. and ed. James H. Holden, American Federation of Astrologers, Tempe, AZ, 2011.

136. Forenbaher, Stašo, and Alexander Jones, "The Nakovana Zodiac: Fragments of an Astrologer's Board from an Illyrian-Hellenistic Cave Sanctuary," *Journal for the History of Astronomy*, vol. 42, no. 4 (Nov. 2011), pp. 425–438.

137. Fowden, Garth, *The Egyptian Hermes: A Historical Approach to the Late Pagan Mind*, Cambridge University Press, Cambridge, 1986.

138. Fox, Michael J., *Lucky Man*: A Memoir, Hyperion, New York, 2002.

139. Freudenthal, Gad, "The Astrologization of the Aristotelian Cosmos: Celestial Influences on the Sublunar World in Aristotle, Alexander of Aphrodisias, and Averroes," in:*New Perspectives on Aristotle's De Caelo*, ed. Alan Bowen and Christian Wildberg, Brill, Leiden/Boston, 2009, pp. 239–282.

140. Friedrich, Hans-Veit (ed.), *Thessalos von Tralles: griechisch und lateinisch*, Beiträge zur klassischen Philologie, 28, Meisenheim am Glan, 1968.

141. Gansten, Martin, "Balbillus and the Method of aphesis," *Greek, Roman, and Byzantine Studies*, vol. 52 (2012), pp. 587–602.

142. Geminos, *Geminos's Introduction to the Phenomena: A Translation and Study of a Hellenistic Survey of Astronomy*, trans. James Evans and J. Lennart Berggren, Princeton University Press, Princeton/Oxford, 2006.

143. George, Demetra, *The Foundation of the Astrological Art: The Opinion according to the Chaldeans*, translation of CCAG 5, 2, pp. 130–37, unpublished.

144. Gerson, Lloyd P. (ed.), *The Cambridge History of Philosophy in Late Antiquity*, 2 vols., Cambridge University Press, Cambridge, 2010.

145. Gillispie, Charles C. (ed.), *Dictionary of Scientific Biography*, 16 vols., Charles Scribner's Sons, New York, NY, 1970–1980.

146. Graham, Daniel W., *Aristotle's Two Systems*, Oxford University Press, Oxford, 1987.

147. Gramaglia, Eduardo, *Astrologia Hermética: Recobrando el sistema helenístico*, Kier, Buenos Aires, 2006.

148. Green, Peter, *The Hellenistic Age: A Short History*, Modern Library, New York, 2007.

149. Green, Steven J., and Katharina Volk (eds.), *Forgotten Stars: Rediscovering Manilius' Astronomica*, Oxford University Press, Oxford/New York, 2011.

150. Green, Steven J., *Disclosure and Discretion in Roman Astrology: Manilius and his Augustan Contemporaries*, Oxford University Press, Oxford, 2014.

151. Greenbaum, Dorian Gieseler, "Calculating the Lots of Fortune and Daemon in Hellenistic Astrology," *Culture and Cosmos*, vol. 11, nos. 1 and 2 (2007), pp. 163–187.

152. Greenbaum, Dorian Gieseler, and Micah Ross, "The Role of Egypt in the Development of the Horoscope," in: *Egypt in Transition: Social and Religious Development of Egypt in the First Millennium BCE*, eds. Ladislav Bareš, Filip Coppens, and Květa Smoláriková, Czech Institute of Egyptology, Prague, 2010, pp. 146–182.

153. Grubbs, Judith Evans, and Tim Parkin (eds.), *The Oxford Handbook of Childhood and Education in the Classical World*, Oxford University Press, Oxford/New York, 2013.

154. Gutas, Dimitri, *Greek Thought, Arabic Culture: The Graeco-Arabic Translation Movement in Baghdad and Early 'Abbāsid Society (2nd–4th/8th–10th centuries)*, Routledge,London/New York, 1998.

155. Hahm, David E., *The Origins of Stoic Cosmology*, Ohio State University Press, Columbus, OH, 1977.

156. Hall, James, *The Sinister Side: How Left-Right Symbolism Shaped Western Art,* Oxford University Press, Oxford, 2008.

157. Hamilton, N. T., N. M. Swerdlow, and G. J. Toomer, "The Canobic Inscription: Ptolemy's Earliest Work" in: *From Ancient Omens to Statistical Mechanics: Essays on the Exact Sciences Presented to Asger Aaboe*, ed. J. L. Berggren and B. R. Goldstein, University Library, Copenhagen, 1987, pp. 55–73.

158. Hand, Robert, *Night & Day: Planetary Sect in Astrology*, ARHAT Publications, Reston, VA, 1995.

159. Hand, Robert, *Whole Sign Houses, the Oldest House System: An Ancient Method in Modern Application*, ARHAT Publications, Reston, VA, 2000.

160. Hand, Robert, "Signs as Houses (Places) in Ancient Astrology," *Culture and Cosmos*, vol. 11, nos. 1 and 2, 2007, pp. 135–162.

161. Hankinson, R. J., "Stoicism, Science and Divination," *Apeiron*, vol. 21, no. 2 (1988), pp. 123–160.

162. Harland, Philip A., "Journeys in Pursuit of Divine Wisdom: Thessalos and Other Seekers," in: *Travel and Religion in Antiquity*, ed. Philip A. Harland, Studies in Christianity and Judaism vol. 21, Wilfrid Laurier University Press, Waterloo, 2011, pp. 123–140.

163. Hatzimichali, Myrto, "Antiochus' biography," in: *The Philosophy of Antiochus*, ed. Sedley, 2012, pp. 9–30.

164. Hatzimichali, Myrto, "Ashes to Ashes? The Library of Alexandria after 48 BC," in: *Ancient Libraries*, eds. Jason König, Katerina Oikonomopoulou, and Greg Woolf, Cambridge University Press, Cambridge/New York, 2013, pp. 167–182.

165. Hayman, A. Peter (ed. and trans.), *Sefer Yesira: Edition, Translation and Text-Critical Commentary*, Mohr Siebeck, Tubingen, 2004.

166. Hegedus, Tim, *Early Christianity and Ancient Astrology,* Peter Lang, New York, 2007.

167. Heilen, Stephan, "The Emperor Hadrian in the Horoscopes of Antigonus of Nicaea," in: *Horoscopes and Public Spheres*, ed. Oestmann, Rutkin, and von Stuckrad, 2005, pp. 49–67.

168. Heilen, Stephan, "Ancient Scholars on the Horoscope of Rome," *Culture and Cosmos*, vol. 11, nos. 1 and 2 (2007), pp. 43–68.

169. Heilen, Stephan, "Problems in Translating Ancient Greek Astrological Texts," in: *Writings of Early Scholars in the Ancient Near East, Egypt, Rome, and Greece: Translating Ancient Scientific Texts*, ed. Annette Imhausen and Tanja Pommerening, De Gruyter, Ber-

lin/New York, 2010, pp. 299–329.

170. Heilen, Stephan, "Anubio Reconsidered," *Aestimatio: Critical Reviews in the History of Science*, no. 7 (2010), pp. 127–192.

171. Heilen, Stephan, "Some metrical fragments from Nechepsos and Petosiris," in: *La poésie astrologique dans l'Antiquité. Textes réunis par Isabelle Boehm et Wolfgang Hübner. Actes du colloque organisé les 7 et 8 décembre 2007 par J.-H. Abry avec la collaboration d'I. Boehm*, Paris, 2011 (Collection du Centre d'Etudes et de Recherches sur l'Occident Romain CEROR. 38), pp. 23–93.

172. Heilen, Stephan, "Ptolemy's Doctrine of the Terms and its Reception," in: *Ptolemy in Perspective*, ed. Jones, 2010, pp. 45–93.

173. Heilen, Stephan, "Antigonos of Nicaea," in: *The Encyclopedia of Ancient History*, ed. Bagnall et al, 2012, pp. 464–465.

174. Heilen, Stephan, *Hadriani Genitura. Die astrologischen Fragmente des Antigonos von Nikaia*, 2 vols., De Gruyter, Berlin/Boston, 2015.

175. Hephaestio of Thebes, *Hephaestionis Thebani apotelesmaticorum libri tres*, ed. David Pingree, 2 vols., Teubner, Leipzig, 1973–74.

176. Hephaistio of Thebes, *Apotelesmatics, Book I*, trans. Robert Schmidt, ed. Robert Hand, The Golden Hind Press, Berkeley Springs, WV, 1994.

177. Hephaistio of Thebes, *Apotelesmatics, Book II*, trans. Robert H. Schmidt, The Golden Hind Press, Cumberland, MD, 1998.

178. Hephaistion of Thebes, *Apotelesmatics, Book III: On Inceptions*, trans. Eduardo J. Gramaglia, ed. Benjamin N. Dykes, Cazimi Press, Minneapolis, MN, 2013.

179. Hermann of Carinthia, *The Search of the Heart: Consultation Charts, Interpreting Thoughts, and Calculating Victors in Traditional Astrology*, trans. and ed. Benjamin N. Dykes, Cazimi Press, Minneapolis, MN, 2011.

180. Hermès Trismégiste, *Corpus Hermeticum*, ed. A. D. Nock and A. J. Festugière, 4 vols., Les Belles Lettres, Paris, 1946–54.

181. Hermes Trismegistus, *Liber Hermetis, Part I*, trans. Robert Zoller, ed. Robert Hand, The Golden Hind Press, Berkeley Springs, WV, 1993.

182. Hermès Trismegistus, *Liber Hermetis, Part II*, trans. Robert Zoller, ed. Robert Hand, The Golden Hind Press, Berkeley Springs, WV, 1993.

183. Holden, James Herschel, "Ancient House Division," *American Federation of Astrologers Journal of Research,* vol. 1, no. 1 (August 1982), Tempe, AZ, pp. 19–29.

184. Holden, James Herschel, "The Horoscope of Cronamon," *American Federation of Astrologers' Journal of Research*, vol. 5, no. 1 (1989), pp. 7–10.

185. Holden, James Herschel, "House Division II," American Federation of Astrologers *Journal of Research*, vol. 5, no. 2 (1989), pp. 33–51.

186. Holden, James Herschel, "The Classical Zodiac," American Federation of Astrologers *Journal of Research,* vol. 7, no. 2 (Summer 1995).

187. Holden, James H., "The Sign-House System of House Division," American Federation of

Astrologers periodical *Today's Astrologer*, vol. 62, no. 12 (Nov. 11, 2000), pp. 400–403.

188. Holden, James H., *A History of Horoscopic Astrology*, American Federation of Astrologers, Tempe, AZ, 1996 (3rd rev. ed. 2013).

189. Holden, James Herschel, *Biographical Dictionary of Western Astrologers*, American Federation of Astrologers, Tempe, AZ, 2012.

190. Holden, Ralph William, *The Elements of House Division*, Camelot Press, Southhampton, 1977.

191. Houck, Richard, *The Astrology of Death*, Groundswell Press, Gaithersburg, MD, 1994.

192. Houlding, Deborah, *The Houses: Temples of the Sky,* Ascella, 1998 (2nd ed. rev. The Wessex Astrologer, Bournemouth, 2006).

193. Houlding, Deborah, "The Transmission of Ptolemy's Terms: An Historical Overview, Comparison and Interpretation," *Culture and Cosmos,* vol. 11, nos. 1–2 (2007), pp. 261–307.

194. Hübner, Wolfgang, "Manilio e Teucro di Babilonia," in: *Manilio fra poesia e scienza. Atti del convegno, Lecce, 14–16 maggio 1992*, ed. D. Liuzzi, Galatina, 1993, pp. 21–40.

195. Hübner, Wolfgang, *Raum, Zeit und soziales Rollenspiel der vier Kardinalpunkte in der antiken Katarchenhoroskopie*, K. G. Saur, Munich/Leipzig, 2003.

196. Hübner, Wolfgang, "Maximus," in *Brill's New Pauly: Encyclopaedia of the Ancient World*, ed. Cancik and Schneider, 2006.

197. Hübner, Wolfgang, "Timaeus," in *Brill's New Pauly: Encyclopaedia of the Ancient World*, ed. Cancik and Schneider, 2006.

198. Hübner, Wolfgang, "Sulla's horoscope? (Firm., Math. 6,31,1)," in: *Horoscopes and Public Spheres*, eds. Oestmann, Rutkin, and von Stuckrad, 2005, pp. 13–35.

199. Hübner, Wolfgang, *Manilius, Astronomica, Buch V, Sammlung wissenschaftlicher Commentare,* 2 vols., De Gruyter, Berlin/New York, 2010.

200. Hunger, Hermann (ed.), *Astrological Reports to Assyrian Kings*, State archives of Assyria 8, Helsinki University Press, Helsinki, 1992.

201. Hunger, Hermann, and David Pingree, *Astral Sciences in Mesopotamia*, Handbook of Oriental Studies: The Near and Middle East, vol. 44, Brill, Leiden/Boston, 1999.

202. Hypsicles, *Hypsikles: Die Aufgangszeiten der Gestirne*, ed. V. de Falco and M. Krause, Vandenhoeck & Ruprecht, Göttingen, 1966.

203. Iamblichus, *On the Pythagorean Way of Life*, trans. John Dillon and Jackson Hershbell, Society of Biblical Literature (Texts and Translations 29, Greco-Roman Religion Series 11), Atlanta, GA, 1991.

204. Iamblichus, *On the Mysteries,* trans. Emma C. Clarke, John M. Dillon, and Jackson P. Hershbell, Society of Biblical Literature, Atlanta, GA, 2003.

205. Ideler, Julius Ludwig, *Physici et Medici Graeci Minores*, 2 vols., Reimeri, Berlin, 1841.

206. Irby-Massie, Georgia L., and Paul T. Keyser, *Greek Science of the Hellenistic Era: A Sourcebook*, Routledge, London, 2002.

207. Jasnow, Richard Lewis, and Karl-Theodor Zauzich, *Conversations in the House of Life:*

A New Translation of the Ancient Egyptian Book of Thoth, Harrassowitz Verlag, Wiesbaden, 2014.

208. John Lydus, *De Ostentis* = Ioannes Lydus, *On Celestial Signs (De Ostentis)*, ed. and trans. Anastasius C. Bandy, Edwin Mellen Press, Lewiston, NY, 2013.

209. John of Nikiu, *The Chronicle of John, Bishop of Nikiu*, trans. R. H. Charles, The Text and Translation Society, Oxford University Press, 1916.

210. John Philoponus, *Ioannes Philoponus, De usu astrolabii eiusque constructione / Über die Anwendung des Astrolabs und seine Anfertigung*, ed. Alfred Stückelberger, De Gruyter, Berlin, 2015.

211. Johnson, Aaron P., *Religion and Identity in Porphyry of Tyre: The Limits of Hellenism in Late Antiquity. Greek Culture in the Roman world*, Cambridge University Press, Cambridge/New York, 2013.

212. Jones, Alexander, "The Place of Astronomy in Roman Egypt," in: *The Sciences in Greco-Roman Society,* ed. T. D. Barnes, Edmonton (Apeiron, vol. 27, no. 4), 1994, pp. 25–51.

213. Jones, Alexander, *Astronomical Papyri from Oxyrhynchus*, 2 vols. bound in one, American Philosophical Society, Philadelphia, 1999.

214. Jones, Alexander, "Maximus," in: *The Encyclopedia of Ancient Natural Scientists*, ed. Keyser and Irby-Massie, 2008, p. 536.

215. Jones, Alexander, "Timaios," in: *The Encyclopedia of Ancient Natural Scientists*, ed. Keyser and Irby-Massie, 2008, p. 810.

216. Jones, Alexander (ed.), *Ptolemy in Perspective: Use and Criticism of His Work from Antiquity to the Nineteenth Century,* Archimedes vol. 23, Springer, Dordrecht/New York, 2010.

217. Jones, Alexander, "Ancient Rejection and Adoption of Ptolemy's Frame of Reference for Longitudes," in: *Ptolemy in Perspective*, ed. Jones, 2010, pp. 11–44.

218. Jones, Alexander, and John M. Steele, "A New Discovery of a Component of Greek Astrology in Babylonian Tablets: The 'Terms'," *ISAW Papers*, vol. 1, 2011 (http://dlib.nyu.edu/awdl/isaw/isaw-papers/1/).

219. Jones, Alexander, "Ptolemy (astronomer, mathematician)," in: *The Encyclopedia of Ancient History*, ed. Bagnall et al, 2012, pp. 5651–4.

220. Jones, Prudence, "Celestial and Terrestrial Orientation: The Origins of House Division in Ancient Cosmology," in: *History and Astrology: Clio and Urania Confer,* ed. Annabella Kitson, Unwin, London, 1989, pp. 27–46.

221. Juvenal, *The Satires*, trans. Niall Rudd, Oxford University Press, Oxford, 1991.

222. Juvenal and Persius, *Juvenal and Persius*, ed. and trans. Susanna Morton Braund, Loeb Classical Library 91, Harvard University Press, Cambridge, MA, 2004.

223. Karamanolis, George, "Porphurios of Tyre," in: *The Encyclopedia of Ancient Natural Scientists,* ed. Keyser and Irby-Massie, 2008, pp. 688–89.

224. Kelley, Nicole, *Knowledge and Religious Authority in the Pseudo-Clementines: Situating the Recognitions in Fourth Century Syria*, (Wissenschaftliche Untersuchungen zum

Neuen Testament 2, Reihe 213), Mohr Siebeck, Tübingen, 2006.

225. Keyser, Paul T., and Georgia L. Irby-Massie (eds.), *The Encyclopedia of Ancient Natural Scientists*, Routledge, London/New York, 2008.

226. King, David A., "A Hellenistic Astrological Table Deemed Worthy of Being Penned in Gold Ink: The Arabic Tradition of Vettius Valens' Auxiliary Function for Finding the Length of Life," in: *Studies in the History of the Exact Sciences in Honour of David Pingree*, ed. Charles Burnett, Jan P. Hogendijk, Kim Plofker, and Michio Yano, Brill, Leiden/Boston, 2004, pp. 666–714.

227. Klein, Jacob, *Lectures and Essays*, ed. Robert Williamson and Elliot Zuckerman, St. John's College Press, Annapolis, MD, 1985.

228. Koch, Walter, "Ceionius Rufius Albinus," *Astrologische Rundschau*, vol. 23 (1931), pp. 177–183.

229. Koch-Westenholz, Ulla, *Mesopotamian Astrology: An Introduction to Babylonian and Assyrian Celestial Divination*, Carsten Niebuhr Institute of Near Eastern Studies, Museum Tusculanum Press, Copenhagen, 1995.

230. Koertge, Noretta (ed.), *New Dictionary of Scientific Biography*, 8 vols., Charles Scribner's Sons, New York, NY, 2007.

231. Komorowska, Joanna, "Philosophical Foundation of Vettius Valens' Astrological Creed," *Eos*, vol. 83 (1995), pp. 331–335.

232. Komorowska, Joanna, *Vettius Valens of Antioch: An Intellectual Monography*, Ksiegarnia Akademicka, Krakow, 2004.

233. Krappe, Alexander Haggerty, "Tiberius and Thrasyllus," *The American Journal of Philology,* vol. 48, no. 4 (1927), pp. 359–366.

234. Kühn, C. G. (ed.), *Galen Claudii Galeni opera omnia*, 20 vols., Cnobloch, Leipzig, 1821–1833.

235. Lawrence, Marilynn, "Hellenistic Astrology," *Internet Encyclopedia of Philosophy*, 2005: http://www.iep.utm.edu/astr-hel/

236. Lawrence, Marilynn, "Who Thought the Stars are Causes? The Astrological Doctrine Criticized by Plotinus," in: *Metaphysical Patterns in Neoplatonism*, ed. John Finamore and Robert Berchman, University Press of the South, 2007, pp. 17–31.

237. Lawrence Moore, Marilynn, "The Young Gods: The Stars and Planets in Platonic Treatment of Fate," in: *Perspectives sur le néoplatonisme*, eds. Martin Achard, Wayne Hankey, and Jean-Marc Narbonne, Les Presses de l'Université Laval, Quebec, 2009, pp. 95–109.

238. Lehoux, Daryn, "Tomorrow's News Today: Astrology, Fate, and the Way Out," *Representations*, vol. 95 (2006), pp. 105–122.

239. Lehoux, Daryn, "Review of A Brief History of Ancient Astrology by Roger Beck," *The Classical Review*, vol. 58, no. 1 (Jan. 2008), pp. 288–290.

240. Lewis, Charlton T., and Charles Short, *A Latin Dictionary*, Clarendon Press, Oxford, 1879.

241. Liddell, Henry George, Robert Scott, Henry Stuart Jones, Roderick McKenzie et al (eds.),

A Greek-English Lexicon, Clarendon Press, Oxford, rev. ed. 1996.

242. Lilly, William, *Christian Astrology*, 1647 (repr. Ascella, London, 1999).

243. Londino, Lawrence J., *Tiger Woods: A Biography*, Greenwood Press, Westport, CT, 2010.

244. Long, Anthony A., "Astrology: Arguments Pro and Contra," in: *Science and Speculation: Studies in Hellenistic Theory and Practice*, ed. J. Barnes, J. Brunschwig, M. Burnyeat, and M. Schofield., Cambridge University Press and Editions de la Maison des Sciences de l'Homme, Paris,1982, pp. 165–92.

245. Long, A. A., and D. N. Sedley, *The Hellenistic Philosophers*, 2 vols., Cambridge University Press, Cambridge, 1987.

246. Long, Anthony A., "Ptolemy on the Criterion: An Epistemology for the Practising Scientist," in: *The Criterion of Truth: Essays Written in Honour of George Kerferd Together with a Text and Translation (with Annotations) of Ptolemy's on the Kriterion and Hegemonikon*, ed. Pamela M. Huby and Gordon C. Neal, Liverpool University Press, Liverpool, 1989, pp. 151–78.

247. Longrigg, James, "Elementary Physics in the Lyceum and Stoa," *Isis*, vol. 66, no. 2 (June, 1975), pp. 211–229.

248. Lorenz, Dona Marie, *Tools of Astrology: Houses*, Eomega Grove Press, Topanga, CA, 1973.

249. Lucian, *The Passing of Peregrinus. The Runaways. Toxaris or Friendship. The Dance. Lexiphanes. The Eunuch. Astrology. The Mistaken Critic. The Parliament of the Gods. The Tyrannicide. Disowned*, trans. A. M. Harmon, Loeb Classical Library 302, Harvard University Press, Cambridge, MA, 1936.

250. Ludwich, Arthurus (ed.), *Maximus et Ammonis carminum de actionum auspiciis reliquiae*, Teubner, Leipzig, 1877.

251. Macrobius, *Commentary on the Dream of Scipio*, trans. William Harris Stahl, Columbia University Press, New York, NY, 1952.

252. Magdalino, Paul, *L'Orthodoxie des astrologues: La science entre le dogme et la divination à Byzance (VIIe-XIVe siècle)*, Lethielleux, Paris, 2006.

253. Mak, Bill M., "The Date and Nature of Sphujidhvaja's Yavanajātaka Reconsidered in the Light of Some Newly Discovered Materials," *History of Science in South Asia*, vol. 1 (2013), pp. 1–20.

254. Mak, Bill M., "The Last Chapter of Sphujidhvaja's *Yavanajātaka* Critically Edited with Notes," *SCIAMVS: Sources and Commentaries in Exact Sciences*, vol. 14 (2013), pp. 59–148.

255. Manetho, The *Apotelesmatika of Manetho*, ed. and trans. Robert Lopilato, PhD diss., Brown University, Providence, RI, 1998.

256. Manilius, Marcus, *Astronomica*, ed. and trans. G. P. Goold, Loeb Classical Library 469, Harvard University Press, Cambridge, MA, 1977 (rev. ed. 1997).

257. Manilius, Marcus, *M. Manilii Astronomica*, ed. George P. Goold, Teubner, Leipzig, 1985 (rev. ed. 1998).

258. Manitius, Carolus (ed.), *Hipparchi in Arati et Eudoxi Phaenomena Commentariorum Libri,* Teubner, Leipzig, 1894.

259. McCambley, Casimir, "*Against Fate* by Gregory of Nyssa," *Greek Orthodox Theological Review*, vol. 37 (1992), pp. 320–32.

260. McLaughlin, Raoul, *Rome and the Distant East: Trade Routes to the Ancient Lands of Arabia, India and China*, Continuum, London/New York, 2010.

261. Melanchthon, Philip (ed.), *Procli Paraphrasis in quatuor Ptolemaei libros de siderum effectionibus*, Oporinus, Basel, 1554.

262. Meyer, Marvin (ed.), *The Nag Hammadi Scriptures: The International Edition*, Harper-Collins, New York, 2007.

263. Migne, Jacques-Paul (ed.), *Patrologia Graeca*, 166 vols., Imprimerie Catholique, Paris, 1857–1866.

264. Momigliano, Arnaldo, "The Fault of the Greeks," *Daedalus*, vol. 104, no. 2 (1975), pp. 9–19.

265. Mommsen, Theodor, "Firmicus Maternus," *Hermes,* vol. 29, no. 3 (1894), pp. 468–472.

266. Monroe, M. Willis, "The Micro-Zodiac in Babylon and Uruk: Seleucid Zodiacal Astrology," in: in: *The Circulation of Astronomical Knowledge in the Ancient World*, ed. Steele, 2016, pp. 117–138.

267. Montelle, Clemency, "The *Anaphoricus* of Hypsicles of Alexandria," in: *The Circulation of Astronomical Knowledge in the Ancient World*, ed. Steele, 2016, pp. 287–315.

268. Montanari, Franco, *The Brill Dictionary of Ancient Greek*, ed. Madeleine Goh, Chad Schroeder, Gregory Nagy, and Leonard Muellner, Brill, Leiden/Boston, 2015.

269. Moyer, Ian S., *Egypt and the Limits of Hellenism*, Cambridge University Press, Cambridge, 2011.

270. Neugebauer, Otto, "Demotic Horoscopes," *Journal of the American Oriental Society*, vol. 63, no. 2. (Apr. – Jun., 1943), pp. 115–127.

271. Neugebauer, Otto, "The Early History of the Astrolabe. Studies in Ancient Astronomy IX," *Isis*, Vol. 40, No. 3 (Aug., 1949), pp. 240–256.

272. Neugebauer, Otto, "The Study of Wretched Subjects," *Isis*, vol. 42, no. 2 (June 1951), p. 111.

273. Neugebauer, Otto, "The Horoscope of Ceionius Rufius Albinus," *The American Journal of Philology*, vol. 74, no. 4, 1953, pp. 418–420.

274. Neugebauer, Otto, "The Chronology of Vettius Valens' Anthologiae," *Harvard Theological Review*, 47 (1954), pp. 65–67.

275. Neugebauer, Otto, and H. B. van Hoesen, *Greek Horoscopes*, American Philosophical Society, Philadelphia, PA, 1959.

276. Neugebauer, Otto, and H. B. van Hoesen, "Astrological Papyri and Ostraca: Bibliographical Notes," *Proceedings of the American Philosophical Society*, vol. 108, no. 2 (April 15, 1964), pp. 57–72.

277. Neugebauer, Otto, and Richard Parker, "Two Demotic Horoscopes," *The Journal of*

Egyptian Archaeology, vol. 54 (1968), pp. 231–235.

278. Neugebauer, Otto, *The Exact Sciences in Antiquity*, Dover, New York (2nd rev. ed.), 1969.

279. Neugebauer, Otto, and Richard Anthony Parker, *Egyptian Astronomical Texts, Vol. 3: Decans, Planets, Constellations and Zodiac*s, Brown University Press, Providence, RI, 1969.

280. Neugebauer, Otto, *A History of Ancient Mathematical Astronomy*, 3 vols., Springer, Berlin, 1975.

281. Noegel, Scott, Joel Walker, and Brannon Wheeler (eds.), *Prayer, Magic and the Stars in the Ancient and Late Antique World*, Pennsylvania State University Press, University Park, PA, 2003.

282. Nonnos, *Dionysiaca*, trans. W. H. D. Rouse, 3 vols., Loeb Classical Library, Harvard University Press, Cambridge, 1940.

283. Noonan, George, *Classical Scientific Astrology,* American Federation of Astrologers, Tempe, AZ, 1984 (repr. 2005).

284. North, John David, *Horoscopes and History*, Warburg Institute, London, 1986.

285. Obbink, Dirk, "Anoubion, Elegiacs" in: *The Oxyrhynchus Papyri,* vol. 66, ed. N. Gonis et al, Nos. 4503–7, Egypt Exploration Society, London, 1999, 67–109.

286. Oestmann, Günther, H. D. Rutkin, and Kocku von Stuckrad (eds.), *Horoscopes and Public Spheres: Essays on the History of Astrology*, (Religion and Society 42), De Gruyter, Berlin/New York, 2005.

287. Oliver, Revilo P, "Thrasyllus in Tacitus (Ann. 6.21)," *Illinois Classical Studies*, vol. 5 (1980), pp. 130–148.

288. Olympiodorus, *Heliodori, ut dicitur, In Paulum Alexandrinum commentarium*, ed. Æ. Boer, Teubner, Leipzig, 1962.

289. Olympiodorus, *Olympiodori in Platonis Gorgiam commentaria*, ed. Leendert Gerrit Westerink, Teubner, Leipzig, 1970.

290. Olympiodorus, *Commentary on Plato's Gorgia*s, trans. Robin Jackson, Kimon Lycos, and Harold Tarrant, Brill, Boston, MA, 1998.

291. Origen, *Philocalia*, trans. George Lewis, T. and T. Clark, Edinburgh, 1911.

292. Packman, Zola M., "Instructions for the Use of Planet Markers on a Horoscope Board," *Zeitschrift für Papyrologie und Epigraphik*, vol. 74 (1988), pp. 85–95.

293. Panaino, Antonio, "The Two Astrological Reports of the Kārnāmag ī Ardašīr ī Pābagān (III, 4-7; IV, 6-7)," *Die Sprache*, vol. 36, no. 2 (1994), pp. 181–96.

294. Panaino, Antonio, "Cosmologies and Astrology," in: *The Wiley Blackwell Companion to Zoroastrianism*, ed. Michael Stausberg, Yuhan Sohrab-Dinshaw Vevaina, and Anna Tessmann, Wiley, Chichester, 2015.

295. Paolo d'Alessandria, *Introduzione all'astrologia. Lineamenti introduttivi alla previsione astronomica*, trans. Giuseppe Bezza, Mimesis, Milan, 2000.

296. Papathanassiou, Maria, "Stephanos of Alexandria: A Famous Byzantine Scholar, Alche-

mist and Astrologer," in: *The Occult Sciences in Byzantium*, ed. Paul Magdalino and Maria Mavroudi, La Pomme d'Or, Geneva, 2006, pp. 163–203.

297. Papathanassiou, Maria, "Stephanus of Athens," in: *New Dictionary of Scientific Biography*, ed. Koertge, vol. 6, 2007, pp. 516–8.

298. Parker, Richard Anthony, *A Vienna Demotic Papyrus on Eclipse- and Lunar-Omina*, Brown University Press, Providence, 1959.

299. Parker, Richard, "A Horoscopic Text in Triplicate," in: *Grammata Demotika: Festschrift für Erich Lüddeckens zum 15. Juni 1983*, ed. Heinz-J. Thissen and Karl-Th. Zauzich, Gisela Zauzich Verlag, Würzburg, 1984, pp. 141–143.

300. Parpola, Simo, *Letters from Assyrian Scholars to the Kings Esarhaddon and Assurbanipal*, 2 vols., Alter Orient und Altes Testament 5/1–2, Butzon and Bercker, Kevelaer, 1970–1983.

301. Parsons, Peter, *City of the Sharp-Nosed Fish: Greek Lives in Roman Egypt*, Weidenfeld and Nicolson, London, 2007.

302. Paton, W. R. (trans.), *The Greek Anthology*, 5 vols., Loeb Classical Library, Cambrige University Press, Cambrige, 1916–1918.

303. Paulus of Alexandria, *Pauli Alexandrini Elementa Apotelesmatica*, ed. Æ Boer, Teubner, Leipzig, 1958.

304. Paulus Alexandrinus, *Introductory Matters*, trans. Robert Schmidt, ed. Robert Hand, The Golden Hind Press, Berkeley Springs, WV, 1993 (2nd ed. rev.).

305. Paulus Alexandrinus and Olympiodorus, *Late Classical Astrology: Paulus Alexandrinus and Olympiodorus, with the Scholia from Later Commentators*, trans. Dorian Gieseler Greenbaum, ed. Robert Hand, ARHAT, Reston, VA, 2001.

306. Paul of Alexandria, *Introduction to Astrology*, trans. James Herschel Holden, American Federation of Astrologers, Tempe, AZ, 2012.

307. Pedersen, Olaf, *A Survey of the Almagest: With Annotation and New Commentary by Alexander Jones,* Springer, New York, 2010.

308. Pérez Jiménez, Aurelio, "Pseudepígrafos de la astrología griega," in: *Mundus vult decipi: Estudios interdisciplinares sobre falsificación textual y literaria*, ed. Javier Martínez, Ediciones Clásicas, Madrid, 2012, pp. 271–284.

309. Pingree, David, "The Indian Iconography of the Decans and Horâs," *Journal of the Warburg and Courtauld Institutes*, vol. 26, no. 3/4 (1963), pp. 223–54.

310. Pingree, David, "The Astrological School of John Abramius," *Dumbarton Oaks Papers*, vol. 25 (1971), pp. 189–215.

311. Pingree, David, "Paul of Alexandria," in: *Dictionary of Scientific Biography*, ed. Gillispie, 1974, vol. 10, p. 419.

312. Pingree, David, "Petosiris," in: *Dictionary of Scientific Biography*, ed. Gillispie, 1974, vol. 10, pp. 547–9.

313. Pingree, David, "Astrology," in: *Dictionary of the History of Ideas*, ed. Weiner, vol. 1, 1974, pp. 118–126.

314. Pingree, David, "Antiochus and Rhetorius," *Classical Philology*, vol. 72, no. 3 (1977), pp. 203–23.

315. Pingree, David (ed. and trans.), *The Yavanajātaka of Sphujidhvaja*, 2 vols., Harvard Oriental Series 48, Cambridge, MA, 1978.

316. Pingree, David, "Review of Manilius, *Astronomica*, trans. G. P. Goold," *Phoenix*, Classical Association of Canada, vol. 34, no. 3 (Autumn, 1980), pp. 263–266.

317. Pingree, David, "Classical and Byzantine Astrology in Sassanian Persia," *Dumbarton Oaks Papers*, vol. 43 (1989), pp. 227–239.

318. Pingree, David, "The Teaching of the Almagest in Late Antiquity," *Apeiron*, vol. 27, no. 4 (Dec. 1994), pp. 75–98.

319. Pingree, David, *From Astral Omens to Astrology, from Babylon to Bīkāner*, Serie Orientale Roma 78, Istituto italiano per l'Africa e l'oriente, Rome, 1997.

320. Pingree, "Review of Tamsyn S. Barton, *Power and Knowledge: Astrology, Physiognomics, and Medicine under the Roman Empire*," *Bulletin of the History of Medicine*, vol. 71, no. 2 (1997), p. 331.

321. Pingree, David, "Māshā'allāh's (?) Arabic Translation of Dorotheus," in: *La science des cieux. Sages, mages, astrologues*, ed. Rika Gyselen, Bures-sur-Yvette (Res Orientales 12), 1999, pp. 191–209.

322. Pingree, David, "From Alexandria to Baghdad to Byzantium. The Transmission of Astrology," *International Journal of the Classical Tradition*, vol. 8, no. 1 (Summer 2001), pp. 3–37.

323. Plato, *Charmides, Alcibiades 1 and 2, Hipparchus, The Lovers, Theages, Minos, Epinomis.*, trans. W. R. M. Lamb, Loeb Classical Library, Harvard University Press, Cambridge, MA, 1927 (repr. 1979).

324. Plato, *Timaeus and Critias*, trans. Robin Waterfield, Oxford University Press, Oxford, 2008.

325. Pliny, *Natural History*, trans. Rackham, Jones, et al, 10 vols., Loeb Classical Library, Harvard University Press, Cambridge, MA, 1938–1983.

326. Plotinus, *The Enneads*, trans. A. H. Armstrong, 7 vols., Loeb Classical Library, Harvard University Press, Cambridge, MA, 1966–88.

327. Pollock, Dale, *Skywalking: The Life and Films of George Lucas,* Da Capo Press, New York, NY, rev. ed. 1999.

328. Porphyry, *Letter to Anebo = Porfirio. Lettera ad Anebo*, ed. A. R. Sodano, L'Arte Tipografica, Naples, 1958.

329. Porphyry, *On the Cave of the Nymphs*, trans. Robert Lamberton, Station Hill Press, Barrytown, NY, 1983.

330. Porphyry, *On the Life of Plotinus and the Arrangement of his Works*, in: *Neoplatonic Saints: The Lives of Plotinus and Proclus by their Students*, trans. Mark Edwards, Liverpool University Press, Liverpool, 2000.

331. Porphyry, *Porphyry Against the Christians*, trans. R. M. Berchman, Ancient Mediterra-

nean and Medieval Texts and Contexts 1, Brill, Leiden, 2005.

332. Porphyry the Philosopher, *Introduction to the Tetrabiblos, and Serapio of Alexandria, Astrological Definitions*, trans. James Herschel Holden, American Federation of Astrologers, Tempe, AZ, 2009.

333. Porphyry, *Introduction to the Tetrabiblos of Ptolemy*, trans. Demetra George, unpublished.

334. Porphyry of Tyre, *An Introduction to the Tetrabiblos of Ptolemy*, trans. Andrea L. Gehrz, Moira Press, Portland, 2010.

335. Porphyry, *To Gaurus on How Embryos are Ensouled and On What is in Our Power*, trans. James Wilberding, Ancient Commentators on Aristotle, ed. Richard Sorabji, Bristol Classics Press, 2011.

336. Porphyry, *Porphyry's Commentary on Ptolemy's Harmonics: A Greek Text and Annotated Translation*, trans. Andrew Baker, Cambridge University Press, Cambridge, 2015.

337. Proclus, *Procli Diadochi in Platonis rem publicam commentarii*, ed. Wilhem Kroll, 2 vols., Teubner, Leipzig, 1899–1901.

338. Proclus, *Commentary on Plato's Timaeus, Volume V, Book 4: Proclus on Time and the Stars*, ed. and trans. Dirk Baltzly, Cambridge University Press, Cambridge, 2007.

339. Prokopios, *The Secret History, With Related Texts*, ed. and trans. Anthony Kaldellis, Hackett Publishing, Indianapolis, IN, 2010.

340. Pseudo-Clement, *Homilies*, edited in *Patrologia Graeca*, ed. Migne, vol. 2, Paris, 1857, cols. 57–468; translated in *The Ante-Nicene Fathers*, vol. 8, ed. A. Roberts and J. Dondaldson, New York, 1895, pp. 223–346.

341. Ptolemy, Claudius, *Ptolemy's Tetrabiblos, or Quadripartite: Being Four Books of the Influence of the Stars*, trans. J. M. Ashmand, Davis and Dickson, London, 1822.

342. Ptolemy, Claudius, *Tetrabiblos*, ed. and trans. F. E. Robbins, Loeb Classical Library, Harvard University Press, Cambridge, MA, 1940 (repr. 2001).

343. Ptolemy, Claudius, *Phases of the Fixed Stars*, trans. Robert Schmidt, ed. Robert Hand, The Golden Hind Press, Berkeley Springs, WV, 1993.

344. Ptolemy, Claudius, *Tetrabiblos, Book I*, trans. Robert Schmidt, ed. Robert Hand, The Golden Hind Press, Berkeley Springs, WV, 1994.

345. Ptolemy, Claudius, *Tetrabiblos, Book III*, trans. Robert Schmidt, ed. Robert Hand, The Golden Hind Press, Berkeley Springs, WV, 1996.

346. Ptolemy, Claudius, *Tetrabiblos, Book IV*, trans. Robert H. Schmidt, The Golden Hind Press, Cumberland, MD, 1998.

347. Ptolemy, Claudius, *Claudii Ptolemaei opera quae exstant omnia, vol. III, 1: ΑΠΟΤΕΛΕΣΜΑΤΙΚΑ, post F. Boll et Æ. Boer secundis curis*, ed. Wolfgang Hübner, Teubner, Stuttgart/Leipzig, 1998.

348. Ptolemy, Claudius, *Ptolemy's Almagest*, trans. G. J. Toomer, Princeton University Press, Princeton, NJ, 1998.

349. Ptolemy, Claudius, *Ptolemy's Tetrabiblos in the Translation of William of Moerbeke:*

Claudii Ptolemaei Liber Iudicialium, ed. Gudrun Vuillemin-Diem and Carlos Steel, with the assistance of Pieter De Leemans, Ancient and Medieval Philosophy Series 1, 19, Leuven University Press, Leuven, 2015.

350. Quack, Joachim Friedrich, "Les Mages Égyptianisés? Remarks on Some Surprising Points in Supposedly Magusean Texts," *Journal of Near Eastern Studies*, vol. 65, no. 4 (2006), pp. 267–82.

351. Quack, Joachim Friedrich, "On the Concomitancy of the Seemingly Incommensurable, or Why Egyptian Astral Tradition Needs to be Analyzed within Its Cultural Context," in: *The Circulation of Astronomical Knowledge in the Ancient World*, ed. Steele, 2016, pp. 230–244.

352. Reed, Annette Yoshiko, "Abraham as Chaldean Scientist and Father of the Jews: Josephus, *Ant.* 1.154-168 and the Greco-Roman Discourse About Astronomy/Astrology," *Journal for the Study of Judaism in the Persian, Hellenistic and Roman Period*, vol. 35, no. 2 (2004), pp. 119–158.

353. Rhetorius the Egyptian, *Astrological Compendium Containing his Explanation and Narration of the Whole Art of Astrology*, trans. James H. Holden, American Federation of Astrologers, Tempe, AZ, 2009.

354. Rafaelli, Enrico G., *L'oroscopo del mondo: Il tema di nascita del mondo e del primo uomo secondo l'astrologia zoroastriana*, Mimesis, Milan, 2001.

355. Ricl, Marijana, "Neokoroi in the Greek World," *Belgrade Historical Review*, vol. 2, 2011, pp. 7–26.

356. Riess, Ernestus, "Nechepsonis et Petosiridis fragmenta magica," in: *Philologus,* suppl. 6 (1891–93), pp. 325–394.

357. Riggs, Christina, *The Oxford Handbook of Roman Egypt*, Oxford University Press, Oxford, 2012.

358. Riley, Mark, "Theoretical and Practical Astrology: Ptolemy and his Colleagues," *Transactions of the American Philological Association*, vol. 117 (1987), pp. 235–56.

359. Riley, Mark, *A Survey of Vettius Valens*, originally published online in 1996; last accessed August 2, 2016: http://www.csus.edu/indiv/r/rileymt/PDF_folder/VettiusValens.PDF

360. Robbins, Frank Egleston, "A New Astrological Treatise: Michigan Papyrus No. 1," *Classical Philology*, vol. 22, no. 1 (1927), pp. 1–45.

361. Robbins, Frank Egleston (ed. and trans.), "Michigan Papyrus 149: Astrological Treatise," in: *Michigan Papyri, Vol. III, Papyri in the University of Michigan Collection, Miscellaneous Papyri,* ed. John Garret Winter, University of Michigan Press, Ann Arbor, MI, 1936, pp. 62–117.

362. Rochberg-Halton, Francesca, "New Evidence for the History of Astrology," *Journal of Near Eastern Studies*, vol. 43, no. 2 (1984), pp. 115–140.

363. Rochberg-Halton, Francesca, "TCL 6 13: Mixed Traditions in Late Babylonian Astrology," *Zeitschrift für Assyriologie und Vorderasiatische Archäologie*, vol. 77, no. 2 (1987), pp. 207–228.

364. Rochberg-Halton, Francesca, "Elements of the Babylonian Contribution to Hellenistic Astrology," *Journal of the American Oriental Society,* vol. 108, no. 1 (1988), pp. 51–62.

365. Rochberg-Halton, Francesca, *Aspects of Babylonian Celestial Divination: The Lunar Eclipse Tablets of Enūma Anu Enlil,* Archiv für Orientforschung Beiheft 22, Ferdinand Berger und Söhne, Horn, Austria, 1988.

366. Rochberg-Halton, Francesca, "Benefic and Malefic Planets in Babylonian Astrology," in: *A Scientific Humanist: Studies in Memory of Abraham Sachs*, eds. Erle Leichty, Pamela Gerardi, Abraham Sachs, Maria deJ Ellis, University of Pennsylvania, Philadelphia, PA, 1988, pp. 319–324.

367. Rochberg, Francesca, *Babylonian Horoscopes*, Transactions of the American Philosophical Society, vol. 88, part 1, American Philosophical Society, Philadelphia, PA, 1998.

368. Rochberg, Francesca, "Heaven and Earth: Divine-Human Relations in Mesopotamian Celestial Divination," in: *Prayer, Magic, and the Stars in the Ancient and Late Antique World*, ed. Scott B. Noegel, Joel Walker, and Brannon M. Wheeler, Pennsylvania State University Press, University Park, PA, 2003, pp. 169–185.

369. Rochberg, Francesca, *The Heavenly Writing: Divination, Horoscopy, and Astronomy in Mesopotamian Culture,* Cambridge University Press, Cambridge, 2004.

370. Rochberg, Francesca, "Teukros of Egyptian Babylon," in: *The Encyclopedia of Ancient Natural Scientists*, ed. Keyser and Irby-Massie, 2008, p. 778.

371. Ross, Micah T., *Horoscopic Ostraca from Medînet Mâdi,* PhD diss., Brown University, 2006.

372. Ross, Micah, "A Survey of Demotic Astrological Texts," *Culture and Cosmos*, vol. 11, nos. 1 and 2 (2007), pp. 1–25.

373. Rudolf, Stefanie, "Propaganda for Astrology in Aramaic Literature," *Aramaic Studies*, vol. 12, no. 1 (2014), pp. 121–134.

374. Ruggles, Clive L. N. (ed.), *Handbook of Archaeoastronomy and Ethnoastronomy*, Springer, New York, 2015.

375. Rutkin, Darrel H., "Astrology," in: *The Cambridge History of Science, Volume 3: Early Modern Science*, ed. Katharine Park and Lorraine Daston, Cambridge University Press, Cambridge, 2006, pp. 541–561.

376. Ryholt, Kim, "New Light on the Legendary King Nechepsos of Egypt," *The Journal of Egyptian Archaeology,* vol. 97 (2011), pp. 61–72.

377. Sachs, Abraham, "Babylonian Horoscopes," *Journal of Cuneiform Studies*, vol. 6, no. 2 (1952), pp. 49–75.

378. Sachs, Abraham J. and Hermann Hunger, *Astronomical Diaries and Related Texts from Babylonia*, 6 vols., Österreichische Akademie der Wissenschaften, Vienna, 1988–2006.

379. Salaman, Clement, Dorine van Oyen, William D. Wharton, and Jean-Pierre Mahé (trans.), *The Way of Hermes: New Translations of the Corpus Hermeticum and the Definitions of Hermes Trismegistus to Asclepius*, Inner Traditions, Rochester, VT, 1999 (repr. 2004).

380. Saliba, George, *A History of Arabic Astronomy: Planetary Theories During the Golden*

Age of Islam, New York University Press, New York, 1994.

381. Sandwell, Isabella, "Outlawing 'Magic' or Outlawing 'Religion'? Libanius and the Theodosian Code as Evidence for Legislation against 'Pagan' Practices," in: *The Spread of Christianity in the First Four Centuries: Essays in Explanation*, ed. W. V. Harris, Brill, Leiden, pp. 87–123.

382. Sallustius, *Concerning the Gods and the Universe*, trans. Arthur Darby Nock, 1926 (repr. Cambridge University Press, Cambridge, 2013).

383. Schmidt, Robert, and Robert Hand, *Project Hindsight Companion to the Greek Track*, The Golden Hind Press, Berkeley Springs, WV, 1994.

384. Schmidt, Robert (trans.), and Robert Hand (ed.), *Dorotheus, Orpheus, Anubio, and Pseudo-Valens. Teachings on Transits*, The Golden Hind Press, Berkeley Springs, WV, 1995.

385. Schmidt, Robert (trans.), and Robert Hand (ed.), *The Astrological Record of the Early Sages in Greek*, The Golden Hind Press, Berkeley Springs, WV, 1995.

386. Schmidt, Robert, "Facets of Fate: The Rationale Underlying the Hellenistic System of Houses," *The Mountain Astrologer*, no. 88 (Dec./Jan. 2000), pp. 83–126.

387. Schmidt, Robert H., *Kepler College Sourcebook of Hellenistic Astrological Texts*, Phaser Foundation, Cumberland, MD, 2005.

388. Schmidt, Robert H., and Ellen Black, "Peak Times and Patterns in the Life of Dane Rudhyar," National Council for Geocosmic Research *Geocosmic Journal,* Fall 2006, pp. 35–43.

389. Schmidt, Robert H. (ed. and trans.), *Antiochus, with Porphyry, Rhetorius, Serapio, Thrasyllus, Antigonus et al., Definitions and Foundations*, The Golden Hind Press, Cumberland, MD, 2009.

390. Schmidt, Robert H., *The So-Called 'Problem of House Division': Definitions of Greek Terms and New Translations of Key Passages*, PDF e-book companion to an audio lecture, Project Hindsight, Cumberland, MD, 2016.

391. Scott, Walter (ed. and trans.), *Hermetica: The Ancient Greek and Latin Writings which Contain Religious or Philosophic Teachings Ascribed to Hermes Trismegistus,* 4 vols., Oxford, 1924 (repr. Shambhala, Boston, 1993).

392. Sedley, David (ed.), *The Philosophy of Antiochus*, Cambridge University Press, Cambridge/New York, 2012.

393. Seneca, *Naturales Quaestiones*, trans. T. H. Corcoran, 2 vols., Loeb Classical Library, Harvard University Press, London/Cambridge, 1971–2.

394. Seneca, *Letters From a Stoic: Epistulae morales ad Lucilium*, trans. Robin Campbell, Penguin Classics, 1969 (repr. 2004).

395. Seneca, *Dialogues and Essays,* trans. John Davie, Oxford University Press, Oxford, 2007.

396. Seneca, Lucius Annaeus, *Anger, Mercy, Revenge. The Complete Works of Lucius Annaeus Seneca*, trans. Robert A. Kaster and Martha C. Nussbaum, University of Chicago Press, Chicago/London, 2010.

397. Serapion of Alexandria, *Paranomasiai or Definitions of the Configurations of the Stars*, trans. Eduardo J. Gramaglia, The Hellenistic Astrology Website, 2013, http://www.helle-nisticastrology.com/translations/serapion-definitions.pdf

398. Seutonius, *Lives of the Caesars*, trans. Catharine Edwards, Oxford University Press, Oxford, 2000.

399. Sextus Empiricus, *Against the Professors*, trans. R. G. Bury, Loeb Classical Library 382, Harvard University Press, Cambridge, MA, 1949 (repr. 2000).

400. Sextus Empiricus, *Against the Physicists, Against the Ethicists*, trans. R. G. Bury, Loeb Classical Library 311, Harvard University Press, Cambridge, MA, 1949.

401. Sextus Empiricus, *Sesto Empirico: Contro gli astrologi*, ed. and trans. Emidio Spinelli, Centro Di Studio Del Pensiero Antico, Elenchus XXXII, Bibliopolis, Naples, 2000.

402. Sharples, Robert, "The Stoic Background to the Middle Platonist Discussion of Fate," in *Platonic Stoicism – Stoic Platonism,* ed. M. Bonazzi and C. Helmig, Leuven University Press, Leuven, 2007, pp. 169–188.

403. Shipley, Graham, *The Greek World After Alexander, 323–30 B.C.,* Routledge, London, 2000.

404. Sidoli, Nathan, and Berggren, J. L., "The Arabic version of Ptolemy's *Planisphere or Flattening the Surface of the Sphere:* Text, Translation, Commentary," *SCIAMVS: Sources and Commentaries in Exact Science*s, vol. 8 (2007), pp. 37–139.

405. Smith, A. Mark, "Ptolemy and the Foundations of Ancient Mathematical Optics: A Source Based Guided Study," *Transactions of the American Philosophical Society*, vol. 89, no. 3 (1999), pp. 1–172.

406. Spiegelberg, Wilhelm, "Die ägyptische Namen und Zeichen der Tierkreisbilder in demotischer Schrift," *Zeitschrift für ägyptische Sprache und Altertumskunde*, vol. 48, pp. 145–151.

407. Steele, J. M., "Greek influence on Babylonian astronomy?," *Mediterranean Archaeology and Archaeometry*, vol. 6, no. 3 (2006), pp. 153–160.

408. Steele, J. M., "A Late Babylonian Compendium of Calendrical and Stellar Astrology," *Journal of Cuneiform Studies*, vol. 67 (2015), pp. 187–215.

409. Steele, John M., *The Circulation of Astronomical Knowledge in the Ancient World*, Brill, Leiden/Boston, 2016.

410. Struck, Peter T., "A World Full of Signs: Understanding Divination in Ancient Stoicism," in: *Seeing with Different Eyes: Essays on Astrology and Divination*, ed. Patrick Curry and Angela Voss, Cambridge Scholars Press, Newcastle, 2008, pp. 3–20.

411. Struck, Peter T., "Hermetic writings," in: *The Encyclopedia of Ancient History,* ed. Bagnall et al, 2012, pp. 3161–3.

412. Swartz, Michael D., "Ancient Jewish Mysticism," in: *Jewish Mysticism and Kabbalah: New Insights and Scholarship*, ed. Frederick E. Greenspahn, New York University Press, New York, 2011.

413. Swerdlow, Noel M. (ed.), *Ancient Astronomy and Celestial Divination,* MIT Press, Cam-

bridge, MA, 1999.

414. Tacitus, *The Annals of Imperial Rome*, trans. Michael Grant, Penguin Books, London, 1956 (rev. ed. 1989).

415. Tarán, Leonardo, *Academica: Plato, Philip of Opus, and the pseudo-Platonic Epinomis*, American Philosophical Society, Philadelphia, 1975.

416. Tarrant, Harold, *Thrasyllan Platonism*, Cornell University Press, Ithaca, NY, 1993.

417. Tester, Jim, *A History of Western Astrology*, The Boydell Press, Woodbrige, 1987.

418. Thayer, Joseph Henry, *Thayer's Greek-English Lexicon of the New Testament,* National Foundation of Christian Education, Marshallton, DE, 1889.

419. Thomann, Johannes, "Square Horoscope Diagrams in Middle Eastern Astrology and Chinese Cosmological Diagrams: Were These Designs Transmitted Through the Silk Road?," in: *The Journey of Maps and Images on the Silk Road*, ed. Philippe Foret and Andreas Kaplony, Brill, Leiden, 2008, pp. 97–117.

420. Thorndike, Lynn, "A Roman Astrologer as a Historical Source: Julius Firmicus Maternus," *Classical Philology*, vol. 8, no. 4, (Oct. 1913), pp. 415–435.

421. Thorndike, Lynn, *A History of Magic and Experimental Science*, 8 vols., Columbia University Press, New York, 1923–58.

422. Timaios of Locri, *On the Nature of the World and the Soul*, trans. Thomas H. Tobin, Society of Biblical Literature (Texts and Translations 26, Graeco-Roman Religion Series 8), Scholars Press, Chico, CA, 1985.

423. Toomer, G. J., "Hipparchus," in: *Dictionary of Scientific Biography,* ed. Gillispie, vol. 15, 1978, pp. 207–24.

424. Unterman, Alan (ed. and trans.), *The Kabbalistic Tradition: An Anthology of Jewish Mysticism*, Penguin Classics, London/New York, 2008.

425. Valens, Vettius, *Vettii Valentis Anthologiarum Libri,* ed. Wilhem Kroll, Weidman, Berlin, 1908.

426. Valens, Vettius, *Vettius Valens d'Antioche, Anthologies, Livre I: etablissement, traduction et commentaire*, ed. and trans. Joëlle-Frédérique Bara, Brill, Leiden/New York, 1989.

427. Valens, Vettius, *Vettii Valentis Antiocheni anthologiarum libri novem*, ed. David Pingree, Teubner, Leipzig, 1986.

428. Valens, Vettius, *The Anthology, Book I,* trans. Robert Schmidt, ed. Robert Hand, The Golden Hind Press, Berkeley Springs, WV, 1993.

429. Valens, Vettius, *The Anthology*, Book I, Part 1, trans. Robert Schmidt, ed. Robert Hand, The Golden Hind Press, Berkeley Springs, WV, 1994.

430. Valens, Vettius, *The Anthology, Book II* (concl.), *& Book III*, trans. Robert Schmidt, ed. Robert Hand, The Golden Hind Press, Berkeley Springs, WV, 1994.

431. Valens, Vettius, *The Anthology, Book IV*, trans. Robert Schmidt, ed. Robert Hand, The Golden Hind Press, Berkeley Springs, WV, 1996.

432. Valens, Vettius, *The Anthology, Book V & VI,* trans. Robert Schmidt, ed. Robert Hand, The Golden Hind Press, Cumberland, MD, 1997.

433. Valens, Vettius, *The Anthology, Book VII,* trans. Robert Schmidt, The PHASER Foundation, Cumberland, MD, 2001.

434. Valens, Vettius, Blütensträuße, trans. Otto Schönberger und Eberhard Knobloch, Subsidia Classica, 7, Scripta Mercaturae Verlag, St. Katharinen, 2004.

435. Valens, Vettius, *Anthology, Book 1*, trans. James Herschel Holden, American Federation of Astrologers, Tempe, AZ, 1994 (rev. ed. 2009), privately circulated.

436. Valens, Vettius, *Anthologies*, trans. Mark T. Riley, originally released online in December 2010; last accessed August 2, 2016. http://www.csus.edu/indiv/r/rileymt/Vettius%20Valens%20entire.pdf

437. Valerius Maximus, *Memorable Deeds and Sayings, Book 1*, ed. and trans. David Wardle, Clarendon Press, Oxford, 1998.

438. Van der Horst, Pieter Willem, *Chaeremon: Egyptian Priest and Stoic Philosopher. The fragments collected and translated with explanatory notes*, Brill, Leiden/New York, 1987.

439. Van der Sluijs, Marinus Anthony, "A Possible Babylonian Precursor to the Theory of *Ecpyrōsis,"* *Culture and Cosmos*, vol. 9, no. 2 (2005), pp. 1–19.

440. Varro, *On the Latin Language*, trans. Roland G. Kent, vol. 1, Loeb Classical Library 333, Harvard University Press, Cambridge, MA, 1938.

441. Vasunia, Phiroze (trans.), *Zarathushtra and the Religion of Ancient Iran: The Greek and Latin Sources in Translation*, The K. R. Cama Oriental Institute, Mumbai, 2007.

442. Verbrugghe, Gerald, and John M. Wickersham, *Berossos, and Manetho, Introduced and Translated: Native Traditions in Ancient Mesopotamia and Egypt,* University of Michigan Press, Ann Arbor, MI, 1996.

443. Vitruvius, *On Architecture, Volume II: Books 6-10*, trans. F. Granger, Loeb Classical Library 280, Harvard University Press, Cambridge, MA, 1934.

444. Volk, Katharina, "Review of *A Brief History of Ancient Astrology* by Roger Beck," *Aestimatio*, vol. 3 (2006), pp. 162–165.

445. Volk, Katharina, *Manilius and his Intellectual Background*, Oxford University Press, Oxford/New York, 2009.

446. Warren, James, *Presocratics: Natural Philosophers Before Socrates*, University of California Press, Berkeley/Los Angeles, 2007.

447. Waterfield, Robin, "The Evidence for Astrology in Classical Greece," *Culture and Cosmos*, vol. 3, no. 2 (1999), pp. 3–15.

448. Wiener, Philip P. (ed.), *Dictionary of the History of Ideas: Studies of Selected Pivotal Ideas,* 4 vols., Charles Scribner's Sons, New York, 1973.

449. Wee, John Z., "Discovery of the Zodiac Man in Cuneiform," *Journal of Cuneiform Studies*, vol. 67 (2015), pp. 217–33.

450. Wee, John Z., "Virtual Moons over Babylonia: The Calendar Text System, Its Micro- Zodiac of 13, and the Making of Medical Zodiology," in: *The Circulation of Astronomical Knowledge in the Ancient World*, ed. Steele, 2016, pp. 139–229.

451. Weinstock, Stefan, "C. Fonteius Capito and the 'Libri Tagetici'," *Papers of the British*

School at Rome, vol. 18 (1950), pp. 44–49.

452. Westerink, L. G., "Ein astrologisches Kolleg aus dem Jahre 564," *Byzantinische Zeitschrift,* vol. 64 (1971), pp. 6–21.

453. Williams, Clemency, "Some Details on the Transmission of Astral Omens in Antiquity," in: *From the Banks of the Euphrates: Studies in Honor of Alice Louise Slotsky,* ed. Micah Ross, Eisenbrauns, Winona Lake, IN, 2008, pp. 295–318.

454. Williams, Craig A., *Roman Homosexuality: Ideologies of Masculinity in Classical Antiquity,* Oxford University Press, New York, NY, 1999.

455. Wilson, Malcolm, and Demetra George, "Anonymi, *De Decubitu*: Contexts of Rationality," *Museion*, series III, vol. 6, no. 3 (2006), pp. 439–52.

456. Winkler, Andreas, "On the Astrological Papyri from the Tebtunis Temple Library," in: *Actes du IXe Congrès International des Études Démotiques; Paris, 31 août–3 septembre 2005,* ed. Ghislaine Widmer and Didier Devauchelle, Bibliothèque d'étude 147, Cairo, 2009, pp. 361–375.

457. Winkler, Andreas, *Looking at the Future: Divination and Astrology in Ancient Egypt*, PhD diss., Uppsala University, 2011.

458. Winkler, Andreas, "Some Astrologers and Their Handbooks in Demotic Egyptian," in: *The Circulation of Astronomical Knowledge in the Ancient World*, ed. Steele, 2016, pp. 245–286.

459. Wolf, Hieronymus (ed.), *Claudii Ptolemaei Quadripartitum enarrator ignoti nominis, quem tamen Proclum fuisse quidam existimant; Porphyrii philosophi introductio in Ptolemaei opus de effectibus astrorum; Hermetis philosophi de revolutionibus nativitatum libri duo incerto interprete*, Basel, 1559.

460. Young, Gary K., *Rome's Eastern Trade: International Commerce and Imperial Policy, 31 BC–AD 305*, Routledge, London/New York, 2001.

461. Zoller, Robert, *The Lost Key to Prediction: The Arabic Parts in Astrology*, Inner Traditions, New York, NY, 1980.

462. Zosimos of Panopolis, *On the Letter Omega*, ed. and trans. Howard M. Jackson, Society of Biblical Literature (Texts and Translations 14; Graeco-Roman Religion 5), 1978.

BF6053

希臘占星學 命定與吉凶的研究
Hellenistic Astrology: The Study of Fate and Fortune

作者——克里斯‧布里南（Chris Brennan）
審定——瑪碁斯（Maki S. Zhai）
譯者——呂卿、李黛西
責任編輯——韋孟岑
協力編輯——賴淑菁　　版權——吳亭儀、江欣瑜、林易萱
字庫管理——連瑩穎　　行銷業務——黃崇華、賴正祐、周佑潔、賴玉嵐

總編輯——何宜珍
總經理——彭之琬
事業群總經理——黃淑貞
發行人——何飛鵬
法律顧問——元禾法律事務所 王子文律師
出版——商周出版
　　　台北市104中山區民生東路二段141號9樓
　　　電話：(02)) 2500-7008　傳真：(02) 2500-7759
　　　E-mail：bwp.service@cite.com.tw
　　　Blog：http://bwp25007008.pixnet.net./blog
發行——英屬蓋曼群島商家庭傳媒股份有限公司城邦分公司
　　　台北市104中山區民生東路二段141號2樓
　　　書虫客服專線：(02) 2500-7718、(02) 2500-7719
　　　服務時間：週一至週五上午09:30-12:00；下午13:30-17:00
　　　24小時傳真專線：(02) 2500-1990；(02) 2500-1991
　　　劃撥帳號：19863813　戶名：書虫股份有限公司
　　　讀者服務信箱：service@readingclub.com.tw
　　　城邦讀書花園：www.cite.com.tw
香港發行所——城邦(香港)出版集團有限公司
　　　　　　香港灣仔駱克道193號超商業中心1樓
　　　　　　電話：(852) 25086231　傳真：(852) 25789337
　　　　　　E-mailL：hkcite@biznetvigator.com
馬新發行所——城邦(馬新)出版集團【Cité (M) Sdn. Bhd】
　　　　　　41, Jalan Radin Anum, Bandar Baru Sri Petaling,
　　　　　　57000 Kuala Lumpur, Malaysia.
　　　　　　電話：(603) 90563833　傳真：(603) 90576622
　　　　　　E-mail：service@cite. my

封面設計——Meja
內文排版——copy
印刷——卡樂彩色製版有限公司
經銷商——聯合發行股份有限公司 電話：(02) 2917-8022　傳真：(02) 2911-0053

2023年（民112）06月10日初版
定價1400元　Printed in Taiwan　著作權所有，翻印必究
ISBN 978-626-318-681-1（平裝）
ISBN 978-626-318-704-7（EPUB）

城邦讀書花園
www.cite.com.tw

國家圖書館出版品預行編目（CIP）資料

希臘占星學：命定與吉凶的研究 / 克里斯.布里南（Chris Brennan）著；呂卿、李黛西譯.
-- 初版. -- 臺北市：商周出版：英屬蓋曼群島商家庭傳媒股份有限公司城邦分公司發行,
民112.06　768面；17*23公分　譯自：Hellenistic Astrology: The Study of Fate and Fortune
ISBN 978-626-318-681-1（平裝）　1. CST：占星術　292.22　112006312

廣　告　回　函

北 區 郵 政 管 理 登 記 證

台 北 廣 字 第 0 0 0 7 9 1 號

郵 資 已 付 ， 免 貼 郵 票

104台北市民生東路二段 141 號 B1

英屬蓋曼群島商家庭傳媒股份有限公司
城邦分公司

請沿虛線對摺，謝謝！

書號： BF6053	書名： 希臘占星學	編碼：

讀者回函卡

感謝您購買我們出版的書籍！請費心填寫此回函卡，我們將不定期寄上城邦集團最新的出版訊息。

線上版讀者回函卡

姓名：_____ 性別：□男 □女

生日：西元_____年_____月_____日

地址：_____

聯絡電話：_____ 傳真：_____

E-mail：

學歷：□ 1. 小學 □ 2. 國中 □ 3. 高中 □ 4. 大學 □ 5. 研究所以上

職業：□ 1. 學生 □ 2. 軍公教 □ 3. 服務 □ 4. 金融 □ 5. 製造 □ 6. 資訊

　　　□ 7. 傳播 □ 8. 自由業 □ 9. 農漁牧 □ 10. 家管 □ 11. 退休

　　　□ 12. 其他_____

您從何種方式得知本書消息？

　　　□ 1. 書店 □ 2. 網路 □ 3. 報紙 □ 4. 雜誌 □ 5. 廣播 □ 6. 電視

　　　□ 7. 親友推薦 □ 8. 其他_____

您通常以何種方式購書？

　　　□ 1. 書店 □ 2. 網路 □ 3. 傳真訂購 □ 4. 郵局劃撥 □ 5. 其他_____

您喜歡閱讀那些類別的書籍？

　　　□ 1. 財經商業 □ 2. 自然科學 □ 3. 歷史 □ 4. 法律 □ 5. 文學

　　　□ 6. 休閒旅遊 □ 7. 小說 □ 8. 人物傳記 □ 9. 生活、勵志 □ 10. 其他

對我們的建議：_____

_____

_____

FUTURE

FUTURE